AF532250

Der direkte Weg - Satipaṭṭhāna

Bhikkhu Anālayo

Der direkte Weg - Satipaṭṭhāna

Aus dem Englischen übersetzt von Ilse Maria Bruckner
und Siegfried C. A. Fay

Verlag Beyerlein & Steinschulte 2010

Impressum

Übersetzung und Lektorat: Bruckner Sprachendienste
www.bruckner-sprachendienste.de

Originaltitel der englischsprachigen Erstausgabe:
Anālayo: *Satipaṭṭhāna. The Direct Path to Realization*,
Windhorse Publications, Birmingham, zugleich:
Buddhist Publication Society (BPS), Kandy, 2003

Für die deutschsprachige Ausgabe hat der Autor den englischen Text durchgesehen und revidiert, die deutsche Übersetzung durchgesehen und autorisiert.

Verantwortlich für die im Anhang befindlichen Verzeichnisse sowie für Layout und Satz: Andreas Hubig.

Umschlagsgestaltung: Holger Will

Verlag Beyerlein & Steinschulte
Herrnschrot
D-95236 Stammbach
Tel.: 09256/460
Fax: 09256/8301
Mail: verlag.beyerlein@t-online.de
www.buddhareden.de

ISBN: 978-3-931095-11-6

INHALT

IV. Kapitel
DIE BEDEUTUNG DER KONZENTRATION

V. Kapitel

VI. Kapitel
DER KÖRPER

VII. Kapitel
DIE GEFÜHLE

XII. Kapitel
DHAMMAS - DIE ERWACHENSFAKTOREN

XIII. Kapitel
DHAMMAS - DIE VIER EDLEN WAHRHEITEN

XIV. Kapitel
VERWIRKLICHUNG

XV. Kapitel
SCHLUSS

Verzeichnis der Abbildungen

Jhāyatha, mā pamādattha,
mā pacchā vippaṭisārino ahuvattha!

Meditiert, seid nicht nachlässig,
damit ihr es später nicht bereut!

Einführung

Mit der vorliegenden Arbeit, in der das Ergebnis meiner Doktorarbeit an der Universität von Peradeniya in Sri Lanka und meine eigene praktische Erfahrung als meditierender Mönch zusammenfließen, wird die Bedeutung der Achtsamkeitsmeditation entsprechend ihrer Darstellung im *Satipaṭṭhāna-sutta* aus der Perspektive der kanonischen Werke des frühen Buddhismus untersucht.

Die Achtsamkeit und die richtige Art, sie praktisch umzusetzen, sind Themen von zentraler Bedeutung für jeden, der dem buddhistischen Weg zur Befreiung folgen möchte. Doch zum richtigen Verständnis und zur richtigen Anwendung der Achtsamkeitsmeditation sollten die ursprünglichen Anweisungen der buddhistischen Lehrreden zu *satipaṭṭhāna* berücksichtigt werden. Angesichts dieser Tatsache beschäftigt sich meine Untersuchung insbesondere mit den in den vier Haupt-*nikāya*s aufgezeichneten Lehrreden und den historisch frühen Teilen des fünften *nikāya* als Quellenmaterial von zentraler Bedeutung.

Satipaṭṭhāna ist eine Angelegenheit praktischen Übens. Um sicherzustellen, dass meine vorliegende Untersuchung Relevanz für die Praxis hat, habe ich eine Auswahl moderner Meditationslehrbücher und thematisch relevanter Veröffentlichungen herangezogen. Wie diese Auswahl getroffen wurde, ergab sich hauptsächlich aus der Verfügbarkeit der Werke. Dennoch hoffe ich, eine hinreichend repräsentative Anzahl von Meditationslehrern und Meditationslehrerinnen berücksichtigt zu haben. Daneben habe ich auch auf verschiedene akademische Monographien und Artikel über den frühen Buddhismus zurückgegriffen, um den philosophischen Rahmen und den historischen Kontext zu veranschaulichen, in welchem das *Satipaṭṭhāna-sutta* zu verstehen ist. Diese liefern die Hintergrundinformationen zum Verständnis einzelner Textstellen und Ausdrücke in der Lehrrede.

Um den Textfluss und die Lesbarkeit nicht zu stören, habe ich den Hauptteil des Textes so weit wie möglich von direkten Zitaten und Anmerkungen freigehalten. Stattdessen habe ich ausführlichen Gebrauch von Fußnoten gemacht, die auf zusätzliche textrelevante Informationen und Diskussionen zum Thema verweisen. Manche Leserin oder mancher Leser mag es vorziehen, sich während eines ersten Lesens auf den Haupttext zu beschränken und die in den Fußnoten enthaltene Information erst beim zweiten Lesen mit einzubeziehen.

Meine Darstellung hält sich so nah wie möglich an die Reihenfolge der Textpassagen in der Lehrrede. Gleichzeitig beschränkt sich meine Behandlung des Textes nicht auf einfache Kommentare, sondern ich erlaube mir auch kleinere Exkurse, um wichtigen Fragen nachzugehen und einen Hintergrund für das bessere Verständnis des besprochenen Abschnitts zu schaffen.

Kapitel I befasst sich mit allgemeinen Aspekten und zentralen Begriffen des *satipaṭṭhāna*. Die Kapitel II bis IV sind dem zweiten Abschnitt des *Satipaṭṭhāna-sutta*, der „Definition", gewidmet. Hier geht es besonders um die Implikationen von *sati* und die Funktion der Konzentration. In Kapitel V wende ich mich einem Satz allgemeiner Anweisungen zu, die in der Lehrrede durchgängig nach jeder Meditationsübung wiederholt werden, dem Kehrvers. Mit Kapitel VI beginnt die Untersuchung der eigentlichen Übungen des „direkten Pfades" der Achtsamkeitsmeditation, die sich mit der Kontemplation von Körper, Empfindungen, Geist und den *dhamma*s befassen. Am Ende dieser Untersuchung der einzelnen Meditationsarten wende ich mich dem letzten Abschnitt der Lehrrede und den Implikationen von *Nibbāna* zu (Kapitel XIV). Zum Abschluss versuche ich, einige zentrale Aspekte von *satipaṭṭhāna* zu beleuchten und seine Bedeutung zu bewerten (Kapitel XV).

Allgemein gesagt, besteht der Zweck meiner Untersuchung weniger darin, eine bestimmte Ansicht zu vertreten und zu beweisen, als vielmehr darin, Anregungen und Reflexionen anzubieten in der Hoffnung, neue Perspektiven in Bezug auf *satipaṭṭhāna* zu eröffnen und den Leser oder die Leserin anzuregen, sich wirklich auf die Übung einzulassen.

ÜBERSETZUNG DES *SATIPAṬṬHĀNA-SUTTA*[1]

So habe ich gehört: Einmal lebte der Erhabene im Land der Kuru bei einer ihrer Städte namens Kammāsadamma. Dort sprach er die Mönche an: „Ihr Mönche!“ – „Ehrwürdiger!“, antworteten sie. Der Erhabene sagte dies:

[DIREKTER WEG:][2]

„Ihr Mönche, dies ist der direkte Weg zur Läuterung der Wesen, zur Überwindung von Kummer und Wehklage, zum Beenden von *dukkha* und Betrübtheit, zur Erlangung der richtigen Methode, zur Verwirklichung von *Nibbāna*, nämlich die vier *satipaṭṭhāna*s.

[DEFINITION:]

Welche vier? Hier, ihr Mönche, verweilt ein Mönch hinsichtlich des Körpers den Körper betrachtend, unermüdlich, wissensklar und achtsam, frei von Verlangen und Betrübtheit hinsichtlich der Welt. Hinsichtlich der Gefühle verweilt er die Gefühle betrachtend, unermüdlich, wissensklar und achtsam, frei von Verlangen und Betrübtheit hinsichtlich der Welt. Hinsichtlich des Geistes verweilt er den Geist betrachtend, unermüdlich, wissensklar und achtsam, frei von Verlangen und Betrübtheit hinsichtlich der Welt. Hinsichtlich der *dhamma*s verweilt er *dhamma*s betrachtend, unermüdlich, wissensklar und achtsam, frei von Verlangen und Betrübtheit hinsichtlich der Welt.

[ATMUNG:]

Und wie, ihr Mönche, verweilt er hinsichtlich des Körpers den Körper betrachtend? Hier, nachdem er in den Wald oder zum Fuße eines Baumes oder zu einer unbewohnten Hütte gegangen ist, setzt er sich nieder; und [nachdem] er sich mit gekreuzten Beinen gesetzt, den Körper aufgerichtet und Achtsamkeit [geistig] in den Vordergrund gebracht hat, atmet er achtsam ein, atmet achtsam aus.

Lang einatmend weiß er: ‚Ich atme lang ein'; lang ausatmend weiß er: ‚Ich atme lang aus'; kurz einatmend weiß er: ‚Ich atme kurz ein'; kurz ausatmend weiß er: ‚Ich atme kurz aus'. Er übt sich so: ‚Ich werde, den ganzen Körper empfindend, einatmen'; er übt sich so: ‚Ich werde, den ganzen Körper empfindend, ausatmen'. Er übt sich so: ‚Ich werde, die Körperformation beruhigend, einatmen'; er übt sich so: ‚Ich werde, die Körperformation beruhigend, ausatmen'.

---

[1] Textgrundlage der Übersetzung: M I 55-63 (= *Majjhima-nikāya*, Sutta Nr. 10).

[2] Zur Erleichterung des Auffindens bestimmter Passagen der Lehrrede habe ich jeden Abschnitt mit einer kurzen Überschrift versehen, die sich nicht im Original findet.

Gerade wie ein geschickter Drechsler oder sein Lehrling, wenn er eine lange Drehung macht, weiß: ‚Ich mache eine lange Drehung', oder wenn er eine kurze Drehung macht, weiß: ‚Ich mache eine kurze Drehung', so weiß der Mönch lang einatmend auch: ‚Ich atme lang ein', ... [weiter wie oben].

[KEHRVERS:]

Auf diese Weise verweilt er hinsichtlich des Körpers den Körper innerlich betrachtend, oder er verweilt hinsichtlich des Körpers den Körper äußerlich betrachtend, oder er verweilt hinsichtlich des Körpers den Körper sowohl innerlich als auch äußerlich betrachtend. Er verweilt, die Natur des Entstehens im Körper betrachtend, oder er verweilt, die Natur des Vergehens im Körper betrachtend, oder er verweilt, die Natur sowohl des Entstehens als auch des Vergehens im Körper betrachtend. Die Achtsamkeit ‚Ein Körper ist da' ist in ihm gegenwärtig in dem Maße, das zum reinen Erkennen und für andauernde Achtsamkeit erforderlich ist. Und er verweilt unabhängig, an nichts in der Welt haftend.

Genau so verweilt er hinsichtlich des Körpers, den Körper betrachtend.

[KÖRPERHALTUNGEN:]

Sodann, ihr Mönche, weiß er beim Gehen: ‚Ich gehe', beim Stehen weiß er: ‚Ich stehe', beim Sitzen weiß er: ‚Ich sitze', beim Niederlegen weiß er: ‚Ich lege mich nieder', oder er weiß der Haltung entsprechend, in der sich der Körper gerade befindet.

[KEHRVERS:]

Auf diese Weise verweilt er hinsichtlich des Körpers den Körper innerlich ... äußerlich ... sowohl innerlich als auch äußerlich betrachtend. Er verweilt, die Natur des Entstehens ... des Vergehens ... sowohl des Entstehens als auch des Vergehens im Körper betrachtend. Die Achtsamkeit ‚Ein Körper ist da' ist in ihm gegenwärtig in dem Maße, das zum reinen Erkennen und für andauernde Achtsamkeit erforderlich ist. Und er verweilt unabhängig, an nichts in der Welt haftend.

Auch so verweilt er hinsichtlich des Körpers, den Körper betrachtend.

[AKTIVITÄTEN:]

Sodann, ihr Mönche, handelt er wissensklar beim Vorwärts- und Zurückgehen, er handelt wissensklar beim Hinblicken und Wegblicken; er handelt wissensklar beim Beugen und Strecken seiner Glieder; er handelt wissensklar beim Tragen von Obergewand, Essensschale und Robe; er handelt wissensklar beim Essen und Trinken, beim Kauen und Schmecken; er handelt wissensklar beim Entleeren von Kot und Urin; er handelt wissensklar beim Gehen, Stehen und Sitzen, beim Einschlafen und Aufwachen, beim Sprechen und Schweigen.

[KEHRVERS:]

Auf diese Weise verweilt er hinsichtlich des Körpers den Körper innerlich ... äußerlich ... sowohl innerlich als auch äußerlich betrachtend. Er verweilt, die Natur des Entstehens ... des Vergehens ... sowohl des Entstehens als auch des Vergehens im Körper betrachtend. Die Achtsamkeit ‚Ein Körper ist da' ist in ihm gegenwärtig in dem Maße, das zum reinen Erkennen und für andauernde Achtsamkeit erforderlich ist. Und er verweilt unabhängig, an nichts in der Welt haftend.

Auch so verweilt er hinsichtlich des Körpers, den Körper betrachtend.

[ANATOMISCHE TEILE:]

Sodann, ihr Mönche, untersucht er prüfend ebendiesen Körper, von den Fußsohlen aufwärts und von den Haarspitzen abwärts, von Haut umschlossen, angefüllt mit vielen Arten von Unreinheit: In diesem Körper gibt es Kopfhaare, Körperhaare, Nägel, Zähne, Haut, Fleisch, Sehnen, Knochen, Knochenmark, Nieren, Herz, Leber, Zwerchfell, Milz, Lunge, Gedärm, Gekröse, Mageninhalt, Exkremente, Galle, Schleim, Eiter, Blut, Schweiß, Fett, Tränen, Talg, Speichel, Nasenschleim, Gelenkflüssigkeit und Urin.

Gerade so, als wäre da ein Beutel mit einer Öffnung an jedem Ende, gefüllt mit vielen Arten von Körnern, wie Hügelreis, roter Reis, Bohnen, Erbsen, Hirse und weißer Reis, und ein scharfsichtiger Mann würde ihn öffnen und ihn so untersuchen: Das ist Hügelreis, das ist roter Reis, das sind Bohnen, das sind Erbsen, das ist Hirse, das ist weißer Reis – so sieht er auch ebendiesen Körper ... [weiter wie oben].

[KEHRVERS:]

Auf diese Weise verweilt er hinsichtlich des Körpers den Körper innerlich ... äußerlich ... sowohl innerlich als auch äußerlich betrachtend. Er verweilt, die Natur des Entstehens ... des Vergehens ... sowohl des Entstehens als auch des Vergehens im Körper betrachtend. Die Achtsamkeit ‚Ein Körper ist da' ist in ihm gegenwärtig in dem Maße, das zum reinen Erkennen und für andauernde Achtsamkeit erforderlich ist. Und er verweilt unabhängig, an nichts in der Welt haftend.

Auch so verweilt er hinsichtlich des Körpers, den Körper betrachtend.

[ELEMENTE:]

Sodann, ihr Mönche, untersucht er prüfend ebendiesen Körper, gleich wo und in welcher Haltung er sich befindet, als aus Elementen bestehend: In diesem Körper gibt es das Erdelement, das Wasserelement, das Feuerelement und das Windelement.

Gerade so, als hätte ein geschickter Schlächter oder sein Lehrling eine Kuh geschlachtet und säße an einer Straßenkreuzung mit dem in Einzelteile zerlegten Tier, so sieht er auch ebendiesen Körper ... [weiter wie oben].

[KEHRVERS:]

Auf diese Weise verweilt er hinsichtlich des Körpers den Körper innerlich ... äußerlich ... sowohl innerlich als auch äußerlich betrachtend. Er verweilt, die Natur des Entstehens ... des Vergehens ... sowohl des Entstehens als auch des Vergehens im Körper betrachtend. Die Achtsamkeit ‚Ein Körper ist da' ist in ihm gegenwärtig in dem Maße, das zum reinen Erkennen und für andauernde Achtsamkeit erforderlich ist. Und er verweilt unabhängig, an nichts in der Welt haftend.

Auch so verweilt er hinsichtlich des Körpers, den Körper betrachtend.

[VERWESENDER LEICHNAM:]

Sodann, ihr Mönche, als sähe er einen Leichnam, hingeworfen auf einem Leichenfeld – einen Tag, zwei oder drei Tage tot, aufgedunsen, bläulich verfärbt, aus dem Flüssigkeiten sickern ... wie er von Krähen, Falken, Geiern, Hunden, Schakalen oder verschiedenen Arten von Würmern verschlungen wird ... ein Skelett mit Fleisch und Blut, von Sehnen zusammengehalten ... ein fleischloses Skelett, blutverschmiert, von Sehnen zusammengehalten ... ein Skelett ohne Fleisch und Blut, von Sehnen zusammengehalten ... voneinander gelöste Knochen, in alle Richtungen zerstreut ... weiß gebleichte Knochen, von der Farbe der Muschelschalen ... aufeinander gehäufte Knochen, über ein Jahr alt ... morsche Knochen, zu Staub zerfallend – vergleicht er ebendiesen Körper damit: Auch dieser Körper ist von derselben Art, so wird er sein, er ist von diesem Schicksal nicht ausgenommen.[3]

[KEHRVERS:]

Auf diese Weise verweilt er hinsichtlich des Körpers den Körper innerlich ... äußerlich ... sowohl innerlich als auch äußerlich betrachtend. Er verweilt, die Natur des Entstehens ... des Vergehens ... sowohl des Entstehens als auch des Vergehens im Körper betrachtend. Die Achtsamkeit ‚Ein Körper ist da' ist in ihm gegenwärtig in dem Maße, das zum reinen Erkennen und für andauernde Achtsamkeit erforderlich ist. Und er verweilt unabhängig, an nichts in der Welt haftend.

Auch so verweilt er hinsichtlich des Körpers, den Körper betrachtend.

[3] In der Lehrrede selbst folgt auf jedes Verwesungsstadium des Leichnams der vollständige Kehrvers, den ich im Sinne einer besseren Lesbarkeit hier und in Abb. 1.1 gekürzt habe.

[GEFÜHLE:]

Und wie, ihr Mönche, verweilt er hinsichtlich der Gefühle, die Gefühle betrachtend?

Hier, wenn er ein angenehmes Gefühl empfindet, weiß er: ‚Ich empfinde ein angenehmes Gefühl'; wenn er ein unangenehmes Gefühl empfindet, weiß er: ‚Ich empfinde ein unangenehmes Gefühl'; wenn er ein neutrales Gefühl empfindet, weiß er: ‚Ich empfinde ein neutrales Gefühl'.

Wenn er ein weltliches angenehmes Gefühl empfindet, weiß er: ‚Ich empfinde ein weltliches angenehmes Gefühl'; wenn er ein nichtweltliches angenehmes Gefühl empfindet, weiß er: ‚Ich empfinde ein nichtweltliches angenehmes Gefühl'; wenn er ein weltliches unangenehmes Gefühl empfindet, weiß er: ‚Ich empfinde ein weltliches unangenehmes Gefühl'; wenn er ein nichtweltliches unangenehmes Gefühl empfindet, weiß er: ‚Ich empfinde ein nichtweltliches unangenehmes Gefühl'; wenn er ein weltliches neutrales Gefühl empfindet, weiß er: ‚Ich empfinde ein weltliches neutrales Gefühl'; wenn er ein nichtweltliches neutrales Gefühl empfindet, weiß er: ‚Ich empfinde ein nichtweltliches neutrales Gefühl'.

[KEHRVERS:]

Auf diese Weise verweilt er hinsichtlich der Gefühle die Gefühle innerlich ... äußerlich ... sowohl innerlich als auch äußerlich betrachtend. Er verweilt, die Natur des Entstehens ... des Vergehens ... sowohl des Entstehens als auch des Vergehens in den Gefühlen betrachtend. Die Achtsamkeit ‚Gefühl ist da' ist in ihm gegenwärtig in dem Maße, das zum reinen Erkennen und für andauernde Achtsamkeit erforderlich ist. Und er verweilt unabhängig, an nichts in der Welt haftend.

Genau so verweilt er hinsichtlich der Gefühle, die Gefühle betrachtend.

[GEIST:]

Und wie, ihr Mönche, verweilt er hinsichtlich des Geistes, den Geist betrachtend?

Hier erkennt er einen Geist voller Begierde als ‚voller Begierde' und einen Geist ohne Begierde als ‚ohne Begierde'; er erkennt einen zornigen Geist als ‚zornig' und einen zornlosen Geist als ‚zornlos'; er erkennt einen verblendeten Geist als ‚verblendet' und einen nicht verblendeten Geist als ‚nicht verblendet'; er erkennt einen zusammengezogenen Geist als ‚zusammengezogen' und einen zerstreuten Geist als ‚zerstreut'; er erkennt einen weiten Geist als ‚weit' und einen engen Geist als ‚eng'; er erkennt einen übertreffbaren Geist als ‚übertreffbar' und einen unübertreffbaren Geist als ‚unübertreffbar'; er erkennt einen konzentrierten Geist als ‚konzentriert' und einen unkonzentrierten Geist als ‚unkonzentriert'; er erkennt einen befreiten Geist als ‚befreit' und einen unbefreiten Geist als ‚unbefreit'.

[KEHRVERS:]

Auf diese Weise verweilt er hinsichtlich des Geistes den Geist innerlich ... äußerlich ... sowohl innerlich als auch äußerlich betrachtend. Er verweilt, die Natur des Entstehens ... des Vergehens ... sowohl des Entstehens als auch des Vergehens im Geist betrachtend. Die Achtsamkeit ‚Geist ist da' ist in ihm gegenwärtig in dem Maße, das zum reinen Erkennen und für andauernde Achtsamkeit erforderlich ist. Und er verweilt unabhängig, an nichts in der Welt haftend.

Genau so verweilt er hinsichtlich des Geistes, den Geist betrachtend.

[HINDERNISSE:]

Und wie, ihr Mönche, verweilt er hinsichtlich der *dhamma*s, *dhamma*s betrachtend? Hier verweilt er hinsichtlich der *dhamma*s, *dhamma*s in der Form der fünf Hindernisse betrachtend. Und wie verweilt er hinsichtlich der *dhamma*s, *dhamma*s in der Form der fünf Hindernisse betrachtend?

Wenn Sinnesbegierde in ihm vorhanden ist, erkennt er: ‚In mir ist Sinnesbegierde'; wenn Sinnesbegierde nicht in ihm vorhanden ist, erkennt er: ‚In mir ist keine Sinnesbegierde'. Und er erkennt, wie nicht entstandene Sinnesbegierde entstehen kann, wie entstandene Sinnesbegierde überwunden werden kann und wie dem künftigen Entstehen der überwundenen Sinnesbegierde vorgebeugt werden kann.

Wenn Übelwollen in ihm vorhanden ist, erkennt er: ‚In mir ist Übelwollen'; wenn Übelwollen nicht in ihm vorhanden ist, erkennt er: ‚In mir ist kein Übelwollen'. Und er erkennt, wie nicht entstandenes Übelwollen entstehen kann, wie entstandenes Übelwollen überwunden werden kann und wie dem künftigen Entstehen des überwundenen Übelwollens vorgebeugt werden kann.

Wenn Dumpfheit und Mattheit in ihm vorhanden ist, erkennt er: ‚In mir ist Dumpfheit und Mattheit'; wenn Dumpfheit und Mattheit nicht in ihm vorhanden ist, erkennt er: ‚In mir ist keine Dumpfheit und Mattheit'. Und er erkennt, wie nicht entstandene Dumpfheit und Mattheit entstehen kann, wie entstandene Dumpfheit und Mattheit überwunden werden kann und wie dem künftigen Entstehen der überwundenen Dumpfheit und Mattheit vorgebeugt werden kann.

Wenn Rastlosigkeit und Sorge in ihm vorhanden ist, erkennt er: ‚In mir ist Rastlosigkeit und Sorge'; wenn Rastlosigkeit und Sorge nicht in ihm vorhanden ist, erkennt er: ‚In mir ist keine Rastlosigkeit und Sorge'. Und er erkennt, wie nicht entstandene Rastlosigkeit und Sorge entstehen kann, wie entstandene Rastlosigkeit und Sorge überwunden werden kann und wie dem künftigen Entstehen der überwundenen Rastlosigkeit und Sorge vorgebeugt werden kann.

Wenn Zweifel in ihm vorhanden ist, erkennt er: ‚In mir ist Zweifel'; wenn Zweifel nicht in ihm vorhanden ist, erkennt er: ‚In mir ist kein Zweifel'. Und er erkennt, wie nicht entstandener Zweifel entstehen kann, wie entstandener Zweifel überwunden werden kann und wie dem künftigen Entstehen des überwundenen Zweifels vorgebeugt werden kann.

[KEHRVERS:]

Auf diese Weise verweilt er hinsichtlich der *dhamma*s, *dhamma*s innerlich ... äußerlich ... sowohl innerlich als auch äußerlich betrachtend. Er verweilt, die Natur des Entstehens ... des Vergehens ... sowohl des Entstehens als auch des Vergehens in den *dhamma*s betrachtend. Die Achtsamkeit ‚*dhamma*s sind da' ist in ihm gegenwärtig in dem Maße, das zum reinen Erkennen und für andauernde Achtsamkeit erforderlich ist. Und er verweilt unabhängig, an nichts in der Welt haftend.

Genau so verweilt er hinsichtlich der *dhamma*s, *dhamma*s in der Form der fünf Hindernisse betrachtend.

[DASEINSGRUPPEN:]

Sodann, ihr Mönche, verweilt er hinsichtlich der *dhamma*s, *dhamma*s in der Form der fünf Daseinsgruppen des Anhaftens betrachtend. Und wie verweilt er hinsichtlich der *dhamma*s, *dhamma*s in der Form der fünf Daseinsgruppen des Anhaftens betrachtend?

Hier erkennt er: ‚So ist die materielle Form', ‚so ist das Entstehen der materiellen Form', ‚so ist das Vergehen der materiellen Form'. ‚So ist das Gefühl', ‚so ist das Entstehen des Gefühls', ‚so ist das Vergehen des Gefühls'. ‚So ist die Wahrnehmung', ‚so ist das Entstehen der Wahrnehmung', ‚so ist das Vergehen der Wahrnehmung'. ‚So sind die Willensregungen', ‚so ist das Entstehen der Willensregungen', ‚so ist das Vergehen der Willensregungen'. ‚So ist das Bewusstsein', ‚so ist das Entstehen des Bewusstseins', ‚so ist das Vergehen des Bewusstseins'.

[KEHRVERS:]

Auf diese Weise verweilt er hinsichtlich der *dhamma*s, *dhamma*s innerlich ... äußerlich ... sowohl innerlich als auch äußerlich betrachtend. Er verweilt, die Natur des Entstehens ... des Vergehens ... sowohl des Entstehens als auch des Vergehens in den *dhamma*s betrachtend. Die Achtsamkeit ‚*dhamma*s sind da', ist in ihm gegenwärtig in dem Maße, das zum reinen Erkennen und für andauernde Achtsamkeit erforderlich ist. Und er verweilt unabhängig, an nichts in der Welt haftend.

Genau so verweilt er hinsichtlich der *dhamma*s, die *dhamma*s in der Form der fünf Daseinsgruppen des Anhaftens betrachtend.

[SINNESBEREICHE:]

Sodann, ihr Mönche, verweilt er hinsichtlich der *dhamma*s, *dhamma*s in der Form der sechs innerlichen und äußerlichen Sinnesbereiche betrachtend. Und wie verweilt er hinsichtlich der *dhamma*s, *dhamma*s in der Form der sechs innerlichen und äußerlichen Sinnesbereiche betrachtend?

Hier erkennt er das Auge, er erkennt Formen, und er erkennt die Fessel, die in Abhängigkeit von beiden entsteht, und er erkennt auch, wie eine nicht entstandene Fessel entstehen kann, wie eine entstandene Fessel überwunden werden kann und wie dem künftigen Entstehen der überwundenen Fessel vorgebeugt werden kann.

Er erkennt das Ohr, er erkennt Klänge, und er erkennt die Fessel, die in Abhängigkeit von beiden entsteht, und er erkennt auch, wie eine nicht entstandene Fessel entstehen kann, wie eine entstandene Fessel überwunden werden kann und wie dem künftigen Entstehen der überwundenen Fessel vorgebeugt werden kann.

Er erkennt die Nase, er erkennt Gerüche, und er erkennt die Fessel, die in Abhängigkeit von beiden entsteht, und er erkennt auch, wie eine nicht entstandene Fessel entstehen kann, wie eine entstandene Fessel überwunden werden kann und wie dem künftigen Entstehen der überwundenen Fessel vorgebeugt werden kann.

Er erkennt die Zunge, er erkennt Geschmäcke, und er erkennt die Fessel, die in Abhängigkeit von beiden entsteht, und er erkennt auch, wie eine nicht entstandene Fessel entstehen kann, wie eine entstandene Fessel überwunden werden kann und wie dem künftigen Entstehen der überwundenen Fessel vorgebeugt werden kann.

Er erkennt den Körper, er erkennt Tastbares, und er erkennt die Fessel, die in Abhängigkeit von beiden entsteht, und er erkennt auch, wie eine nicht entstandene Fessel entstehen kann, wie eine entstandene Fessel überwunden werden kann und wie dem künftigen Entstehen der überwundenen Fessel vorgebeugt werden kann.

Er erkennt den Geist, er erkennt Geistesobjekte, und er erkennt die Fessel, die in Abhängigkeit von beiden entsteht, und er erkennt auch, wie eine nicht entstandene Fessel entstehen kann, wie eine entstandene Fessel überwunden werden kann und wie dem künftigen Entstehen der überwundenen Fessel vorgebeugt werden kann.

[KEHRVERS:]

Auf diese Weise verweilt er hinsichtlich der *dhamma*s, *dhamma*s innerlich ... äußerlich ... sowohl innerlich als auch äußerlich betrachtend. Er verweilt, die Natur des Entstehens ... des Vergehens ... sowohl des Entstehens als auch des Vergehens in den *dhamma*s betrachtend. Die Achtsamkeit ‚*dhamma*s sind da' ist in ihm gegenwärtig in dem Maße, das zum reinen

Erkennen und für andauernde Achtsamkeit erforderlich ist. Und er verweilt unabhängig, an nichts in der Welt haftend.

Genau so verweilt er hinsichtlich der *dhamma*s, *dhamma*s in der Form der sechs innerlichen und äußerlichen Sinnesbereiche betrachtend.

[ERWACHENSFAKTOREN:]

Sodann, ihr Mönche, verweilt er hinsichtlich der *dhamma*s, *dhamma*s in der Form der sieben Erwachensfaktoren betrachtend. Und wie verweilt er hinsichtlich der *dhamma*s, *dhamma*s in der Form der sieben Erwachensfaktoren betrachtend?

Hier erkennt er, wenn der Erwachensfaktor Achtsamkeit in ihm vorhanden ist: ‚Der Erwachensfaktor Achtsamkeit ist in mir'; wenn der Erwachensfaktor Achtsamkeit nicht in ihm vorhanden ist, erkennt er: ‚Der Erwachensfaktor Achtsamkeit ist nicht in mir'; er erkennt, wie der nicht entstandene Erwachensfaktor Achtsamkeit entstehen kann und wie der entstandene Erwachensfaktor Achtsamkeit durch Entwicklung vervollkommnet werden kann.

Wenn der Erwachensfaktor Ergründung der *dhamma*s in ihm vorhanden ist, erkennt er: ‚Der Erwachensfaktor Ergründung der *dhamma*s ist in mir'; wenn der Erwachensfaktor Ergründung der *dhamma*s nicht in ihm vorhanden ist, erkennt er: ‚Der Erwachensfaktor Ergründung der *dhamma*s ist nicht in mir'; er erkennt, wie der nicht entstandene Erwachensfaktor Ergründung der *dhamma*s entstehen kann und wie der entstandene Erwachensfaktor Ergründung der *dhamma*s durch Entwicklung vervollkommnet werden kann.

Wenn der Erwachensfaktor Energie in ihm vorhanden ist, erkennt er: ‚Der Erwachensfaktor Energie ist in mir'; wenn der Erwachensfaktor Energie nicht in ihm vorhanden ist, erkennt er: ‚Der Erwachensfaktor Energie ist nicht in mir'; er erkennt, wie der nicht entstandene Erwachensfaktor Energie entstehen kann und wie der entstandene Erwachensfaktor Energie durch Entwicklung vervollkommnet werden kann.

Wenn der Erwachensfaktor Freude in ihm vorhanden ist, erkennt er: ‚Der Erwachensfaktor Freude ist in mir'; wenn der Erwachensfaktor Freude nicht in ihm vorhanden ist, erkennt er: ‚Der Erwachensfaktor Freude ist nicht in mir'; er erkennt, wie der nicht entstandene Erwachensfaktor Freude entstehen kann und wie der entstandene Erwachensfaktor Freude durch Entwicklung vervollkommnet werden kann.

Wenn der Erwachensfaktor Ruhe in ihm vorhanden ist, erkennt er: ‚Der Erwachensfaktor Ruhe ist in mir'; wenn der Erwachensfaktor Ruhe nicht in ihm vorhanden ist, erkennt er: ‚Der Erwachensfaktor Ruhe ist nicht in mir'; er erkennt, wie der nicht entstandene Erwachensfaktor Ruhe entstehen kann und wie der entstandene Erwachensfaktor Ruhe durch Entwicklung vervollkommnet werden kann.

Wenn der Erwachensfaktor Konzentration in ihm vorhanden ist, erkennt er: ‚Der Erwachensfaktor Konzentration ist in mir'; wenn der Erwachensfaktor Konzentration nicht in ihm vorhanden ist, erkennt er: ‚Der Erwachensfaktor Konzentration ist nicht in mir'; er erkennt, wie der nicht entstandene Erwachensfaktor Konzentration entstehen kann und wie der entstandene Erwachensfaktor Konzentration durch Entwicklung vervollkommnet werden kann.

Wenn der Erwachensfaktor Gleichmut in ihm vorhanden ist, erkennt er: ‚Der Erwachensfaktor Gleichmut ist in mir'; wenn der Erwachensfaktor Gleichmut nicht in ihm vorhanden ist, erkennt er: ‚Der Erwachensfaktor Gleichmut ist nicht in mir'; er erkennt, wie der nicht entstandene Erwachensfaktor Gleichmut entstehen kann und wie der entstandene Erwachensfaktor Gleichmut durch Entwicklung vervollkommnet werden kann.

[KEHRVERS:]

Auf diese Weise verweilt er hinsichtlich der *dhamma*s, *dhamma*s innerlich ... äußerlich ... sowohl innerlich als auch äußerlich betrachtend. Er verweilt, die Natur des Entstehens ... des Vergehens ... sowohl des Entstehens als auch des Vergehens in den *dhamma*s betrachtend. Die Achtsamkeit ‚*dhamma*s sind da' ist in ihm gegenwärtig in dem Maße, das zum reinen Erkennen und für andauernde Achtsamkeit erforderlich ist. Und er verweilt unabhängig, an nichts in der Welt haftend.

Genau so verweilt er hinsichtlich der *dhamma*s, *dhamma*s in der Form der sieben Erwachensfaktoren betrachtend.

[EDLE WAHRHEITEN:]

Sodann, ihr Mönche, verweilt er hinsichtlich der *dhamma*s, *dhamma*s in der Form der vier edlen Wahrheiten betrachtend. Und wie verweilt er hinsichtlich der *dhamma*s, *dhamma*s in der Form der vier edlen Wahrheiten betrachtend?

Hier erkennt er, wie es wirklich ist: ‚Dies ist *dukkha*'; er erkennt, wie es wirklich ist: ‚Dies ist das Entstehen von *dukkha*'; er erkennt, wie es wirklich ist: ‚Dies ist das Ende von *dukkha*'; er erkennt, wie es wirklich ist: ‚Dies ist der Weg, der zum Ende von *dukkha* führt'.

[KEHRVERS:]

Auf diese Weise verweilt er hinsichtlich der *dhamma*s, *dhamma*s innerlich ... äußerlich ... sowohl innerlich als auch äußerlich betrachtend. Er verweilt, die Natur des Entstehens ... des Vergehens ... sowohl des Entstehens als auch des Vergehens in den *dhamma*s betrachtend. Die Achtsamkeit ‚*dhamma*s sind da' ist in ihm gegenwärtig in dem Maße, das zum reinen Erkennen und für andauernde Achtsamkeit erforderlich ist. Und er verweilt unabhängig, an nichts in der Welt haftend.

Genau so verweilt er hinsichtlich der *dhamma*s, *dhamma*s in der Form der vier edlen Wahrheiten betrachtend.

[VORAUSSAGE:]

Ihr Mönche, wenn jemand diese vier *satipaṭṭhāna*s auf diese Weise sieben Jahre lang entwickelt, kann eines von zwei Ergebnissen für ihn erwartet werden: entweder vollendete Erkenntnis hier und jetzt oder, wenn noch eine Spur von Anhaften übrig ist, Nichtwiederkehr.

Dahingestellt bleiben mögen die sieben Jahre ... sechs Jahre ... fünf Jahre ... vier Jahre ... drei Jahre ... zwei Jahre ... ein Jahr ... sieben Monate ... sechs Monate ... fünf Monate ... vier Monate ... drei Monate ... zwei Monate ... ein Monat ... ein halber Monat ... wenn jemand diese vier *satipaṭṭhāna*s auf diese Weise sieben Tage lang entwickelt, kann eines von zwei Ergebnissen für ihn erwartet werden: entweder vollendete Erkenntnis hier und jetzt oder, wenn noch eine Spur von Anhaften übrig ist, Nichtwiederkehr. In Bezug hierauf wurde also gesagt:

[DIREKTER WEG:]

Ihr Mönche, dies ist der direkte Weg zur Läuterung der Wesen, zur Überwindung von Kummer und Wehklage, zum Beenden von *dukkha* und Betrübtheit, zur Erlangung der richtigen Methode, zur Verwirklichung von *Nibbāna*, nämlich die vier *satipaṭṭhāna*s."

So sprach der Erhabene. Die Mönche waren erfüllt und voller Freude ob der Worte des Erhabenen.

I. Kapitel
Allgemeine Aspekte des direkten Weges

Zu Beginn möchte ich einen Überblick über die dem *Satipaṭṭhāna-sutta* zugrunde liegende Struktur geben und einige allgemeine Aspekte der vier *satipaṭṭhāna*s betrachten. Danach werde ich die Ausdrücke „direkter Weg" und „*satipaṭṭhāna*" untersuchen.

I.1 Überblick über das *Satipaṭṭhāna-sutta*

Satipaṭṭhāna, als der „direkte Weg" zu *Nibbāna*, wird im *Satipaṭṭhāna-sutta* des *Majjhima-nikāya*[1] in allen Einzelheiten behandelt. Dieselbe Lehrrede findet sich als das *Mahāsatipaṭṭhāna-sutta* im *Dīgha-nikāya* wieder mit dem Unterschied, dass in dieser Version die vier edlen Wahrheiten, die letzte der *satipaṭṭhāna*-Betrachtungen, ausführlicher behandelt werden.[2] Zudem wird das Thema *satipaṭṭhāna* in einigen kürzeren Lehrreden im *Saṃyutta-nikāya* und im *Aṅguttara-nikāya* behandelt.[3] Außer in den Pāli-Quellen sind Ausführungen zu *satipaṭṭhāna* auch noch auf Chinesisch und Sanskrit überliefert, die hier und da interessante Abweichungen von den Pāli-Darstellungen aufweisen.[4]

---

[1] M I 55-63, die zehnte Lehrrede des *Majjhima-nikāya*.

[2] D II 305-15. In der burmesischen Ausgabe (sechstes *Saṅgāyana*) ist der längere Abschnitt über die vier edlen Wahrheiten auch der *Majjhima*-Version hinzugefügt worden. Die singhalesische Ausgabe stimmt jedoch mit der PTS-Ausgabe darin überein, dass die vier edlen Wahrheiten nur in Kurzfassung wiedergegeben werden.

[3] Diese sind das *Satipaṭṭhāna-saṃyutta* (= S V 141-192) und der *Satipaṭṭhāna-Vagga* (= A IV 457-462). Zusätzlich findet sich noch ein *Sati Vagga* (= A IV 336-347), ein *Satipaṭṭhāna-Vibhaṅga* (= Vibh 193-207) und zweimal eine *Satipaṭṭhāna-Kathā* (= Kv 155-159, Paṭis II 232-235). Kürzere Lehrreden mit ähnlichen Titeln sind die drei *Satipaṭṭhāna-sutta*s in S IV 360, S IV 363 und A III 142, die drei *Sati Sutta*s in S II 132, S IV 245 und A IV 336 und die drei *Sati Suttas* in S V 142, S V 180, S V186.

[4] Laut Schmithausen (1976, S. 244f.) gibt es fünf zusätzliche Versionen: Zwei vollständige auf Chinesisch (im *Madhyama-āgama*, Taishō 1, Nr. 26, S. 582b, und im *Ekottarika-āgama*, Taishō 2, Nr. 125, S. 568a), und drei fragmentarische Versionen auf Chinesisch und Sanskrit: *Pañcaviṃśatisāhasrikā Prajñāpāramitā*, *Śāriputrābhidharma* (Taishō 28, Nr. S. 1548, 525a) und *Śrāvakabhūmi*. Eine gekürzte Übersetzung einer der vollständigen chinesischen Versionen, das *Nien-ch'u-ching*, das achtundneunzigste *Sūtra* im chinesischen *Madhyama-āgama*, findet sich in Minh Chau (1991, S. 87-95). Eine vollständige Übersetzung dieser Version und auch der anderen chinesischen Version aus dem *Ekottarika-āgama*, des ersten *Sūtra* im zwölften Kapitel (Yi Ru Dao) des *Ekottarika-āgama*, findet sich bei Nhat Hanh (1990, S. 151-177). Ein Vergleich des *Satipaṭṭhāna-saṃyutta* mit den entsprechenden chinesischen Versionen ist in Choong (2000, S. 215-218) und in Hurvitz (1987, S. 211-229) zu finden.

Die meisten Lehrreden im *Saṃyutta-nikāya* und im *Aṅguttara-nikāya* stellen die vier *satipaṭṭhāna*s nur in Umrissen dar, ohne auf die Einzelheiten ihrer möglichen Anwendung einzugehen. Die funktionale Aufteilung in vier *satipaṭṭhāna*s ist anscheinend ein unmittelbares Resultat des Erwachens des Buddha[5] und ein zentraler Aspekt seiner Wiederentdeckung eines uralten Übungsweges.[6] Die detaillierten Anweisungen, die sich im *Mahāsatipaṭṭhāna-sutta* und im *Satipaṭṭhāna-sutta* finden, gehören aber offenbar einer späteren Periode an, in der sich die Lehre des Buddha schon vom Gangestal bis zum fernen Kammāsadhamma im Land der Kuru ausgebreitet hatte, jenem Ort, an dem beide Lehrreden gehalten wurden.[7]

In Abbildung 1.1 gebe ich einen Überblick über die Struktur, die der im *Satipaṭṭhāna-sutta* enthaltenen detaillierten Darlegung von *satipaṭṭhāna* zugrunde liegt. Jeder Abschnitt der Lehrrede entspricht hier einem Kästchen.

---

[5] In S V 178 zählt der Buddha die vier *satipaṭṭhāna*s zu jenen Einsichten, die zu seiner Zeit anderen nicht bekannt waren. Vgl. auch S V 167, worin der gerade erst erwachte Buddha darüber reflektiert, dass die vier *satipaṭṭhāna*s der direkte Weg zum Erwachen sind. Daraufhin steigt Brahmā Sahampati herab, um diesen Gedanken zuzustimmen (vgl. auch S V 185). In beiden Fällen werden die vier *satipaṭṭhāna*s nur umrissen und enthalten nicht die detaillierten praktischen Beispiele des *Satipaṭṭhāna-sutta* und des *Mahāsatipaṭṭhāna-sutta*.

[6] In S II 105 findet sich ein Bezug auf *sammā sati* als Wiederentdeckung eines uralten Weges, den bereits die Buddhas der Vorzeit beschritten hatten. Ganz ähnlich ist in A II 29 von *sammā sati* als einer uralten Übung die Rede. Tatsächlich wird in D II 35 vom *bodhisatta* Vipassī berichtet, wie er *dhammānupassanā* hinsichtlich der fünf Daseinsgruppen übt, was zeigt, dass *satipaṭṭhāna* als eine uralte Übung angesehen wurde, die schon von vorangegangenen Buddhas praktiziert wurde, aber bis zu ihrer Wiederentdeckung durch Gotama Buddha in Vergessenheit geraten war.

[7] de Silva (o.J., S. 3) weist darauf hin, dass das *Satipaṭṭhāna-sutta* erst gehalten wurde, als der *Dhamma* sich von seinem Ursprungsort Magadha bis zu den Grenzen des Landes der Kuru verbreitet hatte. Andere in Kammāsadhamma, im Lande der Kuru, gehaltene Lehrreden (z. B. D II 55, M I 501, M II 261, S II 92, S II 107, A V 29) stützen die Annahme, dass dieser Ort mit einer relativ fortgeschrittenen Entwicklungsstufe der frühbuddhistischen Gemeinschaft in Zusammenhang steht. (So ist z. B. in M I 502 von vielen Anhängern unterschiedlicher Herkunft die Rede.) Laut Ps I 227 ist ein gemeinsames Merkmal der an diesem Ort gehaltenen Lehrreden ihr vergleichsweise fortgeschrittener Inhalt aufgrund der Fähigkeit der Bevölkerung, tiefe Lehren anzunehmen. Das Land der Kuru entspricht der Gegend des heutigen Delhi, siehe Law (1979, S. 18), Malalasekera (1995, Bd. I, S. 642), Rhys Davids (1997, S. 27). Derselbe Teil Indiens wird auch mit den in der *Bhagavadgītā* (Bhg I.1) beschriebenen Geschehnissen in Verbindung gebracht.

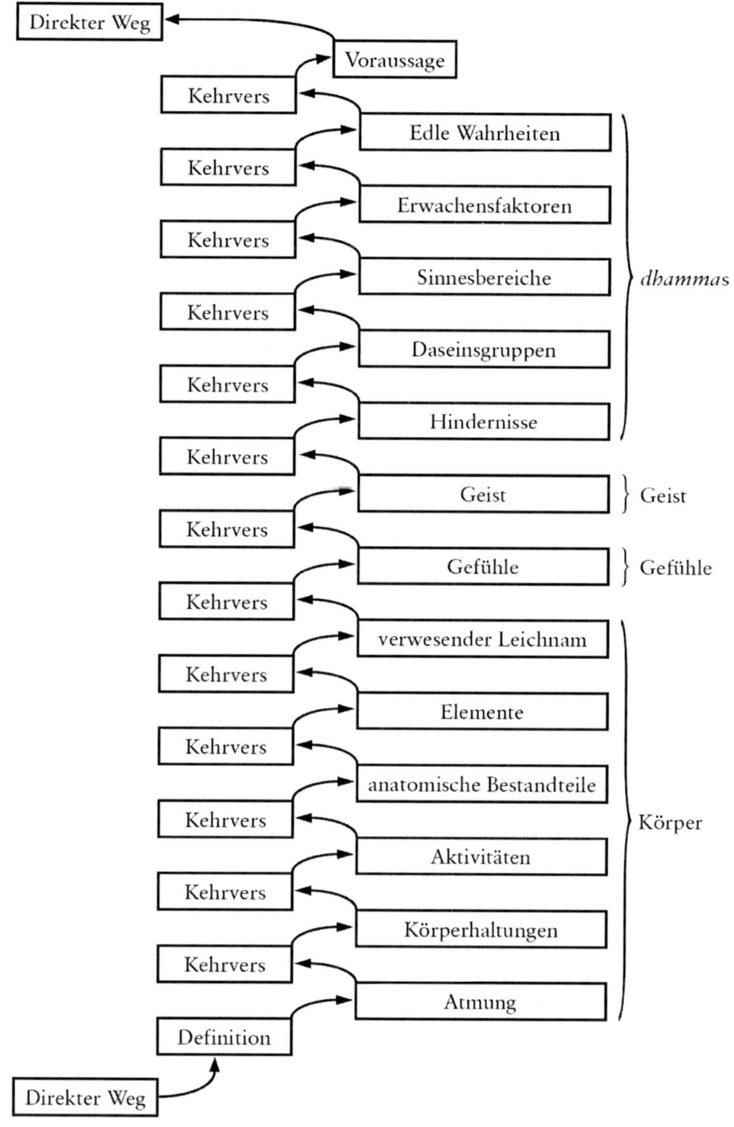

Abb. 1.1: Die Struktur des *Satipaṭṭhāna-sutta*

Die Lehrrede beginnt und endet jeweils mit einem Abschnitt, der besagt, dass *satipaṭṭhāna* der direkte Weg zu *Nibbāna* ist. Der nächste Abschnitt der Lehrrede bietet eine kurze Definition der wesentlichsten Aspekte dieses direkten Weges. Diese „Definition" behandelt vier *satipaṭṭhāna*s als Grundlagen der

Betrachtung: Körper, Gefühle, Geist und *dhammas*.[8] Die „Definition" benennt auch die geistigen Qualitäten, die für *satipaṭṭhāna* förderlich sind: Man sollte unermüdlich (*ātāpī*), wissensklar (*sampajāna*), achtsam (*sati*) und frei von Verlangen und Betrübnis (*vineyya abhijjhā-domanassa*) sein.

Im Anschluss an diese „Definition" beschreibt die Lehrrede die vier *satipaṭṭhānas* von Körper, Gefühlen, Geist und *dhammas* im Detail. Der Bereich des ersten *satipaṭṭhāna*, der Betrachtung des Körpers, umfasst Atemachtsamkeit, die Körperhaltungen und Aktivitäten, eine Analyse des Körpers in seine anatomischen Bestandteile und in seine Elemente sowie die Betrachtung eines verwesenden Leichnams. Die nächsten zwei *satipaṭṭhānas* befassen sich mit der Betrachtung der Gefühle und des Geistes. Das vierte *satipaṭṭhāna* zählt fünf Arten von *dhammas* als Grundlagen der Betrachtung auf: die geistigen Hindernisse, die Daseinsgruppen, die Sinnesbereiche, die Erwachensfaktoren und die vier edlen Wahrheiten. Nach der Erklärung der eigentlichen Meditationsübungen kehrt die Lehrrede mit einer Voraussage über die Zeitspanne, innerhalb derer die Verwirklichung erwartet werden kann, zu der Aussage über den direkten Weg zurück.

Die ganze Lehrrede hindurch folgt jeder einzelnen Meditationsübung eine bestimmte Formel. Dieser *satipaṭṭhāna*-Kehrvers vervollständigt jede Anleitung durch wiederholte Betonung der wichtigsten Aspekte der Übung.[9] Diesem Kehrvers zufolge schließt die *satipaṭṭhāna*-Betrachtung innere und äußere Phänomene ein und beschäftigt sich mit ihrem Entstehen und Vergehen. Der Kehrvers weist auch darauf hin, dass die Praxis der Achtsamkeit lediglich den Zweck des Entwickelns von reinem Wissen und des Erlangens ununterbrochenen Gewahrseins hat. Demselben Kehrvers zufolge sollte korrekte *satipaṭṭhāna*-Betrachtung frei von jeglicher Abhängigkeit oder Anhaftung stattfinden.

Die gesamte Lehrrede wird eingerahmt von einer Einführung, die vom Redeanlass erzählt, und einer Schlussbemerkung, die von der erfreuten Reaktion der Mönche nach Abschluss der Darlegung durch den Buddha berichtet.[10]

---

[8] Das Bedeutungsfeld des Begriffs *dhamma*, den ich unübersetzt lasse, wird in Kapitel IX.1, S. 205-208 besprochen.

[9] Die Tatsache, dass dieser Kehrvers für jede Meditationsübung unverzichtbar ist, zeigt sich durch die jeweils abschließende Bemerkung (M I 56): „Auf diese Weise verweilt er hinsichtlich des Körpers (die Gefühle, den Geist, die *dhammas*) den Körper (die Gefühle, den Geist, die *dhammas*) betrachtend." Dieser Satz stellt die Verbindung zu der Frage her, die zu Beginn jedes *satipaṭṭhāna* gestellt wird (M I 56): „Und wie, ihr Mönche, verweilt er in Bezug auf den Körper (etc.) den Körper (etc.) betrachtend?"

[10] Hierbei handelt es sich um die üblichen Einleitungs- und Schlussabschnitte von dem, was Manné (1990, S. 33) als eine typische Lehrrede bezeichnet.

Indem ich die „Definition" und den Kehrvers in den Mittelpunkt der oben stehenden Abbildung stelle, möchte ich ihre zentrale Funktion in der Lehrrede hervorheben. Wie die Abbildung zeigt, verläuft die Lehrrede in einem sich wiederholenden Muster, das systematisch zwischen spezifischen Meditationsanleitungen und dem Kehrvers wechselt. Jedes Mal hat der Kehrvers die Funktion, die Aufmerksamkeit auf diejenigen Gesichtspunkte zu lenken, die für korrektes Üben wesentlich sind. Das gleiche Schema findet sich auch am Anfang der Lehrrede wieder, wo nach einer allgemeinen Einführung in das Thema *satipaṭṭhāna* mittels der Aussage vom „direkten Weg" die „Definition" folgt, deren Funktion es ist, auf die wesentlichen Merkmale von *satipaṭṭhāna* hinzuweisen. Somit weisen sowohl die „Definition" als auch der Kehrvers auf das Wesentliche hin. Das bedeutet: Die in der „Definition" und im Kehrvers enthaltene Information ist von besonderer Bedeutung für das richtige Verständnis und die korrekte Umsetzung von *satipaṭṭhāna*.

I.2 Übersicht über die vier *satipaṭṭhānas*

Bei näherer Betrachtung offenbart die Reihenfolge der im *Satipaṭṭhānasutta* aufgeführten Betrachtungen ein progressives Schema (siehe die untenstehende Abb. 1.2). Die Betrachtung des Körpers führt von der rudimentären Erfahrung der Körperhaltungen und körperlichen Aktivitäten zur Betrachtung der Körperanatomie. Die zunehmende Empfindsamkeit, die auf diese Weise entwickelt wird, bildet die Grundlage für die Betrachtung der Gefühle. Es findet also eine Verlagerung der Aufmerksamkeit von den unmittelbar zugänglichen physischen Aspekten der Erfahrung zu den Gefühlen als verfeinerten und subtileren Objekten des Gewahrseins statt.

Die Betrachtung der Gefühle unterteilt diese nicht nur entsprechend ihrer affektiven Qualität in angenehme, unangenehme und neutrale Gefühle, sondern unterscheidet sie auch entsprechend ihrer weltlichen oder nichtweltlichen Natur. Der letzte Teil der Betrachtung der Gefühle führt also eine ethische Unterscheidung der Gefühle ein. Diese dient als Ausgangspunkt, um die Aufmerksamkeit auf die ethische Unterscheidung zwischen heilsamen und unheilsamen Geisteszuständen zu lenken, wie sie am Anfang des nächsten *satipaṭṭhāna*, der Betrachtung des Geistes, erwähnt wird.

Die Betrachtung des Geistes schreitet von der Anwesenheit oder Abwesenheit von vier unheilsamen Geisteszuständen (Begehren, Zorn, Verblendung und Zerstreutheit) zur Betrachtung der Anwesenheit oder Abwesenheit von vier höheren Geisteszuständen.

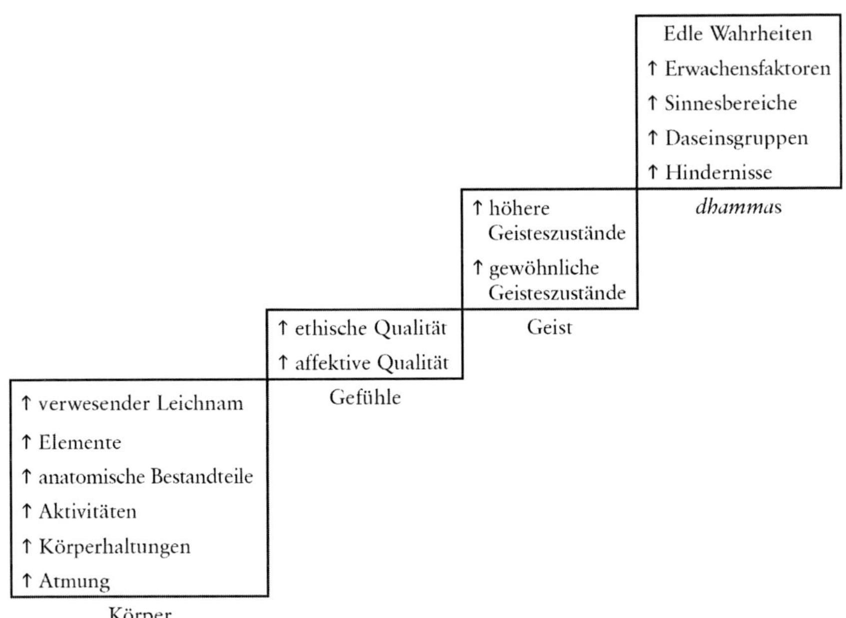

Abb. 1.2: Progression der *satipaṭṭhāna*-Betrachtungen

Die Beschäftigung mit höheren Geisteszuständen im letzten Teil der Betrachtung des Geistes bietet sich ganz natürlich für eine gründliche Untersuchung jener Faktoren an, die besonders die tieferen Ebenen der Konzentration behindern. Dabei handelt es sich um die Hindernisse, die das erste Objekt der Betrachtung der *dhamma*s sind.

Nachdem die Hindernisse der meditativen Übung behandelt wurden, schreitet die Betrachtung der *dhamma*s zu zwei Analysen der subjektiven Erfahrung fort, nämlich zu den fünf Daseinsgruppen und den sechs Sinnesbereichen. Auf diese Analysen folgen die Erwachensglieder, die nächste Betrachtung der *dhamma*s. Der Höhepunkt der *satipaṭṭhāna*-Übung ist mit der Betrachtung der vier edlen Wahrheiten erreicht, deren vollständiges Verstehen mit der Verwirklichung zusammenfällt.

Auf diese Weise betrachtet, führt die Reihenfolge der *satipaṭṭhāna*-Betrachtungen progressiv von gröberen zu feineren Ebenen.[11] Diese lineare

[11] Das *Mahāprajñāpāramitāśāstra* bietet die folgende Erklärung für dieses Schema: Nachdem der Meditierende den Körper untersucht hat, sucht er nach dem Grund der Anhaftung an ihn, welcher in den angenehmen Gefühlen besteht. In der Untersuchung der Gefühle stellt sich die Frage: „Wer erfährt Gefühle?“, was zur Betrachtung des Geistes führt. Diese bildet nun eine Grundlage für die Untersuchung der Ursachen und Bedingungen des Geistes, worauf sich die Betrachtung der *dhamma*s konzentriert; siehe Lamotte (1970, S. 1158, 1162, 1167). Zu dem progressiven, >

Progression ist durchaus von Bedeutung für die Praxis, da sich die Körperbetrachtungen als grundlegende Übung anbieten, um sich eine Grundlage in *sati* zu schaffen, während die abschließende Kontemplation der vier edlen Wahrheiten die Erfahrung von *Nibbāna* einschließt (die dritte edle Wahrheit, die das Aufhören von *dukkha* betrifft) und somit dem Höhepunkt jeder erfolgreichen Umsetzung von *satipaṭṭhāna* entspricht.

Jedoch wird durch dieses progressive Schema nicht die einzig mögliche Weise vorgeschrieben, um *satipaṭṭhāna* zu üben. Die Progression der Meditationsübungen im *Satipaṭṭhāna-sutta* als Hinweis auf eine notwendige Reihenfolge aufzufassen, würde das Übungsfeld erheblich einschränken, da dann nur die Erfahrungen oder Phänomene, die in das vorgegebene Schema passen, angemessene Objekte des Gewahrseins wären. Ein zentrales Merkmal von *satipaṭṭhāna* ist aber das Gewahrsein der Phänomene, wie sie sind und wie sie auftreten. Obwohl dieses Gewahrsein ganz natürlich von grob zu fein fortschreitet, wird es doch in der praktischen Übung wahrscheinlich von der in der Lehrrede angegebenen Reihenfolge abweichen.

Eine anpassungsfähige und umfassende Entwicklung von *satipaṭṭhāna* sollte alle Aspekte der Erfahrung umfassen, gleichgültig in welcher Reihenfolge sie auftreten mögen. Alle *satipaṭṭhāna* können während des gesamten Fortschreitens auf dem Pfad fortwährend von Bedeutung sein. Zum Beispiel ist die Übung der Körperbetrachtung keineswegs etwas, was man bei einer fortgeschrittenen Phase der Praxis hinter sich lässt und ablegt. Vielmehr bleibt sie eine wichtige Übung, sogar für einen *Arahant*.[12] Diesem Verständnis zufolge unterstützen sich die im *Satipaṭṭhāna-sutta* aufgeführten Übungen gegenseitig. Die Reihenfolge, in der sie geübt werden, kann den individuellen Bedürfnissen jedes oder jeder einzelnen Meditierenden angepasst werden.

Die vier *satipaṭṭhāna*s unterstützen sich nicht nur gegenseitig, sondern man könnte sie sogar alle in einer einzigen Meditationsübung integrieren. Dies ist im *Ānāpānasati-sutta* belegt, wo beschrieben wird, wie die Achtsamkeit beim Atmen auf solche Weise entwickelt werden kann, dass sie alle vier *satipaṭṭhāna*s umfasst.[13] Diese Darlegung demonstriert, wie alle vier *satipaṭṭhānas* innerhalb der Praxis einer einzigen Meditationsübung auf umfassende Weise kombiniert werden können.

---

der Reihenfolge der *satipaṭṭhāna*-Betrachtungen zugrunde liegenden Schema vgl. auch Ariyadhamma (1994, S. 6), Gethin (1992, S. 47), Guenther (1991, S. 219), Khemacari (1985, S. 38) King (1992, S. 67) und Meier (1978, S. 16).

[12] Vgl. z. B. S V 326, wo berichtet wird, dass selbst der Buddha auch nach seinem Erwachen weiterhin die Atemachtsamkeit praktizierte.

[13] M III 83.

I.3 Die Bedeutung jedes *satipaṭṭhāna* für die Verwirklichung

Dem *Ānāpānasati-sutta* zufolge ist es möglich, eine Vielzahl verschiedener Aspekte der *satipaṭṭhāna*-Betrachtung mithilfe eines einzigen Meditationsobjektes zu entwickeln und damit alle vier *satipaṭṭhāna*s zu entwickeln. Das wirft die Frage auf, inwiefern ein einziges *satipaṭṭhāna* oder auch eine einzige Meditationsübung als eigenständige und vollständige Praxis angesehen werden kann.

In verschiedenen Lehrreden wird die Übung eines einzelnen *satipaṭṭhāna* unmittelbar zur Verwirklichung in Beziehung gesetzt.[14] Ganz ähnlich schreiben die Kommentare jedem einzelnen *satipaṭṭhāna* das Potenzial zu, zum vollständigen Erwachen zu führen.[15] Dies mag der Grund sein, warum sehr viele zeitgenössische Meditationslehrer sich auf die Anwendung einer einzigen Meditationstechnik beschränken, um durch die zielstrebige und gründliche Vervollkommnung einer Meditationstechnik alle Aspekte von *satipaṭṭhāna* abzudecken und auf diese Weise die Verwirklichung zu erlangen.[16]

Tatsächlich wird die Entwicklung der Achtsamkeit mit jeglicher Meditationstechnik ganz von selbst zu einer merklichen Zunahme des allgemeinen Niveaus an Achtsamkeit führen und dadurch die Fähigkeit steigern, auch in Bezug auf Situationen, die nicht Teil des primären Meditationsobjekts sind, achtsam zu sein. Auf diese Weise erhalten sogar jene Aspekte des *satipaṭṭhāna*, die nicht bewusst als Objekt der Betrachtung gewählt wurden, dennoch in gewissem Umfang aufmerksame Beachtung, gewissermaßen als Nebenprodukt der hauptsächlichen Übung. Jedoch besagt die Darlegung im *Ānāpānasati-sutta* eigentlich nicht, dass man durch die Achtsamkeit auf den Atem automatisch alle Aspekte des *satipaṭṭhāna* abdeckt. Vielmehr legt diese Lehrrede dar, wie eine gründliche Entwicklung von *sati* vom Atem zu einer umfassenden Reihe von Objekten führen kann, die verschiedene Aspekte subjektiver Realität einschließt. Aber es versteht sich von selbst, dass

---

[14] S V 158, S V 181, S V 182, S IV 363.

[15] Ps I 249 beschreibt das vollständige Erwachen aufgrund der Atemachtsamkeit, Ps I 252 aufgrund der Achtsamkeit auf die vier Körperhaltungen, Ps I 270 aufgrund der Wissensklarheit bezüglich der körperlichen Aktivitäten, Ps I 274 aufgrund der Leichenfeldbetrachtungen, Ps I 277 aufgrund der Betrachtung der Gefühle, Ps I 280 aufgrund der Betrachtung des Geistes, usw.

[16] Vgl. z. B. Dhammadharo (1997, S. 54), der alle vier *satipaṭṭhāna*s zu einer einzigen Übung zusammenfasst. Goenka (1994b, S. 2) vertritt dieselbe Meinung und erklärt, wenn der „Körper" über die „Gefühle" erfahren wird, die gleichzeitig als „Geistesobjekte" mit dem „Geist" verbunden sind, so könne man mit der Beobachtung der Körperempfindungen alle vier *satipaṭṭhāna*s abdecken. Sunlun (1993, S. 110) vertritt bezüglich der Berührungsempfindungen einen ähnlichen Standpunkt. Auch Taungpulu (1993, S. 189) schließt alle vier *satipaṭṭhāna*s in der einzelnen Übung der Körperbetrachtung mit ein.

eine solch umfassende Reihe von Aspekten das Ergebnis einer beabsichtigten Entwicklung war, sonst wäre nicht eine ganze Lehrrede notwendig gewesen, um zu beschreiben, wie dies erreicht werden kann.

Tatsächlich legen verschiedene Meditationslehrer und Gelehrte besonderen Wert darauf, dass die Praxis der Achtsamkeit alle vier *satipaṭṭhāna*s einschließen sollte.[17] Ihnen zufolge sollten, auch wenn eine bestimmte Meditationsübung als vorrangiges Objekt der Achtsamkeit dienen kann, die anderen Aspekte des *satipaṭṭhāna* ebenfalls einbezogen werden, zumindest in untergeordneter Form. Diese Vorgehensweise wird durch den abschließenden Teil des *Satipaṭṭhāna-sutta*, die „Voraussage" der Verwirklichung, gestützt. In diesem Abschnitt wird deutlich, dass die Entwicklung aller vier *satipaṭṭhāna*s zur Verwirklichung der zwei höheren Stufen des Erwachens, der Nichtwiederkehr und der Arahantschaft, führt.[18] Die Tatsache, dass alle vier *satipaṭṭhāna*s genannt sind, legt nahe, dass in ihrer umfassenden Übung das besondere Potenzial liegt, hohe Stufen der Verwirklichung zu erreichen. Ein Hinweis hierauf findet sich auch in einer Aussage im *Satipaṭṭhāna-saṃyutta*, in der die Verwirklichung der Arahantschaft mit der „vollständigen" Übung der vier *satipaṭṭhāna*s in Zusammenhang gebracht wird, während eine Praxis, die nicht alle vier umfasst, nur zu geringeren Stufen der Verwirklichung führe.[19]

Eine Stelle im *Ānāpāna-saṃyutta* vergleicht die vier *satipaṭṭhāna*s mit Streitwagen, die aus vier Richtungen kommen und von denen jeder durch einen in der Mitte einer Wegkreuzung befindlichen Staubhaufen fährt und ihn dadurch zerstreut.[20] Dieses Gleichnis deutet darauf hin, dass jedes *satipaṭṭhāna* an sich in der Lage ist, unheilsame Zustände zu überwinden, geradeso wie jeder der Streitwagen den Staubhaufen zerstreuen kann. Gleichzeitig illustriert dieses Gleichnis aber auch die Auswirkung des Zusammenwirkens aller vier *satipaṭṭhāna*s, denn wenn die Streitwagen aus allen Richtungen kommen, wird der Staubhaufen noch weiter zerstreut.

Folglich ist jede einzelne Meditationsübung des *satipaṭṭhāna*-Schemas imstande, zu tiefer Einsicht zu führen, besonders wenn man sie entsprechend

---

[17] Z. B. Ñāṇapoṇika (1992, S. 58) empfiehlt die Übung aller vier *satipaṭṭhāna*s. Er schlägt vor, sich auf wenige ausgewählte Betrachtungen zu konzentrieren und den anderen Betrachtungen immer dann Aufmerksamkeit zu schenken, wenn sich im Laufe der Praxis eine Gelegenheit dazu bietet. Soma (1981, S. xxii) vertritt einen ähnlichen Standpunkt.

[18] M I 62: „ … wenn jemand diese vier *satipaṭṭhāna*s … entwickelt, kann eines von zwei Ergebnissen für ihn erwartet werden: entweder vollendete Erkenntnis hier und jetzt, oder, wenn noch eine Spur von Anhaften übrig ist, Nichtwiederkehr." Pradhan (1986, S. 340) weist darauf hin, die Übung aller *satipaṭṭhāna*s sei erforderlich, um dazu fähig zu sein, derart hohe Stufen der Verwirklichung zu erlangen.

[19] S V 175.

[20] S V 325.

der Schlüsselanweisungen der „Definition“ und des Kehrverses der Lehrrede entwickelt. Dennoch wird der Versuch, alle vier *satipaṭṭhānas* in die Übung einzuschließen, dem besonderen Charakter der verschiedenen im *Satipaṭṭhāna-sutta* beschriebenen Meditationen eher gerecht und sorgt dadurch für einen schnellen Fortschritt und eine ausgewogene und umfassende Entwicklung.[21]

I.4 Die bezeichnende Eigenschaft jedes *satipaṭṭhāna*

Die Notwendigkeit einer derart umfassenden Entwicklung hängt damit zusammen, dass jedes *satipaṭṭhāna* eine andere Eigenschaft hat und daher einem Zweck dient, der sich von den anderen etwas unterscheidet. Dies ist im *Nettippakaraṇa* und den Kommentaren belegt, wo die bezeichnende Eigenschaft jedes *satipaṭṭhāna* mit einer Reihe von Wechselbeziehungen verdeutlicht wird (siehe die untenstehende Abb. 1.3).

Den Kommentaren zufolge entspricht jedes der vier *satipaṭṭhānas* einer Daseinsgruppe. Die Daseinsgruppen der materiellen Form (*rūpa*), der Gefühle (*vedanā*) und des Bewusstseins (*viññāṇa*) werden den ersten drei *satipaṭṭhānas* zugeordnet, während die Daseinsgruppen der Wahrnehmung (*saññā*) und der Willensregungen (*saṅkhārā*) der Betrachtung der *dhammas* zugeordnet werden.[22]

Bei näherer Untersuchung erscheint diese Zuordnung etwas willkürlich, da das dritte *satipaṭṭhāna*, die Betrachtung des Geistes, allen geistigen Daseinsgruppen entspricht und nicht nur der des Bewusstseins. Zudem schließt das vierte *satipaṭṭhāna*, die Betrachtung der *dhammas*, alle fünf Daseinsgruppen als eine Form der Achtsamkeitsentfaltung ein und geht daher über die zwei Daseinsgruppen Wahrnehmung (*saññā*) und Willensregungen (*saṅkhārā*) hinaus.

Dennoch mag die Intention der Kommentare in dem Hinweis bestehen, dass alle Aspekte der subjektiven Erfahrung mithilfe der vier *satipaṭṭhānas* untersucht werden sollten. Diesem Verständnis zufolge steht die Aufteilung in vier *satipaṭṭhāna* für eine analytische Vorgehensweise, ähnlich der Zergliederung subjektiver Erfahrung in die fünf Daseinsgruppen. In beiden Fällen wird versucht, die Illusion der Substanzhaftigkeit des Beobachters

---

[21] Debes (1994, S. 190) fasst treffend zusammen: „Es ist also wohl möglich, daß manche Menschen unbeirrbar das Elend der Körperlichkeit durchschauend, mit nur einem Bruchteil der von dem Erwachten geschilderten Übungen die Entrückungen und über sie die Aufhebung des Durstes, das Nirvana, erreichen; aber es ist nicht möglich, daß ein Mensch, der alle die vom Erwachten als zum Nirvana führend genannten Satipatthana-Übungen geübt und sich angeeignet hat, dann das Nirvana etwa nicht gewänne. Die Wegweisung des Erwachten für das Heilsziel ist die vollkommenste und vollständigste, die in der gesamten Weltliteratur vorzufinden ist.“

[22] Ps I 218.

aufzulösen.[23] Indem man die Achtsamkeit den verschiedenen Facetten der subjektiven Erfahrung zuwendet, werden diese einfach als Objekte erfahren, und die Vorstellung der Kompaktheit, das Gefühl eines festgefügten „Ich", beginnt zu zerfallen. Je mehr also die subjektive Erfahrung „objektiv" betrachtet werden kann, desto mehr wird sich die „Ich"-Identifikation verringern.[24] Dies entspricht der Anweisung in einer Lehrrede, jede Daseinsgruppe so lange gründlich zu untersuchen, bis kein „Ich" mehr zu finden ist.[25]

Zusätzlich zur Zuordnung der Daseinsgruppen wird in den Kommentaren jedes der vier *satipaṭṭhāna*s für einen bestimmten Charaktertyp oder für spezifische Neigungen empfohlen. Demzufolge sollte die Betrachtung des Körpers und der Gefühle das Hauptübungsfeld für diejenigen sein, die stärker zu Begehren neigen, während Meditierende mit einer starken Neigung zu intellektuellen Spekulationen und zum Theoretisieren sich stärker der Betrachtung des Geistes oder der *dhamma*s widmen sollten.[26] Somit ist die Übung der ersten zwei *satipaṭṭhāna*s für Menschen mit einer stärkeren Neigung zu Emotionen angemessen, während die letzten zwei für Menschen mit eher intellektueller Ausrichtung besonders empfehlenswert sind. In beiden Fällen können diejenigen, zu deren Wesensart schnelles Denken und Reagieren gehört, ihre Übung auf die eher subtilen Betrachtungen der Gefühle oder der *dhamma*s konzentrieren, während diejenigen, deren Geist eher vorsichtig und gemessen arbeitet, bessere Resultate erzielen werden, wenn sie ihre Übung auf die gröberen Objekte des Körpers oder des Geistes stützen. Obwohl diese Empfehlungen in Begriffen der Charaktertypisierung ausgedrückt sind, könnte man sie auch auf eine momentane Geistesverfassung anwenden. Man könnte das *satipaṭṭhāna* wählen, das dem gegenwärtigen Geisteszustand am ehesten entspricht, und so zum Beispiel die Betrachtung des Körpers durchführen, wenn man sich gerade träge und begehrlich fühlt.

---

[23] Vgl. auch Frýba (1989, S. 258), der vorschlägt, die vier *satipaṭṭhāna*s als Benennungskategorien zur analytischen Zergliederung subjektiver Erfahrung einzusetzen, indem die Erfahrungen von Wärme, Bewegung, Zittern, Jucken, Druck, Leichtigkeit etc. als „Körper" klassifiziert werden; erfreut, amüsiert, gelangweilt, traurig sein als „Empfindungen"; gesammelt, zerstreut, angespannt, gierig, hasserfüllt sein usw. als „Geist"; und das Erfahren von Denken, Wünschen, Planen, Beabsichtigen usw. als *„dhamma*s".

[24] Ñāṇananda (1993, S. 48) drückt das treffend aus, indem er von *satipaṭṭhāna* als „einer objektiven Methode zum Verständnis des Subjektiven der eigenen Erfahrung" spricht. Ñāṇapoṇika (1992, S. 75) bemerkt dazu: „Die ganze Lehrrede über die Grundlagen der Achtsamkeit kann als umfassende ... Anleitung für die Verwirklichung von ... *anattā* angesehen werden." Eine ähnliche Meinung vertreten Schönwerth (1968, S. 193) und Story (1975, S. viii).

[25] S IV 197.

[26] Ps I 239.

	Körper	Gefühle	Geist	*dhammas*
Daseinsgruppe	materielle Form	Gefühle	Bewusstsein	Wahrnehmung + Willensregungnen
Charakter	langsam + begehrlich	schnell + begehrlich	langsam + theoretisierend	schnell + theoretisierend
Einsicht	unschön	unbefriedigend	vergänglich	Nicht-Selbst

Abb. 1.3: Wechselbeziehungen der vier *satipaṭṭhāna*s

Im *Nettippakaraṇa* und im *Visuddhimagga* werden die vier *satipaṭṭhāna*s auch den vier Verzerrungen (*vipallāsa*) gegenübergestellt, durch die man das, was unschön, unbefriedigend, unbeständig und Nicht-Selbst ist, für schön, befriedigend, beständig und für ein Selbst hält.[27] Diesen Quellen zufolge hat die Kontemplation des Körpers das Potenzial, besonders das Nichtvorhandensein körperlicher Schönheit offenzulegen. Die Beobachtung der wahren Natur der Gefühle kann der unaufhörlichen Suche nach vergänglichen Freuden entgegenwirken, das Gewahrwerden der unablässigen Abfolge geistiger Zustände kann die vergängliche Natur aller subjektiven Erfahrung sichtbar machen, und die Betrachtung der *dhamma*s kann offenbaren, dass die Vorstellung eines substanzhaften und dauerhaften Selbst nichts anderes als eine Illusion ist. Diese Darstellung bringt das Hauptthema zum Vorschein, das jedem der vier *satipaṭṭhāna*s zugrunde liegt, und weist darauf hin, welches von ihnen besonders geeignet ist, um die Illusion von Schönheit, Glück, Dauerhaftigkeit und Selbst zu zerstören.[28] Obwohl die entsprechenden Einsichten sich gewiss nicht auf ein *satipaṭṭhāna* allein beschränken, so zeigt diese spezielle Darstellung doch, welche *satipaṭṭhāna* besonders passend sind, um eine bestimmte Verzerrung (*vipallāsa*) zu korrigieren. Auch diese Entsprechung kann auf nützliche Weise gemäß den eigenen charakterlichen Neigungen angewandt oder auch benutzt werden, um der augenblicklichen Manifestation einer bestimmten Verzerrung entgegenzuwirken.

---

[27] Nett 83; vgl. auch Ps I 239 und Vism 678. Bezüglich der vier *vipallāsa*s ist bemerkenswert, dass sie nur einmal in den vier *nikāya*s, in A II 52, aufgeführt werden. Der Begriff selbst erscheint auch in Vin III 7 im Sinne von „Störung" und in Sn 299 im Sinne von „Veränderung"; in Th 1143 findet er sich als *catubbipallāsā*. Die vier *vipallāsa*s spielen erst im *Paṭisambhidāmagga* und der späteren Pāli-Literatur eine besonders wichtige Rolle. Die gleichen vier irrtümlichen Vorstellungen sind Teil einer Definition von Unwissenheit in Patañjalis *Yoga Sūtra* (II.5).

[28] Nett 123 bringt jedes *satipaṭṭhāna* mit einer entsprechenden Art der Verwirklichung in Zusammenhang, indem die Betrachtung des Körpers und der Gefühle mit der „begierdelosen Befreiung", die Betrachtung des Geistes mit der „leeren Befreiung" und die Betrachtung der *dhamma*s mit der „zeichenlosen Befreiung" in Beziehung gesetzt werden. (Allerdings würde man eher erwarten, dass es für die letzten zwei umgekehrt ist.)

Letztendlich haben jedoch alle vier *satipaṭṭhāna*s teil an demselben Wesenskern. Jedes von ihnen führt zur Verwirklichung, so wie verschiedene Tore in dieselbe Stadt führen.[29] Auch die Kommentare weisen darauf hin, dass die vierfache Einteilung nur funktional ist und mit einem Stück Bambus verglichen werden kann, das ein Korbflechter vierfach aufspaltet, um einen Korb daraus zu fertigen.[30]

Dies soll zunächst als vorläufiger Überblick über die vier *satipaṭṭhāna*s genügen. Um den Titel, den ich für diese Arbeit gewählt habe, in den richtigen Zusammenhang zu stellen, wende ich mich nun den zwei Schlüsselbegriffen „direkter Weg“ und „*satipaṭṭhāna*“ zu.

I.5 Der Ausdruck „direkter Weg“

Der erste Abschnitt des *Satipaṭṭhāna-sutta* selbst führt die vier *satipaṭṭhāna*s als den „direkten Weg“ zur Verwirklichung ein. Die Stelle lautet:

> „Ihr Mönche, dies ist der direkte Weg zur Läuterung der Wesen, zur Überwindung von Kummer und Wehklage, zum Beenden von *dukkha* und Betrübtheit, zur Erlangung der richtigen Methode, zur Verwirklichung von *Nibbāna*, nämlich die vier *satipaṭṭhāna*s.“[31]

Die Bezeichnung als „direkter Weg“ erscheint in den Lehrreden fast ausschließlich als Eigenschaft von *satipaṭṭhāna*, was eine bedeutende Hervorhebung darstellt.[32] Diese Hervorhebung ist in der Tat gerechtfertigt, denn die Übung des „direkten Weges“ der *satipaṭṭhāna*s ist eine unverzichtbare Voraussetzung für die Befreiung.[33] Wie einige Verse im *Satipaṭṭhāna-*

---

[29] In Ps I 239 wird darauf hingewiesen, dass alle vier *satipaṭṭhāna*s denselben Wesenskern haben; in Ps I 240 wird ergänzt, dass sie nur aufgrund verschiedener Objekte unterschieden werden. Than Daing (1970, S. 59) veranschaulicht die Ähnlichkeit aller vier *satipaṭṭhāna*s, indem er sie mit den vier Treppenaufgängen vergleicht, die zu einer Pagode hinaufführen.

[30] Vibh-a 222. Bodhi (1993, S. 279) erklärt: „Die vier Grundlagen der Achtsamkeit haben einen einzigen Wesenskern, der in der achtsamen Betrachtung der Phänomene besteht. Sie werden insofern unterschieden, als diese achtsame Betrachtung auf vier Objekte gerichtet wird.“

[31] M I 55. Zu dieser Textstelle vgl. auch Janakabhivaṃsa (1985, S. 37-44).

[32] *Ekāyano* findet sich mit Bezug auf *satipaṭṭhāna* in D II 290, M I 55, S V 141, S V 167, S V 185. Im Gegensatz dazu kommt in A III 314 in einer Textstelle, die ansonsten der Aussage über den „direkten Weg“ gleicht, die Bezeichnung *ekāyano* nicht vor. Auch in A III 329 ist *ekāyano* in Bezug auf die Übung, sich den Buddha zu vergegenwärtigen, nicht vorhanden. Khantipālo (1981, S. 29) und Ñāṇapoṇika (1973, S. 12) weisen auf die hervorgehobene Bedeutung des Begriffs *ekāyano* im alten Indien hin. Verschiedene Beispiele werden in Gethin (1992, S. 61) erörtert.

[33] Nach A V 195 haben alle, die dieser Welt entronnen sind, entrinnen oder entrinnen werden, dies durch das tiefgehende Entwickeln der vier *satipaṭṭhāna*s erreicht.

saṃyutta aufzeigen, ist *satipaṭṭhāna* der „direkte Weg", um die Flut in der Vergangenheit, der Gegenwart und der Zukunft zu durchschreiten.[34]

„Direkter Weg" ist eine Übersetzung des Pāli-Ausdrucks *ekāyano maggo*, der sich aus den Teilen *eka*, „eins", *ayana*, „gehen", und *magga*, „Weg", zusammensetzt. In der Tradition der Kommentare sind fünf alternative Erklärungen zum Verständnis dieses besonderen Ausdrucks bewahrt worden. Demzufolge kann ein Weg, der als *ekāyano* bezeichnet wird, als „direkt" verstanden werden in dem Sinne, dass er:

a) direkt zum Ziel führt,

b) als ein Weg, der allein, „einzeln", beschritten werden muss,

c) als ein Weg, der von dem „Einen" (dem Buddha) gelehrt wurde,

d) als ein Weg, der sich „einzig" im Buddhismus findet oder

e) als ein Weg, der zu „einem" Ziel, nämlich *Nibbāna*, führt.[35]

Meine Übersetzung von *ekāyano* als einem „direkten Weg" folgt der ersten dieser Erklärungen.[36] Eine gängigere Übersetzung von *ekāyano* ist „der einzige Weg", welche der vierten der fünf in den Kommentaren zu findenden Erklärungen entspricht.

Um die Bedeutung eines Pāli-Begriffes zu bestimmen, ist es stets hilfreich, die verschiedenen Zusammenhänge zu berücksichtigen, in denen er in den Lehrreden erscheint. Im gegenwärtigen Fall erscheint *ekāyano*, außer dass es im Zusammenhang mit *satipaṭṭhāna* in mehreren Lehrreden vorkommt, auch noch einmal in einem anderen Zusammenhang. In einem Gleichnis im *Mahāsīhanāda-sutta* wird ein Mann beschrieben, der einen Weg entlanggeht, welcher zu einer Grube führt, wobei es absehbar ist, dass er in diese Grube fallen wird.[37] Dieser Weg wird als *ekāyano* bezeichnet. In diesem Zusammenhang vermittelt *ekāyano* eher den Sinn einer geradlinigen Richtung als einer Ausschließlichkeit. Zu sagen, dass dieser Weg „direkt" zu der Grube führt, wäre passender als zu sagen, es sei der „einzige Weg" zu der Grube.

---

[34] S V 167 und S V 186.

[35] Ps I 229: *ekamaggo na dvedhāpathabhūto ... ekena ayitabbo ... ekassa ayano ... ekasmiṃ ayano ... ekaṃ ayati*. Diese Alternativen werden von Gethin (1992, S. 60-63) erörtert.

[36] „Direkter Weg" als Übersetzungsmöglichkeit von *ekāyano* wird auch von Ñāṇatiloka (1910, S. 91, Anm. 7) und von Ñāṇamoli (1995, S. 145) gebraucht. *Ekāyano* als „direkten Weg" zu übersetzen hat den Vorteil, die etwas dogmatische Nuance zu vermeiden, die in der Übersetzung „der einzige Weg" mitschwingt, wie z. B. Conze (1962, S. 51, Anm. ++ = dt. Ausg. 1988/1990, S. 68, Anm. a) bemerkt.

[37] M I 75. Das Gleiche wird dann für einen Weg, der zu einem Baum, einem Haus und einem Teich führt, wiederholt. Vgl. auch Ñāṇamoli (1995, S. 1188, Anm. 135).

In diesem Zusammenhang ist auch das *Tevijja-sutta* von Interesse, in dem von zwei Brahmanenschülern berichtet wird, die sich darüber streiten, wessen Lehrer den einzig richtigen Weg zur Vereinigung mit Brahma lehrt. Zwar wäre in diesem Zusammenhang ein ausschließender Ausdruck wie „der einzige Weg" zu erwarten, aber die Bezeichnung *ekāyano* wird nicht benutzt.[38] Ebenso fehlt sie in einem Vers des *Dhammapada*, in dem der edle achtfache Pfad als „der einzige Weg" dargestellt wird.[39] Diese zwei Beispiele weisen darauf hin, dass die Bezeichnung *ekāyano* in den Lehrreden nicht im Sinne der Ausschließlichkeit gebraucht wurde.

Indem *ekāyano* also eher die Bedeutung des Direkten als der Ausschließlichkeit vermittelt, wird damit die Aufmerksamkeit auf *satipaṭṭhāna* als den Aspekt des edlen achtfachen Pfades gelenkt, der am „direktesten" dazu beiträgt, die Sicht der Dinge so, wie sie wirklich sind, zu offenbaren. In anderen Worten: *Satipaṭṭhāna* ist der „direkte Weg", denn er führt „direkt" zur Verwirklichung von *Nibbāna*.[40]

Dieses Verständnis passt auch gut zum letzten Abschnitt des *Satipaṭṭhāna-sutta*. Nach der Aussage, dass die *satipaṭṭhāna*-Übung in höchstens sieben Jahren zu den zwei höheren Verwirklichungszuständen führen kann, schließt die Lehrrede mit der Erklärung: „In Bezug hierauf wurde also gesagt: […] dies ist der direkte Weg." Diese Stelle hebt die Direktheit von *satipaṭṭhāna* hervor in dem Sinn, dass es das Potenzial besitzt, innerhalb einer bestimmten Zeitspanne zu den höchsten Verwirklichungszuständen zu führen.

I.6 Der Begriff „*satipaṭṭhāna*"

Der Begriff „*satipaṭṭhāna*" kann erklärt werden als zusammengesetzt aus *sati*, „Achtsamkeit" oder „Gewahrsein", und *upaṭṭhāna*, wobei das *u* des letzteren aufgrund einer Vokalauslassung wegfällt.[41] Der Pāli-Ausdruck *upaṭṭhāna* bedeutet wörtlich „in der Nähe platzieren"[42], und bezieht sich im vorliegenden Fall auf eine besondere Weise des „Gegenwärtigseins" und der „begleitenden Anwesenheit" bei einem Geschehen mit Achtsamkeit. In den Lehrreden bezeichnet das entsprechende Verb *upaṭṭhahati* oft verschiedene

---

[38] D I 235.

[39] Dhp 274. Ñāṇavīra (1987, S. 371) weist darauf hin, dass vom „einzigen Weg" zu sprechen nur auf den ganzen edlen achtfachen Pfad angewandt werden könne und nicht allein auf *satipaṭṭhāna*, was schließlich nur einer seiner Faktoren sei.

[40] Gethin (1992, S. 64) erklärt zu *ekāyano*: „Im Grunde wird gesagt, dass die vier *satipaṭṭhāna*s einen Pfad darstellen, der geradlinig und direkt den ganzen Weg bis hin zum Endziel führt."

[41] Vgl. auch Bodhi (2000, S. 1504 und 1915, Anm. 122), Ñāṇaponika (1992, S. 10).

[42] Walshe (1987, S. 589, Anm. 692).

Nuancen des „Gegenwärtigseins"[43] beziehungsweise des „Begleitens".[44] So verstanden bedeutet „*satipaṭṭhāna*", dass *sati* „dabei steht" im Sinne von gegenwärtig sein; *sati* ist „bereit", „zur Hand", im Sinne des Begleitens der augenblicklichen Situation. *Satipaṭṭhāna* kann hier also als „Gegenwart von Achtsamkeit" oder als „Begleiten mit Achtsamkeit" übersetzt werden.[45]

Die Kommentare jedoch leiten *satipaṭṭhāna* von dem Wort *paṭṭhāna* – „Grundlage" oder „Ursache" – ab.[46] Das ist nicht sehr wahrscheinlich, da in den im Pāli-Kanon enthaltenen Lehrreden das entsprechende Verb *paṭṭhahati* nie zusammen mit *sati* auftritt. Zudem findet man das Substantiv *paṭṭhāna* in den frühen Lehrreden überhaupt nicht, sondern es kommt erst im historisch späteren *Abhidhamma* und in den Kommentaren in Gebrauch.[47] Im Gegensatz dazu setzen die Lehrreden *sati* häufig zu dem Verb *upaṭṭhahati* in Bezug, was dafür spricht, dass „Gegenwart" (*upaṭṭhāna*) die etymologisch korrekte Ableitung ist.[48] Tatsächlich lautet der gleichbedeutende Sanskrit-Begriff *smṛtyupasthāna*, wodurch belegt ist, dass *upasthāna* – oder seine Pāli-Entsprechung *upaṭṭhāna* – die richtige Erklärung des Kompositums ist.[49]

---

[43] Beispiele für *upaṭṭhahati* im Sinne des „Gegenwärtigseins" sind unter anderem ein Wachhund, der „gegenwärtig ist" (D I 166), die Todesboten, die für jemanden in fortgeschrittenem Alter immer „gegenwärtig sind" (Dhp 235; im Sinne von „bereit sein"), die Zeit zum Mahle, die „gekommen ist" (Sn 130), ein Sitzplatz unter einem Baum, der „gegenwärtig ist" (Sn 708; im Sinne von „bereitet"). Vgl. auch It 36, wo *upaṭṭhahati* zu geistigen Faktoren (des „Gegenwärtigseins" von Scham und Furcht vor Verfehlungen) in Bezug gesetzt wird, wodurch sich eine starke Ähnlichkeit zu seinem Gebrauch im *satipaṭṭhāna*-Kontext ergibt.

[44] Für *upaṭṭhahati* im Sinne von „aufwarten" finden sich u. a. folgende Stellen: D II 271: *devas* warten dem (Götterkönig) Sakka auf, D III 189: im Sinne von „den Lehrer bedienen", A I 151 und Sn 262: im Sinne von „die Eltern unterstützen, ihnen beistehen", A I 279: als „der Mönchsgemeinschaft dienen". Dieselbe Bedeutung liegt auch dem immer wieder vorkommenden Wort „Begleiter" oder „Diener", *upaṭṭhāka*, zugrunde, z. B. in S III 95.

[45] Rhys Davids (1978, S. 256) spricht von „vier Gegenwärtigkeiten der Achtsamkeit".

[46] Z. B. Ps I 238 und Vism 678. Man würde jedoch bei dieser Ableitung eine Verdopplung des Konsonanten erwarten, woraus sich dann *satippaṭṭhāna* ergäbe.

[47] Rhys Davids (1979, S. xv). In der Unterscheidung zwischen den frühen Lehrreden einerseits und dem historisch späteren *Abhidhamma* und den Kommentaren andererseits folge ich Ñāṇamoli (1991, S. xli), der zwischen diesen dreien als den drei Hauptschichten der Pāli-Tradition unterscheidet.

[48] Vgl. z. B. M III 23: *upaṭṭhita sati* wird dem Begriff *muṭṭhassati*, dem Verlust der Achtsamkeit, gegenübergestellt; M III 85: *upaṭṭhita sati* ist das Ergebnis des Übens von *satipaṭṭhāna*; vgl. auch S IV 119: *upaṭṭhitāya satiyā*, A II 244: *sati sūpaṭṭhitā hoti*, A IV 22: *satiṃ upaṭṭhāpessanti* (Kausativform). In der Tat ist auch im *Satipaṭṭhāna-sutta* selbst von *satiṃ upaṭṭhapetvā*, „Achtsamkeit in den Vordergrund gebracht habend" (M I 56), und von *sati paccupaṭṭhitā*, „Achtsamkeit ist gegenwärtig" (ebd.) die Rede. Auch in Paṭis I 177 wird *sati* zu *upaṭṭhāna* in Bezug gesetzt.

[49] Vgl. z. B. Edgerton (1998, S. 614).

Die Erklärung nach den Kommentaren kann zu dem Problem führen, dass *satipaṭṭhāna*, anstatt als eine besondere Haltung des Achtsamseins verstanden zu werden, zu einer „Grundlage“ der Achtsamkeit, zur „Ursache“ für die Entwicklung von *sati* wird. Dies verlegt die Betonung weg von der Aktivität und hin zum Objekt. Doch sind diese vier *satipaṭṭhāna*s nicht die einzig mögliche Ursache oder Grundlage für Achtsamkeit, da das *Saḷāyatanavibhaṅga-sutta* von drei anderen *satipaṭṭhāna*s spricht, von denen keines eine Entsprechung in den üblicherweise erwähnten vier *satipaṭṭhāna*s findet.[50] Die bei dieser Gelegenheit beschriebenen drei *satipaṭṭhāna*s bestanden darin, dass der Buddha in seiner Eigenschaft als Lehrer in drei verschiedenen Situationen Achtsamkeit und Gleichmut aufrechterhielt: Keiner der Schüler ist aufmerksam, manche sind aufmerksam und manche nicht, oder alle sind aufmerksam. Die Tatsache, dass diese drei Möglichkeiten dennoch als *satipaṭṭhāna* definiert werden, macht deutlich, dass es bei *satipaṭṭhāna* weniger um die Art des gewählten Objekts als vielmehr darum geht, jegliche Situation mit einer ausgeglichenen Haltung „zu begleiten“ und achtsam in ihr gegenwärtig zu sein.

[50] M III 221.

II. Kapitel
Der Teil „Definition“ des *Satipaṭṭhāna-sutta*

Dieses Kapitel und auch die zwei folgenden sind der Untersuchung des Teils „Definition“ des *Satipaṭṭhāna-sutta* gewidmet. Diese „Definition“, welche auch in anderen Lehrreden als Standarddefinition der rechten Achtsamkeit (*sammā sati*) vorkommt, beschreibt wesentliche Aspekte der *satipaṭṭhāna*-Übung und stellt daher den Schlüssel zum Verständnis dar, wie man sich mit den im *Satipaṭṭhāna-sutta* aufgeführten Meditationstechniken befassen sollte. Der betreffende Abschnitt lautet:

> „Hier, ihr Mönche, verweilt ein Mönch hinsichtlich des Körpers den Körper betrachtend, unermüdlich, wissensklar und achtsam, frei von Verlangen und Betrübtheit hinsichtlich der Welt.
>
> Hinsichtlich der Gefühle verweilt er die Gefühle betrachtend, unermüdlich, wissensklar und achtsam, frei von Verlangen und Betrübtheit hinsichtlich der Welt.
>
> Hinsichtlich des Geistes verweilt er den Geist betrachtend, unermüdlich, wissensklar und achtsam, frei von Verlangen und Betrübtheit hinsichtlich der Welt.
>
> Hinsichtlich der *dhamma*s verweilt er *dhamma*s betrachtend, unermüdlich, wissensklar und achtsam, frei von Verlangen und Betrübtheit hinsichtlich der Welt.“[1]

In diesem Kapitel wende ich mich erst dem Ausdruck „betrachten“ (*anupassī*) zu und erwäge, warum die Objekte dieser Betrachtung doppelt aufgeführt werden (beispielsweise „hinsichtlich des Körpers den Körper betrachtend“). Dann untersuche ich die Bedeutung der ersten beiden in der „Definition“ genannten Eigenschaften „Unermüdlichkeit“ (*ātāpī*) und „Wissensklarheit“ (*sampajañña*). Die verbleibenden Eigenschaften, Achtsamkeit und das „Freisein von Verlangen und Betrübnis hinsichtlich der Welt“, sind die Themen der Kapitel III und IV.

II.1 Betrachtung

In der „Definition“ der rechten Achtsamkeit geht es um das „Betrachten“ oder „Kontemplieren“. Das entsprechende Pāli-Verb *anupassati* lässt sich vom Verb „sehen“, *passati*, und der verstärkenden Vorsilbe *anu* ableiten, sodass *anupassati* „wiederholt ansehen“, also „betrachten“ oder „genau beobachten“, bedeutet.[2] In den Lehrreden wird häufig von „Betrachtung“

---

[1] M I 56.

[2] Rhys Davids (1993, S. 38). Vgl. auch Karunaratne (1989, S. 484), der *anupassati* mit „beobachten oder richtig sehen“ übersetzt; Ñāṇārāma (1997, S. 11), der von „speziellen Arten der Aufmerksamkeit ... kognitiven Evaluationen“ spricht; und Vajirañāṇa (1946, S. 47), der mit „analytische Reflexion“ übersetzt. Nach Sasaki (1992, S. 16) >

gesprochen, um eine bestimmte Art der Meditation beziehungsweise das Untersuchen des beobachteten Objekts aus einer bestimmten Perspektive zu beschreiben. Nimmt man zum Beispiel den Körper, so kann man solches Betrachten des Körpers als vergänglich (*aniccānupassī*, *vayānupassī*) und daher als etwas, was keine dauerhafte Befriedigung schenkt (*dukkhānupassī*), erkennen. Oder er wird als unattraktiv (*asubhānupassī*) und Nicht-Selbst (*anattānupassī*) betrachtet und deshalb als etwas, was losgelassen werden sollte (*paṭinissaggānupassī*).[3]

Durch diese unterschiedlichen Formen der Betrachtung wird betont, wie das Objekt wahrgenommen werden soll. Anders gesagt: Das Wort „betrachten", so wie es in den Lehrreden benutzt wird, beinhaltet, bestimmte Eigenschaften des Objekts, wie seine Vergänglichkeit oder seine nichtselbsthafte Natur, zu betrachten. Im Fall von *satipaṭṭhāna* sieht es jedoch so aus, als seien die zu betrachtende Eigenschaft und das Objekt der Betrachtung dasselbe. Wörtlich übersetzt heißt es „Körper im Körper betrachtend" oder „Empfindungen in Empfindungen betrachtend" usw.[4] Diese etwas eigentümliche Ausdrucksweise soll nun genauer untersucht werden.

Im Fall des ersten *satipaṭṭhāna* als Beispiel lauten die Anweisungen: „ … hinsichtlich des Körpers verweile den Körper betrachtend". Die erste Erwähnung von „Körper" kann hier aus der Sicht des *satipaṭṭhāna*-Kehrverses verstanden werden. Im Kehrvers wird erklärt, dass sich die Betrachtung des Körpers auf innerliche und äußerliche Körper bezieht.[5] Den Kommentaren zufolge steht die Qualifikation „innerlich" und „äußerlich" hier für den eigenen Körper beziehungsweise den einer anderen Person.[6] Diesem Verständnis entsprechend könnte man das erste Vorkommen des Wortes „Körper" (im Lokativ) als „was den eigenen Körper oder den eines anderen betrifft" oder auch „hinsichtlich des eigenen Körpers oder den eines anderen" übersetzen, um so den Rahmen dieses *satipaṭṭhāna* zu bezeichnen.

---

hat „*anu*" im Pāli eine besonders verstärkende Funktion. Eine weitere relevante Bedeutungsnuance von *anu* ist „zusammen mit", was man im vorliegenden Zusammenhang als Hinweis auf den Prozesscharakter aller Erfahrung, der sich während der Betrachtung offenbart, deuten könnte. Nach Vism 642 beinhaltet „*anu*"-*passati* das wiederholte Beobachten eines Objekts auf verschiedene Weise, also aus unterschiedlichen Blickwinkeln.

[3] Vgl. z. B. S IV 211, A III 142, A V 359.

[4] Hamilton (1996, S. 173) übersetzt „*body qua body*" [Körper in der Eigenschaft als Körper], Ñāṇamoli (1995, S. 145) „*body as a body*" [Körper als Körper], Ṭhānissaro (1993, S. 97) „*body in and of itself*" [Körper an sich und aus sich selbst].

[5] Siehe M I 56: „ … verweilt er hinsichtlich der *dhamma*s, *dhamma*s innerlich … äußerlich … sowohl innerlich als auch äußerlich betrachtend".

[6] Ps I 249. Eine detailliertere Besprechung dieser kommentariellen Erklärung findet sich hier am Anfang von Kapitel V.1.

Zur zweiten Erwähnung von „Körper" finden sich im *Satipaṭṭhāna-sutta* genaue Angaben: Die Betrachtung des „Körpers" kann vorgenommen werden, indem man den Atem, die Körperhaltungen, die Aktivitäten des Körpers, die anatomische Zusammensetzung des Körpers, die vier elementaren Qualitäten des Körpers oder den Zerfall des Körpers nach dem Tod betrachtet. Die zweite Erwähnung des Wortes „Körper" steht also für einen bestimmten Aspekt des allgemeinen Bereichs der Betrachtung, sozusagen ein „Unter-Körper" im „Gesamt-Körper".[7]

Auch der *satipaṭṭhāna*-Kehrvers enthält zusätzliche Informationen zur Bedeutung von „Betrachtung" im gegenwärtigen Zusammenhang. Derselbe Begriff wird benutzt mit der genauen Angabe, dass das „Entstehen" und das „Vergehen" im Mittelpunkt der Betrachtung steht.[8] Anders gesagt: Spricht man im gegenwärtigen Zusammenhang von Betrachtung, so bezieht sich dies darauf, die Achtsamkeit dem Körper und besonders seiner Vergänglichkeit zuzuwenden.

Bezieht man die anderen relevanten Stellen des *Satipaṭṭhāna-sutta* mit ein, lässt sich die etwas verwirrende Anweisung „Verweile im Körper den Körper betrachtend" folgendermaßen ausformulieren: „Hinsichtlich des eigenen Körpers oder der Körper anderer richte deine Aufmerksamkeit auf seine (oder ihre) vergängliche Natur, wie sie in den verschiedenen Aspekten des Körpers offensichtlich wird, wie etwa im Atemvorgang, den Körperhaltungen und -aktivitäten, seiner anatomischen Zusammensetzung, seiner elementaren Qualitäten oder seines Zerfalls beim Tode."

Den Kommentaren nach zeigt die Wiederholung des Objekts der Betrachtung auch eine Verstärkung an, die darauf schließen lässt, dass das Objekt der Betrachtung nur als etwas durch die Sinne Wahrgenommenes und vor allem ohne ein „Ich" oder „mein" angesehen werden soll.[9] So

---

[7] Diese Auslegung wird durch M III 83 gestützt, wo der Atemvorgang als „Körper unter Körpern" bezeichnet wird. Eine ähnliche Position vertreten auch einige der zeitgenössischen Meditationslehrer; vgl. z. B. Buddhadāsa (1976, S. 64), Maha Boowa (1994, S. 101), Ñāṇasaṃvara (1974, S. 41).

[8] M I 56: „Er verweilt die Natur des Entstehens … des Vergehens … sowohl des Entstehens als auch des Vergehens betrachtend". Eine solche Betrachtung der Vergänglichkeit kann dann zum Verständnis der zwei anderen Eigenschaften bedingter Existenz, *dukkha* und *anattā*, weiterführen. Vgl. Paṭis II 232, Ps I 243. In Ps I 242 ist zudem vom Überwinden der irrigen Vorstellung der Substanzhaftigkeit die Rede.

[9] Ps I 242; vgl. auch Debvedi (1990, S. 23) und Ñāṇamoli (1982b, S. 206, Anm. 17). Hier muss darauf hingewiesen werden, dass die in den Lehrreden zur Betonung gebrauchten Wiederholungen im Allgemeinen so eingesetzt werden, dass dieselbe Wendung ohne Kasusvariationen wiederholt wird. Im Gegensatz dazu kommt im vorliegenden Text die Wiederholung jedoch in einem anderen Kasus vor. In Ps I 241 gibt es noch eine andere Erklärung mit dem Hinweis, dass die Wiederholung impliziere, jeden Bereich der Betrachtung von den anderen getrennt zu halten. Vgl. auch >

unterstreicht die Wiederholung „Körper im Körper“ die Bedeutung der unmittelbaren Erfahrung im Gegensatz zu rein intellektueller Reflexion.[10] Man sollte den Körper sozusagen für sich selbst sprechen, ihn selbst seine wahre Natur dem forschenden Blick des Meditierenden offenbaren lassen.

II.2 Die Bedeutung von „unermüdlich“ sein (*ātāpī*)

Der „Definition“ zufolge ist für die Übung von *satipaṭṭhāna* das Entwickeln von vier geistigen Qualitäten erforderlich (siehe die untenstehende Abb. 2.1). Diese stehen repräsentativ für Energie, Weisheit, Achtsamkeit und Konzentration.[11]

unermüdlich (*ātāpī*)
wissensklar (*sampajāna*)
achtsam (*sati*)
frei von Verlangen und Betrübtheit (*vineyya abhijjhādomanassa*)

Abb. 2.1: Schlüsseleigenschaften der *satipaṭṭhāna*s

Die erste dieser vier Eigenschaften ist die Unermüdlichkeit. Der Ausdruck „unermüdlich“ (*ātāpī*) ist mit dem Wort *tapas* verwandt, das asketische Praktiken bezeichnet. Der Gebrauch eines solchen Vokabulars ist überraschend, da den Lehrreden zufolge der Buddha Selbstkasteiung als nicht notwendig für die Verwirklichung von *Nibbāna* ansah.[12] Um den Standpunkt des Buddha besser zu verstehen, müssen wir den historischen Kontext berücksichtigen.

Eine beträchtliche Zahl der Wanderasketen im alten Indien sah in der Selbstkasteiung den vorbildlichen Weg zur Reinheit. Jaina- und Ājīvika-Asketen hielten den Tod durch rituellen Selbstmord für den idealen Ausdruck erfolgreicher Verwirklichung.[13] Die allgemein anerkannten Mittel spiritueller Entwicklung bestanden darin, ausgedehnt zu fasten, sich extremen

Ñāṇapoṇika (1992, S. 33) und Sīlananda (1990, S. 20). Dieser Hinweis der Kommentare ist fragwürdig, da das *Ānāpānasati-sutta* (M III 83) deutlich zeigt, dass ein Objekt der Körperbetrachtung, der Atem, genutzt werden kann, um die Gefühle, den Geist und die *dhamma*s zu betrachten, statt die Atembetrachtung ausschließlich auf den Bereich der Körperbetrachtungen zu begrenzen.

[10] de Silva (o.J., S. 6).

[11] Nett 82 assoziiert *ātāpī* mit Energie (*viriya*), *sampajāna* mit Weisheit (*paññā*) und *vineyya loke abhijjhā-domanassa* mit Konzentration (*samādhi*). In Paṭis II 15 wird dies auf alle fünf Fähigkeiten (*indriya*) ausgeweitet.

[12] Vgl. S I 103 und S V 421.

[13] Basham (1951, S. 88).

Temperaturen auszusetzen und in besonders schmerzhaften Körperhaltungen auszuharren.[14] Obwohl der Buddha solche Praktiken nicht kategorisch ablehnte[15], so kritisierte er doch offen den Glauben, dass Selbstkasteiung zur Verwirklichung notwendig sei. [16]

Vor seinem Erwachen war auch der Buddha selbst von der Ansicht beeinflusst, dass spirituelle Reinheit Selbstkasteiung voraussetze.[17] Auf diesen Irrglauben gründend, hatte er den Lehrreden zufolge asketische Praktiken bis in beachtliche Extreme verfolgt, ohne jedoch auf diesem Weg das Erwachen verwirklichen zu können.[18] Schließlich fand er heraus, dass das Erwachen nicht lediglich auf Askese beruht, sondern die Entwicklung des Geistes und insbesondere die von *sati* voraussetzt.[19]

Folglich war die Form der „Askese", wie sie der Buddha später lehrte, eine vorwiegend geistige, die sich dadurch auszeichnete, unheilsamen Gedanken und Neigungen mit Bestimmtheit entgegenzutreten.[20] In einer faszinierenden Aussage, die in den Lehrreden zu finden ist, wird die Kultivierung der Erwachensfaktoren als höchste Form der Anstrengung bezeichnet.[21] Solche subtileren Formen der „Entsagung" fanden bei den zeitgenössischen Asketen nur schwer Anerkennung, und so wurden der Buddha und seine

---

[14] Bronkhorst (1993, S. 31-36 und 51).

[15] In D I 161 und S IV 330 weist der Buddha den Vorwurf zurück, er sei kategorisch gegen jegliche Askese. Laut A V 191 war der Buddha weder für noch gegen asketische Praktiken, denn wirklich wichtig sei, ob eine bestimmte Form asketischer Übung zu einer Zunahme von heilsamen oder unheilsamen Geisteszuständen führe.

[16] In A II 200. Vgl. auch M I 81, wo der Buddha, nachdem er die asketischen Praktiken aufgezählt hat, die er vor seinem Erwachen unternommen hatte, zu dem Schluss kommt, sie hätten ihn aufgrund mangelnder Weisheit nicht zur Verwirklichung geführt.

[17] M II 93.

[18] Die asketischen Praktiken des *bodhisatta* werden in M I 77-81 und M I 242-246 detailliert beschrieben. In Mil 285 wird erklärt, keiner der früheren Buddhas habe je Kasteiungen geübt, und Gotama sei der einzige gewesen, weil zu jener Zeit sein Wissen noch nicht ausgereift gewesen sei.

[19] Vgl. S I 103, wo der vor Kurzem erwachte Buddha sich selbst dazu beglückwünscht, die Askese hinter sich gelassen und stattdessen das Erwachen durch Achtsamkeit verwirklicht zu haben.

[20] Dies kann seiner humorvollen Antwort auf die Vorhaltung, er sei ja selbst ein *tapassī*, entnommen werden, die sich in Vin I 235, Vin III 3, A IV 175 und A IV184 findet. Dort weist der Buddha darauf hin, dass seine Form der Selbstkasteiung darin bestehe, das Unheilsame zu „kasteien". Vgl. auch Collins (1982, S. 235), Horner (1979, S. 97).

[21] D III 106. Die Assoziation der Erwachensfaktoren mit „Anstrengung" (*padhāna*) findet sich auch in D III 226, A II 16 und A II 74. S I 54 geht sogar so weit, sie mit „Kasteiung" in Zusammenhang zu bringen: *bojjhaṅga-tapasā*; jedoch schlägt Bodhi (2000, S. 390, Anm. 168) stattdessen die Lesart *bojjhā tapasā* vor.

Anhänger manchmal wegen ihrer anscheinend leichtlebigen Haltung verspottet.[22]

Eine weitere beachtenswerte Tatsache ist, dass es im alten Indien eine Vielzahl deterministischer und fatalistischer Lehren gab.[23] Im Gegensatz dazu hob der Buddha persönlichen Einsatz und Anstrengung als entscheidende Voraussetzungen für die Verwirklichung hervor. Ihm zufolge kann die Wunschlosigkeit nur durch Willen, Anstrengung und persönlichen Einsatz verwirklicht werden.[24] Anstrengung als Ausdruck eines heilsamen Wollens führt uns den Weg entlang, bis mit der vollständigen Verwirklichung alles Wollen aufgegeben wird.[25] In diesem Zusammenhang interpretierte der Buddha zuweilen manche der in Asketenkreisen gängigen Begriffe neu, um seinem eigenen Standpunkt Ausdruck zu verleihen.[26] Die Eigenschaft

---

[22] In D III 130 ist von anderen Asketen die Rede, die Buddhas Schüler bezichtigen, ein den Sinnesfreuden hingegebenes Leben zu führen. In M I 249 wird der Buddha kritisiert, weil er manchmal tagsüber schlafe. Dasselbe Thema findet sich wieder in S I 107, wo Māra sich über den Buddha lustig macht, weil dieser noch bei Sonnenaufgang schläft (nach einer Nacht, die er mit Gehmeditation verbrachte). Vgl. auch S I 110. In Vin IV 91 wird der Buddha von einem Ājīvika-Asketen abschätzig „kahlgeschorener Haushalter" genannt, wahrscheinlich wegen des Überflusses an Nahrung, welche die buddhistischen Mönche erhielten. Vgl. auch Basham (1951, S. 137), Chakravarti (1996, S. 51).

[23] Man vergleiche z. B. Makkhali Gosāla zugeschriebene Ansicht (siehe D I 53, vgl. S III 210), dass es keine Macht oder Energie gebe (um Entscheidungen zu treffen oder das eigene Schicksal in irgendeiner Weise zu beeinflussen) – eine Ansicht, die der Buddha sehr missbilligte (z. B. in A I 286), oder auch die dem Pūraṇa Kassapa zugeschriebene Ansicht (in D I 52), dass es weder Gut noch Böse gebe. (In S III 69 werden diese beiden Lehrer anscheinend verwechselt, wobei Gosālas Ansicht Kassapa in den Mund gelegt wird.)

[24] Vgl. z. B. M II 174, Dhp 280, It 27, Th 1165. Vgl. auch Pande (1957, S. 519), Rhys Davids (1898, S. 50).

[25] In S V 272 tritt Ānanda der Annahme, Verlangen mittels Verlangen zu überwinden sei eine Aufgabe ohne Ende, entgegen. Er erklärt, das Verlangen nach Verwirklichung verschwinde mit dem Erlangen der Verwirklichung von selbst. Ganz ähnlich wird nach A II 145 das Begehren (im Allgemeinen) auf der Grundlage von „Begehren" (nach der Zerstörung der Einflüsse) überwunden. Vgl. auch Sn 365, wo der Buddha lobend über jemanden spricht, der sich danach sehnt, *Nibbāna* zu erlangen. Die Bedeutung des „Verlangens" als Aspekt des zur Verwirklichung führenden Pfades wird auch in der kanonischen Darstellung der vier Wege zur geistigen Macht (*iddhipāda*) deutlich, von denen einer der Wille (*chanda*) ist. Vgl. auch Burford (1994, S. 48), Katz (1979, S. 58), Matthews (1975, S. 156). Eine nützliche Unterscheidung zwischen den verschiedenen Arten des Verlangens in diesem Kontext findet sich in Collins (1998, S. 186-188).

[26] Ein typischer Fall einer solchen Neuinterpretation ist Dhp 184, wo Geduld mit höchster Askese gleichgesetzt wird. Vgl. auch Kloppenborg (1990, S. 53).

der „Unermüdlichkeit“ (*ātāpī*) im Zusammenhang mit *satipaṭṭhāna* ist wohl ein Beispiel dafür.

Ein anderes Beispiel von recht eindringlichem Vokabular findet sich in den Textstellen, die den festen Entschluss des Buddha kurz vor dem Erwachen beschreiben: „Mag auch mein Fleisch und Blut vertrocknen, ich werde nicht aufgeben“[27], oder „Ich werde meine Körperhaltung nicht verändern, bis die Verwirklichung erreicht ist“.[28] Bezüglich des Entschlusses, die Körperhaltung nicht zu verändern, ist es gut, sich daran zu erinnern, dass der Buddha imstande war, tiefe meditative Versenkung zu erreichen, sodass er lange Zeit in derselben Position sitzen konnte, ohne Schmerz zu spüren.[29] Worauf diese Aussagen hinweisen, ist demnach weniger das Ertragen schmerzhafter Sitzhaltungen als starkes und unerschütterliches Engagement.[30] Ähnliche Ausdrücke werden auch von manchen seiner Schüler an der Schwelle zur Verwirklichung benutzt.[31] Da der Durchbruch zur Verwirklichung nur in einem ausgeglichenen Geisteszustand erfolgen kann, sollte man diese Aussagen besser nicht zu wörtlich nehmen.

Auf ähnliche Weise hat vielleicht auch der Ausdruck „unermüdlich“ in den Lehrreden nicht die gleichen wörtlichen Nebenbedeutungen wie unter den mehr der Askese zugewandten Zeitgenossen des Buddha. So bezieht sich im *Kāyagatāsati-sutta* der Ausdruck „unermüdlich“ (*ātāpī*) auf die Erfahrung der Seligkeit in der Vertiefung.[32] Auch in einer Textstelle des *Indriya-saṃyutta* ist die Eigenschaft der Unermüdlichkeit mit angenehmen geistigen und körperlichen Empfindungen verbunden.[33] In diesen Fällen hat

---

[27] A I 50.

[28] M I 219.

[29] M I 94. Die Fähigkeit des Buddha, sieben Tage lang bewegungslos zu sitzen, ist auch in Vin I 1, Ud 1-3 und Ud 10:32 belegt. In Thī 44 und Thī 174 wird jeweils das Gleiche von einer verwirklichten Nonne berichtet. Die Erfahrung des Buddha, sieben Tage lang bewegungslos zu sitzen und nur Verzückung zu erfahren, ist darum recht verschieden von einer Beschreibung des Sitzens mit „festem Vorsatz” in Maha Boowa (1997, S. 256): „Sitzen ... für viele Stunden ... die schmerzhaften Gefühle verbreiten sich schnell in allen Körperteilen ... sogar Hand- und Fußrücken fühlen sich an, als stünden sie in Flammen ... im Inneren des Körpers scheint es, als ob ... die Knochen ... jeden Moment brechen und auseinanderfallen würden ... der Körper ... als würde er von außen in einem Flammenmeer verzehrt ... als würde er innerlich mit Hammerschlägen bearbeitet und von scharfen Stahldolchen durchbohrt ... der ganze Körper ist eine einzige Qual“.

[30] Tatsächlich benutzt laut M I 481 der Buddha den Ausdruck „mag auch mein Blut vertrocknen“ usw., um Mönche zu ermahnen, die nicht willens waren, das Essen am Abend aufzugeben. As 146 deutet diesen Ausdruck als „feste und entschlossene Anstrengung“.

[31] Z. B. in Th 223, Th 313 und Th 514.

[32] M III 92.

[33] S V 213.

„unermüdlich" offenbar jeden Bezug zu Selbstkasteiung und den damit einhergehenden physischen Schmerzen verloren.

Da sowohl ungenügende Anstrengung als auch übermäßige Anspannung den Fortschritt[34] behindern können, wird die Eigenschaft „Unermüdlichkeit" am besten als ausgewogener, aber anhaltender Energieeinsatz verstanden.[35] Derart gleichmäßiges Bemühen vermeidet einerseits die passive Unterwerfung unter ein „Schicksal", einen höheren Willen oder persönliche Eigenheiten und andererseits übertriebene Anstrengung, ichbezogenes Streben und selbst zugefügtes Leiden im Namen eines höheren Zieles.

In einem kanonischen Gleichnis wird die für den richtigen Fortschritt erforderliche, gleichmäßige Anstrengung mit dem Stimmen einer Laute verglichen, deren Saiten weder zu straff noch zu locker sein sollten.[36] Dieser Vergleich der Geisteskultivierung mit dem Stimmen eines Musikinstruments veranschaulicht die ausgewogene Anstrengung und die Feinfühligkeit, welche für die geistige Entwicklung benötigt werden.[37] Die Vorstellung eines „mittleren Weges" des weisen Gleichgewichts, auf dem die Extreme von

---

[34] Vgl. z. B. M III 159, wo beide als mögliche Hinderungsgründe für die Entwicklung eines konzentrierten Geistes aufgeführt werden. Überlegungen zu der Notwendigkeit, auf kluge Weise die Balance in der meditativen Übung aufrechtzuerhalten, finden sich auch in M II 223, dem zufolge es auf dem Weg zur Befreiung von *dukkha* eines zeitweiligen Einsatzes von Anstrengung bedarf, während zu anderen Zeiten die gleichmütige Beobachtung ausreicht.

[35] In anderen Übersetzungen von *ātāpī* drücken sich ähnliche Schattierungen dieses Begriffes aus, wenn er ganz unterschiedlich als „gewissenhaft", „aktiv" oder als der Energieaufwand, welcher „die sinkende Moral wiederbelebt", wiedergegeben wird; siehe Hamilton (1996, S. 173), Katz (1989, S. 155), Pandey (1988, S. 37). Die Nuance der Kontinuität ist in A III 38 und A IV 266 erkennbar, wo *ātāpī* mit beständiger Aktivität assoziiert wird. Relevant ist auch M III 187, wo *ātāpī* in einem Zusammenhang vorkommt, der sich auf eine in Meditation durchwachte Nacht beziehen könnte (nach Ñāṇapoṇika, 1977, S. 346: *bhaddekaratta*). Ganz ähnlich versteht Dhīravaṃsa (1989, S. 97) *ātāpī* als „Ausdauer" und Ñāṇārāma (1990, S. 3) als „ununterbrochene Kontinuität".

[36] Vin I 182, A III 375 (auch Th 638f.) und im *satipaṭṭhāna*-Subkommentar (Ps-pṭ I 384) zur Veranschaulichung des Erfordernisses ausgeglichener Energie bei der *satipaṭṭhāna*-Betrachtung. Auch Kor (1985, S. 23) betont die Notwendigkeit der Ausgeglichenheit.

[37] Khantipālo (1986, S. 28) und Vimalaraṃsi (1997, S. 49) warnen vor den Gefahren zu angestrengter oder erzwungener Meditation und den emotionalen Störungen und geistigen Verhärtungen, die daraus resultieren können. Auch Mann (1992, S. 120), der seine Analyse auf den Vergleich des im alten Indien verbreiteten gewöhnlichen Charaktertyps mit dem typischen modernen Geist „des Westens" gründet, warnt davor, Anweisungen, die hauptsächlich für den Typus des „begehrenden" Meditierenden entwickelt wurden, ohne Unterscheidung auf den „hassenden" Typus anzuwenden. Vgl. auch Karunaratne (1988a, S. 70).

übermäßiger und ungenügender Anstrengung vermieden werden, war schon seit der ersten Lehrrede eine der zentralen Lehren des Buddha.[38] Es war diese ausgeglichene Methode des „mittleren Weges", auf dem die beiden Extreme der Stagnation und des übermäßigen Strebens vermieden wurden, die ihn befähigt hatte, das Erwachen zu erlangen.[39]

Was „unermüdlich sein" in der Praxis bedeutet, kann am besten anhand zweier Maximen aus den Lehrreden erklärt werden, in denen das Wort „unermüdlich" (*ātāpī*) verwendet wird: „Der gegenwärtige Augenblick ist die Zeit, um unermüdlich zu üben", und: „Ihr selbst müsst mit Unermüdlichkeit üben."[40] Ähnliche Bedeutungen liegen auch dem Vorkommen der Eigenschaft „Unermüdlichkeit" in jenen Textstellen zugrunde, wo der engagierte Einsatz eines Mönches beschrieben wird, der sich zu intensiver Praxis in die Einsamkeit zurückzieht, nachdem er eine kurze Unterweisung des Buddha erhalten hat.[41]

Wenn all diese Nuancen auf *satipaṭṭhāna* angewendet werden, so steht „unermüdlich" sein für die Kontinuität der Betrachtung auf ausgewogene, aber hingebungsvolle Weise, die sofort zum Meditationsobjekt zurückkehrt, wenn es etwa verloren wurde.[42]

II.3 Wissensklar (*sampajāna*)

Die zweite der vier in der „Definition" aufgeführten geistigen Eigenschaften ist *sampajāna*, das Partizip Präsens des Verbs *sampajānāti. Sampajānāti* kann zergliedert werden in *pajānāti* (er/sie/es weiß) und die Vorsilbe *saṃ* (zusammen), welche in Pāli-Komposita oft eine intensivierende Funktion hat.[43]

---

[38] S V 421.

[39] In S I 1 weist der Buddha darauf hin, dass er durch das Vermeiden von Stagnation und übermäßigem Streben dazu fähig gewesen sei, „die Flut zu durchqueren". Vgl. auch Sn 8-13, wo ganz ähnlich empfohlen wird, weder zu weit zu gehen noch zurückzubleiben.

[40] M III 187 und Dhp 276.

[41] Z. B. S II 21, S III 74-79, S IV 37, S IV 64, S IV 76, A IV 299. Rhys Davids (1997, S. 242) und Singh (1967, S. 127) beziehen *tapas* im sekundären Sinne auf den Rückzug in die Waldeinsamkeit, was eine gewisse Ähnlichkeit mit dem Gebrauch von *ātāpī* (zusammen mit „allein und abgeschieden verweilen") in der Standardbeschreibung von Mönchen hat, die sich zur intensiven Übung in die Abgeschiedenheit zurückziehen.

[42] Jotika (1986, S. 29, Anm. 15). Das entspricht dem Verständnis der Kommentare des verwandten Begriffs *appamāda* als „unabgelenkte Achtsamkeit", *satiyā avippavāso*, z. B. Sv I 104, Dhp-a IV 26.

[43] Rhys Davids (1993, S. 655 und 690).

Daher steht *sam-pajānāti* für eine intensivierte Form des Wissens, für „klares Wissen" oder „wissensklar".[44]

Das Bedeutungsfeld von „wissensklar" (*sampajāna*) kann leicht anhand einiger Lehrreden veranschaulicht werden, in denen dieser Begriff vorkommt. In einer Lehrrede des *Dīgha-nikāya* steht „wissensklar" für die bewusste Erfahrung der eigenen Existenz als Embryo im Mutterleib, einschließlich des Geburtsvorgangs.[45] Im *Majjhima-nikāya* beschreibt „wissensklar" die Vorsätzlichkeit, die vorhanden ist, wenn jemand bewusst die Unwahrheit sagt.[46] In einer Passage des *Saṃyutta-nikāya* bezieht sich „wissensklar" auf das bewusste Erfahren der vergänglichen Natur von Gefühlen, Wahrnehmungen und Gedanken.[47] Eine Lehrrede im *Aṅguttara-nikāya* empfiehlt „klares Wissen" (*sampajañña*), um Unheilsames zu überwinden und Heilsames zu etablieren.[48] Das *Itivuttaka* schließlich bezieht „klares Wissen" auf das Befolgen des Ratschlags eines guten Freundes.[49]

Der gemeinsame Nenner, den diese aus allen fünf *nikāya*s gewählten Beispiele nahelegen, besteht in der Fähigkeit, vollständig zu begreifen oder zu verstehen, was gerade geschieht. Derart klares Wissen kann wiederum zur Entwicklung von Weisheit (*paññā*) führen. Dem *Abhidhamma* zufolge bedeutet das Vorhandensein von klarem Wissen, dass auch Weisheit bereits vorhanden ist.[50] Vom etymologischen Standpunkt aus gesehen ist diese These überzeugend, da *paññā* und (*sam-*)*pajānāti* nahe verwandt sind. Jedoch lässt eine genaue Untersuchung der oben genannten Beispiele darauf schließen, dass klares Wissen (*sampajañña*) nicht notwendigerweise das Vorhandensein von Weisheit (*paññā*) impliziert. Wenn jemand zum Beispiel die Unwahrheit sagt, kann er klar wissen, dass die eigene Rede eine Lüge ist, aber man sagt die Unwahrheit nicht „mit Weisheit". Ebenso ist es zwar sehr bemerkenswert, sich der eigenen embryonalen Entwicklung im Mutterleib bewusst zu sein, aber es setzt keine Weisheit voraus. Daher mag klares

---

[44] Der *satipaṭṭhāna*-Subkommentar (Ps-pṭ I 354) erklärt *sampajāna* als „in jeder Weise und in allen Einzelheiten wissend". Guenther (1991, S. 85) spricht von „analytischem, aufgeschlossenem Verstehen", Ñāṇārāma (1990, S. 4) von „erforschender Intelligenz" und van Zeyst (1967a, S. 331) von „überlegt unterscheidendem Wissen".

[45] D III 103 und D III 231.

[46] M I 286 und M I 414. – Weiterhin wird in A II 158 unterschieden, ob eine Handlung „wissensklar" (*sampajāna*) oder „nicht wissensklar" (*asampajāna*) vorgenommen wurde – ein Kontext, der auch eine Wiedergabe als „Vorsätzlichkeit" erlaubt.

[47] S V 180.

[48] A I 13.

[49] It 10.

[50] Z. B. Dhs 16, Vibh 250. *Sampajañña* wird auch zu Weisheit in Bezug gesetzt von Ayya Kheminda (o. J. S. 30), Buddhadāsa (1989, S. 98), Debvedi (1990, S. 22), Dhammasudhi (1968, S. 67), Ñāṇaponika (1992, S. 46) und Swearer (1967, S. 153).

Wissen zwar zur Entwicklung von Weisheit führen, an sich aber bedeutet es nur, „klar zu wissen", was gerade geschieht.

In den *satipaṭṭhāna*-Anweisungen wird auf das Vorhandensein der Wissensklarheit durch den häufig wiederkehrenden Ausdruck „er weiß" oder „er erkennt" (*pajānāti*) angespielt, der in den meisten Anweisungen für die Praxis zu finden ist. Ähnlich wie „wissensklar" (*sampajāna*) bezieht sich auch „er weiß" bzw. „er erkennt" (*pajānāti*) manchmal auf eine ziemlich einfache Form des Wissens, während es in anderen Fällen verfeinertere Arten der Erkenntnis mit einbegreift. Im Kontext des *satipaṭṭhāna* umfasst der Bereich dessen, was ein Meditierender „weiß" bzw. „erkennt", etwa das Wahrnehmen eines langen Atemzugs als lang oder das Erkennen der Körperhaltung.[51] Doch mit den weiteren *satipaṭṭhāna*-Betrachtungen entwickelt sich die Aufgabe des Meditierenden, zu wissen bzw. zu erkennen, bis sie das Vorhandensein des unterscheidenden Erkennens einschließt – zum Beispiel, wenn man das Entstehen einer Fessel in Abhängigkeit von einem Sinnestor und dem entsprechenden Objekt versteht.[52] Diese Entwicklung gipfelt in der Erkenntnis der vier edlen Wahrheiten, „wie sie wirklich sind", ein durchdringendes, tiefes Verstehen, für das auch wieder der Ausdruck „er erkennt" benutzt wird.[53] Folglich kann die Anwendung sowohl des Ausdrucks „er weiß" bzw. „er erkennt" (*pajānāti*) als auch der Qualität der „Wissensklarheit" (*sampajañña*) von einfachen Formen des Wissens bis zu tiefem, unterscheidendem Erkennen reichen.

II.4 Achtsamkeit und Wissensklarheit

Abgesehen davon, dass „Wissensklarheit" im Teil „Definition" des *Satipaṭṭhāna-sutta* aufgeführt ist, wird sie auch im ersten *satipaṭṭhāna* bezüglich einer Reihe körperlicher Aktivitäten erwähnt.[54] Gewöhnlich beziehen sich die Darlegungen des abgestuften Übungsweges auf diese Wissensklarheit in Hinsicht auf die körperlichen Aktivitäten mit dem Kompositum *satisam-*

---

[51] M I 56: „Lang einatmend weiß er: ‚Ich atme lang ein'; lang ausatmend weiß er: ‚Ich atme lang aus'." M I 57: „ ... er weiß entsprechend, in welcher Haltung sein Körper sich gerade befindet." [Anm. d. Übers.: Einer Übersetzung von Ñāṇatiloka folgend, haben die Übersetzer „er weiß" für einfache und „er erkennt" für verfeinertere Arten des Verstehens gewählt.]

[52] Z. B. M I 61: „Hier erkennt er das Auge, er erkennt Formen, und er erkennt die Fessel, die in Abhängigkeit von beiden entsteht".

[53] M I 62: „Hier erkennt er, wie es wirklich ist: ‚Dies ist *dukkha*'; ... ‚Dies ist das Entstehen von *dukkha*'; ... ‚Dies ist das Ende von *dukkha*'; ... ‚Dies ist der Weg, der zum Ende von *dukkha* führt'."

[54] M I 57: „ ... beim Vorwärts- und Zurückgehen, er handelt wissensklar beim Hinblicken und Wegblicken." Ich werde in Kapitel VI.5, S. 155f., im Einzelnen auf diese Übung eingehen.

pajañña, „Achtsamkeit und Wissensklarheit".[55] Bei weiterer sorgfältiger Durchsicht der Lehrreden stellt sich heraus, dass diese Kombination von Achtsamkeit mit Wissensklarheit (oder „klarem Wissen") in vielen verschiedenen Zusammenhängen verwendet wird, was dem oben beschriebenen flexiblen Gebrauch von *sampajāna* entspricht.

So waren Achtsamkeit und Wissensklarheit präsent, wenn der Buddha seine Schüler lehrte, wenn er einschlief, eine Krankheit ertrug, sein Lebensprinzip aufgab und sich auf den Tod vorbereitete.[56] Sogar in seinem vorherigen Leben war er bereits mit Achtsamkeit und Wissensklarheit ausgestattet, als er im Himmel erschien, dort verweilte, von dort verschied und in den Leib seiner Mutter eintrat.[57]

Achtsamkeit und Wissensklarheit tragen auch dazu bei, das eigene sittliche Verhalten zu verbessern und Sinnlichkeit zu überwinden.[58] Im Zusammenhang mit Meditation können Achtsamkeit und Wissensklarheit sich auf die Betrachtung von Gefühlen und Gedanken beziehen, sie können ein hohes Maß an Gleichmut auf dem Gebiet des Wahrnehmungstrainings bezeichnen, oder sie können bei der Überwindung von Dumpfheit und Mattheit eine Rolle spielen.[59] Von besonderer Bedeutung sind Achtsamkeit und Wissensklarheit während der dritten Vertiefung (*jhāna*), wo das Vorhandensein beider notwendig ist, um einen Rückfall in die intensive Freude (*pīti*) zu vermeiden, welche während der zweiten Vertiefung erfahren wird.[60]

Die große Vielfalt der Zusammenhänge, in denen Achtsamkeit und Wissensklarheit vorkommen, macht deutlich, dass die Kombination dieser beiden Qualitäten oft einen recht allgemeinen Sinn hat und nicht auf den spezifischen Kontext der körperlichen Aktivitäten auf dem abgestuften Übungsweg oder auf den *satipaṭṭhāna*-Kontext der Körperbetrachtung beschränkt ist.

---

[55] Z. B. in D I 70.

[56] Gleichmut bewahrend gegenüber aufmerksamen und unaufmerksamen Schülern (M III 221), beim Einschlafen (M I 249), beim Ertragen von Krankheit und Schmerz (D II 99, D II 128, S I 27, S I 110, Ud 82), beim Aufgeben des Lebensprinzips (D II 106, S V 262, A IV 311, Ud 64), beim Niederlegen zum Sterben (D II 137). Das Vorhandensein von Achtsamkeit und Wissensklarheit zur Zeit des Todes wird in S IV 211 den Mönchen ganz allgemein empfohlen.

[57] M III 119 (Teile davon auch in D II 108).

[58] A II 195 und S I 31.

[59] Betrachtung von Gefühlen und Gedanken in A IV 168 (vgl. auch A II 45), Wahrnehmungstraining in D III 113 und D III 250, Überwinden von Dumpfheit und Mattheit z. B. in D I 71.

[60] Z. B. in D II 313, vgl. auch den Kommentar in Vism 163; Guenther (1991, S. 124), Gunaratana (1996, S. 92).

Ein solches Zusammenwirken von Achtsamkeit und Wissensklarheit, welche der „Definition" zufolge für alle *satipaṭṭhāna*-Betrachtungen nötig ist, weist auf die Notwendigkeit hin, das achtsame Beobachten der Phänomene mit dem intelligenten Verarbeiten des Beobachteten zu verbinden. Deshalb kann man „Wissensklarheit" als den „erleuchtenden" oder „erweckenden" Aspekt der Betrachtung auffassen. Nach diesem Verständnis hat das klare Wissen die Aufgabe, die durch achtsame Beobachtung gesammelten Informationen zu verarbeiten. Auf diese Weise führt es zum Entstehen von Weisheit.[61]

Diese Eigenschaften des klaren Wissens und der Achtsamkeit erinnern an die Entwicklung von „Wissen" und „Sicht" der Wirklichkeit (*yathābhūtañāṇadassana*). Den Lehrreden zufolge sind sowohl „Wissen" als auch „Sehen" notwendige Bedingungen für die Verwirklichung von *Nibbāna*.[62] Es liegt nahe, die Zunahme des Wissens (*ñāṇa*) mit der Eigenschaft der Wissensklarheit (*sampajāna*) und den begleitenden Aspekt der „Sicht" (*dassana*) mit der Aktivität des Beobachtens, die durch die Achtsamkeit (*sati*) repräsentiert wird, in Verbindung zu bringen.

Zu dieser Eigenschaft der Wissensklarheit ist noch einiges zu sagen.[63] Hierfür muss jedoch zunächst noch der Hintergrund erarbeitet werden, durch eine genauere Untersuchung dessen, was *sati* beinhaltet. Diesem Thema wende ich mich im nächsten Kapitel zu.

---

[61] Die Interaktion zwischen *sati* und Weisheit wird in Ps I 243 beschrieben, wonach mit Weisheit das betrachtet wird, was zum Objekt des Gewahrseins geworden ist. Vgl. auch Vibh-a 311, wo zwischen *sati* mit und ohne Weisheit unterschieden wird, woraus deutlich wird, dass Weisheit kein automatisches Ergebnis des bloßen Vorhandenseins von *sati* ist, sondern absichtsvoll entwickelt werden muss. Zu der Notwendigkeit, *sati* mit *sampajañña* zu kombinieren, vgl. Chah (1996, S. 6) und Mahasi (1981, S. 94).

[62] S III 152, S V 434.

[63] Auf *sampajañña* werde ich zurückkommen, wenn ich die Übung des geistigen Etikettierens (Kapitel V.6, S. 130f.) erörtere und die Wissensklarheit hinsichtlich der körperlichen Aktivitäten als eine der Körperbetrachtungen untersuche.

III. Kapitel
Sati

In diesem Kapitel werde ich fortfahren, den Teil „Definition“ des *Satipaṭṭhāna-sutta* zu untersuchen. Um *sati*, die dritte der in der „Definition“ erwähnten Qualitäten, in einen Zusammenhang zu stellen, gebe ich einen kurzen Überblick über die frühbuddhistische Vorgehensweise, Erkenntnis zu erwerben. Weiterhin will ich *sati* als geistige Qualität bewerten, worin die Hauptaufgabe dieses Kapitels besteht. Dazu werde ich ihre charakteristischen Eigenschaften aus verschiedenen Perspektiven erforschen sowie sie der Konzentration (*samādhi*) gegenüberstellen.

III.1 Wege zur Erkenntnis im frühen Buddhismus

Die Philosophen des alten Indien kannten drei hauptsächliche Methoden der Erkenntnis.[1] Die Brahmanen vertrauten vor allem auf mündlich überlieferte Spruchweisheiten als ihre maßgeblichen Erkenntnisquellen, während in den *Upaniṣaden* philosophische Argumentation als zentrales Hilfsmittel Verwendung findet, um zur Erkenntnis zu gelangen. Neben diesen beiden Wegen gab es eine bedeutende Anzahl von Wanderasketen und kontemplativ Lebenden dieser Zeit, die außersinnliche Wahrnehmung und durch Meditationserfahrung erlangtes intuitives Wissen als zentrale Mittel zur Erkenntnisgewinnung betrachteten. Diese drei Herangehensweisen können zusammengefasst werden als mündliche Überlieferung, logische Beweisführung und unmittelbare Intuition.

Wenn der Buddha nach seinem eigenen erkenntnistheoretischen Standpunkt gefragt wurde, ordnete er sich der dritten Kategorie zu, das heißt denen, die ihren Schwerpunkt auf die Entwicklung unmittelbarer persönlicher Erkenntnis legten.[2] Obwohl er mündliche Überlieferung oder logische Beweisführung als Wege zur Erkenntnis nicht völlig zurückwies, waren ihm ihre Begrenztheiten deutlich bewusst. Das Problem der mündlichen Überlieferung besteht darin, dass man sich an die dem Gedächtnis anvertrauten Inhalte möglicherweise falsch erinnert. Darüber hinaus können selbst Inhalte, an die man sich gut erinnert, fehlerhaft und irreführend sein. In gleicher Weise mag logische Beweisführung überzeugend erscheinen, aber sich dann als nicht fundiert herausstellen. Und sogar eine fundierte Argumentation kann sich als falsch und irreführend erweisen, wenn sie sich auf falsche Voraussetzungen gründet. Andererseits kann etwas, woran man sich nicht gut erinnert oder was anscheinend nicht völlig durchdacht ist, sich dann doch als wahr herausstellen.[3]

---

[1] Nach Jayatilleke (1980, S. 63).
[2] M II 211.
[3] M I 520 und M II 171.

Ähnliche Vorbehalte gelten aber auch für das in der Meditation unmittelbar erlangte Wissen. Der scharfsinnigen Analyse des *Brahmajāla-sutta* zufolge war tatsächlich das ausschließliche Vertrauen auf unmittelbare außersinnliche Erkenntnis die Ursache für eine beträchtliche Anzahl falscher Ansichten unter den zeitgenössischen Praktizierenden.[4] Ein Gleichnis veranschaulicht die Gefahren, die aus dem ausschließlichen Vertrauen in die eigene unmittelbare Erfahrung entstehen. In diesem Gleichnis lässt ein König einige Blinde einen Elefanten berühren, und zwar jeden einen anderen Teil.[5] Als die Blinden gefragt werden, wie denn der Elefant beschaffen sei, berichtet jeder von ihnen auf völlig verschiedene Weise, was er für die einzig richtige und wahre Beschreibung eines Elefanten hält. Obwohl die Erfahrung jedes der Blinden empirisch wahr ist, so hat doch ihre unmittelbare persönliche Erfahrung ihnen nur einen Teil des Ganzen enthüllt. Der Fehler, den jeder von ihnen macht, besteht in dem Fehlschluss, dass seine durch persönliche Erfahrung erlangte unmittelbare Erkenntnis die einzige Wahrheit sei, sodass jeder, der dem widerspricht, sich irren müsse.[6]

Dieses Gleichnis macht deutlich, dass sogar unmittelbare persönliche Erfahrung vielleicht nur einen Teil des Gesamtbildes erfasst haben mag und daher nicht dogmatisch als absolute Grundlage der Erkenntnis aufgefasst werden sollte. Mit anderen Worten: Die Betonung unmittelbarer Erfahrung muss nicht die völlige Zurückweisung mündlicher Überlieferung und logischen Denkens als Hilfsmittel zum Erlangen von Erkenntnis zur Folge haben. Trotzdem ist die unmittelbare Erfahrung für den frühen Buddhismus das zentrale erkenntnistheoretische Hilfsmittel. Einer Passage im *Saḷāyatana-saṃyutta* zufolge ist es besonders die Übung von *satipaṭṭhāna*, die zu einer unverzerrten direkten Erfahrung der Dinge, wie sie wirklich sind, führen kann, unabhängig von mündlicher Überlieferung und logischem Denken.[7]

---

[4] Eine Übersicht über die 62 Gründe für das Entwickeln von Ansichten im *Brahmajāla-sutta* (D I 12-39) legt dar, dass „unmittelbare" meditative Erfahrungen die häufigste Ursache für das Entwickeln einer Ansicht sind, während spekulatives Denken nur eine untergeordnete Rolle spielt: 49 Beispiele beruhen ausschließlich oder zumindest teilweise auf meditativen Erfahrungen (Nr. 1-3, 5-7, 9-11, 17, 19-22, 23-25, 27, 29-38, 39-41, 43-49, 51-57, 59-62) gegenüber nur 13, die auf reinen Verstandesgründen beruhen (Nr. 4, 8, 12-16, 18, 26, 28, 42, 50, 58); die Zuordnung erfolgte unter Verwendung des Kommentars. Vgl. auch Bodhi (1992a, S. 6).

[5] Ud 68.

[6] Ud 67, vgl. auch D II 282. Ein anderes Beispiel für einen solchen Fehlschluss findet sich in M III 210, wo unmittelbar erlangtes übernatürliches Wissen zu zahlreichen falschen Annahmen über die Wirkungsweise des Karmas führt.

[7] In S IV 139 empfiehlt der Buddha die Betrachtung des Geistes im Zusammenhang mit der Sinneserfahrung als Methode zum Erlangen vollendeten Wissens – unabhängig von Glauben, persönlichen Vorlieben, mündlicher Überlieferung, bloßen Vernunftgründen und der Übernahme einer Ansicht.

Somit ist *satipaṭṭhāna* ein empirisches Hilfsmittel von zentraler Bedeutung in der pragmatischen Erkenntnistheorie des frühen Buddhismus.

Wird nun der erkenntnistheoretische Standpunkt des frühen Buddhismus auf die eigentliche Übung angewandt, so bilden mündliche Überlieferung und logisches Denken – im Sinne eines gewissen Maßes an Wissen und einer Reflexion über den *Dhamma* – die grundlegenden Bedingungen für eine unmittelbare Erfahrung der Wirklichkeit durch die Übung von *satipaṭṭhāna*.[8]

III.2 *Sati*

Das Nomen *sati* ist mit dem Verb *sarati*, „sich erinnern", verwandt.[9] *Sati* im Sinne von „Erinnerungsfähigkeit" (*memory*) kommt zu verschiedenen Gelegenheiten in den Lehrreden[10] vor, ebenso in den Standarddefinitionen von *sati* im *Abhidhamma* und in den Kommentaren.[11] Dieser Erinnerungsaspekt von *sati* wird durch Buddhas Schüler Ānanda verkörpert, der sich durch *sati* besonders auszeichnete und dem die fast unglaubliche Meisterleistung zugeschrieben wird, sich alle vom Buddha gesprochenen Lehrreden ins Gedächtnis zurückrufen zu können.[12]

Die Konnotation von *sati* als Erinnerungsvermögen fällt besonders in den Betrachtungen (*anussati*) auf. In den Lehrreden kommt oft eine Auflistung von sechs Betrachtungen (*anussati*) vor: die Betrachtungen des Buddha,

---

[8] Dies erinnert an die dreifache Unterscheidung von Weisheit, die auf Reflexion, Lernen und auf der Entwicklung des Geistes beruht (diese dreifache Unterscheidung kommt in den Lehrreden nur in D III 219 vor).

[9] Vgl. Bodhi (1993, S. 86), Gethin (1992, S. 36), Guenther (1991, S. 67), Ñāṇamoli (1995, S. 1188, Anm. 136). Die Sanskrit-Entsprechung von *sati* ist *smṛti* mit der Nebenbedeutung „Gedächtnis" und „Merkfähigkeit", vgl. Monier-Williams (1995, S. 1271), Rhys Davids (1978, S. 80). [Anm. der Übers.: Nyanatiloka: Pāli-Wörterbuch, 2. Aufl., Capelle van den Yssel, 1995 (= 1. Aufl. München, 1928) S. 98, Art. SAR_1: „nach-denken über, sich (e. Sache) ins Gedächtnis rufen, sich erinnern".]

[10] Z. B. *sati pamuṭṭhā* in M I 329 mit der Bedeutung „vergessen" oder *sati udapādi* in D I 180 als „sich erinnernd"; vgl. auch A IV 192, wo der Begriff *asati* zur Beschreibung eines Mönchs gebraucht wird, der vorgibt, sich nicht an ein Vergehen zu erinnern, wegen dem er zurechtgewiesen wurde.

[11] Vgl. Dhs 11, Vibh 250, Pp 25, As 121, Mil 77, Vism 162.

[12] Vin II 287 berichtet über Ānanda, wie er sich die von dem Buddha gehaltenen Lehrreden während des ersten Konzils ins Gedächtnis rief und sie rezitierte. Gleichgültig ob der Bericht über das erste Konzil nun historische Wahrheit widerspiegelt oder nicht – die Tatsache, dass der *Vinaya* die Rezitation der Lehrreden Ānanda zuschreibt, spiegelt zweifellos seine außerordentliche Gedächtniskraft wider (auf die er selbst in Th 1024 hinweist). Ānandas überragende Fähigkeit, *sati* zu entwickeln, ruft das Lob des Buddha hervor (A I 24). Dennoch mangelt es ihm nach Vin I 298 auch gelegentlich an *sati* – so etwa, als er sich einmal aufmacht, Almosen zu sammeln, und dabei vergisst, all seine Roben anzulegen.

des *Dhamma*, des *Saṅgha*, des eigenen sittlichen Verhaltens, der eigenen Großzügigkeit und der himmlischen Wesen (*devas*).[13] Eine andere Art von Betrachtung kommt gewöhnlich im Zusammenhang mit den „Arten höheren Wissens" vor, die durch tiefe Konzentration erlangt werden; es ist die Betrachtung der eigenen vergangenen Leben (*pubbenivāsānussati*). In Bezug auf all diese Betrachtungen erfüllt *sati* die Funktion, sich die Gegenstände der Betrachtung ins Bewusstsein zu rufen.[14] Diese Funktion von *sati* kann sogar zur Erweckung führen, wie dokumentiert in den *Theragāthā* anhand des Falles eines Mönchs, der aufgrund der Betrachtung der Eigenschaften des Buddha die Verwirklichung erlangte.[15]

Diese Konnotation von *sati* als Erinnerungsvermögen erscheint auch in der formalen Definition in den Lehrreden, die *sati* auf die Fähigkeit bezieht, sich ins Bewusstsein zu rufen, was vor langer Zeit gesagt oder getan wurde.[16] Eine genauere Untersuchung dieser Definition offenbart jedoch, dass *sati* eigentlich gar nicht als Erinnerung an sich definiert ist, sondern als das, was das Erinnern ermöglicht und leichter macht. Diese Definition von *sati* weist darauf hin, dass, wenn *sati* vorhanden ist, das Erinnerungsvermögen gut funktioniert.[17]

Auf diese Weise verstanden, kann *sati* leichter zu dem Kontext von *satipaṭṭhāna* in Beziehung gesetzt werden, wo es nicht darum geht, sich

---

[13] Z. B. in A III 284. Zu den sechs Betrachtungen vgl. auch Vism 197-228 [= Kap. VII; dt. Ausgabe, S. 230] und Devendra 1985, 25-45.

[14] In A II 183 wird darauf hingewiesen, dass die Erinnerung an vergangene Leben durch *sati* herbeigeführt werden kann. Ähnlich wird in A V 336 davon gesprochen, *sati* auf den Buddha zu richten, um die Betrachtung des Buddha zu praktizieren. In Nid II 262 werden alle solche Handlungen eindeutig als Aktivitäten von *sati* verstanden. Vism 197 fasst zusammen: „*Sati* ist es, wodurch man sich etwas ins Bewusstsein ruft".

[15] Siehe Th 217f. In Th-a II 82 wird dazu erklärt, dass jener Mönch durch die Betrachtung des Buddha tiefe Konzentration entwickelt, wodurch er befähigt wird, sich an Buddhas der Vergangenheit zu erinnern – mit dem Ergebnis, dass ihm die vergängliche Natur selbst der Buddhas klar wird. Dies wiederum führt zu seinem Erwachen.

[16] Z. B. in M I 356.

[17] Die Textstelle in M I 356 könnte also so wiedergegeben werden: „Er ist achtsam und verfügt über die klar unterscheidende Achtsamkeit, (sodass) vor langer Zeit Gesagtes oder Getanes ins Bewusstsein gerufen und erinnert wird." Ñāṇamoli (1995, S. 1252, Anm. 560) erklärt: „Scharfe Aufmerksamkeit für die Gegenwart bildet die Grundlage für eine genaue Erinnerung an die Vergangenheit". Ñāṇananda (1984, S. 28) bemerkt: „Achtsamkeit und Erinnerungsvermögen ... die Schärfe des einen führt zur Klarheit des anderen".

Vergangenes zu vergegenwärtigen, sondern vielmehr die Achtsamkeit sich auf den gegenwärtigen Augenblick richtet.[18]

Ähnlich wird *sati* als Achtsamkeit des gegenwärtigen Augenblicks in den Darstellungen des *Paṭisambhidāmagga* und des *Visuddhimagga* dargestellt, denen zufolge die typische Eigenschaft von *sati* „Gegenwärtigkeit" (*upaṭṭhāna*) ist, ob nun als Fähigkeit (*indriya*), als Erwachensfaktor (*bojjhaṅga*), als ein Faktor des edlen achtfachen Pfades oder im Augenblick der Verwirklichung.[19]

So kann Achtsamkeit in Gegenwärtigkeit (*upaṭṭhitasati*) in der Weise verstanden werden, dass sie „Geistesgegenwärtigkeit" einschließt, insoweit als sie direkt der „Geistesabwesenheit" (*muṭṭhassati*) entgegensetzt ist – „Geistesgegenwärtigkeit" in dem Sinne, dass jemand, der *sati* besitzt, in Bezug auf den gegenwärtigen Augenblick hellwach ist.[20] Aufgrund solcher Geistesgegenwart wird alles, was getan oder gesagt wird, vom Geist klar erfasst, und man kann sich daher später leichter daran erinnern.[21]

Sati wird nicht nur benötigt, um den Augenblick vollständig zu erfassen, an den man sich später erinnern soll, sondern auch dann, wenn zu einem späteren Zeitpunkt dieser Augenblick wieder ins Bewusstsein gerufen werden soll. Daher wird das „Sich-Erinnern" (to *„re-collect"*) einfach ein besonderes Beispiel für einen Bewusstseinszustand, der sich durch „innere Sammlung" (*„collectedness"*) und die Abwesenheit von Ablenkung auszeichnet.[22] Dieser zweifache Charakter von *sati* findet sich auch in einigen Versen des *Sutta-Nipāta* wieder, in welchen der Hörer angewiesen wird, im Anschluss an eine vom Buddha erteilte Unterweisung mit *sati* wieder aufzubrechen.[23] In diesen Beispielen verbindet *sati* das Bewusstsein im Augenblick mit der Erinnerung an das, was der Buddha gelehrt hatte.

Die Art von Bewusstseinszustand, in dem Erinnerung gut funktioniert, kann durch einen gewissen Grad von Weite beschrieben werden, im Gegensatz zu einem eng begrenzten Fokus. Es ist diese Weite, durch die der Geist befähigt wird, die nötigen Verknüpfungen zwischen der im gegenwärtigen Augenblick und der Information aus der Vergangenheit, an die man sich erinnern soll, herzustellen. Diese Eigenschaft offenbart sich, wenn jemand

---

18 Ñāṇapoṇika (1992, S. 9), Ñāṇavīra, (1987, S. 382), Rhys Davids (1966, S. 322). Griffith (1992, S. 111) erklärt: „ … die Grundbedeutung von *smṛti* und seinen Ableitungen in der buddhistischen Fachdiskussion … hat mit Beobachtung und Aufmerksamkeit, nicht mit dem Gewahrsein von Objekten der Vergangenheit zu tun".

19 Paṭis I 16, Paṭis I 116, Vism 510.

20 Vgl. S I 44, wo *sati* sich auf Wachsamkeit bezieht. Eine verwandte Nuance kommt in Vism 464 vor, wo *sati* zu intensiver Erkenntnis (*thirasaññā*) in Beziehung gesetzt wird.

21 Der gegenteilige Fall ist in Vin II 261 belegt, wo sich eine Nonne wegen eines Mangels an *sati* nicht an die Übungsregeln erinnern kann.

22 Ñāṇananda 1993, S. 47.

23 Sn 1053, Sn 1066, Sn 1085.

versucht, sich an ein bestimmtes Beispiel oder eine bestimmte Tatsache zu erinnern, sich jedoch umso weniger erinnert, je mehr er oder sie sich anstrengt. Wird jedoch das fragliche Problem für eine Weile beiseite gelassen, sodass sich der Geist in einem Zustand entspannter Empfänglichkeit befindet, kann man sich an die Information, die gesucht wird, plötzlich wie von selbst erinnern.

Dass ein Bewusstseinszustand, in dem *sati* fest verankert ist, als „weit" anstatt „eng fokussiert" beschrieben werden kann, wird von einigen Lehrreden gestützt. In diesen wird die Abwesenheit von *sati* zu einem eng begrenzten Bewusstseinszustand (*paritta-cetasa*) in Bezug gesetzt, während die Anwesenheit von *sati* zu einem ausgedehnten, ja sogar „grenzenlosen" Bewusstseinszustand (*appamāṇa-cetasa*) führt.[24] Auf der Basis dieser Nuance „geistige Weite" kann *sati* so aufgefasst werden, dass Achtsamkeit die Fähigkeit repräsentiert, die Wahrnehmung der vielfältigen Elemente und Facetten einer bestimmten Situation gleichzeitig aufrechtzuerhalten.[25] Dies gilt sowohl für das Erinnerungsvermögen als auch für das Bewusstsein im gegenwärtigen Augenblick.

III.3 Die Rolle und Position von *sati*

Für ein vertiefendes Verständnis von *sati* ist ein Überblick über die Funktion und Position der Achtsamkeit unter einigen der zentralen Kategorien des frühen Buddhismus hilfreich (vgl. die untenstehende Abb. 3.1). *Sati* bildet nicht nur einen Teil des edlen achtfachen Pfades – als die rechte Achtsamkeit (*sammā sati*) –, sondern hat auch eine zentrale Position unter den Fähigkeiten (*indriya*) und Kräften (*bala*) inne und stellt auch das erste Glied der Erwachensfaktoren (*bojjhaṅga*) dar.

---

[24] Siehe S IV 119. In M I 266, S IV 186, S IV 189, S IV 199 wird in Bezug auf *kāya-sati* das Gleiche gesagt. Ganz ähnlich bezieht sich Sn 150f. auf die Praxis des Ausstrahlens von *mettā* in alle Richtungen als eine Form von *sati*, sodass auch hier *sati* für einen „unbegrenzten" Bewusstseinszustand steht.

[25] Piatigorski (1984, S. 150). Newman (1996, S. 28) unterscheidet zwischen zwei Aufmerksamkeitsebenen, der primären und der sekundären: „Ich kann über morgen nachdenken und immer noch gewahr sein, dass ich jetzt über morgen nachdenke ... meine Aufmerksamkeit der ersten Ebene ist auf morgen gerichtet, aber meine Aufmerksamkeit der zweiten Ebene ist auf das gerichtet, was gerade jetzt geschieht (d. h., dass ich jetzt über morgen nachdenke)."

Fähigkeiten + Kräfte	edler achtfacher Pfad	Erwachensfaktoren
Vertrauen (*saddhā*)	rechte Ansicht (*sammā diṭṭhi*)	*sati*
Energie (*viriya*)	rechte Gesinnung (*sammā saṅkappa*)	Ergründung der *dhammas* (*dhammavicaya*)
sati	rechte Rede (*sammā vācā*)	Energie (*viriya*)
Konzentration (*samādhi*)	rechte Tat (*sammā kammanta*)	Freude (*pīti*)
Weisheit (*paññā*)	rechter Lebenserwerb (*sammā ājīva*)	Ruhe (*passaddhi*)
	rechte Anstrengung (*sammā vāyāma*)	Konzentration (*samādhi*)
	rechte Achtsamkeit (*sammā sati*)	Gleichmut (*upekkhā*)
	rechte Konzentration (*sammā samādhi*)	

Abb. 3.1: Die Position von *sati* unter bedeutenden Kategorien

In diesen Kontexten umfassen die Funktionen von *sati* sowohl das Bewusstsein im gegenwärtigen Augenblick als auch das Sich-Erinnern.[26] Unter den Fähigkeiten (*indriya*) und Kräften (*bala*) nimmt *sati* die mittlere Position ein. Hier hat *sati* die Aufgabe, sich des Übermaßes oder Mangels bewusst zu werden und dadurch die anderen Fähigkeiten und Kräfte auszubalancieren und zu überwachen. Eine überwachende Funktion, ähnlich der Position unter den Fähigkeiten und Kräften, findet sich auch im edlen achtfachen

[26] In Definitionen von *sati* als einer Fähigkeit wird sowohl die Übung von *satipaṭṭhāna* (S V 196, S V 200) als auch das Erinnerungsvermögen erwähnt (S V 198), wobei Letzteres auch gebraucht wird, um *sati* als Kraft zu definieren (A III 11). Als einer der Erwachensfaktoren wiederum umschließt *sati* beide Aspekte: In M III 85 ist es das Vorhandensein nicht abgelenkter Achtsamkeit als das Ergebnis der *satipaṭṭhāna*-Übung, welches *sati* als Erwachensfaktor bildet (dieselbe Definition findet sich auch mehrmals in S V 331-339), während in S V 67 der Erwachensfaktor *sati* als Erinnerung fungiert, da er sich hier damit befasst, die Lehre ins Bewusstsein zu rufen und zu kontemplieren.

Pfad, wo *sati* die mittlere Position in dem Abschnitt des Pfades mit drei Faktoren innehat, der sich direkt mit Geistestraining befasst. Die überwachende Eigenschaft von *sati* ist jedoch nicht nur auf rechte Anstrengung und rechte Konzentration beschränkt, da nach dem *Mahācattārīsaka-sutta* die Gegenwart von rechter Achtsamkeit ebenso ein Erfordernis für die anderen Faktoren des Pfades ist.[27]

In Bezug auf seine zwei Nachbarfaktoren auf dem edlen achtfachen Pfad führt *sati* zusätzliche Funktionen aus. Zur Unterstützung der rechten Anstrengung erfüllt *sati* eine beschützende Aufgabe, indem es dem Entstehen unheilsamer Geisteszustände im Kontext der Sinneszügelung vorbeugt, was tatsächlich einen Aspekt von rechter Anstrengung darstellt. In Bezug auf rechte Konzentration dient fest gegründete *sati* als wichtige Grundlage für die Entwicklung tieferer Stufen von Geistesruhe. Auf dieses Thema werde ich später zurückkommen.

Diese Position von *sati* zwischen den beiden geistigen Eigenschaften Energie (oder Anstrengung) und Konzentration wiederholt sich unter den Fähigkeiten und Kräften. Ebenso wird *sati* in dem Teil „Definition" des *Satipaṭṭhāna-sutta* mit diesen beiden Eigenschaften verbunden, die hier durch unermüdlichen Fleiß (*ātāpī*) und durch die Abwesenheit von Verlangen und Betrübtheit (*abhijjhādomanassa*) repräsentiert sind. Die Anordnung von *sati* zwischen Energie und Konzentration in all diesen Kontexten spiegelt ein natürliches Fortschreiten in der Entwicklung von *sati* wider, da in den Anfängen der Praxis ein beträchtliches Maß an Energie erforderlich ist, um der Ablenkung entgegenzuwirken, während fest gegründete *sati* wiederum zu einem zunehmend konzentrierten und ruhigen Bewusstseinszustand führt.

Im Gegensatz zu seiner mittleren Position unter den Fähigkeiten und Kräften und im letzten Teil des edlen achtfachen Pfades nimmt *sati* in der Liste der Erwachensfaktoren die Anfangsposition ein. Hier bildet *sati* die Grundlage für diejenigen Faktoren, die zur Verwirklichung führen.

Da im Verhältnis zu den Fähigkeiten, Kräften und Faktoren des edlen achtfachen Pfades *sati* unter beigeordneten Faktoren wie Energie, Weisheit und Konzentration deutlich hervorgehoben ist, muss *sati* etwas von ihnen deutlich Unterschiedenes sein, um diese separate Auflistung zu rechtfertigen.[28] Auf ähnliche Weise kann die Aufgabe, die *dhamma*s zu untersuchen, nicht mit der Aktivität der Achtsamkeit identisch sein, da *sati* von dem Er-

---

[27] In M III 73 wird rechte Achtsamkeit als die Präsenz von *sati* beim Überwinden falschen Denkens, falscher Rede, falschen Handelns und falschen Lebensunterhalts und beim Entwickeln ihres jeweiligen Gegenteils definiert.

[28] Dies wird im *Paṭisambhidāmagga* herausgestellt, dem zufolge eine klare Einschätzung dieses Unterschieds „unterscheidendes Verstehen" (*dhammapaṭisambhidañāṇa*) darstellt; vgl. Paṭis I 88 und Paṭis I 90.

wachensfaktor „Ergründung der *dhammas*" unterschieden ist; andernfalls wäre ein gesonderter Begriff nicht nötig gewesen. In diesem Fall ist jedoch die Aktivität von *sati* eng verwandt mit „Ergründung der *dhammas*", da nach dem *Ānāpānasati-sutta* die Erwachensfaktoren aufeinander folgend entstehen, wobei „Ergründung der *dhammas*" aus dem Vorhandensein von *sati* entsteht.[29]

In Bezug auf rechte Achtsamkeit als Faktor des edlen achtfachen Pfades ist es bemerkenswert, dass der Begriff *sati* innerhalb der Definition von rechter Achtsamkeit (*sammā sati*) wiederholt wird.[30] Diese Wiederholung dürfte nicht zufällig sein, sondern weist vielmehr auf einen qualitativen Unterschied zwischen „rechter" Achtsamkeit (*sammā sati*) als einem Pfadfaktor und Achtsamkeit als einem allgemeinen Geistesfaktor hin. Tatsächlich wird in zahlreichen Lehrreden „falsche" Achtsamkeit (*micchā sati*) erwähnt, was darauf schließen lässt, dass bestimmte Formen von *sati* sich von rechter Achtsamkeit stark unterscheiden können.[31] Nach der Definition

---

[29] M III 85; vgl. auch S V 68.

[30] D II 313: „Er verweilt, den Körper ... die Gefühle ... den Geist ... die *dhammas* betrachtend, unermüdlich, wissensklar und achtsam, frei von Verlangen und Betrübtheit hinsichtlich der Welt – dies wird rechte Achtsamkeit genannt." Eine alternative Definition „rechter Achtsamkeit" findet sich in der *Atthasālinī*, wo einfach von korrekter Erinnerung gesprochen wird (As 124). In der Definition rechter Achtsamkeit in den chinesischen *Āgamas* werden die vier *satipaṭṭhānas* nicht erwähnt: „Er ist achtsam, auf vielfache Weise achtsam, hat Erinnerungsvermögen, ist nicht vergesslich, dies nennt man rechte Achtsamkeit"; Übersetzung von Minh Chau (1991, S. 97), vgl. auch Choong (2000, S. 210).

[31] „*Micchā sati*" findet sich in D II 353, D III 254, D III 287, D III 290, D III 291, M I 42, M I 118, M III 77, M III 140, S II 168, S III 109, S V 1, S V 12, S V 13, S V 16, S V 18-20, S V 23, S V 383, A II 220-229, A III 141, A IV 237, A V 212-248 (in A III 328 wird auch eine falsche Form von *anussati* erwähnt). Diese beträchtliche Anzahl von Belegstellen zu „falschen" Arten von *sati* widerspricht zu einem gewissen Grad der Darstellung in den Kommentaren von *sati* als einem ausschließlich heilsamen Geistesfaktor; siehe z. B. As 250. Diese Darstellung in den Kommentaren verursacht in der Tat ein praktisches Problem: Wie ist *sati* als heilsamer Faktor mit der *satipaṭṭhāna*-Betrachtung der Hindernisse in Einklang zu bringen, wenn heilsame und unheilsame geistige Eigenschaften nicht in demselben Bewusstseinszustand koexistieren können? Die Kommentare versuchen, diesen Widerspruch aufzulösen, indem sie *satipaṭṭhāna* in Bezug auf einen getrübten Bewusstseinszustand als schnellen Wechsel zwischen mit *sati* verbundenen Bewusstseinsmomenten und solchen unter dem Einfluss der Geistestrübungen darstellen (z. B. in Ps-pṭ I 373). Diese Erklärung ist jedoch nicht überzeugend, da ja entweder die Geistestrübung oder *sati* nicht vorhanden ist und so die *satipaṭṭhāna*-Betrachtung des Vorhandenseins einer Geistestrübung im eigenen Geist unmöglich wird (vgl. z. B. die Anweisungen zur Betrachtung der Hindernisse, die sich deutlich darauf beziehen, dass zur Zeit der *satipaṭṭhāna*-Übung ein solches Hindernis vorhanden ist; M I 60: „ ... erkennt er: ‚In mir ist ...'"). Vgl. ferner Gethin (1992, S. 40-43), Ñāṇapoḷika (1985, S. 68-72). >

der rechten Achtsamkeit muss *sati* durch unermüdlichen Fleiß (*ātāpī*) und Wissensklarheit (*sampajañña*) unterstützt werden. Es ist diese Kombination geistiger Eigenschaften, unterstützt durch einen von Verlangen und Unzufriedenheit freien Bewusstseinszustand, gerichtet auf den Körper, die Gefühle, den Geist und die *dhamma*s, die zu dem Pfadfaktor der rechten Achtsamkeit wird.

Dem *Maṇibhadda-sutta* zufolge kann *sati* allein, trotz seiner vielfachen Vorteile, möglicherweise nicht ausreichen, um Übelwollen auszurotten.[32] Dies deutet darauf hin, dass zusätzliche Faktoren in Kombination mit *sati* benötigt werden, so wie unermüdlicher Eifer und Wissensklarheit beim Entwickeln von *satipaṭṭhāna*.

Also muss *sati*, um „rechte Achtsamkeit" zu bilden, mit anderen geistigen Eigenschaften zusammenarbeiten. Doch zu dem Zweck, *sati* klar zu definieren, was hier meine Aufgabe ist, werde ich *sati* isoliert von diesen anderen Geistesfaktoren betrachten, um seine wichtigsten charakteristischen Grundzüge zu erfassen.

III.4 Gleichnisse für *sati*

Die Bedeutung und die vielfältigen Nuancen des Begriffes *sati* werden durch eine Anzahl von sprachlichen Bildern und Gleichnissen in den Lehrreden erläutert. Diese sprachlichen Bilder und Gleichnisse ermöglichen es, besser zu verstehen, welche Nuancen der Begriff *sati* für den Buddha und die Menschen seiner Zeit hatte.

Ein Gleichnis im *Dvedhāvitakka-sutta* beschreibt einen Kuhhirten, der sorgsam über seine Kühe wachen muss, damit sie nicht vom Weg ab in die Felder mit dem reifen Getreide laufen. Ist das Getreide aber einmal geerntet, kann er sich entspannt unter einen Baum setzen und die Tiere aus der Entfernung beobachten. Um diese vergleichsweise entspannte und distanzierte Weise des Beobachtens zu bezeichnen, wird *sati* gebraucht.[33] Die durch dieses

---

Nach der *Sarvāstivāda*-Tradition ist *sati* ein neutraler Geistesfaktor, vgl. Stcherbatsky (1994, S. 101).

[32] In S I 208 bringt Maṇibhadda Folgendes vor: „Ist man achtsam, so ist man immer gesegnet, ist man achtsam, so verweilt man im Glück, ist man achtsam, so wird das Leben täglich besser, und man ist frei von Übelwollen." Anschließend wiederholt der Buddha die ersten drei Verse, korrigiert aber die vierte: „ ... doch ist man nicht frei von Übelwollen". Folglich bestand die zentrale Aussage der Antwort in der Betonung, dass *sati* allein nicht notwendigerweise ausreicht, um Übelwollen restlos zu beseitigen. Dies bedeutet jedoch nicht, dass *sati* nicht dazu in der Lage ist, das Entstehen von Übelwollen zu verhindern, da seine Präsenz viel dazu beiträgt, dass jemand angesichts des Zornes anderer die Ruhe bewahrt, wie die folgenden Stellen belegen: S I 162, S I 221, S I 222, S I 223.

[33] In diesem Kontext heißt es in M I 117, dass er Achtsamkeit übt (*sati karaṇīyaṃ*), während er zuvor durch genaues Beobachten der Kühe die Ernte schützen musste >

Gleichnis angedeutete Stimmung ist die einer ruhigen und losgelösten Art der Beobachtung.

Ein anderes Gleichnis in einem *Theragāthā*-Vers, das diese Eigenschaft losgelöster Beobachtung bestätigt, vergleicht die Übung von *satipaṭṭhāna* damit, eine erhöhte Plattform oder einen Turm zu besteigen.[34] Konnotationen von Distanz und unverstrickter Losgelöstheit werden durch den Kontext dieses Abschnitts verstärkt, in dem die Turmmetapher dem Weggetragenwerden durch den Strom des Verlangens gegenübergestellt wird. Losgelöstheit taucht wieder im *Dantabhūmi-sutta* auf, in dem *satipaṭṭhāna* mit dem Zähmen eines wilden Elefanten verglichen wird. So wie ein gerade gefangener Elefant nach und nach von seinen Waldgewohnheiten entwöhnt werden muss, so kann auch *satipaṭṭhāna* einen Mönch nach und nach von seinen Erinnerungen und Absichten, die noch von dem Leben als Haushalter stammen, entwöhnen.[35]

In einem weiteren Gleichnis wird *sati* mit der Sonde eines Chirurgen verglichen.[36] Ebenso wie es die Aufgabe der Sonde des Chirurgen ist, Informationen über die Wunde für die nachfolgende Behandlung zu liefern, so kann auch die „Sonde" *sati* dazu benutzt werden, Informationen zu sammeln und dadurch den Boden für das nachfolgende Handeln zu bereiten. Diese Eigenschaft, die Grundlage für späteres Handeln vorzubereiten, wird durch ein weiteres Gleichnis ausgedrückt, das *sati* mit dem Treibstock und der Pflugschar eines Bauern vergleicht.[37] Genau so wie ein Bauer erst

---

(*rakkheyya*). Jedoch bedeutet dies nicht, dass *sati* nicht auch daran beteiligt sein kann, eine Kuh vom Eindringen in reifes Erntegut zurückzuhalten, was tatsächlich in Th 446 geschildert wird. Es bedeutet lediglich, dass durch die oben beschriebene entspanntere Art des Beobachtens ein charakteristisches Merkmal einer reinen und empfänglichen Form der Achtsamkeit in Erscheinung tritt.

[34] Th 765.

[35] M III 136.

[36] M II 260.

[37] S I 172 und Sn 77. Mithilfe des Treibstocks sorgt der Bauer für die Kontinuität des Pflügens, indem er den Ochsen „in der Spur" hält, während die Pflugschar in die Oberfläche der Erde eindringt, das Untere nach oben wendet und sie damit für das Anpflanzen vorbereitet. Ganz ähnlich hält die Kontinuität von *sati* den Geist hinsichtlich des Meditationsobjektes „in der Spur", sodass *sati* die oberflächliche Erscheinung der Phänomene durchdringen, ihre verborgenen Aspekte (die drei Eigenschaften) zum Vorschein bringen kann und es so dem Weisheitssamen ermöglicht, zu wachsen. Die Tatsache, dass in dem obenstehenden Gleichnis sowohl die Pflugschar als auch der Treibstock erwähnt sind, weist außerdem auf die Notwendigkeit hin, beim Entwickeln von *sati* die Klarheit der Ausrichtung mit einer balancierten Anstrengung zu kombinieren, da auch der Landmann zwei Aufgaben gleichzeitig ausführen muss: Mit dem Treibstock in der einen Hand muss er für die Geradheit der Furche sorgen, indem er die Ochsen eine gerade Linie entlang treibt, während er mit der anderen Hand genau das richtige Maß an Druck auf die Pflugschar ausüben muss, um zu vermeiden, dass >

den Boden pflügen muss, damit er säen kann, so erfüllt auch *sati* eine wichtige vorbereitende Rolle für das Entstehen von Weisheit.[38]

Diese Rolle zur Unterstützung des Entstehens von Weisheit durch *sati* spiegelt sich auch wider in noch einem anderen Gleichnis, in dem die Körperteile eines Elefanten mit geistigen Eigenschaften und Faktoren in Bezug gesetzt werden. Hier wird *sati* mit dem Hals des Elefanten verglichen, mit der natürlichen Stütze für seinen Kopf, der in demselben Gleichnis für Weisheit steht.[39] Dass der Hals des Elefanten gewählt wurde, um *sati* zu illustrieren, ist von zusätzlicher Bedeutung. Es ist eine typische Eigenart sowohl von Elefanten als auch von Buddhas, sich umzuschauen, indem der ganze Körper gedreht wird, anstatt nur den Kopf zu wenden.[40] Der Hals des Elefanten steht also auch für die Eigenschaft, dem, womit jemand gerade konfrontiert ist, die volle Aufmerksamkeit zu schenken, was ein typisches Merkmal für *sati* ist.

Obwohl der „Elefantenblick" eine besondere Eigenart des Buddha ist, so ist es charakteristisch für alle *Arahants*, einer vorliegenden Sache andauernde und vollständige Aufmerksamkeit zu schenken.[41] Dies wird in einem weiteren Gleichnis veranschaulicht, in dem *sati* mit der einzigen Speiche eines Wagenrads verglichen wird.[42] In diesem Gleichnis steht der rollende Wagen für die körperlichen Tätigkeiten eines *Arahant*, die alle mit der Unterstützung einer einzigen Speiche – *sati* – stattfinden.

Die unterstützende Funktion von *sati* bei der Entwicklung von Weisheit kommt nochmals in einer Strophe des *Sutta-Nipāta* vor, wo *sati* die Ströme dieser Welt unter Kontrolle hält, sodass die Weisheit sie abschneiden kann.[43] Dieser Vers weist besonders auf die Rolle hin, die *sati* in Bezug

---

sie entweder stecken bleibt, weil er sie zu tief in den Boden gedrückt hat, oder aufgrund mangelnden Drucks die Oberfläche nur einritzt.

[38] Die Bedeutung dieses Gleichnisses wird in Spk I 253 und Pj II 147 so erklärt, dass Phänomene durch Weisheit nur zu verstehen sind, wenn sie durch *sati* erkannt worden sind.

[39] A III 346. Dasselbe Bild findet sich auch in Th 695 und wird in Th 1090 auf den Buddha selbst angewandt.

[40] Laut M II 137 dreht sich der Buddha mit seinem ganzen Körper um, wenn er nach hinten schaut. Dieser „Elefantenblick" des Buddha ist auch in D II 122 belegt, während in M I 337 dasselbe über den Buddha Kakusandha berichtet wird.

[41] Nach Mil 266 verlieren *Arahants* niemals ihre *sati*.

[42] S IV 292. Das ganze Gleichnis findet sich in Ud 76, wo es nur der Kommentar ist, Ud-a 370, der die Beziehung zwischen der einen Speiche und *sati* herstellt. Obwohl das Bild einer einzigen Speiche auf den ersten Blick erstaunen mag, so wäre eine solche Speiche, wenn sie stark genug ist (vergleichbar der Stärke der Achtsamkeit eines *Arahant*) doch dazu in der Lage, die nötige Verbindung zwischen Radnabe und Radfelge zu garantieren.

[43] Sn 1035. Zu dieser Strophe vgl. Ñāṇananda (1984, S. 29).

auf die Beherrschung der Sinnestore (*indriya saṃvara*) als Grundlage für die Entwicklung von Weisheit spielt.

Gemeinsam haben die Gleichnisse von der „Sonde eines Chirurgen", der „Pflugschar", dem „Hals des Elefanten" und der „Kontrolle der Ströme", dass sie die Rolle von *sati* zur Vorbereitung der Einsicht veranschaulichen. Nach diesen Gleichnissen ist *sati* diejenige geistige Eigenschaft, durch die Weisheit zum Entstehen gebracht wird.[44]

In einem anderen Gleichnis aus dem *Saṃyutta-nikāya* wird *sati* mit einem umsichtigen Wagenlenker verglichen.[45] Dies erinnert an die überwachende und steuernde Eigenschaft von *sati* im Verhältnis zu anderen Geistesfaktoren wie den Fähigkeiten und den Kräften. Dieses Gleichnis verdeutlicht vor allem die Eigenschaften von Umsicht und Ausgeglichenheit. Eine ähnliche Nuance findet sich in einem weiteren Gleichnis, in dem die auf den Körper ausgerichtete Achtsamkeit damit verglichen wird, eine volle Schale mit Öl auf dem Kopf zu tragen, ohne etwas zu verschütten. Dies veranschaulicht recht lebhaft die innere Balance von *sati*.[46]

Die Qualität sorgsamer Beaufsichtigung kommt in einem Gleichnis vor, in dem *sati* durch den Torwächter einer Stadt personifiziert wird.[47] Das Gleichnis beschreibt, wie Boten mit einer eiligen Botschaft, die dem König ausgehändigt werden muss, am Stadttor eintreffen. Die Funktion des Torwächters besteht darin, ihnen zu erklären, wie sie auf dem kürzesten Wege zum König gelangen. Das Bild des Torwächters taucht auch in einem anderen Zusammenhang wieder auf, in Bezug auf die Verteidigung einer Stadt. Diese Stadt hat Energie (*viriya*) als Truppen und Weisheit (*paññā*) als Festung, während die Funktion des Torwächters *sati* darin besteht, die wahren Bürger der Stadt zu erkennen und ihnen das Eintreten durch die Tore zu gestatten.[48] Beide Gleichnisse bringen *sati* damit in Verbindung, einen klaren Überblick über eine Situation zu haben.[49]

---

[44] Auf die Beziehung zwischen *sati* und Weisheit wird auch in Vism 464 angespielt: Die wesentliche Funktion von *sati* bestehe in der Abwesenheit von Verwirrung (*asammoharasa*).

[45] S V 6. Eine Variation desselben Bildes findet sich in S I 33, wo der *Dhamma* selbst zum Wagenlenker wird mit der Konsequenz, dass *sati* auf die Gleichsetzung mit den Polstern des Wagens reduziert wird. Das Bild von *sati* als Polster veranschaulicht, wie ein verankertes *sati* den Übenden gewissermaßen gegen die Auswirkungen der „Schlaglöcher" des Lebens „polstert", da die Gegenwart der Achtsamkeit der Neigung zu verschiedenen geistigen Reaktionen und Überreaktionen entgegenwirkt, die oft im Zusammenhang mit den Wechselfällen des Lebens entstehen können.

[46] S V 170. Auf dieses Gleichnis gehe ich in Kapitel VI.2, S. 140f., näher ein.

[47] S V 194.

[48] A IV 110.

[49] Vgl. auch Chah (1997, S. 10): „ … das, was die zahlreichen, in der Meditation entstehenden Faktoren ‚überblickt', ist ‚*sati*'".

Darüber hinaus verdeutlicht das zweite Gleichnis die zügelnde Funktion der reinen *sati*, eine Funktion, für welche die Zügelung an den Sinnestoren (*indriya saṃvara*) von besonderer Relevanz ist. Dies passt zu der oben erwähnten Passage, in der *sati* dazu diente, die Ströme dieser Welt unter Kontrolle zu halten. Gerade so, wie die Anwesenheit des Torwächters die Unbefugten am Betreten der Stadt hindert, so hindert eine fest gegründete *sati* das Entstehen unheilsamer Assoziationen und Reaktion an den Sinnestoren. Dieselbe schützende Rolle von *sati* liegt anderen Passagen zugrunde, in denen *sati* als der Faktor vorgestellt wird, der den Geist bewacht,[50] oder als eine Eigenschaft des Geistes, die einen kontrollierenden Einfluss auf Gedanken und Absichten ausüben kann.[51]

In einer Lehrrede aus dem *Aṅguttara-nikāya* wird die Übung von *satipaṭṭhāna* mit der Geschicklichkeit eines Kuhhirten verglichen, der die richtige Weide für seine Kühe kennt.[52] Das Bild einer guten Weide kommt wieder im *Mahāgopālaka-sutta* vor und lässt die Wichtigkeit der *satipaṭṭhāna*-Kontemplation für das Wachstum und die Entwicklung auf dem Pfad zur Befreiung hervortreten.[53] In einer weiteren Lehrrede wird dasselbe Bild gebraucht, um die Situation eines Affen zu beschreiben, der es vermeiden muss, sich in Gebiete zu verirren, die von Jägern aufgesucht werden.[54] Genau so, wie der Affe in seinem Wunsch nach Sicherheit sich an die für ihn angemessenen Futtergebiete halten muss, so sollten auch Übende auf dem Pfad sich an die für sie angemessenen „Weiden" halten, eben an *satipaṭṭhāna.* Da eine der oben angegebenen Textstellen das Sinnesvergnügen als eine unangemessene „Weide" darstellt, weist diese Symbolgruppe, mit der *satipaṭṭhāna* als die angemessene „Weide" beschrieben wird, auf die zügelnde Funktion reiner Achtsamkeit bezüglich der Aufnahme von Sinneseindrücken hin.[55]

Diese stabilisierende Funktion verankerter Achtsamkeit in Bezug auf Ablenkung durch die sechs Sinnestore wird in einem anderen Gleichnis durch

---

[50] D III 269 und A V 30.

[51] A IV 385. Vgl. eine ähnliche Formulierung in A IV 339 und A V 107. Auch Th 359 und Th 446 beziehen sich auf den kontrollierenden Einfluss von *sati* auf den Geist.

[52] A V 352.

[53] M I 221.

[54] S V 148, wo der Buddha eine Parabel erzählt: Ein Affe wird von einem Jäger gefangen, weil er den Urwald (seine „Weide") verlassen und ein Gebiet betreten hat, in dem sich Menschen aufhalten. Die Notwendigkeit, auf der richtigen Weide zu bleiben, wird auch in S V 146 in einer Motivparallele erwähnt: In diesem Gleichnis kann eine Wachtel auf diese Weise vermeiden, von einem Falken gefangen zu werden.

[55] S V 149. Nach einer Erklärung in den Kommentaren zu M I 221 und A V 352 (Ps II 262 bzw. Mp V 95) deutet jedoch ein Mangel an Geschick im „Weiden" auf einen Mangel im Verständnis des Unterschieds zwischen weltlichem und nichtweltlichem *satipaṭṭhāna* hin.

einen starken Pfosten dargestellt, an dem sechs verschiedene wilde Tiere festgebunden sind.[56] So viel auch jedes der Tiere darum kämpfen mag, freizukommen und seiner Wege zu gehen, so bleibt der „starke Pfosten" *sati* doch fest und unerschüttert. Solch eine stabilisierende Funktion von *sati* ist während der anfänglichen Phasen der Übung von *satipaṭṭhāna* besonders wichtig, um nicht zu leicht der Ablenkung durch die Sinne nachzugeben, solange die Achtsamkeit noch nicht fest verankert ist. Diese Gefahr wird im *Cātumā-sutta* veranschaulicht, in dem ein Mönch beschrieben wird, der auf Almosengang geht, ohne *sati* entwickelt zu haben und der daher nicht über die Selbstbeherrschung bei den Sinnestoren verfügt. Die Begegnung mit einer spärlich bekleideten Frau auf seinem Rundgang lässt Sinnesbegehren in seinem Geist entstehen, sodass er am Ende beschließt, seine Übung aufzugeben und die Roben abzulegen.[57]

III.5 Charakteristische Merkmale und Funktionen von *sati*

Die eingehendere Untersuchung der Anweisungen im *Satipaṭṭhāna-sutta* offenbart, dass Übende der Meditation nicht angewiesen werden, aktiv in das einzugreifen, was sich im Geist abspielt. Wenn zum Beispiel ein geistiges Hindernis entsteht, besteht die Aufgabe der *satipaṭṭhāna*-Kontemplation darin, zu wissen, dass das Hindernis vorhanden ist, zu wissen, was zu seinem Entstehen geführt hat, und zu wissen, was zu seinem Vergehen führen wird. Ein aktiveres Eingreifen gehört nicht mehr zum Gebiet von *satipaṭṭhāna*, sondern gehört eher in den Bereich der rechten Anstrengung (*sammā vāyāma*).

Die Notwendigkeit, deutlich zwischen einer ersten Phase der Beobachtung und einer zweiten Phase des Eingreifens zu unterscheiden, ist den Lehrreden zufolge ein wesentliches Charakteristikum der Art des Buddha, zu lehren.[58] Der einfache Grund für diese Vorgehensweise ist, dass nur die vorbereitende Stufe, eine Situation ruhig einzuschätzen, ohne sofort zu reagieren, dazu befähigt, dann die angemessenen Schritte zu unternehmen.

Obwohl also *sati* die für einen weisen Einsatz rechter Anstrengung nötige Information liefert und die Gegenmaßnahmen überwacht, um zu erkennen, ob diese übermäßig oder unzureichend sind, bleibt *sati* eine distanzierte Eigenschaft unverstrickter, losgelöster Beobachtung. *Sati* kann

---

[56] S IV 198. Da dieses Gleichnis insbesondere die Achtsamkeit auf den Körper zum Thema hat, erörtere ich es in Kapitel VI.2, S. 141, ausführlicher.

[57] M I 462. D II 141 betont in der Tat nachdrücklich die Notwendigkeit für Mönche, *sati* aufrechtzuerhalten, wenn sie in Kontakt mit Frauen kommen.

[58] It 33 unterscheidet zwischen zwei aufeinanderfolgenden Aspekten der Lehre des Buddha. Der erste besteht darin, Schlechtes als solches zu erkennen, während es beim zweiten darum geht, dann von diesem Schlechten frei zu werden.

mit anderen, viel aktiveren Geistesfaktoren interagieren, doch sie selbst mischt sich nicht ein.[59]

Eine unverstrickte und losgelöste Empfänglichkeit als eines der entscheidenden charakteristischen Merkmale von *sati* ist ein wichtiger Aspekt in den Lehren einiger moderner Meditationslehrer und Gelehrten.[60] Sie betonen, dass der Zweck von *sati* ausschließlich darin bestehe, die Dinge bewusst zu machen und nicht, sie zu beseitigen. *Sati* beobachtet still – wie ein Zuschauer bei einem Spiel – ohne sich in irgendeiner Weise einzumischen. Manche sprechen von diesem nicht reagierenden Merkmal von *sati* als „nicht wählender" Achtsamkeit[61] – „nicht wählend" in dem Sinne, dass eine solche nicht wählende Achtsamkeit bewusst bleibt, ohne Partei zu ergreifen, ohne mit Zuneigung oder Abneigung zu reagieren. Solch eine Geistesruhe und nicht reagierende Beobachtung kann manchmal ausreichen, um Unheilsames zu zügeln, sodass die Anwendung von *sati* recht aktive Folgen haben kann. Dennoch ist die Aktivität von *sati* auf losgelöste Beobachtung begrenzt. Mit anderen Worten: *sati* verändert die Erfahrung nicht, vertieft sie aber.

Diese sich nicht einmischende Eigenschaft von *sati* ist erforderlich, um deutlich die sich aufbauenden Reaktionen und die ihnen zugrunde liegenden Motive beobachten zu können. Sobald wir in irgendeiner Weise in eine Reaktion verstrickt werden, ist die Distanz der Beobachtung sofort verloren. Die losgelöste Empfänglichkeit von *sati* ermöglicht es, einen Schritt von der gegebenen Situation zurückzutreten und dadurch ein unvoreingenommener Beobachter der eigenen subjektiven Verstrickung und der ganzen Situation zu werden.[62] Diese losgelöste Distanz lässt eine objektivere Perspektive zu, ein Merkmal, das in dem oben erwähnten Gleichnis vom Ersteigen eines Turms bildlich dargestellt ist.

Diese losgelöste, aber empfängliche Grundeinstellung von *satipaṭṭhāna* bildet einen „mittleren Pfad", da mit ihr die zwei Extreme von Unterdrückung

---

[59] Ein Beispiel für das Nebeneinanderbestehen von *sati* und intensiver Anstrengung bieten die asketischen Übungen des *bodhisatta* (siehe M I 242), der sogar während außerordentlicher Mühen dazu fähig ist, seine Achtsamkeit aufrechtzuerhalten.

[60] de Silva (o.J., S. 5), Fraile (1993, S. 99), Naeb (1993, S. 158), Swearer (1971, S. 107), van Zeyst (1989, S. 9 und 12). Ein Nachklang dieser empfänglichen und sich nicht einmischenden Eigenschaft von *sati* findet sich auch in Nid II 262, wo *sati* zu Friedlichkeit in Bezug gesetzt wird.

[61] Der Ausdruck „nicht wählendes Gewahrsein" („*choiceless awareness*") findet sich bei Brown (1986b, S. 167), Engler (1983, S. 32), Epstein (1984, S. 196), Goldstein (1985, S. 19), Kornfield (1977, S. 12), Levine (1989, S. 28), und Sujīva (2000, S. 102).

[62] Dhīramvaṃsa (1988, S. 31).

und Reaktion vermieden werden.[63] Die Empfänglichkeit von *sati*, frei von Unterdrückung oder Reaktion, lässt es zu, dass sich persönliche Schwächen und ungerechtfertigte Reaktionen vor dem wachsamen Auge des Meditierenden manifestieren, ohne durch das Selbstbild und die damit einhergehenden Emotionen unterdrückt zu werden. Wird *sati* auf diese Weise aufrecht erhalten, so ist dies eng verbunden mit der Fähigkeit, einen hohen Grad kognitiver Dissonanz auszuhalten. Gewöhnlich führt das Erleben eigener Unzulänglichkeiten zu der unbewussten Bemühung, das resultierende Gefühl von Unbehagen zu vermindern, indem die wahrgenommene Information ignoriert oder verändert wird.[64]

Diese Verschiebung in Richtung auf eine objektivere und unverstrickte Perspektive führt ein bedeutendes Element nüchternen Ernstes in die Selbstbeobachtung ein. Das Element „nüchternen Ernstes“ als ein Aspekt von *sati* wird in einer unterhaltsamen kanonischen Beschreibung eines bestimmten Himmelsbereiches erwähnt, dessen göttliche Bewohner von ihrem Schwelgen in Sinnlichkeit so „berauscht“ werden, dass sie jegliche *sati* verlieren. Als Folge ihres Verlustes von *sati* fallen sie aus ihrer erhabenen himmlischen Stellung und werden in einem niedereren Bereich wiedergeboren.[65] Auch der umgekehrte Fall ist in einer Lehrrede dokumentiert, wo nachlässige Mönche, die in einem niedrigeren himmlischen Bereich wiedergeboren wurden, in einen höheren Bereich aufsteigen, sobald sie ihre *sati* zurückgewinnen.[66] Beide Beispiele weisen auf die geistig aufrichtende Kraft von *sati* und ihre heilsamen Auswirkungen hin.

Sati als geistige Eigenschaft ist eng verbunden mit geistigem Aufmerken (*manasikāra*), einer grundlegenden Funktion, die nach der Analyse des *Abhidhamma* in jeder Art von Bewusstseinszustand gegenwärtig ist.[67] Diese grundlegende Form gewöhnlicher Aufmerksamkeit kennzeichnet die ersten Sekundenbruchteile des reinen Wahrnehmens eines Objekts, bevor es erkannt und identifiziert wird und bevor Begriffe gebildet werden. *Sati* kann als eine Weiterentwicklung und zeitliche Ausdehnung dieser Art der Aufmerksamkeit aufgefasst werden, wodurch der gewöhnlich viel zu kurzen Zeitspanne, in der die reine Aufmerksamkeit im Wahrnehmungsprozess

---

[63] Hierzu findet sich in A I 295 eine Entsprechung, wobei *satipaṭṭhāna* als mittlerer Weg dargestellt wird, frei sowohl vom Schwelgen in Sinnlichkeit als auch von Selbstkasteiung.

[64] Vgl. Festinger (1957, S. 134).

[65] D I 19 und D III 31.

[66] D II 272.

[67] Abhidh-s 7. Die Lehrreden messen dem Aufmerken (*manasikāra*) eine ähnlich wichtige Rolle bei, indem es in die Definition von „Name“ (*nāma*) einbezogen wird, z. B. M I 53. Über den Zusammenhang zwischen *sati* und Aufmerksamkeit vgl. Bullen (1991, S. 17), Gunaratana (1992, S. 150), Ñāṇaponika (1950, S. 3).

präsent ist, Klarheit und Tiefe hinzugefügt wird.[68] Die Ähnlichkeit zwischen *sati* und geistigem Aufmerken spiegelt sich auch in der Tatsache wider, dass weises geistiges Aufmerken (*yoniso manasikāra*) einigen Aspekten der *satipaṭṭhāna*-Kontemplation entspricht, wie die Aufmerksamkeit auf die Gegenmittel der Hindernisse zu lenken, der vergänglichen Natur der Aggregate oder der Sinnesbereiche gewahr zu werden, die Erwachensfaktoren zu verankern und die vier edlen Wahrheiten zu kontemplieren.[69]

Dieser Aspekt der „reinen Aufmerksamkeit" von *sati* hat ein faszinierendes Potenzial, da er die Fähigkeit in sich birgt, zu einer „Entautomatisierung" geistiger Mechanismen zu führen.[70] Durch reine *sati* ist es möglich, die Dinge so zu sehen, wie sie eben sind, unverfälscht durch gewohnheitsmäßige Reaktionen und Projektionen. Indem der Wahrnehmungsprozess in das helle Licht der Achtsamkeit getaucht wird, werden automatische und gewohnheitsmäßige Reaktionen auf wahrgenommene Informationen bewusst gemacht. Das umfassende Gewahrsein dieser automatischen Reaktionen ist eine notwendige Voraussetzung für eine Veränderung schädlicher geistiger Gewohnheiten.

Sati als reine Aufmerksamkeit ist besonders relevant für die Zügelung an den Sinnestoren (*indriya saṃvara*).[71] Dieser Aspekt des Stufenpfades ermutigt den Übenden bezüglich jeder Aufnahme von Sinneseindrücken, reine *sati* beizubehalten. Durch das einfache Vorhandensein von ununterbrochener und reiner Achtsamkeit wird der Geist „gezügelt", sodass er die empfangenen Informationen nicht auf vielfältige Weise ausschmückt und vermehrt. Auf diese Wächterrolle von *sati* in Bezug auf die Aufnahme von Sinneseindrücken spielen diejenigen Gleichnisse an, in denen *satipaṭṭhāna* zu der angemessenen „Weide" für einen Meditierenden erklärt und *sati* mit dem Torwächter einer Stadt verglichen wird.

---

[68] Ñāṇaponika (1986b, S. 2). Auf diese „reine" Eigenschaft von *sati* wird in Vism 464 angespielt, wo es als charakteristische Manifestation von *sati* angesehen wird, wenn man unmittelbar mit einem Objekt konfrontiert ist.

[69] Weises geistiges Aufmerken (*yoniso manasikāra*) wird in S V 105 auf die Gegenmittel gegen die Hindernisse gerichtet. Es kann durch das Richten der Aufmerksamkeit auf die vergängliche Natur der Daseinsgruppen (S III 52) oder auf die Sinnesbereiche (S IV 142) zur Verwirklichung führen, etabliert die Erweckungsfaktoren (S V 94) und besteht im Betrachten der vier edlen Wahrheiten (M I 9). Vgl. auch A V 115, wo weises geistiges Aufmerken als „Nährstoff" für Achtsamkeit und klares Wissen fungiert, welche wiederum als Nährmittel für *satipaṭṭhāna* dienen.

[70] Deikman (1966, S. 329), Engler (1983, S. 59), Goleman (1980, S. 27 und 1975, S. 46), van Nuys (1971, S. 27).

[71] In der Standarddefinition von Sinneszügelung (z. B. M I 273) heißt es, es sollte vermieden werden, sich von den eigenen Wertungen und Reaktionen auf das durch die Sinne Wahrgenommene hinreißen zu lassen. Vgl. auch Debvedi (1998, S. 18) und hier Kapitel XI.2, S 250f.

Den Lehrreden zufolge besteht der Zweck der Sinneszügelung darin, das Entstehen von Verlangen (*abhijjhā*) und Betrübtheit (*domanassa*) zu vermeiden. Eine solche Freiheit von Verlangen und Betrübtheit ist auch ein Aspekt der *satipaṭṭhāna*-Kontemplation, wie oben im Teil „Definition" (Kap. II) erwähnt.[72] Die Abwesenheit von Reaktionen unter dem Einfluss von Verlangen und Betrübtheit ist also ein gemeinsamer Zug von *satipaṭṭhāna* und Sinneszügelung. Dies zeigt, dass diese beiden Aktivitäten sich in einem beträchtlichen Ausmaß überschneiden.

Zusammenfassend kann *sati* also als ein wachsames, aber empfängliches, gleichmütiges Beobachten verstanden werden.[73] Im Kontext praktischer Übung wird dann eine vornehmlich empfängliche *sati* durch die Eigenschaft unermüdlichen Eifers (*ātāpī*) belebt und durch eine Grundlage der Konzentration (*samādhi*) gestützt. Der Wechselbeziehung von *sati* und Konzentration werde ich mich nun zuwenden.

III.6 *Sati* und Konzentration (*samādhi*)

Fest gegründete *sati* ist eine Voraussetzung für die Vertiefung (*jhāna*).[74] Im *Visuddhimagga* wird darauf hingewiesen, dass Konzentration ohne die Unterstützung von *sati* nicht die Vertiefungen erreichen kann.[75] Auch wer aus der Erfahrung tiefer Konzentration wieder auftaucht, braucht *sati* für die Überprüfung der Faktoren, aus denen die Erfahrung sich zusammensetzte.[76] Also

---

[72] M I 56: „ … frei von Verlangen und Betrübtheit hinsichtlich der Welt."

[73] Moderne Wissenschaftler/innen und Meditationslehrer/innen fassen die wesentlichen Aspekte von *sati* auf unterschiedliche Weise zusammen. Ayya Khema (1991, S. 182) unterscheidet zwischen zwei Anwendungen von *sati*: die weltliche Anwendung, die einem hilft, dessen gewahr zu sein, was gerade getan wird, und die nichtweltliche Anwendung, durch die die wahren Natur der Dinge erkannt wird. Dhammasudhi (1969, S. 77) beschreibt vier Aspekte von *sati*: das Gewahrsein der Umgebung, der eigenen Reaktionen auf diese Umgebung, der eigenen Konditionierung und der Stille („reines Gewahrsein"). Hecker (1999, S. 11) erwähnt Wachsamkeit, Selbstkontrolle, Tiefe und Beständigkeit. Ñāṇaponika (1986b, S. 5) zählt vier „Kraftquellen" in *sati* auf: Klarheit durch Benennen, eine ungezwungene Vorgehensweise, Verlangsamen durch inneres Anhalten und das direkte Sehen.

[74] In M III 25-28 ist belegt, dass diese Voraussetzung für jede Phase in der aufsteigenden Folge der meditativen Vertiefungen gegeben ist, da *sati* unter den Geistesfaktoren der vier Vertiefungen der feinkörperlichen Sphäre und der ersten drei der unkörperlichen Erreichungen (*samāpatti*) aufgezählt wird. Die vierte unkörperliche Erreichung und das Erreichen des Erlöschens, welche beide der Faktorenanalyse nicht zugängliche Bewusstseinszustände sind, stehen beim Eintreten noch immer mit *sati* in Beziehung (M III 28). Das Vorhandensein von *sati* in allen *jhāna*s ist auch in Dhs 55 und Paṭis I 35 belegt.

[75] Vism 514.

[76] Eine diesbezügliche Beschreibung findet sich z. B. in M III 25.

ist *sati* für das Erreichen, das Verweilen in und das Auftauchen aus tiefer Konzentration relevant.[77]

Sati tritt besonders hervor, wenn die vierte Stufe der Vertiefung (*jhāna*) erreicht wird.[78] Mit dem Erlangen der vierten Vertiefung, in der der Geist einen solchen Grad der Geübtheit erreicht hat, dass er auf das Entwickeln übernormaler Kräfte gerichtet werden kann, erreicht auch *sati* einen hohen Grad an Reinheit aufgrund ihrer Verbindung mit tiefem Gleichmut.[79]

Einige Lehrreden bringen die wichtige Funktion von *satipaṭṭhāna* als Grundlage für die Entwicklung von Vertiefung und für das darauf folgende Erlangen übernormaler Kräfte zum Ausdruck.[80] Die Funktion von *satipaṭṭhāna* bei der Unterstützung von Konzentration lässt sich auch in den üblichen Darstellungen des Stufenpfades erkennen, wo die vorbereitenden Schritte, die zum Erlangen von Vertiefung führen, Achtsamkeit und Wissensklarheit (*satisampajañña*) in Bezug auf körperliche Aktivitäten einschließen, ebenso die Aufgabe, die Hindernisse zu erkennen und ihre Beseitigung zu überwachen – ein Aspekt des vierten *satipaṭṭhāna*, der Kontemplation der *dhamma*s.

Das Fortschreiten von *satipaṭṭhāna* zur Vertiefung wird im *Dantabhūmisutta* mit einem dazwischenliegenden Schritt beschrieben. In diesem Zwischenschritt wird die Kontemplation des Körpers, der Gefühle, des Geistes und der *dhamma*s mit der Besonderheit fortgeführt, dass Gedanken vermieden werden sollen.[81] In der Anweisung für diese Übergangsphase fällt

---

[77] Vgl. D III 279, Paṭis II 16, Vism 129.

[78] In den Standardbeschreibungen des dritten *jhāna* (z. B. in D II 313) wird ausdrücklich das Vorhandensein von *sati* und von Wissensklarheit aufgeführt.

[79] In den Standardbeschreibungen des vierten *jhāna* (z. B. in D II 313) ist von „Reinheit der Achtsamkeit aufgrund von Gleichmut" die Rede, welche dann zum Entwickeln übersinnlicher Kräfte benutzt werden kann (z. B. in M I 357). Dass *sati* hier tatsächlich durch das Vorhandensein von Gleichmut gereinigt wird, lässt sich aus M III 26 und Vibh 261 entnehmen. Vgl. auch As 178, Vism 167.

[80] Die durch die Übung von *satipaṭṭhāna* möglichen konzentrativen Erreichungen sind in etlichen Textstellen belegt, wie z. B. D II 216, S V 151, S V 299, S V 303, A IV 300. Nach Ledi (1985, S. 59) sollte die Entwicklung der Vertiefungen erst dann unternommen werden, wenn jemand fähig ist, die *satipaṭṭhāna*-Betrachtung täglich für ein bis zwei Stunden ununterbrochen aufrechtzuerhalten.

[81] M III 136. In der PTS-Ausgabe ist von Gedanken in Bezug auf die Objekte von *satipaṭṭhāna* (*kāyūpasaṃhitaṃ vitakkaṃ* usw.) die Rede, in der burmesischen und singhalesischen Ausgabe dagegen von Gedanken der Sinneslust (*kāmūpasaṃhitaṃ vitakkaṃ*). Vom Spannungsbogen der Lehrrede her zu urteilen ist dies die weniger wahrscheinliche Lesart. Denn vor dieser Textstelle geht es um die Beseitigung der fünf Hindernisse und anschließend um das Erreichen der Vertiefung, und zwar unmittelbar des zweiten *jhāna*. Jedoch stützt die entsprechende chinesische Version (T'iao Yü Ti Ching, *Madhyama-āgama* Nr. 198) die Lesart der burmesischen und >

auf, dass die geistigen Eigenschaften des unermüdlichen Eifers und der Wissensklarheit nicht erwähnt sind. Ihr Fehlen lässt darauf schließen, dass an diesem Punkt die Kontemplation nicht länger eigentliches *satipaṭṭhāna* ist, sondern eher eine Übergangsphase. Diese gedankenfreie Übergangsphase hat noch immer teil an derselben empfänglichen und beobachtenden Eigenschaft und an demselben Objekt wie *satipaṭṭhāna*, aber gleichzeitig bezeichnet sie einen deutlichen Wechsel von Einsicht zu Geistesruhe. Und gerade im Anschluss an diesen Wechsel des Schwerpunkts vom eigentlichen *satipaṭṭhāna* zu einer Phase ruhigen Gewahrseins kann das Entwickeln von Vertiefung stattfinden.

Beim Nachdenken über diese Beispiele wird zweifellos klar, dass *sati* im Bereich der Geistesruhe eine entscheidende Rolle zu spielen hat. Dies mag der Grund sein, warum im *Cūḷavedalla-sutta* von *satipaṭṭhāna* als der „Ursache" von Konzentration (*samādhinimitta*) gesprochen wird.[82] Für die Beziehung zwischen *satipaṭṭhāna* und der Entwicklung tiefer Konzentration dient das Beispiel des Mönchs Anuruddha. Er war der hervorragendste unter den Schülern des Buddha hinsichtlich der übernatürlichen Fähigkeit, Wesen in anderen Daseinsbereichen sehen zu können,[83] eine Fähigkeit, die darauf beruht, zu einem hohen Grad in Konzentration geübt zu sein. Wurde Anuruddha über sein Können befragt, erklärte er stets, diese Fähigkeiten seien das Ergebnis seiner Übung in *satipaṭṭhāna*.[84]

Auf der anderen Seite ginge es jedoch zu weit, *satipaṭṭhāna* als reine Konzentrationsübung aufzufassen. Dies würde den bedeutenden Unterschied zwischen dem, was eine Grundlage der Konzentrationsentwicklung werden kann, und dem, was zum Bereich der eigentlichen Meditation der Geistesruhe gehört, aus dem Auge verlieren.[85] Tatsächlich sind die charakteristischen Funktionen von *sati* und Konzentration (*samādhi*) recht unterschiedlich. Während Konzentration die Aufmerksamkeit fokussiert, steht *sati* an sich für eine Ausweitung der Aufmerksamkeit.[86] Diese beiden Arten der Funk-

---

der singhalesischen Ausgabe. Außerdem wird darin das Erlangen des ersten *jhāna* aufgeführt, was in allen Pāli-Ausgaben fehlt.

[82] M I 301. In Ps II 363 wird dies so verstanden, als beziehe es sich auf den Augenblick der Verwirklichung. Jedoch ist dies, wie auch in den Kommentaren eingeräumt wird, nur schwer mit der Tatsache in Einklang zu bringen, dass es in der Lehrrede heißt, man solle dieses *samādhinimitta* entwickeln und schätzen. Die unterstützende Funktion von *satipaṭṭhāna* für das Entwickeln rechter Konzentration findet sich auch in A V 212, wonach rechte Achtsamkeit die rechte Konzentration entstehen lässt.

[83] A I 23.

[84] S V 294-306; vgl. auch Malalasekera (1995, Bd. I, S. 88).

[85] Vgl. z. B. Schmithausen (1973, S. 179), nach dessen Ansicht *satipaṭṭhāna* ursprünglich eine reine Konzentrationsübung war.

[86] Vgl. auch Bullen (1982, S. 44), Delmonte (1991, S. 48-50), Goleman (1977a, S. 298), Shapiro (1980, S. 15-19), Speeth (1982, S. 146 u. 151). Gunaratana >

tionen des Geistes entsprechen zwei verschiedenen von der Hirnrinde ausgehenden Kontrollmechanismen im Gehirn.[87] Dieser Unterschied bedeutet jedoch nicht, dass die beiden nicht kompatibel sind, da während des Erlangens einer Vertiefung beide vorhanden sind. Jedoch wird *sati* während der Vertiefung hauptsächlich zu geistiger Gegenwärtigkeit, da sie wegen der stark fokussierenden Kraft der Konzentration zu einem gewissen Grad ihre natürliche Ausdehnung verliert.

Der Unterschied zwischen diesen beiden wird angesichts des Vokabulars, das in einer Textstelle des *Satipaṭṭhāna-saṃyutta* verwendet wird, offensichtlich. In dieser Textstelle empfiehlt der Buddha, dass derjenige, der während des Übens von *satipaṭṭhāna* abgelenkt oder träge sei, zeitweilig seine Übung wechseln und ein Meditationsobjekt der Geistesruhe (*samatha*) entwickeln solle, um innere Freude und Stille zu kultivieren.[88]

Dies ist eine „gerichtete" Form der Meditation (*paṇidhāya bhāvanā*). Ist jedoch der Geist erst einmal beruhigt, kann zu einer „ungerichteten" Form der Meditation (*appaṇidhāya bhāvanā*) zurückgekehrt werden, nämlich zur Übung von *satipaṭṭhāna*. Die in dieser Lehrrede getroffene Unterscheidung zwischen „gerichteten" und „ungerichteten" Formen der Meditation weist darauf hin, dass diese beiden Arten der Meditation, für sich betrachtet, klar voneinander verschieden sind. Gleichzeitig beschäftigt sich jedoch die gesamte Lehrrede mit der geschickt gehandhabten Wechselbeziehung dieser beiden Meditationsarten und zeigt deutlich, dass sie, wie weit sie sich auch unterscheiden mögen, in gegenseitiger Beziehung stehen und sich gegenseitig stützen.[89]

Eine charakteristische Eigenschaft der Konzentration ist es, den Geist zu „richten" und zu lenken, indem er unter Ausschluss von allem anderen auf

---

(1992, S. 165) fasst treffend zusammen: „Konzentration ist ein Zustand des Ausschließens. Sie widmet sich einem Gegenstand und ignoriert alles andere. Achtsamkeit ist ein Zustand des Einbegreifens. Sie hält sich von dem Fokus der Aufmerksamkeit zurück und beobachtet mit weiter Offenheit."

[87] Brown (1977, S. 243): „ ... zwei hauptsächliche kortikale Kontrollmechanismen ... beteiligt an der Selektion und Verarbeitung von Informationen ... ein frontales System, verbunden mit restriktiver Informationsverarbeitung, und ein posteriortemporales System, verbunden mit einer weiträumigeren Verarbeitung von Informationen. Man kann das Gehirn mit einer Kamera vergleichen, die entweder mit einem Weitwinkelobjektiv oder einem Zoomobjektiv arbeitet. Oder – um im kognitiven Sinne zu sprechen – die Aufmerksamkeit kann auf die dominanten Einzelheiten in einem Stimulusfeld oder auf das ganze Feld gerichtet werden."

[88] S V 156.

[89] Zu Beginn der oben genannten Textstelle wird lobend davon gesprochen, fest gegründet in den vier *satipaṭṭhāna*s zu sein. Anscheinend bestand der Grund der Darlegung über „gerichtete" und „ungerichtete" Meditationsarten darin, zu zeigen, wie *samatha* als Unterstützung für die Übung von *satipaṭṭhāna* dienen kann.

ein einzelnes Objekt fokussiert wird. So fördert das Entwickeln der Konzentration einen Wechsel von der gewöhnlichen Struktur der Erfahrung als einer Subjekt-Objekt-Dualität zu einer Erfahrung von Einheit.[90] Jedoch schließt Konzentration hierdurch ein ausgedehnteres Gewahrsein von Ereignissen und ihren Wechselbeziehungen aus.[91] Dieses Gewahrsein von Ereignissen und Wechselbeziehungen ist aber notwendig, um sich derjenigen Merkmale der Erfahrung bewusst zu werden, deren Verständnis zum Erwachen führt. In diesem Zusammenhang ist die ausgedehnt empfängliche Eigenschaft von *sati* besonders wichtig.

Diese beiden recht unterschiedlichen Eigenschaften von Konzentration und Achtsamkeit werden bis zu einem gewissen Grad in den Beschreibungen der Einsichtsmeditation derjenigen Meditationslehrer kombiniert, die ihren Schwerpunkt auf die „trockene Einsichts"-Methode legen und ganz auf die formale Entwicklung der Geistesruhe verzichten. Sie beschreiben *sati* manchmal so, als „attackiere" sie ihr Objekt auf eine Weise, die mit einem eine Wand treffenden Stein vergleichbar sei.[92] Diese Beschreibung repräsentiert wahrscheinlich die Notwendigkeit eines beträchtlichen Grades von Anstrengung während der Kontemplation, um den vergleichsweise geringen Grad an Konzentration zu kompensieren, der von denen entwickelt wird, die der „trockenen Einsichts"-Methode folgen. Tatsächlich betrachten einige derselben Meditationslehrer die *sati*-Eigenschaften Klarheit und Gleichmut als eine höher entwickelte Phase der Übung. Vermutlich folgen diese auf die Phase des „Attackierens" eines Objekts, wenn diese ihre Aufgabe erfüllt und für eine Grundlage geistiger Stabilität gesorgt hat.[93]

---

[90] Kamalashila (1994, S. 96), Kyaw Min (1980, S. 96), Walshe (1971, S. 104). Vgl. hier Kapitel XIV.4, S. 291f.

[91] Vgl. Brown (1986b, S. 180): In einem Vergleich von mit verschiedenen Meditierenden durchgeführten Rorschach-Tests beschreibt er abschließend „die Unproduktivität und den relativen Mangel an assoziativen Vorgängen, die für den *samādhi*-Zustand bezeichnend sind", während „die Rorschachs der Einsichtsmeditations-Gruppe ... primär durch gesteigerte Produktivität und den Reichtum an assoziativen Ausführungen gekennzeichnet sind".

[92] Mahasi (1990, S. 23): „ ... der erkennende Geist ... wie wenn ein Stein auf eine Wand auftrifft", welches Sīlananda (1990, S. 21) gleichsetzt mit: „ ... wie der Stein, der auf eine Wand auftrifft ... das Auftreffen auf dem Objekt ist Achtsamkeit". Paṇḍita (o.J., S. 6) geht noch weiter, wenn er *satipaṭṭhāna* so beschreibt, dass es „das Attackieren des Objekts ohne Zögern ... mit Wucht, Geschwindigkeit oder großer Kraft ... mit exzessiver Hast oder Eile" einschließe, von wo er dann einen Vergleich mit Soldaten zieht, welche eine feindliche Truppe bei einem plötzlichen Angriff besiegen.

[93] Derart fortgeschrittene Stadien der *satipaṭṭhāna*-Übung werden manchmal als „*vipassanā jhānas*" bezeichnet – ein Ausdruck, der weder in den Lehrreden, noch im *Abhidhamma*, noch in den Kommentaren vorkommt. Vgl. Mahasi (1981, S. 98) >

Die oben beschriebene Art, *sati* zu betrachten, bezieht sich möglicherweise auf die Definition von *sati* in den Kommentaren als „nicht schwankend“ und daher als „sich in ein Objekt hineinstürzend“.[94] Sicherlich ist die Abwesenheit von „Schwanken“ im Sinne von Ablenkung ein Merkmal von *sati*. Jedoch erscheint das „Sich-Hineinstürzen“ in ein Objekt eher typisch für Konzentration zu sein, besonders während des in Richtung Vertiefung fortschreitenden Verlaufs. Der modernen Forschung zufolge sieht es so aus, als sei dieser Aspekt des Verständnisses der Kommentare auf ein Verlesen oder eine Fehlinterpretation eines bestimmten Begriffes zurückzuführen.[95] Tatsächlich entspricht es den charakteristischen Merkmalen von *sati* an sich nicht, ein Objekt zu „attackieren“ oder sich in eines „hineinzustürzen“, sondern dies stellt *sati* eher in einer sekundären Funktion dar, wo es zusammen mit Anstrengung oder Konzentration aktiv ist.

Obwohl *sati* eine bedeutende Rolle beim Entwickeln der Vertiefung spielt, ist sie – für sich betrachtet – eine geistige Eigenschaft, die sich von der Konzentration unterscheidet. Und der Grund, warum das Erlangen hoher Vertiefungsstufen in sich selbst für das Erlangen der Einsicht nicht ausreicht, ist mit großer Wahrscheinlichkeit verbunden mit der Hemmung der passiv beobachtenden Eigenschaften des Gewahrseins durch die stark fokussierende Kraft der Vertiefungskonzentration. Doch ändert dies nichts an der Tatsache, dass das Entwickeln von Konzentration im Zusammenhang mit Einsichtsmeditation eine wichtige Funktion erfüllt. Dieses Thema werde ich im nächsten Kapitel in Einzelheiten erörtern.

---

und die detaillierte Ausführung bei Paṇḍita (1993, S. 180-205, bes. S. 199): „Nicht-denkende, reine Aufmerksamkeit wird das zweite *vipassanā jhāna* genannt“.

[94] Hier handelt es sich um den Begriff *apilāpanatā* in Dhs 11 (ausführliche Erläuterung in As 147), Vibh 250, Pp 25, Nett 54, Mil 37, Vism 464. Über diesen Begriff vgl. auch Guenther (1991, S. 68, Anm. 2), Horner (1969, S. 50 Anm. 5), Ñāṇamoli (1962, S. 28, Anm. 83/3), Rhys Davids (1922, S. 14, Anm. 3).

[95] Laut Gethin (1992, S. 38-40) sollte die Lesart von *apilāpeti* nach den Kommentaren vielmehr *apilapati* (oder *abhilapati*) lauten, welche dann nicht *sati* als „sich in etwas hineinstürzen“ beschreibt, sondern die Bedeutung hat: „jemanden an etwas erinnern“. Vgl. auch Cox (1992, S. 79-82).

IV. Kapitel
Die Bedeutung der Konzentration

Dieses Kapitel ist der Wendung „frei von Verlangen und Betrübtheit hinsichtlich der Welt“ und ihren Implikationen gewidmet. Da die Freiheit von Verlangen und Betrübtheit, die in diesem Schlussteil der „Definition“ erwähnt wird, auf das Entwickeln geistiger Gelassenheit beim Üben von *satipaṭṭhāna* hinweist, untersuche ich in diesem Kapitel die Funktion der Konzentration im Zusammenhang mit der Einsichtsmeditation und versuche, den für die Verwirklichung benötigten Grad der Konzentration zu bestimmen. Danach wende ich mich dem allgemeinen Beitrag zu, den Konzentration zum Entwickeln von Einsicht leistet, und den Wechselbeziehungen zwischen beiden.

IV.1 Frei von Verlangen und Betrübtheit

Der Teil „Definition“ des *Satipaṭṭhāna-sutta* schließt mit der Wendung „frei von Verlangen und Betrübtheit hinsichtlich der Welt“.[1] Nach dem *Nettippakaraṇa* steht diese Wendung für die Konzentration.[2] Diese Erwägung wird in einigen Lehrreden gestützt, in denen die „Definition“ in einer etwas anderen Form auftritt, in der anstatt von „frei von Verlangen und Betrübtheit“ ein Hinweis auf einen konzentrierten Geist oder auf die Erfahrung von Glücklichsein zu finden ist.[3] Diese Textstellen deuten darauf hin, dass Freiheit von Verlangen und Betrübtheit für Geistesruhe und Zufriedenheit steht.

Die Kommentare gehen darüber hinaus, indem sie diesen Teil der „Definition“ mit der Beseitigung der fünf Hindernisse gleichsetzen.[4] Dies wird manchmal so verstanden, als müssten die fünf Hindernisse beseitigt sein, bevor die *satipaṭṭhāna*-Kontemplation begonnen werden kann.[5] Deshalb ist eine detaillierte Untersuchung dieser Wendung erforderlich, um festzustellen, wieweit eine solche Annahme gerechtfertigt ist.

Der als „frei“ wiedergegebene Pāli-Begriff ist *vineyya*, von dem Verb *vineti* (entfernen). Obwohl *vineyya* wörtlich übersetzt „entfernt habend“ bedeutet, besagt das nicht unbedingt, dass Verlangen und Betrübtheit entfernt werden müssen, bevor die Übung von *satipaṭṭhāna* unternommen

---

[1] M I 56. Laut A IV 430 steht der Ausdruck „Welt“ repräsentativ für die Freuden der fünf Sinne. Dies ist in Einklang mit A IV 458, wo *satipaṭṭhāna* dazu führt, diese hinter sich zu lassen. In Vibh 195 wird „Welt“ im Kontext mit *satipaṭṭhāna* so verstanden, dass sie für die fünf Daseinsgruppen steht.

[2] Nett 82.

[3] S V 144 und S V 157.

[4] Ps I 244.

[5] Z. B. bei Kheminda (1990, S. 109).

wird. Es kann auch bedeuten, dass ein solches Entfernen gleichzeitig mit der Übung stattfindet.[6]

Diese Art des Verstehens stimmt mit dem durch die Lehrreden vermittelten allgemeinen Bild überein: Zum Beispiel ist laut einer Textstelle aus dem *Aṅguttara-nikāya* die Überwindung der Hindernisse eine Folge der Übung von *satipaṭṭhāna* und somit keine Voraussetzung für diese Übung.[7] In ähnlicher Weise heißt es in einer Lehrrede im *Satipaṭṭhāna-saṃyutta*, dass ein Mangel an Fähigkeit in der Übung von *satipaṭṭhāna* den Übenden davon abhält, Konzentration zu entwickeln und Geistestrübungen zu

---

[6] Allgemein gesagt, kann die Form *vineyya* entweder ein Absolutiv sein: „entfernt habend" (so der Kommentar, vgl. Ps I 244: *vinayitvā*) oder 3. Pers. Sg. Optativ: „er/sie/es soll entfernen" (wie z. B. in Sn 590; vgl. auch Woodward 1980, Bd. IV, S. 142, Anm. 3). Im vorliegenden Kontext aber kann *vineyya* nicht als Optativform aufgefasst werden, weil dann der Satz zwei finite Verben in unterschiedlichen Modi hätte (*viharati* + *vineyya*). Gewöhnlich beinhaltet der Absolutiv eine Handlung, die der Handlung des Verbs im Hauptsatz vorausgeht. Im vorliegenden Fall würde das bedeuten, dass das Entfernen vor Beginn der *satipaṭṭhāna*-Übung abgeschlossen sein müsste. In manchen Fällen kann jedoch der Absolutiv auch für eine Handlung stehen, die sich gleichzeitig mit der Handlung des Hauptsatzes ereignet. Ein Beispiel für eine durch den Absolutiv ausgedrückte, gleichzeitig verlaufende Handlung ist die Standardbeschreibung der Liebenden Güte-Übung in den Lehrreden (z. B. in M I 38), wo „verweilen" (*viharati*) und „durchdrungen habend" (*pharitvā*) gleichzeitige Handlungen sind; beide Ausdrücke zusammen bezeichnen das Ausstrahlen Liebender Güte. Dieselbe grammatische Konstruktion findet sich im Zusammenhang mit dem Erlangen der Vertiefung, z. B. in D I 37. Auch bei dieser Stelle findet „verweilen" (*viharati*) und „erlangt habend" (*upasampajja*) gleichzeitig statt. In der Tat haben etliche Übersetzer *vineyya* so wiedergegeben, dass es für das Ergebnis der *satipaṭṭhāna*-Übung steht. Vgl. z. B. Dhammiko (1961, S. 182): *„um weltliches Begehren und Bekümmern zu überwinden"*; Gethin (1992, S. 29): *„he ... overcomes both desire for and discontent with the world"*; Hamilton (1996, S. 173): *„ in order to remove [himself] from the covetousness and misery in the world"*; Hare (1955, Bd. IV, S. 199): *„overcoming the hankering and dejection common in this world"*; Hurvitz (1978, S. 212): *„putting off envy and ill disposition toward the world"*; Jotika (1986, S. 1): *„keeping away covetousness and mental pain"*; Lamotte (1970, S. 1122): *„au point de controler dans le monde la convoitise et la tristesse"*; Lin Li Kouang (1949, S. 119): *„qu'il surmonte le déplaisir que la convoitise cause dans le monde"*; Rhys Davids (1978, S. 257): *„overcoming both the hankering and the dejection common in the world"*; Schmidt (1989, S. 38): „alle weltlichen Wünsche und Sorgen vergessend"; Sīlananda (1990, S. 177): *„removing covetousness and grief in the world"*; Solé-Leris (1999, S. 116): *„desechando la codicia y la aflicción de lo mundano"*; Talamo (1998, S. 556): *„rimovendo bramosia e malcontento riguardo al mondo"*; Ṭhānissaro (1996, S. 83): *„putting aside greed & distress with reference to the world"*; Woodward (1979, Bd. V, S. 261): *„restraining the dejection in the world that arises from coveting"*.

[7] A IV 458.

überwinden.[8] Diese Aussage hätte keinen Sinn, wenn das Entwickeln von Konzentration und die Abwesenheit von Geistestrübungen Vorbedingungen für die Übung von *satipaṭṭhāna* wären.

Verlangen (*abhijjhā*) und Betrübtheit (*domanassa*), die zwei geistigen Eigenschaften, deren Entfernung die „Definition" stipuliert, kommen auch wieder im Zusammenhang mit den letzten vier Stufen in dem im *Ānāpānasati-sutta* beschriebenen Sechzehn-Stufen-Schema für Atemachtsamkeit vor. Der Lehrrede zufolge wird mit dieser Stufe der Übung die Freiheit von Verlangen und Betrübtheit erreicht.[9] Diese Erklärung lässt darauf schließen, dass ebendies bei den vorhergehenden zwölf Stufen noch nicht der Fall war, die aber dennoch zu den ersten drei *satipaṭṭhāna*s gerechnet werden.[10] Das Überwinden von Betrübtheit ist auch in der Passage „Direkter Weg" des *Satipaṭṭhāna-sutta* erwähnt, der zufolge das Verschwinden der Betrübtheit ein Ziel der Übung von *satipaṭṭhāna* ist.[11] Alle diese Textstellen legen dar, dass ein vollständiges „Entfernen" von Verlangen und Betrübtheit keine Vorbedingung für *satipaṭṭhāna* ist, sondern sich vielmehr als Ergebnis des erfolgreichen Übens einstellt.[12]

Die zu beseitigenden geistigen Eigenschaften sind Verlangen (*abhijjhā*) und Betrübtheit (*domanassa*). In den Kommentaren werden diese mit der gesamten Gruppe der fünf Hindernisse gleichgesetzt.[13] Tatsächlich steht in einigen Lehrreden „Verlangen" (*abhijjhā*) an Stelle der sonst erwähnten „Sinnesbegierde" (*kāmacchanda*) als das erste der Hindernisse.[14] Es ist jedoch schwer zu verstehen, warum Betrübtheit (*domanassa*) dem Hindernis

---

[8] S V 150.

[9] M III 84.

[10] Dies würde jedoch nur für die anfänglichen Stufen der Praxis zutreffen, da für das Erlangen des Erwachens mithilfe der ersten drei *satipaṭṭhāna*s das Freisein von Verlangen und Betrübtheit eine Notwendigkeit ist. Hierauf wird in M III 86 hingewiesen, indem das Entstehen des Erweckungsfaktors Gleichmut in Bezug auf jedes der vier *satipaṭṭhāna*s mit demselben Ausdruck bezeichnet wird, wie er in M III 84 im Zusammenhang mit den letzten vier Stufen der Atemachtsamkeit verwendet wird.

[11] M I 55: „ … dies ist der direkte Weg … zum Beenden von … Betrübtheit, … nämlich die vier *satipaṭṭhāna*s."

[12] Laut Ps I 244 ist ein erfolgreiches Entfernen von Verlangen und Betrübtheit Ergebnis der Übung. Vgl. auch Debvedi (1990, S. 22), Khemacari (1985, S. 18), Ñāṇasaṃvara (1961, S. 8), Ñāṇuttara (1990, S. 280), Yubodh (1985, S. 9).

[13] Ps I 244.

[14] Siehe D I 72, D I 207, D III 49, M I 181, M I 269, M I 274, M I 347, M II 162, M II 226, M III 3, M III 35, M III 135, A II 210, A III 92, A III 100, A IV 437, A V 207, It 118. Im allgemeinen Sprachgebrauch der Lehrreden steht *abhijjhā* für eine der zehn unheilsamen Handlungsweisen (z. B. in D III 269). In diesem Kontext bedeutet *abhijjhā* Habgier im Sinne des Wunsches, das Eigentum anderer zu besitzen (vgl. z. B. M I 287). Vgl. auch van Zeyst (1961b, S. 91).

Übelwollen (*byāpāda*) entsprechen sollte. In den Lehrreden steht Betrübtheit (*domanassa*) für jegliche Art von Niedergeschlagenheit, die nicht unbedingt mit Übelwollen verbunden sein muss und ganz bestimmt nicht gleichbedeutend damit ist.[15] Außerdem müsste selbst dann, wenn die fragwürdige Gleichsetzung von Betrübtheit mit Übelwollen akzeptiert wird, immer noch eine Erklärung für die verbleibenden drei Hindernisse gefunden werden.[16]

Wenn es wirklich notwendig wäre, die fünf Hindernisse vor der Übung von *satipaṭṭhāna* zu beseitigen, wären einige der im *Satipaṭṭhāna-sutta* beschriebenen Meditationsübungen überflüssig. Dies sind die Kontemplation unheilsamer Gefühle und unheilsamer Geisteszustände (weltliche Gefühle, ein durch Verlangen oder Zorn beeinflusster Geist) und besonders das Gewahrsein eben dieser fünf Hindernisse als die erste Kontemplation der *dhammas*. In diesen *satipaṭṭhāna*-Anweisungen heißt es ganz klar, dass die Präsenz unheilsamer Geisteszustände, gleichgültig ob Verlangen, Betrübtheit oder irgendein anderes der Hindernisse, nicht davon abhalten müssen, *satipaṭṭhāna* zu üben, da sie nutzbringend als Objekte achtsamer Kontemplation benutzt werden können.

Im Licht dieser Erwägungen ist es wahrscheinlich, dass das Beseitigen der fünf Hindernisse nicht als notwendige Vorbedingung für die Übung von *satipaṭṭhāna* betrachtet werden muss. Wäre dies tatsächlich notwendig, könnte man sich fragen, warum in den Lehrreden die Beseitigung der Hindernisse nicht ausdrücklich erwähnt wird, so wie dies bei den Beschreibungen der Entwicklung von Vertiefung (*jhāna*) der Fall ist.

Die zwei geistigen Eigenschaften von Verlangen und Betrübtheit, die in der *satipaṭṭhāna*-„Definition" erwähnt werden, finden sich in den Lehrreden oft im Zusammenhang mit Sinneszügelung, einer Phase im System des Stufenpfades, die formaler Meditation vorausgeht.[17] Auf dieser Stufe bewacht der Meditierende seine Sinnestore, um zu verhindern, dass Sinneseindrücke zu Begierde und Betrübtheit führen. Nach diesem Kontext zu urteilen, bezieht sich die Wendung „Begierde und Betrübtheit" ganz allgemein auf „Vorlieben" und „Abneigungen" im Zusammenhang mit dem, was wahrgenommen wird.

---

[15] In D II 306 wird *domanassa* als psychischer Schmerz und als unangenehme Erfahrung definiert. In M III 218 wird zwischen den Arten von *domanassa* aufgrund von sinnlicher Betrübtheit und jenen aufgrund spiritueller Unbefriedigtheit unterschieden. Laut M I 304 stehen die letzteren Arten von *domanassa* in keinerlei Zusammenhang mit der latenten Neigung (*anusaya*) zur Verärgerung.

[16] Die Kommentare tendieren dazu, einen Schlüsselbegriff (im vorliegenden Fall *abhijjhā*) mit einer ganzen Gruppe oder Standardkategorie in Verbindung zu bringen im Bestreben, die Lehrreden zu erläutern. Doch manchmal wird dabei der Kontext nicht ausreichend berücksichtigt.

[17] Die Standarddefinition (z. B. in M I 273) spricht vom Bewachen der Sinnestore, um das Eindringen von Verlangen und Betrübtheit zu verhindern.

Der Darstellung im *Ānāpānasati-sutta* zufolge ist die Abwesenheit solcher Begierde und Betrübtheit ein bedeutender Faktor für die Ausführung der vergleichsweise subtilen und verfeinerten Kontemplation der *dhammas*. Dies setzt die Abwesenheit von Begierde und Betrübtheit in Beziehung zu einer fortgeschrittenen Stufe von *satipaṭṭhāna*. So steht *vineyya* als die abgeschlossene Handlung des „Beseitigens" von Begierde und Betrübtheit für fortgeschrittenere Ebenen von *satipaṭṭhāna*. Die Lehrreden verweisen oft auf solch fortgeschrittene Stufen der *satipaṭṭhāna*-Kontemplation als „fest gegründet" (*supatiṭṭhita*).[18] Auf diesen fortgeschritteneren Stufen von *satipaṭṭhāna* ist unvoreingenommene Achtsamkeit so fest gegründet (*supatiṭṭhita*), dass eine leidenschaftslose Beobachtung mühelos aufrechterhalten werden kann, ohne dass mit Begierde und Betrübtheit reagiert würde.

Vineyya als gleichzeitig verlaufende Aktivität und als die Handlung des in der Gegenwart stattfindenden „Beseitigens" steht dann für ein Ziel der Anfangsstufen der *satipaṭṭhāna*-Übung. Die Aufgabe während dieser Anfangsstufen ist es, ein gewisses Maß an innerem Gleichgewicht aufzubauen, in welchem Verlangen und Betrübtheit in Schach gehalten werden. Diese anfänglichen Stufen von *satipaṭṭhāna* kommen der Sinneszügelung gleich, bei der reine Achtsamkeit mit absichtlicher Anstrengung verbunden wird, um Verlangen und Betrübtheit zu vermeiden oder auszugleichen. Obwohl in dem System des Stufenpfades die Sinneszügelung der eigentlichen Meditationsübung vorausgeht, bedeutet das nicht, dass Sinneszügelung zu einem exakten Zeitpunkt abgeschlossen ist, nach welchem dann erst die formale Übung kommt.[19] Bei der praktischen Übung überschneiden sich diese beiden in beträchtlichem Maße, sodass Sinneszügelung als Teil der *satipaṭṭhāna*-Übung betrachtet werden kann, besonders solange Begierde und Betrübtheit noch nicht vollständig beseitigt worden sind.

Während die Anfangsstufen der *satipaṭṭhāna*-Übung vielleicht nicht den Aufbau eines hohen Grades von Konzentration oder die vollständige Beseitigung unheilsamer Geisteszustände erfordern, so ist dies jedoch nötig für die fortgeschrittenen Stufen der Übung, die zur Verwirklichung führen sollen. Mit dieser Notwendigkeit werde ich mich im verbleibenden Teil dieses Kapitels hauptsächlich beschäftigen, in welchem ich die Beziehung

---

[18] Siehe z. B. in D II 83, D III 101, M I 339, S III 93, S V 154, S V160, S V 184, S V 301, S V 302, A III 155, A III 386, A V 195. In diesem Zusammenhang von besonderem Interesse ist S III 93, wo dargelegt wird, dass während dieser fortgeschrittenen Stufe fest verankerter *satipaṭṭhāna*-Praxis kein Raum mehr für das Entstehen unheilsamer Gedanken vorhanden ist.

[19] Vgl. auch A V 114, wo *satipaṭṭhāna* durch Sinneszügelung bedingt ist, welche wiederum auf Achtsamkeit und Wissensklarheit (bezüglich einer der Körperbetrachtungen) beruht. Dies legt nahe, dass in der Praxis weniger eine einseitige Abhängigkeit der Sinneszügelung von *satipaṭṭhāna*, sondern vielmehr eine Wechselbeziehung zwischen beiden besteht.

der Konzentration zu dem Fortschritt in Richtung auf die Verwirklichung genauer untersuchen werde. Als Vorbereitung für diese Untersuchung werde ich zunächst versuchen, die Implikationen der relevanten Begriffe zu klären: Konzentration (*samādhi*), rechte Konzentration (*sammā samādhi*) und Vertiefung (*jhāna*).

IV.2 Konzentration, rechte Konzentration und Vertiefung

Das Nomen *samādhi* ist verwandt mit dem Verb *samādahati*, „zusammensetzen" oder „sammeln", so wie man Holz sammelt, um ein Feuer zu machen.[20] *Samādhi* steht also für „sich sammeln", im Sinne von Gelassenheit oder Vereinigung des Geistes in einem Punkt.[21]

In den Lehrreden wird der Begriff „Konzentration" (*samādhi*) mit einem überraschend weiten Bedeutungsspektrum gebraucht, zum Beispiel im Zusammenhang mit Gehmeditation oder mit dem Beobachten des Entstehens und Vergehens der Gefühle und des Wahrgenommenen, oder mit der Betrachtung des Entstehens und Vergehens der fünf Daseinsgruppen.[22] In einer Textstelle aus dem *Aṅguttara-nikāya* werden sogar die vier *satipaṭṭhāna* als eine Form der Konzentration behandelt.[23] Diese Textstellen zeigen, dass der Begriff „Konzentration" (*samādhi*), wie er in den Lehrreden gebraucht wird, nicht auf das Entwickeln von Geistesruhe (*samatha*) beschränkt ist, sondern sich auch auf den Bereich der Einsichtsmeditation (*vipassanā*) beziehen kann.

---

[20] Z. B. in Vin IV 115.

[21] In M I 301 wird *samādhi* als Vereinigung des Geistes in einem Punkt (*cittassa ekaggatā*) definiert.

[22] In A III 30 ist davon die Rede, dass *samādhi* durch Gehmeditation erreichbar ist. – Obwohl Gehmeditation dazu eingesetzt werden kann, Stille des Geistes zu entwickeln, dürfte sie jedoch nicht die passende Körperhaltung für tiefere Konzentrationsstufen sein. In A II 45 ist die Rede von der Betrachtung des Entstehens und Vergehens von Gefühlen, Wahrnehmungen und Gedanken und von der Betrachtung der Vergänglichkeit der fünf Daseinsgruppen als Formen von *samādhi*. Dieses breite Bedeutungsspektrum von *samādhi* ist auch in D III 222 belegt, wo von vier verschiedenen Arten des Entwickelns von *samādhi* gesprochen wird, jeweils unterschieden nach ihren Ergebnissen: *samādhi*, das zu glücklichem Verweilen (den *jhāna*s) führt, das zu Erkenntnis und Sicht führt (durch das Entwickeln von Klarheit der Wahrnehmung), das zu Achtsamkeit und klarem Wissen führt (durch das Betrachten des Entstehens und Vergehens von Gefühlen, Wahrnehmungen und Gedanken) und das zur Zerstörung der Einflüsse führt (durch das Betrachten des Entstehens und Vergehens der fünf Daseinsgruppen).

[23] A IV 300.

„Rechte Konzentration" (*sammā samādhi*) wird in den Lehrreden oft mit den vier Vertiefungen (*jhānas*) gleichgesetzt.[24] Dies ist von erheblicher Bedeutung, da „rechte" Konzentration eine Voraussetzung für das Erwachen ist. Wird diese Definition wörtlich genommen, dann erfordert das Entwickeln „rechter" Konzentration die Fähigkeit, alle vier Vertiefungen zu erreichen. In einigen Lehrreden jedoch wird das vollständige Erwachen aufgrund der Fähigkeit, die erste Vertiefung zu erreichen, erwähnt.[25] Dies weist darauf hin, dass im Sinne der Konzentrationsfähigkeit sogar die erste Vertiefung ausreichend sein kann, um den Durchbruch zum vollständigen Erwachen zu ermöglichen.[26]

Interessanterweise findet sich im *Mahācattārīsaka-sutta* und in einigen anderen Lehrreden eine weitere Definition rechter Konzentration, eine Definition, bei der die Vertiefungen überhaupt nicht erwähnt werden.[27] Die Bedeutung des *Mahācattārīsaka-sutta* für die hier geführte Diskussion wird zusätzlich in der Vorrede zu dieser Lehrrede betont, wo erklärt wird, dass das Thema eine Belehrung über rechte Konzentration ist.[28] Die Definition von rechter Konzentration, die hier gegeben wird, spricht von einer Sammlung des Geistes in einem Punkt (*cittassekaggatā*) in gegenseitiger Abhängigkeit mit den anderen sieben Pfadfaktoren.[29] Mit anderen Worten: Damit

---

[24] Z. B. in D II 313: „Er tritt ein in das erste *jhāna* ... das zweite *jhāna* ... das dritte *jhāna* ... das vierte *jhāna* ... und verweilt dort – dies wird rechte Konzentration genannt".

[25] In A IV 422 ist von der Verwirklichung der Zerstörung der Einflüsse auf der Grundlage des ersten *jhāna* die Rede; vgl. auch M I 350.435, A V 343.

[26] Alle vier *jhānas* werden nur für den Zugang zur Verwirklichung über das dreifache höhere Wissen (*tevijjā*) benötigt; vgl. auch M I 357. In der Tat wird in S I 191 berichtet, dass in einer größeren Versammlung von *Arahants* zwei von dreien weder über das dreifache höhere Wissen (*tevijjā*) noch über „höhere Geisteskräfte" (*abhiññā*) oder immaterielle Erreichungen verfügten. Wenn alle *Arahants* die Fähigkeit zum Erreichen des vierten *jhāna* besäßen, würde man erwarten, dass ein viel größerer Anteil von ihnen dieses angewendet hätte, um die eine oder andere dieser Erreichungen zu entwickeln. Perera (1968, S. 210) jedoch betrachtet das Erlangen aller vier *jhānas* als eine für das Erwachen notwendige Bedingung.

[27] D II 217, M III 7, S V 21; vgl. auch D III 252, A IV 40. Weitere Beispiele für andere Definitionen rechter Konzentration: M III 289: Durchdringendes Verständnis der sechs Sinne konstituiert rechte Konzentration; S I 48: Gute Konzentration ist das Ergebnis des Verankerns von *sati*; A III 27: Eine Meditationsform (wahrscheinlich Einsichtsmeditation) ist als alternative Methode zum Entwickeln rechter Konzentration aufgeführt.

[28] M III 71: „Ihr Mönche, ich werde euch die edle rechte Sammlung lehren".

[29] M III 71: „ ... rechte Ansicht, rechte Absicht, rechte Rede, rechtes Handeln, rechter Lebensunterhalt, rechte Anstrengung und rechte Achtsamkeit. Die punktförmige Sammlung des Geistes, unterstützt von diesen sieben Faktoren, wird die edle rechte Sammlung genannt." Anderen Lehrreden nach zu urteilen muss der Ausdruck >

die punktförmige Sammlung des Geistes zu „rechter" Konzentration werden kann, muss sie im Zusammenhang des edlen achtfachen Pfades entwickelt werden.[30] Definitionen rechter Konzentration, in denen das Erreichen von Vertiefung nicht erwähnt wird, kann man auch im *Abhidhamma* und in den Kommentaren finden.[31]

So handelt es sich bei dem entscheidenden Faktor, durch den Konzentration als „recht" bezeichnet werden kann, nicht nur darum, welche Tiefe der Konzentration erreicht wird, sondern um die Frage nach dem Zweck, für den die Konzentration entwickelt wird. Vor allem die Anwesenheit des Pfadfaktors „rechte Ansicht" ist unentbehrlich.[32] Im Gegensatz dazu verfügten die ehemaligen Lehrer des Buddha, Āḷāra Kālāma und Uddaka Rāmaputta, trotz der von ihnen erlangten Fähigkeit zu tiefer Konzentration nicht über die „rechte" Konzentration, weil die rechte Sicht fehlte.[33] Dies zeigt, dass die Fähigkeit, Vertiefung zu erreichen, für sich genommen noch nicht bedeutet, dass die Bedingungen für den Pfadfaktor „rechte Konzentration" erfüllt sind.

Eine ähnlich feine Unterscheidung liegt der Eigenschaft *sammā*, „recht", zugrunde, was wörtlich „Zusammengehörigkeit" oder „in Einem vereint" bedeutet.[34] Folglich heißt es, wenn die vier Vertiefungen oder die Vereinigung des Geistes in einem Punkt als „rechte" Konzentration bezeichnet

---

„punktförmige Sammlung des Geistes" nicht unbedingt das Erreichen der Vertiefung beinhalten, da z. B. in A II 14 die punktförmige Sammlung des Geistes zum Gehen und Stehen in Bezug gesetzt wird oder in A III 174 die punktförmige Sammlung des Geistes stattfindet, während jemand dem *Dhamma* lauscht.

[30] Vgl. auch Ba Khin (1994, S. 69): „Rechte Konzentration kann nur dann erreicht werden, wenn rechte Anstrengung und rechte Achtsamkeit vorhanden sind". Buddhadāsa (1976, S. 36): „„ein heilsamer Geist, ununterbrochen auf ein Objekt gerichtet' ... der Begriff ‚heilsam' ist viel bedeutender als ‚ununterbrochen gerichtet'... die Absicht, warum man Konzentration übt, muss rein sein ... muss auf Einsicht und rechte Ansicht gegründet sein". Weeraratne (1990, S. 45): „Rechte Konzentration ... ist die punktförmige Sammlung des Geistes, erreicht durch das Kultivieren der vorhergehenden sieben Stufen des Pfades" (Übersetzung von M III 71).

[31] In Vibh 107 wird rechte Konzentration einfach als „Beständigkeit des Geistes" definiert, und zwar in der Exposition des *Abhidhamma*; in der Exposition des *Suttanta* in Vibh 106 werden jedoch die vier *jhāna*s aufgeführt. Auch Vism 510 definiert rechte Konzentration als „punktförmige Sammlung des Geistes".

[32] In A III 423 wird darauf hingewiesen, dass die Entwicklung rechter Konzentration ohne das Reinigen der Ansicht nicht möglich ist.

[33] Zu den Begegnungen des *bodhisatta* mit Āḷāra Kālāma und Uddaka Rāmaputta vgl. M I 164.

[34] Vgl. Monier-Williams (1995, S. 1181), der den entsprechenden Sanskrit-Begriff *samyak* mit „*complete*", „*entire*" und „*whole*" übersetzt. Rhys Davids (1993, S. 655) übersetzt „*towards one point*". Vgl. auch Gruber (1999, S. 190), der bemerkt, dass es unpassend sei, *sammā* als „recht" zu übersetzen.

werden, nicht einfach, dass diese „recht“ und alles andere „falsch“ ist. Stattdessen weist *sammā* vielmehr auf die Notwendigkeit hin, das Entwickeln der Konzentration eng mit dem edlen achtfachen Pfad zu verbinden.

Diese Perspektive ist nicht ohne Relevanz für die Praxis. Denn obwohl die Erfahrung von Vertiefung ein kraftvolles Werkzeug zur Verminderung von Verlangen und Anhaftung im Zusammenhang mit den fünf Sinnen ist, führt sie doch allzu leicht dazu, das Verlangen nach und das Anhaften an diese feinstofflichen Erfahrungen der „Geistes-Tore“ zu stimulieren. Jedoch kann nur eine von Verlangen unbefleckte Konzentration als der voll entwickelte Faktor des zur Entwurzelung von *dukkha* führenden edlen achtfachen Pfades wirksam werden. Gerade diese Eigenschaft ist es, und nicht nur die erreichte Tiefe der Konzentration, die Konzentration zu rechter Konzentration macht.

Zusammenfassend ist „rechte“ Konzentration nicht einfach nur eine Frage der Fähigkeit, Vertiefung zu erreichen. Das entscheidende Kriterium, aufgrund dessen Konzentration als „recht“ bezeichnet werden kann, besteht darin, dass sie in der Vereinigung mit den anderen Faktoren des edlen achtfachen Pfades entwickelt wird.

Das Wort *jhāna* (Vertiefung) ist von dem Verb *jhāyati* „meditieren“, abgeleitet.[35] Obwohl *jhāna* sich normalerweise auf das Erreichen von tiefer Versenkung bezieht, behält das Wort gelegentlich seine ursprüngliche Bedeutung „Meditation“. Zum Beispiel wird im *Gopakamoggallāna-sutta* eine Form von *jhāna* erwähnt, in der die Hindernisse noch immer den Geist heimsuchen.[36] Solches „*jhāna*“ kann nicht als meditative Vertiefung

---

[35] Die Verwandtschaft dieser beiden Wörter zeigt sich an etlichen Stellen, z. B. in D II 239, D II 265, M I 243, Dhp 372, Sn 1009, Thī 401.

[36] In M III 14 ist die Rede von einer Art *jhāna*, die der Buddha nicht billigte, nämlich unter dem Einfluss der fünf Hindernisse zu meditieren. Ein anderes Beispiel besteht in der Ermahnung, „*jhāna* nicht [zu] vernachlässigen“ (*anirākatajjhāna*), was in M I 33 und It 39 zusammen mit „der Stille des Geistes hingegeben sein“ und „Einsicht besitzen“ vorkommt, wobei wahrscheinlich beides ganz allgemein im Sinne von „Meditation“ einbezogen ist. Ganz ähnlich wird die häufige Ermahnung *jhāyatha bhikkhave* (z. B in M I 46) besser mit „Meditiert, Mönche!“ als mit „Erlangt Vertiefung, Mönche!“ wiedergegeben. Ein anderes Beispiel ist der Ausdruck „Es fehlt nicht an *jhāna*“ (*arittajjhāno*), welcher in A I 39-43 mit etlichen Meditationspraktiken kombiniert wird, die als solche nicht das Erlangen von Vertiefung hervorbringen, wie z. B. *satipaṭṭhāna*, die Betrachtung der Vergänglichkeit oder die sechs Betrachtungen. Jedoch bezieht sich der häufigste Gebrauch von *jhāna* in den Lehrreden auf die Vertiefung, wobei dieser Gebrauch am leichtesten daran erkennbar ist, dass das Vertiefungs-*jhāna* gewöhnlich als „erstes“, „zweites“ usw. gekennzeichnet ist. (Ausnahme: A V 133, wo '*jhāna*' zunächst nicht näher bezeichnet wird, zum Schluss der Lehrrede zeigt sich jedoch, dass mit *jhāna* die erste Vertiefungsstufe gemeint ist.)

gelten, da die Abwesenheit der Hindernisse eine Voraussetzung für die echte Vertiefung ist.

Um die praktischen Implikationen einer solchen echten Vertiefung abzuschätzen, ist an diesem Punkt eine kurze Untersuchung der ersten Vertiefung vonnöten. Die Schwierigkeit im Verständnis der ersten Vertiefung liegt darin, dass zwei ihrer Geistesfaktoren, anfängliches Ausrichten des Geistes (*vitakka*) und aufrechterhaltendes Ausrichten des Geistes (*vicāra*)[37], unterschiedlich interpretiert worden sind. Da *vitakka*, anfängliches Ausrichten des Geistes, etymologisch mit *takka*, was Denken und logisches Schließen bedeutet, verwandt ist, folgern einige Gelehrte daraus, dass auf der ersten Vertiefungsstufe das begriffliche Denken andauert.[38] Auf den ersten Blick sieht es so aus, als stützten manche Lehrreden diese Auffassung, da sie auf die zweite Vertiefung als das „Aufhören heilsamer Absichten“ oder als einen Zustand „edler Ruhe“ Bezug nehmen.[39]

Dieser Punkt ist von erheblicher Bedeutung, um das Wesentliche der Vertiefung zu verstehen. Einfach gesagt geht es darum, ob die erste Vertiefung ein tiefer Konzentrationszustand ist, der nur nach einer ausgedehnten Zeitspanne der Übung und Zurückgezogenheit erreicht werden kann, oder eine Stufe entspannter, glücklicher Reflexion, die jeder leicht erreichen kann und die nicht viel meditative Geübtheit erfordert.

Die letztere Annahme steht im Widerspruch zu der Darstellung in den Kommentaren, wo in Einzelheiten die Entwicklungsstufen beschrieben werden, die der Vertiefung vorausgehen.[40] Diese Quellen deuten darauf hin, dass für das Erreichen der ersten Vertiefung ein beträchtlicher Grad an Entwicklung in der Meditation erforderlich ist. Obwohl Bezüge auf diese

---

[37] Die Standarddefinitionen, wie z. B. in D I 73, bezeichnen das erste *jhāna* als „mit anfänglicher und aufrechterhaltener Ausrichtung des Geistes“ (*savitakkaṃ savicāraṃ*). Auch in etlichen Lehrreden wird eine Vertiefungsstufe ohne anfängliche, aber mit aufrechterhaltener Ausrichtung des Geistes erwähnt (D III 219, D III 274, M III 162, S IV 360 u. 363, A IV 300). Die resultierende fünffache Darstellungsform der vier *jhāna*s wurde im *Abhidhamma* stärker betont (im Einzelnen erklärt in As 179). Stuart-Fox (1989, S. 92) weist darauf hin, dass einige der oben zitierten Passagen in den entsprechenden chinesischen Ausgaben fehlen.

[38] Barnes (1981, S. 257), Bucknell (1993, S. 397), Kalupahana (1994, S. 35), Ott (1912, S. 348), Stuart-Fox (1989, S. 94).

[39] In M II 28 wird das zweite *jhāna* mit dem Aufhören „heilsamer Absichten“ in Verbindung gebracht, während S II 273 vom zweiten *jhāna* als „edler Stille“ spricht. Derselbe Ausdruck findet sich auch in Th 650 und Th 999 (der Kommentar Th-a II 274 identifiziert dies als das zweite *jhāna*, aber Th-a III 102 spricht sogar vom vierten *jhāna*).

[40] Vgl. auch Vism 125 über das Entwickeln des Gegenbildes und Vism 285 über das Entwickeln der Vertiefung auf der Basis des konzentrativen Zeichens, die durch Ein- und Ausatmen erlangt wird.

anfängliche Entwicklung in den Lehrreden nur indirekt vorkommen, so gibt doch zumindest das *Upakkilesa-sutta* eine detaillierte Beschreibung der Schwierigkeiten des Buddha selbst, die erste Vertiefung zu erreichen.[41] Diese Textstelle lässt keinen Zweifel daran, dass der nachmalige Buddha verschiedene geistige Hindernisse zu überwinden hatte, als er die erste Vertiefung zu erreichen versuchte, obwohl er sie doch in früher Jugend schon einmal erfahren hatte.[42]

Das *Upakkilesa-sutta* richtet sich an Anuruddha und eine Gruppe von Mönchen, die offensichtlich ähnliche Schwierigkeiten hatten. Bei einer anderen Gelegenheit musste der Buddha auch Moggallāna helfen, die erste Vertiefung zu erreichen.[43] Es ist bemerkenswert, dass für Anuruddha und Moggallāna, die später alle anderen Schüler mit ihren Fähigkeiten in der Konzentration übertrafen[44], das persönliche Eingreifen des Buddha nötig war, damit sie „nur" die erste Vertiefung erreichen konnten. Diese Beispiele weisen darauf hin, dass das Erreichen der ersten Vertiefung ein ziemliches Maß an Meditationserfahrung voraussetzt.

Den Lehrreden zufolge ist jemand, der in die erste Vertiefung eingetreten ist, nicht länger fähig zu sprechen.[45] Dies würde nicht zutreffen, wenn die erste Vertiefung lediglich ein Zustand ruhigen Nachsinnens wäre. Nicht nur das Sprechen, sondern auch das Hören findet während der tieferen Versenkungsstufen nicht statt; tatsächlich ist Klang ein Hindernis für das Erreichen der ersten Vertiefung.[46] Die Erfahrung der ersten Vertiefung ist

---

[41] M III 162: Erst nachdem er nacheinander eine ganze Reihe geistiger Hindernisse überwunden hatte (vgl. im Einzelnen Kapitel IX.4, Anm. 73), war er dazu in der Lage, das erste *jhāna* zu erlangen. Vgl. auch A IV 439, wo von seinem Kampf berichtet wird, die Sinnlichkeit zu überwinden, um *jhāna* entwickeln zu können.

[42] M I 246. Möglicherweise war seine Fähigkeit, in diesem Augenblick seiner frühen Jugend so leicht in das erste *jhāna* einzutreten, auf die in einem früheren Leben geübte *samatha*-Meditation zurückzuführen – eine Fähigkeit, die er dann während seines Heranwachsens und dem späteren Schwelgen in Sinneslust als junger Mann verlor, sodass er sie neu entwickeln musste.

[43] S IV 263.

[44] Vgl. A I 23.

[45] S IV 217, ebenso S IV 220-223. In Kv 200 wird diese Textstelle gebraucht, um der (falschen) Ansicht entgegenzutreten, die *jhāna*-Faktoren „anfängliche und aufrechterhaltende Ausrichtung des Geistes" bezögen sich auf sprachliche Aktivitäten. Diese Ansicht entstand aufgrund der Definition dieser Faktoren als Sprachformationen in M I 301.

[46] A V 135. Brahmavaṃso (1999, S. 29): „ … während es in allen *jhāna*s unmöglich ist … ein äußeres Geräusch wahrzunehmen oder irgend einen Gedanken hervorzubringen". Auch in Kv 572 wird die Ansicht widerlegt, es sei möglich, während des Erreichens eines *jhāna* Geräusche zu hören. In Vin III 109 wird Moggallāna von einigen Mönchen beschuldigt, er habe sich die Erreichung von Vertiefung fälschlich zugeschrieben, weil er erklärte, er habe Geräusche gehört, während er sich in der >

eine „nichtweltliche" Erfahrung,[47] sie versetzt im psychologischen und kosmologischen Sinne in eine andere Welt.[48] Die erste Vertiefung zu erreichen ist gleichbedeutend mit dem Erlangen eines „hervorragend außergewöhnlichen Zustandes".[49] Schon die erste Vertiefung „blendet" Māra, denn wer in diesen Zustand eintritt, überschreitet die Reichweite von Māras Sehvermögen.[50]

Diese Textstellen stützen das Verständnis der ersten Vertiefung als einen Geisteszustand tiefer Versenkung jenseits von reiner Reflektion und begrifflichem Denken. Daher ist es wohl sinnvoll, anzunehmen, dass das anfängliche Ausrichten des Geistes (*vitakka*) und das aufrechterhaltende Ausrichten des Geistes (*vicāra*) als Versenkungsfaktoren nicht für Gedankenaktivität stehen. Vielmehr beziehen sie sich auf das anfängliche und das aufrechterhaltende Ausrichten des Geistes. Eine solche Anwendung von Aufmerksamkeit kann auch im Bereich des Denkens oder der verbalen Kommunikation stattfinden, wenn das anfängliche Ausrichten des Geistes den Geist auf das ausrichtet, was gedacht oder gesagt werden soll, während das aufrechterhaltende Ausrichten des Geistes die Kohärenz einer bestimmten Folge von Gedanken oder Worten aufrechterhält. Im Zusammenhang mit Vertiefung ist dieselbe Aktivität jedoch nichts anderes als eine absichtsvolle, auf das Konzentrationsobjekt gerichtete Entfaltung von Aufmerksamkeit.

„durch nichts zu erschütternden Konzentration" (d. h. im vierten *jhāna* oder einer unkörperlichen Erreichung) befand. Die Tatsache, dass dies die Mönche dazu veranlasste, ihn des falschen Anspruchs zu beschuldigen, macht deutlich, dass die Unmöglichkeit, während fortgeschrittener Vertiefung Geräusche zu hören, unter den Mönchen allgemein bekannt war. Jedoch entlastete der Buddha Moggallāna, indem er erklärte, dass die Wahrnehmung von Geräuschen selbst während einer solch tiefen Versenkung im *jhāna* möglich ist, wenn die Erreichung unrein ist (*aparisuddho*). In Sp II 513 wird dargelegt, dass Moggallānas Erreichung nicht stabil war, weil er die Hindernisse zur Vertiefung nicht vollständig überwunden hatte und deshalb das Hören in einem Augenblick der Instabilität in der Konzentration stattfinden konnte.

[47] In A IV 430 wird darauf Bezug genommen, ein Mönch habe das erste *jhāna* und damit das Ende der Welt erreicht (wobei „Welt" mit den fünf Arten des Sinnesvergnügens in derselben Lehrrede gleichgesetzt wird). Ein anderes Beispiel für die charakteristische Art der Wahrnehmung im *jhāna* besteht in der Art und Weise, wie das Wahrnehmen während des ersten *jhāna* vor sich geht, was in D I 182 ein „subtiles, aber reales" Wahrnehmen genannt wird (*sukhuma-sacca-saññā*). Dieser Ausdruck weist auf die abgeschwächte Form des Wahrnehmens hin, die während der Vertiefung vor sich geht und sich von der Art und Weise, in der die gewöhnliche Welt wahrgenommen wird, unterscheidet.

[48] Dies sind die Elemente des Materiellen und Immateriellen (D III 215), die den materiellen und immateriellen Existenzbereichen entsprechen (S V 56) und sich von dem Element der Sinnlichkeit oder dem Existenzbereich der Sinne unterscheiden.

[49] M I 521.

[50] M I 159 und M I 174.

Die Übersetzung von *vitakka* als „anfängliches Ausrichten des Geistes" wird vom *Mahācattārīsaka-sutta* gestützt, wo „Ausrichten des Geistes" (*cetaso abhiniropanā*) zusammen mit *vitakka* in einer Auflistung von Synonymen für „rechtes Denken" enthalten ist.[51] *Vitakka* als anfängliches Ausrichten des Geistes kann darüber hinaus Anspruch auf Stützung durch den *Abhidhamma* und die Kommentare sowie durch zahlreiche moderne Meditationslehrer und Gelehrte erheben.[52]

Diese Art des Verständnisses kann auch auf die oben genannten Textstellen angewandt werden, in denen es auf den ersten Blick so aussieht, als würde das begriffliche Denken in der ersten Vertiefungsstufe andauern, da sie vom „Aufhören heilsamer Absichten" beim Erreichen der zweiten Vertiefung, einem Zustand „edler Ruhe", sprechen. Obwohl die anfängliche Ausrichtung des Geistes als Faktor der ersten Vertiefung sich von diskursivem Denken unterscheidet, so ist dennoch das anfängliche Ausrichten des Geistes in diesem Zusammenhang eine Art von „Absicht" und bringt dadurch einen sehr subtilen Grad absichtsvoller geistiger Aktivität mit sich. Nur beim Eintreten in die zweite Vertiefung, wenn dieser letzte Rest geistiger Aktivität aufgegeben wird und die Konzentration ganz stabil geworden ist[53], erreicht der Geist einen Zustand von völliger innerer Stille („edle Ruhe") und lässt selbst diese subtilen „heilsamen Absichten" hinter sich.

Auf der Basis der bisher betrachteten Textstellen erscheint es sinnvoll anzunehmen, dass „Vertiefung" (*jhāna*) sich auf tiefgründige Erfahrungen starker Konzentration bezieht, die erlangt werden, nachdem ein beträchtliches Maß an Geübtheit in der Meditation entwickelt worden ist.

IV.3 Vertiefung und Verwirklichung

In zahllosen Lehrreden wird das Entwickeln von Konzentration als wesentlicher Faktor empfohlen, um „die Dinge so zu erkennen, wie sie wirklich sind".[54] Konzentration ist eine Bedingung für das vollständige Erwachen[55],

---

[51] M III 73.

[52] „Ausrichten des Geistes" (*cetaso abhiniropanā*) kommt in Vibh 257 und Vism 142 in einer Definition von *vitakka* vor. Eine ähnliche Auffassung von *vitakka* findet sich bei Ayya Khema (1991, S. 115), Bodhi (2000, S. 52 und 1993, S. 82), Chah (1992, S. 53), Cousins (1992, S. 153), Eden (1984, S. 89), Goenka (1999, S. 93), Ledi (1986a, S. 52), Pa Auk (1999, S. 17), Rhys Davids (1922, S. 8 Anm. 1), Shwe (1979, S. 238 Anm. 1), Stcherbatsky (1994, S. 104) und Sujīva (1996, S. 10).

[53] Hierauf deuten die Standardbeschreibungen des zweiten *jhāna* hin (z. B. in D I 74), indem die Freude und das Glück, die erfahren werden, als „aus Konzentration erzeugt" (*samādhija*) bezeichnet werden, und durch den Ausdruck „Einheit des Geistes" (*cetasa ekodibhāva*).

[54] Z. B. in S IV 80.

[55] In A III 426 wird darauf hingewiesen, dass es ohne *samādhi* unmöglich ist, die Verwirklichung zu erlangen.

und diese Konzentration muss „rechte" Konzentration sein.[56] Dies scheint die Vertiefungskonzentration als Erfordernis für vollständiges Erwachen zu stipulieren. Jedoch stellt sich die Frage, ob dasselbe auch für den Stromeintritt nötig ist. Obwohl aufgrund der kraftvollen Wirkung des Erfahrens von *Nibbāna* beim Stromeintritt die konzentrative Vereinigung des Geistes in einem Punkt (*cittassekaggatā*) im Augenblick eine Stufe erreicht, die mit Vertiefung vergleichbar ist, bleibt es doch offen, wieweit dies das vorherige Entwickeln von Vertiefung mit einem Meditationsobjekt der Geistesruhe erfordert.[57]

Unter den in den Lehrreden für das Verwirklichen des Stromeintritts als wesentlich aufgeführten Eigenschaften ist die Fähigkeit, Vertiefung zu erreichen, nicht erwähnt.[58] Auch in den Beschreibungen der Eigenschaften, die charakteristisch für einen in den Strom Eingetretenen sind, werden solche Fähigkeiten nicht erwähnt.[59]

Nach den Lehrreden ist ein von den fünf Hindernissen vollständig freier Geisteszustand eine für das Erlangen des Stromeintritts notwendige

---

[56] In A III 19, A III 200, A III 360, A IV 99, A IV 336, A V 4-6 und A V 314 wird erklärt, dass es ohne rechte Konzentration nicht möglich ist, die Befreiung zu erlangen. In A III 423 wird betont, dass rechte Konzentration erforderlich ist, um die Fesseln zu vernichten und *Nibbāna* zu verwirklichen. Interessant ist hier, dass in den meisten dieser Fälle das Fehlen rechter Konzentration auf einen Mangel an ethischem Verhalten zurückzuführen ist, sodass im umgekehrten Fall (vgl. z. B. A III 20) das „Rechte" der Konzentration das Ergebnis ethischen Verhaltens ist (nämlich die Faktoren drei, vier und fünf des edlen achtfachen Pfades). Dies lässt an die weiter oben diskutierte alternative Definition der rechten Sammlung bzw. Konzentration als Vereinigung des Geistes in einer Wechselbeziehung mit den anderen Pfadfaktoren denken. (Dies wird weiter gestützt durch den Gebrauch des Pāli-Wortes *upanisā* in den hier diskutierten Fällen, worin sich der Ausdruck *sa-upanisā*, gebraucht in der Definition der rechten Konzentration als Vereinigung des Geistes, widerspiegelt; siehe M III 71).

[57] Die hier gemachte Unterscheidung betrifft das, was in den Kommentaren „überweltliche" und „weltliche" Konzentration genannt wird (vgl. die Definition in Vism 85).

[58] In S V 410 wird die Notwendigkeit aufgeführt, sich ehrenwerten Menschen anzuschließen, dem *Dhamma* zu lauschen, weises Aufmerken (*yoniso manasikāra*) zu entwickeln und sich dem *Dhamma* gemäß zu üben, um den Stromeintritt verwirklichen zu können. (In S II 18 wird das Üben gemäß dem *Dhamma* besonders darauf bezogen, durch das Entwickeln von Leidenschaftslosigkeit die Unwissenheit zu überwinden.) Zu den Erfordernissen zum Stromeintritt vgl. auch M I 323.

[59] Man sollte erwarten, dass diese Fähigkeit bei den vier charakteristischen Eigenschaften eines Stromeingetretenen aufgeführt würde, die sich jedoch auf vollständiges Vertrauen in den Buddha, *Dhamma*, and *Saṅgha* zusammen mit unerschütterlichem ethischen Verhalten beschränken. S V 357 erwähnt diese vier als Eigenschaften, die einen Stromeingetretenen kennzeichnen.

Bedingung.[60] Obwohl das Entwickeln von Vertiefung ein geeignetes Mittel dazu ist, die Hindernisse zu beseitigen, ist dies nicht der einzige Weg. Einer Lehrrede im *Itivuttaka* zufolge können sogar während der Gehmeditation, einer für das Erreichen von Vertiefung unpassenden Körperhaltung, die Hindernisse beseitigt und der Geist konzentriert werden.[61] Tatsächlich zeigt auch eine weitere Textstelle auf, dass die Hindernisse sogar ohne jeglichen Zusammenhang mit formaler Meditation zeitweilig abwesend sein können, so zum Beispiel, wenn man den *Dhamma* hört.[62]

Diese Alternative wird durch eine ansehnliche Anzahl von in den Lehrreden aufgezeichneten Fällen, in denen der Stromeintritt erlangt wurde, bestätigt, wo die fragliche Person in diesem Leben vielleicht noch nicht einmal regelmäßig meditiert hatte und noch viel weniger fähig gewesen sein dürfte, Vertiefung zu erreichen.[63] Dennoch wird in diesen Berichten unweigerlich von der Beseitigung der Hindernisse vor dem Entstehen von Einsicht

---

[60] Z. B. in A III 63. Vgl. auch M I 323, wo etliche für den Stromeintritt benötigte Eigenschaften aufgeführt sind, darunter die, nicht von den Hindernissen überwältigt zu werden.

[61] It 118.

[62] S V 95.

[63] In D I 110 und D I 148 stehen reiche Brahmanen im Mittelpunkt, deren geschäftige Lebensweise als königlicher Domänenverwalter der Entwicklung von *jhāna* nicht gerade zuträglich sein dürfte. Dennoch verwirklicht jeder von ihnen den Stromeintritt, während sie einer Lehrrede des Buddha lauschen. In M I 380 und A IV 186 wird vom Stromeintritt einiger überzeugter Jaina-Anhänger während einer Lehrrede des Buddha berichtet. (In Anbetracht dessen, dass nach S IV 298 das Oberhaupt der Jainas selbst die Existenz des zweiten *jhāna* bezweifelte, gibt es Grund anzunehmen, dass die Fähigkeit zur Erreichung der *jhāna*s unter seinen Anhängern wahrscheinlich nicht verbreitet war; dieser Eindruck wird durch die Darstellung in Tatia (1951, S. 281-293) bestätigt.) In A IV 213 wird von einem betrunkenen Laien erzählt, der durch den Eindruck, den sein erstes Zusammentreffen mit dem Buddha bei ihm hinterlässt, nüchtern wird und während einer didaktisch abgestuften Lehrrede, die bei demselben ersten Zusammentreffen gehalten wird, den Stromeintritt verwirklicht. In Ud 49 ist von einem Leprakranken die Rede, der als arm, bedauernswert und elend beschrieben wird und den Stromeintritt auf ähnliche Weise während einer Lehrrede des Buddha verwirklichte. Tatsächlich hatte dieser Leprakranke irrtümlich angenommen, die dem Buddha zuhörende Menge habe sich wegen der Verteilung kostenloser Nahrungsmittel zusammengefunden und sich lediglich in der Hoffnung auf eine Mahlzeit genähert. Ein letztes Beispiel findet sich in Vin II 192, wo mehrere gedungene Mörder, von denen einer sogar den Auftrag hat, den Buddha zu töten, alle Stromeingetretene werden, anstatt ihren Auftrag auszuführen, nachdem sie eine gestufte Lehrrede des Buddha gehört haben. In all diesen Fällen ist es nicht sehr wahrscheinlich, dass jene, die den Stromeintritt verwirklichten, sich mit regelmäßiger Meditationspraxis beschäftigten oder die Fähigkeit besaßen, die *jhāna*s zu erreichen.

gesprochen.[64] In all diesen Beispielen war das Beseitigen der Hindernisse das Ergebnis des aufmerksamen Hörens der allmählich fortschreitenden Anweisungen des Buddha.

Tatsächlich gründet eine ansehnliche Zahl bekannter moderner Meditationslehrer ihre Lehre auf die Verzichtbarkeit der Fähigkeit zur Vertiefung für die Verwirklichung des Stromeintritts.[65] Ihnen zufolge ist für den Geist die Fähigkeit, weltliche Vertiefung zu erlangen, keine notwendige Bedingung, um sich beim Stromeintritt für kurze Zeit in die Erfahrung von *Nibbāna* zu „vertiefen".

Die vorliegende Fragestellung wird noch klarer bei Betrachtung der nächsten Stufe des Erwachens, nämlich dem Einmal-Wiederkehren. Einmal-Wiederkehrende werden so genannt, weil sie nur noch ein Mal in „dieser Welt" (d. h. im *kāmaloka*) wiedergeboren werden.[66] Auf der anderen Seite kehren diejenigen, die die Fähigkeit, Vertiefung nach Belieben zu erreichen, entwickelt und nicht verloren haben, in ihrem nächsten Leben nicht in „diese Welt" zurück.[67] Sie werden in einem höheren himmlischen Bereich wiedergeboren (d. h. im *rūpaloka* oder im *arūpaloka*). Dies bedeutet gewiss nicht, dass ein in den Strom Eingetretener oder ein Einmal-Wiederkehrender nicht Vertiefung erreichen könnte. Aber wenn sie alle über die Fähigkeit verfügten, Vertiefung zu erreichen, wäre schon der Begriff „Einmal-Wiederkehrender" überflüssig, da nicht ein einziger Einmal-Wiederkehrender jemals „in diese Welt" zurückkehren würde.

Den Lehrreden zufolge steht der Unterschied zwischen der Verwirklichung des „Einmal-Wiederkehrens" und des „Nichtwiederkehrens" im

---

[64] In allen oben stehend zitierten Fällen wird ausdrücklich erwähnt, dass der Geist von den Hindernissen frei ist.

[65] Vgl. Visuddhacara (1996, passim) der eine übersichtliche Aufstellung von Erklärungen verschiedener bekannter Meditationslehrer zu dieser Frage erstellt hat.

[66] Z. B. in M I 226. Die Tatsache, dass Einmal-Wiederkehrende in „diese Welt" zurückkehren, ist z. B. in A III 348 und A V 138 belegt, wo Einmal-Wiederkehrende im Tusita-Himmel wiedergeboren werden, einem niedrigeren himmlischen Reich der Sinnessphäre, das sehr verschieden ist von jenen Existenzebenen, die den Vertiefungserreichungen entsprechen. Ganz ähnlich werden nach A IV 380 auch fortgeschrittene Stromeingetretene als Menschen wiedergeboren und gelangen somit auf eine Ebene der Wiedergeburt, die von den durch die Fähigkeit zur Vertiefung erreichbaren Sphären noch weiter entfernt ist.

[67] Nach A II 126 wird, wer das erste *jhāna* entwickelt hat, in der Brahmawelt wiedergeboren. Ein Weltling (*puthujjana*) wird nach einer Weile in niedrigeren Bereichen wiedergeboren, während ein Edler (*ariya*) von dort zum endgültigen *Nibbāna* fortschreitet. (Diese Textstelle bezieht sich nicht nur auf jemanden, der zum Zeitpunkt seines Todes in einer Vertiefung ist, sondern auf jeden, der die Fähigkeit besitzt, *jhāna* zu erreichen.) Eine ähnliche Textstelle findet sich in A I 267 im Zusammenhang mit unkörperlichen Erreichungen und Wiedergeburt und in A II 129 bezüglich der himmlischen Verweilzustände und Wiedergeburt.

Zusammenhang mit unterschiedlichen Stufen der Fähigkeit zur Konzentration. Mehrere Textstellen deuten darauf hin, dass der Einmal-Wiederkehrende, im Gegensatz zu dem Nichtwiederkehrenden, die Entwicklung der Konzentration noch nicht vervollständigt hat.[68] Hiernach zu urteilen könnte das Erreichen von Vertiefung für das Verwirklichen des Nichtwiederkehrens von Relevanz sein. Tatsächlich wird in mehreren Lehrreden der Fortschritt zu den höheren zwei Stufen des Pfades, Nichtwiederkehr und Arahantschaft, mit der ersten oder höheren Vertiefungen in Zusammenhang gebracht.[69] Der Grund hierfür könnte sein, dass die einsichtsvolle Kontemplation meditativer Vertiefung eine wichtige Funktion für das Überwinden und das vollständige Entwurzeln der letzten Spuren von Begierde erfüllt und dadurch den Durchbruch zum Nichtwiederkehren oder zum vollständigen Erwachen ermöglicht.[70]

Die abschließende Passage des *Satipaṭṭhāna-sutta*, die „Voraussage", scheint dem auf den ersten Blick zu widersprechen, da für eine erfolgreiche Übung von *satipaṭṭhāna* die Verwirklichung des vollständigen Erwachens oder der Nichtwiederkehr vorausgesagt wird, ohne irgendwelche zusätzlichen Bedingungen aufzuführen.[71] Dies ließe sich so auffassen, als könnte man auch die höheren Stufen des Erwachens ohne die Fähigkeiten zur Vertiefung erreichen. Jedoch müssen solche Annahmen gegen andere Zeugnisse in den Lehrreden abgewogen werden, wo die Notwendigkeit zumindest der ersten Vertiefung klar und deutlich dargelegt ist.[72] Obwohl die Fähigkeiten zur Vertiefung im *Satipaṭṭhāna-sutta* nicht direkt erwähnt werden, lässt das durch die Lehrreden vermittelte allgemeine Bild darauf schließen, dass die

---

[68] Nach A IV 380 hat der Einmal-Wiederkehrende im Gegensatz zum Nichtwiederkehrenden *samādhi* nicht vervollkommnet. Eine ähnliche Textstelle findet sich in A I 232 und A I 233. Vgl. auch Dhammavuddho (1994, S. 29), Ñāṇavīra (1987, S. 372).

[69] Z. B. in M I 350 und A V 343 wird beschrieben, wie ein Mönch auf der Grundlage des Erreichens des ersten oder eines höheren *jhāna* fähig ist, die Vernichtung der Einflüsse oder die Nichtwiederkehr zu erreichen. Eine eindeutigere Aussage findet sich in M I 434f., wo das Erreichen von *jhāna* deutlich als Notwendigkeit für die zwei höheren Stufen des Erwachens festgelegt ist. Ganz ähnlich erwähnt A IV 422 die Fähigkeit zum Erreichen der *jhāna*s als notwendige Voraussetzung für das Erlangen des Nichtwiederkehrens oder des vollständigen Erwachens.

[70] In A II 128 führt die einsichtsvolle Kontemplation der Vertiefung zur Nichtwiederkehr (Geburt im Suddhāvāsa-Himmel). Vgl. auch M I 91, wo Mahānāma, der den Kommentaren (Ps II 61) zufolge ein Einmal-Wiederkehrender war, vom Buddha den Rat erhielt, für den weiteren Fortschritt auf dem Pfad *jhāna* zu entwickeln.

[71] M I 62: „… wenn jemand diese vier *satipaṭṭhāna*s … entwickelt, kann eines von zwei Ergebnissen für ihn erwartet werden: entweder vollendete Erkenntnis hier und jetzt oder, wenn noch eine Spur von Anhaften übrig ist, Nichtwiederkehr."

[72] In M I 434 wird dargelegt, dass es einen Übungspfad gibt, der beschritten werden muss, um dazu fähig zu sein, die fünf niederen Fesseln zu überwinden. Dieser Übungspfad besteht im Erreichen der *jhāna*s.

Fähigkeit, zumindest die erste Vertiefung zu erreichen, für die höheren zwei Stufen des Erwachens erforderlich ist. Ansonsten wäre es schwer zu verstehen, warum in den Standarddarlegungen des edlen achtfachen Pfades, der zum vollständigen Erwachen führt, Vertiefung explizit erwähnt wird.

Bezüglich der abschließenden Passage des *Satipaṭṭhāna-sutta* muss berücksichtigt werden, dass diese Textstelle sich mit der Frucht der Übung und nicht mit der Notwendigkeit einer bestimmten Ebene der Konzentration als Vorbedingung für das Erwachen beschäftigt. Die Tatsache, dass nur die Früchte der höheren zwei Verwirklichungsstufen erwähnt werden, hebt das Potenzial korrekter Übung hervor. Dasselbe trifft für eine Gruppe von zwanzig Lehrreden im *Bojjhaṅga-saṃyutta* zu, wo eine ganze Reihe von Meditationsübungen mit diesen beiden höheren Verwirklichungsstufen in Zusammenhang gebracht wird.[73] Auch diese Beispiele beziehen sich nicht auf das Vorhandensein oder Nichtvorhandensein von Vertiefungsfähigkeiten, sondern lenken die Aufmerksamkeit vielmehr auf das Potenzial der jeweiligen Meditationsübungen. Darüber hinaus führen der *Madhyama-āgama* und der *Ekottarika-āgama* beide das Erreichen von Vertiefung als Teil ihrer Darlegungen von *satipaṭṭhāna* an.[74] Dies lässt darauf schließen, dass für die Entfaltung des vollständigen Potenzials von *satipaṭṭhāna*, zur Nichtwiederkehr oder zum vollständigen Erwachen zu führen, das Entwickeln von Vertiefung erforderlich ist.

Ein anderer für dieses Thema relevanter Begriff ist „Reinigung des Geistes" (*cittavisuddhi*). Dieser Ausdruck kommt im *Rathavinīta-sutta* vor, in dem eine Reihe von sieben aufeinander folgenden Stufen der Reinigung aufgezählt wird.[75] In der Lehrrede wird jede Stufe der Reinigung mit einem

---

[73] S V 129-133.

[74] Im *Madhyama-āgama* als Teil der Körperbetrachtungen und im *Ekottarika-āgama* als Teil der Betrachtungen der *dhamma*s; siehe Minh Chau (1991, S. 89 und 90), Nhat Hanh (1990, S. 154 und 176).

[75] M I 149. Dieses spezielle Pfad-Schema bildet die dem Visuddhimagga zugrunde liegende Struktur. Für Vergleiche dieser Struktur mit anderen religiösen Traditionen vgl. Brown (1986a), der es zu Beschreibungen des Pfades im *Mahāmudra* und den *Yoga Sūtras* in Beziehung setzt, und Cousins (1989), der es mit Teresa von Avilas „Innerer Burg" vergleicht. Im Zusammenhang mit diesem Pfad-Schema ist es bemerkenswert, dass diese Gruppe von sieben Reinigungsstufen, obwohl sie für die Kommentare und die meisten modernen *vipassanā*-Schulen eine normative Rolle spielt, in den Lehrreden nur noch ein einziges Mal wieder vorkommt, und zwar in D III 288, wo sie einen Teil eines Neun-Stufen-Schemas bildet. Diese Textstelle passt nicht besonders gut mit Buddhaghosas Darstellung des Sieben-Stufen-Modells zusammen, da sie zwei zusätzliche Stufen am Ende einer progressiven Folge von Stufen hinzufügt, obwohl Buddhaghosa zufolge mit der siebten Stufe der Höhepunkt der Reinigung bereits erreicht ist (vgl. Vism 672). Vom Gebrauch des in M I 195 und M I 203 für die siebte Reinigung verwendeten Begriffes, „Erkenntnis und Sicht", her zu urteilen, geht es hier tatsächlich nur um eine Stufe, die zwar bis zur >

einzelnen Wagen in einer Relaisstation von Wagen verglichen, durch die jeweils zwei Orte miteinander verbunden sind. In dieser Folge nimmt die Reinigung des Geistes die zweite Position zwischen der vorhergehenden Reinigung des sittlichen Verhaltens und der nachfolgenden Reinigung der Sicht ein. Die Tatsache, dass die Reinigung des Geistes der Reinigung der Sicht vorausgeht, wird manchmal so verstanden, dass Vertiefung eine notwendige Grundlage für die Verwirklichung des Stromeintritts sei.[76]

In dieser Lehrrede jedoch war die Frage, die zu dem Wagengleichnis hinführte, überhaupt nicht damit befasst, welche Bedingungen für die Verwirklichung unverzichtbar seien. Vielmehr war das im *Rathavinīta-sutta* diskutierte Thema das Ziel des Lebens als Mönch oder Nonne in der monastischen Gemeinschaft des frühen Buddhismus. Es ging darum, dass jede der Reinigungsstufen, obwohl sie ein notwendiger Schritt auf dem Pfad ist, das eigentliche Ziel nicht erreicht. Um dies zu erläutern, wurde das Wagengleichnis angeführt. Die Notwendigkeit, sich über unterschiedliche Stufen der Reinigung hinauszubewegen, um das Endziel zu erreichen, ist ein sich wiederholendes Thema in den Lehrreden.[77]

Obwohl das Wagengleichnis im *Rathavinīta-sutta* eine bedingte Beziehung zwischen den verschiedenen erwähnten Stufen in sich schließt, würde es das Gleichnis überstrapazieren, wenn es so verstanden würde, als müsste Vertiefung erreicht werden, bevor die Entwicklung von Einsicht begonnen werden kann. Solch eine wörtliche Interpretation würde das Erwerben von Sittlichkeit, Konzentration und Weisheit als eine streng lineare Abfolge auffassen, während diese drei in der Praxis einen symbiotischen Charakter haben, indem sie sich gegenseitig steigern und unterstützen. Dies ist im *Soṇadaṇḍa-sutta* veranschaulicht, in dem die Wechselwirkung von Sittlichkeit und Weisheit mit zwei sich gegenseitig waschenden Händen verglichen wird.[78]

Außerdem ist es nach zwei Lehrreden im *Aṅguttara-nikāya* unmöglich, seine Konzentration zu reinigen (d. h. Reinigung des Geistes), ohne zuerst

---

Verwirklichung führt, aber noch nicht mit ihr identisch ist. Diese Auffassung wird durch das *Rathavinīta-sutta* selbst bestätigt, welches die Reinigung durch „Erkenntnis und Sicht" als „mit Anhaften" und folglich als nicht hinreichend für das letzte Ziel beschreibt (M I 148). Anscheinend steht also Buddhaghosas Interpretation der siebten Stufe der Reinigung zu einem gewissen Grad im Gegensatz zu den Implikationen desselben Begriffs in den Lehrreden.

[76] Möglicherweise auf der Grundlage von A II 195, wo die Reinheit des Geistes zum Erreichen der vier *jhāna*s in Bezug gesetzt wird. Die Notwendigkeit der Fähigkeit zum Erreichen der Vertiefungen als unumgängliche Grundlage für die Verwirklichung wird z. B. von Kheminda (1980, S. 14) vertreten.

[77] Vgl. z. B. M I 197 und M I 204.

[78] D I 124. Vgl. auch Chah (1998, S. 9), Goleman (1980, S. 6).

die rechte Sicht (d. h. Reinigung der Sicht) gereinigt zu haben.[79] Diese Aussage bringt genau die umgekehrte Folge zum *Rathavinīta-sutta* vor, wo die Reinigung des Geistes der Reinigung der Sicht vorausgeht.

Bei weiterer Durchsicht der Lehrreden stellt sich heraus, dass sie eine Vielzahl von Methoden schildern, wie die endgültige Verwirklichung erreicht werden kann. Zum Beispiel wird in zwei Textstellen des *Aṅguttara-nikāya* ein Praktizierender beschrieben, der, obwohl es ihm an Geübtheit in der Konzentration mangelt, dazu fähig ist, tiefe Weisheit zu erlangen.[80] In einer anderen Lehrrede desselben *nikāya* wird von zwei Möglichkeiten zum Erreichen der vollständigen Verwirklichung gesprochen: die angenehme Methode der Vertiefung und die weniger angenehme Methode der Kontemplation der Widerwärtigkeit des Körpers.[81] Zusätzlich wird im *Yuganaddha-sutta* (ebenfalls im Viererbuch des *Aṅguttara-nikāya*) erklärt, dass Verwirklichung erreicht werden kann, indem entweder zunächst Konzentration oder zunächst Einsicht entwickelt wird und dann das andere, oder indem beide zusammen entwickelt werden.[82] In dieser Lehrrede wird deutlich gezeigt, dass zwar einige Übende erst Konzentration aufbauen und sich dann der Einsicht zuwenden, aber andere durchaus umgekehrt vorgehen können. Es würde diesen Textstellen nicht gerecht werden, wenn die Methoden zum Erreichen der Verwirklichung auf nur eine dieser Reihenfolgen beschränkt werden in der Annahme, dass das Entwickeln von Konzentration unbedingt dem Entwickeln von Einsicht vorausgehen müsse.

IV.4 Der Beitrag der Vertiefung zum Fortschritt in der Einsicht

Wie dem auch sei – in vielen Lehrreden wird betont, dass das Kultivieren der Vertiefung besonders förderlich für die Verwirklichung ist.[83] Das Entwickeln tiefer Konzentration führt zu einem hohen Grad der Herrschaft über den Geist.[84] Nicht nur zieht das Entwickeln tiefer Konzentration die vorübergehende Beseitigung der Hindernisse nach sich, sondern es wird für diese auch viel schwieriger, den Geist bei späteren Gelegenheiten zu befallen.[85] Wer aus tiefer Konzentration auftaucht, dessen Geist ist „geschmeidig",

---

[79] A III 15 und A III 423.

[80] A II 92-94 und A V 99.

[81] A II 150.

[82] A II 157; vgl. auch Tatia (1992, S. 89).

[83] Z. B. D III 131, M I 454, S V 308. Die Bedeutung, die im frühen Buddhismus der Vertiefung beigemessen wird, haben Griffith (1983, S. 57) und Rhys Davids (1927a, S. 696) dargelegt, die beide einen Überblick über das Vorkommen des Begriffes *jhāna* in den Pāli-*nikāya*s geben.

[84] A IV 34.

[85] In M I 463 wird erklärt, dass der Geist einer Person, die *jhāna*-Erfahrungen gemacht hat, nicht länger von den Hindernissen überwältigt werde. Andererseits muss >

„formbar" und „beständig"[86], sodass er leicht darauf gerichtet werden kann, die Dinge so zu sehen, „wie sie wirklich sind". Und nicht nur das: Wenn die Dinge mit einem ruhigen und geschmeidigen Geist gesehen werden, wie sie wirklich sind, dann beeinflusst diese Sicht auch die tieferen Schichten des Geistes. Solch eine Sicht reicht weit über jedes oberflächliche intellektuelle Erkennen hinaus, weil dank der Empfänglichkeit und Geschmeidigkeit des Geistes Einsichten in die tieferen Regionen des Geistes eindringen können und dadurch einen inneren Wandel herbeiführen.

Die Vorzüge des Entwickelns von Vertiefungskonzentration sind nicht nur, dass dadurch ein stabiler und empfänglicher Geisteszustand für die Übung der Einsichtsmeditation herbeigeführt wird. Vertiefung ist eine Erfahrung intensiver Freude und großen Glücks, durch rein geistige Mittel herbeigeführt, die automatisch jedes in Abhängigkeit von materiellen Objekten entstehende Vergnügen übertrifft. Auf diese Weise wirkt Vertiefung als kraftvolles Mittel gegen sinnliches Begehren, indem sie es seiner vorherigen Anziehung beraubt.[87] Dem *Cūḷadukkhakkhandha sutta* zufolge genügt Weisheit tatsächlich nicht, um Sinnlichkeit zu überwinden, sondern es braucht die kraftvolle Unterstützung, die die Vertiefungserfahrung bietet.[88] Laut den Lehrreden überwand der Buddha selbst während seines eigenen Strebens nach dem Erwachen das durch sinnliches Verlangen verursachte Hindernis nur durch das Entwickeln von Vertiefung.[89]

---

jedoch auf Folgendes hingewiesen werden: Falls sinnliches Verlangen oder Abneigung dennoch in den Geist eindringen, können sie sich dann mit überraschender Heftigkeit manifestieren, da der Geist eine gesteigerte Fähigkeit erlangt hat, unabgelenkt bei einem einzelnen Objekt zu verweilen, und sei es auch unheilsam. Beispiele hierfür finden sich in etlichen *Jātaka*-Erzählungen (z. B. Nr. 66 = Jā I 305, Nr. 251 = Jā II 271, Nr. 431 = Jā III 496), worin von den früheren Leben des *bodhisatta* als Asket berichtet wird. Obwohl er dazu fähig war, tiefe Konzentrationsstufen zu erreichen und übernatürliche Kräfte besaß, wurde dieser Asket dennoch völlig von sinnlichem Verlangen überwältigt, wenn er unerwartet eine spärlich bekleidete Frau erblickte.

[86] Dies ist die Standardbeschreibung des Bewusstseinszustands nach Erfahren des vierten *jhāna* (z. B. in D I 75).

[87] In M I 504 bringt der Buddha sein mangelndes Interesse an Sinnesvergnügungen mit seiner Fähigkeit in Verbindung, viel erlesenere Arten des Vergnügens zu erfahren; vgl. auch A IV 411 und A III 207. In A I 61 wird erklärt, der Zweck von *samatha* bestehe darin, sinnliches Verlangen zu überwinden. Conze (1960, S. 100) erläutert: „Es ist das unvermeidliche Resultat gewohnheitsmäßiger Trance-Übung, dass die Dinge unserer Alltagswelt wahnhaft, trügerisch, entrückt und traumgleich erscheinen." Vgl. auch Debes (1994, S. 164-168), van Zeyst (1970, S. 39).

[88] M I 91.

[89] M I 92; vgl. auch S IV 97 und A IV 439. In A IV 56 wird hervorgehoben, welche Bedeutung das Überwinden sinnlichen Verlangens für den Buddha hatte, um zum Erlangen der Verwirklichung fähig zu sein. Der Buddha scheint die Vertiefung auf >

Tiefe Konzentration fördert innere Stabilität und Integration.[90] Auf diese Weise erfüllt die Erfahrung tiefer Konzentration eine wichtige Funktion in der Stärkung der Fähigkeit, dem destabilisierenden Effekt derjenigen Erfahrungen zu widerstehen, die während fortgeschrittener Stufen der Einsichtsmeditation entstehen können.[91] Ohne einen ruhigen und integrierten Geist, der der Wucht solcher Erfahrungen widerstehen kann, könnte ein Übender die ausgeglichene Haltung des Beobachtens verlieren und von Furcht, Sorge oder Niedergeschlagenheit überwältigt werden. So baut das Entwickeln von Geistesruhe ein gesundes Maß an Selbstintegration als unterstützende Grundlage für das Entwickeln von Einsicht auf.[92]

---

der Grundlage der Atemachtsamkeit entwickelt zu haben (S V 317). Sein allmählicher Fortschritt über die verschiedenen Vertiefungsstufen ist in M III 162 und A IV 440 beschrieben, wo deutlich wird, dass er zu dieser Zeit keinen Zugang mehr zu der *jhāna*-Erfahrung seiner frühen Jugend hatte. Seine Begegnung mit Āḷāra Kālāma und Uddaka Rāmaputta müsste zeitlich nach dieser Phase des allmählichen Fortschritts eingeordnet werden, da er, ohne die vier *jhāna*s entwickelt zu haben, nicht fähig gewesen wäre, die überweltlichen Erreichungen zu erlangen. (Diese Notwendigkeit ist in D III 265 belegt, wo die vier *jhāna*s den überweltlichen Erreichungen in einer Reihe aufeinander folgender Entwicklungsstufen vorausgehen.) Ps IV 209 geht jedoch von der Annahme aus, dass der Buddha die vier *jhāna*s erst während der ersten Wache in der Nacht seines Erwachens entwickelte. Dies erscheint nicht sehr plausibel angesichts der Tatsache, dass sein Entwickeln von *samatha* vor seinem Erwachen auch die Übung der „Wege zur geistigen Macht“ (der *iddhipāda*s, vgl. A III 82) und das Entwickeln der konzentrativen Fähigkeit beinhaltete, zahlreiche Aspekte der *deva*-Reiche (A IV 302) zu kennen und er darüber hinaus die vier *jhāna*s nach dem Überwinden einer ganzen Anzahl geistiger Hindernisse erreichte (M III 157, vgl. auch A IV 440, wo deutlich wird, dass er sich bei jedem *jhāna* durch zahlreiche Hindernisse hindurcharbeiten musste, um es zu erreichen), und er auch die vier überweltlichen Erreichungen erlangte (A IV 444). Der große Umfang und der allmähliche Fortschritt von Buddhas *samatha*-Entwicklung fügt sich nicht gut in den Zeitrahmen einer einzelnen Nacht.

[90] Nach Alexander (1931, S. 139) entsprechen die Vertiefungen dem chronologischen Weg einer gut durchgeführten Psychoanalyse. Vgl. auch Conze (1956, S. 20).

[91] Ayya Khema (1991, S. 140), Epstein (1986, S. 150-155).

[92] Engler (1986, S. 17) fasst die Notwendigkeit einer gut integrierten Persönlichkeit als Grundlage für das Entwickeln von Einsichtsmeditation treffend zusammen: „Man muss erst einmal jemand sein, bevor man niemand sein kann.“ Epstein (dt. 1996, S. 142 = 1995, S. 133) kommentiert die durch Einsicht gewonnenen Erkenntnisse und erläutert: „ ...Erfahrungen wie diese (erfordern) ein ‘Ego’ im psychoanalytischen Sinn ..., das in der Lage ist, zu »halten« und zu integrieren, was sonst äußerst destabilisierend wirken würde. Es ist eine Herausforderung, Schrecken ohne Angst und Freude ohne Anhaften zu erleben. In dieser Hinsicht will man mit der Meditation ein Ego entwickeln, das flexibel, klar und ausgeglichen genug ist, um solche Erlebnisse zu ermöglichen.“ Die unterstützende Funktion des nichtsinnlichen inneren Glücksgefühls in Not und Bedrängnis ist in Th 351 und Th 436 belegt.

Es ist ganz klar, dass es von großem Nutzen ist, wenn das Entwickeln von Einsicht durch das Entwickeln von Geistesruhe gestützt und ausgeglichen wird. Die Erfahrung höherer Formen von Glück und die gleichzeitig entwickelte persönliche Integration sind Vorteile, an denen deutlich wird, dass die Geistesruhe ihren eigenen wesentlichen Beitrag zum Fortschreiten auf dem Pfad leistet. Diese Bedeutung findet in den Lehrreden lebhaften Ausdruck mit der Erklärung, dass jemand, der den Buddha und seine Lehre respektiert, unwillkürlich auch die Konzentration hoch achten wird.[93] Andererseits wird jemand, der das Entwickeln von Konzentration gering achtet, dadurch solche Menschen billigen, die einen unbeherrschten Geist haben.[94]

Dennoch muss gesagt werden, dass die Lehrreden auch auf mögliche Mängel von Zuständen tiefer Konzentration deutlich hinweisen. Das Erlangen der Vertiefung kann sich in ein Hindernis auf dem Pfad zur Verwirklichung verwandeln, wenn dieses Erlangen zu einer Ursache von Stolz oder einem Objekt des Anhaftens wird. Die Erfahrung von Zufriedenheit und Wohlbefinden während der Vertiefung, auch wenn sie das Aufgeben weltlichen Vergnügens erleichtert, kann es schwieriger machen, die Ernüchterung und Leidenschaftslosigkeit hervorzurufen, die zum völligen Loslassen und damit zum Fortschritt zur Verwirklichung nötig sind.[95]

Im *Māra-saṃyutta* wird sogar von einem Opfer der Konzentrationsmeditation berichtet: Ein Mönch tötete sich selbst, weil es ihm mehrere Male nicht gelungen war, seine Fähigkeit zur Konzentration zu stabilisieren.[96] Bei

---

[93] A IV 123.

[94] A II 31. Vgl. auch S II 225, wo mangelnde Achtung vor der Entwicklung von Konzentration einen der Gründe darstellt, die zum Verschwinden des wahren *Dhamma* führen. Thate (1996, S. 93) stellt fest: „Diejenigen, die glauben, dass *samādhi* nicht notwendig ist, haben *samādhi* eben noch nicht erreicht. Deshalb können sie den Wert von *samādhi* nicht erkennen. Wer *samādhi* erreicht hat, wird niemals etwas dagegen sagen."

[95] A II 165 vergleicht das Anhaften an die während der Vertiefung erfahrene Befriedigung und Glückseligkeit mit dem Greifen nach einem Ast voller Harz, da aufgrund dieser Anhaftung die Inspiration verloren gehen kann, weiter zu üben, um alle Aspekte der eigenen Persönlichkeit und Erfahrung vollständig aufzugeben. M I 194 veranschaulicht eine derartige Anhaftung am Beispiel einer Person, die sich auf der Suche nach dem Kernholz mit der inneren Rinde des Baumes zufriedengibt, weil sie irrtümlich annimmt, dies sei das gesuchte Kernholz. Vgl. auch M III 226, wo eine derartige Anhaftung an die Erfahrung der *jhāna*s als „innerlich steckenbleiben" beschrieben wird. Buddhadāsa (1993, S. 121) äußert sogar die Ansicht: „Tiefe Konzentration ist eines der hauptsächlichen Hindernisse bei der Übung der Einsichtsmeditation".

[96] Nach S I 120 beging der Mönch Godhika Suizid, weil er zu sechs aufeinanderfolgenden Anlässen „zeitweilige Befreiung des Geistes" erlangt und wieder verloren hatte, was sich Spk I 182 zufolge auf eine „weltliche" Erreichung bezieht, das heißt auf eine konzentrative Erreichung. Im Kommentar wird erklärt, dass dieser wiederholte Verlust der Erreichung auf eine Erkrankung zurückzuführen sei. Einer Erklärung >

einer anderen Gelegenheit, als ein Mönch über seinen Verlust an Konzentration aufgrund einer körperlichen Erkrankung klagte, kommentierte der Buddha trocken, dass eine solche Reaktion typisch für diejenigen ist, die Konzentration für den Hauptinhalt ihres Lebens und ihrer Übung halten.[97] Dann wies er den Mönch an, stattdessen die vergängliche Natur der fünf Daseinsgruppen zu kontemplieren.

IV.5 Geistesruhe und Einsicht

Als Kernpunkt stellt sich bei der Betrachtung des Verhältnisses zwischen Geistesruhe und Einsicht die Notwendigkeit der Ausgeglichenheit heraus. Da ein konzentrierter Geist das Entwickeln von Einsicht fördert und das Vorhandensein von Weisheit wiederum das Entwickeln tieferer Konzentrationszustände erleichtert, werden Geistesruhe (*samatha*) und Einsicht (*vipassanā*) am besten in geschicktem Zusammenwirken entwickelt.[98]

Aus diesem Blickwinkel betrachtet beruht die Kontroverse über die Notwendigkeit oder Entbehrlichkeit von Vertiefungsfähigkeiten zum Erlangen einer bestimmten Stufe der Verwirklichung bis zu einem gewissen Grad auf einer irreführenden Voraussetzung. In dieser Kontroverse wird für selbstverständlich gehalten, dass der ganze Zweck der Geistesruhe-Meditation darin bestehe, die Fähigkeit zum Eintreten in die Vertiefung als Sprungbrett für das Entwickeln von Einsicht zu erlangen, eine Art anfänglicher Pflicht, die zu erfüllen ist oder nicht. Die Lehrreden bieten eine andere Perspektive. Hier sind Geistesruhe und Einsicht zwei sich ergänzende Aspekte der geistigen Entwicklung. Die Frage, ob man lediglich Einsichtsmeditation üben soll, entsteht nicht, da die wichtige Rolle der Geistesruhe-Meditation als eine in sich sinnvolle Übung niemals auf ihre Hilfsfunktion im Zusammenhang mit der Einsichtsmeditation reduziert wird.

Die Tatsache, dass sowohl Geistesruhe als auch Einsicht auf dem Pfad zur Verwirklichung erforderlich ist, bringt mich auf ein weiteres Thema.

---

des Buddha zufolge, die er nach dem Vorfall gab, starb Godhika als *Arahant*. Im Kommentar wird die Ansicht geäußert, dass die Verwirklichung im Augenblick seines Todes stattfand (vgl. auch ähnliche kommentarielle Erläuterungen zu den Suizidfällen von Channa und Vakkali: M III 266, S IV 59 bzw. S III 123).

[97] S III 125.

[98] In Nett 43 wird erklärt, dass sowohl *samatha* als auch *vipassanā* entwickelt werden müssen, da *samatha* dem Begehren, *vipassanā* aber der Unwissenheit entgegenwirkt. Nach A I 61 ist das Entwickeln sowohl von *samatha* als auch *vipassanā* für das Erlangen von Wissen (*vijjā*) erforderlich. In A I 100 werden eben diese beiden als Voraussetzungen für das Überwinden von Begierde, Zorn und Verblendung genannt. Das Gewahrsein dessen, wie sie sich in ihrer Wirkung gegenseitig fördern, ist auch das Thema in Th 584, wo das Üben von sowohl *samatha* als auch *vipassanā* zur rechten Zeit empfohlen wird. Über die Notwendigkeit, beides im Gleichgewicht zu halten, vgl. Cousins (1984, S. 65) Gethin (1992, S. 345), Maha Boowa (1994, S. 86).

Einige Gelehrte fassen diese beiden Aspekte der Meditation als zwei verschiedene Pfade auf, die möglicherweise sogar zu zwei verschiedenen Zielen führen. Sie nehmen an, dass der Pfad der Geistesruhe über die aufsteigende Folge der Vertiefungen zum Erlangen des Aufhörens von Wahrnehmung und Gefühl (*saññāvedayitanirodha*) und von dort zum Aufhören von Leidenschaft führe. Im Gegensatz dazu führe der Pfad der Einsicht, manchmal irrtümlich als Prozess rein intellektueller Reflektion aufgefasst, angeblich zu einem qualitativ verschiedenen Ziel, dem Aufhören von Unwissenheit.[99]

In einer Textstelle aus dem *Aṅguttara-nikāya* wird tatsächlich die Übung der Geistesruhe zu der Auslöschung von Leidenschaft und die Übung von *vipassanā* zu der Auslöschung von Unwissenheit in Bezug gesetzt.[100] Der Unterschied zwischen den beiden drückt sich in den Begriffen „Befreiung des Geistes“ (*cetovimutti*) beziehungsweise „Befreiung durch Weisheit“ (*paññāvimutti*) aus. Jedoch sind diese zwei Begriffe nicht einfach gleichwertig. Während „Befreiung durch Weisheit“ (*paññāvimutti*) sich auf die Verwirklichung von *Nibbāna* bezieht, besagt „Befreiung des Geistes“ (*ceto vimutti*), wenn es nicht zusätzlich noch als „unerschütterlich“ (*akuppa*) bestimmt ist, nicht dasselbe. „Befreiung des Geistes“ kann auch vorübergehende Erfahrungen geistiger Freiheit mitbezeichnen, so wie das Erreichen der vierten Vertiefung oder das Entwickeln der himmlischen Verweilzustände (*brahmavihāra*).[101] So stellt diese Textstelle nicht zwei verschiedene Methoden zum Erlangen der Verwirklichung dar, sondern zwei Aspekte des Meditationspfades, von denen der eine für sich nicht ausreicht, um die Verwirklichung herbeizuführen.[102]

---

[99] Vgl. de la Vallée Poussin (1936, S. 193), Gombrich (1996, S. 110), Griffith (1981, S. 618 und 1986, S. 14), Pande (1957, S. 538), Schmithausen (1981, S. 214-217), Vetter (1988, S. xxi). In Kv 225 wird eine etwas ähnliche „falsche Ansicht“ widerlegt, die zwei Arten von Erlöschen (*nirodha*) beinhaltet.

[100] A I 61.

[101] Vgl. z. B. M I 296; siehe ferner de Silva (1978, S. 120).

[102] Tatsächlich wird in Vism 702 erklärt, dass das Erreichen des Erlöschens von Wahrnehmung und Gefühl (*saññāvedayita-nirodha*) nicht durch *samatha* allein erreichbar ist, sondern mindestens die Einsicht auf dem Niveau des Nichtwiederkehrers erfordert. Obwohl es in den Lehrreden nicht direkt angegeben wird, heißt es dennoch in M III 44, nachdem alle acht vorangehenden konzentrativen Erreichungen danach unterschieden worden sind, ob sie von einer nicht ehrenwerten oder einer ehrenwerten Person (*sappurisa*) erreicht werden: Wenn erst einmal das Erreichen des Erlöschens der Wahrnehmung und des Gefühls eintritt, wird die nicht ehrenwerte Person nicht länger erwähnt, was darauf hindeutet, dass diese Erreichung der alleinige Bereich der ehrenwerten Person ist (der Begriff „ehrenwert“ wird im Gebrauch an anderer Stelle mit „edel“ gleichgesetzt, vgl. z. B. M I 300). Daraus wird klar, dass das Erreichen des Erlöschens der Wahrnehmung und des Gefühls nicht nur das Ergebnis der Meisterung der Konzentration ist, sondern auch des Entwickelns der Einsicht bedarf. Auf diese Tatsache wird in den Standardbeschreibungen mit dem >

Eine andere relevante Lehrrede ist das *Susīma-sutta*, in dem von zahlreichen Mönchen berichtet wird, die erklären, die Verwirklichung erreicht zu haben.[103] Da diese Mönche zugleich verneinten, übernatürliche Kräfte erlangt zu haben, ist diese Textstelle manchmal so aufgefasst worden, als bedeute sie, dass das vollständige Erwachen lediglich durch intellektuelle Reflektion erlangt werden könne.[104] In Wirklichkeit aber weist die Erklärung der Mönche, dass sie nur „durch Weisheit befreit" seien, darauf hin, dass sie nicht im Besitz der immateriellen meditativen Fähigkeiten waren. Es bedeutet nicht, dass sie die Verwirklichung durch eine rein intellektuelle Vorgehensweise erreichten, ohne überhaupt meditiert zu haben.[105]

Ein ähnliches Problem wird manchmal im Zusammenhang mit dem *Kosambi-sutta* gesehen, wo ein Mönch erklärt, er verfüge über die persönliche Erkenntnis des Entstehens in Abhängigkeit (*paṭicca samuppāda*), obwohl er kein *Arahant* war.[106] Diese Textstelle wird verständlich, wenn man der Erklärung der Kommentare folgt, wonach der fragliche Mönch „nur" ein Einmal-Wiederkehrender war.[107] Der Punkt ist hier, dass die persönliche Erkenntnis des Prinzips des Entstehens in Abhängigkeit nicht nur ein Charakteristikum des vollständigen Erwachens, sondern auch schon ein Merkmal des Stromeintritts ist.

Man braucht diese Textstellen nicht als Ausdruck einer „unterschwelligen Spannung" zwischen zwei unterschiedlichen Pfaden zur Verwirklichung aufzufassen, denn sie beschreiben einfach verschiedene Aspekte von etwas, was im Grunde eine einzige Methode ist.[108] In Wirklichkeit ist es so, dass zum vollständigen Erwachen die Reinigung sowohl des kognitiven als auch des emotionalen Aspektes des Geistes nötig ist. Wenn auch bei einer theoretischen Untersuchung diese beiden Aspekte des Pfades verschieden er-

---

Ausdruck „durch das Sehen mit Weisheit sind die Einflüsse vernichtet" (z. B. in M I 160) angespielt. Vgl. auch A III 194, wo das Erlöschen von Wahrnehmung und Gefühl insbesondere zur Arahantschaft und zur Nichtwiederkehr in Bezug gesetzt wird.

[103] S II 121.

[104] Gombrich (1996, S. 126).

[105] In diesem Zusammenhang ist es aufschlussreich, A IV 452 heranzuziehen, wo verschiedene Typen von *Arahants* aufgeführt und als „durch Weisheit befreit" bezeichnet werden, von denen jedoch alle dazu fähig waren, *jhāna* zu erreichen.

[106] S II 115. Vgl. de la Vallée Poussin (1936, S. 218), Gombrich (1996, S. 128).

[107] Spk II 122.

[108] Kritische Einschätzungen der „Zwei-Pfade-Theorie" finden sich bei Gethin (1997b, S. 221), Swearer (1972, S. 369-371), Keown (1992, S. 77-79); Keown bemerkt abschließend (ebd., S. 82): „Der Grund, warum es zwei Arten der Meditationstechnik gibt … , liegt darin, dass die endgültige Vervollkommnung nur erreicht werden kann, wenn beide Dimensionen der psychischen Funktionen, die emotionale und die intellektuelle, geläutert werden."

scheinen mögen, so neigen sie in der Praxis dazu, sich gegenseitig zu ergänzen.

Dies wird trefflich im *Paṭisambhidāmagga* zusammengefasst, wo betont wird, wie wichtig es ist, die grundlegende Ähnlichkeit von Meditation der Geistesruhe und Einsichtsmeditation im Sinne ihrer Funktion richtig einzuschätzen.[109] Der Übende mag den einen oder anderen Aspekt zu verschiedenen Zeiten in einem höheren Grad entwickeln, aber in den abschließenden Phasen der Übung müssen Geistesruhe und Einsicht miteinander kombiniert werden, um das Endziel – das vollständige Erwachen, die Vernichtung von Leidenschaft und Unwissenheit – zu erreichen.

[109] Paṭis I 21. Zur Wechselbeziehung zwischen beiden in der *Sarvāstivāda*-Tradition vgl. Cox (1994, S. 83).

V. Kapitel
Der *satipaṭṭhāna*-Kehrvers

Nachdem ich die „Definition" des *Satipaṭṭhāna-sutta* untersucht habe, wende ich mich nun einem Teil der Lehrrede zu, der als der „Modus Operandi" von *satipaṭṭhāna* betrachtet werden könnte.[1] Dieser Teil, den ich den Kehrvers nenne, kommt nach jeder der in der Lehrrede beschriebenen Meditationsübung vor und stellt vier Schlüsselaspekte von *satipaṭṭhāna* dar (vgl. Abb. 5.1 unten).[2] Die Aufgabe dieses Kehrverses ist es, die Aufmerksamkeit auf diejenigen Aspekte zu lenken, die für die korrekte Praxis jeder Übung wesentlich sind. Auf diese Weise bildet das Verständnis der Bedeutung des Kehrverses einen notwendigen Hintergrund für die im *Satipaṭṭhāna-sutta* beschriebenen Meditationstechniken, die ich vom nächsten Kapitel an untersuchen werde. Beim ersten *satipaṭṭhāna* lautet der Kehrvers:

> „Auf diese Weise verweilt er hinsichtlich des Körpers den Körper innerlich betrachtend, oder er verweilt hinsichtlich des Körpers den Körper äußerlich betrachtend, oder er verweilt hinsichtlich des Körpers den Körper sowohl innerlich als auch äußerlich betrachtend.
>
> Er verweilt, die Natur des Entstehens im Körper betrachtend, oder er verweilt, die Natur des Vergehens im Körper betrachtend, oder er verweilt, die Natur sowohl des Entstehens als auch des Vergehens im Körper betrachtend.
>
> Die Achtsamkeit ‚Ein Körper ist da' ist in ihm gegenwärtig in dem Maße, das zum reinen Erkennen und für andauernde Achtsamkeit erforderlich ist.
>
> Und er verweilt unabhängig, an nichts in der Welt haftend."[3]

Der Kehrvers weist darauf hin, dass die Reichweite der *satipaṭṭhāna*-Übung innere und äußere Erscheinungen einschließt und dass sich die Achtsamkeit insbesondere auf ihre Natur, zu entstehen und zu vergehen, richten sollte. Indem er sowohl innere als auch äußere Erscheinungen einschließt, weitet der Kehrvers die räumliche Perspektive der Betrachtung. Dadurch, dass in dem Kehrvers das Betrachten der Vergänglichkeit erwähnt wird, richtet sich die Achtsamkeit auf die Zeitachse der Erfahrung, das heißt auf das Vergehen der Zeit. So dehnt der Kehrvers die Reichweite jeder *satipaṭṭhāna*-Übung entlang ihrer Raum- und Zeitachse aus.

---

[1] Diesen Ausdruck („Art und Weise des Handelns") schlägt Karunaratne (1979, S. 117) vor.

[2] Ṭhānissaro (1996, S. 79) spricht dagegen von einem aus drei Phasen bestehenden Grundmuster, das dem Kehrvers zugrunde liege.

[3] M I 56. Hinsichtlich der anderen *satipaṭṭhāna*s muss jedes Vorkommen von „Körper" in der oben stehenden Anweisung durch „Gefühle", „Geist" oder „*dhamma*s" ersetzt werden.

innerlich / äußerlich (*ajjhatta / bahiddhā*)
entstehend / vergehend (*samudaya / vaya*)
reines Erkennen + andauernde Achtsamkeit (*ñāṇamattāya paṭissatimattāya*)
unabhängig, ohne Anhaften (*anissito ca viharati, na ca kiñci loke upādiyati*)

Abb. 5.1: Schlüsselaspekte des *satipaṭṭhāna*-Kehrverses

Wie in den Lehrreden ausdrücklich betont wird, sind diese beiden Aspekte vonnöten, um die Übung von *satipaṭṭhāna* auf korrekte Weise durchzuführen.[4] In dem Kehrvers wird auch die richtige Einstellung während der Betrachtung beschrieben: Das Betrachten sollte nur zum Zweck der Verankerung von Achtsamkeit stattfinden und frei von Anhaften bleiben.

Mit dem Kehrvers wendet sich die Übung von *satipaṭṭhāna* den allgemeinen Merkmalen der betrachteten Erscheinungen zu.[5] Auf dieser Stufe der Praxis entwickelt sich die Achtsamkeitspraxis von den individuellen Inhalten der Erfahrung zu einem Verstehen der allgemeinen Natur und Art des *satipaṭṭhāna* unter Betrachtung.

Diese Verlagerung des Gewahrseins vom individuellen Inhalt einer bestimmten Erfahrung zu ihren allgemeinen Merkmalen ist für das Entwickeln der Einsicht von zentraler Bedeutung.[6] Die Aufgabe, die *sati* hier hat, besteht

---

[4] Vgl. S V 294. Dort wird die sowohl innerliche als auch äußerliche Betrachtung als die adäquate Weise dargestellt, sich *satipaṭṭhāna* zu widmen.

[5] Dies lässt sich zum Teil aus der Formulierung des Kehrverses schließen, da sich nun die Aufmerksamkeit von einem bestimmten Beispiel (wie „ein weltliches angenehmes Gefühl") zurück zum Allgemeinen (wie „Gefühle") wendet.

[6] Über die Bedeutung der Verlagerung vom Inhalt zum allgemeinen Prozess des Geschehens vgl. Brown (1986a, S. 233), Goldstein (1994, S. 50) und Kornfield (1977, S. 19). Nach Engler (1986, S. 28) besteht einer der Gründe, warum westliche Meditierende dazu neigen, sich langsamer als östliche Meditierende zu entwickeln, in „der Neigung, völlig in den Inhalt des Gewahrseins vertieft zu sein, anstatt weiterhin den Vorgang zu verfolgen ... sich vorwiegend mit einzelnen Gedanken, Bildern, Erinnerungen, Empfindungen zu befassen, als die Aufmerksamkeit weiterhin auf die wesentlichen Merkmale aller psychophysischen Vorgänge zu richten, gleich welchen Inhalt sie haben ... eine Neigung, Meditation mit Psychotherapie zu verwechseln und den Bewusstseinsinhalt zu analysieren, anstatt ihn einfach zu beobachten." Zu demselben Problem vgl. Walsh (1981, S. 76). Eine Bemerkung zu der Notwendigkeit, die allgemeinen Merkmale *anicca*, *dukkha* und *anattā* beim >

darin, unter die oberflächliche Erscheinung des beobachteten Objekts vorzudringen und die Merkmale offenzulegen, die es mit allen bedingten Erscheinungen gemein hat. Die Hinwendung von *sati* zu den allgemeineren Merkmalen der Erfahrung führt zur Einsicht in die vergängliche, unbefriedigende und wesenlose Natur der Wirklichkeit. Solch eine eher panoramische Art der Achtsamkeit tritt auf einer fortgeschrittenen Stufe von *satipaṭṭhāna* auf, wenn Meditierende in der Lage sind, *sati* mühelos aufrechtzuerhalten. Auf dieser Stufe, auf der *sati* fest verankert worden ist, wird alles, was bei einem der Sinnestore auch auftreten mag, Teil der Betrachtung.[7]

Es ist bemerkenswert, dass zwei der bekanntesten zeitgenössischen *vipassanā*-Schulen der Theravāda-Tradition die Bedeutung des Entwickelns solch reinen Gewahrseins dessen, was auch immer bei irgendeinem der Sinnestore entsteht, als eine fortgeschrittene Stufe der Einsichtsmeditation anerkennen. Nach Äußerungen der jeweiligen Lehrer, Mahasi Sayadaw und U Ba Khin, zu urteilen, sind ihre besonderen Meditationstechniken offenbar hauptsächlich Hilfsmittel für diejenigen, die noch nicht fähig sind, solch reines Gewahrsein an allen Sinnestoren zu üben.[8]

Kultivieren von *satipaṭṭhāna* zu kontemplieren, findet sich auch im *Abhidharmakośabhāṣyam* (in Pruden 1988, S. 925).

[7] Jumnien (1993, S. 279) beschreibt diese Übungsstufe zutreffend: „Irgendwann wird das Bewusstsein so klar und ausgeglichen, dass alles, was aufsteigt, betrachtet und ohne jedes Eingreifen unberührt gelassen wird. Man hört auf, sich auf einen bestimmten Inhalt zu konzentrieren, und alles wird einfach als Bewusstsein und Ding betrachtet, ein leerer Vorgang, der aus sich selbst entsteht und vergeht ... die perfekte geistige Balance ohne Reaktionen ... es gibt kein Tun mehr ... “.

[8] Vgl. Mahasi (1990, S. 17 und 21): „Die eigentliche Übungsmethode der *vipassanā*-Meditation besteht darin, das aufeinander folgende Auftreten des Sehens, Hörens und so weiter an den sechs Sinnestoren ... zu ... beobachten. Doch wird es einem Anfänger nicht möglich sein, all diesen Ereignissen zu folgen, wie sie sich ereignen, weil seine Achtsamkeit, Konzentration und Erkenntnisfähigkeit immer noch sehr schwach sind ... Hier ist eine einfachere und leichtere Übungsform für den Anfänger: Mit jedem Atemzug entsteht im Abdomen eine Bewegung des sich Hebens und Senkens. Ein Anfänger sollte mit der Übung beginnen, diese Bewegung zu bemerken“. Mahasi (1992, S. 75): „Wir pflegten den Yogi, dessen Konzentrationskraft sich gesteigert hatte, anzuweisen, er solle seine Meditationsmethode darauf erweitern, alles wahrzunehmen, was sich an seinen sechs Sinnestoren ereignet.“ Ba Khin (1985, S. 94): „Tatsächlich kann man das Verständnis von *anicca* durch jedes der sechs Sinnesorgane entwickeln. In der Praxis haben wir jedoch herausgefunden, dass ... das Gefühl durch Berührungskontakt ... fassbarer ist als andere Gefühlsarten, und daher kann ein Anfänger in der *vipassanā*-Meditation durch körperliche Gefühle leichter zum Verstehen von *anicca* finden ... Hauptsächlich aus diesem Grund haben wir die Körpergefühle als Medium für das rasche Verstehen von *anicca* gewählt. Jedem steht es frei, es mit anderen Hilfsmitteln zu versuchen, aber meiner Ansicht >

V.1 Innerliche und äusserliche Betrachtung

Die zwei im ersten Teil des Kehrverses gebrauchten Ausdrücke sind „innerlich" (*ajjhatta*) und sein ergänzendes Gegenteil „äußerlich" (*bahiddhā*). Der Sinn dieser zwei Begriffe wird im *Satipaṭṭhāna-sutta* nicht weiter erklärt. Im *Abhidhamma* und den Kommentaren wird „innerlich" mit dem Persönlichen und „äußerlich" mit den entsprechenden Erscheinungen bei anderen Menschen in Verbindung gebracht.[9] Moderne Meditationslehrer haben mehrere alternative Interpretationen vorgeschlagen. Um in umfassender Weise die möglichen Implikationen des „innerlichen" und „äußerlichen" *satipaṭṭhāna* zu erkunden, werde ich zunächst die Interpretationen des *Abhidhamma* und der Kommentare in Betracht ziehen. Dann werde ich einige alternative Interpretationen im Überblick darstellen.

Nach dem *Abhidhamma* und der Interpretation der Kommentare umfasst „innerliches" und „äußerliches" *satipaṭṭhāna* in einem selbst und in anderen entstehende Erscheinungen. Auf diese Weise würde die korrekte Übung von *satipaṭṭhāna* auch das Gewahrsein der subjektiven Erfahrungen anderer einschließen. Obwohl dies im Fall der Beobachtung des Körpers einer anderen Person durchaus praktizierbar sein mag, sieht es zunächst so aus, als erfordere das direkte Erfahren der Gefühle oder Geisteszustände eines anderen übersinnliche Kräfte.[10] Dies würde natürlich die Möglichkeit, „äußerliches" *satipaṭṭhāna* auszuführen, bedeutend einschränken.

Und doch stellt eine Lehrrede des *Satipaṭṭhāna-saṃyutta* diese drei Arten von Aufmerksamkeit – „innerlich", „äußerlich" und beides – einzeln als einen „dreifachen Weg zum Entwickeln von *satipaṭṭhāna*" vor.[11] Mit dieser Textstelle ist dokumentiert, dass jede dieser drei einen bedeutenden Aspekt

---

nach sollte man sich eine stabile Grundlage im Verständnis von *anicca* durch Körpergefühle geschaffen haben, bevor man einen Versuch mit anderen Gefühlsarten macht."

[9] Dhs 187; ebenfalls in Vibh 2-10 für jede Daseinsgruppe. Vgl. auch Vism 473.

[10] In der Tat beinhaltet dies die Darstellung in D II 216, wo die innere *satipaṭṭhāna*-Betrachtung zu Konzentration führt, was dann dazu befähigt, die äußere Betrachtung vorzunehmen. Vgl. auch S II 127, wo die Betrachtung der Bewusstseinszustände anderer einen Teil einer ganzen Reihe von tiefen konzentrativen Erreichungen darstellt, was nahelegt, dass auch hier eine solche Art der Betrachtung als Ausübung geistiger Kräfte verstanden wird. Vgl. auch Ṭhānissaro (1996, S. 76).

[11] S V 143. Ganz ähnlich werden in S V 294, S V 297 und A III 450 diese drei Arten als einzelne Betrachtungen behandelt. In etlichen Lehrreden wird die Unterscheidung zwischen dem Inneren und dem Äußeren jeweils auf die Gefühle, die Hindernisse, die Erwachensfaktoren und die Daseinsgruppen angewandt (vgl. z. B. M III 16, S IV 205, S V 110). Diese Textstellen legen nahe, dass es sich bei der Anwendung von „innerlich" und „äußerlich" auf alle *satipaṭṭhāna*s im Kehrvers nicht lediglich um eine bedeutungslose Wiederholung handeln kann, sondern dass sie in jedem einzelnen Fall eine Bedeutung haben muss. Vgl. Gethin (1992, S. 54).

der *satipaṭṭhāna*-Übung bildet. Dasselbe kann aus der Tatsache geschlossen werden, dass im *Vibhaṅga*, einem vergleichsweise frühen Teil des Pāli-*Abhidhamma*, sich die Unterscheidung zwischen „innerlich" und „äußerlich" von dem Kehrvers zu dem Teil „Definition" des *Satipaṭṭhāna-sutta* verschiebt.[12] Dadurch werden hier die „innerliche" und die „äußerliche" Betrachtung in dem verbunden, was die „rechte" Achtsamkeit darstellt. Sowohl diese Modifikation des *Abhidhamma* als auch die oben zitierte Lehrrede weisen auf die Wichtigkeit hin, *sati* innerlich und auch äußerlich anzuwenden. Tatsächlich wird im *Vibhaṅga* besonderes Gewicht auf die Erklärung gelegt, dass eine Anwendung von *sati* auf das Äußerliche gerade so wie eine Anwendung auf das Innerliche zur Verwirklichung führen kann.[13] In gleicher Weise wird in einer Lehrrede des *Bojjhaṅga-saṃyutta* darauf hingewiesen, dass sowohl innerliche als auch äußerliche *sati* als Faktor des Erwachens wirken kann.[14]

Um dieser offensichtlichen Bedeutung gerecht zu werden, wäre es denkbar, die Gefühle und den geistigen Zustand einer anderen Person durch sorgsames Beobachten der Form, wie diese sich darstellt, zu erkennen. Gefühle und geistige Zustände wirken auf das äußere Erscheinungsbild eines Menschen ein, indem sie den Gesichtsausdruck, den Klang der Stimme und die Körperhaltung beeinflussen.[15]

Diese Anregung wird durch eine Anzahl von Lehrreden gestützt, in denen vier Mittel aufgeführt werden, mit denen der geistige Zustand einer anderen Person erkannt werden kann, nämlich aufgrund dessen, was gesehen wird, was gehört wird, durch Nachdenken über das Gehörte und schließlich mithilfe des Gedankenlesens.[16] Abgesehen vom Gedankenlesen erfordern diese Mittel keine übersinnlichen Kräfte, sondern lediglich Achtsamkeit und

---

[12] Vibh 193 (dies kommt in der *suttanta*-Exposition vor). Zur Datierung des Vibh vgl. Frauwallner (1971, Bd. 15, S. 106).

[13] Vibh 228. In der Tat wird im *satipaṭṭhāna*-Kommentar „äußerlich" ausdrücklich auf jede *satipaṭṭhāna*-Technik angewendet, auf den Atem in Ps I 249, auf die Körperhaltungen in Ps I 252, auf die körperlichen Aktivitäten in Ps I 270, auf die Körperteile in Ps I 271, auf die Elemente in Ps I 272, auf die Leichenfeldbetrachtungen in Ps I 273, auf die Gefühle in Ps I 279, auf den Geist in Ps I 280, auf die Hindernisse in Ps I 286, auf die Daseinsgruppen in Ps I 287, auf die Sinnesbereiche in Ps I 289, auf die Erwachensfaktoren in Ps I 300 und auf die vier edlen Wahrheiten in Ps I 301.

[14] S V 110.

[15] Khemacari (1985, S 26).

[16] D III 103 und A I 171. Vgl. auch M I 318, wo Mönchen ohne telepathische Fähigkeiten die Untersuchung durch Sehen und Hören empfohlen wird, um die Reinheit des Bewusstseins des Buddha einschätzen zu können. Weiterhin M II 172, wo die Beobachtung des körperlichen und sprachlichen Verhaltens eines Mönches die Grundlage für die Einschätzung bildet, ob sein Bewusstsein unter dem Einfluss von Gier, Zorn oder Verblendung steht.

ein gewisses Maß an gesundem Menschenverstand. So aufgefasst wird die „äußerliche" Anwendung von Achtsamkeit im Rahmen der zahlreichen, im *Satipaṭṭhāna-sutta* einzeln aufgeführten Übungen zu einer praktikablen Möglichkeit.

Äußerliches *satipaṭṭhāna* könnte also ausgeführt werden, indem die Körperhaltung, der Gesichtsausdruck und der Klang der Stimme einer anderen Person als Indikatoren ihrer Gefühle oder ihres geistigen Zustandes beobachtet werden. Ein auf diese Weise ausgeführtes äußerliches Gewahrsein eines anderen wäre bis zu einem gewissen Grad der Methode ähnlich, mit der ein Psychoanalytiker einen Patienten beobachtet, indem er das Verhalten und damit zusammenhängende Symptome untersucht, um den Geisteszustand des Patienten einzuschätzen. Demgemäß wäre eine Anwendung von Achtsamkeit auf Äußerliches eine im Alltag besonders passende Übung, da die meisten der zu beobachtenden Phänomene wahrscheinlich nicht während formaler Meditation auftreten werden.

Solche „äußerliche" Betrachtung des Verhaltens und der mentalen Reaktionen anderer kann zu einem zunehmend tiefer gehenden Verständnis der Charakterzüge der betreffenden Person führen. Hilfreiche Informationen hierzu lassen sich in den Kommentaren finden, die Beschreibungen verschiedener menschlicher Charaktertypen und der ihnen entsprechenden Verhaltensmuster bieten.[17] Diesen Beschreibungen zufolge können charakteristische psychische Neigungen von Zorn oder Gier sich beispielsweise in den Essgewohnheiten eines Mönchs offenbaren oder in der Art, wie er seine Roben trägt. Charakterunterschiede zeigen sich sogar in der Art, wie jemand eine Aufgabe wie etwa das Fegen erledigt.

Nach den Anweisungen im Kehrvers geht die „innerliche" Betrachtung ihrem „äußerlichen" Gegenstück voraus. Dies weist darauf hin, dass der erste Schritt der inneren Betrachtung als Grundlage für das Verständnis ähnlicher Phänomene bei anderen während des zweiten Schrittes, der äußerlichen Betrachtung, dient. In der Tat befähigt das achtsame Bewusstwerden der eigenen Gefühle und Reaktionen dazu, die Gefühle und Reaktionen anderer leichter zu verstehen.[18]

---

[17] Ehara (1995, S. 58-61), Vism 101-110. Vgl. auch Mann (1992, S. 19-51).

[18] Mann (1992, S. 112) spricht davon, sich darüber klar zu werden, „ ... dass die in anderen Menschen wirkenden Kräfte dieselben sind wie die, durch die unser eigenes Verhalten motiviert ist". Ganz ähnlich unterstützen durch Betrachtung des Äußeren gewonnene Einsichten wiederum die Betrachtung des Inneren. Beispielsweise ist es vergleichsweise leichter, die zugrunde liegenden Motive für bestimmte Reaktionen einer anderen Person aufzudecken, während die gleichen Motive vielleicht unentdeckt bleiben, wenn man selbst der Handelnde ist. Vgl. auch Bullen (1982, S. 32), Khemacari (1985, S. 2) und Ñāṇapoṇika (1992, S. 58); Letzterer erklärt, dass „ ... vieles ein besseres Verständnis zulässt, wenn es in anderen oder an äußeren Objekten beobachtet wird, als wenn man es in sich selbst beobachtet".

Für eine ausgewogene Entwicklung der Achtsamkeit ist dieser Wechsel von innerlich zu äußerlich von beachtlicher Bedeutung. Ein nur auf das Innerliche angewandtes Gewahrsein kann zu Egozentrik führen. Da mag jemand wegen dem, was mit ihm und in ihm geschieht, übermäßig besorgt sein, während er gleichzeitig gar nicht bemerkt, wie andere durch sein Handeln und Verhalten betroffen sind. Das Üben von sowohl innerlichem als auch äußerlichem *satipaṭṭhāna* kann solche Einseitigkeit verhindern und zur Balance zwischen Introversion und Extraversion führen.[19]

Mit dem dritten Schritt dieses Aspektes in dem Kehrvers wird der Meditierende angewiesen, „innerlich und äußerlich" zu beobachten. In den Kommentaren wird erklärt, dass die Anweisung beinhaltet, dass der Meditierende zwischen diesen beiden Methoden abwechseln sollte, da ein Objekt nicht gleichzeitig innerlich und äußerlich betrachtet werden kann.[20] Diese Darstellung der Kommentare fügt den vorhergehenden Übungsstufen nicht wirklich etwas Neues hinzu, da das entweder innerliche oder äußerliche Betrachten bereits das Wechseln zwischen diesen beiden Methoden mit sich bringt. Im *Vibhaṅga* wird eine überzeugendere Perspektive geboten, da mit der darin enthaltenen Darstellung ein Verstehen des betrachteten Objektes als solches betont wird, ohne es als Teil der eigenen subjektiven Erfahrung oder der anderer anzusehen.[21] Auf diese Weise geübt, verschiebt sich die *satipaṭṭhāna*-Betrachtung in Richtung auf eine zunehmend „objektive" und losgelöste Beobachtungshaltung, durch die die beobachteten Phänomene als solche an sich erfahren werden, unabhängig von ihrem Erscheinen in einem selbst oder in anderen.

Die Interpretationen des *Abhidhamma* und der Kommentare von „innerlich" und „äußerlich" als sich auf einen selbst oder auf andere beziehend entsprechen verschiedenen anderen Textstellen in den Lehrreden. Zum Beispiel im *Sāmagāma-sutta* werden dieselben zwei Begriffe benutzt, wenn es darum geht, zahlreichen unheilsamen Eigenschaften und ungeschickten Verhaltensweisen entgegenzuwirken, gleichgültig ob sie in einem selbst (*ajjhatta*) oder in anderen (*bahiddhā*) auftreten.[22] Und im *Janavasabha-sutta*, in einem Kontext in direktem Zusammenhang mit *satipaṭṭhāna*, bezieht sich „äußerlich" ausdrücklich auf den Körper, die Gefühle usw. anderer.[23] Diese Textstelle ist in Bezug auf die hier geführte Diskussion von

[19] Vgl. auch Ñāṇapoṇika (1951, S. 35).

[20] Ps I 249.

[21] Dies ist inbegriffen in der Art und Weise, wie in Vibh 195 die jeweiligen Betrachtungen formuliert sind. Hiernach ist „innerlich" zu verstehen: „Ich empfinde ein angenehmes Gefühl", „äußerlich": „Er oder sie empfindet ein angenehmes Gefühl", „innerlich und äußerlich": „Ein angenehmes Gefühl." Das Gleiche findet sich auch wieder in Vibh 197 für den Geist und in Vibh 199-201 für die *dhamma*s.

[22] M II 246.

[23] D II 216.

beträchtlichem Gewicht, da dies die einzige Lehrrede ist, die zusätzliche Informationen über die Beschaffenheit des „äußerlichen" *satipaṭṭhāna* liefert.

V.2 Alternative Interpretationen von „innerlich" und „äusserlich"

Moderne Meditationslehrer haben zahlreiche alternative Interpretationen von innerlichem und äußerlichem *satipaṭṭhāna* vorgeschlagen. Manche fassen „innerlich" und „äußerlich" wörtlich als das auf, was in der eigenen subjektiven Erfahrung im räumlichen Sinne innerlich und äußerlich ist. Sie sind der Ansicht, dass äußerliche Körpergefühle zum Beispiel auf der Ebene der Haut beobachtet werden können (*bahiddhā*), während innerliche Körpergefühle diejenigen sind, die tiefer im Körper erscheinen (*ajjhatta*).[24]

Im *Satipaṭṭhāna-sutta* selbst kommt „innerlich" (*ajjhatta*) eindeutig im räumlichen Sinne vor und bezieht sich auf die sechs inneren Sinne im Gegensatz zu ihren äußerlichen Objekten. Doch ist der in diesem Kontext für die äußerlichen Sinnesobjekte benutzte Pāli-Begriff nicht *bahiddhā*, sondern *bāhira*.[25] Demgegenüber stehen „innerlich" (*ajjhatta*) und „äußerlich" (*bahiddhā*) als in dem Kehrvers erwähnte Eigenschaften anscheinend nicht für eine solche räumliche Unterscheidung. Im Fall der Sinnesbereiche zum Beispiel bringt solch ein räumliches Verständnis von „innerlich" und „äußerlich" keine sinnvolle Art der Übung hervor, da dem Kehrvers zufolge die gesamte aus innerlichen Sinnen und äußerlichen Objekten bestehende Sinnenwelt innerlich und dann auch äußerlich betrachtet werden soll. Die Schwierigkeit, die die Auffassung von „innerlich" und „äußerlich" als räumlicher Unterscheidung mit sich bringt, erstreckt sich auf die meisten der *satipaṭṭhāna*-Betrachtungen. Weder Geisteszustände noch solche *dhamma*s, wie die Hindernisse oder die Erwachensfaktoren, lassen sich leicht mit einer Unterscheidung zwischen räumlichen inneren und äußeren Erscheinungen in Übereinstimmung bringen, es sei denn, man wollte die Interpretation der Kommentare übernehmen und „äußerlich" so auffassen, als beziehe es sich auf Geisteszustände, Hindernisse oder Erwachensfaktoren, die in anderen Personen auftreten.

Andere Lehrer sind der Ansicht, dass die Unterscheidung von innerlichen und äußerlichen Betrachtungen auf den Unterschied zwischen der konventionellen und der absoluten Wahrheit anspielt.[26] Es ist sicher wahr, dass mit fortschreitender Praxis die Erscheinungen immer mehr in ihrem wahren

---

[24] Goenka (1999, S. 54), Solé-Leris (1992, S. 82), Thate (1996, S. 44). Diese Auffassung von „innerlich" und „äußerlich" könnte durch Th 172 gestützt werden, wo sowohl „innerlich" als auch „äußerlich" im Zusammenhang mit dem eigenen Körper des Sprechers gebraucht werden, sodass sich diese beiden Begriffe hier anscheinend auf die inneren und äußeren Teile desselben Körpers beziehen.

[25] M I 61: *ajjhattikabāhiresu āyatanesu*.

[26] Dhammadharo (1993, S. 263-266), Ñāṇasaṃvara (1961, S. 27).

Wesen erkannt werden. Doch ist es höchst unwahrscheinlich, dass eine Unterscheidung zwischen konventioneller und absoluter Wahrheit dem ursprünglichen Sinn von „innerlich" und „äußerlich" im *Satipaṭṭhāna-sutta* entspricht, erstens weil in den Lehrreden keiner der beiden Begriffe jemals in diesem Sinne gebraucht wird, und zweitens einfach deswegen, weil die Unterscheidung zwischen diesen beiden Ebenen der Wahrheit eine spätere, zur nachkanonischen Periode gehörende Entwicklung ist.[27]

Ein anderer Interpretationsvorschlag lautet, zwischen inneren geistigen und äußeren physischen Objekten zu unterscheiden, sodass zum Beispiel bei Gefühlen geistige Gefühle (*ajjhatta*) von körperlichen Gefühlen (*bahiddhā*) unterschieden werden oder dass im Fall des Geistes rein geistige Erfahrung (*ajjhatta*) von Geisteszuständen im Zusammenhang mit sinnlichen Erfahrungen (*bahiddhā*) unterschieden wird.[28]

Diese Art, „innerlich" und „äußerlich" zu verstehen, kann sich auf eine Textstelle im *Iddhipāda-saṃyutta* stützen, in der innerliche Kontraktion zu Dumpfheit und Mattheit in Beziehung gesetzt wird, während das Äußerliche

---

[27] Vgl. Jayatilleke (1980, S. 361-368), Kalupahana (1992, S. 107), Karunadasa (1996, S. 35), Karunaratne (1988a, S. 90). Der Begriff *paramattha* kommt in Sn 68, Sn 219 und Th 748 vor. An anderer Stelle finden sich verwandte Begriffe wie *paramañāṇa* in A III 354, *paramapaññā* und *parama ariyasacca* in M III 245, *paramasacca* in M I 480, M II 173 und A II 115 sowie *uttamattha* in Dhp 403. An all diesen Stellen wird nur auf *Nibbāna* Bezug genommen. Die Annahme, dass die im *Abhidhammattha-Saṅghaha* aufgelisteten 121 Arten von Bewusstseinszuständen, 52 Arten von Geistesfaktoren und 28 Arten von Materie als ‚*paramattha*' im Sinne einer absoluten Wahrheit betrachtet werden können, ist eine späte Entwicklung, die sich in den frühen Lehrreden nicht findet. Zur Erklärung dieser späteren Auffassung von *paramattha* vgl. Bodhi (1993, S. 6 und 25) und Ledi (1999 b, S. 99).

[28] Dhammadharo (1987, S. 20 und 25) und Maha Boowa (1994, S. 101) beziehen die Unterscheidung zwischen „innerlich" und „äußerlich" auf psychische und physische Gefühle sowie, im Fall des Bewusstseins, auf das Bewusstsein an sich (innerlich) und zusammen mit einem äußeren Objekt. Fessel (1999, S. 105) versteht „innerlich" so, dass es sich auf innerliche Erfahrungen des Bewusstseins und Introversion bezieht, während „äußerlich" für äußere Einflüsse und objektgerichtete Aktivitäten steht. Auch Tiwary (1992, S. 82), bezieht „innerlich" auf psychische und „äußerlich" auf physische Gefühle. Ganz ähnlich werden im *Mahāprajñāpāramitāśāstra* die inneren Gefühle und Bewusstseinszustände als eben jene betrachtet, die mit Geistestor-Ereignissen zusammenhängen, während die äußerlichen Entsprechungen diejenigen sind, die mit den anderen fünf Sinnen zu tun haben; siehe Lamotte (1970, S. 1173-1175). Ñāṇasaṃvara (1974, S. 28 und 71) bringt diese Auffassung mit der Atemachtsamkeit in Verbindung in dem Sinne, dass der Atem „äußerlich" und die Achtsamkeit auf den Atem „innerlich" ist. Doch lassen sich hieraus keine sinnvollen Übungsalternativen ableiten, da das Vorhandensein sowohl des Atems als auch der Achtsamkeit für die „innerliche" und auch für die „äußerliche" Betrachtung erforderlich ist.

sich in der sinnlichen Ablenkung durch die fünf Sinne zeigt.[29] Eine andere relevante Passage kommt im *Bojjhaṅga-saṃyutta* vor, wo die Hindernisse Sinnesbegehren, Übelwollen und Zweifel in innerliche und äußerliche Erscheinungen aufgeteilt werden.[30] Diese Textstelle könnte sich auf das Entstehen dieser Hindernisse aufgrund von Ereignissen am Geistestor (*ajjhatta*) oder aber aufgrund eines Eindrucks an den Sinnestoren beziehen (*bahiddhā*).

Andererseits kommt die Eigenschaft „innerlich" im *Satipaṭṭhāna-sutta* auch als Teil der Hauptanweisung für die Betrachtung der Hindernisse und der Erwachensfaktoren vor. Dieser Gebrauch steht anscheinend nicht im Zusammenhang mit der Unterscheidung zwischen Erfahrungen durch das Geistestor und denjenigen der fünf Sinnestore, sondern betont eher, dass ein Hindernis oder ein Erwachensfaktor „in mir" vorhanden ist, in Übereinstimmung mit dem Verständnis der Kommentare, die „innerlich" als auf sich selbst bezogen auffassen.[31]

An anderen Stellen in den Lehrreden bezeichnet *ajjhatta* an sich tatsächlich das, was im Sinne einer vorwiegend geistigen Art der Erfahrung innerlich ist. Ein typisches Beispiel für einen derartigen Gebrauch ist das zweite *jhāna*, das in den Standardbeschreibungen als ein Zustand „innerlicher" heiterer Stille charakterisiert wird.[32] „Innerlich" im Sinne von „geistig" kommt auch im *Uddesavibhaṅga-sutta* vor, in dem ein „innerlich feststeckender" Bewusstseinszustand einem „äußerlich abgelenkten" Bewusstsein gegenübergestellt wird. Doch bezieht sich in dieser Lehrrede „äußerlich", das nach der obenstehenden Interpretation nur für die fünf Körpersinne stehen sollte, auf alle sechs Sinne.[33] Auf ähnliche Weise steht „innerlich" in anderen

---

[29] S V 279.

[30] S V 110. Es ist jedoch zu beachten, dass in derselben Lehrrede diese Unterscheidung nicht auf Dumpfheit und Mattheit oder auf Rastlosigkeit und Gewissensunruhe angewandt wird, obwohl beide Hindernisse auch aufgrund von Erfahrungen am Geistestor oder an den fünf Sinnestoren entstehen könnten.

[31] M I 60: „ ... erkennt er: ‚In mir ist Übelwollen' ... " (*atthi me ajjhattaṃ*); oder M I 61: „ ... erkennt er: ... ‚Der Erwachensfaktor Achtsamkeit ist in mir' ... " (*atthi me ajjhattaṃ*). Diese Anweisungen scheinen sich nicht nur auf Hindernisse oder Erwachensfaktoren zu beziehen, die aufgrund von Ereignissen am Geistestor entstehen.

[32] Z. B. in D I 74. Andere Beispiele sind „innerliche" Ruhe des Geistes in M I 213 oder „innerliches" Glücksgefühl (im Zusammenhang mit *jhāna*) in M III 233.

[33] M III 225: „Beim Sehen eines sichtbaren Objekts ... Erkennen eines Geistesobjekts ... ist das Bewusstsein äußerlich abgelenkt". Doch impliziert die Wendung „innerlich feststeckender Bewusstseinszustand" tatsächlich eine Bewusstseinserfahrung, nämlich das Anhaften an die angenehme Erfahrung von *jhāna*.

Lehrreden nicht nur für reine Geistestor-Ereignisse, sondern kann mit allen sechs Sinnen im Zusammenhang stehen.[34]

Diese Textstellen weisen darauf hin, dass es nicht immer angemessen ist, „innerlich" und „äußerlich" als die jeweiligen Bezüge auf das Geistestor und die fünf Sinnestore aufzufassen. Dasselbe trifft in Bezug auf mehrere der *satipaṭṭhāna*-Betrachtungen zu. Zum Beispiel können die sechs Sinnesbereiche leicht in das Geistestor und die körperlichen Sinnestore unterteilt werden. Dennoch ist es schwierig, sich eine sinnvolle Betrachtung vorzustellen, die die gesamte Gruppe der sechs Sinnesbereiche erst innerlich, von einem rein geistigen Gesichtspunkt, und dann äußerlich aus der Perspektive der fünf Sinnestore behandelt.

Zusammengefasst bleibt festzuhalten: Obwohl alternative Auffassungen von innerlichem und äußerlichem *satipaṭṭhāna* ihren praktischen Wert haben, bietet das Verstehen von „innerlich" als auf sich selbst und „äußerlich" auf andere bezogen eine anwendbare Form der Betrachtung, die sich darüber hinaus auf die Lehrreden, den Abhidhamma und die Kommentare stützen kann.

Welche Interpretation einem schließlich als die überzeugendste erscheinen mag: Ist erst einmal die Betrachtung sowohl innerlich als auch äußerlich geübt, so zieht dies in jedem Fall eine umfassende Art der Praxis nach sich.[35] Auf dieser Stufe wird die Grenze zwischen „ich" und „anderen" oder „innerlich und „äußerlich" hinter sich gelassen, was zu einer umfassenden Sicht der Phänomene als solcher führt, die frei von jeglichem Besitzdenken ist. Eine solche eher weiträumige Sicht schließt entweder die Betrachtung von sich selbst und anderen oder die Betrachtung innerlicher Erscheinungen zusammen mit ihrem äußeren Gegenstück ein. So führt jede der oben erwähnten Auffassungen von „innerlich" und „äußerlich" schließlich zu einem umfassenderen Erkennen der beobachteten Phänomene.[36] Gegründet auf eine solch umfassende Sicht der Erscheinungen wendet sich dann die

---

[34] Z. B. in M I 346 wird inneres Glücksgefühl auf alle sechs Sinne bezogen. S IV 139 spricht von innerem Begehren, Zorn und Verblendung im Zusammenhang mit allen sechs Sinnen. S V 74 bezieht einen innerlich beständigen Geist auf alle sechs Sinne.

[35] Dies legen einige Verse im *Sutta-Nipāta* nahe, wo „innerlich" und „äußerlich" zusammen vorkommen im Sinne von „was auch immer ist" und eine Vorstellung des Umfassenden ausdrücken; vgl. Sn 516, Sn 521, Sn 527 und Sn 738. Die Notwendigkeit umfassender Weite ist nicht nur ein Merkmal der *satipaṭṭhāna*-Übung, sondern hat auch Bedeutung für eine in M III 112 beschriebene Betrachtung der Leere, welche ganz ähnlich von „innerlich" zu „äußerlich" fortschreitet und ihren Höhepunkt in der „sowohl innerlichen als auch äußerlichen" Betrachtung hat.

[36] Eine ähnliche Hinwendung zum Umfassenden findet sich in den Standardbeschreibungen für das Entwickeln von Einsicht bezüglich der fünf Daseinsgruppen, wo nach einer detaillierten Untersuchung einer einzelnen Daseinsgruppe die gewonnene Einsicht auf alle Möglichkeiten ihrer Anwendung ausgedehnt wird; vgl. z. B. M I 138.

satipaṭṭhāna-Übung dem nächsten im Kehrvers erwähnten Aspekt zu: dem Gewahrsein der Vergänglichkeit, die den Erscheinungen innewohnt.

V.3 VERGÄNGLICHKEIT

In dem Kehrvers wird der Meditierende angewiesen, „die Natur des Entstehens, „die Natur des Vergehens" und „die Natur sowohl des Entstehens als auch des Vergehens" zu betrachten.[37] Im Einklang mit der Anweisung über innerliche und äußerliche Betrachtung stellen die drei Teile dieser Anweisung eine zeitliche Progression dar, die vom Beobachten des Aspekts des Entstehens der Erscheinungen zu der bewussten Erfahrung ihres Vergehens führt und in einer umfassenden Sicht der Vergänglichkeit an sich gipfelt.

Den Lehrreden zufolge ist es schlicht Unwissenheit, das Entstehen und Vergehen der Erscheinungen nicht wahrzunehmen, während es zu Erkenntnis und Verständnis führt, wenn alle Erscheinungen als vergänglich betrachtet werden.[38] Einsicht in die Vergänglichkeit der fünf Daseinsgruppen oder der sechs Sinnesbereiche ist „rechte Ansicht" und führt dadurch direkt zur Verwirklichung.[39] Somit repräsentiert die direkte Erfahrung der Vergänglichkeit den „Kraft"-Aspekt meditativer Weisheit.[40] In diesen Textstellen wird deutlich, welche zentrale Bedeutung das Entwickeln der unmittelbaren Erfahrung der den Erscheinungen innewohnenden Vergänglichkeit hat, worauf auch dieser Teil des *satipaṭṭhāna*-Kehrverses abzielt. Das Gleiche spiegelt sich in dem Schema der Einsichtserkenntnisse (*vipassanā-ñāṇa*) in den Kommentaren wider, worin Schlüsselerfahrungen, denen ein Praktizierender auf dem Pfad zur Verwirklichung begegnen kann, detailliert dargestellt werden. Hier ist das direkte Erfahren des Entstehens und Vergehens der Erscheinungen von zentraler Bedeutung.[41]

Die anderen beiden typischen Merkmale bedingter Existenz – *dukkha* (Unzulänglichkeit) und *anattā* (Nicht-Vorhandensein eines Selbst) – werden als Folge einer unmittelbaren Erfahrung und einem dadurch wahrheitsge-

---

[37] Diese Übersetzungsvariante für dieses Kompositum wird durch ihren Gebrauch in S III 171 gestützt mit klarem Bezug auf die „Natur des Entstehens und Vergehens". Vgl. Ñāṇatiloka (1910, S. 95, Anm. 1), der *samudayadhamma* als „das Entstehungsgesetz" übersetzt, und Ñāṇamoli (1994, S. 53), der *vayadhamma* als „dem Naturgesetz des Verfallens unterworfen sein" übersetzt.

[38] S III 171 und S IV 50.

[39] S III 51 und S IV 142.

[40] A III 2. Vergänglichkeit als Schlüssel zur Einsicht betonen auch Fleischman (1986, S. 11), Ledi (1999a, S. 151), Ñāṇapoṇika (1992, S. 60), Solé-Leris (1992, S. 82) und Than Daing (1970, S. 62).

[41] Nach Ledi (o.J., S. 233) ist die Einsicht in das Entstehen und Vergehen der Schlüssel zu den Einsichtserkenntnissen und hat Relevanz für das Fortschreiten zu allen vier Stufen des Erwachens. Ausgezeichnete Darstellungen der Einsichtserkenntnisse finden sich bei Mahasi (1994, S. 8-36) und Ñāṇārāma (1993, S. 19-62).

mäßen Erkennen der Vergänglichkeit offenbar. In den Lehrreden finden sich oft Hinweise auf dieses Verhältnis der drei Merkmale, indem eine progressive Struktur beschrieben wird, die vom Wahrnehmen der Vergänglichkeit (*anicca-saññā*) über das Anerkennen der unzulänglichen Natur dessen, was vergänglich ist (*anicce dukkha-saññā*) zu der Erfahrung der Natur des Nicht-Selbst des Unzulänglichen (*dukkhe anatta-saññā*) führt.[42] Dieselbe Struktur spielt im *Anattalakkhaṇa-sutta* eine Hauptrolle, dem zufolge der Buddha seine ersten Schüler anwies, sich der Natur der Vergänglichkeit in jedem Aspekt subjektiver Erfahrung (erläutert mithilfe der fünf Daseinsgruppen) deutlich bewusst zu werden. Davon ausgehend kommt dann die Schlussfolgerung, dass alles Vergängliche keine dauerhafte Befriedigung bieten kann und sich daher als ungeeignet erweist, für „ich", „mein" oder „mein Selbst" gehalten zu werden.[43] Dieses Verständnis war in sich so machtvoll, dass es, nachdem es auf alle in Frage kommenden Beispiele jeder Daseinsgruppe angewandt worden war, zum vollständigen Erwachen der ersten fünf Mönchsschüler des Buddha führte.

Die dieser Anweisung zugrunde liegende Struktur zeigt, dass die Einsicht in die Vergänglichkeit als wichtige Grundlage für das klare Erkennen von *dukkha* und *anattā* dient. Die innere Dynamik dieser Struktur schreitet von dem klaren Bewusstsein der Vergänglichkeit zu einem zunehmenden Grad von Desillusionierung (*dukkhasaññā*[44] entsprechend) fort, was wiederum nach und nach das im Geist verwurzelte Anhaften an „ich" und „mein" vermindert (das Äquivalent zu *anattasaññā*).[45]

Die Bedeutung des Entwickelns von Einsicht in das Entstehen und Vergehen der Phänomene wird im *Vibhaṅga-sutta* des *Saṃyutta-nikāya* betont,

---

[42] So in D III 243, D III 251, D III 290, D III 291, S V 132, S V 345, A I 41, A III 85, A III 277, A III 334, A III 452, A IV 46, A IV 52, A IV 148, A IV 387, A IV 465, A V 105, A V 309 (wörtlich übersetzt lautet das Schema: „Erkenntnis der Vergänglichkeit, Erkenntnis des Unzulänglichen im Vergänglichen, Erkenntnis des Nicht-Selbst im Unzulänglichen"). Dasselbe spiegelt sich in der Aussage wider: „Was vergänglich ist, das ist unzulänglich, was unzulänglich ist, ist Nicht-Selbst", z. B. in S III 22, S III 45, S III 82, S IV 1 und S IV153; vgl. Bodhi (2000, S. 844). Ñāṇananda (1986, S. 103), erklärt: „In ‚*sukha*' und ‚*attā*' finden wir die affektive und die triebhafte Reaktion auf die Illusion der Dauerhaftigkeit vor."

[43] S III 67.

[44] In A III 443 und A III 447 wird das Gewahrsein der Vergänglichkeit ganz allgemein zur Desillusionierung in Bezug gesetzt, während sich in A IV 51 dasselbe auf das Desinteresse an weltlichem Gewinn bezieht.

[45] Das Gewahrsein der Leere in Unzulänglichem führt nach A IV 53 zur Überwindung aller Vorstellungen von „ich" und „mein". Vgl. auch A IV 353, A IV 358 und Ud 37: Danach führt die Einsicht in das Nicht-Selbst auf der Grundlage des Gewahrseins der Vergänglichkeit zur Vernichtung jedes Eigendünkels und damit zur Verwirklichung.

demzufolge durch diese Einsicht die Unterscheidung zwischen einem bloßen Verankern von *satipaṭṭhāna* und seiner vollständigen „Entwicklung" (*bhāvanā*) gekennzeichnet ist.[46] Diese Textstelle unterstreicht die Bedeutung des Kehrverses für eine korrekte Entwicklung von *satipaṭṭhāna*. Ein bloßes Gewahrsein der zahlreichen, unter den vier *satipaṭṭhāna*s aufgeführten Objekte dürfte für die Aufgabe, durchdringende Einsicht zu entwickeln, nicht genügen. Zusätzlich ist es erforderlich, zu einer umfassenden und ausgeglichenen Sicht der Vergänglichkeit fortzuschreiten.[47]

Die unmittelbare Erfahrung der Tatsache, dass sich alles verändert, kann, wenn sie auf alle Aspekte der eigenen Persönlichkeit angewandt wird, machtvoll die Gewohnheitsmuster des Geistes verwandeln.[48] Es ist gut möglich, dass deshalb das Gewahrsein der Vergänglichkeit eine besonders hervorragende Rolle in Bezug auf die Betrachtung der fünf Daseinsgruppen spielt, wo es zusätzlich zu seiner Erwähnung im Kehrvers ein Teil der Hauptanweisung geworden ist.[49]

Kontinuität im Entwickeln des Gewahrseins von Vergänglichkeit ist unentbehrlich, wenn dies wirklich Auswirkungen auf den eigenen Geisteszustand haben soll.[50] Nachhaltige Betrachtung der Vergänglichkeit führt zu einer Verschiebung in der Art und Weise, wie die Wirklichkeit normalerweise erfahren wird, wo die zeitweilige Stabilität des Wahrnehmenden und der wahrgenommenen Objekte stillschweigend vorausgesetzt wurde. Werden

---

[46] In S V 183 wird erklärt, dass die Verschiebung von reinem *satipaṭṭhāna* zu einer „Entwicklung" (*bhāvanā*) von *satipaṭṭhāna* in der Betrachtung der Natur des Entstehens und Vergehens besteht. Diese Lehrrede fehlt jedoch in den chinesischen *Āgama*s, vgl. Akanuma (1990, S. 247).

[47] In der Tat spricht M I 62 von der Notwendigkeit, *satipaṭṭhāna* zu entwickeln, damit es zur höchsten Verwirklichung führen möge: „ … wenn jemand diese vier *satipaṭṭhāna*s … entwickelt, kann eines von zwei Ergebnissen für ihn erwartet werden …" – ein Wortlaut, der an die Bezugnahme auf „Entwicklung" (*bhāvanā*) in S V 183 erinnert. Bemerkenswert ist, dass im Gegensatz zu den Pāli-Texten, die der Betrachtung der Vergänglichkeit große Bedeutung beimessen, die *Madhyama-āgama*-Version des *satipaṭṭhāna*-Kehrverses diese noch nicht einmal erwähnt. In der *Ekottarika-āgama*-Version jedoch ist sie zumindest im Zusammenhang mit der Betrachtung der Gefühle, des Bewusstseins und der *dhamma*s zu finden. Vgl. Minh Chau (1991, S. 88) und Nhat Hanh (1990, S. 173, 175 und 177). Die Ermahnung, das „Entstehen" und „Vergehen" im Zusammenhang mit allen vier *satipaṭṭhāna*s zu betrachten, findet sich auch in der Entsprechung des *Saṃyukta-āgama* zum *Samudaya-sutta* (S V 184), vgl. die Übersetzung in Hurvitz (1978, S. 215).

[48] Goenka (1994a, S. 112).

[49] M I 61: „So ist die materielle Form … ist das Gefühl … ist die Wahrnehmung … sind die Willensregungen … ist das Bewusstsein, so ist das Entstehen …, so ist das Vergehen …". Vgl. ferner Kapitel X.4, S. 238.

[50] Kontinuität im Betrachten der Vergänglichkeit wird erwähnt in A IV 13 und A IV 145; vgl. auch Th 111.

erst einmal beide als sich verändernde Prozesse wahrgenommen, verschwindet jede Vorstellung einer dauerhaften Existenz und Festigkeit, wodurch sich das eigene Grundmuster der Erfahrung radikal umgestaltet.

Die Betrachtung der Vergänglichkeit muss umfassend sein, denn wenn irgendein Aspekt der Erfahrung als dauerhaft angesehen wird, ist das Erwachen unmöglich.[51] Eine umfassende Erkenntnis der Vergänglichkeit ist ein bezeichnendes Merkmal des Stromeintritts. Dies ist in einem solchen Ausmaß der Fall, dass ein Stromeingetretener unfähig ist, irgendeine Erscheinung für dauerhaft zu halten.[52] Mit der Verwirklichung des Erwachens wird das Verstehen der Vergänglichkeit vervollkommnet.[53] Für *Arahants* ist das Gewahrsein der vergänglichen Natur aller Sinneseindrücke ein natürlicher Teil ihrer Erfahrung.[54]

Abgesehen davon, zum Gewahrsein der Vergänglichkeit zu ermutigen, kann dieser Teil des Kehrverses aus dem Blickwinkel der Kommentare auch so aufgefasst werden, dass er sich auf die Faktoren (*dhamma*s) bezieht, die das Entstehen und das Verschwinden der beobachteten Phänomene bedingen.[55] Diese Faktoren werden im *Samudaya-sutta* behandelt, in dem das „Entstehen" und „Verschwinden" jedes *satipaṭṭhāna* zu seinen jeweiligen Bedingungen in Beziehung gebracht wird, wobei dies im Fall des Körpers die Ernährung ist, im Fall der Gefühle ist es Kontakt, im Fall des Geistes sind es Name-und-Form und im Fall der *dhamma*s ist es die Aufmerksamkeit.[56]

Für die Philosophie des frühen Buddhismus sind sowohl die Vergänglichkeit als auch die Bedingtheit von außerordentlicher Bedeutung. Für das Erwachen des Buddha war die Erinnerung an die eigenen vergangenen Leben und die Vision anderer Wesen, wie sie starben und wiedergeboren wurden, von zentraler Bedeutung, da sie die Wahrheit der Vergänglichkeit und der Bedingtheit auf einer persönlichen und einer universalen Ebene lebhaft vor Augen führten.[57] Dieselben beiden Aspekte trugen zur Verwirklichung des

---

[51] A III 441.
[52] A III 439.
[53] A IV 224 und A V 174.
[54] Vgl. A III 377, A III 379, A IV 404, Th 643.
[55] Ps I 249.
[56] S V 184. Doch stimmt diese Textstelle nicht ganz mit dem Kehrvers überein, da hier der Begriff „verschwinden", *atthagama*, und nicht „vergehen", *vaya*, wie im *Satipaṭṭhāna-sutta*, benutzt wird.
[57] M I 22, M I 248, A IV 176. – In S II 10 und S II 104 ist sein klares Erkennen des Entstehens in Abhängigkeit belegt. Bemerkungen über die Bedeutung der ersten beiden höheren Geisteskräfte als beispielhafte Erklärung der Vergänglichkeit und der Kausalität finden sich bei Demieville (1954, S. 294) und Werner (1991, S. 13), vgl. auch Lopez (1992, S. 35). Außer den oben genannten Textstellen dokumentieren die Lehrreden die Zunahme der Weisheit des Buddha unter verschiedenen Perspektiven, was eine Betrachtung des Genusses, des inhärenten Nachteils und der >

früheren Buddha Vipassī bei, der nach einer detaillierten Betrachtung des Entstehens in Abhängigkeit (*paṭicca samuppāda*) durch die *satipaṭṭhāna*-Kontemplation der vergänglichen Natur der fünf Daseinsgruppen zum Erwachen gelangte.[58] Deshalb werde ich diesen zusätzlichen Blickpunkt auf diesen Teil des *satipaṭṭhāna*-Kehrverses untersuchen, indem ich mich der Lehre des Buddha über die Bedingtheit in ihrem philosophischen und historischen Kontext zuwende.

V.4 Das Entstehen in Abhängigkeit (*Paṭicca samuppāda*)

Zu Zeiten des Buddha waren verschiedene philosophische Positionen in Indien zu finden.[59] Einige Lehren stellten die Behauptung auf, das Universum werde durch eine externe Macht, entweder einen allmächtigen Gott oder ein der Natur inhärentes Prinzip, kontrolliert. Einige betrachteten den Menschen als ein autonomes Subjekt, das handelt und sich seiner Taten erfreut. Manche bevorzugten den Determinismus, während andere jede Art von Kausalität ganz und gar verwarfen.[60] Trotz aller Unterschiede stimmten sämtliche Positionen in der Anerkennung eines absoluten Prinzips überein, indem die Existenz oder Nichtexistenz einer einzigen oder ersten Ursache angenommen wurde.

Dagegen setzte der Buddha das Entstehen in Abhängigkeit (*paṭicca samuppāda*) als die Kausalitätserklärung seines „mittleren Weges“. Seine Auffassung des Entstehens in Abhängigkeit wich derart entschieden von den damals bestehenden Kausalitätsauffassungen ab, dass er schließlich alle vier vorherrschenden Formulierungen zur Kausalität zurückwies.[61]

Abkehr in Bezug auf die Elemente (S II 170), die Daseinsgruppen (S III 27, S III 29, S III 59), die Sinnesbereiche (S IV 7-10, S V 206), der Gefühle (S IV 233), der Fähigkeiten (S V 204), der „Welt“ (A I 258) und der vier edlen Wahrheiten (S V 423) beinhaltet. Jede dieser Lehrreden bringt die betreffende Einsicht unmittelbar mit dem Erreichen des vollständigen Erwachens durch den Buddha in Zusammenhang, was nahelegt, dass jede dieser Einsichten als ein bestimmter Aspekt seiner umfassenden Verwirklichung betrachtet werden kann.

[58] D II 31-35. Die detaillierte Untersuchung der bedingenden Glieder in ihrer Abfolge von *dukkha* bis zu der wechselseitigen Beziehung zwischen dem Bewusstsein und Name-und-Form führte ihn weiter zur Übung der *satipaṭṭhāna*-Betrachtung der fünf Daseinsgruppen mit dem Resultat seiner Verwirklichung. Ein praktisches Beispiel für die Wechselbeziehung der Vergänglichkeit und der Bedingtheit im Kontext der Betrachtung findet sich auch in S IV 211, wo das bedingte Entstehen der drei Gefühlsarten mit der Vergänglichkeit des Körpers in Zusammenhang gebracht wird; das Gleiche findet sich in S IV 215 in Bezug auf den Kontakt.

[59] Vgl. Kalupahana (1975, S 125).

[60] Siehe insbes. Pūraṇa Kassapa und Makkhali Gosāla in D I 52. Vgl. Bodhi (1989, S. 7).

[61] Ein typisches Beispiel findet sich in S II 19, wo der Buddha gefragt wird, ob *dukkha* von einem selbst, von anderen, von beiden oder von weder dem einen noch den >

In den Lehrreden wird das Entstehen in Abhängigkeit (*paṭicca samuppāda*) oft anhand eines Modells von zwölf aufeinander folgenden Gliedern beschrieben. Diese Aufeinanderfolge führt das bedingte Entstehen von *dukkha* auf Unwissenheit (*avijjā*) zurück. Nach dem *Paṭisambhidāmagga* erstrecken sich diese zwölf Glieder über drei aufeinanderfolgende individuelle Leben.[62] Die zwölf sich auf drei Leben beziehenden Glieder steigerten sich vermutlich in der historischen Entwicklung des buddhistischen Denkens in ihrer Wichtigkeit, und zwar als Hilfsmittel, um die Wiedergeburt ohne einen ewig Überlebenden zu erklären.[63] Obwohl die Aufeinanderfolge der zwölf Glieder häufig in den Lehrreden vorkommt, finden sich auch erhebliche Abweichungen. Manche beginnen mit dem dritten Glied, dem Bewusstsein, das darüber hinaus in einer Wechselbeziehung mit dem nächsten Glied, Name-und-Form, steht.[64] Diese und andere Varianten lassen darauf schließen,

---

anderen verursacht werde (d. h. dass es zufällig entstanden sei). [Anm. d. Übers.: Zu dieser Argumentationsfigur vgl. hier Kap. XIV, Anm. 73.] Nachdem der Buddha alle vier Möglichkeiten verneinte, ist sein Gesprächspartner wegen der Verneinung aller vier Möglichkeiten, die Kausalität von *dukkha* zu erklären, überrascht und fragt sich, ob der Buddha schlicht unfähig sei, die Existenz von *dukkha* zu erkennen oder zuzugeben. Ein ähnlicher Dialog in Bezug auf *sukha dukkha* findet sich in S II 22. Das Neue an Buddhas Position kann daran erkannt werden, dass der Begriff *paṭicca samuppāda* offenbar von ihm geprägt wurde, um sein Verständnis von Kausalität ausdrücken zu können; vgl. Kalupahana (1999, S. 283). Doch äußert Rhys Davids in einer ihrer ideenreichen Interpretationen des Pālikanons die Ansicht, es sei nicht der Buddha, sondern vielmehr Assaji gewesen, der für die Theorie der Verursachung im frühen Buddhismus verantwortlich war (siehe 1927b, S. 202).

[62] Paṭis I 52. Bodhi (2000, S. 741, Anm. 50) weist darauf hin, dass das Schema von vier zeitlichen Modi (Ursache in der Vergangenheit, Ergebnis in der Gegenwart, Ursache in der Gegenwart, Ergebnis in der Zukunft), das der Drei-Leben-Darstellung zugrunde liegt, in S II 24 einen Vorgänger hat.

[63] Jayatilleke (1980, S. 450).

[64] In D II 57 fehlen die ersten zwei Glieder, Unwissenheit und Willensregungen, sowie das Glied der sechs Sinnesbereiche; das Bewusstsein wird in einer Wechselbeziehung mit Name-und-Form dargestellt. Dieselbe Wechselbeziehung von Bewusstsein und Name-und-Form findet sich auch in D II 32, S II 104, S II 113. In Sn 724-765 wird jedes der Glieder für sich und unabhängig von den anderen zu *dukkha* in Beziehung gesetzt. Über diese Variationen der Standardformel der zwölf Glieder vgl. auch Bucknell (1999, S. 314-341). In S II 31 folgt auf die Unwissenheit die Geburt, doch dann werden Freude, Konzentration und Verwirklichung genannt. Ein anderer Verlauf, der vom Begehren ausgeht, findet sich in S II 108. Ferner wird in D II 63 erklärt, wie das Bewusstsein Name-und-Form bedingt, und zwar bei der Empfängnis, während des Embryonenstadiums und auch während des Lebens – eine Darstellung, die anscheinend nicht nur auf die Wiedergeburt im Kontext der drei Leben begrenzt ist. Wieder anders heißt es in S III 96, die Willensregungen seien als ein Resultat der Unwissenheit keine Erfahrung der Vergangenheit, sondern entstünden im gegenwärtigen Augenblick. Vgl. Karunaratne (1988b, S. 30).

dass die auf drei Leben gegründete Form der Erklärung nicht die einzig mögliche Art ist, um sich dem Verständnis des Entstehens in Abhängigkeit zu nähern.

Tatsächlich sind die zwölf Glieder nichts anderes als eine besonders häufige Anwendung des allgemeinen strukturellen Prinzips des Entstehens in Abhängigkeit.[65] Diese wichtige Unterscheidung zwischen dem allgemeinen Prinzip und seiner Anwendung wurde im *Paccaya-sutta* des *Saṃyutta-nikāya* eingeführt. In dieser Lehrrede wird von den zwölf Gliedern als in Abhängigkeit entstandenen Erscheinungen gesprochen, während „*paṭicca samuppāda*" sich auf die Beziehung zwischen ihnen, also auf das Prinzip, bezieht.[66]

Diese Unterscheidung zwischen dem Prinzip und den zwölf Gliedern als einer seiner Anwendungen ist von erheblicher praktischer Relevanz, da ein Verständnis von Kausalität mit dem Stromeintritt erreicht wird.[67] Die Unterscheidung zwischen Prinzip und Anwendung lässt darauf schließen, dass für eine solche Kausalitätsauffassung nicht unbedingt die persönliche Erfahrung der zwölf Glieder erforderlich ist. Anders gesagt: Selbst wer die Fähigkeit nicht entwickelt hat, sich an vergangene Leben zu erinnern und dadurch die einem vergangenen Leben zugeordneten Faktoren der zwölf Glieder unmittelbar zu erfahren, kann doch persönlich das Prinzip des Entstehens in Abhängigkeit klar erkennen.

Verglichen mit der ganzen Gruppe der zwölf Glieder ist das Grundprinzip des Entstehens in Abhängigkeit der unmittelbaren Kontemplation leichter zugänglich. So wird zum Beispiel in einer Lehrrede im *Nidāna-saṃyutta* das „Entstehen in Abhängigkeit" auf das bedingte Verhältnis zwischen Kontakt und Gefühl angewandt.[68] Eine solche direkte Anwendung

---

[65] Collins (1982, S. 106) weist darauf hin, es sei „von entscheidender Bedeutung, zwischen der allgemeinen Vorstellung von Bedingtheit und der zwölfgliedrigen Reihe zu unterscheiden". Vgl. Karunaratne (1988b, S. 33), Ñāṇavīra (1987, S. 31). Reat (1987, S. 21) erklärt: „*paṭicca samuppāda* ... der Begriff eignet sich zur Anwendung auf jede Gruppe von Resultaten, die von notwendigen und ausreichenden Bedingungen abhängig sind."

[66] S II 26. Dieselbe Unterscheidung kann auch daraus abgeleitet werden, wie die „zwölfgliedrige" Anwendung des Entstehens in Abhängigkeit in den Lehrreden oft eingeführt wird. Nach einer Formulierung des Prinzips („wenn dieses ist, dann wird jenes ...") werden die zwölf Glieder mit dem Pāli-Ausdruck „nämlich" (*yadidaṃ*) eingeführt, was zeigt, dass die zwölf Glieder eine beispielhafte Erklärung für das gerade genannte Prinzip sind (vgl. z. B. S II 28).

[67] In A III 439 wird dargelegt, dass eine der Eigenschaften eines oder einer Stromeingetretenen darin besteht, dass er oder sie die Kausalität und die kausale Entstehung der Phänomene verstanden hat.

[68] S II 96, eine Betrachtung, die dann zur Verwirklichung führt. S II 92 veranschaulicht auf ähnliche Weise die Tiefe und Bedeutung des Entstehens in Abhängigkeit >

des Prinzips auf die subjektive Erfahrung kommt auch im *Vibhaṅga* vor, wo das Entstehen in Abhängigkeit auf einzelne Bewusstseinsmomente bezogen wird.[69]

Ein weiteres Beispiel für eine direkte Anwendung des Prinzips findet sich im *Indriyabhāvanā-sutta*, wo das an irgendeinem der sechs Sinnestore entstehende Vergnügen oder Missvergnügen als abhängig entstanden (*paṭicca samuppanna*) beschrieben wird, ein sich nicht auf vergangene oder zukünftige Leben beziehender Gebrauch.[70] Dasselbe gilt für die detaillierte Analyse des Wahrnehmungsprozesses des *Madhupiṇḍika-sutta*.[71] In dieser Lehrrede wird das „Entstehen" (*uppāda*) von Bewusstsein „in Abhängigkeit" (*paṭicca*) von Sinnesorgan und Sinnesobjekt dargestellt, wobei der Kontakt im „Zusammen"(*saṃ*)-kommen der drei besteht. Diese Textstelle enthüllt die tiefere Bedeutung jedes Teils des Begriffes *paṭicca sam-uppāda*, „abhängiges" „Zusammen" „-Entstehen", ohne dass verschiedene Leben oder die gesamte Gruppe der zwölf Glieder notwendig darin vorkommen müssten. Folglich kann das klare Erkennen des Entstehens in Abhängigkeit einfach dadurch stattfinden, dass der Ablauf der Bedingtheit im gegenwärtigen Augenblick innerhalb der eigenen subjektiven Erfahrung beobachtet wird.

V.5 Das Prinzip des Entstehens in Abhängigkeit und seine praktische Anwendung

Wird von Entstehen in Abhängigkeit gesprochen, so bedeutet dies, auch von spezifischen Bedingungen zu sprechen, die mit bestimmten Ereignissen in Zusammenhang stehen. Solche „spezifische Bedingtheit" (*idappaccayatā*) kann wie folgt veranschaulicht werden:

---

lediglich mithilfe der letzten fünf Glieder (ab dem Begehren). Diese Darstellung ist der unmittelbaren Erfahrung leichter zugänglich als die vollständige Gruppe der zwölf Glieder. Die Ansicht, die ganze Gruppe von zwölf Gliedern sei nicht unbedingt für die Kontemplation bestimmt, wird auch in S II 81 geäußert, wo der Buddha empfiehlt, die zwölf Glieder „allseits zu durchdenken" (*parivīmaṃsati*), wobei er durch die Verwendung dieser Terminologie auf eine Form intellektuellen Erwägens hinweist. Dies lässt darauf schließen, dass eine unmittelbare, durch Meditation erlangte Erfahrung des Prinzips dann auf dem Wege intellektueller Reflexion auf die zwölf Glieder angewendet werden kann mit der Überlegung, dass jenes Prinzip in der Vergangenheit wirksam war und dies auch in der Zukunft sein wird, ohne dass die unmittelbare Erfahrung jener vergangenen oder zukünftigen Vorgänge vonnöten wäre.

[69] Vibh 164-192. Zu dieser Textstelle vgl. Bodhi (1998, S. 46, Anm. 4) und Gethin (1997a, S. 195). Nach Buddhadāsa (1992, S. 98) „geht der gesamte Ablauf des Entstehens in Abhängigkeit ... blitzschnell in einem Augenblick vor sich ... die ... zwölf Bedingungen ... können alle entstehen, ihre Funktion erfüllen und vergehen, [und zwar] so schnell, dass wir dessen überhaupt nicht gewahr werden".

[70] M III 299.

[71] M I 111.

Wenn A → dann B.

Mit dem Entstehen von A → entsteht B.

Wenn nicht A → dann nicht B.

Mit dem Vergehen von A → vergeht B.[72]

Der Ablauf des Entstehens in Abhängigkeit ist nicht auf eine strikt lineare Folge von Ereignissen in der Zeit begrenzt. Vielmehr steht das Entstehen in Abhängigkeit für die bedingten Wechselwirkungen der Erscheinungen, die ein Netz von ineinander verwobenen Ereignissen bilden, wobei jedes Ereignis mit anderen Ereignissen sowohl durch Ursache als auch Wirkung zusammenhängt.[73] Jeder bedingende Faktor ist gleichzeitig selbst bedingt, was folglich die Möglichkeit einer transzendenten, unabhängigen Ursache ausschließt.[74]

Innerhalb dieser verwobenen Muster ist aus der Perspektive der subjektiven Erfahrung das Wollen (im Sinne absichtsvoller Entscheidung) die spezifische Bedingung von zentraler Wichtigkeit. Es ist das geistige Wollen des gegenwärtigen Augenblicks, das künftige Handlungen und Ereignisse entscheidend beeinflusst.[75] Das Wollen selbst steht unter dem Einfluss anderer Bedingungen, wie Gewohnheiten, Wesenszüge und Erfahrungen der Vergangenheit, die die Art und Weise, wie eine bestimmte Situation erlebt wird, beeinflussen. Da aber jeder Willensakt eine Entscheidung zwischen Alternativen in sich schließt, ist dennoch die Willensentscheidung, die im gegenwärtigen Augenblick getroffen wird, in einem beträchtlichen Maß der persönlichen Intervention und Kontrolle zugänglich. Jede Entscheidung

---

[72] Z. B. in M III 63: „Wenn dieses ist, wird jenes; mit dem Entstehen von diesem entsteht jenes. Wenn dieses nicht ist, wird jenes nicht; mit dem Vergehen von diesem vergeht jenes." Über spezielle Bedingtheit vgl. auch Bodhi (1995, S. 2 und 9) und Ñāṇamoli (1980, S. 161).

[73] Die Komplexität der bedingten Wechselbeziehungen der Phänomene wird im *Paṭṭhāna* des Pāli-*Abhidhamma* unter verschiedenen Aspekten mit insgesamt 24 Arten von Bedingungen veranschaulicht. So könnte zum Beispiel die von A auf B ausgeübte bedingende Einwirkung (A → B) aus zeitlicher Perspektive nicht nur dann stattfinden, wenn A früher als B entsteht (*purejātapaccaya*), sondern auch, wenn beide gleichzeitig entstehen (*sahajātapaccaya*), oder selbst dann, wenn A später als B entsteht (*pacchājātapaccaya*). B könnte durch das Vorhandensein von A (*atthipaccaya*), aber auch durch sein Nichtvorhandensein (*natthipaccaya*) bedingt werden. Außerdem könnte A die aktive Ursache (*kammapaccaya*) sein, oder es könnte seine bedingende Einwirkung ausüben, während es selbst eine Folgewirkung ist (*vipākapaccaya*), oder A könnte auch sowohl Ursache als auch Wirkung sein, wenn A und B durch eine wechselseitige Bedingung (*aññamaññapaccaya*) miteinander in Beziehung stehen.

[74] Tilakaratne (1993, S. 41).

[75] In A III 415 wird dargelegt, dass in den Willensregungen der Faktor besteht, der für Aktivitäten von Körper, Rede oder Geist verantwortlich ist.

wiederum formt die Gewohnheiten, Wesenszüge, Erfahrungen und Wahrnehmungsmechanismen, die den Kontext zukünftiger Entscheidungen formen. Und genau aus diesem Grund ist ein systematisches Geistestraining unerlässlich.

Im *Satipaṭṭhāna-sutta* erscheint eine noch spezifischere Anwendung der Bedingtheit auf die Meditationsübung während der meisten Betrachtungen der *dhamma*s. Hier findet sich, dass die Aufgabe des Meditierenden in Bezug auf die fünf Hindernisse darin besteht, die Bedingungen für ihr Entstehen und Vergehen zu beobachten.[76] Im Zusammenhang mit den sechs Sinnesbereichen sollte die Kontemplation enthüllen, wie der Wahrnehmungsprozess das Entstehen geistiger Fesseln an den Sinnestoren verursachen kann.[77] Im Fall der Erwachensfaktoren besteht die Aufgabe darin, die Bedingungen für ihr Entstehen und ihre weitere Entwicklung zu erkennen.[78] Geht es schließlich um die vier edlen Wahrheiten, so ist diese letzte Betrachtung der *dhamma*s an sich eine Darlegung der Bedingtheit, nämlich der Bedingungen für *dukkha* und seine Vernichtung. Auf diese Weise unterliegt das Prinzip des Entstehens in Abhängigkeit einer Reihe von Anwendungen im vierten *satipaṭṭhāna*.[79]

Auf die Entfaltung einer meditativen Verwirklichung des Entstehens in Abhängigkeit wird möglicherweise in der Textstelle „direkter Pfad" des *Satipaṭṭhāna-sutta* angespielt, da hier das Erlangen der „Methode" (*ñāya*) als eines der Ziele von *satipaṭṭhāna* angeführt wird.[80] Derselbe Begriff „Methode" kommt oft in den Lehrreden als eine Eigenschaft derjenigen vor, die den Stromeintritt oder höhere Stufen des Erwachens verwirklicht haben.[81] Etliche Beispiele nennen die „edle Methode" als ein Ergebnis des

[76] M I 60: „Er erkennt, wie nicht entstandene Sinnesbegierde entstehen kann, wie entstandene Sinnesbegierde überwunden werden kann und wie dem künftigen Entstehen der überwundenen Sinnesbegierde vorgebeugt werden kann."

[77] M I 61: „ ... erkennt er das Auge, er erkennt Formen, und er erkennt die Fessel, die in Abhängigkeit von beiden entsteht, und er erkennt auch, wie eine nicht entstandene Fessel entstehen kann, wie eine entstandene Fessel überwunden werden kann und wie dem künftigen Entstehen der überwundenen Fessel vorgebeugt werden kann."

[78] M I 62: „Er weiß, wie der nicht entstandene Erwachensfaktor Achtsamkeit entstehen kann und wie der entstandene Erwachensfaktor Achtsamkeit durch Entwicklung vervollkommnet werden kann."

[79] Dem *Mahāprajnāpāramitāśāstra* zufolge ist Bedingtheit in der Tat das charakteristische Merkmal der Betrachtung der *dhamma*s. Vgl. Lamotte (1970, S. 1169).

[80] M I 55: „Dies ist der direkte Weg ... zur Erlangung der richtigen Methode ..., nämlich die vier *satipaṭṭhāna*s."

[81] In dem Topos der Erinnerung an die Gemeinschaft der edlen Schülerschaft (z. B. in A II 56) ist die Rede davon, dass sie im Besitz der richtigen Methode (*ñāyapaṭipanno*) sei.

Stromeintritts.[82] Im Zusammenhang dieser Textstellen schließt „edle Methode“ die Verwirklichung des Entstehens in Abhängigkeit ein.[83] Die Relevanz des Entstehens in Abhängigkeit für das Fortschreiten zur Verwirklichung wird in einigen anderen Textstellen bestätigt, nach denen jemand, der sich des Entstehens in Abhängigkeit bewusst ist, an der Schwelle des Todlosen steht.[84] Obwohl der Ausdruck „Methode“ im *Satipaṭṭhāna-sutta* nicht als edel bestimmt wird, scheint es doch wahrscheinlich, dass sein Gebrauch hier auf eine direkte Verwirklichung des Prinzips oder der „Methode“ des Entstehens in Abhängigkeit als eines der Ziele der *satipaṭṭhāna*-Übung hinweist.

V.6 Reines Gewahrsein und Freisein von Anhaften

Wie im Kehrvers festgelegt, findet das Gewahrsein des Körpers, der Gefühle, des Geistes und der *dhamma*s ausschließlich um der Erkenntnis und der andauernden Achtsamkeit willen statt.[85] Diese Anweisung weist auf die Notwendigkeit hin, objektiv zu beobachten, ohne sich in Assoziationen und Reaktionen zu verlieren. Den Kommentaren zufolge bezieht sich dies

---

[82] In S II 68, II 71, S V 389, A V 184 wird die „edle Methode“ als eine Eigenschaft der Stromeingetretenen erwähnt.

[83] S V 388, vgl. A V 184. Die „edle Methode“ kommt auch in A II 36 vor, wo sie zusätzlich als von heilsamer Natur (*kusaladhammatā*) beschrieben wird. Diese Anspielung könnte sich auch auf das Entstehen in Abhängigkeit beziehen, da der Kommentar Mp III 74 diese Anspielung zu dem Pfad der Einsicht in Bezug setzt. Nach Rhys Davids (1993, S. 394) wird auf das Entstehen in Abhängigkeit als „edle Methode“ Bezug genommen. An anderer Stelle jedoch kann der Begriff „Methode“ auch andere Bedeutungen annehmen: In M I 522 ist das Erreichen der vier *jhāna*s und der drei höheren Geisteskräfte darin enthalten, während sie in M II 182 mit der Überwindung der zehn unheilsamen Handlungspfade in Zusammenhang gebracht wird (vgl. auch M II 197, wo sie nicht näher bestimmt, sondern danach unterschieden wird, ob sie von einem Haushalter oder einem Mönch entwickelt wird).

[84] Siehe S II 43, S II 45, S II.59, S II 79 und S II 80: Jede dieser Textstellen bezieht das Verständnis des Entstehens in Abhängigkeit auf das „Stehen an der Schwelle des Todlosen“. Eine zeitliche Folge, bei der das Verständnis des Entstehens in Abhängigkeit der Verwirklichung von *Nibbāna* vorausgeht, legt offenbar auch eine Aussage in S II 124 nahe, wonach „das Wissen um die Festigkeit des *Dhamma*“ (*dhammaṭṭhitiñāṇa*) der Verwirklichung vorausgeht, da sich in S II 60 ein derartiges „Wissen um die Festigkeit des *Dhamma*“ auf das Entstehen in Abhängigkeit bezieht. Dies wird weiter durch S II 25 gestützt, wo eine spezifische Bedingtheit als die „Festigkeit des *Dhamma*“ (*dhammaṭṭhitatā*) identifiziert wird. Vgl. Choong (1999, S. 50).

[85] M I 56: „Die Achtsamkeit ‚Ein Körper ist da' ist in ihm gegenwärtig in dem Maße, das zum reinen Erkennen und für andauernde Achtsamkeit erforderlich ist.“ Ich verstehe die zu *sati* hinzugefügte Vorsilbe *paṭi* im vorliegenden Zusammenhang so, dass sie die zeitliche Nuance „wieder“ oder „*re-*“ ausdrückt in dem Sinne, dass *sati* nicht verloren geht und somit die Achtsamkeit kontinuierlich ist.

besonders auf die Vermeidung jeder Form von Identifikation.[86] Freiheit von Identifikation befähigt dann, jeden Aspekt der eigenen subjektiven Erfahrung als bloßes Phänomen anzusehen, das von jeder Art Selbstbild oder Anhaftung frei ist.

Der Wortlaut dieser Anweisung lässt an den Gebrauch geistigen Etikettierens denken. Das Objekt der Achtsamkeit besteht in Folgendem: „Ein Körper ist da" (Gefühle, Geist, *dhamma*s). Der Pāli-Partikel *iti*, der hier gebraucht wird, zeigt direkte Rede an, was in diesem Zusammenhang eine Form geistigen Benennens nahelegt. Tatsächlich ist dies nicht das einzige Beispiel dieser Art von Empfehlung im *Satipaṭṭhāna-sutta*. Die meisten Anweisungen in den Lehrreden enthalten direkte Rede, mit der formuliert wird, was erkannt werden soll.[87]

Diese Art der Darstellung zeigt, dass Begriffe, besonders wenn sie als Etikettierungswerkzeuge für den Zweck geistigen Benennens gebraucht werden, im Zusammenhang mit *satipaṭṭhāna* geschickt eingesetzt werden können.[88] Demgemäß erfordert die Übung von *satipaṭṭhāna* kein vollständiges Aufgeben aller Formen verbalen Wissens und aller Konzepte.[89] Tatsächlich sind Begriffe wesentlich mit der Wahrnehmung (*saññā*) verknüpft, da die Fähigkeit des Wiedererkennens und Verstehens auf einer subtilen Ebene mentaler Verbalisation und daher auf dem Gebrauch von Begriffen beruht. Der geschickte Gebrauch des Benennens während der *satipaṭṭhāna*-Betrachtung kann helfen, klares Erkennen und Verstehen zu stärken. Gleichzeitig eröffnet das Benennen ein gesundes Maß innerlicher Losgelöstheit, da der Akt des

---

[86] Ps I 250; vgl. Ariyadhamma (1995, S. 5), Debes (1994, S. 130), Dhammiko (1961, S. 189), Ṭhānissaro (1993, S. 101).

[87] Z. B. M I 56: „Lang einatmend weiß er: ‚Ich atme lang ein'." M I 56: „ … weiß er beim Gehen: ‚Ich gehe' ...". M I 59: „ … weiß er: ‚Ich empfinde ein angenehmes Gefühl' …". M I 59: „ … erkennt er einen Geist voller Begierde als ‚voller Begierde' ...". M I 60: „Wenn Sinnesbegierde in ihm vorhanden ist, erkennt er: ‚In mir ist Sinnesbegierde …'". M I 61: „ …erkennt er, wenn der Erwachensfaktor Achtsamkeit in ihm vorhanden ist: ‚Der Erwachensfaktor Achtsamkeit ist in mir …'". M I 62: „ … erkennt er, wie es wirklich ist: ‚Dies ist *dukkha* …'".

[88] Über das Benennen vgl. Frýba (1989, S. 130-132), Mangalo (1988, S. 34), Ñāṇaponika (1986b, S. 13).

[89] Earle (1984, S. 398), Tilakaratne (1993, S. 103). Epstein (1995, S. 94) warnt davor, einfach „sich mentaler Aktivitäten und des Denkens … zu entledigen", da „Leute mit dieser falschen Auffassung die für erfolgreiche Meditation notwendigen Fähigkeiten des Ego aufgeben". Wie er erläutert (dt. 1996, S. 108 = 1995, S. 99): „ … neigen diejenigen, die diesem Missverständnis … erliegen, dazu, die Idee des ‘leeren (von Gedanken freien) Geistes’ überzubewerten. In diesem Fall wird das Denken mit dem Ich gleichgesetzt; solche Leute scheinen eine Art intellektueller Leere zu kultivieren, wobei die Abwesenheit kritischen Denkens als höchste Errungenschaft gilt." Ñāṇananda (1985, S. 60) spricht davon, „Konzepte zum höheren Zweck der Entwicklung von Weisheit zu benutzen, womit dann Konzepte transzendiert werden".

nachdrücklichen Bezeichnens der eigenen Stimmungen und Emotionen die Identifikation damit verringert.

Der Übersicht über falsche Ansichten im *Brahmajāla-sutta* zufolge können Fehlinterpretationen der Wirklichkeit oft auf Meditationserfahrungen und nicht nur auf theoretischen Spekulationen beruhen.[90] Daher trägt eine solide Kenntnis des *Dhamma* wesentlich dazu bei, solchen Fehlinterpretationen vorzubeugen und in korrekter Weise auf dem Pfad der Meditation fortzuschreiten. Solch solide Kenntnis des *Dhamma* ist laut den Lehrreden mit dem zur Verteidigung einer Festung benutzten Waffenarsenal von Schwertern und Speeren zu vergleichen.[91] Ganz offensichtlich stellt die bloße Abwesenheit von Begriffen nicht das Endziel der Meditationsübung dar.[92] Nicht die Konzepte sind das Problem – das Problem besteht vielmehr darin, wie Konzepte benutzt werden. Ein *Arahant* benutzt noch immer Konzepte, doch ohne durch sie gebunden zu sein.[93]

Andererseits muss *satipaṭṭhāna* von bloßer intellektueller Reflexion deutlich unterschieden werden. Worauf in diesem Teil des Kehrverses hingewiesen wird, ist das Ausmaß, in dem die Verwendung von Konzepten und Benennungen im Kontext der Einsichtsmeditation angemessen ist. Dies sollte auf ein absolutes Minimum beschränkt werden, nur „in dem Maße, das für reines Erkennen und andauernde Achtsamkeit erforderlich ist“.[94] Das Benennen ist kein Selbstzweck, sondern nur das Mittel zu einem Zweck.

---

[90] D I 12-39; vgl. im Einzelnen Kapitel III.1, Anm. 4 und Kapitel VIII.4, Anm. 34.

[91] In A IV 110 ist der Schüler, weil er über *Dhamma*-Kenntnisse verfügt, dazu fähig, Unheilsames zu überwinden und Heilsames zu entwickeln. In Th 1027 wird die Kenntnis der Lehrreden als Grundlage für den reinen Wandel (*brahmacariya*) empfohlen. Ganz ähnlich werden in M I 294 die Kenntnis der Lehrreden und der damit zusammenhängenden Diskussionen als zwei von fünf Faktoren aufgeführt, die erforderlich sind, dass die rechte Ansicht zur Verwirklichung führt (die anderen drei sind sittliches Verhalten und die Entwicklung von *samatha* und *vipassanā*).

[92] In der Tat reicht selbst die vierte unkörperliche Erreichung (*nevasaññānāsaññāyatana*) noch immer nicht zur Verwirklichung aus, obwohl es sich dabei um eine tiefe meditative Erfahrung handelt, die – so weit wie im Bereich weltlicher Erfahrung irgend möglich – entfernt vom Denken in Begriffen ist. Vgl. Hamilton (1996, S. 60).

[93] Nach It 53 können *Arahants* aufgrund ihres durchdringenden Verständnisses von Konzepten und verbalen Ausdrücken diese frei gebrauchen, ohne dass dies Auswirkungen auf sie hätte. Vgl. Ñāṇananda (1986, S. 103): „Wer glaubt, sich über Begriffe oder Theorien erheben zu können, indem er sie lediglich verwirft, der hört da auf, wo das Problem beginnt.“

[94] M I 56. Kalupahana (1992, S. 74) erklärt, dass ein Meditierender den für *satipaṭṭhāna* benutzten Begriffen „ ... nur so weit nachgehen sollte, wie sie Erkenntnis (*ñāṇa-matta*) hervorbringen, aber nicht darüber hinaus, denn ... Vorstellungen, die bis über ihre Grenzen hinaus verfolgt werden, können zu substanzialistischer Metaphysik führen.“

Sind Erkennen und Achtsamkeit erst einmal fest gegründet, kann auf das Benennen verzichtet werden.

Dass mit einer rein theoretischen Methode das Erwachen nicht erlangt werden kann, ist ein sich wiederholendes Thema in den Lehrreden.[95] Die Zeit mit geistreichen Überlegungen zum *Dhamma* zu verbringen und dadurch die praktische Übung zu vernachlässigen, würde eindeutig das Missfallen des Buddha erregen. Ihm zufolge kann jemand, der sich so verhält, nicht als Praktizierender des *Dhamma* betrachtet werden, sondern zählt lediglich als jemand, der sich im Denken verfangen hat.[96]

Sati an sich ist bloßes Gewahrsein der Phänomene, ohne den Geist in Gedanken und Assoziationen abschweifen zu lassen.[97] Nach der „Definition" des *satipaṭṭhāna* arbeitet *sati* zusammen mit der Wissensklarheit (*sampajañña*). Dasselbe Vorhandensein von Erkenntnis liegt auch dem Ausdruck „er weiß" bzw. „er erkennt" (*pajānāti*) zugrunde, der oft in den einzelnen *satipaṭṭhāna*-Betrachtungen vorkommt. So kann „wissen" bzw. „erkennen" oder das Betrachten der „Wissensklarheit" so aufgefasst werden, dass es den begrifflichen Input darstellt, der für eine auf achtsamer Beobachtung beruhende klare Kenntnisnahme der beobachteten Phänomene benötigt wird.[98]

Dieser (wieder-)erkennende Aspekt, welcher sich in der Eigenschaft der Wissensklarheit wie auch in dem Ausdruck „er erkennt" findet, kann durch die Übung des geistigen Benennens weiter entfaltet und gestärkt werden. Diese „erkennende" Eigenschaft des Geistes ist es, die das Verstehen herbeiführt. Auf diese Weise kann *satipaṭṭhāna*-Meditation, die, frei von Intellektualisierung, in einem Geisteszustand des ruhigen Beobachtens stattfindet, dennoch in dem für die Förderung des Erkennens und des Gewahrseins benötigten Maße angemessenen Gebrauch von Begriffen machen.

Die Tatsache, dass die so geübte Kontemplation den einzigen Zweck hat, die Achtsamkeit und das Verstehen zu steigern, weist auf eine bedeutende Verschiebung hin, weg von einer zielorientierten Übung. Auf dieser

---

[95] S I 136 beschreibt die Verwirklichung des Buddha als jenseits der Reichweite rein theoretischer Untersuchung. Vgl. auch Dhp 19f., Dhp 258f., wo betont wird, dass es die Praxis des *Dhamma* ist, auf die es wirklich ankommt. In A V 162 führte die übermäßige Betonung eines theoretischen Verständnisses des *Dhamma* sogar dazu, dass einige Mönche irrtümlich für sich beanspruchen, die Verwirklichung erlangt zu haben. Vgl. Karunaratne (1988a, S. 83).

[96] A III 87. Doch kommt die gleiche Beschreibung in A III 178 vor, wo empfohlen wird, über den *Dhamma* zu reflektieren. Dies zeigt, dass derartige theoretische Untersuchungen nicht kategorisch abgelehnt wurden, sondern dass die Kritik sich gegen die Vernachlässigung der praktischen Übung richtete.

[97] Vgl. Kapitel III.

[98] Diese Auffassung wird zu einem gewissen Grad vom Kommentar (Ps I 250) gestützt, wo dieser Teil des Kehrverses zu Achtsamkeit und Wissensklarheit in Beziehung gesetzt wird.

vergleichsweise fortgeschrittenen Stufe wird *satipaṭṭhāna* um seiner selbst willen geübt. Mit dieser Verschiebung in der Einstellung beginnen das Ziel und der Akt des Meditierens zu verschmelzen und eins zu werden, da Gewahrsein und Verstehen kultiviert werden, um eben immer mehr Gewahrsein und Verstehen zu entwickeln. Die Übung von *satipaṭṭhāna* wird sozusagen eine „mühelose Mühe", der Zielorientierung und Erwartung genommen sind.

Genau diese Art der Betrachtung ist es, die dazu befähigt, unabhängig und „an nichts in der Welt (der Erfahrung) haftend", wie im letzten Teil des Kehrverses bestimmt, zu verweilen.[99] In einigen Lehrreden erscheint die Spezifizierung „unabhängig verweilen" unmittelbar, bevor Verwirklichung stattfindet.[100] Dies legt nahe, dass mit diesem Teil des Kehrverses die *satipaṭṭhāna*-Betrachtung sich nach und nach zu der Konstellation geistiger Eigenschaften aufbaut, die für das Erwachen erforderlich sind. Den Kommentaren zufolge bezieht sich „unabhängig verweilen" auf die Abwesenheit von Abhängigkeit durch Verlangen und spekulativer Ansichten, während das „an nichts in der Welt haften" dafür steht, sich nicht mit irgendeiner der fünf Daseinsgruppen zu identifizieren.[101]

Durch das Loslassen aller Abhängigkeiten und allen Verlangens während dieser fortgeschrittenen Stufe der Übung leuchtet dem Meditierenden ein tiefer werdendes, klares Erkennen der Natur der Leerheit aller Erscheinungen auf. Mit dieser Stufe von Unabhängigkeit und Gleichgewicht, die sich durch die Abwesenheit jeglichen Anhaftens an „ich" oder „mein" auszeichnet, strebt der direkte Pfad von *satipaṭṭhāna* seinem Gipfel zu. In diesem ausgeglichenen Geisteszustand, frei vom Konstruieren eines „ich" oder „mein", kann die Verwirklichung von *Nibbāna* stattfinden.

---

[99] M I 56: „ ... er verweilt unabhängig, an nichts in der Welt haftend."

[100] D II 68, M I 251, M III 244, S II 82, S IV 23, S IV 24, S IV 65, S IV 67, S IV 168, A IV 88. Ganz ähnlich wird in M III 266 das Nichtvorhandensein von Abhängigkeiten mit dem Überwinden von *dukkha* in Zusammenhang gebracht. Vgl. auch A V 325, wo darauf hingewiesen wird, dass ein fortgeschrittener Meditierender meditieren kann, ohne von den materiellen oder immateriellen Elementen oder von irgendeinem Aspekt der Wahrnehmungserfahrung ‚abhängig' zu sein. Diese Beschreibung wird in Spk V 79 mit der Erfahrung von *Nibbāna* in Zusammenhang gebracht.

[101] Ps I 250.

VI. Kapitel
Der Körper

VI.1 Die Körperbetrachtungen

Beginnend mit diesem Kapitel werde ich die im *Satipaṭṭhāna-sutta* beschriebenen praktischen Meditationsübungen untersuchen. Die unter dem ersten *satipaṭṭhāna*, der Körperbetrachtung, angeführten Übungen umfassen Atemachtsamkeit, Achtsamkeit der Körperhaltungen, Wissensklarheit bezüglich der körperlichen Aktivitäten, Zerlegung des Körpers in seine anatomischen Teile, Zerlegung des Körpers in seine elementaren Eigenschaften und die Betrachtung eines toten Körpers in neun aufeinander folgenden Stadien der Verwesung. Nach einem einführenden Überblick über die Praxis der Körperbetrachtung an sich werde ich jede dieser Meditationsübungen im Einzelnen untersuchen.

Die Reihenfolge der Körperbetrachtungen ist progressiv, indem sie mit den deutlich sichtbareren und fundamentaleren Aspekten des Körpers beginnt und zu einem detaillierteren und analytischeren Verständnis der Natur des Körpers fortschreitet. Dieses Muster wird noch offensichtlicher, wenn die Atemachtsamkeit von der ersten an die dritte Stelle verschoben würde, und zwar im Anschluss an die Achtsamkeit der Körperhaltungen und Wissensklarheit bezüglich der körperlichen Aktivitäten. In dieser Position findet sie sich im chinesischen *Madhyama-āgama* und in zwei anderen Versionen von *satipaṭṭhāna* (vgl. Abb. 6.1 unten).[1] Durch diese Veränderung der Reihenfolge würde die Achtsamkeit der Körperhaltungen und Wissensklarheit bezüglich der körperlichen Aktivitäten der Atemachtsamkeit vorausgehen, anstatt ihr wie in den Pāli-Versionen zu folgen.

[1] Bezüglich der *Madhyama-āgama*-Version vgl. Minh Chau (1991, S. 88) und Nhat Hanh (1990, S. 138). Die anderen Versionen sind – nach Schmithausen (1976, S. 250) – die *Pañcaviṃśatisāhasrikā Prajñāpāramitā* und der *Śāriputrābhidharma*. Im Gegensatz dazu wird in den zwei *Satipaṭṭhāna-suttas* (D II 291, M I 56) und im *Kāyagatāsati-sutta* (M III 89) die Atemachtsamkeit zu Beginn der Körperbetrachtungen eingeordnet.

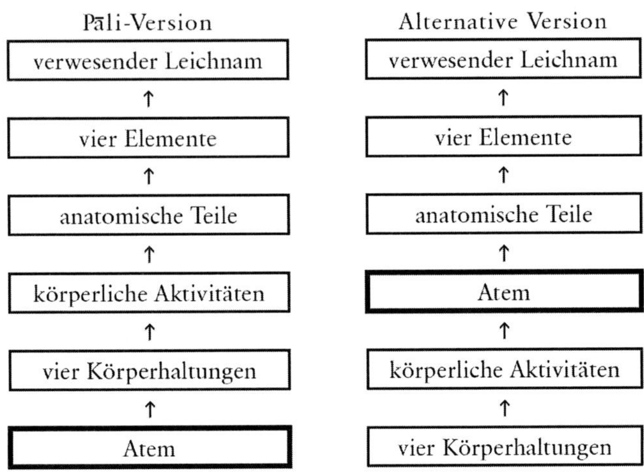

Abb. 6.1: Die Körperbetrachtungen

Die Achtsamkeit auf die vier Körperhaltungen und die Wissensklarheit bezüglich der Aktivitäten können als Formen der Betrachtung charakterisiert werden, die einfacher und rudimentärer als die anderen Körperbetrachtungen sind. Angesichts ihrer grundlegenderen Art erscheint es vernünftig, sie – als geeignete Mittel zum Aufbau eines Gegründetseins in *sati* – an den Anfang der Kultivierung von *satipaṭṭhāna* zu stellen. Doch bedeutet dies nicht, dass bei der praktischen Übung der Atemachtsamkeit stets die Achtsamkeit auf die Körperhaltungen und die Wissensklarheit bezüglich der Aktivitäten vorausgehen muss, da die Achtsamkeit auf den Atem auch dazu überleiten kann, auf die eigenen Körperhaltungen und Aktivitäten achtsam zu sein.

Die Achtsamkeit auf die Körperhaltungen und die Wissensklarheit bezüglich der Aktivitäten befassen sich überwiegend mit dem Körper in Aktion. Im Vergleich dazu untersuchen die restlichen Übungen den Körper in einer eher statischen Weise, indem er aus dem Blickwinkel der Anatomie, der Stofflichkeit und der Zeit (sein Zerfall nach dem Tod) analysiert wird. In diesem Zusammenhang erfüllt die Atemachtsamkeit eine Übergangsfunktion, denn obwohl sie traditionell in der stabilen Sitzhaltung ausgeführt wird, befasst sie sich immer noch mit einem aktiven Aspekt des Körpers, nämlich dem Vorgang des Atmens. Würde die Atemachtsamkeit an die dritte Stelle versetzt, würde sie zur ersten einer Reihe von hauptsächlich in der Sitzhaltung durchgeführten Übungen. Tatsächlich wird die richtige Sitzhaltung nur in den Anweisungen für die Atemachtsamkeit in Einzelheiten beschrieben. Da die Achtsamkeit der vier Körperhaltungen und die Wissensklarheit bezüglich der körperlichen Aktivitäten Formen der Betrachtung sind, die in unterschiedlichen Haltungen stattfinden, ist es sinnvoll, die

Sitzhaltung erst dann einzuführen, wenn sie relevant wird. Dies trifft auf die Atemachtsamkeit und die verbleibenden Übungen zu, deren verhältnismäßige Subtilität eine eher stabile Körperhaltung voraussetzt, durch die tiefere Konzentrationsstufen leichter erreicht werden. Durch die Verschiebung der Atemachtsamkeit an die dritte Stelle verschiebt sich auch die Beschreibung der Sitzhaltung an die am besten passende Stelle innerhalb der Körperbetrachtungen.

Die Körperbetrachtungen beginnen mit der Betonung des „Erkennens" (*pajānāti*, *sampajānakāri*) in den zwei mit den Körperhaltungen und Aktivitäten befassten Übungen und in den ersten zwei Schritten der Atemachtsamkeit. Die in den darauf folgenden Übungen vorgestellten Methoden der Betrachtungen weichen leicht davon ab. Die letzten beiden Stufen der Atemachtsamkeit beziehen sich auf „einüben" (*sikkhati*), die zwei Körperanalysen auf „erwägen" (*paccavekkhati*)[2] und die Betrachtung eines verwesenden Leichnams auf „vergleichen" (*upasaṃharati*). Dieser Wechsel in der Wahl der Verben unterstreicht ein Fortschreiten von vergleichsweise einfachen Beobachtungshandlungen zu verfeinerten Formen der Analyse. Auch hier nimmt die Atemachtsamkeit eine Übergangsfunktion ein, wobei die ersten ihrer Schritte den zwei Betrachtungen der Haltungen und der Aktivitäten ähneln, während ihre letzten Schritte den letzten drei Betrachtungen zugeordnet werden können.

Außer der Achtsamkeit auf die vier Körperhaltungen und der Wissensklarheit bezüglich der Aktivitäten wird jede der anderen Körperbetrachtungen durch ein Gleichnis veranschaulicht. In diesen Gleichnissen wird die Atemachtsamkeit mit einem Drechsler an seiner Drehbank verglichen, die Betrachtung der anatomischen Teile mit der Untersuchung eines Sacks voll Körner und die Betrachtung der vier Elemente mit dem Zerlegen einer geschlachteten Kuh. In der letzten Übung werden Bilder eines Körpers in verschiedenen Stadien der Verwesung verwendet. Obwohl diese Verwesungsstadien nicht als Gleichnisse anzusehen sind, bildet hier der Gebrauch geistiger Bilder eine Parallele zu den in den anderen drei Übungen verwendeten Gleichnissen. Diese Gleichnisse und geistigen Bilder deuten auf eine weitere Affinität der Atemachtsamkeit und der letztgenannten drei Körperbetrachtungen hin und sprechen daher zusätzlich dafür, sie zusammen darzustellen, indem die Atemachtsamkeit an die dritte Stelle in der Reihenfolge der Körperbetrachtungen versetzt wird.

In der Anweisung zur Betrachtung der anatomischen Teile wird das Wort „unrein" (*asuci*) verwendet, was ein gewisses Maß an Wertung erkennen

---

[2] In Ps-pṭ I 365 wird erklärt, dass sich „erwägen" auf wiederholtes analytisches Beobachten bezieht.

lässt, das dieser Art der Praxis eigen ist.[3] In einer Textstelle im *Aṅguttaranikāya* wird die Betrachtung der anatomischen Teile und eines verwesenden Leichnams in die Kategorie „Gedenken" (*anussati*) eingereiht.[4] Dies ruft die Nebenbedeutung von *sati*, Erinnerung, wach und zeigt auch, dass diese beiden Betrachtungen eine Form der Übung mit einschließen, die sich nicht auf reines Gewahrsein beschränkt.

Die Spannbreite der „Körperbetrachtung" als ein *satipaṭṭhāna* ist in der im *Madhyama-āgama* enthaltenen chinesischen Version sogar noch umfassender, wo den in den Pāli-Lehrreden beschriebenen Meditationen einige weitere hinzugefügt werden. Es ist überraschend – zumindest auf den ersten Blick –, dass im *Madhyama-āgama* das Entwickeln der vier Vertiefungen zu den Körperbetrachtungen gezählt wird.[5] Doch findet sich eine Parallele zu der Einreihung der vier Vertiefungen unter die Körperbetrachtungen im *Kāyagatāsati-sutta* des Pāli-Kanons, wo die Achtsamkeit auf die Wirkung gerichtet wird, die diese Vertiefungen auf den physischen Körper ausüben.[6] Daher ist es nicht zu weit hergeholt, das während der Vertiefung körperlich empfundene Entzücken als Objekt der Körperbetrachtung aufzufassen. Dessen ungeachtet passen etliche der zusätzlichen im *Madhyama-āgama* erwähnten Betrachtungen nicht gut zu „Körperbetrachtung", sondern sind anscheinend vielmehr das Resultat einer Zuordnung anderer Übungsformen zu dieser Kategorie.[7]

Demgegenüber weist die Version des chinesischen *Ekottarika-āgama* insgesamt nur vier Körperbetrachtungen auf: Achtsamkeit der anatomischen Teile, der vier Elemente, eines verwesenden Leichnams und eine Betrachtung der zahlreichen Körperöffnungen mit den unreinen Flüssigkeiten, die

---

[3] M I 57: „ ... untersucht er prüfend ebendiesen Körper ..., angefüllt mit vielen Arten von Unreinheit".

[4] A III 323.

[5] Minh Chau (1991, S. 89), Nhat Hanh (1990, S. 154). Es handelt sich hier um die sechste, siebte, achte und neunte der Körperbetrachtungen in dieser Version. Darin wird die physische Wirkung der vier *jhāna*s mithilfe derselben Gruppe von Gleichnissen beschrieben, die sich in den Pāli-Lehrreden finden (das Kneten von Seifenpulver zu einem Klumpen, ein See mit Wasserzufuhr von innen her, mit Wasser bedeckte Lotosblumen und ein ganz in Weiß gekleideter Mann).

[6] M III 92.

[7] Z. B. sind in dieser Version zahlreiche Arten, mit unheilsamen Gedanken umzugehen, als die dritte und vierte der Körperbetrachtungen aufgeführt. (Eine Parallele in den Pāli-Texten zu diesen Übungen sind das erste und das letzte der in M I 120 erwähnten Mittel gegen unheilsame Gedanken.) Weiterhin sind in dieser Version die zehnte und die elfte der Körperbetrachtungen mit dem Entwickeln von „klarer Wahrnehmung" und „guter Erinnerung an das Bild der Betrachtung" befasst. Dies könnte der Klarheit der Wahrnehmung (*āloka-saññā*) und dem Zeichen der Konzentration (*samādhinimitta*) entsprechen, die sich an anderer Stelle in den Pāli-Lehrreden finden. Vgl. Minh Chau (1991, S. 88-90), Nhat Hanh (1990, S. 153-156).

sie absondern.[8] Eine noch stärker verkürzte Version findet sich im Pāli-*Vibhaṅga*, wo lediglich die Betrachtung der anatomischen Zusammensetzung unter diesem *satipaṭṭhāna* aufgeführt wird.[9] Während man über die Gründe für diese Unterschiede nur mutmaßen kann, bleibt jedoch als unbestritten akzeptierter Kern für das Betrachten des Körpers in all diesen unterschiedlichen Versionen eine gründliche Untersuchung seiner anatomischen Zusammensetzung. Dadurch wird ein deutlicher Schwerpunkt auf diese Übung gelegt,[10] obwohl das bis zu einem gewissen Grad eine Bewertung einschließt und sich daher anscheinend von der für *satipaṭṭhāna* typischen Methode der Betrachtung unterscheidet.

VI.2 Zweck und Nutzen der Körperbetrachtung

Obwohl das Betrachten der Natur des Körpers seine weniger anziehenden Eigenschaften hervorhebt, besteht der Zweck dieser Übung nicht darin, den Körper zu dämonisieren. Während in den Lehrreden der menschliche Körper manchmal auf ziemlich negative Weise beschrieben wird,[11] kommen einige dieser Beispiele in einem bestimmten Kontext vor, wo die Betonung darauf liegt, dass die betreffenden Sprecher alle Anhaftung an ihren Körper überwunden haben.[12] Im Gegensatz dazu wird im *Kāyagatāsati-sutta* das körper-

---

[8] Nhat Than (1990, S. 169).

[9] Vibh 193. Der Kommentar zum *Vibhaṅga* dehnt dies etwas weiter aus, indem die anatomischen Teile zu den vier Elementen in Bezug gesetzt werden (siehe Vibh-a 252). Bronkhorst (1985, S. 311) äußert auf der Grundlage der *Vibhaṅga*-Textstelle die Auffassung, dass möglicherweise in der Analyse der anatomischen Teile die älteste und ursprünglichste Methode der Körperbetrachtung besteht. Vgl. Lin Li-Kouang (1949, S. 122-127), der das gesamte *Satipaṭṭhāna-sutta* als Ausarbeitung des ursprünglicheren *Kāyagatāsati-sutta* versteht. Eine ähnliche Auffassung findet sich bei Schmidt (1989, S. 41, Anm. 3).

[10] Dieser Schwerpunkt spiegelt sich auch in der Tatsache wider, dass *kāyagatāsati* (Körperachtsamkeit) – ein Wort, das im Gebrauch der *suttas* gleichbedeutend mit *kāyānupassanā* (Körperbetrachtung) ist – in den Kommentaren eine Bedeutung annahm, welche auf die Betrachtung der anatomischen Teile reduziert ist; vgl. Bodhi (2000, S. 1453, Anm. 366) und Karunaratne (1999a, S. 168). Diese Bedeutungsänderung unterstreicht die Relevanz der Betrachtung der anatomischen Teile als die zentrale Form der Körperbetrachtung.

[11] Vgl. z. B. M I 500, M I 510, S I 131, A IV 377, A IV 386, Sn 197-199, Sn 205, Th 279, Th 453, Th 567-569, Th 1150-1153, Thī 19, Thī 82f., Thī 140, Thī 466-471. In diesen Textstellen finden sich Hinweise, dass eine teilweise negative Einstellung zum Körper nicht nur das Resultat der kommentariellen Schriften ist, wie von Hamilton (1995b, S. 61) vorgeschlagen. Im Gegensatz dazu geht jedoch Heiler (1922, S. 18), der von einem „ungestümen Ekel an allem Leiblichen" als dem Ziel der Körperbetrachtung spricht, zu weit.

[12] Z. B. Vijayā in S I 131, Sāriputta in A IV 377, Khemā in Thī 140, die allesamt äußern, dass sie sich ihres eigenen Körpers schämen und sich vor ihm ekeln. Jedoch >

liche Entzücken beim Erlangen der Vertiefung als Objekt der Körperbetrachtung präsentiert. Dieser Abschnitt zeigt deutlich, dass Körperbetrachtung nicht notwendigerweise mit Widerwillen und Ekel einhergehen muss.

Ein zentraler Zweck der Betrachtung der Natur des Körpers liegt jedoch eindeutig darin, die Aufmerksamkeit vor allem auf seine unappetitlichen Seiten zu richten und dadurch seine zuvor betonten attraktiven Seiten in einen ausgewogeneren Zusammenhang zu stellen. Das Ziel besteht in einer ausgeglichenen und losgelösten Einstellung zum Körper. Mit solch einer ausgeglichenen Einstellung wird der Körper lediglich als ein Produkt von Bedingungen wahrgenommen, ein Produkt, mit dem sich die *satipaṭṭhāna*-Praktizierenden nicht identifizieren müssen.[13]

In den Lehrreden wird die Übung und der Nutzen der Körperbetrachtung mit einer Anzahl von Gleichnissen veranschaulicht. In einem dieser Gleichnisse wird ein Mann beschrieben, der eine mit Öl randvolle Schale auf seinem Kopf durch eine Menschenmenge trägt, die einem schönen Mädchen beim Singen und Tanzen zuschaut.[14] Ihm auf den Fersen ist ein anderer Mann, der sein Schwert gezogen hat und bereit ist, ihm den Kopf abzuschlagen, wenn er auch nur einen Tropfen Öl verschüttet. Um sein Leben zu bewahren, muss der Mann, der das Öl trägt, seine ganze Aufmerksamkeit auf jeden seiner Schritte und jede Bewegung richten, ohne es zuzulassen, dass der Tumult um das Mädchen herum ihn ablenkt.

Das vorsichtige Verhalten des Mannes mit dem Öl in diesem Gleichnis dient als Beispiel für das umsichtige Verhalten eines Übenden, der fest im Augenblicksgewahrsein des Körpers gegründet ist. Die Vorstellung, einen Gegenstand auf dem Kopf zu tragen, weist besonders auf die Balance und Zentriertheit hin, von der mit *sati* ausgeführte körperliche Aktivitäten begleitet sind. Ein anderer Aspekt dieses Gleichnisses besteht darin, dass das aufrechterhaltene Gewahrsein der Körperaktivitäten zu Sinneszügelung in Beziehung gesetzt wird. Auf diese Weise veranschaulicht es lebhaft, wie wichtig das Entwickeln von im Körper gegründetem Gewahrsein ist, da in der in diesem Gleichnis beschriebenen Situation die Sinneszügelung dadurch,

---

ist diese spezielle Ausdrucksweise auf die Umstände in jedem Einzelfall zurückzuführen, da Sāriputta sich gegen die falsche Anschuldigung verteidigt, einem anderen Mönch körperlich zu wenig Respekt erwiesen zu haben (vgl. Mp IV 171), während die Nonnen Vijayā und Khemā sich bemühen, jemanden, der sie verführen will, abzuschrecken. In der Tat findet sich dieselbe Ausdrucksweise wieder in Vin III 68 und S V 320, wo eine Anzahl von Mönchen sich mit solcher Inbrunst der Betrachtung der abstoßenden Natur des Körpers widmen, dass sie Suizid begehen. Dies ist ganz sicher nicht die korrekte Art, diese Übung auszuführen.

[13] In S II 64 wird darauf hingewiesen, dass der Körper weder einem selbst noch einem anderen gehört, sondern einfach das Produkt der Bedingungen ist.

[14] S V 170.

dass sie im Körper gegründet ist, das Mittel darstellt, durch das der Mann mitten in Aufruhr und Ablenkung sein Leben schützen kann.

In einem anderen Gleichnis wird die Sinneszügelung wiederum genannt, wo die Körperachtsamkeit mit einem starken Pfosten verglichen wird, an den sechs verschiedene wilde Tiere angebunden sind.[15] Da die Tiere an dem Pfosten fest angebunden sind, müssen sie – ganz gleich, wie sehr sie auch versuchen mögen, freizukommen – früher oder später aufgeben und sich neben den Pfosten setzen oder niederlegen. Auf ähnliche Weise kann die Körperachtsamkeit zu einem „starken Pfosten" zur „Zähmung" der sechs Sinne werden.

Mit diesem Gleichnis wird die geistige Unruhe des Suchens nach sinnlicher Befriedigung mit wilden Tieren verglichen, die darum kämpfen, in verschiedene Richtungen auseinanderzustieben. Ist aber einmal der Pfosten der Körperachtsamkeit fest errichtet, werden die Sinne sich unweigerlich beruhigen müssen, gerade so, wie die Tiere sich irgendwann neben dem Pfosten, an dem sie angebunden sind, niederlegen werden. Das Gleichnis weist auf den Nutzen hin, der darin besteht, dass die Körperachtsamkeit in der Erfahrung des gegenwärtigen Augenblicks „verankert" oder gegründet ist.[16] Mangelt es an solchem Gegründetsein in der Körperachtsamkeit, können leicht Anhaften und Greifen entstehen.[17]

Eine ähnliche Assoziation liegt einer Reihe von Gleichnissen im *Kāyagatāsati-sutta* zugrunde, in denen die Körperachtsamkeit als ein Faktor dargestellt wird, der grundlegend ist, um Māra, der Verkörperung geistiger Befleckung, zu widerstehen.[18] Gerade so, wie eine schwere Steinkugel einen nassen Lehmhaufen durchdringen oder wie mit trockenem Holz Feuer gemacht werden oder wie ein leerer Krug leicht mit Wasser gefüllt werden kann, so wird auch Māra eine Gelegenheit finden, diejenigen zu überwältigen, die nicht fest in der Körperachtsamkeit gegründet sind. Aber gerade so, wie ein leichter Ball aus Schnur ein aus Hartholz gemachtes Türbrett nicht durchdringen oder wie aus nassem Holz kein Feuer gemacht werden oder wie ein voller Krug kein Wasser mehr aufnehmen kann, so wird auch Māra nicht fähig sein, diejenigen zu überwältigen, welche die Körperachtsamkeit entwickeln und kultivieren.

---

[15] S IV 198.

[16] Frýba (1989, S. 111) spricht sehr passend von „Strategien der Realitätsverankerung". Tart (1994, S. 44) erläutert: „Anstatt von jedem Gedanken weggetragen zu werden, haben Sie durch Ihren Körper einen Anker im Hier und Jetzt." Vgl. Nett 13, wo darauf hingewiesen wird, dass die Körperachtsamkeit vor sensorischer Ablenkung schützt.

[17] Nach M I 266 führt Vernachlässigung der Körperachtsamkeit zum Schwelgen in Gefühlen und damit zum Anhaften.

[18] M III 95.

Das *Kāyagatāsati-sutta* enthält dieselbe Folge der Körperbetrachtungen wie das *Satipaṭṭhāna-sutta*. Doch gibt es einen bemerkenswerten, in der Version des Kehrverses des *Kāyagatāsati-sutta* vorkommenden Unterschied, wo die Körperbetrachtung in Bezug zum Überwinden weltlicher Gedanken und zum Entwickeln von Konzentration gesetzt wird.[19] Dadurch wird auf einen anderen bedeutenden Nutzen der Körperbetrachtung hingewiesen, nämlich auf das Überwinden sinnlicher Betörung durch eine angemessene Einschätzung der Beschaffenheit des Körpers. Ein solches Schwinden sinnlicher Betörung erleichtert das durch sinnliche Ablenkung ungehinderte Entwickeln von Konzentration. Im *Kāyagatāsati-sutta* wird dies durch eine weitere Reihe von Gleichnissen veranschaulicht: Gerade so, wie Trinkwasser leicht ausfließt, wenn man den Krug umkippt, oder wie das Wasser eines Teichs leicht abläuft, wenn der Uferdamm beschädigt wird, oder wie ein geschickter Fahrer eine Kutsche ganz leicht fahren kann, wohin auch immer er möchte – gerade so leitet Körperachtsamkeit leicht zur Entwicklung tiefer Konzentration über.[20]

Daher kann Körperbetrachtung zu einer Grundlage für das Entwickeln von Geistesruhe werden, oder sie kann auch zu der Anwendung von *sati* auf die Gefühle und geistigen Phänomene führen, wie im *Satipaṭṭhāna-sutta* beschrieben.[21] Die Tatsache, dass ein festes Gegründetsein im Gewahrsein des Körpers eine wichtige Grundlage für das Entwickeln sowohl von Geistesruhe als auch Einsicht darstellt, ist vielleicht der Grund dafür, warum bezüglich der vier *satipaṭṭhāna*s die umfangreichste und detaillierteste Abhandlung in den Lehrreden und den Kommentaren der Körperbetrachtung zuteil wurde.[22] Diese Betonung der Körperbetrachtungen herrscht auch heute noch in den *vipassanā*-Schulen der Theravāda-Tradition vor, wo die

---

[19] M III 89.

[20] M III 96.

[21] Ledi (1983, S. 38) betont die Wichtigkeit des Gegründetseins in der Körperbetrachtung für die Übung von *samatha* oder *vipassanā*. Er vergleicht den Versuch, sich sowohl in dem einen als auch dem anderen zu üben, ohne sich zuvor in der Körperachtsamkeit verankert zu haben, mit dem Fahren eines Ochsenkarren, dem ein ungezähmter Ochse ohne Nasenring vorgespannt ist. Überlegungen zur Wichtigkeit der Körperbetrachtungen für das Entwickeln von *samatha* werden auch in Ps I 301 angestellt, wo darauf hingewiesen wird, dass die Achtsamkeit auf den Atem, auf die anatomischen Teile und auf den Zerfall des Körpers nach dem Tode *satipaṭṭhāna*-Betrachtungen sind, die sich besonders gut für das Entwickeln von Konzentration eignen.

[22] Z. B. im *Majjhima-nikāya* werden einzelne Aspekte der Körperbetrachtung jeweils in bestimmten Lehrreden erläutert (*Ānāpānasati-sutta*, M III 78, *Kāyagatāsati-sutta*, M III 88). Ganz ähnlich gewähren die *satipaṭṭhāna*-Kommentare den Körperbetrachtungen ebenso viel Raum, Ps I 247-274, wie den übrigen drei *satipaṭṭhāna*s, Ps I 274-301: jeweils einen Umfang von 27 Druckseiten).

Körperachtsamkeit eine zentrale Position als grundlegende *satipaṭṭhāna*-Praxis einnimmt.

In den Lehrreden wird wiederholt der große Wert der Körperachtsamkeit betont.[23] Ihnen zufolge haben jene, die nicht die Körperachtsamkeit üben, keinen „Anteil an der Todlosigkeit".[24] Körperachtsamkeit ist eine Quelle der Freude,[25] und man kann sie als den wahren und besten Freund betrachten.[26] In einem Vers aus dem *Theragāthā* wird sogar von einem Mönch berichtet, der überlegt: Wenn ihm nur ein einziger Wunsch gewährt würde, dann wäre dies, dass die ganze Welt sich ununterbrochener Körperachtsamkeit erfreuen möge.[27]

Obwohl die Ursprünge der Meditationspraktiken zur Körperbetrachtung anscheinend uralt sind und in asketischen und kontemplativen Kreisen zu Lebzeiten des Buddha schon bekannt waren,[28] wird in den Kommentaren darauf hingewiesen, dass das analytische und umfassende Herangehen an die Körperbetrachtung im Buddhismus ein deutlich neues Merkmal war.[29]

VI.3 Atemachtsamkeit

Noch heute – und schon in alten Zeiten war es so – ist die Atemachtsamkeit wohl die am weitesten verbreitete Methode der Körperbetrachtung. Den Lehrreden zufolge übte sich der Buddha selbst oft in Atemachtsamkeit[30], die er als eine „edle" und „brahmagleiche" Art der Übung bezeichnete.[31] Laut einer Lehrrede fand sogar sein eigenes Erwachen auf der Grundlage der Atemachtsamkeit statt.[32]

In den Lehrreden wird die Atemachtsamkeit in unterschiedlicher Weise dargestellt. Das *Satipaṭṭhāna-sutta* beschreibt vier Stufen der Übung, zu denen im *Ānāpānasati-sutta* weitere zwölf Stufen hinzugefügt werden, wo-

---

[23] Z. B. in M III 94-99, A I 43, Dhp 293.

[24] A I 45.

[25] A I 43. Vgl. auch D III 272 und S II 220.

[26] Th 1035 (Ein Ausspruch Ānandas nach dem Hinscheiden des Buddha.)

[27] Th 468.

[28] Lin Li-Kouang (1949, S. 124), Schmithausen (1976, S. 254). Die Vermutung, die Körperbetrachtung sei im alten Indien bekannt gewesen, wird in gewissem Maße von dem einleitenden Teil des *Kāyagatāsati-sutta* (= M III 88) gestützt, wo die Mönche sich lobend darüber äußern, dass der Buddha die Körperbetrachtung auf eine Art und Weise dargestellt habe, die vielfältigen Nutzen bringe. Wenn die Tätigkeit der Körperbetrachtung an sich eine Neuerung gewesen wäre, hätte dies höchstwahrscheinlich ihr ausdrückliches Lob hervorgerufen.

[29] In Ps I 247 und Ps-pṭ I 348 findet sich die Behauptung, in anderen religiösen Systemen werde die Körperbetrachtung nicht so vollständig wie vom Buddha gelehrt.

[30] S V 326.

[31] S V 326.

[32] S V 317.

durch sich eine Anordnung von insgesamt sechzehn Übungsstufen ergibt. An anderer Stelle ist in den Lehrreden von der Atemachtsamkeit als Wahrnehmung (*saññā*) und auch als einer Konzentrationsübung die Rede.[33] Diese unterschiedlichen Darstellungen zeigen, auf welch vielfältige Weise der Atemvorgang als Meditationsobjekt dienen kann. Dasselbe wird in dem Bereich des möglichen Nutzens dokumentiert, worin sowohl durchdringende Einsicht also auch tiefe Konzentration eingeschlossen sind.[34]

Als Meditationspraxis ist die Atemachtsamkeit von friedvoller Art und führt zu Stabilität sowohl der Körperhaltung als auch des Geistes.[35] Die durch die Atemachtsamkeit herbeigeführte geistige Stabilität dient besonders als ein Gegenmittel wider Ablenkung und umherschweifendes Denken.[36] Die Wahrnehmung des Atems kann auch zur Zeit des Todes zu einem stabilisierenden Faktor werden, wenn sogar der letzte Atemzug ein achtsamer ist.[37]

Dem *Satipaṭṭhāna-sutta* zufolge sollte die Übung der Atemachtsamkeit auf folgende Weise durchgeführt werden:

> „... nachdem er in den Wald oder zum Fuße eines Baumes oder zu einer unbewohnten Hütte gegangen ist, setzt er sich nieder; und [nachdem] er sich mit gekreuzten Beinen gesetzt, den Körper aufgerichtet und Achtsamkeit [geistig] in den Vordergrund gebracht hat, atmet er achtsam ein, atmet achtsam aus.
>
> Lang einatmend weiß er: ‚Ich atme lang ein'; lang ausatmend weiß er: ‚Ich atme lang aus'; kurz einatmend weiß er: ‚Ich atme kurz ein'; kurz ausatmend weiß er: ‚Ich atme kurz aus'. Er übt sich so: ‚Ich werde, den ganzen Körper empfindend, einatmen'; er übt sich so: ‚Ich werde, den ganzen Körper empfindend, ausatmen'. Er übt sich so: ‚Ich werde, die Körperformation beruhigend, einatmen'; er übt sich so: ‚Ich werde, die Körperformation beruhigend, ausatmen'."[38]

---

[33] Als vierstufiges *satipaṭṭhāna* im (*Mahā-*)*Satipaṭṭhāna-sutta* und im *Satipaṭṭhāna-sutta* (D II 291 bzw. M I 59), als sechzehnstufige Übungspraxis im *Ānāpānasati-sutta* (in M III 79), als eine *saññā* (z. B. in A V 111) und als *ānāpānasatisamādhi* im *Ānāpāna-saṃyutta* (z. B. in S V 317); vgl. Vajirañāṇa (1975, S. 227).

[34] In S V 317-319 werden das Überwinden weltlicher Absichten, von Abneigung und Anziehung, das Erlangen der vier *jhāna*s und der unkörperlichen Erreichungen und die Verwirklichung als potenzielle nutzbringende Resultate der Atemachtsamkeit aufgeführt.

[35] S V 321 und S V 316.

[36] A III 449, Ud 37, It 80. Im *Abhidharmakośabhāṣya* wird erläutert, dass die Atemachtsamkeit sich besonders dazu eignet, diskursivem Denken entgegenzuwirken, weil der Atem ein schlichtes Meditationsobjekt ist, ohne Farbe und äußere Form, und daher als solches nicht die Neigung des Geistes zum Fantasieren anregt; in: Pruden (1988, S. 917).

[37] M I 426.

[38] M I 56.

Die Anweisungen zur Atemachtsamkeit schließen eine geeignete äußere Umgebung und die angemessene Körperhaltung ein. Die drei für die Übung empfohlenen Orte sind ein Wald, der Fuß eines Baumes und eine unbewohnte Hütte. Gewöhnlich bringen diese drei in den Lehrreden die passenden Umstände für die formale Meditationspraxis zum Ausdruck[39] und stellen das geeignete Maß der für die Übung der Atemachtsamkeit (oder anderer Meditationspraktiken) erforderlichen Abgeschiedenheit dar.[40] Modernen Meditationslehrern zufolge kann jedoch die Atemachtsamkeit in jeglicher Situation entwickelt werden, sogar dann, wenn jemand zum Beispiel Schlange steht oder in einem Wartezimmer sitzt.[41]

Neben der Beschreibung der äußeren Umgebung wird im *Satipaṭṭhānasutta* auch die richtige Sitzhaltung genau beschrieben: Der Rücken sollte gerade und die Beine gekreuzt werden.[42] In den Lehrreden kommt diese

---

[39] Von diesen dreien steht der Fuß eines Baumes in besonders enger Beziehung zum Üben von Meditation, und dies in einem solchen Maß, dass in M II 118 der bloße Anblick abgeschieden gelegener Bäume einen König dazu veranlasst, sie mit Meditationsübungen in Verbindung zu bringen, was ihn wiederum an den Buddha erinnert. Auch kann der von dem Fuß eines Baumes in Anspruch genommene Raum als Maß für das Gebiet dienen, welches Meditierende mit ihrer Übung durchdringen oder erfüllen können (vgl. M III 146). Der Fuß eines Baumes als Aufenthaltsort stellt auch einen der vier grundlegenden monastischen Bedarfsgegenstände eines buddhistischen Mönchs oder einer buddhistischen Nonne dar (zusammen mit erbettelter Almosenspeise, weggeworfenen Stofffetzen für die Roben und Rinderurin als Medizin), was die Zufriedenheit mit einem Minimum an Lebensnotwendigem ausdrückt. Der „Wald" und der „Fuß eines Baumes" sind Teile der üblichen Beschreibung zur Einführung formaler Meditation (z. B. in D I 71). Der „Fuß eines Baumes" und die „unbewohnte Hütte" kommen in der nachdrücklichen Ermahnung zur Meditationspraxis vor (z. B. in M I 46). Dieselben drei Aufenthaltsorte kommen neben der Atemachtsamkeit auch noch im Zusammenhang mit zahlreichen anderen Arten der Meditationspraxis vor: in M I 297 mit Reflexionen über die Leerheit, in M I 323 mit der Überwindung der Hindernisse, in M I 333 mit dem Erreichen der Erlöschung, in M I 335 mit den himmlischen Verweilzuständen (*brahmavihāras*), in M I 336 mit der Unattraktivität des Körpers, des Gewahrseins des Abstoßenden an Nahrungsmitteln, der Desillusionierung hinsichtlich der ganzen Welt und der Betrachtung der Vergänglichkeit, und in A V 109 mit den Daseinsgruppen, den Sinnesbereichen, verschiedenen körperlichen Krankheiten und mit der Übung, sich *Nibbāna* ins Gedächtnis zu rufen.

[40] Vgl. Ps I 247. In Ps I 248 wird betont, dass es nicht leicht ist, Atemachtsamkeit zu entwickeln, während Lärm und Ablenkungen vorhanden sind. Ganz ähnlich werden in Vibh 244 ein Wald und die Wurzel eines Baumes als abgelegene und stille Orte genannt, die daher dazu geeignet sind, sich in die Abgeschiedenheit der Meditation zurückzuziehen.

[41] Gunaratana (1981, S. 10), Khantipālo (1986, S. 11).

[42] Der Ausdruck „die Beine gekreuzt habend" wird in den Lehrreden nicht näher erklärt. In den Kommentaren wird dies so verstanden, als stehe es für den Lotossitz >

Beschreibung der richtigen Sitzhaltung nicht nur in Bezug auf die Atemachtsamkeit, sondern auch im Zusammenhang mit verschiedenen anderen Meditationsübungen vor.[43] Obwohl dies nicht bedeutet, dass Meditation sich auf eine sitzende Haltung beschränken sollte, so unterstreichen diese Beschreibungen doch deutlich die Wichtigkeit des formalen Sitzens für die meditative Entfaltung des Geistes.

Ist die Sitzhaltung eingenommen, so soll die Achtsamkeit „[geistig] in den Vordergrund" gebracht werden. Die Anweisung „in den Vordergrund" (*parimukha*) kann wörtlich oder bildlich verstanden werden.[44] Wörtlich verstanden deutet „in den Vordergrund" auf die Region der Nasenlöcher als die zur Beobachtung des Ein- und Ausatmens angemessene Körperstelle. Alternativ weist „in den Vordergrund", wenn es eher bildlich verstanden wird, auf eine Vorrangstellung von *sati* hin, nämlich darauf, dass *sati* im Sinne von meditativer Gefasstheit und Aufmerksamkeit geistig in den Vordergrund gebracht wird.[45]

(z. B. Sv I 209). Doch aus der Perspektive der modernen Praxiserfahrung erscheint es vernünftig, jede Sitzposition mit gekreuzten Beinen hierunter zu verstehen, bei welcher der Rücken gerade gehalten wird und die für längere Zeit eingehalten werden kann, ohne Schmerzen zu verursachen.

[43] Die Beschreibung der Sitzhaltung findet sich im Zusammenhang mit der Überwindung der Hindernisse und der Entwicklung der Vertiefungen als Teil der üblichen Erklärung des Stufenpfades, z. B. in D I 71, im Kontext der Praxis der himmlischen Verweilzustände (*brahmavihāras*) in D III 49 und A I 183, im Zusammenhang mit der Betrachtung der fünf Daseinsgruppen in M I 421, im Kontext des Sich-Erinnerns an die Verwirklichung oder an die erreichten Stufen der Einsicht in A I 184, Ud 46, Ud 60 und Ud 77, im Zusammenhang mit der Körperachtsamkeit in Ud 27 und Ud 77 und im Kontext der Meditation im Allgemeinen in Ud 43.

[44] Diese Mehrdeutigkeit ist darauf zurückzuführen, dass *mukha* mehrere Bedeutungen haben kann, unter anderem „Mund" oder „Gesicht", aber auch „Vorderseite" oder „Spitze"; vgl. Rhys Davids (1993, S. 533f.).

[45] In Paṭis I 176 wird erläutert: Wenn *sati* als *parimukha* qualifiziert wird, bedeutet dies, dass es einen „Ausweg" (aus der Achtlosigkeit bzw. Vergesslichkeit) „bietet". Fessel (1999, S. 79) schlägt vor, den Begriff im Gegensatz zu dem Sanskrit-Ausdruck *bahir mukha* („sein Gesicht abwenden") zu verstehen, wobei *parimukhaṃ* dann beinhalten würde, dass die gegenwärtige Aufmerksamkeit auf die unmittelbare Umgebung gerichtet ist. Bei Rhys Davids (1993) findet sich: „*to surround oneself with watchfulness of mind* [sich mit geistiger Wachsamkeit umgeben]" (S. 672), und „*to set one's mindfulness alert* [die eigene Achtsamkeit in den Zustand der Wachsamkeit bringen]" (S. 431). Die entsprechende Textstelle in den chinesischen *Āgama*s lautet: „mit gut kontrollierten, nicht abschweifenden Gedanken" (in Minh Chau, 1991, S. 99). In der Tat wird in einigen Lehrreden der Ausdruck „Achtsamkeit ... in den Vordergrund gebracht" von Menschen gebraucht, die offenbar mit Meditation nicht sehr vertraut waren, um den in Meditation sitzenden Buddha zu beschreiben (ein Brahmane auf der Suche nach seinem Ochsen in S I 170, ein Waldarbeiter in S I 179 und einige Brahmanenschüler in S I 180). Es fällt schwer, sich vorzustellen, dass >

Sowohl im *Abhidhamma* als auch in den Kommentaren wird „in den Vordergrund gebracht" (*parimukhaṃ*) so verstanden, dass es einen genauen anatomischen Ort angibt.[46] In den Lehrreden aber findet sich die Angabe „in den Vordergrund gebracht" in ganz unterschiedlichem Kontext, wie zum Beispiel im Zusammenhang mit der Überwindung der Hindernisse oder mit dem Entwickeln der himmlischen Verweilzustände (*brahmavihāra*).[47]

Obwohl das Überwinden der Hindernisse mit Unterstützung der Atemachtsamkeit stattfinden kann, ist das nicht notwendigerweise der Fall. Tatsächlich wird in den Standardanweisungen zur Überwindung der Hindernisse der Atem nicht erwähnt.[48] Das Entwickeln der himmlischen Verweilzustände wird in den Lehrreden in keiner Weise zu Atemachtsamkeit

---

diese Menschen nur durch den Anblick des sitzenden Buddha erkennen konnten, dass er seine Achtsamkeit auf seine Nasenlöcher richtete. Die wahrscheinlichere Erklärung in diesen Fällen ist wohl, dass sie den Ausdruck „Achtsamkeit ... in den Vordergrund gebracht" benutzten, um einfach die sichtbare Tatsache zu beschreiben, dass der Buddha sitzend in meditativer Gelassenheit weilte.

[46] In Vibh 252 wird erklärt, *parimukha* beziehe sich auf die Nasenspitze oder die Oberlippe, ebenso in Paṭis I 171 und in Ehara (1995, S. 157). In Vism 283 heißt es weiter, die Nasenspitze sei der passende Beobachtungspunkt für Meditierende mit einer längeren Nase, während die Oberlippe für diejenigen mit einer kürzeren Nase dieselbe Funktion erfülle.

[47] In D III 49, M I 274 und A IV 437 wird die „in den Vordergrund" gebrachte Achtsamkeit mit dem Überwinden von Hindernissen in Zusammenhang gebracht, in A I 183 mit den himmlischen Verweilzuständen. An anderer Stelle kommt der Ausdruck „Achtsamkeit in den Vordergrund bringend" im Zusammenhang mit der Entschlussfassung vor, seine Körperhaltung nicht zu verändern, bis die Verwirklichung erlangt ist (siehe M I 219); in Bezug auf das Entwickeln einer Geisteshaltung, die auf das eigene Wohlergehen und auf das anderer gerichtet ist (siehe M II 139); wenn das Bewusstsein auf das reflektive Verständnis gerichtet wird, dass die Befleckungen aus dem Geist beseitigt worden sind (siehe A I 184); oder als Teil der Beschreibung eines in Meditation sehr versierten Mönchs (siehe A III 320). Die Zuschreibung „in den Vordergrund gebracht" scheint mehr als nur Teil einer stereotypen Formel zu sein, da sie in mehreren Textstellen im *Udāna* in ansonsten identischen Beschreibungen von Meditierenden fehlt, die sich mit gekreuzten Beinen niedersetzen (Ud 21, Ud 42f., Ud 46, Ud 60, Ud 71, Ud 77).

[48] Nach den Standarderklärungen (z. B. D III 49, M I 274, M III 3, S V 105) bestehen die Mittel gegen jedes der Hindernisse in Folgendem: Beschäftigung mit der Unattraktivität des Körpers, liebende Güte, klares Erkennen, geistige Ruhe, Klarheit zu haben in Bezug auf heilsame Zustände. Von besonderem Interesse in diesem Kontext ist M I 421, wo Rāhula sich niedersetzt, um Achtsamkeit „in den Vordergrund" zu bringen und dann die Daseinsgruppen zu betrachten, aber erst später Anweisungen über die Atemachtsamkeit erhält. Dies lässt darauf schließen, dass er zuvor noch keine Anweisungen in Atemachtsamkeit erhalten hatte, sodass es nicht sehr wahrscheinlich ist, dass er während der Betrachtung der Daseinsgruppen die Achtsamkeit auf seine Nasenlöcher richtete.

in Bezug gesetzt.[49] Abgesehen davon, des Atems gewahr zu sein, hat es jedoch wenig Sinn, die Achtsamkeit zu den Nasenlöchern zu bringen, sei es im Zusammenhang mit dem Überwinden der Hindernisse oder mit dem Entwickeln der himmlischen Verweilzustände. So ist die bildliche Bedeutung von „in den Vordergrund gebracht" als einer stabilen Sammlung zumindest in diesem Kontext die sinnvollere Alternative.

Obwohl es also sinnvoll ist, in Bezug auf die Atemachtsamkeit „in den Vordergrund gebracht" als Hinweis auf die Region der Nasenlöcher zu verstehen, können doch alternative Übungswege, die sich auf ein weniger wörtliches Verständnis des Begriffes gründen, nicht kategorisch ausgeschlossen werden. In der Tat hat eine Anzahl moderner Lehrer erfolgreiche Methoden der Atemachtsamkeit entwickelt, die unabhängig von der Region der Nasenlöcher sind. Zum Beispiel weisen einige ihre Schüler an, den Atem im Brustbereich zu empfinden; andere empfehlen, das Wind-Element in der Bauchregion zu beobachten, während wieder andere dazu raten, die Achtsamkeit auf den Vorgang des Atmens selbst zu richten, ohne sich auf einen besonderen Ort zu konzentrieren.[50]

Nachdem die richtige Umgebung und Körperhaltung beschrieben wurde, wird der Meditierende im *Satipaṭṭhāna-sutta* angewiesen, achtsam ein- und auszuatmen.[51] Alsdann sollte der Meditierende der Länge jeden Atemzugs als „lang" oder „kurz" gewahr werden. Hier kommt es darauf an, langer und kurzer Atemzüge gewahr zu sein, aber nicht, ihre Länge bewusst zu kontrollieren. Dennoch spiegelt sich in dem Fortschreiten vom Wissen um längere Atemzüge zum Wissen um kürzere Atemzüge der Sachverhalt wider, dass der Atem aufgrund zunehmender geistiger und

[49] In den Anweisungen wird eine Art von Ausstrahlung beschrieben (z. B. in M II 207), was anscheinend nicht mit der Atemachtsamkeit in Zusammenhang steht.

[50] Dhammadharo (1987, S. 16) und Maha Boowa (1983, S. 14-16) geben die Anweisung, das Gewahrsein zunächst an der Nase zu halten, aber anschließend zur Brust oder zum Solarplexus zu verlagern. Kamalashila (1994, S. 168) schlägt vor, einer Energieschwäche entgegenzuwirken, indem man den Atem weiter oben im Körper (z. B. an der Nase) beobachtet, während man sich im Fall überschüssiger Energie beruhigen kann, indem man eine weiter unten gelegene Stelle benutzt (z. B. den Unterleib). Brahmavaṃso (1999, S. 17) empfiehlt, den Atem überhaupt nicht körperlich zu orten. Andererseits übt Kassapa (1966, S. 242) scharfe Kritik an der Mahasi-Tradition wegen des Beobachtens des Atems am Unterleib. Jedoch hat die Mahasi-Tradition, um einen Widerspruch zu den Erklärungen in den Kommentaren zu vermeiden, immer sehr darauf geachtet, ihre Hauptmeditationsübung als Betrachtung des Windelements (aus der Meditation über die vier Elemente) und nicht als eine Form der Atemachtsamkeit zu präsentieren.

[51] Nach Chit Tin (1989, S. 44) bezieht sich diese Anweisung besonders auf die klare Unterscheidung zwischen Ein- und Ausatmen.

körperlicher Ruhe mit fortgesetzter Beobachtung auf ganz natürliche Weise kürzer und feiner wird.[52]

In der Lehrrede wird dieses Fortschreiten mit einem geschickten Drechsler verglichen, der seine Drehbank mit ganzem Gewahrsein bedient, ob er lang oder kurz dreht.[53] Das Gleichnis des Drechslers deutet auf den zunehmenden Grad von Verfeinerung und Subtilität im Laufe des Übens der Atemachtsamkeit hin.[54] Gerade so, wie ein Drechsler während seiner Arbeit an der Drehbank zunehmend feinere und zierlichere Schnitte macht, schreitet auf ähnliche Weise die Beobachtung von langen und vergleichsweise groben Atemzügen zu kürzeren und feineren Atemzügen fort. Im *Paṭisambhidāmagga* wird diese fortschreitende Verfeinerung der Atemachtsamkeit mit dem immer weiter schwindenden Klang eines Gongs, nachdem er angeschlagen wurde, verglichen.[55]

Im dritten und vierten Schritt wird ein anderes Verb eingeführt, um den Vorgang der Kontemplation zu beschreiben: anstelle von „er erkennt" (*pajānāti*) steht nun im Text der Ausdruck „er übt" (*sikkhati*).[56] Im *Ānāpānasati-sutta* schließt dieses „Üben" neben den ersten beiden, mit „Erkennen" befassten Stufen, insgesamt vierzehn Stufen ein. Der Gebrauch des Wortes „Üben" deutet in einem gewissen Grad auf eine zusätzliche Anstrengung vonseiten des Meditierenden hin aufgrund eines zunehmenden Schwierigkeitsgrades, der mit diesen Stufen verbunden ist.[57] Ein solches Üben scheint eine Entwicklung zu einem breiteren Gewahrsein zu beinhalten, das über den Atem hinaus weitere Phänomene einschließt.

In dem im *Ānāpānasati-sutta* beschriebenen Schema durchläuft das Bewusstsein sechzehn Stufen, die von der körperlichen Erfahrung des Atmens über die Gefühle bis zu mentalen Prozessen und dem Entwickeln von Einsicht reichen. Die Reichweite dieser sechzehn Schritte zeigt, dass die Übung der Atemachtsamkeit nicht auf Veränderungen im Atemvorgang beschränkt ist, sondern sich auch auf andere Aspekte subjektiven Erlebens erstreckt.

---

[52] Der Zusammenhang von kürzeren Atemzügen mit einem bereits entwickelten Grad von Konzentration wird erwähnt bei Dhammadharo (1996, S. 19), Dhīravaṃsa (1989, S. 46), Goenka (1999, S. 29) und Khantipālo (1981, S. 30).

[53] D II 291, M I 56.

[54] Ariyadhamma (1995, S. 3) erläutert, das Drechsler-Gleichnis weise auf die Beständigkeit der Aufmerksamkeit hin.

[55] Paṭis I 185 in der Erläuterung zur dritten Stufe der Atemachtsamkeit.

[56] Nach Buddhadāsa (1976, S. 63) sind die ersten zwei Stufen nur Vorübungen, während die eigentliche Praxis mit diesem „Üben" beginnt.

[57] In der Tat wird in S V 326, wo die Übung des Buddha selbst in Atemachtsamkeit beschrieben ist, an allen Stellen die Formulierung „er/sie übt" durch „ich erkenne" ersetzt. Anders als der gewöhnliche Praktizierende, der sich anstrengen muss, um die sechzehn Übungsstufen zu absolvieren, konnte also der Buddha mit seinen Fähigkeiten und Kenntnissen der Meditation denselben Prozess mühelos durchlaufen.

Auf diese Weise wird die Atemachtsamkeit zu einem vielseitigen Werkzeug der Selbstbeobachtung.[58]

Sowohl im *Ānāpānasati-sutta* als auch im *Satipaṭṭhāna-sutta* ist das Thema der dritten und vierten Stufe der Atemachtsamkeit das Empfinden des „ganzen Körpers" (*sabbakāya*) und das Beruhigen der „Körperformation" (*kāyasaṅkhāra*). In diesem Kontext kann „der ganze Körper" wörtlich so verstanden werden, dass sich dies auf den ganzen physischen Körper bezieht. So aufgefasst deutet die Unterweisung auf eine Erweiterung des Gewahrseins, auf eine Verschiebung vom Atem an sich auf die Einwirkung des Atems auf den ganzen Körper hin.[59] Den Kommentaren zufolge sollte jedoch „der ganze Körper" eher bildlich als der „Körper" des Atems verstanden werden. Aus dieser Perspektive ist dann „der ganze Körper" als „der ganze Atemkörper" ein Hinweis auf das vollständige Gewahrsein der Anfangs-, Mittel- und Endphasen jedes Atemzugs.[60] Diese Interpretation wird durch das *Ānāpānasati-sutta* gestützt, da hier der Atem als ein „Körper" (*kāya*) unter anderen Körpern bezeichnet wird.[61] Ein Argument gegen diese Interpretation wäre aber, dass die Kultivierung des vollständigen Gewahrseins der Länge des Atemzugs die Aufgabe der zwei vorhergehenden Stufen war, nämlich das Verstehen des langen oder kurzen Atemzugs, wobei der Meditierende sich ja schon jedes Atemzugs von Anfang bis Ende bewusst sein muss.[62] Es wäre daher zu erwarten, dass mit diesem nächsten Schritt in der Progression ein deutlich neuer Aspekt der Kontemplation eingeführt wird, wie zum Beispiel eine Erweiterung der Achtsamkeit, die den ganzen physischen Körper einschließt.

Der nächste Schritt der Übung besteht in der Beruhigung der „Körperformation" (*kāyasaṅkhāra*). An anderer Stelle definieren die Lehrreden

---

[58] Vgl. auch Kor (1993, S. 35), van Zeyst (1981, S. 94), Vimalo (1987, S. 58). Shapiro (1984, S. 588) meint, die Atemachtsamkeit habe aus psychologischer Perspektive den Zweck, dass Praktizierende erlernen, sich ihrer selbst bewusst zu sein. Tatsächlich ist die Beobachtung des Atems ein zweckmäßiges Vehikel für eine derartige Selbstbeobachtung, da emotionale Veränderungen den Atem beeinflussen – zum Beispiel, wenn jemand aus Langeweile gähnt, aus Kummer seufzt oder zornig schnaubt. Da das Atmen außerdem ein Vorgang ist, der entweder unwillkürlich oder willkürlich stattfinden kann, hat es eine deutlich bedingte Funktion in Bezug auf Körper und Geist und bietet daher eine leicht verfügbare Möglichkeit, die bedingte Wechselbeziehung zwischen physischen und psychischen Phänomenen zu betrachten. Vgl. Govinda (1991, S. 27 und 110).

[59] Buddhadāsa (1989, S. 38), Debes (1994, S. 105), Goenka (1999, S. 29), Kor (1993, S. 38), Solé-Leris (1992, S. 80).

[60] Vism 273.

[61] In M III 83.

[62] Nhat Hanh (1990, S. 42).

die „Körperformation" als Ein- und Ausatmen.[63] Dies passt sehr gut zu der oben erwähnten zweiten Interpretation, der zufolge „der ganze Körper" sich auf die gesamte Länge des Atemzugs bezieht.[64] Im *Paṭisambhidāmagga* und dem *Vimuttimagga* finden sich Hinweise, dass diese vierte Stufe der Atemachtsamkeit sich auch auf das Beibehalten einer ruhigen und stabilen Haltung bezieht in dem Sinne, dass man jede Absicht, seine Haltung zu verändern oder sich zu bewegen, zur Ruhe bringt.[65] Also schließt die Anweisung, die Körperformation zu beruhigen, auch eine Zunahme der allgemeinen Ruhe des Körpers mit ein – eine Auffassung, die zu der obenstehenden ersten Interpretation passt, bei der „Körper" als sich auf den anatomischen Körper beziehend verstanden wird. Schließlich greifen beide Interpretationen ineinander, da eine Beruhigung des Atems auf natürliche Weise zu einer zunehmenden körperlichen Geistesruhe führt und umgekehrt.[66]

Eine solche Beruhigung von Atem und Körper kann dann – so wie in den nachfolgenden *satipaṭṭhāna*-Übungen – entweder die Grundlage für das Entwickeln des Gewahrseins der inneren Struktur des Körpers sein, oder sie kann, wie in den sechzehn Stufen, zu einem Gewahrsein der Gefühle und mentalen Prozesse überleiten.[67] In beiden Fällen stellt dies eine natürliche Progression dar, wo das Bilden einer Grundlage von körperlicher Ruhe es dem Bewusstsein ermöglicht, zu subtileren Aspekten der Kontemplation fortzuschreiten. Diese subtileren Aspekte werde ich nun betrachten,

---

[63] Siehe M I 301, S IV 293; vgl. auch Ñāṇamoli (1982a, S. 6, Anm. 1).

[64] Die Beruhigung der Körperformation (im Sinne des Ein- und Ausatmens) erreicht ihren Höhepunkt mit der Erreichung der vierten Vertiefung (vgl. D III 270 und A V 31), da während dieser Erreichung der Atem vollständig aufhört (vgl. S IV 217). Pa Auk (1995, S. 15) erklärt: „Mit der Erreichung des vierten *jhāna* kommt der Atem völlig zum Stillstand. Dies vervollständigt die vierte Phase in der Entwicklung von *ānāpānasati*, nämlich das Beruhigen des Atemkörpers." Solch vollständige Beruhigung dürfe jedoch nicht im Rahmen der „sechzehn Stufen" gemeint sein, denn dies wäre kaum in Einklang mit der darauf folgenden Progression zur Erfahrung von Freude (*pīti*) und Glücksgefühl (*sukha*) zu bringen, da diese Bewusstseinseigenschaften bereits mit dem Erreichen des vierten *jhāna* hinter sich gelassen werden. Ist der Atem vollständig zum Stillstand gekommen, wäre es ja auch unmöglich, die Anweisung „Ein- und Ausatmen" während der Beruhigung der Körperformation auszuführen.

[65] Paṭis I 184; Ehara (1995, S. 161).

[66] Nach Vism 274 führt das Beruhigen von Körper und Geist wiederum zur Beruhigung des Atmens. Vgl. Jayatilleke (1948, S. 217), der vorschlägt, das Atmen könne als konkretes Beispiel für die Körperformationen im allgemeinen Sinne körperlicher Reflexe betrachtet werden. In der Tat findet sich der Ausdruck „Körperformation" manchmal für Körperaktivität im Allgemeinen (z. B. A I 122, A II 231-236) – ein Gebrauch, der nicht auf den Atem beschränkt ist. Vgl. Schumann (1957, S. 29).

[67] M III 82. Vgl. Kor (1993, S. 38).

indem ich mich kurz vom *Satipaṭṭhāna-sutta* abwende und das im *Ānāpānasati-sutta* beschriebene Schema der sechzehn Stufen untersuche.

VI.4 Das *Ānāpānasati-sutta*

Im Anschluss an die vier ersten Stufen der Atemachtsamkeit richtet sich – dem Kontemplationsschema des *Ānāpānasati-sutta* zufolge – die Achtsamkeit auf die Erfahrung von Freude (*pīti*) und Glücksgefühl (*sukha*). Da es sich hierbei um zwei Vertiefungsfaktoren handelt, veranlasst ihr Vorkommen in diesem Teil der sechzehn Stufen den Autor des *Visuddhimagga* zu der Annahme, dass sich diese Progression ausschließlich auf die Vertiefungserfahrung bezieht.[68] Möglicherweise ist es auf diese Annahme zurückzuführen, dass selbst die vier ersten Stufen der Atemachtsamkeit im *Satipaṭṭhāna-sutta* zeitweilig als eine reine Konzentrationsübung betrachtet worden sind.[69]

---

[68] Nach Vism 277, 287-290 können die zweite und dritte Vierergruppe nur von denen geübt werden, die *jhāna* erreicht haben. Vgl. auch Ehara (1995, S. 161) und Ledi (1999c, S. 27 und 29). Vism weist auf zwei Alternativen hin, nämlich entweder das Entwickeln von *jhāna* oder die Entwicklung von Einsicht nach dem Hervorkommen aus *jhāna*; doch könne beides nur von jemandem geübt werden, der in die Vertiefung eintreten kann. Dies bedeutet, dass für eine Person, die *jhāna* nicht erreichen kann, ein beträchtlicher Teil der Darlegung zur Atemachtsamkeit jenseits des Praktikablen liegt. Wahrscheinlich deshalb sind zusätzliche Methoden für die in Konzentration weniger Fortgeschrittenen entwickelt worden, z. B. das Zählen der Atemzüge (zu detaillierten Anweisungen siehe Vism 278-283). Anweisungen dieser Art sind in den Lehrreden nirgendwo zu finden. Obwohl das Zählen der Atemzüge für Anfänger in der Atemachtsamkeit nützlich sein mag, wird dadurch jedoch die Form dieser Betrachtung in einem gewissen Maße verändert, da anhaltendes Zählen zu einer Abstumpfung des Bewusstseins führen kann (worin der Grund für den sprichwörtlichen Rat besteht, Zählübungen gegen Schlaflosigkeit einzusetzen), außerdem wird dadurch die begriffliche Aktivität des Bewusstseins eher angeregt als beruhigt.

[69] Kheminda (1992, S. 5): „Die vier Grundlagen der Achtsamkeit beginnen mit einem Meditationsobjekt der Geistesruhe (*samatha*), nämlich der Achtsamkeit auf das Ein- und Ausatmen". Soma (1995, S. 360): „In der Anordnung der ersten Vierergruppe aus dem *Ānāpānasati-sutta* ganz am Anfang der zwei wichtigsten *Satipaṭṭhāna-suttas* besteht ein deutlicher Hinweis auf das Erfordernis zumindest des ersten *jhāna* ... das Entwickeln von Einsicht ist unmöglich für jemanden, dem nicht zumindest das erste *jhāna* ... zugänglich ist". Jedoch findet sich in Ps I 249 lediglich der Hinweis, dass auf der Grundlage des Atems *jhāna* erreicht werden kann, aber nicht, dass die Atemachtsamkeit im *Satipaṭṭhāna-sutta* nur ein *samatha*-Meditationsobjekt ist. Diese Vermutung wird weiterhin durch die Tatsache gestützt, dass im *satipaṭṭhāna*-Subkommentar Ps-pṭ I 349 betont wird, durch eine äußerliche Entwicklung von Atemachtsamkeit könne keine Vertiefung hervorgebracht werden. Dies zeigt, dass >

Bemerkenswert ist hier, dass das Eintreten von Freude (*pīti*) und Glücksgefühl (*sukha*) als die Stufen fünf und sechs in dem Schema des *Ānāpānasati-sutta* nicht unbedingt die Erfahrung der Vertiefung erfordern, da beide auch unabhängig von Vertiefung vorkommen können.[70] So kann Freude (*pīti*) einem Vers im *Dhammapada* zufolge als Resultat von Einsichtsmeditation entstehen.[71] Daher ist die Erfahrung von Freude oder Glück während der Atembetrachtung nicht notwendigerweise auf eine analysierende Rückschau nach dem Auftauchen aus der erlangten Vertiefung oder auf die Stadien der Meditation, die einer solchen Vertiefung unmittelbar vorausgehen, beschränkt.

Obwohl der Atem zweifellos zum Entwickeln von Konzentration benutzt werden kann, beruhen die Unterweisungen durch alle sechzehn Stufen hindurch gleichbleibend auf einem deutlich unterscheidenden Gewahrsein jedes einzelnen Ein- und Ausatmens. Im Mittelpunkt dieses Unterscheidens steht die Absicht, das Bewusstsein der vergänglichen Natur des Atems zu kultivieren. Jegliches körperliche oder geistige Phänomen, das während des Durchlaufens der sechzehn Stufen in den Mittelpunkt des Gewahrseins rückt, wird vor dem Hintergrund des ständig wechselnden Rhythmus des Ein- und Ausatmens erfahren, eine ständige Erinnerung an die Vergänglichkeit (vgl. Abb. 6.2 unten).[72]

So lässt eine nähere Untersuchung der sechzehn Stufen ein zugrunde liegendes, progressives Muster sichtbar werden, das vor einem beständigen Hintergrund von Vergänglichkeit über zunehmend subtilere Aspekte subjektiven Empfindens fortschreitet.[73] Im Gegensatz dazu wird bei Annäherung

---

aus der Sichtweise der Kommentare die Atemachtsamkeit im *satipaṭṭhāna*-Kontext getrennt von der Erreichung der Vertiefungen geübt werden kann.

[70] In der Tat wird in der Definition von Freude (*pīti*) in diesem Kontext in Paṭis I 187 eine Reihe von Ausdrücken gebraucht, die nicht auf die Vertiefungserreichung beschränkt sind. An anderer Stelle in M II 203 wird die Freude der ersten zwei Vertiefungen der aufgrund von Sinnesvergnügen entstehenden Freude gegenüber gestellt, wodurch eine Art von Freude (*pīti*) belegt ist, die sich von der durch Vertiefungserreichung erlangten Freude deutlich unterscheidet. Vgl. Buddhadāsa (1989, S. 51).

[71] Dhp 374.

[72] Zu einem derartigen Gebrauch des Atems als Mittel zum Entwickeln von Einsicht in die Vergänglichkeit finden sich Parallelen in A III 306 und A IV 319, wo es darum geht, sich die Unvermeidlichkeit und Unvorhersehbarkeit des Todes ins Bewusstsein zu rufen und dies zu der Unvorhersagbarkeit des nächsten Atemzugs in Beziehung zu setzen. Vgl. S V 319, wo die Übung der sechzehn Stufen der Atemachtsamkeit dazu überleitet, sich über die Vergänglichkeit der Gefühle klar zu werden.

[73] Vgl. z. B. Th 548. Hier wird die Übung der Atemachtsamkeit in der ‚richtigen Reihenfolge' empfohlen, wobei das deutliche Gewahrsein dieser mit den sechzehn Stufen verbundenen Progression aufgezeigt wird. Eine detaillierte Darlegung dieses Stufenweges als eine einzige integrierte Praxis findet sich bei Buddhadāsa >

an die Vertiefung die subjektive Erfahrung immer einheitlicher, sodass der Unterschied zwischen Ein- und Ausatmen oder anderen, verwandten Phänomenen mehr und mehr in den Hintergrund tritt.

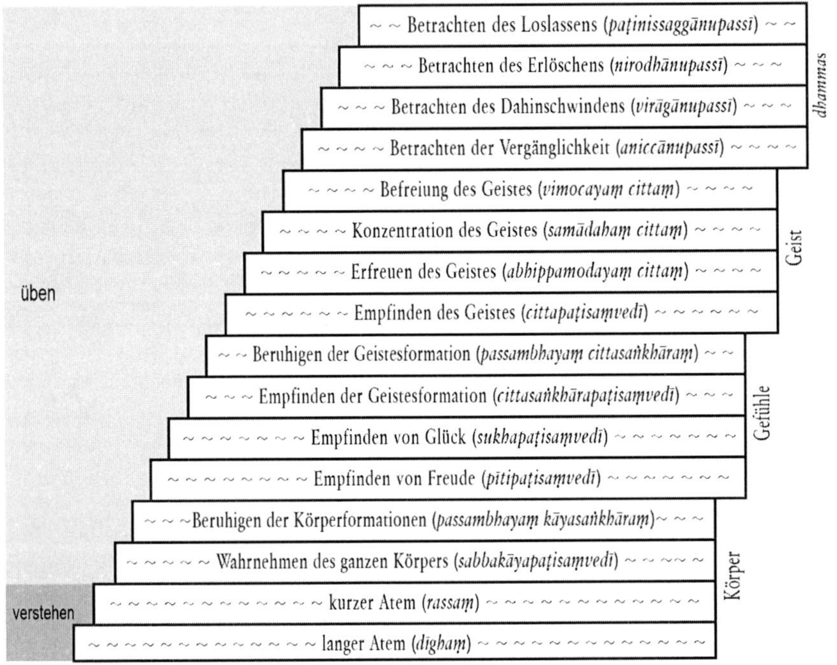

(Der Gebrauch von ~ bezeichnet, dass das Gewahrsein des Ein- und Ausatmens den Hintergrund zu jeder Stufe bildet.)

Abb. 6.2: Übersicht – *ānāpānasati* in sechzehn Stufen

Der grundlegende Unterschied zwischen der Atemachtsamkeit als einer *samatha-* oder einer *vipassanā*-Praxis hängt davon ab, welcher Blickwinkel beim Beobachten des Atems eingenommen wird, da ein Betonen des rein geistigen Verstehens der Gegenwart des Atems zu tiefen Konzentrationsstufen führen kann, während das Betonen einer Vielzahl von mit dem Atemvorgang zusammenhängenden Phänomenen nicht zu einer einheitlichen Art der Empfindung führt, sondern sich weiter im Bereich von Vielfalt und sinnlicher Erfahrung bewegt und somit eher auf das Entwickeln von Einsicht abgestimmt ist. Diese Überlegungen lassen darauf schließen, dass die sechzehn Stufen nicht nur eine Konzentrationsübung sind, sondern vielmehr eine Perspektive der Einsicht in das Entwickeln der Atemachtsamkeit hineinbringen.

(1989, S. 53-89). Vgl. auch Gethin (1992, S. 59), Levine (1989, S. 32-36), Ṭhānissaro (1993, S. 67), Vimalo (1987, S. 158).

Eine Untersuchung des Kontextes, in dem die sechzehn Stufen im *Ānāpānasati-sutta* gelehrt werden, stützt diese Hypothese. Dem einführenden Abschnitt dieser Lehrrede zufolge bestanden die Gründe für das Erteilen dieser Belehrung darin, dass der Buddha einer Gruppe von Mönchen, die den Atem bereits als Meditationsobjekt benutzten (möglicherweise als eine Konzentrationsübung), zeigen wollte, wie man dies als ein *satipaṭṭhāna* entwickeln kann.[74] Das heißt, der Buddha griff den Atem als Meditationsobjekt auf, um zu demonstrieren, wie *sati* auf natürliche Weise von der Atemachtsamkeit zu einem umfassenden Gewahrsein von Gefühlen, Geist und *dhamma*s und dann weiter zum Entwickeln aller *satipaṭṭhāna*s und zum Entstehen der sieben Erwachensfaktoren führen kann.[75] Folglich bestand die hauptsächliche Absicht der Darlegung darin, die Atemachtsamkeit von dem Gewahrsein des körperlichen Phänomens „Atem" zu einem achtsamen Betrachten der Gefühle, des Geistes und der *dhamma*s auszuweiten und sie auf diese Weise als ein Mittel zum Erlangen von Einsicht einzusetzen.[76] Dies lässt den berechtigten Schluss zu, dass der Zweck der im *Ānāpānasati-sutta* beschriebenen sechzehn Stufen der Atemachtsamkeit, und somit auch der vier Stufen der Atemachtsamkeit im *Satipaṭṭhāna-sutta*, sich nicht auf das Entwickeln von Konzentration beschränkt, sondern sowohl Einsicht als auch Geistesruhe einschließt.

VI.5 Körperhaltungen und Tätigsein

Um zu den *satipaṭṭhāna*-Betrachtungen zurückzukehren: Die nächsten zwei in der Lehrrede beschriebenen Übungen, Wahrnehmung der vier Körperhaltungen und klares Verstehen in Bezug auf Tätigsein, befassen sich beide mit der Ausrichtung der Achtsamkeit auf den Körper in Aktivität. Die Anweisungen für die Betrachtung der vier Körperhaltungen sind:

---

[74] M III 78. Vgl. S V 315, wo der Buddha einen Mönch, der bereits eine Art der Atemachtsamkeit praktizierte, in ‚die sechzehn Stufen' einführte, um ihn in seiner Übung zu fördern. Vgl. Debes (1994, S. 197).

[75] M III 83 setzt jede der Vierergruppen des Sechzehn-Stufen-Schemas zu einem bestimmten *satipaṭṭhāna* in Bezug, während M III 87 den Zusammenhang mit den Erwachensfaktoren herstellt. Dieselben Korrelationen finden sich in S V 323-336. Darüber hinaus wird in S V 312 die Atemachtsamkeit zu jedem einzelnen Erwachensfaktor in Beziehung gesetzt.

[76] Das Potenzial jeder der sechzehn Stufen in Bezug auf die Einsicht ist in Paṭis I 95 beschrieben, wo darauf hingewiesen wird, dass jede einzelne Stufe zur Verwirklichung führen kann. Paṭis I 178-182 veranschaulicht dieses Potenzial, indem die erste Stufe der Atemachtsamkeit (langer Atemzug) zur Erfahrung des Erscheinens und Verschwindens von Gefühlen, Wahrnehmungen und Gedanken sowie zu den Erwachensfaktoren in Beziehung gesetzt wird, was seinen Höhepunkt in der Erfahrung von *Nibbāna* findet. Vgl. Ñāṇamoli (1982b, S. 163).

> „Sodann … weiß er beim Gehen: ‚Ich gehe', beim Stehen weiß er: ‚Ich stehe', beim Sitzen weiß er: ‚Ich sitze', beim Niederlegen weiß er: ‚Ich lege mich nieder', oder er weiß der Haltung entsprechend, in der sich der Körper gerade befindet."[77]

Die Aufzählung der vier Haltungen in der oben stehenden Anweisung schreitet von dem eher aktiven Gehen zu vergleichsweise verfeinerteren und passiveren Haltungen fort.[78] Die Anweisung ist hier, jede dieser Haltungen zu „wissen" oder zu „erkennen", wahrscheinlich unter Einbezug einer Art „propriozeptiven" Achtsamkeit.[79] In anderen Lehrreden wird mit diesen vier Haltungen oft der Sinn ausgedrückt, etwas „jederzeit" zu tun.[80] Auf den Kontext von *satipaṭṭhāna* angewandt, deutet dieser Gebrauch auf eine Körperachtsamkeit während aller Tätigkeiten hin. Tatsächlich ist der oben stehenden Anweisung nach diese Betrachtung nicht auf die vier Körperhaltungen beschränkt, sondern schließt alle Stellungen ein, in denen sich der Körper befinden mag. Der Sinn dieser besonderen Betrachtung liegt also, praktisch gesagt, darin, sich ganz allgemein des Körpers bewusst zu sein, während der natürlichen Aktivitäten des Körpers „bei" ihm und somit mental im Körper verankert zu sein, anstatt sich von den vielzähligen Gedanken und Vorstellungen forttragen zu lassen.

Diese besondere Übung stellt diejenige *satipaṭṭhāna*-Betrachtung dar, welche eine stabile Grundlage für das im Körper verankerte Bewusstsein bietet. Gemäß dieser grundlegenden Funktion erscheint es sinnvoll, der Version des *Madhyama-āgama* von *satipaṭṭhāna* zu folgen und sie an den Anfang der Körperbetrachtungen zu stellen. Dem *satipaṭṭhāna*-Anfänger hilft diese einfache Übung, bei der er sich in jeglicher Haltung des Körpers bewusst ist, die Kontinuität von *sati* aufzubauen. Wird selbst die unwichtigste Körperbewegung in bewusster und bedachtsamer Weise vorgenommen, können selbst die weltlichsten Aktivitäten in Gelegenheiten zur Entwicklung des Geistes verwandelt werden. Eine auf diese Art geübte Achtsamkeit bildet eine wichtige Grundlage für formalere Meditation, da regelmäßiges Üben dieser Betrachtung die Neigung des Geistes, sich ablenken zu lassen, zu einem beträchtlichen Maß unter Kontrolle bringt.

Nicht nur ist das Gewahrsein der vier Haltungen eine Methode, Achtsamkeit zu entwickeln, sondern die vier Körperhaltungen können auch als

---

[77] M I 56.

[78] Vgl. M I 120, wo eine Progression von schnellem zu langsamem Gehen und weiter zum Stehen, Sitzen und schließlich zum Niederlegen führt und jedes Mal von dem Kommentar begleitet ist, dass auf diese Art eine gröbere durch eine verfeinerte Körperhaltung ersetzt wird. Vgl. Fessel (1999, S. 111).

[79] Propriozeption ist die Fähigkeit, die Haltung, den Ort und die Bewegungen des Körpers und seiner Teile wahrzunehmen.

[80] Z. B. in A IV 301.

Objekte einsichtsvoller Untersuchungen benutzt werden. Zum Beispiel wird in einem Vers aus dem *Theragāthā* die Fähigkeit, irgendeine der vier Körperhaltungen einzunehmen, mit der Interaktion der Knochen und Sehnen, die im Körper für diese Haltung verantwortlich sind, in Zusammenhang gebracht.[81] Durch die auf diese Weise beschriebene Mechanik der Körperaktivität deutet dieser Vers auf einen Gesichtspunkt der Körperbetrachtung hin, der bei modernen Meditationslehrern viel Beachtung gefunden hat.[82] Diese in das Einnehmen einer Körperhaltung oder das Durchführen einer Bewegung einbezogene Mechanik entgeht normalerweise der Wahrnehmung, die oft ausschließlich mit dem Resultat einer Handlung beschäftigt ist. Ein praktisches Beispiel für das Untersuchen speziell der Tätigkeit des Gehens findet sich in den Kommentaren, wo empfohlen wird, den Vorgang des Gehens in die aufeinanderfolgenden Stadien eines einzelnen Schrittes zu trennen, die dann zu den vier Elementen in Bezug gesetzt werden können.[83]

Wie ich schon oben erwähnt habe, werden die vier Körperhaltungen in den Lehrreden oft als ein Mittel gebraucht, um anzudeuten, dass etwas „jederzeit" getan werden sollte. Auf diese Weise werden sie manchmal mit verschiedenen, überwiegend mentalen Vorgängen wie Furcht, unheilsamen Gedanken oder dem Überwinden der vier Hindernisse in Zusammenhang gebracht.[84] In diesen Textstellen bezieht sich jede der vier Körperhaltungen auf ein Gewahrsein des damit verbundenen Geisteszustandes. Dies lässt darauf schließen, dass zum Beispiel das Beseitigen unheilsamer Geisteszustände nicht auf die formale Sitzmeditation begrenzt ist, sondern unter allen Umständen und in jeder Haltung vorgenommen werden sollte. Die Tatsache, dass Meditation nicht ausschließlich mit sitzender Haltung in Verbindung gebracht werden muss, wird auch im *Vimuttimagga* und im *Visuddhimagga* anerkannt, wo darauf hingewiesen wird, dass je nach individueller Wesensart des einzelnen Meditierenden unterschiedliche Haltungen für die Ausführung der Meditationsübung von besonderem Wert sein können.[85]

---

[81] Th 570.

[82] Detaillierte praktische Anweisungen finden sich bei Mahasi (1991, S. 9-16). Vgl. Debes (1994, S. 113) und de Silva (o.J., S. 13).

[83] Vism 622: Vorherrschen von Erde + Wasser = Aufsetzen; Vorherrschen von Feuer + Wind = Heben. Vgl. auch Sīlananda (1995, S. 7).

[84] M I 21 verbindet die vier Körperhaltungen mit dem Überwinden von Furcht, M III 112 mit dem Vermeiden von Verlangen und Betrübtheit, A II 13 und It 116 damit, unheilsame Gedanken nicht zu tolerieren, und A II 14 und It 118 mit dem Überwinden der fünf Hindernisse.

[85] Nach Ehara (1995, S. 61) eignen sich die Körperhaltungen Stehen und Gehen besonders für leidenschaftliche Persönlichkeiten, während Sitzen und Liegen eher für zum Zorn neigende Persönlichkeiten geeignet sind. Vism 128 fügt hinzu, dass jeweils diejenige Körperhaltung eingenommen werden sollte, die dem Entwickeln von Konzentration förderlich ist. Nach dem *satipaṭṭhāna*-Kommentar (Ps I 264) >

Eine weitere Möglichkeit – nahegelegt durch die Tatsache, dass die vier Körperhaltungen in den Lehrreden mit verschiedenen Zuständen des Geistes in Verbindung gebracht werden – besteht in der Betrachtung der Wechselbeziehung zwischen Geisteszuständen und der Art und Weise, wie Tätigkeiten wie Gehen, Sitzen usw. ausgeführt werden. Solche Beobachtungen zeigen, wie ein bestimmter geistiger Zustand sich durch das Medium der Körperhaltung ausdrückt, oder umgekehrt, wie der Zustand, die Position und die Bewegungen des Körpers den Geist beeinflussen.[86] Die Haltung des Körpers und der Zustand des Geistes stehen in einer Wechselbeziehung, sodass sich, wenn das eine deutlich bewusst ist, ganz natürlich die Bewusstheit des anderen steigert. Auf diese Weise kann die Betrachtung der vier Körperhaltungen zu einer Untersuchung der bedingten Wechselbeziehung des Körpers mit dem Geist führen.

Diese spezielle Betrachtung kann auch das Gefühl der Identität, das jede der vier Körperhaltungen begleitet, in Frage stellen.[87] In den Kommentaren wird dieser Anregung eine praktische Form gegeben, denn ihnen zufolge besteht der entscheidende Unterschied zwischen einfachem Gehen und

---

beinhaltet Wissensklarheit in Bezug auf das Beugen und Strecken, ein Aspekt der nächsten Körperbetrachtung, das Erkennen der rechten Zeit für das Ausführen einer solchen Handlung, da die aus dem zu langen Beibehalten einer unbequemen Haltung entstehenden Gefühle die Entwicklung der Meditation behindern können. Chah (1993, S. 40) betont: „Manche Leute glauben, je länger man sitzen kann, desto weiser muss man sein ... Weisheit kommt daher, in allen Körperhaltungen achtsam zu sein". Ganz ähnlich ist Vimalaramsi (1997, S. 47) der Auffassung: „Es ist viel wichtiger, zu beobachten, was sich im Geist abspielt, als mit unangenehmen oder schmerzhaften Empfindungen dazusitzen ... das Sitzen auf dem Boden wirkt keine Wunder. Ein klarer, ruhiger Geist ist es, der Wunder wirkt."

[86] Dhammiko (1961, S. 188). Frýba (1989, S. 125) schlägt sogar vor, absichtlich die Haltung einer unsicheren und furchtsamen Person einzunehmen, dann die Körperhaltung zu verändern und damit Selbstbewusstsein auszudrücken, um auf diese Weise mit verschiedenen Körperhaltungen und ihrem Zusammenhang mit verschiedenen Emotionen zu experimentieren. Van Zeyst (1989, S. 31) gibt folgende Anweisung: „Man beobachtet und ist sich gewahr, wie diese Bewegungen der Ausdruck der eigenen geistigen Haltung sind: Aggressivität beim Laufen oder vielleicht Entfliehen, eine Niederlage beim Niederlegen ... Stehen in Verblüffung oder Erwartung, Sitzen in Befriedigung oder in Angst ... Gewandtheit der Bewegung in dem Wunsch, zu gefallen ... Grobheit der Bewegung im Zorn oder in der Niederlage ... Mangel an Bewegung in Zweifel und Angst".

[87] Vgl. z. B. S III 151, wo beschrieben wird, wie die irrtümliche Vorstellung des Weltlings von einem Selbst eng mit der Einnahme einer der Körperhaltungen verbunden ist. Ñāṇapoṇika (1992, S. 64): „Die Achtsamkeit auf die Körperhaltungen führt zu einem anfänglichen Gewahrsein der Unpersönlichkeit des Körpers".

Gehmeditation als einem *satipaṭṭhāna* darin, dass ein Meditierender sich fragt: „Wer geht? Wem gehört dieses Gehen?“[88]

Eine andere Perspektive auf die Entwicklung von Einsicht kann gewonnen werden, wenn die Achtsamkeit auf die kleineren Haltungsveränderungen gerichtet wird, die stattfinden, während jemand sich in einer bestimmten Haltung befindet. Der hauptsächliche Grund für diese Veränderungen liegt darin, den körperlichen Schmerz zu vermeiden, der entsteht, wenn dieselbe Haltung für eine lange Zeit beibehalten wird. Durch nähere Beobachtung wird offenbar, dass die meisten der halbbewussten, während einer Haltung vorgenommenen Veränderungen ein beständiger Versuch sind, den Schmerz zu vermindern, der von Natur aus dazu gehört, einen Körper zu haben.[89]

Von diesen vier Körperhaltungen werden jeweils das Gehen und das Ruhen in den Lehrreden mit dem Entwickeln von Gewahrsein in Verbindung gebracht. Gehmeditation wird in den Lehrreden oft umständehalber erwähnt, wenn ein Besucher, der sich einem Aufenthalt von Mönchen nähert, sie beim Üben der Gehmeditation unter freiem Himmel antrifft.[90] In verschiedenen Textstellen wird berichtet, wie der Buddha und einige seiner älteren Schüler in Gehmeditation vertieft sind.[91] Dies zeigt, dass selbst vollendete Praktizierende die Gehmeditation für eine Beschäftigung hielten, die der Mühe wert war. Den Lehrreden zufolge ist Gehmeditation der körperlichen Gesundheit und der Verdauung zuträglich und führt zur Entwicklung ununterbrochener Konzentration.[92] In den Kommentaren wird das Einsichtspotenzial der Gehmeditation mit Beispielen ihrer An-

---

[88] Ps I 251; weil auf diese Weise die Vorstellung eines handelnden Selbst überwunden werden kann. Ps I 252 fügt hinzu, dass dies auf jede Körperhaltung angewendet werden solle.

[89] In Vism 640 wird erklärt, dass die Eigenschaft *dukkha* durch die vier Körperhaltungen verborgen ist. Naeb (1993, S. 143) erläutert: „Der Schmerz ist es, der uns dazu zwingt … andauernd unsere Position zu verändern … wir verändern sie, um den Schmerz zu heilen … es ist so, als ob man eine andauernde Krankheit zu kurieren versuchte … man hat in jeder Körperhaltung Schmerzen“. Ähnliche Auffassungen findet man im *Mahāprajñāpāramitāśāstra* (in: Lamotte, 1970, S. 1157) und bei Ñāṇārāma (1997, S. 29).

[90] Z. B. in D I 89, M I 229, M I 332, M II 119, M II 158, A V 65, Ud 7.

[91] Berichte, dass der Buddha Gehmeditation übte, finden sich in D I 105, D III 39, D III 80, S I 107, S I 179, S I 212, Th 480, Th 1044. Seine Übung der Gehmeditation fand während der Nacht (in S I 107) und auch während des Tages (in S I 179 und S I 212) statt. In S II 155 wird davon berichtet, wie alle älteren Schüler sich der Gehmeditation widmen, und zwar jeder zusammen mit einer Gruppe anderer Mönche.

[92] A III 29. Die Besserung der Gesundheit und der Verdauung als Nutzen der Gehmeditation sind auch in Vin II 119 belegt. Über die Übung der Gehmeditation vgl. auch Khantipālo (1981, S. 95), Kundalābhivaṃsa (1993, S. 75-78) und Thitavaṇṇo (1988, S. 120-122).

wendung dokumentiert, die zur vollständigen Verwirklichung führten.[93]

Im Unterschied dazu, wie Gehmeditation heute üblicherweise geübt wird, sind in den Standardanweisungen zur Gehmeditation in den Lehrreden mentale Vorgänge das hauptsächliche Beobachtungsobjekt. In diesem Zusammenhang wird das Gewahrsein der Körperhaltung oder die Dynamik des Gehens in den Anweisungen nicht erwähnt, vielmehr ist von der Reinigung des Geistes von hinderlichen Zuständen die Rede.[94] Da derselbe Ausdruck auch für die Sitzmeditation verwendet wird, bedeutet dies einfach, dass dieselbe Meditation, die zuvor sitzend geübt wurde, fortgesetzt wird, wenn auch in einer anderen Körperhaltung.

In einer Lehrrede im *Aṅguttara-nikāya* wird Gehmeditation als Methode gegen Schläfrigkeit empfohlen. Doch unterscheiden sich in diesem Fall die Anweisungen von den Standardbeschreibungen: Der Meditierende soll sich auf den Gehpfad konzentrieren, die Sinne nach innen kehren und sich nicht von äußeren Dingen ablenken lassen.[95]

Um das Bewusstsein im Zusammenhang mit der Ruheposition zu kultivieren, sollten Meditierende sich achtsam auf der rechten Seite niederlegen, um während des mittleren Teils der Nacht zu ruhen, und dabei die Zeit des Aufwachens im Sinn behalten.[96] Die Anweisungen zum achtsamen Einschlafen befassen sich anscheinend hauptsächlich mit dem Aufwachen zu einer vorbestimmten Zeit.[97] Nach anderen Textstellen verbessert das Einschlafen in Achtsamkeit die Qualität des Schlafes und beugt schlechten Träumen und Samenerguss vor.[98]

Abschließend wäre vielleicht noch zu unterstreichen, dass trotz dieser vielfältigen Gesichtspunkte des Entwickelns von Einsicht im Zusammenhang mit den vier Körperhaltungen die Anweisungen im *Satipaṭṭhāna-sutta* selbst einfach nahelegen, sich ganz allgemein des ganzen Körpers und seiner Position im Raum bewusst zu sein.

---

[93] In Ps I 257 wird die Geschichte eines Mönches erzählt, der die Arahantschaft verwirklichte, nachdem er zwanzig Jahre lang ausdauernd Gehmeditation geübt hatte. In Ps I 258 wird über einen anderen Mönch mit der gleichen Praxis und Verwirklichung nach sechzehn Jahren berichtet.

[94] M I 273: „Während wir gehen und sitzen, reinigen wir unseren Geist von hinderlichen Zuständen". Der Ausdruck „hinderlicher Zustand" ist ein Synonym für die fünf Hindernisse (vgl. z. B. S V 94).

[95] A IV 87.

[96] Z. B. in M I 273. Die Empfehlung, auf der rechten Seite zu schlafen (in der „Löwenhaltung") könnte darauf zurückzuführen sein, dass auf diese Weise das Funktionieren des Herzens während des Schlafes durch das Gewicht des Körpers weniger behindert wird, als wenn man auf der linken Seite schläft (was unangenehme Träume und Albträume verursachen kann).

[97] Ñāṇavīra (1987, S. 158).

[98] Vin I 295, A III 251.

Hat die Achtsamkeit der vier Körperhaltungen erst einmal zu einer Verankerung von Achtsamkeit im Körper geführt, so entwickelt die nächste im *Satipaṭṭhāna-sutta* vorgestellte Betrachtung die Wissensklarheit (*sampajañña*) in Bezug auf eine Reihe körperlicher Aktivitäten.[99] Die Anweisungen für eine solche Wissensklarheit sind:

> „Sodann, ihr Mönche, handelt er wissensklar beim Vorwärts- und Zurückgehen, er handelt wissensklar beim Hinblicken und Wegblicken; er handelt wissensklar beim Beugen und Strecken seiner Glieder; er handelt wissensklar beim Tragen von Obergewand, Essensschale und Robe; er handelt wissensklar beim Essen und Trinken, beim Kauen und Schmecken; er handelt wissensklar beim Entleeren von Kot und Urin; er handelt wissensklar beim Gehen, Stehen und Sitzen, beim Einschlafen und Aufwachen, beim Sprechen und Schweigen."[100]

Abgesehen davon, dass diese Übung eine der Körperbetrachtungen im *Satipaṭṭhāna-sutta* ist, stellt sie auch eine Stufe auf dem Übungspfad in Stufen dar, auf die als „Achtsamkeit und Wissensklarheit" (*satisampajañña*) Bezug genommen wird.[101] In der Reihenfolge dieses Übungspfades in Stufen nehmen Achtsamkeit und Wissensklarheit hinsichtlich körperlicher Tätigkeit einen Platz des Übergangs zwischen einer vorbereitenden Entwicklung und der eigentlichen Sitzmeditation ein.[102] Um es genauer zu

---

[99] Vgl. A III 325, wonach das Gewahrsein der vier Körperhaltungen die Grundlage für Achtsamkeit und Wissensklarheit bildet.

[100] M I 57. Es ist bemerkenswert, dass die meisten Pāli-Verbformen in dieser Anweisung Perfektpartizipien sind, was den beobachteten Handlungen eine Nuance der Passivität verleiht. Nach Kalupahana (1999, S. 283) könnte der Gebrauch von Passivformen ein pädagogisches Hilfsmittel sein, um die Eigenschaft des Nicht-Selbst hervorzuheben. Ebenso bemerkenswert ist es, dass die in der vorherigen Übung aufgeführten Körperhaltungen im gegenwärtigen Kontext wiederkehren. Der Kommentar (Ps I 269) erläutert, dass der Unterschied zwischen der Kontemplation des Gehens, Stehens und Sitzens, wie sie unter der Betrachtung der Körperhaltungen aufgeführt ist, zu der Betrachtung in der hier vorliegenden Übung darin besteht, dass sie in dieser von vergleichsweise kürzerer Dauer ist. Möglicherweise besteht die Aussageabsicht des Kommentars darin, dass Wissensklarheit in dem Augenblick, wenn eine bestimmte Körperhaltung eingenommen wird, besonders wichtig ist (in Hinsicht auf den Zweck, die Angemessenheit usw.), während das Gewahrsein der Haltung mit größerem Nutzen auf das Verweilen in einer Körperhaltung angewandt wird.

[101] Z. B. in D I 70.

[102] Auf der Grundlage der gemeinsamen Merkmale des Übungspfades in Stufen, wie er in verschiedenen Lehrreden beschrieben wird (z. B. in D I 63-84, M I 179-184, M I 271-280, M I 354-357), kann diese Struktur in fünf Hauptphasen zusammengefasst werden: 1. anfängliche Überzeugung und Ziehen in die Hauslosigkeit, 2. Grundlagentraining in ethischem Verhalten und Zufriedenheit, 3. Sinneszügelung und Achtsamkeit und Wissensklarheit in Bezug auf körperliche Aktivitäten, 4. Aufgeben der Hindernisse und Entwicklung der Vertiefung, 5. Verwirklichung. Diese fünf Schritte stehen in einem gewissen Maß für die fünf Kräfte: 1. Vertrauen, >

sagen, vervollständigen Achtsamkeit und Wissensklarheit die sich mit ethischem Verhalten, Selbstbeherrschung und Zufriedenheit befassenden einleitenden Stufen und bilden den Ausgangspunkt für die formale Meditationsübung, wo nach dem Rückzug an einen abgeschiedenen Ort die Hindernisse überwunden und die Stufen der Vertiefung entwickelt werden, bis dann die Verwirklichung erreicht wird.[103] So ist das Entwickeln von Achtsamkeit und Wissensklarheit eine Grundlage für formalere Arten der Meditation.[104]

Der zusammengesetzte Ausdruck „Achtsamkeit und Wissensklarheit" weist darauf hin, dass zusätzlich zu der bei den erwähnten Aktivitäten geübten Achtsamkeit das Vorhandensein von Wissensklarheit eine wichtige Rolle spielt. Da Wissensklarheit an sich und auch in Verbindung mit *sati* in den Lehrreden in zahlreichen Zusammenhängen vorkommt und eine große Spannbreite verschiedener Bedeutungen haben kann,[105] stellt sich die Frage des tieferen Sinnes von Wissensklarheit hinsichtlich der verschiedenen erwähnten Aktivitäten. Weder das *Satipaṭṭhāna-sutta* noch die Darlegungen des Stufenpfades enthalten weitere Informationen. Dafür bieten die Kommentare eine detailliere Zergliederung der Wissensklarheit in vier Aspekte (vgl. Abb. 6.3 unten). Ihnen zufolge sollte sich Wissensklarheit auf den Zweck einer Aktivität und auch auf ihre Angemessenheit richten. Darüber hinaus

---

2. Energie, 3. Achtsamkeit, 4. Konzentration, 5. Weisheit. Vgl. Crangle (1994, S. 163). Jedoch muss hinzugefügt werden, dass die fünf Fähigkeiten und Kräfte nicht nur nacheinander entwickelt, sondern vielmehr zusammen hervorgebracht werden sollten. Barnes (1981, S. 237) schlägt ein alternatives Schema von sechs Stufen vor, indem zwischen Sinneszügelung einerseits und Achtsamkeit und Wissensklarheit andererseits als zwei getrennten Phasen unterschieden wird.

[103] Etliche Lehrreden (z. B. M I 181, M I 269, M I 346) erwähnen ausdrücklich Wissensklarheit in Bezug auf die Aktivitäten als Vorbedingung für die nachfolgende formale Sitzmeditation. Diese grundlegende Funktion findet sich wieder in Ps I 290 und Ps-pṭ I 380, wo Wissensklarheit in Bezug auf die Aktivitäten als Grundlage für die Entwicklung von *sati* als Erwachensfaktor empfohlen wird. Vgl. Bronkhorst (1985, S. 311) und Bucknell (1984, S. 29).

[104] Aus dem wesentlichen Unterschied zwischen Wissensklarheit bezüglich der Aktivitäten und bezüglich der späteren Körperbetrachtungen folgert Schmithausen (1976, S 253-255), dass die Betrachtungen der anatomischen Teile, der Elemente und eines Leichnams spätere Hinzufügungen sein könnten, weil ihre Eigenart sich von der Art der Achtsamkeit unterscheidet, die während der Betrachtung der Körperhaltungen und der Wissensklarheit bezüglich der körperlichen Aktivitäten geübt wird. In etlichen Lehrreden jedoch (z. B. D II 94, A V 116 und A V 119) wird die Wissensklarheit bezüglich der körperlichen Aktivitäten getrennt von den vier *satipaṭṭhāna*s aufgeführt, woraus deutlich wird, dass beides unabhängig voneinander existierte. Falls also überhaupt eine spätere Hinzufügung stattfand, ließe dies darauf schließen, dass es die Wissensklarheit bezüglich körperlicher Aktivitäten war, die zum *satipaṭṭhāna*-Schema hinzugefügt wurde.

[105] Vgl. Kapitel II.4, S. 53f.

sollte diese Aktivität zu der Meditationspraxis (der „Weide") in Bezug gesetzt werden, und „Nicht-Verblendung" durch klares Verstehen der wahren Natur der Wirklichkeit sollte entwickelt werden.[106] Durch die nähere Untersuchung der Lehrreden kommen etliche Textstellen zum Vorschein, die diese Darstellung der Kommentare stützen oder weiter erhellen.

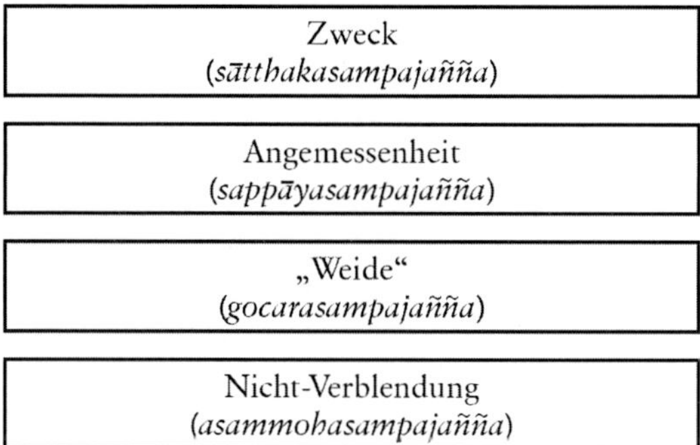

Abb. 6.3: Vier Aspekte der „Wissensklarheit" in den Kommentaren

Dem *Mahāsuññata-sutta* zufolge kann Reden wissensklar ausgeführt werden, indem nicht über Themen gesprochen wird, die für einen in die Hauslosigkeit Gegangenen unpassend sind.[107] Hier bedeutet „Wissensklarheit", dass über Themen gesprochen wird, die mit Zufriedenheit, Abgeschiedenheit, Konzentration und Weisheit etc. zu tun haben, da auf diese Weise das Sprechen „zweckmäßig" in Bezug auf den Fortschritt auf dem Pfad wird. Dieses Beispiel kommt dem in den Kommentaren erwähnten ersten Aspekt der Wissensklarheit gleich, der den Zweck einer Tätigkeit betrifft.

Etliche der in diesem Teil des *Satipaṭṭhāna-sutta* aufgezählten Tätigkeiten, wie „Vorwärts- und Zurückgehen", „Hinblicken und Wegblicken", „Beugen und Strecken seiner Glieder" und „Tragen von Obergewand, Essensschale und Robe", treten an anderer Stelle in den Lehrreden als Gruppe auf.[108] Diese Beispiele erwähnen Wissensklarheit nicht ausdrücklich, sondern sind korrektes Verhalten betreffende Anweisungen an Mönche. Betont wird in den Lehrreden bezüglich dieser Tätigkeiten, dass sie auf eine anmutige und

[106] In Ps I 253-261.

[107] M III 113. Dies entspricht einer Erklärung im *satipaṭṭhāna*-Subkommentar (Ps-pṭ I 364), die das Entwickeln von Wissensklarheit hinsichtlich der Rede darauf bezieht, unpassende Gesprächsthemen zu vermeiden.

[108] In M I 460 und A II 123 ist dies Teil einer Anweisung an einen Mönch, wie diese körperlichen Aktivitäten angemessen auszuführen sind. In A IV 169, wo ein schlechter Mönch versucht, sich hinter korrektem äußerem Verhalten zu verstecken, findet sich die gesamte Gruppe als Hinweis auf „korrektes" Verhalten wieder.

gefällige Weise ausgeführt werden sollten (*pāsādika*).[109] Ganz ähnlich ist im chinesischen *Madhyama-āgama* die Rede von dem „würdevollen und stillen Verhalten" eines Mönches beim Üben der Wissensklarheit im Zusammenhang mit körperlicher Tätigkeit.[110] Diesen Textstellen nach zu urteilen steht diese spezielle Gruppe von Tätigkeiten für eine umsichtige und würdevolle Art des Verhaltens, die einem als Mönch oder Nonne lebenden Menschen angemessen ist.

Die Notwendigkeit, solche Normen guten Verhaltens aufrechtzuerhalten, hat ihren Ausdruck in den zahlreichen Übungsregeln für die Mitglieder der klösterlichen Gemeinde gefunden, die bis ins Einzelne die vielfältigen Aspekte des Verhaltens im Alltag regeln.[111] Die Bedeutung, die im alten Indien den Äußerlichkeiten des Verhaltens beigemessen wurde, ist auch im *Brahmāyu-sutta* klar ersichtlich, wo eine eingehende Untersuchung des täglichen Verhaltens des Buddha den Zweck hat, seine spirituelle Vollendung einzuschätzen.[112] Diese Notwendigkeit für einen Mönch oder eine Nonne, ein umsichtiges und würdevolles Verhalten an den Tag zu legen, entspricht dem in den Kommentaren erwähnten zweiten Aspekt der Wissensklarheit, wo sie zu der Angemessenheit einer Handlung in Verbindung gebracht wird.

In einer Textstelle des *Aṅguttara-nikāya* wird Wissensklarheit mit der Tätigkeit des Schauens in Zusammenhang gebracht. Hier wird von dem Mönch Nanda, der von besonders sinnlichem Charakter war, berichtet, wie er all seine Anstrengung aufbrachte, um das Entstehen von Verlangen und Betrübtheit (*abhijjhādomanassa*) beim Schauen in irgendeine Richtung zu vermeiden.[113] Das in diesem Beispiel verwendete Vokabular zeigt, dass diese Form der Wissensklarheit mit Sinneszügelung verwandt ist. Eine ähnliche Nuance findet sich im *Mahāsuññata-sutta*, in dem Wissensklarheit in Bezug auf die vier Körperhaltungen mit Sinneszügelung in Zusammenhang gebracht wird.[114] Beide Textstellen passen zu dem in den Kommentaren erwähnten

---

[109] Siehe z. B. A II 104 und A V 201, vgl. auch Th 927, Pp 44. – In Th 591 findet sich die gleiche Zuschreibung für die vier Körperhaltungen. Law (1922, S. 81) übersetzt *sampajañña* in diesem Kontext als „*deliberately*" [besonnen].

[110] Minh Chau (1991, S. 83).

[111] Insbesondere ist dies der Fall bei den 75 *sekhiya*-Regeln, Vin IV 184-206. Die Wichtigkeit dieses äußerlichen Verhaltens merkt Collins (1997, S. 198) an. Holt (1999, S. 102) weist darauf hin, dass „die *sekhiya*-Regeln ... viel mehr sind als lediglich gesellschaftliche Etikette: Sie sind die äußere Reflexion des Bewusstseinszustands eines *bhikkhu*." Eine hilfreiche Darlegung der *sekhiya*-Regeln findet sich bei Ṭhānissaro (1994, S. 489-510).

[112] M II 137 enthält einen detaillierten Bericht über die Art und Weise, wie der Buddha verschiedene Aktivitäten, wie z. B. Gehen, Schauen, Niedersetzen, ausführte.

[113] A IV 167.

[114] M III 113.

dritten Aspekt der Wissensklarheit, bei dem von der „Weide" die Rede ist. Derselbe Ausdruck kam schon weiter oben im Zusammenhang mit der bildlichen Darstellung von *sati* vor, in der *satipaṭṭhāna* als die richtige Weide für einen Mönch beschrieben wird, während eine falsche Weide für sinnliche Ablenkung steht. Dies legt nahe, dass Wissensklarheit in Bezug auf „Weide" sich besonders auf Sinneszügelung bezieht.[115]

Der in den Kommentaren erwähnte vierte Aspekt, bei dem Wissensklarheit mit der Abwesenheit von Verblendung (*asammoha*) in Zusammenhang gebracht wird, reicht über den Kontext der Körperbetrachtung hinaus. Ein klares Verstehen der wahren Natur der Wirklichkeit zu haben ist eine Aufgabe der Wissensklarheit (*sampajañña*) in ihrer Gesamtheit, eine Eigenschaft, die der „Definition" nach mit allen *satipaṭṭhāna*-Betrachtungen entwickelt werden muss.

Die kommentarielle Darstellung der vier Aspekte, die der Wissensklarheit inhärent sind, folgt einer Anordnung in einer progressiven Reihe, wobei Wissensklarheit in Bezug auf den Zweck (die Weiterentwicklung zum Erwachen) den Hintergrund für ein entsprechend „geeignetes" Verhalten bildet, welches wiederum die Sinneszügelung und die Entwicklung in der Meditation erleichtert, wodurch es dann möglich wird, dass Einsicht in die wahre Natur der Wirklichkeit entsteht. Auf diese Weise verbindet die *satipaṭṭhāna*-Übung des Entwickelns von Wissensklarheit in Bezug auf die Aktivitäten zweckgerichtetes und würdevolles Verhalten mit Sinneszügelung, um eine Grundlage für das Entstehen von Einsicht zu schaffen. Tatsächlich überschneiden sich korrektes Verhalten und Sinneszügelung zu einem gewissen Grad, da etliche Aspekte der Verhaltensregeln eines Mönchs oder einer Nonne dem Zweck des Erleichterns von Sinneszügelung dienen, während andererseits die körperlichen Aktivitäten anmutiger und würdevoller werden, wenn ein gewisses Maß mentalen Gleichgewichts durch die Abwesenheit sinnlicher Ablenkung erreicht ist.

Im Vergleich mit der Betrachtung der vier Körperhaltungen führt Wissensklarheit in Bezug auf die Aktivitäten ein zusätzliches Element ein, da das Erstere in reinem Gewahrsein der wie auch immer auftretenden Haltung oder Bewegung besteht, während das Letztere einschließt, sich ein zurückhaltendes und würdevolles Verhalten anzueignen.

VI.6 Die anatomischen Bestandteile und die Elemente

In den nächsten beiden im *Satipaṭṭhāna-sutta* angeführten Übungen, dem Betrachten der anatomischen Beschaffenheit des Körpers und dem Betrachten des Körpers in Hinsicht auf die vier Elemente, richtet sich die Achtsamkeit auf eine Analyse der Zusammensetzung des Körpers. Die erste dieser

[115] A V 352 und S V 149; vgl. Kapitel III.4.

zwei analytischen Meditationen behandelt die Beschaffenheit des Körpers, indem zahlreiche anatomische Bestandteile, Organe und Körperflüssigkeiten aufgelistet werden.[116] Die Textstelle lautet:

> „Sodann, ihr Mönche, untersucht er prüfend ebendiesen Körper, von den Fußsohlen aufwärts und von den Haarspitzen abwärts, von Haut umschlossen, angefüllt mit vielen Arten von Unreinheit: In diesem Körper gibt es Kopfhaare, Körperhaare, Nägel, Zähne, Haut, Fleisch, Sehnen, Knochen, Knochenmark, Nieren, Herz, Leber, Zwerchfell, Milz, Lunge, Gedärm, Gekröse, Mageninhalt, Exkremente, Galle, Schleim, Eiter, Blut, Schweiß, Fett, Tränen, Talg, Speichel, Nasenschleim, Gelenkflüssigkeit und Urin.“[117]

In anderen Lehrreden folgt auf diese Liste anatomischer Bestandteile der Ausdruck: „und was es sonst noch an Teilen geben mag“.[118] Dies lässt darauf schließen, dass die *satipaṭṭhāna*-Liste nicht erschöpfend ist und dass die erwähnten Teile Beispiele für die Art von Körperteilen sind, die betrachtet werden können. Tatsächlich werden in anderen Textstellen etliche Körperteile und -flüssigkeiten erwähnt, die auf dieser Liste fehlen, wie das Gehirn, das männliche Geschlechtsorgan oder Ohrenschmalz, wodurch deutlich wird, dass die *satipaṭṭhāna*-Liste das Wissen des alten Indien über menschliche Anatomie nicht erschöpfend behandelt.[119]

---

[116] Detaillierte Beschreibungen jedes Teils finden sich bei Ehara (1995, S. 171-177) und in Vism 248-265. Die Liste der anatomischen Teile im *Madhyama-āgama* entspricht weitgehend der Pāli-Version – siehe Minh Chau (1991, S. 90) und Nhat Hanh (1990, S. 157) –, während im *Ekottarika-āgama* nur 24 Teile aufgeführt sind; siehe Nhat Hanh (1990, S. 170). Nach Hayashima (1967, S. 272) sind in den Sanskrit-Versionen dieser *satipaṭṭhāna*-Betrachtung insgesamt 36 Teile aufgeführt. (In der Tat finden sich in einer Textstelle aus dem Ratnamegha, zitiert in Bendall (1990, S. 202), 36 anatomische Teile für die Körperbetrachtung.) Die Tatsache, dass im *Satipaṭṭhāna-sutta* 31 Teile aufgeführt sind, könnte von zusätzlicher Bedeutung sein, da in der buddhistischen Kosmologie die Existenzbereiche dieselbe Anzahl haben. Also richteten sich die Beschreibungen der materiellen Existenz auf der mikrokosmischen und der makrokosmischen Ebene nach einem ähnlichen Muster. Einige der im *Satipaṭṭhāna-sutta* aufgeführten anatomischen Teile finden sich auch in der *Maitrī-Upaniṣad* 1. 3. Obwohl diese Textstelle recht wahrscheinlich einem späteren Datum zuzuordnen ist als die Pāli-Lehrreden, wird daraus jedenfalls deutlich, dass diese Art der Körperbetrachtung nicht nur die Domäne buddhistischer Praktizierender war.

[117] M I 57.

[118] M I 421 und M III 240.

[119] Sn 199 erwähnt das Gehirn. In der Tat wird das Gehirn in der *satipaṭṭhāna*-Liste in Paṭis I 7 hinzugefügt und wird auch in der entsprechenden chinesischen Version im *Madhyama-āgama* erwähnt; siehe Minh Chau (1991, S. 90). In Vism 240 wird erklärt, das Gehirn sei im *Satipaṭṭhāna-sutta* nicht aufgeführt, weil es bereits unter dem Begriff „Knochenmark“ gefasst sei. Das männliche Geschlechtsorgan wird in D I 106 und Sn 1022 aufgeführt. Die Auslassung des männlichen Geschlechtsorgans aus der *satipaṭṭhāna*-Liste überrascht nicht, da die Anweisungen sowohl für >

Die Auflistung anatomischer Teile im *Satipaṭṭhāna-sutta* folgt einer natürlichen Anordnung von den festen und äußeren Teilen über die inneren Organe zu den organischen Flüssigkeiten. Diese Folge steht für ein progressives Eindringen des Bewusstseins. Die dem Bewusstsein am leichtesten zugänglichen Teile werden zuerst angeführt, während die in der Liste weiter unten stehenden Aspekte des Körpers eine Bewusstheit und Sensitivität erfordern, die tiefer reicht. Alternativ kann die Reihenfolge auch so verstanden werden, dass sie einer imaginativen Visualisationsübung entspricht, in deren Verlauf jeder dieser Teile vom Körper abgelöst wird.[120]

Im *Visuddhimagga* gibt es Hinweise darauf, bei dieser Übung so vorzugehen, dass zunächst jedem einzelnen anatomischen Teil Aufmerksamkeit geschenkt wird, um dann aller anderen Teile gewahr zu werden.[121] Dies lässt darauf schließen, dass bei den fortgeschritteneren Stufen dieser Betrachtung die einzelnen Teile an Wichtigkeit verlieren und sich das Bewusstsein der zusammengesetzten und unattraktiven Natur des Körpers in seiner Gesamtheit zuwendet. Nach dem *Sampasādanīya-sutta* kann die Betrachtung von den anatomischen Teilen auch zum Gewahrsein ausschließlich des Skeletts fortschreiten.[122]

Eine den *satipaṭṭhāna*-Anweisungen ähnliche progressive Struktur findet sich im *Vijaya-sutta* aus dem *Sutta-Nipāta*, wo eine gründliche Untersuchung des Körpers von seinen äußeren anatomischen Teilen zu seinen inneren Organen und Flüssigkeiten führt.[123] Im *Vijaya-sutta* schließt diese Untersuchung des Körpers mit der rhetorischen Frage ab: „Wie anders als aus Mangel an Einsicht könnte man wegen eines solchen Körpers auf sich selbst stolz sein oder einen anderen herabsetzen?“[124] Dieser Abschluss macht deutlich, dass das Ziel der beschriebenen Betrachtung darin liegt, das Anhaften am Körper zu verringern – eine Ansicht, die auch für das *Satipaṭṭhāna-sutta* gilt.

---

männliche als auch für weibliche Meditierende anwendbar sein müssen. Van Zeyst (1982, S. 80) meint jedoch, dass „mit viktorianischer Umsicht der Gedanke an das Geschlecht eliminiert oder umgangen wurde“. Ohrenschmalz wird in Sn 197 erwähnt.

[120] Debes (1994, S 124).

[121] Vism 265.

[122] Dies sind die ersten zwei von vier „Erreichungen der Einsicht“, wie in D III 104 dargestellt. Vgl. auch S V 129, wo sich der Hinweis findet, die Betrachtung der Knochen sei von großem Nutzen.

[123] Sn 193-201. Die Progression in dieser Lehrrede entspricht der im *Satipaṭṭhāna-sutta* aufgeführten Progression, da sie mit der Ausrichtung des Gewahrseins auf die vier Körperhaltungen und auf das Beugen und Strecken beginnt und mit einer Beschreibung des Leichnams, wie er von Tieren gefressen wird, endet. [Anm. d. Übers.: Zum sozialgeschichtlichen Hintergrund siehe unten im Text zu Anm. 151.]

[124] Sn 206.

Im chinesischen *Ekottarika-āgama* wird eine verwandte Kontemplation als Teil seiner Version der Körperbetrachtung angeführt. Diese Übung befasst sich mit den Körperöffnungen, wobei das Bewusstsein auf die abstoßende Natur der Absonderungen von jeder gerichtet wird.[125] Dieselbe Übung kommt auch in anderen Lehrreden in den Pāli-*Nikāya*s vor.[126] Der hauptsächliche Zweck dieser Übung und des Betrachtens der anatomischen Teile besteht darin, klarzustellen, dass Attraktivität kein Wesensmerkmal des eigenen Körpers und der Körper anderer ist.[127] Eine verwandte Nuance ist in einer anderen Lehrrede zu finden, wo auf die Betrachtung der anatomischen Zusammensetzung des Körpers mit der Überschrift Bezug genommen wird: „wie unten, so oben, wie oben, so unten".[128] Dies weist darauf hin, dass eine unvoreingenommene Wahrnehmung der verschiedenen Körperteile zu dem Verstehen führt, dass sie alle von gleicher Natur sind. Ist ihre wahre Natur erst einmal erkannt, so wird offenbar, dass keine der einzelnen Erscheinungsformen des Körpers (wie zum Beispiel Augen, Haare, Lippen) an sich als schön gelten kann. Ein diese Einsicht treffend beschreibendes Bild wird von einer Nonne in den *Therīgāthā* vorgebracht, die darauf aufmerksam macht, dass, wenn man das Innere des Körpers nach außen kehren würde, selbst die eigene Mutter angeekelt wäre und den Geruch nicht ertragen könnte.[129]

Den Anweisungen im *Satipaṭṭhāna-sutta* zufolge bezieht sich das Betrachten der Unattraktivität des Körpers in erster Linie auf den eigenen Körper.[130] Das Erkennen der Abwesenheit von Schönheit im eigenen Körper dient dabei besonders als Maßnahme gegen Eigendünkel.[131] Anschließend, wie im *satipaṭṭhāna*-Kehrvers angegeben, soll dieselbe Betrachtung „äußerlich", auf die Körper anderer, angewendet werden. Eine solche äußerliche Anwen-

---

[125] In: Nhat Hanh (1990, S. 170).

[126] Sn 197 und A IV 386.

[127] Nach A V 109 befasst sich die Betrachtung der anatomischen Teile mit der „Unattraktivität" (*asubha*), worüber es in It 80 heißt, sie habe den Zweck, der Begierde entgegenzuwirken.

[128] S V 278. Beim Nachdenken über diese Textstelle sollte die traditionelle indische Auffassung berücksichtigt werden, nach der die oberen Körperteile in höherem Ansehen stehen als die unteren.

[129] Thī 471.

[130] Vgl. Vibh 193, wo deutlich darauf hingewiesen wird, dass die Betrachtung der anatomischen Teile zunächst für sich selbst entwickelt werden sollte, bevor sie auf andere angewendet werden kann.

[131] Dies ist in M I 336 belegt, wo der frühere Buddha Kakusandha seinen Mönchen die Betrachtung der Unattraktivität (d. h. der anatomischen Teile) empfahl, um einen Ausgleich zu einem eventuellen Eigendünkel angesichts der übermäßigen Hochachtung und Verehrung zu schaffen, die ihnen von den Haushaltern entgegengebracht wurde.

dung kann zu einem wirksamen Gegenmittel gegen sinnliches Verlangen werden.[132] Das Potenzial dieser Betrachtung als Maßnahme gegen Sinnlichkeit hat dazu geführt, dass sie in die buddhistischen Ordinationszeremonien aufgenommen wurde. Ein Teil dieser Zeremonie besteht in der Anweisung an einen Novizen oder eine Novizin, die ersten fünf der in den *satipaṭṭhāna*-Anweisungen aufgeführten anatomischen Teile zu betrachten.

Trotz dieses Nutzens birgt die Übung mögliche Gefahren in sich. Die exzessive Betrachtung von „Unreinheit“ kann zu Abscheu und Widerwillen führen. Abscheu vor dem eigenen Körper oder dem eines anderen ist jedoch nur ein Ausdruck frustrierter Wünsche und entspricht nicht der mit der Übung bezweckten Beruhigung des Begehrens. In den Lehrreden gibt es einen ziemlich drastischen Fall exzessiven Gebrauchs dieser speziellen Meditationspraxis. Nachdem der Buddha eine Gruppe von Mönchen in dieser Praxis unterwiesen und sich in die Abgeschiedenheit zurückgezogen hatte, widmeten sich die Mönche mit so leidenschaftlichem Eifer der Betrachtung der anatomischen Zusammensetzung ihrer eigenen Körper, dass sie davon völlig angewidert waren. Schließlich beging eine beträchtliche Anzahl von ihnen Suizid.[133]

Die Notwendigkeit einer ausgeglichenen Einstellung wird beispielhaft mit dem Gleichnis in diesem Teil des *Satipaṭṭhāna-sutta* beschrieben, wo die Betrachtung der anatomischen Teile mit der Untersuchung eines Sackes voll Körner und Bohnen verglichen wird.[134] Gerade so, wie das Untersuchen dieser Körner und Bohnen wohl kaum Gefühlsreaktionen hervorrufen wird, so sollte auch das Betrachten der anatomischen Zusammensetzung des Körpers mit einer ausgeglichenen und losgelösten Einstellung ausgeführt

---

[132] In A III 323 wird die Betrachtung der anatomischen Teile mit der Beseitigung der Begierde in Zusammenhang gebracht, in A IV 47 mit dem Entwickeln der Abkehr von Sexualität. Bodhi (1984, S. 92) erklärt, dass „ … die Meditation darauf abzielt, das sexuelle Verlangen dadurch zu schwächen, dass dem Sexualtrieb seine kognitiven Grundlage, die Wahrnehmung des Körpers als sinnlich verlockend, entzogen wird.“ Vgl. auch Khantipālo (1981, S. 98) und Mendis (1985, S. 44). Eine zusätzliche äußerliche Anwendung ist in Vism 306 beschrieben, wo eine Reihe von Körperteilen aufgelistet ist, die als Mittel gegen Zorn benutzt werden können im Rahmen einer Reflexion, ob sich der Zorn auf eine andere Person nun auf deren Haare, Haut oder Knochen beziehe.

[133] Vin III 68 und S V 320. Zu dieser Textstelle vgl. Mills (1992, S. 74).

[134] Dieser Sack „mit einer Öffnung an jedem Ende“ (*ubhatomukhā mutoḷī*) ist Schlingloff (1964, S. 33, Anm. 10) zufolge ein zum Säen benutztes Stück Tuch mit einer oberen Öffnung für die Aufnahme der Körner, während die untere Öffnung während des eigentlichen Säens benutzt wird, um die Körner zu verteilen. Dieses Gleichnis bot sich vielleicht wegen der gewissen Ähnlichkeit zum „beidseitig geöffneten“ Körper an, der eine „obere Öffnung“ zur Aufnahme von Nahrungsmitteln und eine „untere Öffnung“ als Ausgang für die Exkremente hat.

werden, sodass die Wirkung in der Abkühlung des Begehrens und nicht in der Stimulation von Widerwillen besteht.

Wenn ausreichende Vorsichtsmaßnahmen getroffen werden und dadurch mit der angemessenen Einstellung meditiert wird, birgt die weise und ausgeglichene Betrachtung der Unattraktivität des Körpers das Potenzial in sich, zur Verwirklichung zu führen. Dies ist in den *Therīgāthā* dokumentiert, wo von zwei Nonnen berichtet wird, die durch die Betrachtung der anatomischen Zusammensetzung ihrer eigenen Körper vollständiges Erwachen erlangten.[135]

In etlichen Lehrreden wird die ganze im *Satipaṭṭhāna-sutta* aufgelistete Gruppe von einunddreißig anatomischen Teilen unter die Kategorie der Elemente Erde und Wasser eingeordnet, und zwar im Zusammenhang einer allgemeinen Betrachtung der vier Elemente.[136] Dies deutet darauf hin, dass die nächste Übung im *Satipaṭṭhāna-sutta*, wo der Körper in seine den vier Elementen entsprechenden Eigenschaften zergliedert wird, eine verwandte Art der Betrachtung darstellt. Die Anweisungen für diese Betrachtung lauten:

> „Sodann, ihr Mönche, untersucht er prüfend ebendiesen Körper, gleich wo und in welcher Haltung er sich befindet, als aus Elementen bestehend: In diesem Körper gibt es das Erdelement, das Wasserelement, das Feuerelement und das Windelement."[137]

Das hier erwähnte alte indische System der vier Elemente repräsentiert vier grundlegende Eigenschaften der Materie: Festigkeit, Flüssigkeit (oder Kohäsion), Temperatur und Bewegung.[138] Da die Betrachtung der einunddreißig anatomischen Teile hauptsächlich die ersten beiden dieser Eigenschaften – Festigkeit und Flüssigkeit – behandelt hat, bringt die Vier-Elemente-Analyse eine umfassendere Perspektive mit sich, indem das Bewusstsein sich auf Aspekte des Körpers ausdehnt, in denen sich die Eigenschaften Temperatur und Bewegung manifestieren. So wird mit der hier beschriebenen Übung die Analyse des Körpers auf einer umfassenderen und verfeinerten Stufe weiterentwickelt.[139]

---

[135] Thī 33 und Thī 82-86.

[136] M I 185, M I 421, M III 240. Nach Vism 348 sind die detaillierten Erklärungen zu den Elementen in diesen Lehrreden für die eher langsam aufnehmenden Übenden, während die vergleichsweise kurzen Anweisungen im *Satipaṭṭhāna-sutta* für die schneller Verstehenden gedacht sind.

[137] M I 57.

[138] Vgl. z. B. A III 340, demzufolge ein Baumstamm als Manifestation jedes einzelnen der vier Elemente betrachtet werden kann, da jedes nur eine Eigenschaft ein und desselben Baumes ist.

[139] Nach Vism 351 ist die Vier-Elemente-Analyse eine Verfeinerung der vorhergehenden Betrachtung.

Die Betrachtung der erdigen und wässrigen Eigenschaften des Körpers kann vorgenommen werden, indem die sinnlich wahrnehmbaren Empfindungen der festen und flüssigen Teile des Körpers beobachtet werden. Das Gewahrsein seiner feurigen Eigenschaft kann durch Beobachtung von Veränderungen der Körpertemperatur entwickelt werden und in einem gewissen Maß auch durch das Richten des Bewusstseins auf den Verdauungs- und den Alterungsprozess. Der für die Eigenschaft der Bewegung stehende Wind kann durch das Richten des Bewusstseins auf die verschiedenen Bewegungen erfahren werden, die innerhalb des Organismus stattfinden, wie zum Beispiel die Blutzirkulation oder der Atemvorgang.[140] Dieselben elementaren Eigenschaften können in einer einzigen Betrachtung zusammengefasst werden, indem diese vier Eigenschaften als Merkmal jedes Teils oder Partikels des Körpers betrachtet werden.

Das in der Lehrrede gegebene Gleichnis veranschaulicht die Wirkung dieser speziellen Betrachtungsmethode anhand eines Schlächters, der eine Kuh zum Zweck des Verkaufs geschlachtet und zerlegt hat. Den Kommentaren zufolge deutet das Schlächtergleichnis auf eine Veränderung der Wahrnehmung (*saññā*) hin, da der Schlächter nach dem Schlachten nicht länger in der Kategorie „Kuh", sondern nur noch in der Kategorie „Fleisch" denkt.[141] Eine ähnliche Wahrnehmungsverschiebung tritt ein, wenn ein Meditierender den Körper in seine elementaren Eigenschaften zerlegt: Der Körper wird nicht länger als „ich" oder „mein", sondern einfach als eine Kombination dieser vier Eigenschaften erlebt.

Sich selbst als eine Kombination materieller Eigenschaften zu erleben, offenbart die qualitative Identität des eigenen Körpers mit der äußeren Umgebung.[142] Auf diese Weise entwickelt sich ein gesundes Maß an Losgelöstheit,

---

[140] M I 188, M I 422, und M III 241 erklären die körperlichen Manifestationen der Elemente Feuer und Wind. Praktische Anweisungen finden sich bei Frýba (1989, S. 123) und Pa Auk (1996, S. 17). Vgl. Ehara (1995, S. 197-205) und Vism 351. In anderem Zusammenhang, z. B. in M III 240, wird das Schema der vier Elemente durch Einbeziehen von Raum und Bewusstsein auf fünf und sogar sechs Elemente erweitert. Ein Teil der *satipaṭṭhāna*-Anweisungen in der *Madhyama-āgama*-Version behandelt diese sechs Elemente, während die Version aus dem *Ekottarika-āgama* dieselben vier Elemente beinhaltet, die auch im *Satipaṭṭhāna-sutta* vorkommen; vgl. Nhat Hanh (1990, S. 140, 158 und 170). Das Element Raum bezieht sich nach M III 242 auf die leeren oder hohlen Stellen im Körper.

[141] Ps I 272, Vism 348. Ein Schlächter kommt auch in dem in M I 364 erwähnten Gleichnis vor, das auf die Geschicklichkeit abzielt, einen Knochen so herauszuschneiden, dass kein Fleisch mehr daran haftet, sodass ein Hund seinen Hunger daran nicht stillen kann.

[142] Z. B. in M I 186 findet sich eine umfassende Anwendung der Meditation über die vier Elemente sowohl auf sich als auch auf die äußere Umgebung; vgl. Debes (1994, S. 139), King (1992, S. 39). Ñāṇananda (1993, S. 10) stellt die Wirkung >

die dem Greifen nach dem, was nur eine Kombination materieller Eigenschaften ist, entgegenwirkt. Mit beständig fortgesetzter Betrachtung kann es einem Meditierenden klar werden, dass dieser dem äußeren Anschein nach so feste und kompakte Körper, und mit ihm die ganze materielle Welt, keinerlei Wesenskern hat.[143] Was da wirklich ist, sind einfach unterschiedliche Grade von Härte oder Weichheit, von Nässe oder Trockenheit, von Hitze oder Kälte und ein gewisses Maß an Bewegung (zumindest auf molekularer Ebene). Die Betrachtung der vier Elemente hat daher das Potenzial, zu einem durchdringenden Erkennen der materiellen Wirklichkeit zu führen, die von substanzloser Natur und ohne jedes Selbst ist.[144]

In den Lehrreden wird das System der vier Elemente nicht nur auf den menschlichen Körper bezogen, sondern auch ganz allgemein auf die materielle Existenz. Das *Mahāhatthipadopama-sutta* greift die Ähnlichkeit zwischen den eigenen „innerlichen" vier Elementen und ihren „äußerlichen" Gegenstücken auf, um die Wahrheit der Vergänglichkeit unmissverständlich klar zu machen. Es wird argumentiert, dass ja (nach altindischer Kosmologie) zu irgendeinem Zeitpunkt sogar der ganze Planet zerstört werden wird, so dass wohl kaum irgendwelche Dauerhaftigkeit von dieser unbedeutenden Anhäufung derselben Elemente, genannt „Körper", erwartet werden könne.[145] Die Betrachtung der vergänglichen Natur aller materiellen Phänomene auf diese Weise dient dazu, der Suche nach materiellem Vergnügen entgegenzuwirken. Wird durch die Desillusionierung in Hinsicht auf materielle Phänomene das Begehren aufgegeben, so führt dies zur Freiheit von der durch die vier Elemente verursachten Bindung.[146]

---

dieser Art der Betrachtung treffend dar, wenn er Eigendünkel als „die Aneignung öffentlichen Eigentums (d. h. Erde, Wasser, Feuer, Wind)" bezeichnet.

[143] In Sn 937 wird darauf hingewiesen, dass die Welt keinerlei Wesenskern hat. Vgl. auch M III 31, wonach das klare Erkennen der nichtselbsthaften Natur der vier Elemente ein entscheidendes Merkmal des vollständigen Erwachens ist.

[144] In M I 185 und M I 421 wird die Betrachtung der vier Elemente mit der Einsicht in das Nicht-Selbst in Verbindung gebracht und weiter verfolgt, indem das Verstehen des Nicht-Selbst auf eine Situation Anwendung findet, von anderen beschimpft oder belästigt zu werden. Ganz ähnlich wird in A II 164 die Betrachtung der vier Elemente zu der Einsicht in das Nicht-Selbst in Bezug gesetzt, was auf diese Weise zum vollständigen Erwachen führen kann. Vgl. Vism 640.

[145] M I 185. Vgl. Ledi (1986b, S. 72), der anregt, die Einsichtsmeditation mit dieser bestimmten Übung als Grundlage zu beginnen, da sie dabei helfe, rasch ein Verständnis der Vergänglichkeit zu entwickeln.

[146] In S II 170 wird darauf hingewiesen, dass dem Vergnügen und der Freude, die in Abhängigkeit von den vier Elementen entstehen, ihre vergängliche und daher unbefriedigende Natur gegenübersteht und daher der einzige Ausweg aus dieser misslichen Lage darin bestehe, Losgelöstheit von ihnen zu entwickeln.

Ein zusätzlicher Gesichtspunkt der vier Elemente findet sich im *Mahārāhulovāda-sutta*, wo diese als eine Inspiration zum Entwickeln der geistigen Eigenschaften von liebender Güte (*mettā*) und Mitgefühl (*karuṇā*) benutzt werden. Gerade so, wie die Erde, selbst wenn Müll und Abfall aller Art auf sie geworfen wird, frei von Groll ist, so sollte auch ein Meditierender einen von Groll freien Geist entwickeln.[147] Wer den Geist auf diese Weise frei von Groll hält, ist selbst unter widrigen Umständen fähig, mit liebender Güte und Mitgefühl zu reagieren.[148]

Diese Textstellen machen deutlich, dass die Betrachtung der vier Elemente auf vielfältige Weise angewandt werden kann, indem sie die Natur des eigenen Körpers mit der Zusammensetzung der gesamten materiellen Umwelt verbindet, oder indem diese Merkmale des Materiellen dazu eingesetzt werden, eine heilsame geistige Einstellung zu entwickeln.

VI.7 Der verwesende Leichnam und die Meditation über den Tod

Die letzte Meditationsübung unter den Körperbetrachtungen umfasst ein gewisses Maß an Visualisierung oder zumindest Reflexion, da die Meditierenden ihren eigenen Körper mit dem vergleichen sollen, was sie sehen würden, wenn sie zu einem Leichenfeld gingen.[149] Die Anweisungen für einen solchen Vergleich lauten:

> „Sodann, ihr Mönche, als sähe er einen Leichnam, hingeworfen auf einem Leichenfeld – einen Tag, zwei oder drei Tage tot, aufgedunsen, bläulich verfärbt, aus dem Flüssigkeiten sickern ... wie er von Krähen, Falken, Geiern, Hunden, Schakalen oder verschiedenen Arten von Würmern verschlungen wird ... ein Skelett mit Fleisch und Blut, von Sehnen zusammengehalten ... ein fleischloses Skelett, blutverschmiert, von Sehnen zusammengehalten ... ein Skelett ohne Fleisch und Blut, von Sehnen zusammengehalten ... voneinander gelöste Knochen, in alle Richtungen zerstreut ... weiß gebleichte Knochen, von der Farbe der Muschelschalen ... aufeinander gehäufte Knochen, über ein Jahr alt ... morsche Knochen, zu Staub zerfallend – er vergleicht ebendiesen Körper damit:

---

[147] M I 423.

[148] Dies wird in A IV 374 am Beispiel von Sāriputta erläutert, der, als er fälschlich eines Vergehens beschuldigt wird, darauf erwidert, sein Geist sei frei von Unmut, so wie die Erde auch nicht unwillig reagiere, wenn man Abfall auf sie wirft.

[149] Ñāṇamoli (1995, S. 1191, Anm. 150): „*seyyathāpi* lässt darauf schließen, dass diese Meditation ... nicht unbedingt der Grundlage eines konkret vorhandenen Leichnams bedarf, ... sondern als eine Übung mithilfe der Vorstellungskraft durchgeführt werden kann". In Vism 180 wird in Einzelheiten beschrieben, wie ein Meditierender den ersten Anblick eines verwesenden Leichnams auf einem Leichenfeld gewinnen und anschließend das innere Bild entwickeln kann, während er in seiner Behausung meditiert. Nach Ledi (o.J., S. 58) kann diese Betrachtung auf ähnliche Weise anhand von Kranken oder Verwundeten (man selbst eingeschlossen) oder von toten Tieren als Objekt entwickelt werden. Vgl. auch Thate (1997, S. 11).

‚Auch dieser Körper ist von derselben Art, so wird er sein, er ist von diesem Schicksal nicht ausgenommen.'"[150]

Im alten Indien wurden Leichname draußen im Freien auf solchen Leichenfeldern gelassen, wo sie entweder zerfielen oder von wilden Tieren gefressen wurden.[151] Die oben stehende Textstelle aus dem *Satipaṭṭhāna-sutta* beschreibt lebhaft die vor sich gehende Verwesung in insgesamt neun Stadien.[152] Tibetischen Quellen zufolge betrachtete der Buddha selbst verwesende Leichname auf einem Leichenfeld, als er noch ein *bodhisatta* war.[153]

Diese Übung hebt zwei Dinge hervor: die sich in den Stadien ihres Zerfalls zeigende abstoßende Natur des Körpers und die Tatsache, dass der Tod das unausweichliche Schicksal aller Lebewesen ist. Das Erste verknüpft diese Übung mit der Betrachtung der anatomischen Zusammensetzung des Körpers und dient dabei als zusätzliches Werkzeug, um sinnlichem Begehren entgegenzuwirken.[154] Diese Ansicht wird durch das *Mahādukkhakkhandha-sutta* gestützt, wo dieselbe Gruppe von Begriffen als eine Art des Betrachtens des materiellen Körpern innewohnenden „Nachteils" (*ādīnava*) verwendet wird.[155] Obwohl mancher sich dazu hingezogen fühlen mag, bei dem „Vorteil" (*assāda*) der schönen körperlichen Aspekte eines jungen Menschen des anderen Geschlechts zu verweilen, so wird doch der „Nachteil" nur allzu offenbar, wenn derselbe Körper einmal dem Alter, der Krankheit und schließlich dem Tod erlegen ist und zu diesem Zeitpunkt dann derselbe Körper, der zuvor so anziehend erschien, die oben beschriebenen Stadien der Verwesung durchmacht. Diese Textstelle bestätigt, dass ein wichtiger Zweck der Betrachtung eines verwesenden Leichnams darin besteht, sinnlichem Begehren entgegenzuwirken.

Laut den im *Satipaṭṭhāna-sutta* gegebenen Anweisungen wird die Vorstellung oder Erinnerung des verwesenden Körpers auf den eigenen Körper angewandt mit der Betrachtung, dass in der Zukunft der eigene Körper demselben Verfallsprozess unterliegen wird. Diese Art der Betrachtung stellt

---

[150] M I 58.

[151] Rhys Davids (1997, S. 80).

[152] In M III 91 und A III 323 wird dieselbe Beschreibung in vier Stadien zusammengefasst: der aufgedunsene Leichnam, der von Tieren angefressene Leichnam, das Skelett, die Knochen. Die *Madhyama-āgama*-Version beschreibt eine Betrachtung desselben Vorgangs in fünf Stadien, während in der *Ekottarika-āgama*-Version insgesamt acht Stadien aufgeführt werden. Siehe Nhat Hanh (1990, S. 158 und 170).

[153] Rockhill (1907, S. 23).

[154] Z. B. wird in Dhp-a III 108 berichtet, der Buddha habe seine Schüler zu einem Leichenfeld begleitet, damit sie sich den verwesenden Leichnam der schönen Kurtisane Sirimā als Mittel gegen sinnliches Verlangen ansehen konnten. In As 197 wird denjenigen die Betrachtung eines verwesenden Leichnams empfohlen, in deren charakterlichen Disposition Sinnesverlangen vorherrscht.

[155] M I 88.

dann auch ein Mittel dar, dem Eigendünkel entgegenzuwirken.[156] Anschließend soll dasselbe Verstehen, wie im Kehrvers angegeben, auf die lebenden Körper anderer angewandt werden. Auch hier trifft es zu, dass die oben im Zusammenhang mit der Betrachtung der anatomischen Zusammensetzung erwähnte Vorsichtsmaßnahme beachtet werden muss, nämlich dass die Übung nicht zu Abscheu oder Depressionen führen sollte.[157]

In den *Theragāthā* wird von der tatsächlichen Praxis dieser *satipaṭṭhāna*-Übung auf einem Leichenfeld berichtet: Zwei Mönche betrachten jeder einen weiblichen Leichnam, aber mit unterschiedlichem Ergebnis. Während es einem der Mönche gelingt, Einsicht zu erlangen, kann der andere die Betrachtung nicht entwickeln, da der Anblick des Körpers sinnliches Verlangen in ihm hervorruft.[158] Diese Gefahr wird auch in den Kommentaren erwogen, in denen vor dem Gebrauch eines zum anderen Geschlecht gehörenden Leichnams gewarnt wird.[159] Obwohl das Betrachten eines zum anderen Geschlecht gehörenden Leichnams für einen Neuling im Meditieren nicht angeraten sein mag, so wäre doch von einer solchen Betrachtung zu erwarten, dass sie bei erfolgreicher Durchführung ein besonders machtvolles Mittel gegen Sinnlichkeit darstellt.[160] Tatsächlich wird im *Theragāthā* auch der Fall eines Mönchs beschrieben, der einen noch lebenden weiblichen Körper betrachtete, nämlich ein singendes und tanzendes schönes Mädchen.[161] Er war dazu fähig, diesen Anblick zu gutem Nutzen einzusetzen, denn dadurch, dass er sich dieser visuellen Einwirkung weise aussetzte, wurde er ein *Arahant*.

Eine alternative Einsicht, die durch diese Meditationsübung gewonnen werden kann, ist die Unausweichlichkeit des Todes. Die Verwesungsstadien eines toten Körpers veranschaulichen lebhaft die Wahrheit, dass alles, was auch immer als Verkörperung von „ich" oder „mein" aufgefasst werden mag, nur begrenzte Dauer hat. Obwohl dies eine offensichtliche Implikation dieser Praxis sein dürfte, wird in den Lehrreden das Sich-Besinnen auf den Tod gewöhnlich ohne Erwähnung der Verwesungsstadien beschrieben. Die besonders empfohlenen Methoden, sich auf den Tod zu besinnen, beziehen sich auf das Essen und das Atmen mit der Reflexion, dass noch nicht einmal das Essen des nächsten Bissens und der nächste Atemzug mit Sicherheit

---

[156] Nach A III 323 wirkt die Betrachtung eines Leichnams dem Eigendünkel entgegen.
[157] Ṭhānissaro (1993, S. 55).
[158] Th 393-395 und Th 315f. Ein anderes Beispiel eines auf einem Leichenfeld meditierenden Mönches findet sich in Th 151f.
[159] Ps I 254.
[160] In der Tat empfiehlt Ledi (o.J., S. 59) Leichname des jeweils anderen Geschlechts für *vipassanā*-Zwecke, während ihm zufolge Leichname desselben Geschlechts für das Entwickeln von *samatha* geeignet sind. Über die Betrachtung eines Leichnams als *samatha*-Übung vgl. Vism 178-196.
[161] Th 267-270.

stattfinden werden.[162] Es ist ja in der Tat so, dass die Anwesenheit oder Abwesenheit des nächsten Atemzuges Leben oder Tod ausmacht, sodass die Atemachtsamkeit auch die Möglichkeit bietet, zur Besinnung auf den Tod benutzt zu werden. Welche Methode auch immer angewandt wird – die Besinnung auf den Tod trägt dazu bei, wachzurütteln und dazu zu inspirieren, das Unheilsame zu vermeiden und zu entwurzeln, und sie kann am Ende in der Verwirklichung des „Todlosen" ihren Höhepunkt finden.[163]

Das Sich-Besinnen auf den Tod dient auch als nützliche Vorbereitung für die Zeit, wenn der Tod kommt. Als die abschließende Übung der Körperbetrachtungen kann die regelmäßige Besinnung auf den Tod zu der Vergegenwärtigung führen, dass der Tod nur in dem Maße furchterregend ist, in dem man sich mit dem Körper identifiziert.[164] Mit Hilfe der Körperbetrachtungen ist es möglich, die wahre Natur des Körpers zu begreifen und dadurch das Anhaften daran zu überwinden. Freiheit von Anhaften an den Körper ist auch Freiheit von jeder Furcht des körperlichen Todes.[165]

---

[162] A III 306 und A IV 319.

[163] In A III 308 und A IV 320 wird die Besinnung auf den Tod damit in Verbindung gebracht, vermehrte Anstrengungen zu unternehmen, dem Bösen entgegenzuwirken. In A III 304 und A IV 317 wird dieselbe Übung auf die Verwirklichung des Todlosen bezogen.

[164] Vgl. Debes (1994, S. 151), Kor (1993, S. 18). Ein gewisses Maß an De-Identifikation mit dem Körper während der Betrachtung ist tatsächlich direkt in den Anweisungen für die letzten drei Betrachtungen (anatomische Teile, Elemente, Leichnam) enthalten, wo auf den eigenen Körper als „ebendieser Körper" (M I 57f.) Bezug genommen wird – ein Ausdruck, der anscheinend absichtlich einen unpersönlicher Beiklang hat.

[165] Vgl. z. B. Th 20, wo ein *Arahant* die Bemerkung macht, er fürchte sich nicht vor dem Tode und sei dazu bereit, den Körper auf achtsame Weise loszulassen. Vgl. A IV 48, wo die Abwesenheit von Anhaftung an das Leben mit der wiederholten Besinnung auf den Tod in Verbindung gebracht wird.

VII. Kapitel
Die Gefühle

VII.1 Betrachtung der Gefühle

Der Pāli-Begriff für „Gefühle" ist *vedanā*, abgeleitet von dem Verb *vedeti*, das sowohl „fühlen" als auch „wissen" oder „erkennen" bedeutet.[1] In den Lehrreden steht *vedanā* für körperliche und geistige Gefühle.[2] Nicht eingeschlossen im Bedeutungsspektrum von *vedanā* ist „Emotion".[3] Obwohl Emotionen in Abhängigkeit von dem anfänglichen, durch das Gefühl gegebenen Input entstehen, so sind sie doch komplexere mentale Phänomene als das reine Gefühl an sich und gehören daher eher in den Bereich des nächsten *satipaṭṭhāna*, zur Betrachtung der Geisteszustände.

Die *satipaṭṭhāna*-Anweisungen zur Betrachtung der Gefühle lauten:

> „ ... wenn er ein angenehmes Gefühl empfindet, weiß er: ‚Ich empfinde ein angenehmes Gefühl'; wenn er ein unangenehmes Gefühl empfindet, weiß er: ‚Ich empfinde ein unangenehmes Gefühl'; wenn er ein neutrales Gefühl empfindet, weiß er: ‚Ich empfinde ein neutrales Gefühl'.
>
> Wenn er ein weltliches angenehmes Gefühl empfindet, weiß er: ‚Ich empfinde ein weltliches angenehmes Gefühl'; wenn er ein nichtweltliches angenehmes Gefühl empfindet, weiß er: ‚Ich empfinde ein nichtweltliches angenehmes Gefühl'; wenn er ein weltliches unangenehmes Gefühl empfindet, weiß er: ‚Ich empfinde ein weltliches unangenehmes Gefühl'; wenn er ein nichtweltliches unangenehmes Gefühl empfindet, weiß er: ‚Ich empfinde ein nichtweltliches unangenehmes Gefühl'; wenn er ein weltliches neutrales Gefühl empfindet, weiß er: ‚Ich empfinde ein weltliches neutrales Gefühl'; wenn er ein nichtweltliches neutrales Gefühl empfindet, weiß er: ‚Ich empfinde ein nichtweltliches neutrales Gefühl'."[4]

Im ersten Teil der oben stehenden Anweisungen wird zwischen drei grundlegenden Arten von Gefühl unterschieden: angenehm, unangenehm und neutral. Den Lehrreden zufolge hat das Entwickeln von Verstehen und Losgelöstheit bezüglich dieser drei Gefühle das Potenzial, zu Freiheit von *dukkha* zu führen.[5] Da ein solches Verstehen durch die Übung von *satipaṭṭhāna* erlangt werden kann,[6] stellt die Betrachtung der Gefühle eine

[1] Hamilton (1996, S. 45), Rhys Davids (1978, S. 299).
[2] Vgl. z. B. M I 302, S IV 231; siehe auch Rhys Davids (1978, S. 300).
[3] Bodhi (1993, S. 80), de Silva (1992b, S. 33), Dhīravaṃsa (1989, S. 109), Ñāṇaponika (1983, S. 7).
[4] M I 59.
[5] A V 51. Vgl. auch S II 99.
[6] Nach S V 189 müssen für ein durchdringendes Verstehen der drei Gefühlsarten die vier *satipaṭṭhānas* entwickelt werden. Es ist bemerkenswert, dass dieser Textstelle >

Meditationsübung von beträchtlichem Potenzial dar. Dieses Potenzial beruht auf der einfachen, aber raffinierten Methode, Achtsamkeit auf die allerersten Anfangsstadien des Entstehens von Zu- und Abneigung zu richten und dabei deutlich zu merken, ob die Erfahrung des gegenwärtigen Augenblicks als „angenehm" oder eher als „unangenehm" oder aber als keines von beiden empfunden wird.

Folglich bedeutet das Betrachten der Gefühle ganz wörtlich, zu erkennen, „wie ich mich fühle", und dies so unmittelbar, dass das Licht des Gewahrseins gegenwärtig ist, bevor Reaktionen, Projektionen oder Rechtfertigungen dessen, wie ich mich fühle, einsetzen. Auf diese Weise durchgeführt, lässt die Betrachtung der Gefühle sichtbar werden, in welch überraschendem Ausmaß Einstellungen und Reaktionen auf diesem ersten, anfänglichen, durch die Gefühle hervorgebrachten affektiven Input beruhen.

Das systematische Entwickeln solch unmittelbaren Erkennens stärkt auch die eher intuitive Art des Wahrnehmens im Sinne der Fähigkeit, für eine bestimmte Situation oder eine andere Person „ein Gefühl zu bekommen". Diese Fähigkeit stellt eine zusätzliche, nützliche Informationsquelle im täglichen Leben dar, mit Hilfe derer die durch rationalere Arten der Beobachtung und Überlegung gewonnenen Informationen ergänzt werden können.

In den *satipaṭṭhāna*-Anweisungen folgt auf die Unterscheidung dieser drei Gefühle das Richten der Achtsamkeit auf eine zusätzliche Unterteilung der Gefühle in „weltliche" (*sāmisa*) und „nichtweltliche" (*nirāmisa*).[7] Nach einer Textstelle im *Aṅguttara-nikāya* steht diese sechsfache Unterteilung für

---

zufolge alle vier *satipaṭṭhāna*s zum vollständigen Verständnis der Gefühle erforderlich sind.

[7] In der chinesischen Version dieser Betrachtung im *Madhyama-āgama* werden zusätzlich Gefühle aufgeführt, die mit Begierde verbunden sind (und jene, die es nicht sind), sowie körperliche und geistige Gefühle, während die *Ekottarika-āgama*-Version auf die Tatsache aufmerksam macht, dass das Vorhandensein einer der Gefühlsarten das Vorhandensein der anderen beiden ausschließt; siehe Minh Chau (1991, S. 93), Nhat Hanh (1990, S. 161 und 173). Zu der letzteren Version existiert eine Pāli-Parallele in D II 66. In Paṭis II 233 finden sich auch zusätzliche Kategorien, wozu Gefühle zählen, die entsprechend der sechs Sinne im Zusammenhang mit der Betrachtung der Gefühle unterschieden sind. In der Tat kann nach M I 398 die sechsfache Unterteilung in den oben erwähnten *satipaṭṭhāna*-Anweisungen noch ausgeweitet werden, da nicht nur die sechs Sinne einbezogen werden können, sondern Gefühle auch nach ihrem Auftreten in der Vergangenheit, Zukunft und Gegenwart unterschieden werden können, wodurch sich insgesamt 108 Arten von Gefühlen ergeben. Ein alternatives Dreierschema für die Betrachtung der Gefühle wurde von Mogok Sayadaw entwickelt – siehe Than Daing (1970, S. 90) –, indem zwischen den Gefühlen der fünf Sinnestore als „externen Besuchern", geistigen Gefühlen als „internen Besuchern" und mit dem Ein- und Ausatmen verbundenen Gefühlen als „Gastbesuchern" unterschieden wird.

das Spektrum der Verschiedenheit der Gefühle.[8] Folglich bietet die Betrachtung der Gefühle mit diesem Sechserschema einen umfassenden Überblick über den ganzen Umfang der Vielgestaltigkeit des Phänomens „Gefühl" (vgl. Abb. 7.1 unten).

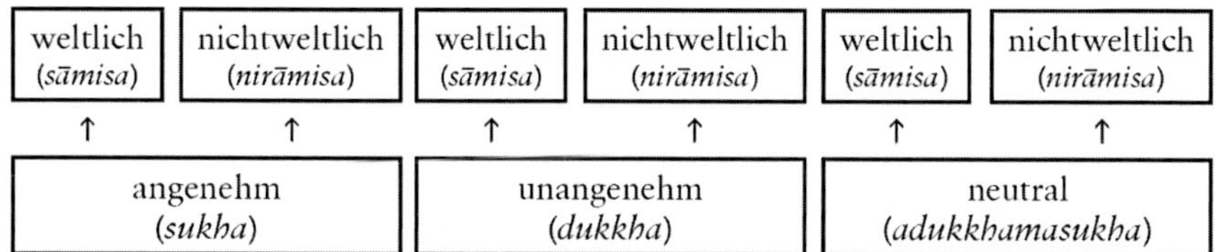

Abb. 7.1: Drei und sechs Arten von Gefühl

Die Unterscheidung zwischen weltlichen (*sāmisa*) und nichtweltlichen (*nirāmisa*) Gefühlen weist auf den Unterschied zwischen Gefühlen im Zusammenhang mit dem „Fleisch" (*āmisa*) einerseits und Gefühlen in Zusammenhang mit der Entsagung andererseits hin.[9] Diese zusätzliche Bedeutung kreist um eine Bewertung des Gefühls, die nicht auf seiner affektiven Natur, sondern auf dem ethischen Kontext seines Entstehens basiert. Der hier zur Sprache gebrachte Kernpunkt besteht darin, sich bewusst zu sein, ob ein bestimmtes Gefühl mit Fortschritt oder Rückschritt auf dem Pfad zusammenhängt.

Anders als die Asketen unter seinen Zeitgenossen lehnte der Buddha laut den Lehrreden nicht kategorisch alle angenehmen Gefühle ab, noch riet er unbedingt zu unangenehmen Erfahrungen wegen ihrer angeblich läuternden Wirkung. Stattdessen betonte er die Bedeutung der geistigen und ethischen Konsequenzen jeder Art von Gefühl. Mithilfe der oben stehenden sechsfachen

---

[8] A III 412.

[9] In Ps I 279 wird erklärt, dass weltliche angenehme Gefühle diejenigen im Zusammenhang mit den Vergnügungen der fünf Sinne sind, während ihre nichtweltlichen Entsprechungen mit der Entsagung in Zusammenhang stehen. Vgl. auch S IV 235, wo zwischen Freude oder Glücksgefühl weltlicher Art (Sinnlichkeit), nichtweltlicher Art (Vertiefung) und vollständig nichtweltlicher Art (Verwirklichung) unterschieden wird. Die Zuschreibung *āmisa* wird in den Lehrreden oft im Sinne von „materialistisch" im Gegensatz zu „*dhamma*" benutzt, d. h. Mönche, die „materielle" Dinge höher schätzen als den *Dhamma* – siehe M I 12, A I 73 (vgl. auch A I 91-94) – oder ein „materielles" Geschenk, siehe It 98. Nach Goenka (1999, S. 53) und Soni (1980, S. 6) werden dieselben beiden Begriffe im heutigen Indien gebraucht, um zwischen vegetarischem und nichtvegetarischem Essen zu unterscheiden. Dem Verständnis von Nhat Hanh (1990, S. 71) zufolge stehen die zwei Begriffe für die Unterscheidung zwischen physiologischen und psychologischen Ursachen der Gefühle (z. B. wäre ein von spätem Zubettgehen am Vortag herrührendes schlechtes Gefühl „weltlich"). Walshe (1987, S. 591, Anm. 658f.) schlägt vor, die Begriffe als „*carnal* [fleischlich]" und „*spiritual* [geistig]" wiederzugeben.

Unterteilung wird diese ethische Dimension offenbar und enthüllt im Besonderen den Zusammenhang von Gefühlen mit der Aktivierung der latenten mentalen Neigung (*anusaya*) zu Sinneslust, Verärgerung oder Unwissenheit.[10] Wie im *Cūḷavedalla-sutta* ausgeführt wird, hat das Entstehen dieser latenten Neigungen hauptsächlich mit den drei weltlichen Gefühlsarten zu tun, während nichtweltliche angenehme oder neutrale Gefühle, die während tiefer Konzentration entstehen, oder nichtweltliche unangenehme Gefühle, die durch die Unzufriedenheit mit der eigenen spirituellen Unvollkommenheit entstehen, diese latenten Neigungen nicht stimulieren.[11]

Die abhängige Beziehung zwischen Gefühlen und solchen mentalen Neigungen ist von zentraler Bedeutung, da Gefühle, indem sie diese latenten Neigungen aktivieren, zum Entstehen unheilsamer geistiger Reaktionen führen können. Dasselbe Prinzip liegt dem entsprechenden Abschnitt der zwölf Glieder des Entstehens in Abhängigkeit (*paṭicca samuppāda*) zugrunde, wo die Gefühle die Bedingung darstellen, die zum Entstehen von Begehren (*taṇhā*) führen kann.[12]

Wahrscheinlich liegt der Hauptgrund, warum die Gefühle zu einem der vier *satipaṭṭhāna*s geworden sind, darin, dass die bedingte Abhängigkeit von Begehren und den geistigen Reaktionen auf das Gefühl von so entscheidender Bedeutung ist. Darüber hinaus ist das Entstehen von angenehmen oder unangenehmen Gefühlen leicht zu bemerken, was die Gefühle zu einem geeigneten Meditationsobjekt macht.[13]

Eine auffallende Eigenschaft der Gefühle ist ihre flüchtige und wandelbare Beschaffenheit. Die andauernde Betrachtung dieser flüchtigen und wandelbaren Beschaffenheit der Gefühle kann dann in kraftvoller Weise dazu gebraucht werden, diesbezüglich Ernüchterung zu entwickeln.[14] Eine

---

[10] Vgl. M I 303, M III 285, S IV 205. Die Beziehung der drei Gefühlsarten zu den jeweiligen latenten Neigungen diente als Anregung für eine Variante der Betrachtung der Gefühle im *Ratnacūḍa-sūtra* (zitiert in: Bendall, 1990, S. 219), wo die Anweisungen lauten: Bei der Erfahrung eines angenehmen Gefühls soll man Mitgefühl mit denjenigen Wesen entwickeln, die sich der Leidenschaft hingeben, während im Falle eines unangenehmen Gefühls das Mitgefühl sich auf Wesen richten soll, die dem Hass verfallen sind, und im Falle eines neutralen Gefühls auf Wesen, die der Verblendung unterliegen.

[11] M I 303.

[12] Im Einzelnen beschrieben in D II 58.

[13] Nach Ps I 277 sind die Gefühle ein klareres Objekt für *satipaṭṭhāna* als das Bewusstsein oder der Kontakt, weil das Entstehen angenehmer oder unangenehmer Gefühle leicht bemerkbar ist.

[14] Dies wird in A IV 88 anhand eines Beispiels veranschaulicht, wo der Buddha die Ermahnung „Nichts ist es wert, dass man daran anhafte“ dadurch detailliert erläutert, dass er die Betrachtung der Vergänglichkeit der Gefühle lehrt; anschließend erklärt er, dass diese Betrachtung das Potenzial habe, zur Verwirklichung zu führen.

losgelöste Einstellung zu den Gefühlen als Folge des Gewahrseins ihrer unbeständigen Beschaffenheit ist charakteristisch für *Arahants.*[15]

Ein weiterer Gesichtspunkt, der sich für die Betrachtung anbietet, besteht darin, dass die affektive Stimmung jedes Gefühls von der Art des Kontakts abhängt, die sein Entstehen verursacht hat.[16] Wird diese bedingte Beschaffenheit der Gefühle einmal gänzlich erfasst, entsteht Losgelöstsein auf natürliche Weise, und die Identifikation mit den Gefühlen beginnt zu schwinden.

In einer poetischen Textstelle im *Vedanā-saṃyutta* wird die Beschaffenheit der Gefühle mit Winden verglichen, die aus verschiedenen Richtungen kommen.[17] Solche Winde können manchmal warm und manchmal kalt, manchmal nass und manchmal staubig sein. Ganz ähnlich entstehen in diesem Körper verschiedene Arten von Gefühlen. Manchmal sind sie angenehm, manchmal neutral und manchmal unangenehm. So wie es närrisch wäre, mit den wechselnden Wetterverhältnissen zu streiten, so ist es auch sinnlos, mit dem Wechsel der Gefühle zu hadern. Auf solche Weise betrachtet wird es möglich, ein zunehmendes Maß innerer Freiheit von den Gefühlen zu entwickeln. Allein durch die bloße Tatsache des Beobachtens wird sich ein achtsamer Beobachter der Gefühle nicht länger vollständig mit ihnen identifizieren und sich dadurch nach und nach jenseits der bedingenden und kontrollierenden Macht der Dichotomie von Vergnügen und Schmerz begeben.[18] Die Aufgabe, die Identifikation mit den Gefühlen immer weiter zu schwächen, spiegelt sich auch in den Kommentaren wider, wo betont wird, dass die Frage „Wer fühlt?“ vom bloßen Erleben der Gefühle zu ihrem Betrachten als ein *satipaṭṭhāna* führt.[19]

Um einige Zusatzinformation über die Wichtigkeit und Bedeutung der Betrachtung der Gefühle zu geben, werde ich nun kurz Überlegungen zum Zusammenhang der Gefühle mit der Bildung von Ansichten (*diṭṭhi*) und

---

[15] In M III 244 wird die losgelöste Einstellung der oder des *Arahant* gegenüber Gefühlen aufgrund ihrer oder seiner Einsicht in ihre Vergänglichkeit beschrieben.

[16] M III 242.

[17] S IV 218.

[18] Debes (1994, S 227).

[19] Ps I 275. Nach dem Kommentar besteht der Zweck des Nachfragens in dieser Form darin, die Vorstellung eines Selbst, das fühlt, zu überwinden. Vgl. D II 68, wo auf zwei augenfällige Identifikationsmuster hinsichtlich der Gefühle aufmerksam gemacht wird: „Das Gefühl ist mein Selbst“ oder „Mein Selbst fühlt“. Zusammen mit der Ansicht: „Mein Selbst hat keine Gefühle“ sind dies drei Arten der Konstruktion eines Selbstkonzepts in Bezug auf das Gefühl. Wenn sie überwunden werden, führt dies zur Verwirklichung. Zu dieser Textstelle vgl. Bodhi (1995, S. 34-36). Wie wichtig es ist, das Gefühl von jeder Vorstellung eines „Ich“ oder „Mein“ abzutrennen, betont auch Ñāṇaponika (1983, S. 4).

Meinungen anstellen. Darauf folgt eine Untersuchung der drei Arten von Gefühlen, wie sie in den *satipaṭṭhāna*-Anweisungen dargestellt sind.

VII.2 Gefühle und Ansichten (*Diṭṭhi*)

Die Kultivierung innerer Freiheit gegenüber den Gefühlen ist das einleitende Thema des *Brahmajāla-sutta*. Die Lehrrede beginnt mit der Anweisung an die Mönche, weder stolz auf Lob zu sein noch sich über Tadel zu ärgern, da jede der beiden Reaktionen sie nur aus ihrer Geistesruhe bringen würde. Als Nächstes untersucht die Lehrrede umfassend die erkenntnistheoretischen Grundlagen der unter den Philosophen und Asketen des alten Indien vorherrschenden unterschiedlichen Ansichten. Zum Abschluss dieser Untersuchung erklärt die Lehrrede, dass der Buddha, weil er zu völligem Verstehen der Gefühle gelangt war, all diese Ansichten hinter sich gelassen hatte.[20]

Faszinierend an der Methode des *Brahmajāla-sutta* ist, dass der Fokus der Analyse hauptsächlich auf den psychologischen Unterbau und weniger auf den Inhalt der Ansichten gerichtet wird.[21] Dank dieses Vorgehens kann das Entstehen von Ansichten auf Begehren (*taṇhā*) zurückgeführt werden, welches wiederum in Abhängigkeit von Gefühl entsteht.[22] Umgekehrt kann durch ein gänzliches Verstehen der Funktion des Gefühls als Bindeglied zwischen Kontakt und Begehren die Begrenzung des Vorgangs, wie sich Ansichten bilden, überschritten werden.[23] Im *Pāsādika-sutta* wird ein solches

---

[20] D I 16.

[21] In der Tat werden im *Brahmajāla-sutta* 62 „Gründe“ für das Formulieren von Ansichten erörtert (D I 39: *dvāsaṭṭhiyā vatthūhi*), nicht 62 „Ansichten“. Die Anzahl der Ansichten ist geringer, da z. B. aus den ersten vier „Gründen“ nur eine „Ansicht“ des Eternalismus entsteht, die dann in jedem der Fälle mit den gleichen Begriffen formuliert ist. Daraus wird deutlich, dass die Analyse des *Brahmajāla-sutta* sich hauptsächlich mit den erkenntnistheoretischen Gründen für das Formulieren von Ansichten und viel weniger mit den individuellen Inhalten solcher Ansichten befasst. Wenn in S IV 287 von 62 „Ansichten“ (*dvāsaṭṭhi diṭṭhigatāni Brahmajāle bhaṇitāni*) oder in Sn 538 von „Häresien“ (*osaraṇāni*) die Rede ist, so entspricht dies eigentlich nicht der im *Brahmajāla-sutta* selbst gebrauchten Terminologie.

[22] In D I 39 wird dargelegt, dass alle diese unterschiedlichen Ansichten auf einen Mangel an Erkenntnis und Einsicht auf Seiten derer zurückzuführen sind, die sie vorbringen und die einfach unter dem Einfluss ihrer Gefühle und der daraus resultierenden Begierde stehen. Der Kommentar Sv-pṭ I 180 erklärt, die Ursache solcher Ansichten sei dadurch bedingt, dass das Entstehen der Gefühle nicht erkannt und deshalb mit Begierde darauf reagiert werde. Katz (1989, S. 150) spricht treffend von einer „Psychoanalyse metaphysischer Behauptungen“.

[23] D I 45 erklärt, dass jemand, der das Entstehen und Vergehen des Kontakts verstanden habe (wobei der Kontakt als die für das Entstehen von Gefühlen und damit der Begierde notwendige Bedingung zu verstehen ist), dadurch erkannt habe, was sich jenseits all dieser Ansichten befindet.

Hinausgelangen über die Begrenzungen durch Ansichten ausdrücklich als eines der Ziele der *satipaṭṭhāna*-Betrachtung angegeben.[24] Folglich hat das zweite *satipaṭṭhāna*, die Betrachtung der Gefühle, ein faszinierendes Potenzial, Einsicht in den Ursprung von Ansichten und Meinungen hervorzubringen.

Die andauernde Betrachtung zeigt, dass Gefühle ganz entscheidend die nachfolgenden Gedanken und Reaktionen beeinflussen und ihnen eine bestimmte Färbung verleihen.[25] Angesichts dieser bedingenden Funktion des Gefühls stellt sich die angebliche Überlegenheit rationalen Denkens über Gefühle und Emotionen als Illusion heraus.[26] Logik und Denken dienen oft dazu, schon vorhandene Vorlieben und Abneigungen zu rationalisieren, welche wiederum durch das Entstehen von entweder angenehmen oder unangenehmen Gefühlen bedingt sind.[27] Die anfänglichen Stadien des Wahrnehmungsprozesses, wenn die ersten Anzeichen von Mögen und Nicht-Mögen erscheinen, sind uns normalerweise nicht ganz bewusst, und oft wird nicht bemerkt, wie sie nachfolgende Bewertungen entscheidend beeinflussen.[28]

Aus psychologischer Perspektive betrachtet, liefern Gefühle während der Informationsverarbeitung ein rasches Feedback als Basis für Motivation und Handeln.[29] In der Frühgeschichte menschlicher Evolution entwickelte sich ein solcher Rückkopplungseffekt als Überlebensmechanismus in gefährlichen Situationen, wenn im Bruchteil von Sekunden die Entscheidung über Flucht oder Kampf getroffen werden musste. Solche Entscheidungen beruhen auf der wertenden Einwirkung der ersten Momente der Einschätzung im Wahrnehmungsprozess, während deren das Gefühl eine zentrale Rolle spielt. Außerhalb solch gefährlicher Situationen aber, in der vergleichsweise sicheren Lebenssituation in der modernen Welt, kann diese Überlebensfunktion manchmal unangemessene und unpassende Reaktionen hervorbringen.

Die Betrachtung der Gefühle eröffnet die Möglichkeit, sich dieser wertenden und bedingenden Funktionen bewusst zu werden. Ein klares Gewahrsein der bedingenden Einwirkung der Gefühle kann zu einer Neustrukturierung gewohnheitsmäßiger Reaktionsmuster führen, die bedeutungslos oder sogar schädlich geworden sind. Auf diese Weise können Emotionen an ihrem Ursprung „dekonditioniert" werden.[30] Ohne eine solche Dekondi-

[24] D III 141.

[25] Vgl. z. B. M I 111, wo beschrieben wird, wie Gedanken und Reaktionen durch den entscheidenden durch Gefühle und Wahrnehmung hergestellten ersten Input bedingt sind.

[26] Khantipālo (1981, S. 35).

[27] Premasiri (1972, S. 20).

[28] Burns (1994, S. 33).

[29] Brown (1986a, S. 271).

[30] de Silva (1981, S. 22), Dwivedi (1977, S. 255).

tionierung kann jede affektive Voreingenommenheit, die das Resultat der anfänglichen, durch das Gefühl ausgelösten Wertung ist, ihren Ausdruck in scheinbar wohlbegründeten „objektiven" Meinungen und Ansichten finden. Im Gegensatz dazu enthüllt eine realistische Einschätzung der bedingten Abhängigkeit von Ansichten und Meinungen von dem anfänglichen, durch das Gefühl hergestellten wertenden Input die affektive Bindung, die persönlichen Ansichten und Meinungen zugrunde liegt. Diese Abhängigkeit der Ansichten und Meinungen von der ersten wertenden Einwirkung des Gefühls ist eine vorherrschende Ursache für darauf folgendes dogmatisches Beharren und Festhalten.[31]

Im starken Kontrast zu den im alten Indien vorherrschenden philosophischen Spekulationen zielte die analytische Methode des frühen Buddhismus auf die Überprüfung des affektiven Unterbaus von Ansichten ab. Das entscheidende Problem ist es, die psychologische Einstellung aufzudecken, die jeglicher Ansicht zugrunde liegt,[32] da sich im Vertreten einer bestimmten Ansicht häufig Begehren und Anhaften äußert.

Ein wichtiger Gesichtspunkt der frühbuddhistischen Vorstellung von rechter Ansicht besteht folglich darin, die „rechte" Einstellung zu den eigenen Überzeugungen und Ansichten zu haben. Die kritische Frage ist hier, ob Anhaften und Festhalten in Bezug auf die eigenen Ansichten bestehen,[33] was sich oft in hitzigen Debatten und Wortgefechten manifestiert.[34] Doch je mehr rechte Ansicht von Anhaften und Ergreifen freigehalten wird, desto besser kann sich ihr volles Potenzial als praktisches Hilfsmittel für den Fortschritt auf dem Pfad entfalten.[35] Das heißt: Rechte Ansicht als solche soll

---

[31] Dieses Thema kehrt den ganzen *Aṭṭhakavagga* hindurch immer wieder, siehe insbesondere Sn 781, Sn 785, Sn 824, Sn 878, Sn 892, Sn 910 über das durch Ansichten hervorgerufene dogmatische Greifen und Sn 832, Sn 883, Sn 888f., Sn 894, Sn 904 darüber, wie dieses dogmatische Greifen zur Herabsetzung anderer und zu endlosen Streitereien führt. Vgl. Premasiri (1989, S. 655), der „Ansicht" sehr treffend zu der Idee des Dogmatismus in Beziehung setzt.

[32] Vgl. Bodhi (1992a, S. 9), Burford (1994, S. 47), Collins (1982, S. 119), Gethin (1997b, S. 222), Gomez (1976, S. 141).

[33] Tatsächlich bezieht sich die Standardformulierung in den Lehrreden für rechte Ansicht unmittelbar auf Anhaften und Festhalten, was seinen Ausdruck in dem Schema der vier edlen Wahrheiten findet (vgl. z. B. D II 312). In A IV 68 wird dieses Schema dann auf die Ansichten an sich angewendet.

[34] In M I 108 antwortet der Buddha auf die Herausforderung, seine Ansicht zu verkünden, seine Ansicht sei so beschaffen, dass es zu keinerlei Streitigkeiten kommen könne. Vgl. M I 500: Das Erkennen der Vergänglichkeit der drei Gefühlsarten wird damit in Zusammenhang gebracht, von Streitgesprächen frei zu sein. S III 138 fasst die nichtprovokative und begütigende Grundeinstellung des Buddha so zusammen: „Nicht ich streite mit der Welt, sondern die Welt streitet mit mir."

[35] Eine pragmatische Einstellung gegenüber der eigenen Ansicht wird in M I 323 und in A III 290 empfohlen. In beiden Fällen wird genau dargelegt, dass der Zweck >

nie aufgegeben werden, stellt sie doch den Höhepunkt des Pfades dar. Was aufgegeben werden muss, ist jegliches Anhaften oder Festhalten daran.

Im Zusammenhang mit der praktischen Meditationsübung findet die rechte Ansicht ihren Ausdruck in einem wachsenden Maß an Losgelöstheit und Ernüchterung in Bezug auf bedingte Phänomene aufgrund eines sich vertiefenden Erfassens der Wahrheit von *dukkha*, seiner Ursachen, seines Beendens und des Pfades, der zu seinem Beenden führt. Solche Losgelöstheit spiegelt sich auch in der Abwesenheit von „Verlangen und Betrübtheit", festgelegt in der *satipaṭṭhāna*-„Definition", und in der Anweisung „an nichts in der Welt zu haften", angeführt im *satipaṭṭhāna*-Kehrvers.

VII.3 Angenehmes Gefühl und die Bedeutung der Freude

Die bedingende Funktion angenehmer Gefühle in dem zu Vorlieben und schließlich sogar zu dogmatischem Beharren führenden Prozess hat einige weitreichende Folgen. Doch dies bedeutet nicht, dass alle angenehmen Gefühle schlichtweg zu meiden sind. Tatsächlich war die Erkenntnis, dass angenehme Gefühlen nicht einfach nur zu meiden sind, ein unmittelbares Resultat von Buddhas eigener Suche nach dem Erwachen.

Als sein Erwachen unmittelbar bevorstand, hatte der Buddha laut den Lehrreden die der Tradition nach bekannten Wege zur Verwirklichung ausgeschöpft, ohne aber das Erwachen dadurch erlangt zu haben.[36] Während er sich an seine früheren Erlebnisse erinnerte und erwog, welche Methode eine Alternative darstellen könnte, erinnerte er sich auch an eine Episode in seiner frühen Jugend, zu der er tiefe Konzentration und Freude erfuhr, da er die erste Vertiefung (*jhāna*) erreicht hatte.[37] Bei weiterer Reflexion über

---

der eigenen Ansicht darin bestehe, zu innerer Geistesruhe und zur Freiheit von *dukkha* zu führen.

[36] Laut M I 246 war er weder durch höchst verfeinerte Grade der Konzentration noch durch das Betreiben zahlreicher asketischer Praktiken dazu in der Lage gewesen, das vollständige Erwachen zu erreichen, sodass er sich fragte: „Könnte es einen anderen Weg zur Verwirklichung geben?". Seine unermüdliche Anstrengung, die Suche selbst dann fortzusetzen, nachdem alle bekannten Methoden zum Erreichen der Verwirklichung ausgeschöpft waren, bildet wahrscheinlich die Grundlage für M I 219 und auch A I 50, worin sein Erwachen als das Resultat unablässigen Strebens dargestellt wird. Ein Hinweis auf sein Abweichen von allen bis dahin bekannten Wegen, die zur Verwirklichung führten, findet sich in dem Ausdruck „nie zuvor gehörte Dinge" (z. B. in M II 211, S V 422).

[37] M I 246. Zu dieser Textstelle vgl. Horsch (1964, S. 107). Sein genaues Alter ist in der Lehrrede nicht angegeben, obwohl sich aus dem Kontext schließen lässt, dass das Ereignis irgendwann während seiner Kindheit oder Jugend stattgefunden haben muss. In Mil 289 wird der recht unwahrscheinliche Hinweis gegeben, dass er erst einen Monat alt war und nicht nur das erste, sondern alle vier *jhāna*s erreichte. In den tibetischen Quellen wiederum (Rockhill, 1907, S. 23) wird diese Episode auf >

diese Erfahrung kam er zu dem Schluss, dass die Art der damals erlebten Freude nicht unheilsam und daher kein Hindernis für den Fortschritt gewesen war.[38] Die Erkenntnis, dass die Freude der Vertiefung eine heilsame und ratsame Art angenehmen Gefühls ist, stellte einen entscheidenden Wendepunkt seiner Suche dar. Auf der Grundlage dieser höchst bedeutsamen Einsicht war der Buddha in kurzer Zeit fähig, zum Erwachen durchzubrechen, wozu er früher trotz beträchtlicher konzentrativer Fähigkeiten und zahlreicher asketischer Praktiken nicht in der Lage gewesen war.

Nach seinem Erwachen bezeichnete der Buddha den Lehrreden zufolge sich selbst als jemanden, der glücklich lebt.[39] Diese Aussage zeigt deutlich, dass der Buddha – anders als einige der Asketen seiner Zeit – angenehme Gefühle nicht länger fürchtete. Wie er betonte, war gerade die erfolgreiche Vernichtung alles geistig Unheilsamen die Ursache seines Glücks und seiner Freude.[40] Eine ähnliche Stimmung vermitteln viele der von erwachten Mönchen und Nonnen verfassten Verse, in denen das Glück über die durch die erfolgreiche Übung auf dem Pfad gewonnene Freiheit gepriesen wird.[41] Das Entzücken und die nichtsinnliche Freude, die unter den erwachten Schülern des Buddha herrschten, fanden oft Ausdruck in poetischen Beschreibungen der Schönheit der Natur.[42] Tatsächlich erfreuten sich die

---

den Vorabend seines Ganges in die Hauslosigkeit datiert, was auch recht unwahrscheinlich ist.

[38] In M I 246 wird berichtet, wie der Buddha überlegt: „Warum fürchte ich mich vor einem Glücksgefühl, das nichts mit Sinnenfreuden und unheilsamen Zuständen zu tun hat? Vor einem solchen Glück fürchte ich mich nicht!" Auf der Grundlage dieser Einsicht verwirklichte er das Erwachen. Auch in M I 114 findet sich dieses Verständnis der Wichtigkeit einer ethischen Bewertung geistiger Vorgänge wieder. In der Lehrrede wird beschrieben, wie der Buddha vor seinem Erwachen die Gedanken in heilsame und unheilsame unterteilte.

[39] A I 136; vgl. auch Dhp 200.

[40] D I 196, vgl. D II 215. Nach Ps I 297 erreicht die Freude (als Erwachensfaktor) auch mit dem vollständigen Erwachen Vollkommenheit.

[41] Th 35, Th 526, Th 545, Th 888, Thī 24.

[42] Siehe z. B. M I 212. Hier nehmen einige der älteren Schüler die Schönheit des Waldes von Gosinga im Mondlicht zum Anlass, Eigenschaften eines Mönches zu preisen. Andere Beschreibungen der Schönheit der Natur finden sich in den Versen erwachter Mönche in Th 13, Th 22, Th 113, Th 307-310, Th 523, Th 527f., Th 601, Th 1062, Th 1064f., Th 1068-1070, Th 1136. Laut D II 267 drückte der Buddha seine Wertschätzung sogar für ein von dem *gandhabba* Pañcasikha dargebrachten Lied mit einem leicht sinnlichen Anklang aus, in dem Letzterer Vergleiche anstellt zwischen der Schönheit seiner Geliebten und der Schönheit des Lebens, wie *Arahants* es führen. Zu dieser Textstelle vgl. Gnanarama (1998, S. 119-121). Über die Empfänglichkeit des Buddha und seiner Mönche für die Schönheit der Natur vgl. auch Gokhale (1976, S. 106), Kariyawasam (1984, S. 359) und Nhat Hanh (1990, S. 62).

frühbuddhistischen Mönche an ihrer Lebensweise, was von einem auf Besuch weilenden König bezeugt wurde, der sie als „lächelnd und fröhlich, voll lauterer Freude und reinem Entzücken, ohne Sorgen und Störungen lebend" beschrieb.[43] Diese Beschreibung ist ein Teil eines von dem König vorgenommenen Vergleichs zwischen den Anhängern des Buddha und anderen Asketen, deren Verhalten eher schwermütig auf ihn wirkte. Für ihn stellte das Maß der Freude, wie sie die Schülerinnen und Schüler des Buddha zeigten, eine Bestätigung der Anwendbarkeit von Buddhas Lehre dar. Diese Textstellen dokumentieren, welch bedeutsame Rolle die nichtsinnliche Freude im Leben der monastischen Gemeinschaft des frühen Buddhismus spielte.

Das geschickte Entfalten nichtsinnlicher Freude und Glücks war eine Folge der unmittelbaren eigenen Verwirklichung des Buddha, die ihm die Notwendigkeit bewies, zwischen heilsamen und unheilsamen Arten der Freude zu unterscheiden.[44] In den *satipaṭṭhāna*-Anweisungen für die Betrachtung der Gefühle kommt diese Weisheit durch das Unterscheiden zwischen weltlichen und nichtweltlichen Arten angenehmen Gefühls zum Ausdruck.

Die Klugheit in dieser Methode lag nicht nur in der Fähigkeit, zwischen solchen Formen von Glück und Freude, denen man nachgehen sollte, und solchen, die man vermeiden sollte, zu unterscheiden, sondern auch im geschickten Nutzbarmachen der nichtsinnlichen Freude für den Fortschritt auf dem Pfad zur Verwirklichung. In zahlreichen Lehrreden wird die bedingte Abhängigkeit von Weisheit und Verwirklichung von dem Vorhandensein nichtsinnlicher Freude und Glück beschrieben. Diesen Beschreibungen zufolge führen Freude (*pīti*) und Glück (*sukha*), die auf Entzücken (*pāmojja*) beruhen, in einer kausalen Folge zu Konzentration und Verwirklichung. In einer Lehrrede wird die Dynamik dieser kausalen Folge mit dem natürlichen Lauf des Regens verglichen. Der Regen fällt auf den Gipfel eines Hügels, füllt nach und nach die Bäche und Flüsse und fließt schließlich bis ins Meer.[45] Sind

[43] M II 121; vgl. auch Rahula (1997, S. 52). Nach A V 122 erlebt, wer sich an Buddhas Lehre erfreut, ein Glücksgefühl – ganz gleich, ob er/sie geht, steht, sitzt oder sich niederlegt.

[44] M I 476 und M I 454. Dieses Verständnis spiegelt sich in Th 742 wider – wo diejenigen Arten der Freude empfohlen werden, die mit dem *Dhamma* zusammenhängen – und in dem Ausdruck „glückverheißende Freude" (*kalyāṇapīti*) in Sn 969. Vgl. Premasiri (1981, S. 69).

[45] S II 30. Dieselbe Folge findet sich in Vin I 294, D I 73, D I 182 , D I 207 , D I 214, D I 232 , D I 250, D III 241, D III 279 , D III 288, M I 37, M I 28, S IV 78, S IV 351-358, S V 156, S V 398, A I 243, A III 21, A III 285, A V 1-6, A V 312, A V 315, A V 317, A V 329 und A V 333 (vgl. auch Paṭis I 85, Vism 144). Die unterstützende Funktion der Freude für die Verwirklichung ist in Dhp 376 und 381 sowie Th 11 belegt. Nach Ayya Khema (1991, S. 105) ist „innere Freude ... eine >

nichtsinnliche Freude und Glück erst einmal entstanden, so wird ihr Vorhandensein ganz natürlich zu Konzentration und Verwirklichung führen.[46] Und umgekehrt: Wenn der Geist nicht erfreut wird, wenn er dessen bedarf, wird Verwirklichung nicht möglich sein.[47]

Überlegungen dazu, wie wichtig das Entwickeln nichtsinnlicher Freude ist, finden sich auch im *Araṇavibhaṅga-sutta*, dem zufolge der Buddha seine Schüler ermutigte, herauszufinden, woraus wahres Glück eigentlich besteht und, auf dieses Verständnis gegründet, dem wahren Glück nachzugehen.[48] Diese Textstelle bezieht sich im Besonderen auf die Erfahrung der Vertiefung, die eine Form des Glücks mit sich bringt, das seine weltlichen Entsprechungen bei Weitem übertrifft.[49] Alternativ kann nichtsinnliche Freude auch im Zusammenhang mit Einsichtsmeditation entstehen.[50]

Eine genaue Untersuchung des *Kandaraka-sutta* bringt eine progressive Verfeinerung nichtsinnlichen Glücks ans Licht, das während der aufeinanderfolgenden Stufen des Übungsweges erlebt wird. Die ersten Phasen dieser aufsteigenden Folge sind die Formen des Glücks, die aufgrund von Untadeligkeit und Zufriedenheit entstehen. Diese wiederum führen weiter zu verschiedenen Stufen des Glücks, erlangt durch tiefe Konzentration. Der Höhepunkt dieser Folge ist mit dem höchsten Glück vollkommener Freiheit durch die Verwirklichung erreicht.[51]

---

unbedingte Notwendigkeit für erfolgreiche Meditation". Buddhadāsa (1956, S. 109) spricht von der Erfordernis, „immerwährende spirituelle Freude" zu entwickeln. Ebenfalls wird die Bedeutung von *pīti* besonders erwähnt bei Cousins (1973, S. 120), Debes (1997, S. 497), Gruber (1999, S. 231), Ñāṇapoṇika (1988, S. 20, Anm. 9) und Sekhera (1995, S. 104).

[46] A V 2.

[47] Siehe A III 435. Der Kommentar Mp III 413 erklärt, dass sich dies insbesondere auf die Notwendigkeit bezieht, geistige Dumpfheit zu vermeiden. Wie wichtig es ist, im Zusammenhang der Übung von *satipaṭṭhāna* Freude zu entwickeln, wird auch in S V 156 erwähnt.

[48] M III 230.

[49] M III 233; vgl. auch M I 398.

[50] In M III 217 wird die Erfahrung geistiger Freude zum Erlangen von Einsicht in die Vergänglichkeit jeder Art von Sinneserfahrung in Beziehung gesetzt. Nach Th 398 und Th 1071 übersteigt die Freude der Einsicht jene, die man durch ein musikalisches Quintett erlangt. In Th 519 wird betont, dass das von Begehren freie Meditieren die höchstmögliche Art der Freude erzeugt. In Dhp 373 ist von der göttlichen Freude der Einsicht die Rede, und nach Dhp 374 führt die Einsicht in das Entstehen und Vergehen der Daseinsgruppen zu Freude und Entzücken.

[51] In M I 346 ist von dem durch reines sittliches Verhalten erlangten Glücksgefühl (*anavajjasukhaṃ*) die Rede, gefolgt von dem aus der Sinneszügelung gewonnen Glücksgefühl (*abyāsekasukhaṃ*), welches wiederum zu dem sich immer weiter steigernden Glücksgefühl überleitet, das während der ersten Vertiefung (*vivekajaṃ pītisukhaṃ*), der zweiten Vertiefung (*samādhijaṃ pītisukhaṃ*) und der dritten >

Überlegungen zu der wichtigen Funktion nichtsinnlicher Freude finden sich ebenso in der Übersicht über Geisteszustände im *Abhidhamma*. In diesem gesamten Schema von 121 Geisteszuständen ist der größte Teil von geistiger Freude begleitet, während nur drei mit geistiger Missstimmung verbunden sind.[52] Dies legt nahe, dass der *Abhidhamma* der Funktion und Bedeutung der Freude großen Wert beimisst.[53] Überdies räumt das Geisteszustände-Schema im *Abhidhamma* dem Lächeln eines *Arahant* einen besonderen Platz ein.[54]

Erstaunlicherweise befindet es sich in einer Gruppe von sogenannten „wurzellosen" (*ahetu*) und „wirkungslosen" (*akiriyā*) Geisteszuständen. Weder „wurzeln" diese Geisteszustände in heilsamen oder unheilsamen Eigenschaften, noch hängen sie mit den „Auswirkungen" des Karma zusammen. Nur ein einziger aus dieser Gruppe der Geisteszustände ist von Freude begleitet (*somanassahagatā*): das Lächeln eines *Arahant*. Die einzigartige Qualität dieses Lächelns war offenbar ein ausreichender Grund für den *Abhidhamma*, ihm einen besonderen Platz in diesem Schema zuzuerkennen.

Somit kann also gewissermaßen das ganze Stufenschema des Übungsweges als eine fortschreitende Verfeinerung der Freude verstanden werden. Um dieses Bild jedoch auszugleichen, ist hinzuzufügen, dass der Fortschritt auf dem Pfad unweigerlich auch unangenehme Erfahrungen mit sich bringt.

Vertiefung (*sukhavihārī*) gewonnen wird und dann im Glücksgefühl der Verwirklichung (*nibbuto sītibhūto sukhapaṭisaṃvedī*) seinen Höhepunkt erreicht. Vgl. auch Th 63 und Th 220, wo vom Glückserlangen durch Glück die Rede ist. Govinda (1980, S. 76 = engl. Ausg. 1991, S. 61) erläutert, „daß das Aufhören des Leidens höchste Glückseligkeit ist und daß jeder Schritt in dieser Richtung von stetig wachsender Freude begleitet ist." Warder (1956, S. 57) geht sogar so weit, einen Vergleich zwischen dem Wert, den der Buddha der Freude beimisst, und dem Epikurismus [Anm. d. Übers.: im philosophiegeschichtlichen, nicht im umgangssprachlichen Sinne] zu ziehen.

[52] In Abhidh-s 1-7 findet sich die Darstellung eines Schemas von 63 Bewusstseinszuständen, die mit geistiger Freude (*somanassa*), 3, die mit geistiger Betrübtheit (*domanassa*) und 55, die mit Gleichmut (*upekkhā*) einhergehen. Vgl. Govinda (1991, S. 63).

[53] Eine ähnliche Betonung findet sich auch in Kv 209, wo insgesamt 28 Arten von Glücksgefühl aufgeführt sind. Vgl. auch Vism 143, wonach nichtsinnliche Freude auf fünf verschiedenen Ebenen auftreten kann, und Vism 132, wo elf Faktoren aufgeführt sind, die zu ihrer Entwicklung beitragen. Verschiedene Arten von Glücksgefühl sind auch im *Vimuttimagga* aufgeführt, vgl. Ehara (1995, S. 5).

[54] Der „Bewusstseinszustand, der ein Lächeln hervorbringt und mit geistiger Freude einhergeht", aufgeführt in Abhidh-s 2 unter den wurzelfreien Bewussteinszuständen. Vgl. auch Bodhi (1993, S. 45). Das Lächeln des *Arahant* ist in etlichen Lehrreden für den Buddha und für Moggallāna belegt, z. B. in Vin III 105-108, M II 45, M II 74, S I 24, S II 254-258, A III 214.

Doch ebenso wie nicht jedes angenehme Gefühl zu meiden ist, da ein kluges Verstehen und eine intelligenter Gebrauch dieser Gefühle möglich ist, so sind auch unangenehme Gefühle und Erfahrungen Gelegenheiten für das Entwickeln von Weisheit.

VII.4 Unangenehmes Gefühl

Im historischen Kontext des alten Indien stellte die kluge Analyse des Gefühls im frühen Buddhismus einen mittleren Pfad zwischen dem weltlichen Trachten nach Sinnesvergnügen und den asketischen Übungen der Buße und Selbstkasteiung dar. Ein vorherrschendes Grundprinzip, das den bei den Asketen jener Zeit verbreiteten Selbstkasteiungen zugrunde lag, war eine mechanistische Auffassung von Karma. Selbst auferlegter Schmerz, so glaubte man, führe ein sofortiges Erleben der angehäuften negativen karmischen Vergeltung aus der Vergangenheit herbei und beschleunige so dessen Tilgung.[55]

Der frühe Buddhismus stimmte mit solch mechanistischen Karma-Theorien nicht überein. Tatsächlich ist jeder Versuch, sich durch die gesamte Anhäufung der Vergeltung für die eigenen unheilsamen Taten der Vergangenheit hindurchzuarbeiten, zum Scheitern verurteilt, weil die Reihe vergangener Leben jedes Individuums keinen erkennbaren Anfang hat.[56] Daher ist die Menge zu tilgender karmischer Vergeltung unermesslich. Außerdem können schmerzhafte Gefühle auch neben karmischer Vergeltung aus zahlreichen anderen Gründen entstehen.[57]

---

[55] Z. B. in M II 214, vgl. auch Jayawardhana (1988, S. 409). Ein zusätzlicher Grund für diese Praktiken mag in der Vorstellung liegen, dass durch selbst zugefügten Schmerz spirituelle Kraft (*iddhi*) aufgebaut werden kann, um sie dann zum Erlangen übernatürlicher Kräfte oder zum Erlangen der Befreiung zu benutzen, oder auch in der Vorstellung, dass der Körper die Ursache des Begehrens ist und daher gepeinigt werden muss, um das Begehren zu vernichten.

[56] S II 178, S III 149, A V 113. Goldstein (1994, S. 131) bemerkt ganz richtig: „Die Vorstellung, dass sich die Erweckung einstellt, wenn wir unser Karma reinigen … ist ein Irrtum, weil wir alle eine unendlich große Ansammlung vergangenen Karmas mit uns tragen … die Erweckung findet nicht deshalb statt, weil wir uns einer gewissen Menge karmischer Aktivität entledigt haben. Sie findet statt, wenn unser Geist die Verblendung durchschneidet."

[57] S IV 230 führt – neben Gefühlen, die auf karmischer Vergeltung beruhen – solche Gefühle auf, die auf Galle-, Schleim- oder Windstörungen zurückzuführen sind, also auf ein Ungleichgewicht der Körpersäfte aufgrund von Klimawechsel, leichtsinnigem Verhalten oder Gewalttätigkeit. Diese Möglichkeiten sind auch in A II 87, A III 131 und A V 110 aufgezählt; vgl. auch Ledi (1999d, S. 66). Nach A I 173 und A I 249 würde ein als alleinige und absolute Ursache aufgefasstes Karma eine Form des Determinismus darstellen und dadurch die Möglichkeit ausschließen, erfolgreich ein geläutertes Leben zu führen.

Obwohl karmische Vergeltung nicht umgangen werden kann und sie sich während des Übens auf dem Pfad in der einen oder anderen Form manifestieren wird,[58] so ist doch das Erwachen nicht einfach das Ergebnis einer mechanischen Vernichtung der angesammelten Wirkungen vergangener Taten. Was zum Erwachen benötigt wird, ist die Entwurzelung von Unwissenheit (*avijjā*) durch das Entwickeln von Weisheit.[59] Mit dem völligen Durchdringen von Unwissenheit durch Einsicht gelangen *Arahants* jenseits der Reichweite der meisten ihrer angehäuften karmischen Taten, außer denen, die noch in diesem Leben reifen.[60]

Der Buddha selbst hatte laut den Lehrreden auch vor seinem eigenen Erwachen als selbstverständlich angenommen, dass schmerzhafte Erfahrungen eine reinigende Wirkung hätten.[61] Nachdem er die asketischen Praktiken aufgegeben und Verwirklichung erlangt hatte, wusste er es besser. Im *Cūḷadukkhakkhandha-sutta* wird von des Buddhas Versuch berichtet, einige der Asketen seiner Zeit von der Fruchtlosigkeit selbst auferlegten Leidens zu überzeugen. Die Diskussion endete mit der ironischen Bemerkung des Buddha, dass er im Gegensatz zu den schmerzhaften Ergebnissen der Selbstkasteiung dazu fähig war, ein Maß an Freude zu erfahren, das selbst die dem König des Landes verfügbaren Freuden bei Weitem übertraf.[62] Dies zeigt deutlich, dass Verwirklichung für den Buddha nicht davon abhing,

---

[58] In A V 292, A V 297 und A V 299 wird hervorgehoben, dass es unmöglich ist, karmische Vergeltung völlig zu vermeiden. In Dhp 127 wird darauf hingewiesen, dass es auf der ganzen Welt keinen Ort gibt, wo jemand der Vergeltung seiner üblen Taten entkommen könnte. Vgl. auch Ud 21, wo von einem in Meditation sitzenden Mönch berichtet wird, der aufgrund früherer Taten Schmerzen empfindet. Wie aber in A I 249 dargelegt wird, hängt die Intensität karmischer Vergeltung zu einem hohen Grad von dem gegenwärtigen Zustand der Sittlichkeit und des Geistes der fraglichen Person ab. Dies bedeutet, dass eine unheilsame Tat eine unmoralische Person in die Hölle bringen kann, aber für eine ansonsten moralische Person nicht dieselben Konsequenzen haben wird.

[59] In A IV 382 wird klar verneint, dass der Reinheitswandel in der Buddha-Nachfolge zum Zweck der Veränderung oder Vernichtung karmischer Resultate geführt werde; vielmehr bestehe der Zweck darin, Erkenntnis und Weisheit zu entwickeln. Der Versuch, die Resultate des aus der Vergangenheit herrührenden Karma zu vernichten, war eine Position der Jainas, welche in M II 216 und M II 222 kritisiert wird.

[60] Die einfache Logik, die hier zugrunde liegt, besteht darin, dass die karmischen Resultate, die in zukünftigen Leben reifen müssen, keine Gelegenheit mehr haben werden, ihre Wirkung zu entfalten (vgl. z. B. Th 81). Zum Beispiel im Falle des *Arahant* Aṅgulimāla konnte eine Vergeltung für seine früheren Verbrechen nur innerhalb des begrenzten Zeitraums seines derzeitigen Lebens stattfinden (vgl. M II 104).

[61] M II 93.

[62] M I 95.

lediglich schmerzhafte Gefühle zu ertragen.[63] Tatsächlich kann, aus psychologischer Perspektive betrachtet, das Sich-Unterwerfen unter selbst auferlegten Schmerz ein Ausdruck umgelenkter Aggression sein.[64]

Die Erfahrung unangenehmer Gefühle kann die latente Neigung zu Verärgerung aktivieren und zu Versuchen führen, derartige unangenehme Gefühle zu unterdrücken, zu verdrängen oder zu vermeiden. Der tiefgehenden Analyse einer Lehrrede zufolge kann die Abneigung gegen Schmerz überdies der Tendenz Nahrung geben, Befriedigung über die Sinneserfahrung zu suchen, da aus der unerwachten Perspektive der Genuss sinnlicher Freuden der einzige Weg zu sein scheint, dem Schmerz zu entkommen.[65] Dies ist dann der Beginn eines Teufelskreises, der mit jeder Gefühlserfahrung, sei sie angenehm oder unangenehm, zu zunehmender Abhängigkeit von den Gefühlen führt.

Der Ausweg aus diesem Teufelskreis liegt in achtsamer und nüchterner Beobachtung unangenehmer Gefühle. Ein solch nichtreagierendes Gewahrsein des Schmerzes ist eine einfache, aber effektive Methode zum geschickten Umgang mit einer schmerzhaften Erfahrung. Körperlichen Schmerz einfach als das, was er ist, zu beobachten, verhindert, dass er geistige Nachwirkungen hervorbringt. Jede geistige Reaktion von Furcht oder Widerstand gegen den Schmerz würde nur den Grad der Unerfreulichkeit der schmerzhaften Erfahrung vergrößern. Einem Meditierenden mit gut ausgebildeten Fähigkeiten kann es gelingen, einzig den physischen Aspekt eines unangenehmen Gefühls zu erfahren, ohne das Entstehen geistiger Reaktionen zuzulassen. So haben meditatives Geschick und Einsicht ein faszinierendes Potenzial, zu verhindern, dass körperliche Krankheiten den Geist beeinflussen.[66]

In den Lehrreden wird diese Fähigkeit, zu verhindern, dass physischer Schmerz die Geistesruhe beeinträchtigt, besonders mit der Übung von *sati-*

---

[63] M I 241.

[64] Vgl. de Silva (1991, S. 71).

[65] S IV 208 veranschaulicht die missliche Lage des unerwachten Weltlings, wenn er Schmerz empfindet, anhand einer Person, die mit zwei Pfeilen beschossen wird, da zusätzlich zu dem „Pfeil" des körperlichen Schmerzes die geistige Reaktion zusätzliches *dukkha*, d. h. den zweiten „Pfeil", verursacht. Vgl. auch de Silva (1987, S. 19) und Kor (1991, S. 6 und 1995, S. 18).

[66] In S III 1 findet sich die Anweisung: „So solltest du üben: Mein Körper mag krank sein, dennoch wird mein Geist davon nicht gepeinigt". In der Lehrrede wird erklärt, dass es darum geht, die Identifikation mit irgendeiner der Daseinsgruppen (und dadurch mit dem Schmerz) zu vermeiden. Dies weist auf eine innere Distanz zu der Schmerzerfahrung hin, so, als gehöre der betroffene Körperteil nicht zu einem. Obwohl weiterhin der Schmerz als ein objektives Phänomen wahrgenommen wird, vermindert dieser Akt der Dissoziation oder De-Identifikation die leidvolle Einwirkung des Schmerzes auf den Geist oder lässt sie sogar verschwinden.

paṭṭhāna in Zusammenhang gebracht.[67] Auf diese Weise kann ein weises Beobachten des Schmerzes durch *satipaṭṭhāna* schmerzhafte Erfahrungen in eine Gelegenheit zu tiefer Einsicht verwandeln.

VII.5 Neutrales Gefühl

Während angenehme und unangenehme Gefühle die jeweiligen latenten Neigungen zu Sinneslust und Verärgerung aktivieren können, können neutrale Gefühle die latente Neigung zu Unwissenheit stimulieren.[68] Im Zusammenhang mit neutralen Gefühlen bedeutet Unwissenheit, dass das Entstehen und Vergehen der neutralen Gefühle nicht bewusst erfahren wird, oder aber, dass der Vorteil, der Nachteil und der Ausweg in Bezug auf neutrale Gefühle nicht verstanden wird.[69] Wie in den Kommentaren betont wird, ist es keine leichte Aufgabe, sich neutraler Gefühle bewusst zu sein, und die beste Herangehensweise besteht darin, bewusst die Abwesenheit von sowohl angenehmen als auch unangenehmen Gefühlen zu erfahren.[70]

Von zusätzlichem Interesse bei der Erörterung neutraler Gefühle ist die *Abhidhamma*-Analyse bezüglich der Gefühlsschattierungen, die an den fünf körperlichen Sinnestoren entstehen. Im *Abhidhamma* heißt es, dass nur der Tastsinn von Schmerz oder Freude begleitet sei, während die an den anderen vier Sinnestoren entstehenden Gefühle immer neutral bleiben.[71] Diese Darstellung des *Abhidhamma* eröffnet eine faszinierende Perspektive auf die Betrachtung der Gefühle, da sie dazu einlädt, zu hinterfragen, in welchem Maße eine Erfahrung von Vergnügen oder Missvergnügen in Bezug auf Anblick, Klang, Geruch oder Geschmack schlicht das Ergebnis der eigenen mentalen Bewertung ist.

---

[67] Nach S V 302 gibt es in einem fest in *satipaṭṭhāna* gegründeten Geist keinen Raum, in dem schmerzhafte Körpergefühle verweilen könnten. Indem er achtsam und wissensklar blieb, war der Buddha selbst dazu fähig, starke, von einer Fußverletzung herrührende Schmerzen zu ertragen, ohne dass sein Geist davon beunruhigt wurde; siehe S I 27 und S I 110.

[68] M I 303.

[69] M III 285.

[70] Ps I 277. Der Kommentar veranschaulicht dies mit dem Beispiel eines Jägers, der auf beiden Seiten eines Felsens Spuren sieht und daraus schließt, wo ein Tier entlanggelaufen ist.

[71] Dhs 139-145. Ausführlicher in Abhidh-s 2; vgl. auch Rhys Davids (1922, S. 171, Anm. 2). Ein etwas anderer Gesichtspunkt findet sich in den Lehrreden, da hier von angenehmen und unangenehmen Anblicken, Geräuschen, Gerüchen und Geschmäcken die Rede ist, welche wiederum die Bedingung für das Entstehen der entsprechenden angenehmen oder unangenehmen Gefühle liefern; vgl. z. B. S IV 115, S IV 119, S IV 125 und S IV 126.

Zusätzlich zu dieser Perspektive steht die Eigenschaft der Vergänglichkeit im Mittelpunkt der Betrachtung neutraler Gefühle.[72] Dies ist besonders wichtig, da in der konkreten Erfahrung das neutrale Gefühl die bei Weitem stabilste der drei Gefühlsarten zu sein scheint. Folglich muss seine vergängliche Natur beobachtet werden, um der Neigung, es als dauerhaft zu betrachten, etwas entgegenzusetzen. Auf diese Art betrachtet, führt neutrales Gefühl zum Entstehen von Weisheit und wirkt dadurch der latenten Neigung zu Unwissenheit entgegen.

Im *Saḷāyatanavibhaṅga-sutta* wird darauf hingewiesen, dass der Unterschied zwischen mit Unwissenheit oder mit Weisheit verbundenen neutralen Gefühlen damit zusammenhängt, ob derartige Gefühle die Grenzen ihres Objekts überschreiten.[73] Im Fall der Verblendung ist das neutrale Gefühl vorwiegend das Resultat der „farblosen" Eigenschaften des Objekts, wobei der Mangel an Wirkung auf den Beobachter die Abwesenheit angenehmer oder unangenehmer Gefühle zur Folge hat. Umgekehrt transzendiert neutrales Gefühl aufgrund der Anwesenheit von Weisheit sein Objekt, da es von Losgelöstheit und Gleichmut und nicht von den angenehmen oder unangenehmen Eigenschaften des Objekts herrührt.

Derselben Lehrrede zufolge ist die Verankerung derartigen Gleichmuts das Ergebnis einer fortschreitenden Verfeinerung der Gefühle, während der zunächst die drei Arten der Gefühle in Hinsicht auf ein Leben der Entsagung benutzt werden, um über ihre eher weltlichen und sinnlichen Entsprechungen hinauszugehen.[74] Auf der nächsten Stufe wird nichtsinnliche Freude bezüglich der Entsagung benutzt, um sich mit Schwierigkeiten im Zusammenhang mit der Entsagung zu konfrontieren und sie hinter sich zu lassen. Dieser Verfeinerungsprozess führt dann zu Gefühlen des Gleichmuts, wobei selbst Gefühle nichtsinnlicher Freude transzendiert werden. Gleichmut und Losgelöstheit als Höhepunkt der Übung kommen auch im *satipaṭṭhāna*-Kehrvers zur Betrachtung des Gefühls vor, worin der Meditierende angewiesen wird, alle Arten von Gefühlen „frei von Abhängigkeit" und „ohne Anhaften" zu betrachten.[75]

---

[72] It 47.

[73] M III 219.

[74] M III 220.

[75] M I 59: „ … er verweilt unabhängig, an nichts in der Welt haftend. Genau so verweilt er hinsichtlich der Gefühle, die Gefühle betrachtend."

VIII. Kapitel
Der Geist

VIII.1 Betrachtung des Geistes

Gegen Ende des vorhergehenden *satipaṭṭhāna*, der Betrachtung der Gefühle, beschäftigte sich die Achtsamkeit mit der ethischen Unterscheidung zwischen weltlichen und nichtweltlichen Gefühlen. Dieselbe Unterscheidung findet sich auch wieder zu Anfang des nächsten *satipaṭṭhāna*, wo sich die Achtsamkeit auf die ethische Qualität des Geistes richtet, nämlich auf die Anwesenheit von Lust (*rāga*), Zorn (*dosa*) und Verblendung (*moha*).[1] Die Anweisung lautet:

> „Hierbei erkennt er einen Geist voller Begierde als ‚voller Begierde' und einen Geist ohne Begierde als ‚ohne Begierde'; er erkennt einen zornigen Geist als ‚zornig' und einen zornlosen Geist als ‚zornlos'; er erkennt einen verblendeten Geist als ‚verblendet' und einen nicht verblendeten Geist als ‚nicht verblendet'; er erkennt einen zusammengezogenen Geist als ‚zusammengezogen' und einen zerstreuten Geist als ‚zerstreut'; er erkennt einen weiten Geist als ‚weit' und einen engen Geist als ‚eng'; er erkennt einen übertreffbaren Geist als ‚übertreffbar' und einen unübertreffbaren Geist als ‚unübertreffbar'; er erkennt einen konzentrierten Geist als ‚konzentriert' und einen unkonzentrierten Geist als ‚unkonzentriert'; er erkennt einen befreiten Geist als ‚befreit' und einen unbefreiten Geist als ‚unbefreit'."[2]

Die Betrachtung des Geistes arbeitet mit insgesamt acht Kategorien (vgl. Abb. 8.1 unten).[3] Bei jeder von ihnen besteht die Aufgabe von *sati* darin, eine bestimmte geistige Eigenschaft oder ihr Gegenteil zu erkennen, sodass die Betrachtung des Geistes praktisch sechzehn Geisteszustände beinhaltet. Dieselbe Gruppe von sechzehn Geisteszuständen kommt in den Lehrreden an anderer Stelle im Zusammenhang mit telepathischen Fähigkeiten vor.[4] So stellt diese Gruppe aus der Perspektive der Lehrreden eine repräsentative Aufstellung von Geisteszuständen dar, die sowohl für die persönliche Introspektion als auch für die Einschätzung des Geistes eines anderen von Bedeutung ist.

---

[1] Vgl. Khantipālo (1981, S. 37).

[2] M I 59.

[3] Zusätzlich zu diesen acht Kategorien wird in der chinesischen Version dieser Betrachtung im *Madhyama-āgama* auch der Geist „mit Befleckungen" und „ohne Befleckungen" aufgeführt, während sich im *Ekottarika-āgama* „Begehren" und „Bezähmung des Geistes" als zusätzliche Kategorien finden; siehe Minh Chau (1991, S. 93) und Nhat Than (1990, S. 162 und 174). In Paṭis II 234 sind die sechs Bewusstseinsarten (unterschieden nach den sechs Sinnestoren) in der Aufstellung zur Betrachtung des Geistes enthalten.

[4] Z. B. in M I 495.

Diese sechzehn Geisteszustände (oder acht Kategorien) können in zwei Gruppen unterteilt werden (vgl. Abb. 8.1 unten). Mit der ersten Gruppe werden die unheilsamen den heilsamen Geisteszuständen gegenübergestellt, während sich die zweite Gruppe mit der An- oder Abwesenheit „höherer" Geisteszustände befasst. Im Anschluss an einen einführenden Überblick über die Betrachtung des Geistes im Allgemeinen werde ich diese verschiedenen Geisteszustände im Einzelnen untersuchen.

„gewöhnliche" Geisteszustände	„höhere" Geisteszustände
begierdevoll (*sarāga*)	weit (*mahaggata*)
zornerfüllt (*sadosa*)	unübertreffbar (*anuttara*)
verblendet (*samoha*)	konzentriert (*samāhita*)
abgelenkt (*vikkhitta*)	befreit (*vimutta*)

Abb. 8.1: Die acht Kategorien zur Betrachtung des Geistes

Diesem *satipaṭṭhāna* liegt eine implizite Verschiebung der Betonung zugrunde, nämlich von der gewöhnlichen Art der Erfahrung des Geistes als individuelle Einheit hin zum Betrachten geistiger Ereignisse als bloße Objekte, die im Sinne ihrer charakteristischen Eigenschaften analysiert werden.[5] Übereinstimmend mit dem *satipaṭṭhāna*-Kehrvers schließt die Betrachtung des Geistes auch die Achtsamkeit des Entstehens und Vergehens der zu betrachtenden Geisteszustände ein, wodurch das flüchtige Wesen aller geistigen Ereignisse offenbar wird. Außerdem enthüllt die anhaltende Betrachtung des Geistes, in welchem Maße das, was man normalerweise als den „eigenen" Geist ansieht, in Wirklichkeit durch äußere Umstände beeinflusst wird. Erkennt man auf diese Weise die vergängliche und bedingte Natur des Geistes, so harmoniert dies mit der allgemeinen Dynamik der *satipaṭṭhāna*-Praxis, die sich auf Losgelöstheit und Nicht-Identifikation hinbewegt.

VIII.2 Nichtreaktives Gewahrsein der eigenen Bewusstseinszustände

Es ist bemerkenswert, dass die Betrachtung des Geistes keine aktiven Maßnahmen dazu einschließt, gegen unheilsame Geisteszustände (wie Begierde oder Hass) anzugehen. Vielmehr ist es die Aufgabe der Achtsamkeit, empfänglich und bewusst zu bleiben und deutlich den Geisteszustand zu erkennen, der einer bestimmten Kette von Gedanken oder Reaktionen zugrunde liegt. Solch eine unbeteiligte Empfänglichkeit ist erforderlich, weil wir instinktiv dazu neigen, alles, was dem Gefühl der eigenen Wichtigkeit und

[5] Bodhi (1984, S. 98), Piatigorski (1984, S. 41). Rhys Davids (1978, S. 8) macht darauf aufmerksam, dass diese Methode neu in der Geschichte indischen Denkens war.

persönlichen Integrität widerspricht oder es bedroht, zu ignorieren. Oft ist der Geist tief in der Gewohnheit verwurzelt, Selbstbetrug als Mittel anzuwenden, um die eigene Selbstschätzung aufrechtzuerhalten. Daher besteht der erste Schritt, der für das Entwickeln einer richtigen Selbsterkenntnis vonnöten ist, darin, sich ehrlich einzugestehen, welche verborgenen Emotionen, heimlichen Motive und lauernden Neigungen im Geist vorhanden sind, ohne sie sofort zu unterdrücken.[6] Wird eine nichtreaktive Achtsamkeit auf diese Weise aufrechterhalten, so wirkt dies dem Impuls zu Reaktion oder Unterdrückung, die in unheilsamen Geisteszuständen enthalten sind, entgegen und deaktiviert auf diese Weise ihre emotionale Zugkraft.[7]

Im *Vitakkasaṇṭhāna-sutta* wird eine solche Deaktivierung beschrieben: Um sich mit dem wiederholten Auftauchen unheilsamer Gedanken auseinanderzusetzen, richtet sich die Aufmerksamkeit auf die Natur dieser Gedanken und auf den willentlichen Antrieb, der sie hervorgebracht hat.[8] In der Lehrrede wird diese einfache, aber geschickte Methode, den diesen Gedanken zugrundeliegenden Geisteszustand im hellen Licht der Aufmerksamkeit zu betrachten, mithilfe eines Gleichnisses erklärt. Jemand läuft ziemlich schnell, ohne bestimmten Grund. Wird er sich völlig bewusst, was er da gerade tut, so läuft er vielleicht langsamer, bleibt sogar stehen oder entschließt sich stattdessen, sich zu setzen oder hinzulegen. Diese fortschreitende Zunahme körperlichen Behagens und körperlicher Ruhe verdeutlicht lebhaft, wie die mentale Unruhe und Anspannung unheilsamer Gedankenprozesse durch direktes Beobachten immer weiter vermindert und überwunden werden kann. Einen unheilsamen Geisteszustand auf diese Weise anzuschauen, ohne darin verwickelt zu sein, nimmt ihm seinen Treibstoff, sodass er nach und nach seine Kraft verliert.

Solch bewusstes Beobachten wird in einem Gleichnis in den Lehrreden veranschaulicht, wo der Buddha das Gewahrsein des eigenen Geisteszustandes mit einem Spiegel vergleicht, der dazu benutzt wird, die Reflexion des

---

[6] Bullen (1982, S. 29).

[7] Newman (1996, S. 35 und 46). Vgl. A V 39, wo erklärt wird, die korrekte Methode zur Überwindung der Geistestrübungen bestehe in weisem Beobachten, während unheilsames Verhalten mittels des Körpers oder der Rede überwunden werde, indem es durch angemessenere Verhaltensweisen ersetzt wird. Wie geschickt und scharfsinnig diese Methode ist, ist bei Deatherage (1975, S. 140) belegt, wo ein 24-jähriger Mann, der wegen extremer periodischer Aggressivität und Alkoholmissbrauches in ein Krankenhaus eingeliefert worden war, innerhalb von acht Wochen geheilt wurde, indem er einfach nur lernte, die von ihm erlebten Emotionen zu erkennen und geistig zu benennen, wobei er gar nicht wusste, dass dies etwas mit „Meditation“ zu tun hatte. Eine weitere Studie eines Falls von chronischer Aggressivität, bei dem Achtsamkeit als Heilmittel eine Rolle spielt, findet sich bei Woolfolk (1984, S. 551).

[8] M I 120.

eigenen Gesichtes zu sehen.[9] Gerade so, wie ein Spiegel einfach reflektiert, was ihm vorgehalten wird, so sollten Meditierende versuchen, eine reine Achtsamkeit des gegenwärtigen Zustands ihres Geistes aufrechtzuerhalten, ohne zu reagieren.

Jedoch wird in demselben *Vitakkasaṇṭhāna-sutta* auch davon gesprochen, „den Geist mit dem Geiste niederzuwerfen, ihn zu Boden zu zwingen und zu überwältigen" – als alternative Methode, mit unheilsamen Gedanken umzugehen.[10] Dies scheint mit dem vorher Gesagten nicht überein zu stimmen. Wenn aber diese Anweisung in ihrem Kontext betrachtet wird, so wird klar, dass sie nur als letztes Mittel angeführt wird, nachdem alle anderen Methoden einschließlich der oben diskutierten Deaktivierung sich als nutzlos herausgestellt haben.[11] Auf solche Art „den Geist mit dem Geiste niederzuwerfen, ihn zu Boden zu zwingen und zu überwältigen" ist eine Notmaßnahme, wenn alles andere versagt hat. Wenn die Situation außer Kontrolle zu geraten droht, wird die Anwendung von Gewalt schließlich verhüten, dass die obsessiven negativen Gedanken sich in unheilsamen Handlungen ausdrücken. „Den Geist mit dem Geiste niederzuwerfen, ihn zu Boden zu zwingen und zu überwältigen" wird tatsächlich in einer anderen Lehrrede zu jenen fruchtlosen Übungen gezählt, die der Buddha selbst ausprobiert und dann vor seinem Erwachen als unbrauchbar verworfen hatte.[12] Dies zeigt, dass der Gebrauch geistiger Gewalt nicht für die allgemeine geistige Entwicklung, sondern nur für den Notfall gedacht ist.

VIII.3 Vier „gewöhnliche" Geisteszustände

Citta, der in diesem *satipaṭṭhāna* gebrauchte Pāli-Begriff, bezieht sich so, wie er in den Lehrreden gebraucht wird, normalerweise auf „Geist" oder

---

[9] A V 92. Dasselbe Gleichnis findet sich auch in D I 80 und M I 100. Vgl. Samararatne (1997, S. 141), der empfiehlt, besonders bei unangenehmen Emotionen einen „spiegelgleichen Geist" zu bewahren.

[10] M I 120.

[11] Zusätzlich zu der oben genannten Verfahrensweise, die Aufmerksamkeit auf die Natur dieser Gedanken und auf die ihnen zugrunde liegende willentliche Disposition zu richten, bestehen die anderen Methoden darin, die Aufmerksamkeit stattdessen auf etwas Heilsames zu richten oder über die Gefahr, diesen unheilsamen Gedanken nachzugeben, zu reflektieren, oder auch zu versuchen, diese Gedanken zu vergessen. – Ein ähnlicher Fall findet sich in A IV 87, wo auf eine ausführliche Aufstellung verschiedener Methoden, wach zu bleiben und die Schläfrigkeit zu bekämpfen, schließlich die Empfehlung folgt, sich achtsam schlafen zu legen. Ganz offensichtlich hilft auch in diesem Fall die zuletzt genannte Methode nicht dabei, wach zu bleiben, aber dies ist eben auch das letzte Mittel, wenn alles andere nichts genützt hat.

[12] In M I 242.

„Bewusstsein“ im willensgerichteten und emotionalen Sinn, im Sinne einer Stimmung oder eines „Geisteszustandes“.[13]

Die ersten drei unter den in der *satipaṭṭhāna*-Anweisung aufgeführten Geisteszustände sind Begierde (*rāga*), Hass (*dosa*) und Verblendung (*moha*), die drei hauptsächlichen Wurzeln aller unheilsamen geistigen Vorgänge.[14] Das der Betrachtung dieser drei unheilsamen Wurzeln zugrunde liegende Grundprinzip, auf dem auch die Unterscheidung zwischen weltlichen und nichtweltlichen Gefühlen in dem vorhergehenden *satipaṭṭhāna* beruht, ist die deutliche Unterscheidung zwischen dem, was heilsam, und dem, was unheilsam ist. Das systematische Entwickeln dieser Fähigkeit bildet eine intuitive ethische Empfindsamkeit, die eine bedeutende Stütze für den Fortschritt auf dem Pfad und ein zuverlässiges Leitprinzip für richtiges Verhalten im Alltag bietet.

Im *Satipaṭṭhāna-sutta* wird jede dieser drei „Wurzeln“ zusammen mit ihrem Gegenteil – der Abwesenheit von Begierde, Hass oder Verblendung – aufgeführt. Diese Form der Darstellung ist im kanonischen Gebrauch verbreitet, wobei der negative Begriff nicht nur das Gegenteil abdeckt, sondern auch ein umfassenderes Bedeutungsfeld einschließt.[15] So könnte sich „ohne Hass“ sein zum Beispiel einfach auf einen Geisteszustand beziehen, der frei von Verärgerung ist, aber auch auf einen von liebender Güte überströmenden Geist.

Während der Meditation kann sich jede dieser unheilsamen Wurzeln auf unterschiedliche Weise manifestieren: Das Fieber der Begierde ist mit einem inneren Feuer vergleichbar, die körperliche Anspannung des Hasses mit der Überwältigung und Kontrolle durch einen mächtigen Gegner und die Verwirrung der Verblendung mit der hoffnungslosen Verstricktheit in einem Netz.[16]

Einem absoluten Verständnis nach ist ein Geist ohne Begierde, Hass und Verwirrung der Geisteszustand der *Arahants*.[17] Tatsächlich werden die

[13] Rhys Davids (1993, S. 266); zum Begriff *citta* vgl. auch hier Kapitel X.1, Anm. 21.

[14] *Rāga* ist hier ein Synonym für *lobha*. Eine detaillierte Darstellung dieser drei Wurzelübel findet sich in Ñāṇapoṇika (1978).

[15] Khantipālo (1981, S. 38).

[16] In Dhp 251 wird auf dichterische Weise dargelegt, es gebe kein heißeres Feuer als die Begierde, keinen festeren Kontrollgriff als den Zorn und kein dichteres Netz als die Verblendung. – Buddhadāsa (1989, S. 67) schlägt vor, zwischen geistigen Neigungen wie „an sich ziehen“, „von sich stoßen“ und „im Kreis laufen“ zu unterscheiden, um die drei Wurzelübel zu erkennen.

[17] Vgl. auch M I 5, wo es von *Arahants* heißt, sie seien durch die Vernichtung dieser drei Kräfte frei von ihnen; M I 65, wo von verwirklichten sowie von Begierde, Zorn und Verblendung befreiten Asketen die Rede ist; M I 236 und S I 220, wo der Buddha als frei von Begierde, Zorn und Verblendung bezeichnet wird; A III 43, A III 336 >

Bezeichnungen „ohne Begierde", „ohne Hass" und „ohne Verblendung" in den Lehrreden in diesem Sinne am häufigsten gebraucht. Also befasst sich die Betrachtung des Geistes nicht nur mit den flüchtigen Geisteszuständen, sondern auch mit dem Gesamtzustand des Bewusstseins. So verstanden würde das Betrachten eines von Begierde, Hass oder Verblendung unbeeinflussten Geistes auch einschließen, sich des Grades bewusst zu sein, in dem diese drei Wurzelübel nicht länger im eigenen Geisteskontinuum „verwurzelt" sind.[18]

Die beiden als nächstes zur Betrachtung aufgeführten Geisteszustände „zusammengezogen" (*saṅkhitta*) und „abgelenkt" (*vikkhitta*) haben offenbar eine negative Bedeutung.[19] Dieselben zwei Begriffe kommen in den Lehrreden an anderer Stelle vor, wobei eine nach innen gerichtete „Zusammenziehung" das Resultat von Dumpfheit und Mattheit und eine nach außen gerichtete „Abgelenktheit" das Ergebnis des Verfolgens sinnenhaften Vergnügens ist.[20] Tatsächlich wird im Kommentar zum *Satipaṭṭhāna-sutta* der „zusammengezogene" Geisteszustand zu Dumpfheit und Mattheit in Bezug gesetzt, während der „abgelenkte" Geisteszustand für Ruhelosigkeit steht.[21]

Die Fähigkeit, das Bewusstsein in der Balance zu halten, indem man sowohl Zusammenziehung als auch Ablenkung vermeidet, ist wichtig und erforderlich, um tiefere Stufen von Konzentration oder Einsicht zu erreichen. Die Anordnung dieser beiden Geisteszustände an dieser Stelle der

---

und A III 347, wo eine derartige Freiheit mit der Abwesenheit der Einflüsse in Verbindung gebracht wird.

[18] Vgl. z. B. A IV 404, wo das Gewahrsein ihres Nichtvorhandenseins Teil der Erkenntnis eines *Arahant* beim Zurückschauen ist.

[19] Wenn das Muster dieses *satipaṭṭhāna*, einen positiven Bewusstseinszustand zusammen mit seinem negativen Gegenstück darzustellen, auch hier angewandt würde, wäre es möglich, den zusammengezogenen (*saṅkhitta*) Bewusstseinszustand positiv als „konzentrierten" oder „aufmerksamen" Bewusstseinszustand aufzufassen; vgl. Rhys Davids (1993, S. 665). Tatsächlich kommt das entsprechende Verb *saṅkhipati* in diesem positiven Sinne in Jā I 82 vor, dem zufolge der Buddha beim ersten Zusammentreffen mit seinen fünf früheren Mitasketen nach seinem Erwachen liebende Güte für sie ausstrahlt. Vgl. Goenka (1999, S. 57), der *saṅkhitta* als *„collected"* [gesammelt] und *„concentrated"* [konzentriert] übersetzt.

[20] S V 279. Die Beziehung dieser beiden Begriffe zu „innerlich" und „äußerlich" findet sich wieder in A IV 32.

[21] Ps I 280. In der oben genannten Lehrrede in S V 279 kommt das Hindernis „Ruhelosigkeit" gesondert vor und bildet offenbar keinen Teil der „Abgelenktheit", wohingegen nach den Erklärungen der Kommentare die zwei Begriffe identisch sein sollen. Der Zusammenhang von „Abgelenktheit" mit der Suche nach der Befriedigung der Sinne (wie in S V 279) findet sich auch in M III 225. Die Konsequenzen eines abgelenkten Bewusstseinszustandes bestehen nach A V 147 darin, zu verhindern, dass Aufmerksamkeit geschickt gelenkt, unheilsames Verhalten vermieden und geistige Trägheit überwunden werden kann.

Anweisungen zur Betrachtung des Geistes weist auf die Notwendigkeit hin, eine solche Balance zu entwickeln. Dies bezieht sich auf denjenigen, der sich – zumindest zeitweise – jenseits des Bereiches der gröberen Arten mentaler Unheilsamkeit bewegt und das Entwickeln „höherer“ Geisteszustände anstrebt, wie sie im verbleibenden Teil dieses *satipaṭṭhāna* beschrieben sind.

VIII.4 Vier „höhere“ Geisteszustände

Die nächste Bezeichnung, „erhaben“ (*mahaggata*), kommt in anderen Lehrreden oft im Zusammenhang mit der Ruhemeditation vor, zum Beispiel, wenn die Meditationspraxis des Ausstrahlens der vier himmlischen Verweilzustände (*brahmavihāra*) in alle Richtungen beschrieben wird.[22] Auf ähnliche Weise repräsentiert im *Anuruddha-sutta* das Wort „erhaben“ die Fähigkeit, ein weites Gebiet mit seinem Meditationsobjekt räumlich zu durchdringen, in diesem Fall offenbar als Resultat von *kasiṇa*-Meditation.[23] Diese Beispiele stützen die Erklärung dieses Teils der *satipaṭṭhāna*-Anweisungen in den Kommentaren, denen zufolge ein „erhabener“ Geisteszustand (*mahaggata*) mit dem Entwickeln von Vertiefung zu tun hat.[24]

Dieselben Kommentare setzen auch die nächste für die Betrachtung aufgeführte Bezeichnung, den „übertreffbaren“ (*sa-uttara*) Bewusstseinszustand, zu dem Entwickeln von Konzentration in Bezug.[25] „Übertreffbar“ weist hier auf die Notwendigkeit hin, deutlich zu erkennen, aus welchen Bestandteilen sich eine bestimmte Vertiefungsstufe zusammensetzt, die man hinter sich lassen möchte, um zu einer weiteren Vertiefungsstufe fortschreiten zu können.[26] Diese Auffassung wird durch das *Sekha-sutta* gestützt, das sich auf die vierte Vertiefung als auf einen Zustand „unübertreffbaren“ Gleichmuts und „unübertreffbarer“ Achtsamkeit bezieht.[27] Andererseits kommt in den Lehrreden die Bezeichnung „unübertreffbar“ oft im Zusammenhang

---

[22] Z. B. in M II 207.

[23] M III 146. Der Kommentar Ps IV 200 erklärt, dass diese Durchdringung mit der *kasiṇa*-Meditation verwandt ist. Ein *kasiṇa* ist ein Hilfsmittel für die Meditation (wie z. B. eine farbige Scheibe), das benutzt wird, um Konzentration zu entwickeln.

[24] Ps I 280.

[25] In Ps I 280 wird erklärt, „unübertrefflich“ beziehe sich auf das Erlangen der Vertiefungen. Sīlananda (1990, S. 94) versteht „unübertrefflich“ als spezifischen Hinweis auf die unkörperlichen Erreichungen.

[26] Die Notwendigkeit, niedrigere Vertiefungsstufen hinter sich zu lassen, ist z. B. in M I 455 beschrieben. Nhat Hanh (1990, S. 13) gibt *sa-uttara* mit dem Ausdruck wieder: „Mein Bewusstsein ist dazu fähig, einen höheren Zustand zu erreichen“.

[27] Z. B. in M I 357. Das vierte *jhāna* als Konzentrationsstufe ist in der Tat „unübertrefflich“, da die unkörperlichen Erreichungen auf derselben Konzentrationsstufe stattfinden, auch wenn sie auf zunehmend verfeinerte Objekte gerichtet sind.

mit dem vollständigen Erwachen vor.[28] Wird es so aufgefasst, dann schließt diese Bezeichnung ebenso das zurückschauende Wissen nach der Verwirklichung ein, mit dessen Hilfe erkannt wird, in welchem Maße der Geist von Fesseln und Geistestrübungen befreit worden ist.

Der nächste Begriff in der Folge, der „konzentrierte" (*samāhita*) Geisteszustand, erklärt sich von selbst. Nach den Kommentaren umfasst dieser Ausdruck angrenzende Konzentration (*upacāra-samādhi*) und vollständige Vertiefung (*appanā-samādhi*).[29] Da sich in den Lehrreden *samādhi* auf Konzentration im Zusammenhang mit dem Entwickeln von Geistesruhe und auch von Einsicht bezieht, hat der Ausdruck „konzentrierter Geist" einen recht weiten Bezugsrahmen.

Die Bezeichnung „befreit" (*vimutta*) erscheint in den Lehrreden oft im Zusammenhang mit dem vollständigen Erwachen.[30] Diesem Verstehen nach entspricht der „befreite" Geist dem häufigeren Gebrauch des Ausdrucks „unübertreffbarer Geist" und auch dem Geist, der für immer „ohne Begierde", „ohne Hass" und „ohne Verblendung" ist, wobei sich all dies auf den Geisteszustand der *Arahants* bezieht.[31] In den Kommentaren wird die Bezeichnung „befreit" außerdem auf das zeitweilige Freisein von Geistestrübungen während des Praktizierens der Einsichtsmeditation bezogen.[32] An anderer Stelle in den Lehrreden kommt die Bezeichnung „befreit (sein)" ebenso im Zusammenhang mit dem Entwickeln von Konzentration als „Freiheit des Geistes" (*cetovimutti*) vor.[33] So kann der Ausdruck „befreiter" Geist so aufgefasst werden, dass er sich auf Erfahrungen mentaler Freiheit im Zusammenhang mit Geistesruhe und Einsicht bezieht.

Das zentrale Thema, das der Betrachtung dieser vier höheren Bewusstseinszustände zugrunde liegt, ist die Fähigkeit, die fortgeschritteneren Stufen der eigenen Entwicklung in der Meditation zu überwachen. Auf diese Weise

---

[28] Z. B. in D II 83, M I 163, M I 303, M II 237, S I 105, S I 124, A I 168, A III 435, Th 415.

[29] Ps I 280.

[30] Z. B. in M I 141, S III 45, S III 51, Ud 24, It 33.

[31] In den üblichen Beschreibungen des vollständigen Erwachens wird der Ausdruck „befreit" gebraucht, um die Erkenntnis der Verwirklichung des vollständigen Erwachens zu beschreiben (z. B. in D I 84). Manchmal wird im Zusammenhang mit dem vollständigen Erwachen der Ausdruck „befreit" mit „unübertrefflich" kombiniert; vgl. z. B. M I 235, S I 105, A IV 106. In D III 270 und A V 31 wird der „völlig befreite Geist" in Beziehung zum Freisein von den drei Wurzelübeln gesetzt.

[32] Ps I 280. Diese Aussage des Kommentars wird durch S V 157 gestützt, wo ein ruhiger und unabgelenkter Geisteszustand, der für *satipaṭṭhāna* bereit ist, „befreit" genannt wird.

[33] Verschiedene Arten der „Freiheit des Geistes" sind in M I 296 aufgeführt. Ganz ähnlich nimmt A III 16 Bezug auf die Abwesenheit der fünf Hindernisse als der von ihnen „befreite" Geist.

kann *sati* innerhalb des Rahmens der Geistesbetrachtung vom Erkennen der Anwesenheit von Begierde oder Hass bis zum Gewahrsein der edelsten und subtilsten Arten geistiger Erfahrung reichen – und dies immer auf der Basis der einfachen Aufgabe, nüchtern zu beobachten, was sich ereignet.

Die Bedeutung, die in diesem *satipaṭṭhāna* der achtsamen Beobachtung tiefer Konzentrationsstufen eingeräumt wird, ist bemerkenswert und charakteristisch. Unter den Zeitgenossen des Buddha gaben Vertiefungserfahrungen oft Anlass zu spekulativen Ansichten.[34] Worin aber der frühe Buddhismus deutlich von diesen Spekulationen abwich, war ein durch und durch analytischer Umgang mit den meditativen Vertiefungen, der auf das Verstehen ihrer zusammengesetzten und bedingten Natur abzielte.[35] Dieser analytische Umgang wird im *Aṭṭhakanāgara-sutta* veranschaulicht, worin es heißt, dass die Vertiefungserfahrung als bloße Schöpfung des Geistes, eine bedingte und vorübergehend hervorgebrachte Erfahrung, betrachtet werden sollte.[36] Ein solches Verstehen führt dann zu dem Schluss, dass auch jegliches Erzeugnis von Bedingungen nicht dauerhaft und dem Vergehen unterworfen ist. Die Einsicht in die vergängliche Natur tiefer Konzentrationsstufen bildet auch einen Teil der Übung von *satipaṭṭhāna*, wenn die Anweisung im Kehrvers, die Natur des Entstehens und Vergehens zu betrachten, auf die höheren, für die Betrachtung aufgeführten Stufen des Geistes angewandt wird.[37] Wird auf diese Weise *satipaṭṭhāna* in Bezug auf höhere Geisteszustände praktiziert, so wird eine solche Betrachtung zum konkreten Ausdruck der analytischen Einstellung des frühen Buddhismus zum gesamten Bereich mentaler Erfahrung.

[34] Von den im *Brahmajāla-sutta* (D I 12-39) dargestellten 62 Gründen für Ansichten stehen anscheinend insgesamt 49 mit konzentrativen Erreichungen verschiedener Arten zusammen, nämlich der Erinnerung an vergangene Leben [Nr. 1-3, 5-7, 17], das Himmlische Auge [31-34, 51-57], die *kasiṇa*-Meditation [9-11, 19, 23-25, 29-30, 35, 39-41, 43, 47-49] und *jhāna* allgemein [20-22, 27, 36-38, 44-46, 59-62] (Zuordnungen nach den Kommentaren). Dieser Anteil (fast 80 Prozent) weist deutlich darauf hin, wie sehr tiefe Konzentrationserfahrungen das Entstehen von Ansichten begünstigen. Die Tatsache, dass die Erfahrung der *jhāna*s leicht zur Bildung falscher Ansichten führen kann, bemerkt auch Wijebandara (1993, S. 21).

[35] Piatigorski (1984, S. 44): „Im frühen historischen Buddhismus wurden einige nichtbuddhistische yogische Praktiken verwirklicht, analysiert und überarbeitet, sodass sie ohne ihre vorherigen oder aktuellen religiösen Inhalte gebraucht werden konnten." Premasiri (1987b, S. 178): „Worin sich der Buddhismus [von anderen Systemen; Anm. d. Übers.] unterscheidet, ist die Tatsache, dass hier die Zustände im *jhāna* ausschließlich unter psychologischen Gesichtspunkten beschrieben werden, ohne sie im Sinne der Mystik oder des Übernatürlichen zu erklären."

[36] M I 350. Vgl. auch M I 436, wo die Erfahrung der *jhāna*s anhand des Schemas der Daseinsgruppen analysiert wird, worauf die Betrachtung folgt, dass all diese Phänomene vergänglich, unbefriedigend und ohne Selbst sind.

[37] M I 60: „Er verweilt, die Natur des Entstehens ... des Vergehens ... sowohl des Entstehens als auch des Vergehens im Geist betrachtend."

IX. Kapitel
Dhammas – Die Hindernisse

IX.1 Betrachtung der *dhammas*

Die nun im *Satipaṭṭhāna-sutta* folgende Betrachtung befasst sich mit einer bestimmten Gruppe mentaler Eigenschaften, der ersten unter den Betrachtungen der *dhamma*s, nämlich den fünf Hindernissen (*nīvaraṇa*). Bevor ich damit beginne, diese Übung genauer zu untersuchen, will ich zunächst die eigentliche Bedeutung des Ausdrucks „*dhamma*s" darlegen, um die unter diesem vierten und letzten *satipaṭṭhāna* aufgeführten Übungen in einen Zusammenhang zu stellen.

Der Pāli-Begriff „*dhamma*" kann – je nach dem Kontext, in dem er steht – eine Reihe verschiedener Bedeutungen haben. Die meisten Übersetzerinnen und Übersetzer messen dem Begriff „*dhamma*s" im *Satipaṭṭhāna-sutta* die Bedeutung „Geistesobjekte" zu: „Geistesobjekte" im Sinne von allem, was zu einem Objekt des Geistes werden kann, im Gegensatz zu den Objekten der fünf anderen Sinne. Im Zusammenhang mit *satipaṭṭhāna* jedoch erscheint diese Wiedergabe unpassend. Wenn sich der Begriff „*dhamma*s" auf „Objekte des Geistes" bezöge, dann sollten die anderen drei *satipaṭṭhāna* hier auch eingeschlossen sein, da sie ja während der Betrachtung auch zu Objekten des Geistes werden. Darüber hinaus ist eine der unter dem vierten *satipaṭṭhāna* aufgeführten Übungen die Betrachtung der sechs Sinne zusammen mit ihren jeweiligen Objekten, sodass diese Betrachtung der *dhamma*s nicht nur auf die Objekte des Geistes als des sechsten Sinnes beschränkt ist. Tatsächlich lassen die im vierten *satipaṭṭhāna* aufgeführten *dhamma*s, wie die Hindernisse und die Daseinsgruppen usw., nicht ohne Weiteres an die Bezeichnung „Geistesobjekte" denken.[1]

Womit sich dieses *satipaṭṭhāna* eigentlich befasst, sind bestimmte mentale Eigenschaften (wie die fünf Hindernisse und die sieben Erwachensfaktoren) sowie die Zerlegung von Erfahrungen in spezifische Kategorien (wie die fünf Daseinsgruppen, die sechs Sinnesbereiche und die vier edlen Wahrheiten). Diese Geistesfaktoren und Kategorien bilden zentrale Aspekte der

---

[1] Ṭhānissaro (1996, S. 73). In Paṭis II 234 heißt es schlicht, dass alles, was nicht in den drei vorhergehenden *satipaṭṭhāna*s inbegriffen ist, in diesem Kontext als *dhamma*s aufgefasst werden sollte. Sīlananda (1990, S. 95) weist die Übersetzung als „Geistesobjekte" zurück und schlägt vor, *dhamma*s unübersetzt zu lassen – diesem Vorschlag bin ich gefolgt. Man könnte auch übersetzen: „*facts in general* (allgemeine Tatsachen)", wie Kalupahana (1992, S. 74); „*phenomena* (Phänomene)", wie Bodhi (2000, S. 44) und Jayasuriya (1988, S. 161); „*patterns of events* (Muster von Ereignissen)", wie Harvey (1997, S. 354); „*conditions* (Bedingungen)", wie Vajirañāṇa (1975, S. 59) oder „*principles* (Prinzipien)", wie Watanabe (1983, S. 16).

Lehrmethode des Buddha, also des *Dhamma*.[2] Diese klassifizierenden Schemata selbst sind keine Meditationsobjekte, sondern stellen eher „Rahmen“ oder „Bezugspunkte“ zur Anwendung bei der Betrachtung dar. Während der praktischen Übung geht es darum, sich jegliche Erfahrung im Sinne dieser *dhamma*s anzuschauen.[3] Folglich sind die in diesem *satipaṭṭhāna* angeführten *dhamma*s keine „Geistesobjekte“, sondern beziehen sich vielmehr auf alles, was während der Betrachtung zu einem Objekt des Geistes oder jedes anderen Sinnestores wird.

Der Ausdruck „Betrachtung der *dhamma*s“ findet sich auch im *Ānāpānasati-sutta* in Zusammenhang mit den letzten vier der sechzehn Stufen zur Entwicklung der Atemachtsamkeit, die sich mit dem Betrachten von „Vergänglichkeit“, „Dahinschwinden“, „Erlöschen“ und „Loslassen“ befassen.[4] Auf den ersten Blick erscheinen die hier beschriebenen vier Stufen ganz anders als die unter der Betrachtung der *dhamma*s im *Satipaṭṭhāna-sutta* aufgeführten Geistesfaktoren und Kategorien. Der Grund, diese abschließenden vier Schritte der Atemachtsamkeit zu der Betrachtung der *dhamma*s zu zählen, war der Lehrrede zufolge, dass ein Meditierender in diesem fortge-

---

[2] Ñāṇamoli (1995, S. 1193, Anm.157) erläutert: „In diesem Zusammenhang kann man *dhammā* so verstehen, dass alle Phänomene darunter zusammengefasst sind, die in den Kategorien des *Dhamma*, der Lehre des Buddha, klassifiziert sind.“ [Anm. d. Übers.: *dhammā* = Nominativ Plural im Pāli]. Gyori (1996, S. 24) äußert in Hinsicht auf die Betrachtung der *dhamma*s die Ansicht, dass „die Übungen ... in diesem Abschnitt speziell dafür gedacht sind, den Geist mit einer soteriologischen Orientierung auszustatten“.

[3] Bemerkenswert in diesem Kontext ist, dass sich in der Anweisung zur Betrachtung der *dhamma*s zwei Mal der Lokativ findet – einmal für *dhamma*s und noch einmal für die fünf Hindernisse, die fünf Daseinsgruppen usw. So soll man vorgehen: „ ... hinsichtlich der *dhamma*s, *dhamma*s in der Form der fünf Hindernisse betrachtend, (usw.)“ – das heißt, dass die Phänomene „in der Form der“ als *dhamma*s aufgeführten Kategorien betrachtet werden. Diese Art der Einführung in jede der Betrachtungen unterscheidet sich von den vorhergehenden drei *satipaṭṭhāna*s. Vgl. auch S V 184, wonach die in diesem *satipaṭṭhāna* betrachteten *dhamma*s in bedingter Weise auf die Aufmerksamkeit bezogen sind, während der Körper auf die Ernährung, die Gefühle auf den Kontakt und der Geist auf Name-und-Form bezogen sind – ein Hinweis darauf, dass die Betrachtung der *dhamma*s es erfordert, im Sinne der aufgeführten *dhamma*s die Aufmerksamkeit absichtlich auf die Objekte zu richten, und zwar in größerem Maße als bei den anderen *satipaṭṭhāna*s. Carrithers (1983, S. 229) erklärt, dass „die Lehraussagen in die unmittelbare Wahrnehmung des Hier und Jetzt umgewandelt werden.“ Ganz ähnlich spricht Gombrich (1996, S. 36) davon, zu lernen, „die Welt durch eine buddhistische Brille zu betrachten“, während Gyatso (1992, S. 8) die Ansicht äußert: „Zuvor erlernte Kategorien und Fähigkeiten gestalten die gegenwärtige Erfahrung, ohne dass sie einem präsent wären“. Vgl. Collins (1994, S. 78).

[4] M III 83.

schrittteneren Stadium der Praxis Verlangen und Betrübtheit überwunden haben und daher fest im Gleichmut gegründet sein wird.[5] In den Kommentaren wird darauf hingewiesen, dies stehe zu der Beseitigung von Hindernissen in Bezug.[6]

Obwohl es fragwürdig ist, Verlangen und Betrübtheit als stellvertretend für die ganze Gruppe der fünf Hindernisse anzusehen,[7] so stellt diese Erklärung doch eine Verbindung zwischen den letzten vier Stufen der Atemachtsamkeit und der Reihenfolge der *dhamma*s im *Satipaṭṭhāna-sutta* her, da diese mit den Hindernissen beginnen. Den Kommentaren zufolge stehen die Hindernisse am Anfang der Betrachtungen der *dhamma*s, weil ihre Beseitigung als Grundlage für das Entwickeln der vergleichsweise anspruchsvollen Betrachtungen in diesem letzten *satipaṭṭhāna* dient.[8] Eine weitere Parallele der beiden Lehrreden besteht darin, dass das Sechzehn-Stufen-Schema der Atemachtsamkeit zur Entwicklung der Erwachensfaktoren führt,[9] da die Erwachensfaktoren auch bei der Betrachtung der *dhamma*s im *Satipaṭṭhāna-sutta* vorkommen.

Diese Parallelen deuten darauf hin, dass eine zeitliche Aufeinanderfolge zur Verwirklichung hin in beiden Fällen einen Schlüsselaspekt für die Betrachtung der *dhamma*s darstellen könnte. Im Kontext von *satipaṭṭhāna* liegt diese Aufeinanderfolge der systematischen Anordnung der Geistesfaktoren und Kategorien zugrunde, die für die Betrachtung der *dhamma*s einzeln aufgezählt sind (vgl. Abb. 9.1 unten): Auf der Grundlage eines ausreichenden Maßes an mentaler Stabilität, gewonnen durch das Überwinden der Hindernisse, schreitet die Betrachtung der *dhamma*s fort zu einer Zerlegung der subjektiven Persönlichkeit im Sinne der fünf Daseinsgruppen und zu einer Analyse der Beziehung zwischen der subjektiven Persönlichkeit und der Außenwelt im Sinne der sechs Sinnesbereiche.[10] Diese beiden Arten der Zergliederung schaffen eine geeignete Grundlage zum Entwickeln der Erwachensfaktoren, deren erfolgreich hergestellte Präsenz eine notwendige Bedingung für das Erwachen darstellt. Erwachen heißt, die vier edlen Wahrheiten umfassend zu verstehen, „wie sie wirklich sind“, wobei dies die

---

[5] M III 84.
[6] Ps IV 142.
[7] Vgl. Kapitel IV.1, S. 82f.
[8] Ps-pṭ I 373.
[9] In M III 87. Vgl. Paṭis I 191, wo die Betrachtung der Vergänglichkeit zu der Erfahrung des Entstehens und Vergehens der Daseinsgruppen und der Wahrnehmungsfelder in Bezug gesetzt wird, was einen zusätzlichen Zusammenhang mit dem *satipaṭṭhāna*-Kontext herstellt.
[10] Obwohl diese beiden Betrachtungen nicht unbedingt in dieser Reihenfolge geübt werden müssten, wäre es trotzdem sinnvoll, eine Untersuchung der subjektiven Persönlichkeit vorzunehmen und dann ihre Beziehung zu der äußerlichen Welt über die Sinne zu erforschen.

letzte Übung unter den Betrachtungen der *dhamma*s und der erfolgreiche Höhepunkt der *satipaṭṭhāna*-Praxis ist.[11]

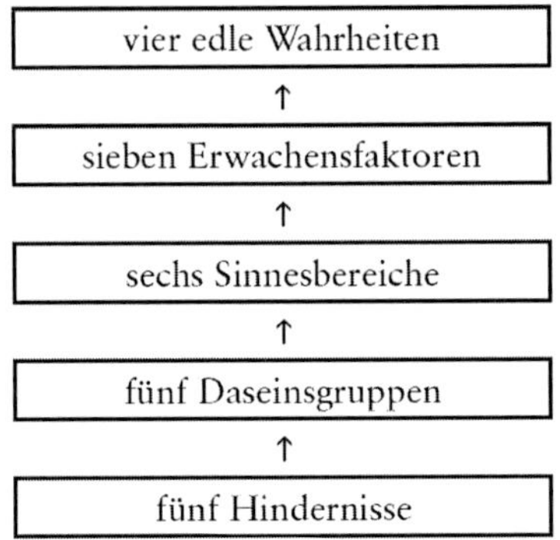

Abb. 9.1: Übersicht – Betrachtungen der *dhamma*s

Mit den letzten vier Stufen der Atemachtsamkeit richtet sich die Betonung hauptsächlich auf die durch die Betrachtung der *dhamma*s gewonnenen Einsichten. Diese schreiten von der unmittelbaren Erfahrung der Vergänglichkeit der Phänomene (*aniccānupassī*) fort zum Richten der Aufmerksamkeit auf ihr „Dahinschwinden" (*virāgānupassī*) und „Erlöschen" (*nirodhānupassī*). Diese wiederum führen zur Losgelöstheit, zum „Fahrenlassen" (*paṭinissaggānupassī*), einem zum Erwachen geeigneten Bewusstseinszustand.[12]

Also zielt die Betrachtung der *dhamma*s sowohl im *Satipaṭṭhāna-sutta* als auch im *Ānāpānasati-sutta* auf eine zeitliche Weiterentwicklung hin zu Losgelöstheit und Verwirklichung. Obwohl der Durchbruch zur Verwirklichung stattfinden kann, während man irgendeine der sechzehn Stufen der Atemachtsamkeit praktiziert, sind die letzten vier Stufen anscheinend speziell dafür gedacht, zu diesem Ziel zu führen. Ähnlich ist es im *Satipaṭṭhāna-sutta*: Obwohl die Verwirklichung während irgendeiner der Betrachtungen

[11] Meine Darstellung zielt nicht darauf ab, dass diese Betrachtungen der *dhamma*s unbedingt in dieser Reihenfolge und Verbindung geübt werden müssen, sondern lediglich, dass sie im *Satipaṭṭhāna-sutta* in einer progressiven Folge präsentiert werden.

[12] Vgl. M I 251, wo dieselbe Folge von vier Stufen im Zusammenhang mit dem Betrachten der Gefühle direkt zur Verwirklichung führt. In Paṭis I 194 wird dargelegt, dass es zwei Arten der Betrachtung des Loslassens gibt: (die Daseinsgruppen) „aufgeben" und (zur Verwirklichung) „nach vorne springen". Zum „Loslassen" vgl. Ñāṇārāma (1997, S. 85-87), van Zeyst (1961 a, S. 3). Im chinesischen *Saṃyuktaāgama* ist eine andere Reihenfolge der letzten vier Stufen der Atemachtsamkeit erhalten, die von der Vergänglichkeit über das „Aufgeben" zum „Schwinden" führt und ihren Höhepunkt im „Erlöschen" erreicht. Siehe Choong (2000, S. 227).

stattfinden kann, wird anscheinend im letzten Abschnitt mit den Betrachtungen der *dhammas* das Erreichen dieses Ziel besonders betont.

Im Gegensatz zu den vorhergehenden *satipaṭṭhānas* befasst sich die Betrachtung der *dhammas* besonders mit dem Erkennen der Bedingtheit der zu beobachtenden Phänomene. Tatsächlich wird in der Hauptanweisung für die meisten der Betrachtungen der *dhammas* unmittelbar von der Bedingtheit gesprochen, während in den vorhergehenden *satipaṭṭhānas* dies nur im Kehrvers der Fall ist. Die bedeutende Funktion der Bedingtheit in diesem *satipaṭṭhāna* erinnert an den bekannten Ausspruch, dass, wer das Entstehen in Abhängigkeit sieht, den *Dhamma* sieht.[13] Solches „Sehen" (*passati*) des *Dhamma* kann ohne Weiteres durch das „Betrachten" (*anu-passati*) der *dhammas* herbeigeführt werden – ein Hinweis, der auch mit der Aneignung der „Methode" (*ñāya*) in Einklang steht, die in dem Abschnitt „Direkter Pfad" des *Satipaṭṭhāna-sutta* als ein Ziel des Übens erwähnt ist.[14]

Die Betrachtung der *dhammas* bedeutet also, dass während des Betrachtens die *dhammas* (Kategorien zur Klassifikation) angewendet werden, wie es im *Dhamma* (der Lehre des Buddha) gelehrt wird, um ein Verständnis des *dhamma* (Prinzip) der Bedingtheit und die Verwirklichung des höchsten aller *dhammas* (Phänomene) – *Nibbāna* – herbeizuführen.[15]

IX.2 Betrachtung der fünf Hindernisse

Die erste der Betrachtungen der *dhammas* ist gewissermaßen eine spezifischere Version der Betrachtung der Geisteszustände, da sich die Achtsamkeit auf fünf Manifestationen der drei Wurzelübel, nämlich die fünf Hindernisse, richtet. Im Gegensatz zur vorhergehenden Betrachtung des Geistes beinhaltet die Betrachtung der Hindernisse aber nicht nur die Anwesenheit oder Abwesenheit eines Hindernisses, sondern auch die Bedingungen, die der An- oder Abwesenheit jedes Hindernisses zugrunde liegen. In meiner Untersuchung werde ich dem zweistufigen Schema dieser Anweisung folgen, indem ich mich zunächst auf die fünf Hindernisse konzentriere und darauf, wie wichtig es ist, sie zu erkennen; anschließend will ich Überlegungen zu den Bedingungen ihrer Anwesenheit und Abwesenheit anstellen.

Die *satipaṭṭhāna*-Anweisungen zur Betrachtung der Hindernisse lauten:

> „Wenn Sinnesbegierde in ihm vorhanden ist, erkennt er: ‚In mir ist Sinnesbegierde'; wenn Sinnesbegierde nicht in ihm vorhanden ist, erkennt er: ‚In mir ist keine Sinnesbegierde'. Und er erkennt, wie nicht entstandene Sinnesbegierde entstehen kann, wie entstandene Sinnesbegierde überwunden werden kann und

---

13 M I 190.

14 Vgl. Kapitel V.5, S. 129f.

15 D III 102 spricht von *Nibbāna* als dem höchsten aller heilsamen *dhammas*. Vgl. A II 34, Sn 225.

> wie dem künftigen Entstehen der überwundenen Sinnesbegierde vorgebeugt werden kann.
>
> Wenn Übelwollen in ihm vorhanden ist, erkennt er: ... Wenn Dumpfheit und Mattheit in ihm vorhanden ist, erkennt er: ... Wenn Rastlosigkeit und Sorge in ihm vorhanden ist, erkennt er: ... Wenn Zweifel in ihm vorhanden ist, erkennt er: ‚In mir ist Zweifel'; wenn Zweifel nicht in ihm vorhanden ist, erkennt er: ‚In mir ist kein Zweifel'. Und er erkennt, wie nicht entstandener Zweifel entstehen kann, wie entstandener Zweifel überwunden werden kann und wie dem künftigen Entstehen des überwundenen Zweifels vorgebeugt werden kann."[16]

Der Gebrauch des Begriffs „Hindernis" (*nīvaraṇa*) zeigt ganz deutlich, warum diesen geistigen Eigenschaften besondere Aufmerksamkeit zu schenken ist: Sie „behindern" das Funktionieren des Geistes.[17] Unter dem Einfluss der Hindernisse ist es nicht mehr möglich, wirklich zu verstehen, was zum eigenen Guten oder dem anderer ist, oder Konzentration und Einsicht zu erlangen.[18] Deshalb ist es eine wichtige Fähigkeit für den Fortschritt auf dem Pfad, der Einwirkung eines Hindernisses mit Achtsamkeit zu widerstehen. Nach den Lehrreden sind Schwierigkeiten beim Überwinden eines Hindernisses ein guter Grund, sich an einen erfahrenen Meditierenden zu wenden und ihn um konkrete Beratung zu bitten.[19]

Diese fünf Hindernisse beinhalten sieben unterschiedliche geistige Eigenschaften.[20] Dass diese sieben in einer fünffachen Darstellung zusammengefasst werden, liegt wahrscheinlich an den Ähnlichkeiten in Auswirkung und Eigenart von Dumpfheit (*thīna*) und Mattheit (*middha*) sowie von Rastlosigkeit (*uddhacca*) und Sorge (*kukkucca*).[21] Den Kommentaren zufolge

---

[16] M I 60.

[17] Vgl. z. B. D I 246, S V 96, S V 97.

[18] M II 203, S V 92, S V 127, A III 63.

[19] A III 317 und A III 321.

[20] In S V 110 findet sich eine zehnfache Darstellung, bei der zwischen innerlichem Sinnesverlangen, Abneigung und Zweifel sowie ihren äußerlichen Gegenstücken unterschieden wird, während die übrigen zwei Begriffspaare in Dumpfheit, Mattheit, Rastlosigkeit und Sorge unterteilt werden. Diese Darstellung stützt die Auffassung von sieben geistigen Eigenschaften. Vgl. Gunaratana (1996, S. 32). – Eine Variation der üblichen fünffachen Darstellung findet sich in It 8, wo ein einziges Hindernis, nämlich die Unwissenheit, aufgeführt wird. Ein andere Variation kommt in Paṭis I 31, Paṭis I 103 und Paṭis I 163 vor, wo in den Aufzählungen der Hindernisse die Sorge ausgelassen und stattdessen Unwissenheit und Unzufriedenheit genannt ist.

[21] Die Ähnlichkeit zwischen Dumpfheit und Mattheit wird in Vibh 254 angemerkt, wonach beide mit „Unfähigkeit" oder „Nichtbereitsein" zusammenhängen – mit dem Unterschied, dass Dumpfheit sich auf den Geist bezieht, während Mattheit die körperliche Entsprechung dazu ist. In Vibh-a 369 wird diese Erklärung hinsichtlich der Mattheit so verstanden, dass sich die Mattheit auf geistige Faktoren und nicht >

ermöglicht es diese fünffache Darstellung, jedes der Hindernisse zu einem der fünf zum Erlangen von Vertiefung erforderlichen Geistesfaktoren in Bezug zu setzen (*jhāna-aṅga*).[22]

Die Hindernisse stehen nicht nur dem Erlangen von Vertiefung im Wege, sondern erschweren es auch, die Präsenz der Erwachensfaktoren (*bojjhaṅga*) herzustellen.[23] Diese antagonistische Beziehung zwischen den Hindernissen und den Erwachensfaktoren ist von erheblicher Bedeutung, da das Beseitigen

---

auf den physischen Körper beziehe. Doch die in A IV 85 aufgeführten Mittel gegen Mattheit zeigen, dass sich der Ausdruck „Mattheit" auf physische Mattheit bezieht. Die Ähnlichkeit der anderen beiden Hindernisse wird in Ps-pṭ I 375 erwähnt.

[22] In Vism 141 wird erklärt, dass die folgenden Geistesfaktoren nicht miteinander vereinbar sind: Konzentration mit sinnlichem Verlangen, Freude mit Abneigung, anfängliches Ausrichten des Geistes mit Trägheit und Mattheit, Glücksgefühl mit Rastlosigkeit und Sorge, aufrechterhaltendes Ausrichten des Geistes mit Zweifel; zu dieser Wechselbeziehung vgl. auch Buddhadāsa (1976, S. 112) und Karunaratne (1996, S. 51). Was an dieser Stelle des Visuddhimagga betont werden soll, ist im Falle der ersten vier Wechselbeziehungen wohl Folgendes: Die Sammlung des Geistes in einem Punkt durch Konzentration steht der durch sinnliches Verlangen verursachten Abwechslung entgegen. Die durch das Entstehen von Freude verursachte geistige Seligkeit und das körperliche Wohlgefühl gehen nicht mit der geistigen Starrheit und körperlichen Anspannung der Abneigung zusammen. Das klare Erfassen des Objekts wirkt durch das anfängliche Ausrichten des Geistes der Unklarheit und geistigen Vernebelung durch Dumpfheit und Mattheit entgegen. Die durch Glücksgefühl erzeugte geistige Zufriedenheit und körperliche Ruhe lässt dem Entstehen von Rastlosigkeit und Sorge keinen Raum (vgl. Vism-mhṭ I 165). – Zum fünften Hindernis sei bemerkt: Wenn Zweifel (*vicikicchā*) in einer umfassenderen Bedeutung so verstanden wird, dass nicht nur Zweifel, sondern auch ein allgemeiner Zustand der Abgelenktheit inbegriffen ist – vgl. Rhys Davids (1993, S. 615), der das entsprechende Verb *vicikicchati* mit gedanklicher Abgelenktheit in Zusammenhang bringt –, dann bestünde der Ausgleich in der geistigen Stabilität und Nichtabgelenktheit, die durch aufrechterhaltendes Ausrichten des Geistes hervorgebracht wird. Andererseits muss darauf hingewiesen werden, dass in den Lehrreden eine Aufstellung der Hindernisse zusammen mit den einzelnen *jhāna*-Faktoren lediglich in M I 294 vorkommt. Diese Textstelle setzt nicht jedes Hindernis zu einem einzelnen *jhāna*-Faktor in Beziehung, sondern zählt beide nur auf, und dies in einer Reihenfolge, die nicht mit der kommentariellen Korrelation übereinstimmt. Darüber hinaus ist diese Textstelle in der chinesischen Version dieser Lehrrede nicht vorhanden, vgl. Minh Chau (1991, S. 100) und Stuart-Fox (1989, S. 90). Zu einer kritischen Diskussion der Analyse der *jhāna*-Faktoren vgl. auch Rahula (1962, S. 192).

[23] Dies ist speziell der Fall für Dumpfheit und Mattheit versus Energie, Rastlosigkeit und Sorge versus Ruhe, Zweifel versus Ergründung der *dhammas* (z. B. in S V 104). Durch das ganze *Bojjhaṅga-saṃyutta* (S V 63-140 = 46. *Saṃyutta*) hindurch werden in zahlreichen Fällen die Erwachensfaktoren und die Hindernisse als diametral entgegengesetzte geistige Eigenschaften dargestellt. Vgl. Kapitel XII.3, S. 267f.

der Ersteren und das Entwickeln der Letzteren notwendige Bedingungen für die Verwirklichung sind.[24]

Zwei Gruppen von bildhaften Vergleichen in den Lehrreden beschreiben die besondere Eigenart der fünf Hindernisse und ihre Auswirkungen. Die erste Gruppe von Vergleichen veranschaulicht die Wirkung jedes der Hindernisse anhand des Bildes einer mit Wasser gefüllten Schüssel, die als Spiegel benutzt wird, um die Reflexion des eigenen Gesichts zu betrachten. Nach diesen Bildworten ist die Wirkung von Sinnesbegierde ähnlich wie mit Farbstoff vermischtes Wasser; Übelwollen ähnelt Wasser, das bis zum Kochen erhitzt wurde; Dumpfheit und Mattheit sind dem mit Moos überwachsenen Wasser vergleichbar; Rastlosigkeit und Sorge wirken auf den Geist so, wie der Wind das Wasser aufwühlt; Zweifel ist ähnlich wie trübes und schlammiges Wasser.[25] In allen fünf Fällen ist es nicht möglich, das eigene Spiegelbild deutlich im Wasser zu sehen. Diese metaphorische Redeweise veranschaulicht lebhaft die besondere Eigenart jedes der Hindernisse: Sinnesbegierde „färbt" die Wahrnehmung, Übelwollen „heizt auf", Dumpfheit und Mattheit haben Stagnation zur Folge, durch Rastlosigkeit und Sorge wird der Geist hin- und hergeworfen, Zweifel trübt das Verstehen.[26]

In der zweiten Gruppe bildhafter Vergleiche wird die Abwesenheit der Hindernisse veranschaulicht. Hier heißt es, das Freisein von Sinnesbegierde sei so, als ob einem eine Schuld erlassen würde; von Übelwollen frei zu sein gleiche dem Genesen von einer körperlichen Krankheit; von Müdigkeit und Mattheit nicht gehemmt zu sein entspreche der Entlassung aus einem Gefängnis; frei von der Erregung der Rastlosigkeit und Sorge zu sein sei wie die Befreiung aus der Sklaverei; das Überwinden von Zweifel sei wie das sichere Durchqueren einer Wüste voller Gefahren.[27] Diese zweite Gruppe von Bildworten bietet zusätzliche Erläuterungen zu den Hindernissen: Die Sinnesbegierde beunruhigt den Geist wie eine hohe Verschuldung; die durch Übelwollen geschaffene Anspannung ist ganz buchstäblich ein Un-Wohlsein; Dumpfheit und Mattheit stumpfen den Geist ab und engen ihn ein; Rastlosigkeit und Sorge können den Geist derart beherrschen, dass er ihnen völlig ausgeliefert ist; und Zweifel kann in solche Unsicherheit versetzen, dass der richtige Ausweg nicht mehr zu finden ist.

---

[24] A V 195. In D II 83, D III 101, S V 161 werden ebendiese Bedingungen für das Erlangen der Buddhaschaft als wesentlich genannt.

[25] S V 121 und A III 230.

[26] Vgl. auch Frýba (1989, S. 202), der auf die folgenden Zusammenhänge hinweist: Sinnesverlangen verzerrt die Wahrnehmung und fragmentiert das Gewahrsein; Abneigung erschafft Spaltung und eine verkrampfte Geisteshaltung; Dumpfheit und Mattheit vernebeln das Gewahrsein; bei Rastlosigkeit und Sorge verzehrt sich der Geist durch fehlende Ausrichtung; Zweifel ruft Schwanken in Unschlüssigkeit hervor.

[27] D I 71, M I 275.

Da in der ersten Gruppe dieser bildhaften Vergleiche die Anwesenheit der Hindernisse (im Sinne ihrer schwächenden Wirkung) erläutert und in der zweiten Gruppe die Erleichterung über die Befreiung von ihnen beschrieben wird, entsprechen die beiden Gruppen den zwei Möglichkeiten zur Betrachtung der Hindernisse: das Gewahrsein ihrer Anwesenheit oder ihrer Abwesenheit.

IX.3 Die Wichtigkeit, die Hindernisse zu erkennen

Wenn ein Hindernis anwesend ist, aber nicht erkannt wird, dann, so heißt es in den Lehrreden, ist das eine „Fehl-Meditation" – eine Art der Praxis, die der Buddha nicht billigte.[28] Wird aber die Anwesenheit eines Hindernisses erkannt, so ist dies eine *satipaṭṭhāna*-Meditation, die dazu führt, dass der Geist gereinigt wird.[29]

Eine Textstelle im *Aṅguttara-nikāya* zeigt, wie wichtig es ist, Geistestrübungen deutlich als das zu erkennen, was sie sind. In dieser Lehrrede wird berichtet, wie der Mönch Anuruddha sich bei seinem Freund Sāriputta beschwerte, dass er, Anuruddha, trotz erworbener Fähigkeiten der Konzentration, unerschöpflicher Energie und fest verankerter Achtsamkeit unfähig sei, zur vollständigen Verwirklichung durchzubrechen.[30] In seiner Antwort wies Sāriputta darauf hin, dass Anuruddhas Prahlen mit konzentrativen Fertigkeiten nichts anderes als eine Manifestation von Eigendünkel, seine „unerschöpfliche Energie" schlicht Rastlosigkeit und seine Sorge darüber, noch nicht erwacht zu sein, einfach Sorge war. Als sein Freund ihm half, dies als Hindernisse zu erkennen, war Anuruddha bald dazu fähig, sie zu überwinden und Verwirklichung zu erlangen.

Diese Technik einfachen Erkennens stellt eine geschickte Methode dar, Meditationshindernisse in Meditationsobjekte zu verwandeln.[31] Auf diese Weise geübt, wird bloßes Gewahrsein eines Hindernisses zu einem mittleren Weg zwischen Unterdrückung und Nachgeben.[32] In etlichen Lehrreden finden sich schöne Beispiele für die machtvolle Wirkung dieser schlichten Handlung des Erkennens, indem beschrieben wird, wie der Versucher Māra, der oft als Personifikation der fünf Hindernisse fungiert, seine Kräfte verliert, sobald man ihn erkennt.[33]

---

[28] M III 14.

[29] A I 272.

[30] A I 282.

[31] Gunaratana (1996, S. 44), Ñāṇaponika (1986b, S. 21).

[32] Diese Position von *satipaṭṭhāna* als mittlerer Weg zwischen dem Schwelgen in Sinneseindrücken und Selbstkasteiung wird in A I 295 erwähnt.

[33] Etliche dieser Episoden finden sich im *Māra-* und im *Bhikkhunī-saṃyutta* (S I 103-135). Vgl. auch die Ermahnung in Sn 967, die Geistestrübungen als Manifestationen von Māra, dem „Dunklen", zu erkennen. Goldstein (1994, 85) spricht >

Die Raffinesse dieser Methode des bloßen Erkennens kann veranschaulicht werden, indem Hass aus der Perspektive der Medizin betrachtet wird. Das Entstehen von Hass bringt eine Steigerung der Adrenalinausschüttung mit sich, und diese wiederum heizt den Hass weiter an.[34] Die Anwesenheit von nichtreaktivem *sati* unterbricht diesen Teufelskreis.[35] Durch einfaches Beobachten des hasserfüllten Zustandes wird weder der körperlichen Reaktion noch dem Ausufern des mentalen Vorgangs Raum gegeben. Wird jedoch der Gleichgewichtszustand des Gewahrseins verlassen und der entstandene Hass verurteilt, so ist der Akt des Verurteilens nur eine weitere Manifestation des Übelwollens.[36] Der Teufelskreis des Hasses setzt sich fort, und sei es auch mit einem anderen Objekt.

Sind einmal die Hindernisse zumindest zeitweilig beseitigt,[37] wird der alternative Aspekt der Betrachtung der Hindernisse relevant: das Gewahrsein ihrer Abwesenheit. In etlichen Darlegungen des Stufenpfades bildet die Abwesenheit der Hindernisse den Anfangspunkt für eine kausale Folge, die über Entzücken, Freude, Ruhe und Glücksgefühl (*pāmojja*, *pīti*, *passaddhi* und *sukha*) zu Konzentration und dem Erlangen von Vertiefung führt. Die Anweisung in diesem Kontext lautet, „das Verschwinden der fünf Hindernisse innerhalb von einem selbst zu betrachten".[38] Dies lässt zweifellos auf das Erkennen und sogar ein Frohlocken in Abwesenheit der Hindernisse schließen, und dadurch wird tiefe Konzentration ermöglicht. Solch einen bewussten Akt des Erkennens und Frohlockens in Abwesenheit der Hindernisse veranschaulicht lebhaft die oben erwähnte zweite Gruppe bildhafter Vergleiche, worin dieser Zustand geistiger Freiheit mit der Freiheit von Schulden, Krankheit, Gefangensein, Sklaverei und Gefahr verglichen wird.

---

anschaulich davon, man solle „Māra mit dem Finger drohen". Vgl. auch Marasinghe (1974, S. 197).

[34] de Silva (o.J., 25).

[35] Durch eine Studie, die mithilfe eines Rorschach-Tests durchgeführt wurde, wird dies bestätigt: Brown (1986b, S. 189) kommt zu dem Schluss, dass fortgeschrittene Meditierende zwar durchaus Konflikterfahrungen machen, aber in dieser Erfahrung auffallend wenig Abwehrhaltung entwickeln. Diese Beobachtung weist auf ihre Fähigkeit hin, ein nichtreaktives und gleichmütiges Gewahrsein aufrechtzuerhalten.

[36] Goldstein (1985, S. 57): „Oft neigt man dazu, die Hindernisse zu verurteilen, wenn sie entstehen. Der verurteilende Geist selbst ist der Faktor der Abneigung."

[37] Die vollständige Beseitigung aller fünf Hindernisse findet erst beim vollständigen Erwachen statt (vgl. S V 327). In der Tat bringt der Kommentar in Ps I 282 zu diesem Teil des *Satipaṭṭhāna-sutta* das „zukünftige Nichtentstehen" jedes der Hindernisse mit den entsprechenden Stufen der Verwirklichung in Zusammenhang, wobei es sich in den meisten Fällen um Nichtwiederkehr oder Arahantschaft handelt.

[38] Z. B. in D I 73. Der Gebrauch des Pāli-Verbs *sam-anupassati* in dieser Anweisung lässt darauf schließen, dass hier eine Form der Betrachtung (*anupassanā*) gemeint ist.

Etliche Lehrreden beziehen sich auf solch einen friedvollen Bewusstseinszustand, der zeitweise unberührt von jeglichen Hindernissen oder Geistestrübungen ist, als „leuchtend".[39] Nach einer Textstelle im *Aṅguttara-nikāya* ist es tatsächlich ein wichtiges Erfordernis für das Entwickeln des Geistes (*cittabhāvanā*), diese ihm eigene leuchtende Natur kennenzulernen.[40]

IX.4 Bedingungen für die Anwesenheit und Abwesenheit eines Hindernisses

Nach der ersten Phase des Erkennens der An- oder Abwesenheit eines Hindernisses folgt die zweite Phase derselben Betrachtung: das Gewahrsein der Bedingungen, die zum Entstehen eines Hindernisses geführt haben, die dabei helfen, ein entstandenes Hindernis zu beseitigen, und die einem künftigen Entstehen vorbeugen (vgl. Abb. 9.2 unten). Die Aufgabe von *sati* während dieser zweiten Phase folgt einem fortlaufenden Schema mit einer Progression von der Diagnose über das Heilmittel zur Prävention.

---

[39] S V 92, A I 10, A I 257, A III 16. In dieser Textstelle wird die Leuchtkraft des Geistes mit dem Entwickeln eines konzentrierten Bewusstseinszustandes in Zusammenhang gebracht, der frei von Trübungen und bereit für die Verwirklichung ist. Vgl. D III 223, wo eine Form der Konzentration zu einem mit „Strahlen" (*sappabhāsa*) erfüllten Geist führt; M III 243, wo „leuchtend" zu einer hohen Stufe von Gleichmut in Bezug gesetzt wird; S V 283, wo selbst vom Körper des Buddha gesagt wird, er sei „leuchtend" als Folge der Konzentration. Karunaratne (1999c, S. 219), erklärt: „Was mit einem leuchtenden und reinen Geist (*pabhassara*) gemeint ist, ist kein Bewusstseinszustand, der absolut rein ist, noch der reine Geist, der gleichbedeutend mit Befreiung ist ... rein nur in dem Sinne und in dem Maße, wie er nicht durch äußerliche Reize beunruhigt oder beeinflusst wird".

[40] A I 10. Der Kommentar Mp I 60 und auch As 140 identifizieren den leuchten Geist mit dem *bhavaṅga* (unbewusstes Lebenskontinuum). Hier könnte man jedoch einwenden, dass sich der Begriff *bhavaṅga* im Kontext der kommentariellen Beschreibung geistiger Vorgänge auf einen unbewussten Augenblick bezieht, der zwischen jedem bewussten Teil des geistigen Vorgangs abläuft. (In der Tat wird in Ps-pṭ I 364 das Schlafen als *bhavaṅgaṃ otāreti* bezeichnet.) Im Gegensatz dazu bezieht sich der leuchtende Zustand des Geistes in A I 10 eindeutig auf eine bewusste Erfahrung, da er „erkannt" (*pajānāti*) werden soll. Zu *bhavaṅga* vgl. die ausgezeichnete Erläuterung von Gethin (1994), siehe auch Harvey (1989, S. 94-98) und Sarachchandra (1994, S. 90). Der Versuch von Wijesekera (1976, S. 348), anhand einer Textstelle aus dem *Aṅguttara-nikāya* und verschiedener Belegstellen im *Paṭṭhāna* die historisch frühe Existenz des Begriffes nachzuweisen, ist nicht überzeugend, da A II 79 in der PTS-, der burmesischen und der singhalesischen Ausgabe stets *bhavagga* (die beste der Existenzen, was auch viel besser in den Kontext passt) statt *bhavaṅga* lautet, und Belegstellen im *Paṭṭhāna* auch die vergleichsweise späte Herkunft dieses Teils des *Abhidhamma* erkennen lassen. Vgl. Ñāṇatiloka (1988, S. 246).

Wird ein Hindernis in ein Meditationsobjekt verwandelt, so kann das bloße Vorhandensein von Achtsamkeit oft zum Verschwinden des betreffenden Hindernisses führen. Sollte bloßes Gewahrsein nicht ausreichen, sind spezifischere Gegenmittel vonnöten.

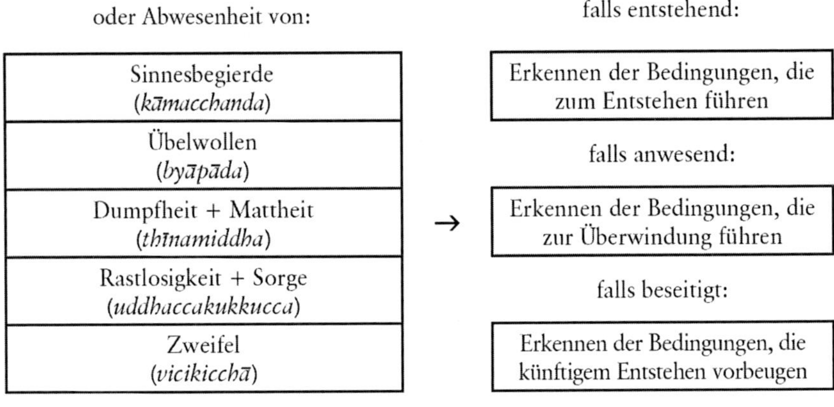

Abb. 9.2: Zwei Phasen der Betrachtung der fünf Hindernisse

In diesem Fall hat *sati* die Aufgabe, die Maßnahmen zur Beseitigung des Hindernisses zu überwachen und ein klares Bild der Situation zu liefern, ohne selbst beteiligt zu sein und dadurch seinen günstigen, losgelösten Beobachtungspunkt zu verlieren.

Das klare Erkennen der Bedingungen für das Entstehen eines bestimmten Hindernisses bildet nicht nur die Grundlage für seine Beseitigung, sondern führt auch zu einem Verstehen seines allgemeinen Entstehungsmusters. Ein solches Verstehen deckt die Ebenen der Vorbedingungen und Fehlwahrnehmungen auf, die das Entstehen eines Hindernisses verursachen, und trägt so dazu bei, seiner Wiederkehr vorzubeugen.

Ein anhaltendes Beobachten wird die Tatsache offenbaren, dass das häufige Nachdenken über oder das Verweilen bei einem bestimmten Sachverhalt eine entsprechende mentale Vorliebe hervorbringt und somit eine Tendenz entsteht, sich in immer mehr Gedanken und Assoziationen in derselben Richtung zu verfangen.[41] Zum Beispiel im Falle der Sinnesbegierde (*kāmacchanda*) ist es offensichtlich, dass sein Entstehen nicht nur auf äußere Objekte zurückzuführen ist, sondern auch auf eine im eigenen Geist verankerte Neigung zu Sinnlichkeit.[42] Diese sinnenhafte Neigung

[41] M I 115.
[42] S I 22.

beeinflusst die Art und Weise, wie äußere Objekte wahrgenommen werden, und führt so dazu, dass sich die Begierde vollständig entfaltet, und dann zu Versuchen, diese Begierde zu befriedigen.[43]

Die besondere Dynamik der Sinnesbegierde funktioniert so, dass jedes Mal, wenn ein Sinnesbegehren befriedigt worden ist, der Akt der Befriedigung zu zukünftigen, stärkeren Manifestationen desselben Begehrens führt.[44] Durch losgelöstes Beobachten wird offenbar, dass die Befriedigung sinnlicher Begierden auf einem Missverständnis beruht, auf dem Suchen nach Vergnügen am falschen Ort.[45] Der Weg zu innerem Frieden und Gelassenheit hängt darum notwendig davon ab, Unabhängigkeit von diesem Sog der Begierde und ihrer Befriedigung zu erlangen.[46]

Eine Textstelle im *Aṅguttara-nikāya* enthält eine scharfsinnige psychologische Analyse der Ursachen, die der Sinnesbegierde zugrunde liegen. Dieser Lehrrede zufolge hängt die Suche nach Befriedigung durch einen andersgeschlechtlichen Partner damit zusammen, dass jemand sich mit den Eigenschaften und dem Verhalten des eigenen Geschlechts identifiziert.[47] Anders gesagt: Die Suche nach Vereinigung in der Außenwelt bedeutet, dass jemand noch in den Begrenzungen der eigenen Geschlechtsidentität gefangen ist. Daraus wird klar, dass die Gefühlsinvestition, die die Identifikation mit der Geschlechterrolle und dem entsprechenden Verhalten mit sich bringt, ein wichtiges Verbindungsglied beim Entstehen von Sinnesbegierde ist. Im Gegensatz dazu sind *Arahants*, die selbst die subtilsten Spuren von Identifikation vernichtet haben, nicht in der Lage, Geschlechtsverkehr auszuüben.[48]

So wie das Entstehen von Sinnesbegierde in Hinsicht auf seine psychologischen Unterströmungen analysiert werden kann, so hängt auch die Abwesenheit von Sinnesbegierde von der intelligenten Steuerung derselben psychologischen Mechanismen ab. Ist einmal zumindest zeitweilig der Teufelskreis des fortgesetzten Verlangens nach Befriedigung überwunden, so wird es möglich, in der Bewertung der eigenen Wahrnehmung ein gewisses Gegengewicht zu schaffen.[49] Wenn das exzessive Verweilen bei Aspekten äußerer Schönheit häufig zu Zuständen von Leidenschaft geführt hat, dann

---

[43] S II 151.
[44] M I 508.
[45] M I 507.
[46] M I 508.
[47] A IV 57. Zu dieser Textstelle vgl. de Silva (1978, S. 126).
[48] Z. B. in D III 133. Die Vernichtung der Sinnesbegierde findet bereits auf der Stufe der Nichtwiederkehr statt.
[49] In Th 1224f. wird ausgeführt, dass einer durch Sinnlichkeit verzerrten Wahrnehmung entgegengewirkt werden kann, indem man die Sinne verführende Objekte meidet, indem man die Aufmerksamkeit auf die unattraktiven Aspekte des Körpers richtet, und zwar durch Körperachtsamkeit allgemein und durch das Entwickeln einer ernüchterten Geisteshaltung.

kann eine auf die weniger anziehenden Aspekte des Körpers gerichtete Kontemplation dazu führen, dass solche Bewusstseinszustände immer weiter abnehmen.

Beispiele für einen solchen Ausgleich finden sich in den Meditationsübungen des *satipaṭṭhāna*, speziell bei den Betrachtungen der anatomischen Zusammensetzung des Körpers und eines verwesenden Leichnams. Zusätzlich hierzu sind die Zügelung der Sinne, Mäßigung beim Essen, Wachsamkeit und das Gewahrsein der vergänglichen Natur aller mentalen Vorgänge hilfreiche Maßnahmen, um dem Entstehen von Sinnesbegierde vorzubeugen.[50]

Ähnliche Methoden sind bei den anderen Hindernissen angemessen, wobei in jedem Einzelfall den Bedingungen, die das Entstehen des Hindernisses anregen, ein Gegenwicht in irgendeiner Form folgen sollte. Im Fall von Übelwollen (*byāpāda*) wird oft denjenigen Eigenschaften eines Phänomens, die als ärgerlich oder abstoßend empfunden werden, übermäßig viel Aufmerksamkeit geschenkt. Das genau passende Mittel gegen derartig einseitige Wahrnehmung besteht darin, die negativen Eigenschaften der Person, die die Verärgerung verursacht, zu ignorieren und stattdessen auf positive Eigenschaften zu achten, die an ihm oder ihr entdeckt werden können.[51] Indem man der Angelegenheit keine Aufmerksamkeit schenkt oder über die Unausweichlichkeit karmischer Vergeltung nachsinnt, wird es möglich, Gleichmut zu entwickeln.[52]

Ein wichtiges Heilmittel gegen eine Neigung zu Hass und Übelwollen ist das Entwickeln liebender Güte (*mettā*).[53] Nach den Lehrreden hilft das Entwickeln liebender Güte dabei, harmonische Beziehungen nicht nur zu anderen Menschen, sondern auch zu nichtmenschlichen Wesen aufzubauen.[54] Im gegenwärtigen Kontext kann der Begriff „nichtmenschliche Wesen“ auch im psychologischen Sinne so verstanden werden, dass er für Ich-Störungen

---

[50] A IV 166. In S IV 110 werden die Mönche dazu ermutigt, Frauen so zu betrachten, als seien sie ihre eigene Mutter, Schwester oder Tochter. In derselben Lehrrede (S IV 112) ist besonders die Wichtigkeit der Sinneszügelung belegt. Denn von den vielen erwähnten Methoden, die der Sinnesbegierde entgegengesetzt werden können, erwies sich die Sinneszügelung als die einzig annehmbare Erklärung, warum sogar junge Mönche zu einem zölibatären Leben fähig sind.

[51] A III 186.

[52] Dies wird in A III 185 als ein Teil von insgesamt fünf Gegenmitteln aufgeführt: das Entwickeln von liebender Güte, Mitgefühl und Gleichmut, Nicht-Aufmerksamkeit-Schenken, Nachsinnen über Karma.

[53] M I 424. Nach Fenner (1987, S. 226) basieren die himmlischen Verweilzustände (*brahmavihāras*) auf exakter Wahrnehmung und wirken daher zu unheilsamen geistigen Eigenschaften führender irriger Wahrnehmung entgegen. Eine anregende Beschreibung liebender Güte findet sich bei Ñāṇapoṇika (1993, S. 9-12).

[54] S II 264.

steht.[55] Das Entwickeln liebender Güte wirkt tatsächlich pathologischen Gefühlen der Entfremdung und einem schlechten Selbstwertgefühl entgegen und bildet dadurch eine wichtige Grundlage für erfolgreiche Einsichtsmeditation.

Liebende Güte ist nicht nur eine Vorbereitung für die Praxis der Einsichtsmeditation, sondern sie kann auch unmittelbar zur Verwirklichung beitragen.[56] Der Aussage der Lehrreden zufolge liegt die bezeichnende Eigenart der Liebenden Güte-Meditation in ihrer Kombination mit den Erwachensfaktoren und darin, dass auf diese Weise die liebende Güte unmittelbar für den Fortschritt hin zur Verwirklichung nutzbar gemacht wird.[57] In etlichen Lehrreden wird die Praxis der liebenden Güte besonders

---

[55] Tatsächlich sind in S II 265 nichtmenschliche Wesen offenbar darauf aus, psychische Störungen hervorzurufen; durch das Entwickeln liebender Güte kann dem vorgebeugt werden. Katz (1989, S. 161) schlägt vor: „Eine mögliche Interpretation von ‚nichtmenschliche Wesen' könnte in denjenigen psychischen Funktionen bestehen, durch die spirituelles Wachstum gefährdet ist".

[56] In M I 352 wird im Einzelnen beschrieben, wie liebende Güte mit Einsicht kombiniert werden kann: Nach einer durch liebende Güte entwickelten Vertiefungserfahrung kann Einsicht in die Vergänglichkeit und Bedingtheit dieser Erreichung entwickelt werden. In M I 38 und A I 196 wird der Übergang von liebender Güte zu Einsicht folgendermaßen beschrieben: „Da gibt es dieses, da gibt es das Geringere, da gibt es das Höherstehende, und da gibt es das vollständige Entkommen aus diesem ganzen Wahrnehmungsbereich." (In Ps I 176 und Mp II 306 wird das Letztere als Hinweis auf *Nibbāna* gedeutet.) Vgl. auch A IV 150 und It 21, wo darauf hingewiesen wird, dass das Entwickeln von liebender Güte dabei hilft, die Fesseln zu vermindern. Nach Aronson (1986, S. 51): „Die Meditation über Liebe [sc. liebende Güte] ist der Nährboden, auf dem Konzentration und Einsicht kultiviert werden". Meier (1978, 213) ist der Meinung, dass *vipassanā* und liebende Güte ein ähnliches Ziel haben, nämlich das Ich-Gefühl zu schwächen, sodass diese beiden unterschiedlichen Herangehensweisen (*vipassanā* durch analytisches Zerlegen, liebende Güte durch Ausdehnung) als Ergänzung betrachtet werden können. (Dennoch sollte deutlich bleiben, dass liebende Güte allein nicht dazu in der Lage ist, jegliche Anhaftung an ein Ich-Gefühl vollständig zu beseitigen.)

[57] S V 119 weist darauf hin, dass in dieser Kombination das Unterscheidungsmerkmal zwischen der buddhistischen Methode und der Art und Weise besteht, in der liebende Güte von den Asketen der damaligen Zeit praktiziert wird. In Bezug auf die buddhistische Methode mag es auch bedeutsam sein, darauf hinzuweisen, dass diese ursprünglich eine nicht im Einzelnen spezifizierte Durchdringung aller Himmelsrichtungen mit einer Geisteshaltung liebender Güte beinhaltet (vgl. z. B. M I 38). In D I 251, M II 207 und S IV 322 wird das Merkmal des Durchdringens, das dem Ausstrahlen liebender Güte eigen ist, umso klarer durch den Vergleich mit einem kraftvollen Trompeter, dessen Spiel in allen vier Himmelsrichtungen weithin zu hören ist. Obwohl ein solches Durchdringen oft für die Vertiefung steht, ist das doch nicht immer der Fall, da es nach M I 129 entwickelt werden soll, wenn man verbal angegriffen oder gar körperlich misshandelt wird – eine Situation, die dem >

mit dem Schritt von der Stufe des Stromeintritts zu der Stufe der Nichtwiederkehr in Verbindung gebracht.[58] Ganz klar sind die Vorteile des Entwickelns liebender Güte nicht auf ihre Funktion als Gegenmittel bei Hass und Ärger begrenzt.

Um zu den verbleibenden Hindernissen zurückzukehren: Ein Gegenmittel bei Dumpfheit (*thīna*) und Mattheit (*middha*) besteht darin, „Klarheit der Wahrnehmung" (*āloka-saññā*) zu entwickeln.[59] In den Lehrreden und dem

---

Eintreten in die Vertiefung wohl kaum förderlich ist. Ein anderes Beispiel findet sich in M II 195: Ein Brahmane, der im Sterben liegt und unter quälenden Kopfschmerzen, heftigen Magenkrämpfen und hohem Fieber leidet, stirbt kurz nach Erhalt der Anweisung, diese Durchdringung zu praktizieren, und wird in der Brahmawelt wiedergeboren. Dieser Umstand legt nahe, dass er dazu fähig gewesen sein muss, aus dieser Anweisung Nutzen zu ziehen, obwohl sein körperlicher Zustand es ihm unmöglich gemacht haben würde, Vertiefung zu entwickeln. Einzig in den Kommentaren wird die Liebende Güte-Meditation zu einer Übung des begrifflichen Vorstellungsvermögens, die sich nacheinander der eigenen Person, einem Freund, einer neutralen Person und einem Feind zuwendet (vgl. Vism 296) – wahrscheinlich, weil die Kommentare das Durchdringen ausschließlich mit der Vertiefung in Zusammenhang bringen (vgl. Vism 308). Diese Übungsmethode findet sich nirgendwo in den Lehrreden.

[58] S V 131 und A V 300; dasselbe wird in beiden Fällen für die anderen drei *brahmavihāras* wiederholt. Ganz ähnlich wird in Sn 143 die Übung der liebenden Güte beschrieben, und zwar auf der Grundlage, „die Erfahrung dieses Zustandes inneren Friedens gemacht zu haben", was zur Folge hat, dass der Praktizierende nicht in einem Mutterleib wiedergeboren wird (Sn 152). Dies deutet darauf hin, dass die Übung der liebenden Güte jemanden, der diesen „Zustand inneren Friedens" erfahren hat – d. h. der ein Stromeingetretener ist –, dahin bringen kann, dass er die Wiedergeburt im Mutterleib transzendiert, und zwar zur Nichtwiederkehr. Dieses Verständnis wird vom Kommentar (Pj II 193) gestützt, wo erklärt wird, dass „Zustand inneren Friedens" sich auf *Nibbāna* bezieht. Diese Erklärung findet auch durch Dhp 368 Bestätigung. Hier wird liebende Güte auch wieder zu dem „Zustand inneren Friedens", dessen Nebenbedeutung durch den Ausdruck „Beruhigung der Formationen" noch klarer wird, in Beziehung gesetzt. Jayawickrama (1948, Bd. 2, S. 98) jedoch spricht sich gegen die Auffassung aus, der „Zustand inneren Friedens" solle sich auf die Verwirklichung von *Nibbāna* beziehen. Auch in den Sanskritfragmenten aus den Turfanfunden wird die Verwirklichung der Nichtwiederkehr als einer der Vorteile des Entwickelns liebender Güte erwähnt, siehe Schlingloff (1964, S. 133). Der Grund, warum liebende Güte mit dem Fortschreiten vom Stromeintritt zur Nichtwiederkehr in Verbindung steht, könnte mit den zwei Fesseln, die auf dieser Stufe abgelegt werden sollen – Sinnesbegierde und Übelwollen – zusammenhängen. Liebende Güte, besonders wenn sie in einer Vertiefungsstufe entwickelt wird, kann gegen beide als Mittel dienen, da das während der tiefen Konzentration erfahrene intensive geistige Glücksgefühl dem Streben nach Vergnügen durch die äußeren Sinne entgegenwirkt und liebende Güte allein schon durch ihr Wesen dem Übelwollen entgegensteht.

[59] Z. B. in D I 71.

Vibhaṅga bezieht sich „Klarheit der Wahrnehmung" auf das Entwickeln mentaler Klarheit.[60] In den Kommentaren wird der Ausdruck eher wörtlich verstanden, und es wird empfohlen, wirkliches Licht – entweder von einer äußerlichen Quelle oder Licht als inneres geistiges Bild – zu verwenden.[61]

Solche „Klarheit der Wahrnehmung" findet mithilfe von Achtsamkeit und Wissensklarheit (*sampajāna*) statt, wodurch zwei wesentliche Eigenschaften von *satipaṭṭhāna* als Heilmittel gegen Dumpfheit und Mattheit ins Spiel kommen. Dies verweist auf die Tatsache zurück, dass *satipaṭṭhāna* selbst manchmal genügen kann, um einem Hindernis entgegenzuwirken. Dasselbe ist auch in Bezug auf Sinnesbegierden der Fall, wo die Betrachtung der anatomischen Teile oder eines Leichnams als Gegenmittel wirken kann. Dennoch sollte deutlich bleiben, dass der Schwerpunkt im *Satipaṭṭhāna-sutta* nicht darauf liegt, ein Hindernis aktiv zu bekämpfen, sondern darauf, ein Hindernis zusammen mit den Bedingungen, die mit seiner An- oder Abwesenheit zu tun haben, deutlich zu erkennen. Aktivere Maßnahmen gehören zum Bereich der rechten Anstrengung, einem anderen Faktor auf dem edlen achtfachen Pfad.

Das Entstehen von Dumpfheit und Mattheit kann durch Unzufriedenheit, Langeweile, Faulheit, Schläfrigkeit durch Überessen und durch einen depressiven Bewusststeinzustand verursacht werden.[62] Ein wirksames Gegenmittel kann hierbei in einem nachhaltigen Einsatz von Energie gefunden werden.[63] Der *Aṅguttara-nikāya* widmet der Diskussion des Hindernisses Mattheit eine ganze Lehrrede und bietet eine Vielzahl von Heilmitteln an. Anfangs, vermutlich während die formale Meditationshaltung noch beibehalten wird, kann der Mattheit durch den Wechsel des Meditationsgegenstandes entgegengewirkt werden, oder durch Nachsinnen oder Rezitation von Textstellen aus den Lehrreden des Buddha. Sollte dies nicht helfen, sollen die Meditierenden sich an den Ohren ziehen, den Körper massieren, aufstehen, die Augen mit Wasser besprenkeln und zum Himmel aufschauen. Wenn die Mattheit dann immer noch anhält, sollte Gehmeditation geübt werden.[64]

Im gegenteiligen Fall, wenn Rastlosigkeit (*uddhacca*) und Sorge (*kukkucca*) entstanden sind, sollten zu einer Steigerung geistiger Ruhe und Stabilität führende Faktoren entwickelt werden. Hier empfiehlt sich die Atemachtsamkeit als eine besonders effektive Methode zur Beruhigung

---

[60] A IV 86 setzt die „Klarheit der Wahrnehmung" zum Entwickeln eines strahlenden Geistes in Bezug. In Vibh 254 wird erklärt, dass „Klarheit der Wahrnehmung" sich auf helle, klare und reine Wahrnehmungen bezieht, wovon es in Vibh-a 369 heißt, es seien von den Hindernissen freie Wahrnehmungen.

[61] Ps I 284, Ps-pṭ I 375.

[62] S V 64; S V 103 und A I 3.

[63] S V 105.

[64] A IV 85.

der Denkaktivität des Geistes.[65] Zusätzlich sind alle anderen Gegenstände der Ruhemeditation, zusammen mit einer allgemeinen Verbesserung der geistigen Ruhe und Gelassenheit während aller Aktivitäten, in dieser Situation angemessen.[66]

Den Lehrreden zufolge können Rastlosigkeit und Sorge manchmal wegen übermäßigen Energieeinsatzes bei heftigen Anstrengungen entstehen.[67] Hier kann eine weniger ehrgeizige Haltung der eigenen Praxis gegenüber helfen, die Situation zu verbessern. Besonders im Zusammenhang mit Rastlosigkeit ist es überdies ratsam, jegliches provokative Reden zu vermeiden, da solches Reden leicht zu längeren Diskussionen führt und dadurch das Entstehen von Rastlosigkeit verursacht.[68] Das Entstehen von Sorge hat oft mit Schuld zu tun, wie wenn etwa eine unheilsame Tat begangen wurde und Reue darüber entsteht.[69] Folglich beugt das Beibehalten eines makellosen Niveaus ethischen Verhaltens dem Entstehen dieses Hindernisses vor. In den Lehrreden wird die Erfahrung von „Sorge" eines Mönches auch auf einen Mangel an Klarheit in Bezug auf den *Dhamma* zurückgeführt und beschrieben, wie dem durch eine Anweisung oder Erklärung durch den Buddha begegnet wurde.[70]

Im Fall des letzten der fünf Hindernisse dient eine klare Unterscheidung zwischen dem, was heilsam oder geschickt, und dem, was unheilsam oder ungeschickt ist, dazu, der durch den Zweifel (*vicikicchā*) verursachten Behinderung entgegenzuwirken.[71] Diese Behinderung ist von beträchtlicher Bedeutung, da es ohne klare Unterscheidung zwischen Heilsamem und Unheilsamem nicht möglich sein wird, Gier, Hass und Verblendung zu überwinden.[72] Das Hindernis Zweifel spielt eine Rolle nicht nur im Zu-

---

[65] A III 449, A IV 353, A IV 358, Ud 37, It 80.

[66] D I 71, S V 105, A III 449.

[67] A I 256, A III 375.

[68] A IV 87.

[69] Vgl. z. B. Vin III 19, wo der Mönch Sudinna voller Sorge ist, weil er Geschlechtsverkehr ausgeübt hatte.

[70] Typische Beispiele hierfür sind, wenn der Buddha einen kranken Mönch besucht und ihn fragt, ob er irgendwelche Sorgen habe (z. B. in S IV 46). Diese Frage bezieht sich zunächst auf „Schuld", aber wenn der betreffende kranke Mönch berichtete, dass er sich nichts vorzuwerfen habe, wird dieselbe Frage wiederholt und führt zu einer Klärung oder bestimmten Anweisung bezüglich des *Dhamma*. Eine andere Art von „Sorge" findet sich in A I 282, wo dies dafür steht, sich übermäßig um die Verwirklichung zu sorgen. Vgl. ferner A II 157, wo ebenfalls „Rastlosigkeit" hinsichtlich des *Dhamma* erwähnt wird.

[71] D III 49. Solcher Zweifel kann „innerlich" in Bezug auf einen selbst oder auch „äußerlich" in Bezug auf andere auftreten (vgl. S V 110).

[72] A V 147. Vgl. auch D II 283, wo Sakka durch eine detaillierte Erklärung des Heilsamen und Unheilsamen aus verschiedenen Perspektiven in die Lage versetzt wird, den Zweifel vollständig zu überwinden und den Stromeintritt zu verwirklichen.

sammenhang mit dem Entwickeln von Einsicht, sondern auch im Kontext der Ruhemeditation. Dies lässt sich aus dem *Upakkilesa-sutta* – einer Lehrrede, die sich hauptsächlich mit dem Entwickeln von Konzentration beschäftigt – herleiten, wo der Zweifel eine Auflistung mentaler Behinderungen des Erlangens von Vertiefung anführt.[73]

Die für das Überwinden von Zweifel benötigte Fähigkeit, zwischen Heilsamem und Unheilsamem zu unterscheiden, kann mithilfe des Erwachensfaktors Ergründung der *dhammas* (*dhamma-vicaya*) entwickelt werden.[74] Dies ist ein Zeichen dafür, dass aus buddhistischer Perspektive die Aufgabe des Überwindens von Zweifel keine Frage der Religion oder des Glaubens ist. Vielmehr findet das Überwinden des Zweifels durch einen Untersuchungsvorgang statt, der zu Klarheit und Verständnis führt.

Das Überwinden dieser fünf Hindernisse ist eine Angelegenheit von höchster Wichtigkeit für alle Arten meditativer Praxis. Aus diesem Grund ist in den Kommentaren eine Gruppe von Faktoren aufgeführt, die eine Hilfe für das Überwinden oder Hemmen jedes der Hindernisse sind – diese Übersicht zeigt Abb. 9.3, unten. Mit zunehmender Geübtheit in der Meditation wird es möglich, jegliches Hindernis zu vertreiben, sobald es erkannt worden ist, so schnell wie ein Tropfen Wasser verdampft, wenn er in eine heiße Bratpfanne fällt.[75] Der Faktor von zentraler Bedeutung für das Beseitigen eines Hindernisses, sei es langsam oder schnell, ist *sati*, da ohne ein Gewahrsein der Anwesenheit oder Abwesenheit eines Hindernisses nur wenig im Sinne von Vorbeugung oder Beseitigung getan werden kann. Diese Aufgabe achtsamen Erkennens ist das zentrale Thema der Betrachtung der Hindernisse.

---

[73] M III 158, wo der Zweifel als das erste einer bestimmten Gruppe geistiger Hindernisse aufgeführt wird, die sich so an anderen Stellen in den Lehrreden, die sich speziell auf das Entwickeln von Konzentration beziehen, nicht findet. Besonders bemerkenswert ist, dass die Hindernisse „Sinnesbegierde" und „Übelwollen" nicht erwähnt werden, ein Hinweis, dass sie bereits durch die fragliche Übungsstufe überwunden wurden. Die aufgeführten geistigen Hindernisse sind Zweifel, Unaufmerksamkeit, Dumpfheit und Mattheit, Bestürzung, freudige Erregung, Unbehagen, übermäßige Energie, fehlende Energie, Sehnsucht, Wahrnehmung der Vielfalt und übermäßige Meditation über Formen. Ihre erfolgreiche Beseitigung führt dann zu der Erreichung der Vertiefung.

[74] Dies wird durch die Tatsache nahegelegt, dass der Nährboden für die Untersuchung der *dhammas* in denselben Begriffen dargestellt wird wie der ‚Anti'-Nährboden für den Zweifel; vgl. S V 104 und S V 106.

[75] Dieses Bildwort findet sich in M I 453 im Zusammenhang mit dem Vertreiben der Anhaftung, in M III 300 in Bezug auf das Auflösen von Vorlieben und Abneigungen, die im Geist entstanden sind, und in S IV 190 in Hinsicht auf das Auflösen unheilsamer Gedanken und Erinnerungen.

Sinnesbegierde	• allgemeine Vertrautheit mit der Unattraktivität des Körpers und formale Meditation über die Unattraktivität des Körpers • Bewachen der Sinnestore • Mäßigung beim Essen • gute Freunde und angemessene Gespräche
Übelwollen	• allgemeine Vertrautheit mit Liebender Güte und formale Meditation über Liebende Güte • Nachsinnen über die karmischen Folgen der eigenen Handlungen • wiederholtes kluges Erwägen • gute Freunde und angemessene Gespräche
Dumpfheit + Mattheit	• Veringerung der Nahrungsaufnahne • Veränderung der Meditationshaltung • mentale Klarheit / Wahrnehmung von Licht • Aufenthalte im Freien • gute Freunde und angemessene Gespräche
Rastlosigkeit + Sorge	• gute Kenntnis der Lehrreden • Klärung der Lehrreden durch Fragen stellen • bewandert sein im ethischen Verhalten • Aufsuchen erfahrener Älterer • gute Freunde und angemessene Gespäche
Zweifel	• gute Kenntnis der Lehrreden • Klärung der Lehrreden durch Fragen stellen • bewandert sein im ethischen Verhalten • starkes Engagement • gute Freunde und angemessene Gespäche

Abb. 9.3: Übersicht aus den Kommentaren – Faktoren zum Überwinden oder Hemmen der Hindernisse

X. Kapitel
Dhammas – Die Daseinsgruppen

X.1 Die fünf Daseinsgruppen

Diese *satipaṭṭhāna*-Übung befasst sich mit der Untersuchung der fünf Daseinsgruppen, den grundlegenden Bausteinen von „uns selbst". Die Anweisungen lauten:

> „Hier erkennt er: ‚So ist die materielle Form', ‚so ist das Entstehen der materiellen Form', ‚so ist das Vergehen der materiellen Form'. ‚So ist das Gefühl', ‚so ist das Entstehen des Gefühls', ‚so ist das Vergehen des Gefühls'. ‚So ist die Wahrnehmung', ‚so ist das Entstehen der Wahrnehmung', ‚so ist das Vergehen der Wahrnehmung'. ‚So sind die Willensregungen', ‚so ist das Entstehen der Willensregungen', ‚so ist das Vergehen der Willensregungen'. ‚So ist das Bewusstsein', ‚so ist das Entstehen des Bewusstseins', ‚so ist das Vergehen des Bewusstseins'."[1]

Den obigen Anweisungen liegen zwei Phasen der Betrachtung zugrunde: klares Erkennen der Natur jeder Daseinsgruppe und Gewahrsein ihres Entstehens und Vergehens (vgl. Abb. 10.1 unten). Ich will zunächst versuchen, den Bedeutungsbereich jeder Daseinsgruppe zu klären. Als Nächstes werde ich die *anattā*-Lehre des Buddha in ihrem historischen Kontext betrachten, um zu untersuchen, auf welche Weise das Schema der fünf Daseinsgruppen zur Analyse subjektiver Erfahrung gebraucht werden kann. Danach werde ich Überlegungen zu der zweiten Phase der Übung anstellen, die sich mit der Vergänglichkeit und Bedingtheit der Daseinsgruppen befasst.

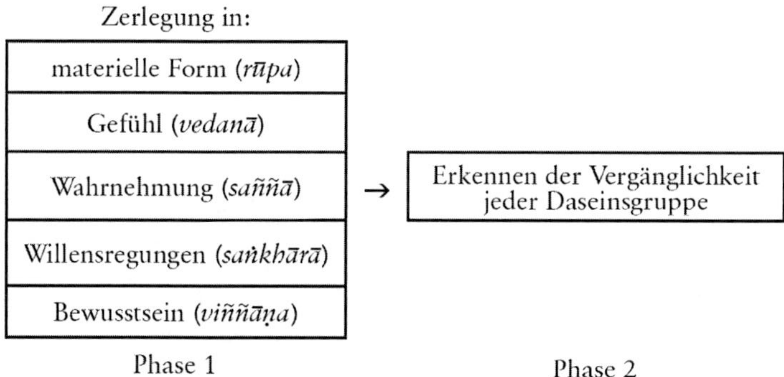

Abb. 10.1: Zwei Phasen der Betrachtung der fünf Daseinsgruppen

Ein deutliches Erkennen und klares Verständnis der fünf Daseinsgruppen ist von beträchtlicher Bedeutung, da man, ohne sie gänzlich zu verstehen und

[1] M I 61.

Losgelöstheit von ihnen zu entwickeln, keine völlige Freiheit von *dukkha* erlangen kann.[2] Tatsächlich führt Losgelöstheit und Leidenschaftslosigkeit gegenüber diesen fünf Aspekten der subjektiven Persönlichkeit unmittelbar zur Verwirklichung.[3] In den Lehrreden und auch den von erwachten Mönchen und Nonnen verkündeten Versen wird von zahlreichen Fällen berichtet, wo ein durchdringendes Verstehen der wahren Natur der fünf Daseinsgruppen seinen Höhepunkt im vollständigen Erwachen fand.[4] Diese Beispiele werfen ein starkes Licht auf das hervorragende Potenzial dieser besonderen *satipaṭṭhāna*-Betrachtung.

Auf diese fünf Daseinsgruppen wird in den Lehrreden oft als die „fünf Gruppen des Anhaftens" (*pañc'upādāna-kkhandha*) Bezug genommen.[5] In diesem Kontext ist „Gruppe" (*khandha*) ein Oberbegriff für die verschiedenen Möglichkeiten, wie jede der Kategorien in Erscheinung treten kann – gleichgültig ob Vergangenheit, Gegenwart oder Zukunft, innerlich oder äußerlich, grob oder fein, niedriger oder höher, nah oder fern.[6] Die

---

[2] S III 27.

[3] A V 52. Vgl. auch S III 19-25, wo in verschiedenen Lehrreden das Verständnis der Daseinsgruppen zu der vollständigen Verwirklichung in Bezug gesetzt wird.

[4] In M III 20 führt eine detaillierte Erklärung der Daseinsgruppen sechzig Mönche zur vollständigen Verwirklichung. In S III 68 werden die ersten fünf Schüler des Buddha nach einer Darlegung über *anattā* zu *Arahants*, wiederum mittels der fünf Daseinsgruppen. Vgl. auch Th 87, Th 90, Th 120, Th 161, Th 369, Th 440: Alle Textstellen bringen das vollständige Erwachen mit der Einsicht in die fünf Daseinsgruppen in Zusammenhang.

[5] Z. B. in D II 305. – Sprach man im alten Indien von den „fünf Daseinsgruppen", so war dies anscheinend ohne Weiteres verständlich, da bereits in der ersten Lehrrede des Buddha die fünf Daseinsgruppen vorkommen, offenbar ohne jeglichen Ausführungs- oder Erklärungsbedarf. Ganz ähnlich finden sich in M I 228 die fünf Daseinsgruppen in einer Beschreibung der Lehre des Buddha für den Disputanten Saccaka (der vermutlich mit der Buddhalehre nicht vertraut war, aber anscheinend ohne Weiteres verstand, was ihm gesagt wurde). Dies deutet darauf hin, dass der Begriff „fünf Daseinsgruppen" zur Zeit des Gotama Buddha schon existierte. Da in der in den Lehrreden enthaltenen Beschreibung des Erwachens des vorgeschichtlichen Buddha Vipassī (in D II 35) auch die Betrachtung der fünf Daseinsgruppen vorkommt, ist anzunehmen, dass aus der Sicht der Lehrreden das Schema der fünf Daseinsgruppen schon bekannt war, bevor Gotama Buddha in Erscheinung trat. Stcherbatsky (1994, S. 71) führt zu den Daseinsgruppen Parallelen in den *Brāhmaṇas* und *Upaniṣaden* an; nach Warder (1956, S. 49, Anm. 2) war der Begriff der Daseinsgruppen bei den Jainas und möglicherweise auch bei den Ājīvikas bekannt.

[6] Z. B. in M III 16. – Zu dem Begriff *„aggregate"* (Daseinsgruppe) vgl. auch Boisvert (1997, S. 16), Karunaratne (1999b, S. 194) und Ñāṇamoli (1978, S. 329). Rhys Davids (1937, S. 410) meint, der Grund, warum es gerade fünf Daseinsgruppen sind, könne mit der Tatsache zu tun haben, dass die Zahl fünf im Denken des alten Indien für eine umfassende Einheit steht, welche von der Anzahl der Finger der menschlichen Hand abgeleitet sei. Der Anwendungsbereich des Schemas der fünf >

Bezeichnung „Anhaften“ (*upādāna*) bezieht sich auf Begierde und Bindung im Zusammenhang mit diesen Gruppen.[7] Derartige Begierde und Bindung hinsichtlich der Daseinsgruppen ist die Wurzelursache für das Entstehen von *dukkha*.[8]

Diese fünf Daseinsgruppen stehen in einer Reihenfolge von dem groben physischen Körper zu immer subtileren mentalen Aspekten.[9] Die erste der Daseinsgruppen, die materielle Form (*rūpa*), wird in den Lehrreden üblicherweise im Sinne der vier elementaren Eigenschaften der Materie definiert.[10] In einer Lehrrede im *Khandha-saṃyutta* wird erklärt, dass materielle Form (*rūpa*) sich auf alles bezieht, was der Einwirkung durch äußerliche Bedingungen wie Kälte und Hitze, Hunger und Durst, Moskitos und Schlangen unterliegt (*ruppati*), wobei die Betonung auf der subjektiven Erfahrung von „*rūpa*“ als zentralem Aspekt dieser Daseinsgruppe liegt.[11]

Daseinsgruppen ist in M I 435 belegt, wo diese Struktur auf die *jhāna*-Erfahrung angewandt wird. Vgl. auch M I 190, wo die Wahrnehmungsfelder mithilfe des Schemas der fünf Daseinsgruppen analysiert werden. Khanti (1984, S. 49) wendet die fünf Daseinsgruppen auf die Atemachtsamkeit an, indem er zwischen dem Atem, dem Berührungsgefühl des Atmens, dem Bemerken des Ein- und Ausatmens, der Anstrengung zu atmen und dem Bewusstsein des Atems unterscheidet.

[7] M I 300, M III 16, S III 47, S III 167; vgl. Ayya Khema (1984, S. 8), Bodhi (1976, S. 92).

[8] Als Kurzform der ersten edlen Wahrheit, z. B. in D II 305: „Kurz gesagt: Die fünf Daseinsgruppen des Anhaftens sind *dukkha*.“ Ganz ähnlich wird in S III 7 darauf hingewiesen, Leidenschaft und Begehren führe hinsichtlich der fünf Daseinsgruppen zu *dukkha*, und in S III 31 wird erklärt, es sei gleichbedeutend mit *dukkha*, wenn man sich an den fünf Daseinsgruppen erfreut. Vgl. Gethin (1986, S. 41).

[9] Stcherbatsky (1994, S. 23).

[10] Z. B. in M III 17. – Oft ist in solchen in den Lehrreden vorhandenen Definitionen die Rede davon, die materielle Form sei von den vier Elementen „abgeleitet“ (*upādāya*), so z. B. in M I 53. Nach M I 421 zu urteilen bezieht sich dieser Ausdruck möglicherweise nur auf diejenigen Körperteile oder physischen Prozesse, die hauptsächlich von dem betreffenden Element „abgeleitet“ (*upādiṇṇa*) sind, so wie die härteren Teile des Körpers, wie Haare und Knochen, in Bezug auf das Erdelement und die flüssigen, wie Blut und Urin, in Bezug auf das Wasserelement, der Verdauungsvorgang in Bezug auf das Feuerelement und der Atem in Bezug auf das Windelement. Nach dem *Abhidhamma* und den Kommentaren aber bezieht sich die „abgeleitete“ materielle Form auf 23 oder 24 Arten abhängiger Materie, zusätzlich zu den vier Elementen (23 Arten in Dhs 134, 24 in Vism 444 durch Hinzufügen der Herz-Basis). Detaillierte Übersichten finden sich bei Bodhi (1993, S. 235-242) und Karunadasa (1989, S. 31-116). Nach Kor (1993, S. 6) genügt es aus der Perspektive der Meditationspraxis, die vier Elemente als Beispiele für grundlegende Eigenschaften der Materie zu verstehen, um Einsicht zu entwickeln. Vgl. Ñāṇavīra (1987, S. 102), der davor warnt, Analyse um ihrer selbst willen durchzuführen.

[11] S III 86. Streng genommen sind *ruppati* und *rūpa* etymologisch nicht verwandt, dennoch findet sich in dieser Textstelle eine anschauliche Erklärung des Begriffs. >

Als Nächstes in der Reihenfolge der Daseinsgruppen kommen das Gefühl (*vedanā*) und die Wahrnehmung (*saññā*); sie stehen für die emotionalen und die kognitiven Aspekte der Erfahrung.[12] Im Zusammenhang mit dem Vorgang des Erkennens steht die Wahrnehmung (*saññā*) in engem Zusammenhang mit dem Entstehen des Gefühls, wobei beide von der Stimulation durch die sechs Sinne durch den Kontakt (*phassa*) abhängen.[13] Die Standarddarstellungen in den Lehrreden setzen das Gefühl zu dem Sinnesorgan, die Wahrnehmung aber zu dem jeweiligen Sinnesobjekt in Bezug.[14] Dies macht deutlich, dass Gefühle vor allem mit den Rückwirkungen einer Erfahrung auf das Subjekt zu tun haben, während Wahrnehmungen sich eher auf die Eigenschaften des jeweiligen äußeren Objekts beziehen. Mit anderen Worten: Die Gefühle sorgen für das Wie und die Wahrnehmungen für das Was der Erfahrung.

Von der „Wahrnehmung" eines Objekts zu sprechen heißt, sich auf den Akt des Identifizierens roher Sinnesdaten anhand von Begriffen oder Etiketten zu beziehen – wie wenn ein farbiges Objekt gesehen und als gelb, rot oder weiß (usw.) „wahr-genommen" wird.[15] Wahrnehmung bezieht teilweise die Fähigkeit der Erinnerung ein, welche die für das Erkennen gebrauchten begrifflichen Etiketten liefert.[16]

Kalupahana (1992, S. 17) kommentiert: „*rūpa* … durch die vom Buddha festgelegte Definition wird es eher zu einer Funktion als zu einer Sache". Sarachchandra (1994, S. 103) erklärt: „*rūpa* wird nicht lediglich als Materie interpretiert, sondern als organische Empfindungen" (d. h. als subjektiver Faktor).

[12] de Silva (1991, S. 17), Karunaratne (1988a, S. 96).

[13] M I 111: „Mit dem Kontakt als Bedingung gibt es Gefühl; was man fühlt, das nimmt man wahr." In M I 293 wird erklärt, dass Gefühl und Wahrnehmen als Zweiheit vorkommen. In M III 17 findet sich der Hinweis, der Kontakt sei die Bedingung für die Manifestation der Daseinsgruppen „Gefühl" und „Wahrnehmung".

[14] Die Standarddarstellungen (z. B. in D II 309) sprechen vom „Gefühl des Augenkontakts" und vom „Wahrnehmen sichtbarer Form" (das Gleiche trifft auf die anderen Sinne zu); vgl. Hamilton (1996, S. 15).

[15] S III 87. Vgl. auch Boisvert (1997, S. 89), Hamilton (1996, S. 54, 57-59), Harvey (1995, S. 141, dessen Vorschlag, *saññā* mit „*cognition*" [Wahrnehmen] zu übersetzen ich gefolgt bin), Premasiri (1987a, S. 53-55) und Rhys Davids (1922, S. 6, Anm. 4). Vgl. auch Gruber (1999, S. 192), der vorschlägt, die Vorsilbe *saṃ-* von *saññā* könne auch so verstanden werden, als beziehe sie sich auf das „Zusammen"-Sammeln von Sinneserfahrungen unter einem begrifflichen Etikett durch die Aktivität des Erkennens.

[16] Vgl. D I 93, wo „erkennen" (*sañjānāti*) in dem Sinne von „einen Namen geben" gebraucht wird, oder M III 234f., wo „Erkennen" für die unterschiedlichen, für eine Schale verwendeten Begriffe verwendet wird. Über die Beziehung zwischen Erkennen und Erinnerung vgl. Ñāṇapoṇika (1985, S. 71).

Die vierte Daseinsgruppe umfasst Willensregungen (*saṅkhārā*), die für den Aspekt des Willensentschlusses und der Entscheidung stehen.[17] Diese Willensregungen oder Absichten entsprechen dem reaktiven oder zweckgerichteten Aspekt des Geistes, also dem, was auf Dinge oder ihre Potenzialität reagiert.[18] Die Daseinsgruppe von Willensregungen und Absichten interagiert mit jeder anderen der Daseinsgruppen und hat eine konditionierende Wirkung auf jede von ihnen.[19] In der späteren Entwicklung der buddhistischen Philosophie wurde die Bedeutung dieses Begriffs erweitert, bis er schließlich einen weiten Bereich von Geistesfaktoren umfasste.[20]

Die fünfte Daseinsgruppe ist das Bewusstsein (*viññāṇa*). Obwohl im Gebrauch der Lehrreden „Bewusstsein" ganz allgemein für den Geist steht,[21]

---

[17] Z. B. wird in M I 389 unterschieden zwischen quälenden und nichtquälenden Willensregungen des Körpers, der Rede und des Geistes. In S III 60 und S III 63 wird erklärt, „Willensregungen" umfasse Absichten bezüglich sichtbarer Form, Klang, Geruch, Geschmack, Berührung und Geistesobjekten. Vgl. auch de Silva (1992a, S. 16) und Schumann (1957, S. 90).

[18] Ñāṇavīra (1987, S. 70) stellt die Natur der „Willensregungen" treffend dar, indem er für die fünf Daseinsgruppen das folgende Beispiel liefert: ein stämmiger (materielle Form) – angenehmer (Gefühl) – schattiger Baum (Wahrnehmung) – „um darunter zu liegen" (Willensregungen) – für mich sichtbar (Bewusstsein).

[19] S III 87; vgl. auch Vibh 7 – Bodhi (2000, S. 1071, Anm. 112) kommentiert: „Diese Textstelle macht durch das Konstruieren erfahrener Wirklichkeit die aktive Funktion der … Willensregungen deutlich. Nicht nur beeinflusst die Willensregung den objektiven Inhalt der Erfahrung, sondern sie formt auch den psychophysischen Organismus, innerhalb dessen sie entstanden ist, und mittels ihrer Funktion als *kamma* die künftigen Konfigurationen der fünf Daseinsgruppen, die durch *kamma* hervorgebracht werden."

[20] Vgl. die lange Aufstellung von Geistesfaktoren zu jedem Bewusstseinszustand unter dem Überbegriff *saṅkhāras* in Dhs (z. B. 17-18), auch in Vism 462-472. Vgl. auch Bodhi (2000, S. 45), Karunaratne (1988a, S. 118), McGovern (1979, S. 87), Rhys Davids (1978, S. 324), Stcherbatsky (1994, S. 20).

[21] Typisch ist der Ausdruck „dieser Körper mit Bewusstsein" (*saviññāṇake kāye*), z. B. in S III 80, wo „Bewusstsein" für alle vier geistigen Daseinsgruppen steht. Vgl. auch D I 21 und S II 94, wo „Bewusstsein" (*viññāṇa*) gleichwertig mit den zwei Pāli-Begriffen *citta* und *mano* benutzt wird, wobei sich alle drei in diesem Kontext auf „Geist" beziehen. Vgl. dazu Bodhi (2000, S. 769, Anm. 154), der die Bedeutungsfelder dieser drei Pāli-Begriffe in den Lehrreden treffend erklärt: „*viññāṇa* steht für das auf Einzelheiten eingehende Gewahrsein durch ein Sinnesvermögen und auch für den zugrunde liegenden Bewusstseinsstrom, welcher die Kontinuität der Person während eines einzelnen Lebens trägt und mit den darauf folgenden Leben verknüpft. *Mano* dient als das dritte Aktivitätstor (zusammen mit Körper und Rede) und als die sechste innere Sinnesgrundlage … *citta* steht für das Bewusstsein als Mittelpunkt der persönlichen Erfahrung, als das Subjekt von Gedanken, Willenskraft und Emotion." – Eine detaillierte Übersicht über die Unterschiede im Gebrauch dieser drei Begriffe in den Lehrreden findet sich bei Johansson (1965, S. 208).

bezieht es sich im Kontext der Klassifizierung der Daseinsgruppen darauf, sich einer Sache bewusst zu sein.[22] Dieser Akt des Sich-bewusst-Seins ist hauptsächlich dafür verantwortlich, ein Gefühl der persönlichen Kohäsion herzustellen, und für die Vorstellung eines hinter der Erfahrung stehenden, substanziellen „Ich".[23] Bewusstsein hängt von den vielfältigen Merkmalen der Erfahrung ab, die durch Name-und-Form (*nāma-rūpa*) geliefert werden, so wie Name-und-Form wiederum von Bewusstsein als ihrem Bezugspunkt abhängen.[24] Diese bedingte Wechselbeziehung erschafft die Welt der Erfahrung, wobei das Bewusstsein sich der Phänomene gewahr ist, die abgewandelt und ihm durch Name-und-Form präsentiert werden.[25]

Hier ein praktisches Beispiel für die fünf Daseinsgruppen: Während der gegenwärtigen Handlung des Lesens ist das Bewusstsein eines jeden Wortes durch das körperliche Sinnestor des Auges gewahr. Die Wahrnehmung erkennt die Bedeutung jedes Wortes, während die Gefühle für die emotionale Stimmung verantwortlich sind – dafür, ob ein Leser sich wegen dieser bestimmten Information gut, schlecht oder neutral fühlt. Aufgrund der Willensregungen liest jemand schnell weiter oder hält inne, um tiefer in den Sinn der hier vorliegenden Textstelle einzudringen, oder wendet sich sogar einer Fußnote zu.

In den Lehrreden werden die charakteristischen Merkmale dieser fünf Daseinsgruppen mit einer Reihe von Gleichnissen beschrieben, worin die

---

[22] In M I 292 wird erklärt, dass „Gefühl" einfach nur fühlt, während „Bewusstsein" sich eines solchen Gefühls bewusst ist. S III 87 veranschaulicht die Aktivität des Bewusstseins daran, dass es sich verschiedener Geschmäcke bewusst ist. Vgl. auch Hamilton (1996, S. 54ff., S. 92), Harvey (1995, S. 154), Premasiri (1987a, S. 57), Wayman (1976, S. 331), Wijesekera (1994, S. 87, 104 und 111). Bezüglich des Unterschiedes zwischen Erkennen und Bewussteins erläutert Ñāṇamoli (1978, S. 338): „Einen Hinweis, was damit gemeint ist, können möglicherweise die Vorsilben geben ... die Vorsilbe *vi-* könnte dissoziativ als die Aufteilung und Verteilung des reinen (*vi-*)*ññāṇa* auf die sechs Sinne verstanden werden, während die Vorsilbe *saṃ-* assoziativ als die wahrnehmende Synthese der Sinnesobjekte in ‚Dinge' und ‚wahrgenommene Gegenstände' verstanden werden könnte."

[23] Vgl. die in M I 258 referierte und als falsch qualifizierte Ansicht, es sei dasselbe Bewusstsein, das fühlt, karmische Vergeltung empfindet und weiter in dem Zyklus der Wiedergeburten kreist.

[24] Die Bedeutung dieser bedingten Wechselbeziehung wird in D II 34 und S II 105 hervorgehoben, wo der Buddha Vipassī beziehungsweise Gotama Buddha (die sich zu diesem Zeitpunkt beide noch auf der *bodhisatta*-Stufe befanden) nach der Untersuchung des Entstehens in Abhängigkeit bis zu der Wechselbeziehung zwischen Bewusstsein und Name-und-Form zu dem Schluss kamen: „Ich habe den Weg zur Einsicht gefunden, der zum Erwachen führt."

[25] D II 56: „Bewusstsein bedingt Name-und-Form ... Name-und-Form bedingt Bewusstsein", („Name" umfasst nach M I 53 Gefühl, Wahrnehmung, Willensregungen, Kontakt und Aufmerksamkeit).

materielle Form mit der wesenlosen Natur einer von einem Fluss fortgetragenen Schaummasse verglichen wird, die Gefühle mit den vergänglichen Blasen, die sich bei Regen auf der Oberfläche des Wassers bilden, die Wahrnehmung mit der illusorischen Natur einer Luftspiegelung, die Willensregungen mit der substanzlosen Art einer Bananenstaude (da sie kein Kernholz hat) und das Bewusstsein mit der sinnestäuschenden Vorführung eines Zauberkünstlers.[26]

Diese Reihe von Gleichnissen deutet auf Merkmale von zentraler Bedeutung hin, die in Hinsicht auf jede der Daseinsgruppen verstanden werden sollten. Im Falle der materiellen Form korrigiert die Betrachtung ihrer unattraktiven und wesenlosen Natur irrtümliche Vorstellungen von Wesenhaftigkeit und Schönheit. Was die Gefühle betrifft, so wirkt das Gewahrsein ihrer Vergänglichkeit der Neigung entgegen, Befriedigung durch die Gefühle zu suchen. In Bezug auf die Wahrnehmung enthüllt das Gewahrsein ihrer irreführenden Aktivität die Tendenz, die eigenen Werturteile auf äußerliche Erscheinungen zu projizieren, als seien sie Eigenschaften der äußeren Objekte. Bei den Willensregungen ist es so, dass die Einsicht in ihre leere Natur die irrtümliche Vorstellung, Willenskraft sei der Ausdruck eines substanziellen Selbst, korrigiert. Hinsichtlich des Bewusstseins wirkt das Verstehen seiner trügerischen Interpretation dem Gefühl von Kohäsion und Wesenhaftigkeit entgegen. Dieses Gefühl verleiht das Bewusstsein oft dem, was in Wirklichkeit aus vergänglichen und bedingten Phänomenen zusammengestückelt ist.

Aufgrund der Beeinflussung durch Ignoranz werden diese Daseinsgruppen als Verkörperung der Vorstellung „ich bin" erlebt. Vom nichterwachten Standpunkt aus ist der materielle Körper „wo ich bin", die Gefühle sind „wie ich bin", Wahrnehmungen sind „was ich bin" (wahrnehmend), Willensregungen sind „warum ich bin" (handelnd), und das Bewusstsein ist „wodurch ich bin" (erlebend). Auf diese Weise leistet jede Daseinsgruppe ihren eigenen Beitrag zur Inszenierung der beruhigenden Illusion „ich bin".

Durch das Bloßlegen dieser fünf Facetten der Vorstellung „ich bin" werden aufgrund dieser Zergliederung der subjektiven Persönlichkeit in Daseinsgruppen die Bestandteile der irreführenden Annahme voneinander gesondert, dass ein unabhängiger und unveränderlicher Handelnder der menschlichen Existenz innewohnt. Dies ermöglicht das Entstehen von Einsicht in die letztendlich nicht-selbsthafte (*anattā*) Natur aller Aspekte der Erfahrung.[27]

Um die eigentliche Bedeutung des Schemas der Daseinsgruppen zu bestimmen, ist an dieser Stelle eine kurze Untersuchung der *anattā*-Lehre

---

[26] S III 142, weitere Erklärungen finden sich in Vism 479. Zu diesen Gleichnissen vgl. auch Mahasi (1996, S. 68-79).

[27] Über die Relevanz der fünf Daseinsgruppen als philosophische Widerlegung der Vorstellung eines Selbst vgl. Kalupahana (1975, S. 116), Tiṭṭhila (1969, S. xxii), Wijesekera (1994, S. 262).

vor dem Hintergrund der philosophischen Positionen, die im alten Indien existierten, von Nutzen.

X.2 Der historische Kontext der *anattā*-Lehre

Zur Zeit des Buddha gab es eine Anzahl voneinander abweichender Ansichten bezüglich der Natur des Selbst. Zum Beispiel wurde in der Ājīvika-Lehre behauptet, eine Seele von einer bestimmten Farbe und einem beträchtlichen Ausmaß sei das wahre Selbst.[28] Die Jainas postulierten eine endliche Seele, der sowohl Ausmaß als auch Gewicht eigen war.[29] Ihnen zufolge überlebt die Seele den physischen Tod, in ihrem reinen Zustand verfügt sie über unbegrenztes Wissen.[30] In den *Upaniṣaden* ist von einem ewigen Selbst (*ātman*), unbeeinflusst von der Unbeständigkeit des Wandels, die Rede. Die Vorstellungen in den *Upaniṣaden* von solch einem ewigen Selbst reichen von einem physischen Selbst von Daumengröße, das, wie man glaubte, in der Herzgegend verweile und den Körper während des Schlafes verlasse, bis zu einem nicht wahrnehmbaren, nicht erkennbaren Selbst, immateriell, frei von Tod und Sorge, jenseits aller weltlichen Unterscheidung zwischen Subjekt und Objekt.[31] In der Analyse der subjektiven Erfahrung der *Upaniṣaden* wurde dieses ewige Selbst – autonom, dauerhaft und voll Seligkeit – als das Handelnde hinter allen Ansichten und Aktivitäten betrachtet.[32]

Andererseits verwarfen die materialistischen Schulen jegliche immaterielle Konzeption einer Seele oder eines Selbst. Um Kausalität zu begründen, stellten sie eine Theorie auf, die auf der den materiellen Erscheinungen innewohnenden Natur (*svabhāva*) aufgebaut ist.[33] Ihnen zufolge ist ein menschliches Individuum nur ein Automat, der in seiner Funktion dem Diktat der Materie unterworfen ist. Aus ihrer Sicht war menschliche Anstrengung vergeblich, und so etwas wie ethische Verantwortung verneinten sie.[34]

---

[28] Nach Basham (1951, S. 270) hatte den Ājīvikas zufolge die Seele die Farbe einer blauen Frucht, und ihre Größe erreichte die Höhe von fünfhundert *yojanas* (ein *yojana* ist eine altindische Maßeinheit und steht für die Entfernung, die mit einem Ochsengespann an einem Tag zurückgelegt werden kann, was etwa elf Kilometern entspricht). Könnte sich diese Beschreibung auf den Himmel beziehen?

[29] Malalasekera (1965, S. 569).

[30] Pande (1957, S. 356).

[31] Malalasekera (1965, S. 567).

[32] Collins (1982, S. 80), Jayatilleke (1980, S. 297).

[33] Kalupahana (1994, S. 13).

[34] Ein typisches Beispiel ist die laut D I 55 von Ajita Kesakambalī vertretene Position, es gebe so etwas wie gute oder schlechte Taten nicht, da ein Mensch nichts anderes als eine Kombination der vier Elemente sei. Ähnlich dachte laut D I 56 Pakudha Kaccāyana, der die Ansicht äußerte, Menschen bestünden aus sieben >

In diesem Umfeld bahnte der frühe Buddhismus mit seiner Position einen mittleren Weg zwischen dem Glauben an eine ewige Seele und der Verneinung jeglicher Bereiche jenseits bloßer Materie. Indem er das Vorhandensein karmischer Folgen und ethischer Verantwortung bejahte, nahm der frühe Buddhismus deutlich einen Gegenstandpunkt zu den Lehren der Materialisten ein.[35] Zur gleichen Zeit konnte er eine Erklärung für die Wirkungsweise der karmischen Vergeltung über etliche Leben hinweg mithilfe des Entstehens in Abhängigkeit (*paṭicca samuppāda*) anbieten, und dies, ohne einen substanziellen, unveränderlichen Wesenskern ins Spiel zu bringen.[36] Er zeigte auf, dass die fünf Daseinsgruppen, die gemeinsam die subjektive Erfahrung ausmachen, sich bei näherer Untersuchung als vergänglich und vollständiger persönlicher Kontrolle nicht zugänglich erweisen. Daher könne ein dauerhaftes und autarkes Selbst innerhalb oder getrennt von den fünf Daseinsgruppen nicht gefunden werden.[37] Auf diese Weise verneinte die *anattā*-Lehre ein dauerhaftes und in sich unabhängiges Selbst und bejahte gleichzeitig empirische Kontinuität und ethische Verantwortung.

X.3 Empirisches Selbst und die Betrachtung der Daseinsgruppen

Die durchdringende Analyse des Selbst, wie sie der frühe Buddhismus vornahm, stellt nicht nur eine Widerlegung der Theorien dar, die ein substanzielles und dauerhaftes Selbst postulieren, sondern sie hat auch eine scharfsinnige psychologische Relevanz. Das „Selbst" als unabhängige und dauerhafte Einheit steht in Bezug zu Vorstellungen von Herrschaft und Kontrolle.[38] Solche Vorstellung von Macht, Dauerhaftigkeit und auch von

---

unveränderlichen Prinzipien, was ihn dann den Schluss ziehen ließ, dass es noch nicht einmal als Tötung angesehen werden könne, wenn man jemandem den Kopf abschlüge, sondern dies lediglich als das Einführen der Klinge in den zwischen diesen sieben Prinzipien liegenden Raum zu betrachten sei. Vgl. auch Jayatilleke (1980, S. 444) und Kalupahana (1975, S. 25-32).

[35] Wie wichtig es sei, die *anattā*-Lehre unter der Perspektive der Karma-Theorie zu betrachten, wird von Sasaki (1992, S. 32-35) hervorgehoben.

[36] Karunaratne (1988b, S. 72): „Die Lehre von *anattā* ist eine … Adaptierung der zentralen Wahrheit der Kausalität".

[37] Dass es gerade das Nichtvorhandensein von Beständigkeit ist, weshalb den Phänomenen die Eigenschaft der „Selbstheit" abgesprochen wird, zeigt sich deutlich in M III 282. Aufgrund des Mangels an Kontrolle über die fünf Daseinsgruppen, zusätzlich zu ihrer Vergänglichkeit, haben sie nach S III 66 eben nicht die Eigenschaft des „Ich" oder „Mein". Vgl. auch M I 231.

[38] In Vism 640 wird erklärt: Von „Nicht-Selbst" zu sprechen beinhaltet, einer ungehinderten Kontrollausübung nicht zugänglich zu sein. Ñāṇavīra (1987, S. 70) hebt hervor: „*attā*, ‚Selbst', ist grundsätzlich eine Vorstellung der Herrschaft über die Dinge."

etwas in sich Befriedigendem entspricht zu einem gewissen Grad den Begriffen des Narzissmus und des Ideal-Ich in der modernen Psychologie.[39]

Diese Begriffe beziehen sich nicht auf klar formulierte philosophische Ansichten oder Ideen, sondern auf unbewusste Annahmen, die darin, wie man wahrnimmt und auf Erfahrungen reagiert, mitenthalten sind.[40] Derartige Annahmen beruhen auf einem aufgeblähten Gefühl der eigenen Wichtigkeit, auf einem Selbstgefühl, das ständig danach verlangt, zufriedengestellt und gegen äußerliche Bedrohungen seiner Allmacht beschützt zu werden. Die Betrachtung von *anattā* hilft dabei, diese Annahmen als bloße Projektionen zu entlarven.

Die *anattā*-Perspektive kann Manifestationen eines solchen Selbstgefühls großflächig aufdecken. Nach den Standardanweisungen für die Betrachtung von *anattā* soll jede der fünf Daseinsgruppen als frei von „mein", „ich bin" und „mein Selbst" angesehen werden.[41] Diese analytische Methode behandelt nicht nur das zuletzt genannte Selbstbild, sondern auch die innere Haltung des Begehrens und der Anhaftung, die der Zuschreibung „mein" zu Phänomenen und dem Gefühl des „ich bin" als Manifestation des Eigendünkels und des Ergreifens zugrunde liegt.[42] Ein klares Verständnis des Bereichs jeder Daseinsgruppe bildet das nötige Fundament für diese Untersuchung.[43] Solch ein klares Verstehen kann durch die *satipaṭṭhāna*-Betrachtung gewonnen werden. Daher empfiehlt sich die Betrachtung der fünf Daseinsgruppen zur Aufdeckung zahlreicher Muster der Identifikation und des Anhaftens an einem Selbstgefühl.

Eine praktische Vorgehensweise hierfür ist es, die hinter Erfahrung und Handeln verdeckte Vorstellung des „ich bin" oder „mein" zu hinterfragen.[44]

---

[39] Vgl. Epstein (1988, S. 65; 1989, S. 66), Hanly (1984, S. 254). Zu Vorstellungen von „Selbst" im Buddhismus und in der westlichen Welt vgl. auch West (1991, S. 200-204).

[40] Nach einem Hinweise in Ps I 251 unterliegen sogar Tiere den Einflüssen der Vorstellungen eines Selbst, was man sicherlich nicht als philosophische Ansicht bezeichnen würde.

[41] Nach S III 68 z. B. soll diese Überlegung auf sämtliche Möglichkeiten, wie die fünf Daseinsgruppen in Erscheinung treten können, angewendet werden.

[42] In Spk II 98 wird erklärt, dass die Vorstellung „Dies ist mein" mit Begehren, „Das bin ich" mit Selbstgefälligkeit und „Dies ist mein Selbst" mit Ansichten zusammenhängt. In S III 105 wird darauf hingewiesen, dass das Selbstbild „Ich bin" auf das Vorhandensein einer Form des Greifens zurückzuführen ist.

[43] In S IV 197 findet sich die Anweisung, jede Daseinsgruppe in ihrem Bereich genau zu untersuchen, wobei dann auf dieser Untersuchung die Einsicht beruht, dass ein Ich oder Mein nicht zu finden ist.

[44] Eine einfaches Mittel, mit dieser Art der Übung zu beginnen, könnte darin bestehen, sich selbst in Bezug auf jegliche Aktivität oder Erfahrung zu befragen: ‚Wer?' oder ‚Wessen?' In der Tat findet sich diese Anregung in den *satipaṭṭhāna*-Kommentaren in Ps I 251 und 274; vgl. auch Khantipālo (1981, S. 71).

Ist diese hinter der Erfahrung stehende Vorstellung von einem Handelnden oder Eigentümer einmal deutlich erkannt, kann die oben erwähnte Strategie der Nicht-Identifikation angewandt werden, indem jede Daseinsgruppe als „nicht mein, nicht ich, nicht mein Selbst" betrachtet wird.

Auf diese Weise kann die Betrachtung der fünf Daseinsgruppen als praktische Anwendung der *anattā*-Strategie Aspekte des eigenen Selbstgefühls aufdecken, nämlich diejenigen Aspekte, die für die Formung eines Selbstbildes verantwortlich sind.[45] Wird sie solcherart praktisch angewandt, kann die Betrachtung von *anattā* die Selbstbilder enthüllen, die für die Identifikation mit und die Anhaftung an einer sozialen Stellung, Berufstätigkeit oder persönlichen Besitztümern verantwortlich sind. Darüber hinaus kann *anattā* eingesetzt werden, um irrtümliche Überlagerungen der Erfahrung sichtbar zu machen, besonders das Gefühl eines autonomen und unabhängigen Subjekts, das sich substanzhafte Objekte aneignet oder sie zurückweist.[46]

Der scharfsinnigen Analyse des frühen Buddhismus zufolge können die Formen der Identifikation und des Anhaftens an einem Selbstgefühl insgesamt zwanzig verschiedene Manifestationen annehmen, indem jegliche der fünf Daseinsgruppen als das Selbst, das Selbst als Besitzer der Daseinsgruppe, die Daseinsgruppe als innerhalb des Selbst befindlich oder das Selbst als innerhalb der Daseinsgruppe befindlich angesehen wird.[47] Die *anattā*-Lehre zielt darauf ab, alle diese Identifikationen mit einem Selbstgefühl und das entsprechende Anhaften daran vollständig zu beseitigen. Dies geht in Stufen vor sich: Mit der Verwirklichung des Stromeintritts wird jede Vorstellung von einem dauerhaften Selbst (*sakkāyadiṭṭhi*) vernichtet, während die subtilsten Spuren des Anhaftens an einem Selbst nur mit dem vollständigen Erwachen beseitigt werden.

Doch richtet sich die *anattā*-Lehre nicht gegen die lediglich funktionellen Aspekte des menschlichen Lebens, sondern zielt allein auf das Gefühl von „ich bin", das im Allgemeinen im Zusammenhang mit ihnen entsteht.[48] Wäre es anders, könnten *Arahants* ja gar nicht tätig sein. Dies ist aber nicht der Fall, denn der Buddha und die *Arahants* unter seinen Schülern waren noch immer dazu in der Lage, sinnvoll und verständlich zu handeln.[49] Tatsächlich waren

---

[45] Engler (1983, S. 33) und Epstein (1990, S. 30). Ein in diesem Kontext interessanter Punkt wird von Wayman (1984, S. 622) aufgezeigt, demzufolge *ātman* sich in den Veden in bestimmten Zusammenhängen auf „Verkörperung" beziehe. Dies ist ein weiteres Argument dafür, es auf das *„representational self"* zu beziehen.

[46] Hamilton (1997, S. 281).

[47] Z. B. in M III 17.

[48] Harvey (1995, S. 17) veranschaulicht dies durch das Unterscheiden zwischen „Selbst" (dauerhaft, wesenhaft usw.) und „selbst" (empirisch und veränderlich). Ñāṇananda (1993, S. 10) fasst treffend zusammen: „Akzeptiere dich selbst und verwirf dein Selbst".

[49] de Silva (1996, S. 4).

sie dazu viel besser fähig als vor ihrem Erwachen, da sie alle Geistestrübungen und damit alle Behinderungen richtigen mentalen Funktionierens vollständig überwunden und vernichtet hatten.

Ein weithin bekanntes, in diesem Zusammenhang bedeutungsvolles Gleichnis ist das von einem Wagen, der weder unabhängig von noch zusätzlich zu seinen verschiedenen Teilen als substanzielles Ding existiert.[50] Gerade so, wie der Begriff Wagen nur eine Konvention ist, so ist auch die Überlagerung der Erfahrung mit den Ich-Identifikationen nichts anderes als eine Konvention.[51] Andererseits bringt es das Verwerfen der Existenz eines unabhängigen, substanziellen Wagens keineswegs mit sich, dass es unmöglich ist, auf oder in der bedingt existierenden und vorübergehend funktionierenden Zusammensetzung von Teilen, auf die sich der Begriff Wagen bezieht, zu fahren. Ganz ähnlich schließt ein Verneinen der Existenz eines Selbst nicht die Verneinung der bedingten und vergänglichen Wechselwirkung der fünf Daseinsgruppen ein.

Ein weiteres Beispiel, das die Notwendigkeit verdeutlicht, zwischen Leere und bloßem Nichts („Nichts" im Sinne von Vernichtung) zu unterscheiden, kommt in einer Lehrrede aus dem *Abyākata-saṃyutta* vor. Laut dieser Lehrrede weigerte sich der Buddha, als er direkt nach der Existenz eines Selbst (*attā*) befragt wurde, eine bestätigende oder eine verneinende Antwort zu geben.[52] Seiner später geäußerten Erklärung nach hätte es als eine Art von Vernichtungsglaube verstanden werden können, wenn er die Existenz eines Selbst einfach verneint hätte – und diese Position bemühte er sich immer zu vermeiden. Ein derartiges Missverstehen kann tatsächlich unheilvolle Konsequenzen haben, da der irrtümliche Glaube, *anattā* bedeute, es gebe gar nichts, zu der falschen Annahme führen kann, es gebe folglich auch keine karmische Verantwortung.[53]

In der Tat läuft das Schema der fünf Daseinsgruppen der Vorstellung eines Selbst zuwider und erscheint im Wesentlichen als negativ, und doch hat es auch die positive Funktion, die Bestandteile der subjektiven empirischen Existenz zu definieren.[54] Als Beschreibung der empirischen Persönlichkeit weisen die fünf Daseinsgruppen also auf diejenigen zentralen Aspekte der

---

[50] S I 135. Aus demselben Gleichnis besteht ein Teil des Einführungsdialogs in Mil 25. Eine moderne Version findet sich bei Claxton (1991, S. 27). Vgl. auch Ñāṇavīra (1987, S. 46).

[51] „Ich" und „mein" werden von einem *Arahant* als Konventionen weiterhin gebraucht (vgl. S I 14).

[52] S IV 400.

[53] Vgl. z. B. den fehlerhaften, von Buddha kritisierten Gedankengang eines Bhikkhu in M III 19: Wenn Aktionen von einem Nicht-Selbst durchgeführt werden, welches Selbst könnte denn durch die Resultate dieser Aktionen betroffen sein?

[54] M I 299: „Die fünf Daseinsgruppen des Anhaftens werden Persönlichkeit genannt". Vgl. auch Hamilton (1995a, 54), Kalupahana (1994, S 70-72).

persönlichen Erfahrung hin, die verstanden werden müssen, um der Verwirklichung entgegenzugehen.[55]

Eine Zerlegung in alle fünf Daseinsgruppen mag vielleicht nicht unbedingt notwendig sein, da in einigen Textstellen von weniger detaillierten analytischen Methoden zum Erlangen von Einsicht berichtet wird. Zum Beispiel war dem *Mahāsakuludāyi-sutta* zufolge das Maß der Zergliederung durch die einfache Unterscheidung zwischen Körper und Bewusstsein für eine Anzahl Schüler des Buddha ausreichend, um Verwirklichung zu erlangen.[56] Doch operieren die meisten Lehrreden mit der gebräuchlicheren Zergliederung des mentalen Bereiches der Erfahrung in vier Daseinsgruppen. Diese detailliertere Zergliederung ist vielleicht darauf zurückzuführen, dass es erheblich schwieriger ist, die unpersönliche Natur des Geistes als die des Körpers zu erkennen.[57]

Verglichen mit den vorhergehenden *satipaṭṭhāna*-Betrachtungen ähnlicher Phänomene (wie des Körpers, der Gefühle und des Geistes) ragt die Betrachtung der Daseinsgruppen wegen ihrer zusätzlichen Betonung des Aufdeckens von Identifikationsmustern heraus. Sind diese Identifikationsmuster erst einmal als das erkannt, was sie wirklich sind, so ergibt sich daraus ganz natürlich eine Ernüchterung und Losgelöstheit in Bezug auf diese fünf Aspekte der subjektiven Erfahrung.[58] Ein Schlüsselaspekt für das Verstehen der wahren Natur der Daseinsgruppen und somit des eigenen Wesens ist das Gewahrsein ihrer Vergänglichkeit und Bedingtheit.

X.4 Das Entstehen und Vergehen der Daseinsgruppen

Dem *Satipaṭṭhāna-sutta* zufolge erfordert das Betrachten der fünf Daseinsgruppen ein klares Erkennen jeder einzelnen von ihnen, gefolgt vom Richten des Gewahrseins auf ihr Entstehen (*samudaya*) und ihr Vergehen

[55] Hamilton (1996, S. xxiv).

[56] M II 17. In dieser Textstelle steht „Bewusstsein“ stellvertretend für den Geist in seiner Gesamtheit. Vgl. auch M I 260, wo umfassend auf die ganze Gruppe der fünf Daseinsgruppen Bezug genommen wird als etwas, was in bedingter Abhängigkeit von Nahrung „ins Dasein trat“. Auf diese Weise kann laut dieser Lehrrede tiefe Einsicht entwickelt werden, die zur Zweifelsfreiheit und einer gereinigten Sicht führt, was anscheinend nicht erfordert, sie einzeln zu analysieren. In Ps II 307 wird erklärt, dass „ins Dasein treten“ sich in diesem Kontext auf die gesamte Gruppe der fünf Daseinsgruppen bezieht.

[57] S II 94.

[58] Diese Ernüchterung ist in M I 511 mit der Einsicht beschrieben, für lange Zeit durch den eigenen Geist getäuscht und getrogen worden zu sein, da das Anhaften schlicht im Anhaften an diesen fünf Daseinsgruppen bestand.

(*atthagama*). Diese zweite Phase der Übung enthüllt die vergängliche Art der Daseinsgruppen und deutet in gewissem Maße auch auf ihre Bedingtheit hin.[59]

In den Lehrreden fällt die Betrachtung der Vergänglichkeit der Daseinsgruppen und somit des eigenen Wesens als eine besonders hervorragende Ursache für das Erlangen der Verwirklichung auf.[60] Wahrscheinlich wegen ihres machtvollen Potenzials für das Erwachen wird diese besondere Betrachtung der „Löwenruf" des Buddha genannt.[61] Der eigentliche Grund für die herausragende Stellung des Betrachtens der vergänglichen Natur der Daseinsgruppen besteht darin, dass dies jedem Eigendünkel und jedem Konstruieren eines „Ich" oder „mein" entgegenwirkt.[62] Die unmittelbare Erfahrung der Tatsache, dass jeder Aspekt des eigenen Wesens dem Wandel unterliegt, untergräbt die Basis, auf die sich Eigendünkel und das Konstruieren eines „Ich" oder „mein" stützen. Und umgekehrt wird in dem Maße, in dem der Einfluss der Vorstellungen von „Ich" oder „mein" bezüglich der Daseinsgruppen vermindert wird, eine Veränderung der Daseinsgruppen viel weniger zu Sorge, Klage, Schmerz, Kummer und Verzweiflung führen.[63] So empfehlen die Lehrreden: „Gebt die Daseinsgruppen auf, da in Wahrheit keine von ihnen euch gehört!"[64]

In der Praxis kann das Betrachten des Entstehens und Vergehens jeder Daseinsgruppe durch das Beobachten der Veränderung in jedem Aspekt der eigenen persönlichen Erfahrung vorgenommen werden, sei dies zum Beispiel der Atemzyklus oder die Blutzirkulation im Körper, die Veränderung der Gefühle von angenehm zu unangenehm, die Vielfalt der im Geist entstehenden Wahrnehmungen und Willensregungen, oder die wandelbare Natur des Bewusstseins, wie es an dieser oder jener Sinnestür entsteht. Eine solche Praxis kann dann zur Betrachtung des Entstehens und Vergehens aller fünf Daseinsgruppen zusammen entwickelt werden, wenn man auf

---

[59] Vgl. z. B. S II 28, wo auf das Betrachten des Entstehens und Vergehens der fünf Daseinsgruppen unmittelbar eine Darlegung des Entstehens in Abhängigkeit (*paṭicca samuppāda*) folgt.

[60] In D II 35 verwirklichte der frühere Buddha Vipassī das vollkommene Erwachen durch das Betrachten der Vergänglichkeit der fünf Daseinsgruppen. Von ebendiesem Resultat derselben Betrachtung bei einer Nonne ist in Thī 96 die Rede. Das Potenzial dieser Betrachtung, zum vollständigen Erwachen zu führen, ist auch in D III 223, S II 29, S II 253, A II 45 und A IV 153 belegt. Gethin (1992, S. 56) kommt zu dem Schluss: „Die Übung, das Entstehen und Vergehen bezüglich der fünf Daseinsgruppen der Anhaftung zu beobachten, hängt anscheinend besonders eng mit dem Erlangen der Einsicht zusammen, die unmittelbar zum Erwachen führt."

[61] S III 84.

[62] Vgl. M I 486, M III 115, S III 157.

[63] S III 4.

[64] M I 140 und S III 33.

umfassende Weise die fünf Daseinsgruppen-Bestandteile jeder Erfahrung aus der Perspektive ihrer Vergänglichkeit betrachtet.

Das Betrachten des Entstehens und Vergehens der fünf Daseinsgruppen hebt auch ihre Bedingtheit hervor. Die Wechselbeziehung zwischen Vergänglichkeit und Bedingtheit in Bezug auf die fünf Daseinsgruppen wird in einer Lehrrede aus dem *Khandha-saṃyutta* konkret dargestellt, wo die Verwirklichung der Vergänglichkeit der fünf Daseinsgruppen auf der Grundlage des Verstehens ihrer bedingten Natur stattfindet.[65] Da die Bedingungen für das Entstehen jeder Daseinsgruppe vergänglich sind, wie in dieser Textstelle verdeutlicht wird, wie könnte dann die bedingt entstandene Daseinsgruppe dauerhaft sein?

In einer weiteren Lehrrede im *Khandha-saṃyutta* wird das Entstehen und Vergehen der materiellen Daseinsgruppe mit Nahrung in Zusammenhang gebracht, während Gefühle, Wahrnehmungen und Willensregungen auf Kontakt, und das Bewusstsein auf Name-und-Form beruhen.[66] In Abhängigkeit von Nahrung, Kontakt und Name-und-Form bilden diese fünf Daseinsgruppen der Reihe nach die Bedingung für das Entstehen angenehmer und unangenehmer Erfahrungen. In derselben Lehrrede wird darauf hingewiesen, dass dem allzu offensichtlichen „Vorteil" (*assāda*) des Erfahrens von Genuss durch irgendeine der Daseinsgruppen der „Nachteil" (*ādīnava*) ihrer vergänglichen und deshalb unbefriedigenden Natur entgegensteht. Deshalb besteht der einzige Ausweg (*nissaraṇa*) darin, die Begierde und das Anhaften an diesen fünf Daseinsgruppen aufzugeben.

Ein verwandter Standpunkt in Bezug auf das „Entstehen" (*samudaya*) wird in noch einer anderen Lehrrede aus demselben *Khandha-saṃyutta* vertreten, wo darauf hingewiesen wird, dass Vergnügen die Bedingung für das künftige Entstehen der Daseinsgruppen herstellt, während die Abwesenheit von Vergnügen zu ihrem Erlöschen führt.[67] Diese Textstelle verbindet die bedingte und bedingende Natur der Daseinsgruppen mit einem Erfassen des Entstehens in Abhängigkeit. Im *Mahāhatthipadopama-sutta* führt ein solches Erfassen des Entstehens in Abhängigkeit zu einem Verständnis der vier edlen Wahrheiten.[68]

Aus einer praktischen Perspektive gesehen kann man die Betrachtung der bedingten und bedingenden Natur der fünf Daseinsgruppen durchführen, indem man die Achtsamkeit auf die Tatsache richtet, dass jegliche körperliche oder geistige Erfahrung von einer Reihe von Bedingungen abhängt und von

---

[65] S III 23.

[66] S III 62 und S III 59.

[67] S III 14.

[68] M I 191. Vgl. auch S IV 188, wo die Betrachtung des Entstehens und Vergehens der Daseinsgruppen mit dem Verständnis für das Entstehen und Vergehen von *dukkha* in Zusammenhang gebracht wird.

ihnen beeinflusst wird. Da diese Bedingungen nicht vollständig der persönlichen Kontrolle zugänglich sind, gibt es offensichtlich keine Kontrolle über die eigentliche Grundlage der eigenen subjektiven Erfahrung.[69] „Ich" und „mein" erweisen sich als ganz und gar abhängig von dem, was „anders" ist – eine missliche Lage, die die Wahrheit von *anattā* offenbart.

Jedoch ist eine Bedingung von zentraler Bedeutung, die durch systematisches Geistestraining unter persönliche Kontrolle gebracht werden kann: die Identifikation mit den fünf Daseinsgruppen. Dieser entscheidende bedingende Faktor der Identifikation steht im Mittelpunkt dieser *satipaṭṭhāna*-Betrachtung, und in seiner vollständigen Beseitigung besteht die erfolgreiche Vollendung dieser Übung.

Den Lehrreden zufolge ist das Losgelöstsein von diesen Bestandteilen der eigenen Persönlichkeit durch das Betrachten der Bedingtheit und Vergänglichkeit der Daseinsgruppen von solcher Bedeutsamkeit, dass das unmittelbare Erkennen des Entstehens und Vergehens der fünf Daseinsgruppen dafür ausreicht, ein In-den-Strom-Eingetretener zu werden.[70] Und nicht nur das, sondern die Betrachtung der fünf Daseinsgruppen kann zu allen Stufen des Erwachens führen und wird selbst von *Arahants* noch praktiziert.[71] Dies illustriert lebhaft, von welch zentraler Wichtigkeit diese Betrachtung ist, die Selbstidentifikationen und Anhaftungen in zunehmendem Maße aufdeckt und untergräbt und dadurch zu einer machtvollen Manifestation des direkten Pfades zur Verwirklichung wird.

---

[69] In S III 66 wird verdeutlicht, dass jede Daseinsgruppe Nicht-Selbst ist, da es nicht möglich ist, sie mit den eigenen Wünschen in Übereinstimmung zu bringen (wie: immer einen gesunden Körper haben wollen, nur angenehme Gefühle erfahren wollen, usw.).

[70] S III 160 und S III 193.

[71] S III 167.

XI. KAPITEL
DHAMMAS – DIE SINNESBEREICHE

XI.1 DIE SINNESBEREICHE UND DIE FESSELN

Die vorhergehende *satipaṭṭhāna*-Übung war mit der Analyse der subjektiven Persönlichkeit mithilfe des Schemas der Daseinsgruppen befasst. Eine alternative oder ergänzende Methode besteht darin, sich der Beziehung zwischen sich selbst und der Außenwelt zuzuwenden.[1] Um dieses Thema geht es bei der Betrachtung der Sinnesbereiche, wo das Gewahrsein auf die sechs „inneren" und „äußeren" Bereiche der Sinneswahrnehmung (*ajjhattikabāhira āyatana*) und um die in Abhängigkeit von ihnen entstehende Fessel gerichtet wird. Die Anweisung für diese Übung lautet:

> „Hier erkennt er das Auge, er erkennt Formen, und er erkennt die Fessel, die in Abhängigkeit von beiden entsteht, und er erkennt auch, wie eine nicht entstandene Fessel entstehen kann, wie eine entstandene Fessel überwunden werden kann und wie dem künftigen Entstehen der überwundenen Fessel vorgebeugt werden kann.
>
> Er erkennt das Ohr, er erkennt Klänge, und er erkennt die Fessel, die in Abhängigkeit von beiden entsteht, und ... Er erkennt die Nase, er erkennt Gerüche, und er erkennt die Fessel, die in Abhängigkeit von beiden entsteht, und ... Er erkennt die Zunge, er erkennt Geschmäcke, und er erkennt die Fessel, die in Abhängigkeit von beiden entsteht, und ... Er erkennt den Körper, er erkennt Tastbares, und er erkennt die Fessel, die in Abhängigkeit von beiden entsteht, und ... Er erkennt den Geist, er erkennt Geistesobjekte, und er erkennt die Fessel, die in Abhängigkeit von beiden entsteht, und er erkennt auch, wie eine nicht entstandene Fessel entstehen kann, wie eine entstandene Fessel überwunden werden kann und wie dem künftigen Entstehen der überwundenen Fessel vorgebeugt werden kann."[2]

Den Lehrreden zufolge ist es von zentraler Bedeutung für den Fortschritt in Richtung auf das Erwachen, Verstehen und Losgelöstheit in Bezug auf diese sechs innerlichen und äußerlichen Bereiche der Sinneswahrnehmung zu entwickeln.[3] Ein wichtiger Aspekt eines solchen Verstehens besteht im Untergraben des irreführenden Gefühls, es gäbe ein substanzielles Ich als den unabhängigen Erfahrenden von Sinnesobjekten. Wird das Gewahrsein auf jeden einzelnen dieser Bereiche der Sinneswahrnehmung gerichtet, so

---

[1] Vgl. z. B. M III 279 und S IV 106, wo die Betrachtung der Sinnesbereiche unmittelbar zum Schema der Daseinsgruppen in Bezug gesetzt wird. Vgl. auch S IV 68. Zur Betrachtung der Daseinsgruppen und der Sinne als sich ergänzende Methoden vgl. Bodhi (2000, S. 1122) und Gethin (1986, S. 50).

[2] M I 61.

[3] In S IV 89 wird dargestellt, dass Einsicht und Losgelöstheit hinsichtlich der sechs Sinnesbereiche dazu befähigen, *dukkha* ein Ende zu machen.

offenbart dies, dass es sich bei der subjektiven Erfahrung um keine festgefügte Einheit, sondern vielmehr um eine aus sechs voneinander getrennten „Bereichen" bestehende Zusammensetzung handelt, von denen jeder in Abhängigkeit entstanden ist.

Jeder dieser Bereiche der Sinneswahrnehmung umfasst sowohl das Sinnesorgan als auch das Sinnesobjekt. Neben den fünf körperlichen Sinnen (Augen, Ohren, Nase, Zunge und Körper) und ihren jeweiligen Objekten (Form, Klang, Geruch, Geschmack und Berührung) zählt auch der Geist (*mano*) als der sechste Sinn zusammen mit seinen Geistesobjekten (*dhamma*) dazu. Im gegenwärtigen Kontext steht „Geist" (*mano*) hauptsächlich für die Denkaktivität (*maññati*).[4] Während die fünf körperlichen Sinne nicht am jeweiligen Wirkungsfeld der anderen teilhaben, stehen alle in Bezug zum Geist als dem sechsten Sinn.[5] Das bedeutet: Alle Wahrnehmungsprozesse stützen sich zu einem gewissen Grad auf die interpretierende Funktion des Geistes, da es der Geist ist, der aus den anderen sechs Sinnen „Sinn macht". Hieraus geht hervor, dass in dem aus dem frühen Buddhismus stammenden Schema der sechs Sinnesbereiche nicht die reine Sinneswahrnehmung der begriffsbildenden Aktivität des Geistes gegenübergestellt wird, sondern dass beide als in einer Wechselbeziehung stehende Prozesse betrachtet werden, die gemeinsam die subjektive Erfahrung der Welt hervorbringen.

Besonders faszinierend ist, dass im frühen Buddhismus der Geist ebenso wie die anderen Sinnesorgane behandelt wird. Mit dem Denken, dem logischen Schließen, der Erinnerung und der Reflexion geht man genau so um wie mit den Sinnesdaten jedes der anderen Sinnestore. Auf diese Weise hat die Denkaktivität des Geistes teil an dem unpersönlichen Status der durch die fünf Sinne wahrgenommenen äußerlichen Phänomene.

Die Einsicht in diese unpersönliche Natur der „eigenen" Gedanken kann sogar schon mit den allerersten Meditationsversuchen gewonnen werden, wo sich schnell herausstellt, wie schwierig es ist, sich nicht in allerhand Reflexionen, Tagträumen, Erinnerungen und Phantasien zu verlieren, anstatt sich auf ein bestimmtes Meditationsobjekt zu konzentrieren. So wie es unmöglich ist, nur das zu sehen, zu hören, zu riechen, zu schmecken und zu berühren, was erwünscht ist, so ist es auch mit einem untrainierten Geist nicht möglich, nur dann Gedanken zu haben, wenn man möchte, und nur solche, die erwünscht sind. Aus genau diesem Grund besteht ein wesentlicher Zweck der Meditation darin, diese Situation zu verbessern, indem die Denkaktivität des Geistes langsam gezähmt und mehr unter bewusste Kontrolle gebracht wird.[6]

---

[4] Vgl. Johansson (1965, S. 183-187) und Rhys Davids (1993, S. 520).

[5] M I 295, S V 218.

[6] Dies hat in zahlreichen Textstellen Ausdruck gefunden, wie z. B. in M I 122, wo das Entwickeln der Herrschaft über den Geist bedeutet, dazu fähig zu sein, nur zu

In der obigen Textstelle aus dem *Satipaṭṭhāna-sutta* sind sowohl die Sinnesorgane als auch die Sinnesobjekte zur Betrachtung aufgeführt. Auf den ersten Blick erscheint die Anweisung, Auge und Formen, Ohr und Klänge (usw.) zu „erkennen" (*pajānāti*), ziemlich oberflächlich. Doch bei weiterer Überlegung kann diese Anweisung ihre tiefere Bedeutung offenbaren.

Oft kommen diese sechs Sinne und ihre Objekte in den Beschreibungen des bedingten Entstehens des Bewusstseins (*viññāṇa*) vor.[7] Ein interessanter Aspekt dieses Zustands der Bedingtheit besteht in der Rolle, die der subjektive Einfluss im Wahrnehmungsprozess spielt. Die Erfahrung, dargestellt durch die sechs Arten des Bewusstseins, ist das Ergebnis von zwei bestimmenden Einwirkungen: Auf der einen Seite ist der „objektive" Aspekt, d. h. die einfließenden Sinneseindrücke, und auf der anderen Seite der „subjektive" Aspekt, nämlich die Art und Weise, wie diese Sinneseindrücke aufgenommen und erkannt werden.[8] Das anscheinend „objektiv" Wahrgenommene ist in Wirklichkeit durch das Subjekt ebenso wie durch das Objekt bedingt.[9] Das Erfahren der Welt ist das Endprodukt einer Wechselwirkung zwischen dem „subjektiven" Einfluss, der dadurch ausgeübt wird, wie die Welt wahrgenommen wird, und dem „objektiven" Einfluss, ausgeübt durch die vielfältigen Phänomene der Außenwelt.

Diesem Verständnis nach könnte die Tatsache, dass die *satipaṭṭhāna*-Anweisung das Gewahrsein auf jedes Sinnesorgan lenkt, eine tiefere Bedeutung haben, und zwar in der Hinsicht, dass auf die Notwendigkeit hingewiesen wird, die in jedem Wahrnehmungsprozess enthaltene subjektive Neigung zu erkennen. Der Einfluss dieser subjektiven Neigung hat eine maßgebliche Wirkung auf die ersten Phasen der Wahrnehmung und kann zum Entstehen einer Fessel (*saṃyojana*) führen. Solche späteren Rückwirkungen

---

denken, was gewünscht wird, oder in M I 214, wo davon die Rede ist, Kontrolle über den Geist zu erlangen und daher nicht länger durch ihn kontrolliert zu sein, oder Dhp 326, wo das Kontrollieren des eigenen wandernden Geistes dichterisch mit einem Elefantentreiber verglichen wird, der einen brünstigen Elefanten bändigt.

[7] Z. B. in M I 111.

[8] Ñāṇamoli (1980, S. 159) drückt dies treffend so aus: „*ajjhattikāyatana* = das Organisieren der Erfahrung ... *bahiddhāyatana* = die als organisiert [erlebte] Erfahrung"; van Zeyst (1967b, S. 470) erklärt: „Der innere Bereich ... stellt das subjektive Element der Reaktionsfähigkeit dar, und der äußere Bereich stellt das objektive Element dar, das die Einwirkung erzeugt." In der Tat beziehen sich etliche in diesem *satipaṭṭhāna* benutzte Begriffe ausschließlich auf die Sinne als Wahrnehmungsvermögen (*cakkhu*, *sota*, *ghāna*), während in den Lehrreden eine andere Reihe von Pāli-Begriffen für die entsprechenden Körperorgane (*akkhi*, *kaṇṇa*, *nāsā*) benutzt wird, was auf eine den *satipaṭṭhāna*-Anweisungen zugrunde liegende Betonung des Subjektiven im Sinne der Fähigkeit zu sehen, hören usw. hinweist.

[9] Vgl. z. B. Bodhi (1995, S. 16), de Silva (1991, S. 21), Guenther (1991, S. 16), Naranjo (1971, S. 189).

beruhen oft auf Eigenschaften, von denen angenommen wird, dass sie zum wahrgenommenen Objekt gehören. In Wirklichkeit werden diese Eigenschaften oft vom Wahrnehmenden auf das Objekt projiziert.

Die *satipaṭṭhāna*-Betrachtung der sechs Sinnesbereiche kann dazu führen, dass man diesen Einfluss persönlicher Neigungen und Vorlieben auf den Wahrnehmungsprozess erkennt. Wird diese Art von Betrachtung geübt, dann kann die Wurzelursache für das Entstehen unheilsamer mentaler Reaktionen freigelegt werden. Dieser reaktive Aspekt bildet tatsächlich einen Teil der oben stehenden Anweisungen, wo es die Aufgabe von *sati* ist, die Fessel zu beobachten, die in Abhängigkeit von Sinnen und Objekten entsteht.

Obwohl eine Fessel in Abhängigkeit von Sinnen und Objekten entsteht, sollte die bindende Kraft einer solchen Fessel nicht den Sinnen oder Objekten an sich zugeschrieben werden. In den Lehrreden wird dies mit dem Beispiel zweier Stiere veranschaulicht, die durch ein Joch verbunden sind. Gerade so, wie die Fesselung der zwei Stiere nicht durch sie selbst, sondern durch das Joch verursacht ist, so sollte auch die Fessel weder ihren inneren noch ihren äußeren Vorbedingungen (zum Beispiel Auge und Formen), sondern der bindenden Macht der Begierde zugerechnet werden.[10]

In den Lehrreden wird der Begriff „Fessel" auf sehr unterschiedliche Weise gebraucht,[11] was darauf schließen lässt, dass von „Fesseln" zu sprechen nicht notwendigerweise immer auf eine bestimmte Gruppe verweist, sondern manchmal auch ganz allgemein alles einschließen kann, was im Sinne des Fesselns und des Verursachens von Bindung zu demselben Prinzip gehört. Die in den Lehrreden am meisten verbreitete Darstellung von „Fesseln" führt insgesamt zehn Arten auf: der Glaube an ein substanzielles und dauerhaftes Selbst, Zweifelsucht, dogmatisches Festhalten an bestimmten Regeln und Vorschriften, Sinnesbegierde, Übelwollen, das Begehren nach feinstofflicher Existenz, das Begehren nach immaterieller Existenz, Eigendünkel, Rastlosigkeit und Unwissenheit.[12]

---

[10] S IV 163, S IV 164, S IV 283, vgl. auch S IV 89 und S IV 108.

[11] In M I 361 kommen acht „Fesseln" im Zusammenhang mit Töten, Stehlen, falscher Rede, böswilliger Rede, habsüchtiger Gier, boshafter Schelte, zorniger Verzweiflung und Hochmut vor. In D III 254, A IV 7 und A IV 8 sind sieben aufgeführt: Willfährigkeit, Ärger, Ansichten, Zweifel, Eigendünkel, Gier nach Existenz und Unwissenheit. Einzelne Fesseln finden in M I 483 (die Fessel des Haushalterdaseins) und in It 8 (die Fessel der Begierde) Erwähnung.

[12] Vgl. z. B. S V 61. – In Ps I 287 werden Sinnesbegierde, Ärger, Eigendünkel, Ansichten, Zweifel, Haften an bestimmten Regeln und Gebräuchen, Gier nach Existenz, Neid, Geiz und Unwissenheit als Fesseln im Kontext von *satipaṭṭhāna* aufgeführt. Bezüglich des Anhaftens an bestimmten Regeln und Gebräuchen siehe Bodhi (2000, S. 727, Anm. 5), der erläutert, der Ausdruck „Regeln und Gebräuche" (*sīlabbata*) könne sich auf asketische Praktiken beziehen, wie z. B. die, sich wie ein Hund zu verhalten (vgl. M I 387, wo von der „Hunderegel" und den „Hundegebräuchen" >

Die Vernichtung dieser zehn Fesseln findet mit den verschiedenen Phasen der Verwirklichung statt.[13] Da sich im Zusammenhang mit der eigentlichen *satipaṭṭhāna*-Praxis nicht unbedingt alle zehn Fesseln manifestieren und da der Begriff „Fessel" in den Lehrreden einen gewissen Bedeutungsspielraum hat, kann das Gewahrsein während der Betrachtung der Sinnesbereiche insbesondere auf die fesselnde Macht der Begierde und des Übelwollens in Bezug auf alles, was erlebt wird, gerichtet werden.

Das Entstehungsmuster einer Fessel schreitet von dem, was wahrgenommen wurde, über vielfältige Gedanken und Überlegungen bis zur

---

die Rede ist). Einige Asketen eigneten sich solche Praktiken an in der Hoffnung, Reinigung oder eine Wiedergeburt im Himmel zu erlangen (vgl. M I 102). Vgl. auch Ud 71, wo „Regeln und Gebräuche" anstelle der gebräuchlicheren „Selbstkasteiung" als eines der beiden zu vermeidenden Extreme aufgeführt ist. In Dhp 271 sprach der Buddha jedoch zu seinen Mönchen über die Notwendigkeit, sich jenseits von „Regeln und Gebräuchen" zu begeben, um die Verwirklichung zu erlangen. Diese Strophe lässt also darauf schließen, dass „Regeln und Gebräuche" auch für buddhistische Mönche zum Problem werden konnten und können. Tatsächlich findet sich der entsprechende Begriff *sīlavata* in etlichen Fällen als positive Eigenschaft eines buddhistischen Mönchs (z. B. in A III 47, Sn 212, It 79, Th 12). Dies weist darauf hin, dass „Regeln und Gebräuche" sowohl heilsam als auch unheilsam sein können, sodass dogmatisches Anhaften (*parāmāsa*) den Aspekt der Fessel in sich trägt, wie ausdrücklich in A I 225 dargelegt. Die Abwesenheit dogmatischen Anhaftens wird in der Tat ausdrücklich in den Standardbeschreibungen der Eigenschaften eines Stromeingetretenen aufgeführt (vgl. z. B. D II 94, S II 70, A II 57). Dies deutet darauf hin, dass Stromeingetretenen zwar sittlich reines Verhalten zu eigen ist, sie aber nicht dogmatisch daran anhaften (der dafür gebrauchte Pāli-Begriff ist *aparāmaṭṭha*, was sich, wie in Vism 222 erklärt, in diesem Kontext auf das Anhaften durch Begehren und Ansichten bezieht).

[13] Vgl. z. B. D I 156. Die Dynamik dieser fortschreitenden Vernichtung der zehn Fesseln besteht darin, dass mit der ersten unmittelbaren Erfahrung von *Nibbāna* beim Stromeintritt der Glaube an ein dauerhaftes Selbst unmöglich wird. Da diese Erfahrung das erfolgreiche Ergebnis des Beschreitens des rechten Pfades ist, bleibt kein Zweifel daran, was heilsam und geschickt im Sinne des Fortschreitens auf dem Pfad ist, und auch der Zweifel in einem existenzielleren Sinne, der sich auf das eigene Woher und Wohin bezieht, zusammen mit dogmatischem Anhaften an bestimmten Regeln und Gebräuchen ist vorbei. Mit fortgesetzter Übung werden die nächsten zwei Fesseln, das Sinnesbegehren und das Übelwollen, für den Einmalwiederkehrer vermindert und mit der Verwirklichung der Nichtwiederkehr völlig überwunden. Mit dem vollständigen Erwachen werden die letzten Überbleibsel des Anhaftens in Form des Begehrens nach tiefen Konzentrationszuständen (und entsprechenden Existenzformen) zusammen mit jeglichen Spuren der Vorstellung „Ich bin" als Manifestation des Eigendünkels und seiner möglichen Wirkungen in Form von Rastlosigkeit vernichtet, und damit wird ebenso jegliche Unwissenheit überwunden.

Manifestation der Begierde und dadurch zur Fesselung fort.[14] Ein achtsames Beobachten der Bedingungen, die zum Entstehen einer Fessel führen, stellt die zweite Phase der Betrachtung der Sinnesbereiche dar (vgl. Abb. 11.1 unten). Entsprechend der Betrachtung der Hindernisse ist die Aufgabe des Gewahrseins in diesem Fall ein nichtreaktives Beobachten. Ein derartiges nichtreaktives Beobachten richtet sich auf einzelne Beispiele, bei denen die Wahrnehmung Begierde und Fesselung verursacht, und auch auf das Entdecken der allgemeinen Muster der eigenen geistigen Neigungen, um künftigem Entstehen einer Fessel vorzubeugen.

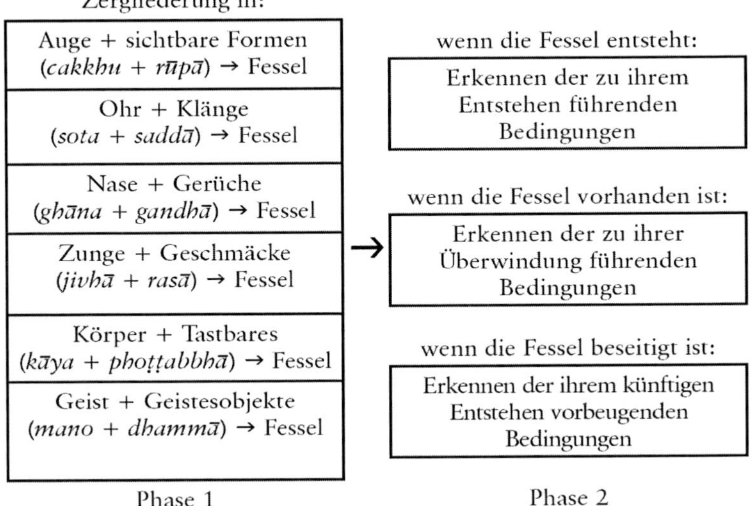

Abb. 11.1: Zwei Phasen der Betrachtung der sechs Sinnesbereiche

Wie auch bei der Betrachtung der Hindernisse folgt die zweite Phase der Betrachtung der Sinnesbereiche (die sich mit dem Entstehen und dem Beseitigen einer Fessel befasst) einem fortschreitenden Muster von der Diagnose über die Heilung zur Vorbeugung. Doch im Gegensatz zur Betrachtung der Hindernisse liegt der Schwerpunkt der Betrachtung der Sinnesbereiche mehr auf dem Wahrnehmungsprozess. Dies stellt ein zusätzliches Maß an Verfeinerung dar, da hier die Aufmerksamkeit auf die anfänglichen Phasen des Wahrnehmungsprozesses gelenkt wird, welche, wenn sie nicht beachtet werden, das Entstehen unheilsamer geistiger Reaktionen mit sich bringen können.

[14] In A I 264 wird dieser Zustand zu der Fesselung an das Begehren in Bezug gesetzt, was wiederum auf das Bedenken und Erwägen angenehmer Dinge der Vergangenheit, Gegenwart oder Zukunft zurückzuführen ist.

Um diesen Aspekt von *satipaṭṭhāna* mit Hintergrundinformationen zu ergänzen, werde ich nun kurz die frühbuddhistische Analyse des Wahrnehmungsprozesses zusammenfassen und dabei der eigentlichen Bedeutung der „latenten Neigungen" (*anusaya*) und „Einflüsse" (*āsava*) und auch der Zügelung an den Sinnestoren besondere Beachtung schenken. Dies wird die nötige Grundlage für die kritische Untersuchung der „Wahrnehmungstrainings"-Methode des frühen Buddhismus und für die Untersuchung der bedeutungsvollen Anweisung an den Asketen Bāhiya liefern, die den Letzteren sofort und vollständig erwachen ließ.

XI.2 Der Wahrnehmungsprozess

Das Merkmal der Bedingtheit des Wahrnehmungsprozesses ist ein zentrales Thema der Analyse der Erfahrung im frühen Buddhismus. Nach dem *Madhupiṇḍika-sutta* führt die bedingte Abfolge des normalen Wahrnehmungsprozesses von Kontakt (*phassa*) über Gefühl (*vedanā*) und Wahrnehmung (*saññā*) zum Denken (*vitakka*), was wiederum der Anreiz für eine rasche und schnelle Vermehrung von Gedanken und sich ausbreitenden Vorstellungen (*papañca*) sein kann.[15] Eine solche Vermehrung von Gedanken und sich ausbreitenden Vorstellungen tendiert dazu, weitere Auswüchse von vielfältigen sich ausbreitenden Vorstellungen und Wahrnehmungen (*papañca-saññāsaṅkhā*) hervorzubringen, die von den zunächst wahrgenommenen Sinnesdaten zu allen Arten von Assoziationen mit Vergangenem, Gegenwärtigem und Zukünftigem führen.

Die in dieser Textstelle aus dem *Madhupiṇḍika-sutta* verwendeten Verbformen des Pāli deuten an, dass die letzte Phase dieses Prozesses der Wahrnehmung ein Ereignis ist, das passiv erfahren wird.[16] Hat die bedingte Abfolge des Wahrnehmungsprozesses einmal die Phase der Vermehrung von Gedanken und sich ausbreitenden Vorstellungen erreicht, wird der Denkende gewissermaßen zum Opfer der eigenen Assoziationen und Gedanken. Der Gedankenprozess ufert aus und webt ein Netz aus Gedanken, Projektionen und Assoziationen, zu deren nahezu hilfloser Beute der Denkende geworden ist.

Der kritische Punkt in dieser Abfolge, an dem die subjektive Neigung einsetzen und den Wahrnehmungsprozess verzerren kann, besteht in der anfänglichen Bewertung des Gefühls (*vedanā*) und der Wahrnehmung (*saññā*). Die an diesem Punkt entstehenden anfänglichen Verzerrungen der Sinnesdaten werden weiter durch das Denken und die sich ausbreitenden Vorstellungen verstärkt.[17] Ist die Phase dieser sich ausbreitenden Vorstellungen einmal

---

[15] M I 111.

[16] Vgl. Ñāṇananda (1986, S. 5).

[17] In Sn 874 wird die Abhängigkeit der Vermehrung von Gedanken und Vorstellungen besonders von der Erkenntnis betont.

erreicht, so ist der weitere Ablauf vorprogrammiert. Die sich ausbreitenden Vorstellungen werden auf die Sinnesdaten rückprojiziert, und der Geist fährt mit weiteren Vorstellungen fort, indem er Erfahrungen im Sinne der zuvor beeinflussten Wahrnehmung interpretiert. Die Phasen des Wahrnehmens und der anfänglichen Reaktion der Gedanken und Vorstellungen sind daher entscheidende Aspekte dieser bedingten Abfolge.

Die im *Madhupiṇḍika-sutta* beschriebene Wahrnehmungsabfolge kommt in einer Erläuterung einer kurzen Darlegung vor, in der die Lehre des Buddha zu dem Auflösen verschiedener latenter (*anuseti*) Arten der Wahrnehmung (*saññā*) und zum Überwinden der „latenten Neigungen" (*anusaya*), die während des Wahrnehmungsprozesses wirksam werden können, in Beziehung gesetzt wird.[18]

In den Lehrreden werden viele verschiedene Arten von latenten Neigungen erwähnt. Eine öfters vorkommende Siebenergruppe umfasst Sinnesbegierde, Verärgerung, Ansichten, Zweifelsucht, Eigendünkel, Begehren nach Existenz, und Unwissenheit.[19] Das zentrale Merkmal einer latenten Neigung ist die unbewusste Aktivierung. Wie das Verb *anuseti*, „latent vorhanden sein", nahelegt, liegt eine latente Neigung schlummernd im Geist, kann aber während des Wahrnehmungsprozesses aktiviert werden. Im Schlummerzustand sind die unterschwelligen Neigungen schon in Neugeborenen vorhanden.[20]

---

[18] M I 108. Vgl. auch M III 285, wo ein Teil derselben Wahrnehmungsabfolge zur Aktivierung der latenten Neigungen in Bezug gesetzt wird.

[19] Z. B. in A IV 9. Abgesehen von dieser Standardgruppe findet sich die latente Neigung zum Einnehmen von Standpunkten und Anhaftungen in S II 17 und S III 135, die latente Neigung zu Sinnesbegierde in S IV 205 und die latente Neigung zu Begehren in Dhp 338. Die Betrachtung der Wirkungen, die diese latenten Neigungen im Geist hervorrufen können, könnte folgendermaßen vorgenommen werden: a) Achtsamkeit richtet sich auf die „Neigung" des ungeübten Geistes, auf Sinneserfahrungen entweder mit Begierde oder Verärgerung zu reagieren, oder b) auf seine „Neigung", auf eher theoretische Informationen durch das Bilden von Ansichten und Meinungen oder durch das Gefühl von Verwirrung und Zweifel zu reagieren, oder c) auf das Ich-Gefühl, das der subjektiven Erfahrung zugrunde liegt, dass dazu „neigt", sich als Eigendünkel zu manifestieren und darüber hinaus dazu „neigt", heftig nach unendlicher Fortsetzung zu verlangen (die Gier nach Existenz). Durch ein derartiges Betrachten wird offenbar, in welch überraschendem Ausmaß der unerwachte Geist auf die eine oder andere Weise zur Unwissenheit „neigt". Ñāṇaponika (1977, S. 238) weist darauf hin, dass „latente Neigung" sowohl die tatsächlich entstandene Geistestrübung also auch die entsprechende geistige Disposition, das Resultat langjähriger Gewohnheiten, beinhaltet.

[20] M I 432; vgl. auch M II 24.

Ein Begriff von ähnlicher Bedeutung im Zusammenhang mit dem Wahrnehmungsprozess ist „Einfluss" (*āsava*).[21] Diese Einflüsse (*āsavā*) können in den Wahrnehmungsprozess „fließen" (*āsavati*) und ihn dadurch be-„einflussen".[22] So wie die unterschwelligen Neigungen wird auch dieser Einfluss ohne bewusste Absicht wirksam. Das Entstehen der Einflüsse geschieht aufgrund unangemessener Aufmerksamkeit (*ayoniso manasikāra*) und Unwissenheit (*avijjā*).[23] Das Anliegen, dem Entstehen dieser Einflüsse entgegenzuwirken, steht im Mittelpunkt der Ordensregeln,[24] und die erfolgreiche Vernichtung der Einflüsse (*āsavakkhaya*) ist ein Synonym für das vollständige Erwachen.[25]

In den Lehrreden werden drei Arten von Einflüssen oft erwähnt: die Einflüsse der Sinnesbegierde, des Begehrens nach Existenz und der Unwissenheit.[26] Die Sinnesbegierde und das Begehren nach Existenz kommen auch in der zweiten der vier edlen Wahrheiten als die Hauptfaktoren für das Entstehen von *dukkha* zur Sprache,[27] während die Unwissenheit den Ausgangspunkt für die zwölf Glieder bildet, die das „Entstehen in Abhängigkeit" (*paṭicca samuppāda*) von *dukkha* veranschaulichen. Diese Stellen weisen darauf hin, dass das Schema der Einflüsse ganz wesentlich mit den Ursachen für das Entstehen von *dukkha* zusammenhängt.[28] Mit anderen

[21] *Āsava* bedeutet auch „Ausfluss", wie bei einer schwärenden Wunde (vgl. A I 124), oder „Fermentation", wie bei Alkohol, der aus Blüten usw. gegoren wird (vgl. Sv III 944).

[22] Z. B. wird in M I 9 empfohlen, die Sinne zu bewachen, um die Aktivierung der Einflüsse zu vermeiden.

[23] In M I 7 wird das Entstehen der Einflüsse mit unkluger Aufmerksamkeit in Zusammenhang gebracht, in A III 414 mit Unwissenheit.

[24] Das Grundprinzip für das Verkünden einer Regel (vgl. z. B. Vin III 21) bestand darin, entstehende Einflüsse zu zügeln und ihr künftiges Entstehen zu vermeiden (vgl. auch M I 445). Außer dem Einhalten der Regeln gibt es weitere Methoden, den Einflüssen entgegenzuwirken: sich nicht in falsche Ansichten verstricken, die Sinne zügeln, Bedarfsgegenstände angemessen benutzen, Hitze, Kälte, Hunger usw. ertragen, gefährliche Tiere und unangebrachte Nähe zum anderen Geschlecht vermeiden, sich unheilsamer Absichten und Gedanken entledigen und die Erwachensfaktoren entwickeln (nach M I 7-11).

[25] Z. B. in M I 171.

[26] Z. B. in M I 55. Zusätzlich zu diesen drei Einflüssen wird an einigen Stellen (z. B. in D II 81) der Einfluss der Ansichten erwähnt. Jedoch nach Ñāṇatiloka (1988, S. 27) und Rhys Davids (1993, S. 115) liegt in der Gruppe der drei Einflüsse wahrscheinlich die ursprünglichere Version vor. Zu den Einflüssen vgl. auch Johansson (1985, S. 178) und Premasiri (1990a, S. 58).

[27] Z. B. in S V 421.

[28] Dasselbe liegt auch der Tatsache zugrunde, dass in den Beschreibungen des eigentlichen Eintretens des vollständigen Erwachens oft das Schema der vier edlen Wahrheiten auf *dukkha* und wiederum auf die Einflüsse angewandt wird, vgl. z. B. D I 84.

Worten: Die Begierde nach Sinnesfreude, das Begehren, zu diesem oder jenem zu werden, und die der Unwissenheit eigene Macht der Verblendung sind die für die Erzeugung von *dukkha* verantwortlichen „Einflüsse".

Der gesamte Zweck der Übungen auf dem Pfad besteht darin, die Einflüsse (*āsava*) zu vernichten, die latenten Neigungen (*anusaya*) zu zerstören und die Fesseln (*saṃyojana*) hinter sich zu lassen.[29] Diese drei Begriffe verweisen aus etwas unterschiedlicher Perspektive auf dasselbe Grundproblem, nämlich auf das Entstehen von Begehren (*taṇhā*) und verwandten Formen des Unheilsamen im Zusammenhang mit irgendeinem der sechs Sinnesbereiche.[30] In diesem Kontext stehen die Einflüsse für die Wurzelursachen des Entstehens von *dukkha*, die in die Bewertung der Wahrnehmung „einfließen" können; die unterschwelligen Neigungen sind diejenigen unheilsamen Tendenzen im unerwachten Geist, die dazu „neigen", während des Wahrnehmungsprozesses ausgelöst zu werden, und die an jedem der Sinnestore entstehenden Fesseln sind dafür verantwortlich, dass die Wesen an die unaufhörliche Wanderung im *saṃsāra* „gefesselt" sind.

Ein Mittel, um das Wirksamwerden der Einflüsse, unterschwelligen Neigungen und Fesseln und damit auch das Entstehen unheilsamer Geisteszustände und Reaktionen an jedem der Sinnestore zu vermeiden, besteht im Üben von Sinneszügelung (*indriya saṃvara*). Die Methode der Sinneszügelung beruht hauptsächlich auf *sati*, dessen Anwesenheit einen bändigenden Einfluss auf die Reaktionen und sich schnell vermehrenden Gedanken und Vorstellungen hat, die sonst leicht während des Wahrnehmungsprozesses auftauchen.[31] Wie auch in den Lehrreden aufgezeigt wird, ist Sinneszügelung die Ursache für das Entstehen von Freude und Glücksgefühl, was wiederum die Grundlage für Konzentration und Einsicht bildet.[32] Und tatsächlich kann es ein hochgradiges Gefühl der Freude hervorrufen, in völliger

---

[29] S V 28.

[30] Die alles durchdringende Reichweite des Begehrens wird in der detaillierten Erklärung der zweiten edlen Wahrheit im *Mahāsatipaṭṭhāna-sutta* (D II 308) veranschaulicht, wo die verschiedenen Stufen des Wahrnehmungsprozesses – von den sechs Sinnen, ihren jeweiligen Objekten und Bewusstseinsarten über den Kontakt bis zu Gefühl, Willensregungen und anfänglichem und aufrechterhaltendem Ausrichten des Geistes – alle als Möglichkeiten aufgezählt werden, wo Begehren auftreten kann. Diese Analyse der Sinneserfahrung findet sich wieder in S II 109 und auch in Vibh 101 (in der *Suttanta*-Erklärung der vier edlen Wahrheiten).

[31] Bodhi (2000, S. 1127) erläutert: „Das Zügeln der Sinne … beinhaltet das Innehalten bei dem bloßen Sinnesdatum, ohne es mit Bedeutungsschichten zu bedecken, deren Ursprung rein subjektiv ist." Karunaratne (1993, S. 568) bezieht die Sinneszügelung besonders auf die Stufe des Wahrnehmungsprozesses, wenn Gefühle entstehen.

[32] Z. B. in S IV 78. Vgl. auch M I 346, wo von dem „reinen", durch Sinneszügelung erlangten Glücksgefühl die Rede ist.

Achtsamkeit und frei von Ablenkung durch die Sinne im gegenwärtigen Augenblick zu leben.

Eine derartige Kultivierung von Achtsamkeit an den Sinnestoren beinhaltet nicht, dass einfach alle Sinneseindrücke vermieden werden, wie das *Indriyabhāvanā-sutta* aufzeigt: Wenn das Vermeiden von Sehen und Hören an sich der Verwirklichung förderlich wäre, dann wären Blinde und Taube vollendete Praktizierende.[33] Stattdessen wird dem Übenden in der Anweisung zur Sinneszügelung aufgetragen, nicht bei dem Zeichen (*nimitta*) oder den Sekundärmerkmalen (*anuvyañjana*) der Sinnesobjekte zu verweilen, um das „Einfließen" schädlicher Einflüsse zu vermeiden.[34] Im vorliegenden Kontext bezieht sich „Zeichen" (*nimitta*) auf das kennzeichnende Merkmal, durch das man etwas erkennt oder sich daran erinnert.[35] Im Zusammenhang mit dem Wahrnehmungsprozess steht dieses „Zeichen" (*nimitta*) in Bezug zu der allerersten Bewertung der rohen Sinnesdaten, aufgrund deren das Objekt zum Beispiel als „schön" (*subhanimitta*) oder „zornerregend" (*paṭighanimitta*) erscheint, was dann normalerweise zu nachfolgenden Bewertungen und mentalen Reaktionen führt.[36]

Die Anweisung, Zügelung auf die Sekundärmerkmale (*anuvyañjana*) anzuwenden, könnte zu weiteren Assoziationen im Wahrnehmungsprozess in Bezug stehen, die „in allen Einzelheiten" das anfängliche voreingenommene Wahrnehmen (*saññā*) ausschmücken.[37] Die Neigung zu voreingenommenen

---

[33] In M III 298 in Erwiderung auf einen Brahmanen, der behauptet hatte, das Vermeiden des Sehens mit den Augen und des Hörens mit den Ohren sei eine Form meditativer Entwicklung der Fähigkeiten. Vgl. auch Tilakaratne (1993, S. 72).

[34] Z. B. in M I 273. Das Verb „einfließen", *anvāssavati*, leitet sich von *anu* + *ā* + *savati* ab – siehe Rhys Davids (1993, S. 50) – und erinnert somit an die Einflüsse, die *āsavas*.

[35] Z. B. in M I 360 bezieht sich „Zeichen" auf den äußeren Aspekt, ein Haushalter zu sein; in Vin III 15 und M II 62 erkennt eine Sklavin den früheren Sohn des Hauses, der nun Mönch ist und nach langer Abwesenheit zurückkehrt, durch das „Zeichen". In anderen Textstellen hat „Zeichen" eine eher kausale Funktion (vgl. z. B. S V 213, A I 82, A II 9, A IV 83, Th 1100). Zu „Zeichen" vgl. auch Harvey (1986, S. 31-33) und hier Kapitel XII.2, Anm. 21.

[36] In A I 3 wird das Sinnesbegehren zu unkluger Aufmerksamkeit auf das „Zeichen der Schönheit" und Übelwollen zu unkluger Aufmerksamkeit auf das „Zeichen der Verärgerung" in Beziehung gesetzt. In M I 298 wird erklärt, Sinnesbegierde, Zorn und Verblendung seien „Erschaffer von Zeichen". Vgl. auch M III 225, wo beschrieben wird, wie das Bewusstsein, weil es dem Zeichen folgt, durch die von dem Zeichen hergeleitete Befriedigung gebunden und gehemmt und dadurch an das Zeichen gefesselt wird.

[37] Jedoch wird in As 400 der Begriff so verstanden, dass er sich auf die Einzelheiten des wahrgenommenen Objekts bezieht. Andererseits können in ähnlichen Textstellen in den Lehrreden auf „Zeichen" verschiedene Arten von Gedanken folgen, die mit „Assoziation" gleichgesetzt sein könnten (vgl. z. B. M I 119). Rhys Davids >

und emotionalen Reaktionen wurzelt in der Phase der Schaffung des Zeichens, während die ersten kaum bewussten Bewertungen, die dem Wahrnehmen (*saññā*) zugrunde liegen können, entstehen. Im Zusammenhang mit dem Gebot des *Satipaṭṭhāna-sutta*, die zu dem Entstehen einer Fessel in Bezug stehenden Ursachen zu betrachten, ist diese Phase des Verweilens bei dem Zeichen von besonderer Bedeutung. Aus diesem Grund will ich mich nun im Einzelnen dieser Phase und den Möglichkeiten ihrer Beeinflussung zuwenden.

XI.3 Wahrnehmungstraining

Den Lehrreden zufolge ist ein tiefgehendes Verständnis der Natur der Wahrnehmung (*saññā*) eine herausragende Ursache für die Verwirklichung.[38] Wahrnehmungen unter dem Einfluss von Sinnlichkeit führen zu Wahrnehmungsverzerrungen und verursachen dadurch das Entstehen unheilsamer Gedanken und Absichten.[39] Verzerrte oder voreingenommene Wahrnehmungen schließen bedeutungsvolle falsche Auffassungen der Wirklichkeit ein, die auf die fundamentale Struktur gewöhnlicher Erfahrung einwirken, wie wenn Dauerhaftigkeit, Befriedigung, Wesenhaftigkeit und Schönheit an etwas wahrgenommen wird, was in Wirklichkeit das Gegenteil ist.[40] Das Vorhandensein solcher unrealistischen Elemente innerhalb der Wahrnehmung ist auf die gewohnheitsmäßige Projektion der eigenen falschen Vorstellungen auf wahrgenommene Sinnesdaten zurückzuführen – ein Prozess, der einem gewöhnlich nicht bewusst ist. Diese gewohnheitsmäßigen Projektionen, die dem Wahrnehmungsprozess zugrunde

---

(1993, S. 43) übersetzt *anuvyañjana* mit „*accompanying attribute*" [begleitendes Merkmal], „*supplementary or additional sign or mark*" [ergänzendes oder zusätzliches Zeichen oder Kennzeichen]. In der entsprechenden chinesischen Version (Minh Chau 1991, S. 82) ist davon die Rede, nicht nach der allgemeinen Erscheinungsform zu greifen und sich nicht „daran zu erfreuen". Zu *anuvyañjana* als „Assoziation" vgl. Vimalo (1974, S. 54).

[38] A II 167. Vgl. auch Sn 779, wo darauf hingewiesen wird, dass tiefgehende Einsicht in die Wahrnehmung dazu befähigt, den Strom zu überqueren, und Sn 847, wonach der jenseits der Wahrnehmung Gelangte sich auch jenseits der Knechtschaft begeben hat.

[39] In M I 507 ist die Rede von der Wahrnehmungsverzerrung (*viparītasaññā*), aufgrund der Sinnesvergnügen als Glück wahrgenommen wird. In M II 27 werden Wahrnehmungen unter dem Einfluss des Sinnesvergnügens, des Übelwollens und der Grausamkeit mit der Quelle aller unheilsamen Gedanken und Absichten gleichgesetzt.

[40] Es handelt sich um die vier *vipallāsa*s, vgl. A II 52, Paṭis II 80, Bodhi (1992b, S. 4) und hier Kapitel I.3, Anm. 27.

liegen, sind für unrealistische Erwartungen und dadurch für Frustrationen und Konflikte verantwortlich.[41]

Als Maßnahme gegen diese unrealistischen Bewertungen durch die Wahrnehmung wird in den Lehrreden das Kultivieren vorteilhafter Wahrnehmungen empfohlen.[42] Derartige vorteilhafte Wahrnehmungen richten das Gewahrsein auf die Vergänglichkeit oder Unzulänglichkeit aller Aspekte der Erfahrung aus. Andere sind mit spezifischeren Fragen wie den unattraktiven Merkmalen des Körpers oder der Nahrungsmittel befasst. Was die Natur dieser Wahrnehmungen betrifft, so sollte keinesfalls vergessen werden, dass etwas als schön oder als vergänglich „wahrzunehmen" nichts mit einem Vorgang der Reflexion oder der Überlegung zu tun hat, sondern lediglich damit, eines bestimmten Merkmals eines Objekts gewahr zu werden – oder anders gesagt, dass es aus einem bestimmten Blickwinkel erlebt wird. Normalerweise ist im Falle der gewöhnlichen Wahrnehmungsbewertung dieser Blickwinkel oder diese Auswahlhandlung überhaupt nicht bewusst. Das Wahrnehmen einer Person oder einer Sache als schön ereignet sich oft als das kombinierte Ergebnis von in der Vergangenheit geschaffenen Bedingungen und den gegenwärtigen mentalen Neigungen. Diese bestimmen tendenziell, welcher Aspekt eines Objektes während der Wahrnehmung in den Vordergrund tritt. Das reflektive Denken betritt den Schauplatz erst danach und ist durch die Art von Wahrnehmung beeinflusst, die zu seinem Entstehen geführt hat.[43]

Der entscheidende Punkt besteht aus der Perspektive der Meditation darin, dass Wahrnehmungen einem Übungsprozess zugänglich sind.[44] Die Fähigkeit, Wahrnehmungen zu trainieren, hat mit der Tatsache zu tun, dass Wahrnehmungen das Ergebnis mentaler Gewohnheiten sind. Auf dem

---

41 Fromm (1960, S. 127): „Der Mensch im Zustand der Verdrängung ... nimmt nicht wahr, was existiert, sondern projiziert seine Denkbilder auf die Dinge und nimmt sie im Licht seiner Denkbilder und Phantasien wahr, aber nicht in ihrer Realität. Es ist das Denkbild ..., das seine Leidenschaften und Beklemmungen erschafft." Johansson (1985, S. 96): „Die Dinge werden durch die Linse unserer Wünsche, Vorurteile und Ressentiments betrachtet und entsprechend umgeformt."

42 Z. B. in D III 251, D III 253, D III 289, A III 79, A III 83-85, A IV 24, A IV 46, A IV 387, A V 105-107, A V 109.

43 M II 27. Nach D I 185 geht die Wahrnehmung zeitlich dem Erkennen (*ñāṇa*) voraus, eine Zeitabfolge, durch welche die Wahrnehmung einen beträchtlichen Einfluss auf das, was „erkannt" wird, ausüben kann. Vgl. auch Ñāṇavīra (1987, S. 110).

44 In D I 180 wird erklärt, dass durch Übung einige Arten von Wahrnehmung entstehen und andere verschwinden (diese Aussage findet sich im Kontext der *jhāna*-Erlangung). Vgl. auch Premasiri (1972, S. 12). Claxton (1991, S. 25) weist darauf hin, dass „aufgrund der Erklärung, dass die Wahrnehmung durch psychologische Praktiken wie Meditation veränderbar ist, im Buddhismus eine ‚konstruktivistische' Perspektive eingenommen wird."

Wege eines kognitiven Trainings können neue und andere Gewohnheiten angenommen und dadurch nach und nach die eigenen Wahrnehmungen verändert werden. Das Vorgehen bei solch einem kognitiven Training basiert auf demselben gewohnheitsbildenden Mechanismus, nämlich darauf, sich an eine bestimmte Art zu gewöhnen, wie Erfahrungen gesehen werden, und damit vertraut zu werden.[45] Indem sich die Achtsamkeit immer wieder auf die wahren Merkmale bedingter Existenz richtet, werden diese immer vertrauter; sie werden sich der Art, wie Erfahrungen gesehen werden, einprägen und dadurch zu dem Entstehen ähnlicher Arten der Wahrnehmung bei künftigen Gelegenheiten führen.

Die Methode, durch die die Wahrnehmung trainiert wird, kann recht treffend durch eine Gruppe von Begriffen erläutert werden, die im *Girimānanda-sutta* vorkommen, wo Reflexion (*paṭisañcikkhati*) und Kontemplation (*anupassanā*) neben Wahrnehmung (*saññā*) erwähnt werden.[46] Obwohl es in der Lehrrede nicht genau dargelegt ist, sind in dieser Textstelle gerade die beiden Aspekte aufgeführt, die mit dem Trainieren der Wahrnehmung zu tun haben: ein anfängliches Maß kluger Reflexion als Grundlage für die nachhaltige Übung der Kontemplation (*anupassanā*). Werden diese beiden geschickt kombiniert, so kann damit nach und nach die Art, wie die Welt erkannt wird, verändert werden.

Um ein praktisches Beispiel zu geben: Wer auf der Grundlage eines intellektuellen Verständnisses der Vergänglichkeit regelmäßig das Entstehen und Vergehen von Phänomenen kontempliert, wird als Ergebnis *anicca-saññā* – also Wahrnehmungen, welche die Phänomene aus dem Blickwinkel der Vergänglichkeit erfassen – entwickeln. Mit fortgesetzter Übung wird das Gewahrsein der Vergänglichkeit zunehmend spontan und beeinflusst dadurch mehr und mehr auch außerhalb der eigentlichen Kontemplation das alltägliche Erleben. Auf diese Weise kann nachhaltige Kontemplation zu einer allmählich fortschreitenden Veränderung der Wahrnehmungsmechanismen führen und dadurch auch das ganze Weltbild verändern.

Den Lehrreden zufolge kann ein derartiges Wahrnehmungstraining zu einer Stufe führen, auf der es möglich ist, Phänomene willentlich als angenehm (*appaṭikkūla*) oder widerwärtig (*paṭikkūla*) wahrzunehmen.[47] Der Höhepunkt eines solchen Wahrnehmungstrainings ist erreicht, wenn man solche Bewertungen gänzlich hinter sich lässt und Gleichmut gegenüber allen Wahrnehmungen verankert hat. In den Lehrreden geht dies so weit,

---

[45] Eine umfangreiche Aufstellung solcher Wahrnehmungsübungen findet sich in A V 107, jedesmal eingeleitet mit dem Ausdruck „gewöhnt an“ oder „vertraut mit“ (*paricita*). Vgl. auch Paṭis I 32.

[46] A V 109.

[47] M III 301. In A III 169 wird erklärt, dass der Zweck dieses Wahrnehmungstraining darin bestehe, dem Entstehen von Begierde und Zorn entgegenzuwirken.

dass eine solche Beherrschung der eigenen Wahrnehmungen als selbst übernatürlichen Kräften – wie dem Gehen auf dem Wasser oder dem Fliegen durch die Luft – überlegen angesehen wird.[48]

Die Grundlage für das Entwickeln solch faszinierender Meisterschaft ist die *satipaṭṭhāna*-Betrachtung.[49] Die Anwesenheit von *sati* wirkt unmittelbar automatischen und unbewussten Arten des Reagierens entgegen, die so typisch für Gewohnheiten sind. Indem man *sati* auf die anfänglichen Phasen des Wahrnehmungsprozesses richtet, kann man die Wahrnehmung trainieren und dadurch Gewohnheitsmuster umformen. Von zentraler Bedeutung ist in diesem Zusammenhang die offene, empfängliche Eigenschaft der Achtsamkeit, die den wahrgenommenen Daten uneingeschränkte Aufmerksamkeit widmet. Von gleicher Wichtigkeit ist die der *sati* eigene Qualität der Losgelöstheit, durch die sofortige Reaktionen vermieden werden.

Auf diese Weise kann empfängliche und losgelöste Achtsamkeit, angewandt auf die anfänglichen Phasen des Wahrnehmungsprozesses, gewohnheitsmäßige Reaktionen bewusst machen und dadurch eine Einschätzung ermöglichen, in welchem Maße Reaktionen automatisch und ohne bewusste Absicht geschehen. Dadurch werden die selektiven und filternden Mechanismen der Wahrnehmung aufgedeckt und ein Schlaglicht auf das Ausmaß geworfen, zu dem die subjektive Erfahrung die eigenen, bis dahin unbewussten Annahmen widerspiegelt. Solchermaßen wird es durch die *satipaṭṭhāna*-Betrachtung möglich, Zugang zu einer der hauptsächlichen Ursachen für das Entstehen unheilsamer Wahrnehmungen, die auch für das Aktivieren der Einflüsse (*āsava*), der unterschwelligen Neigungen (*anusaya*) und der Fesseln (*saṃyojana*) verantwortlich sind, zu finden und sie zu beseitigen, indem der unwillkürliche und reaktive Ablauf der Gewohnheiten und unterbewussten Bewertungen aufgehoben wird.

Die praktische Anwendung dieser Fähigkeit ist das Thema des letzten Abschnitts meiner Untersuchung über die Betrachtung der Sinnesbereiche.

XI.4 Die Belehrung des Bāhiya

Laut einer Lehrrede im *Udāna* war „Bāhiya mit dem Rindengewand“ ein nichtbuddhistischer Asket, der sich einmal mit der Bitte um Belehrung an den Buddha wandte, während dieser Almosenspeise sammelte. Während sie noch auf den Straßen der Stadt unterwegs waren, gab der Buddha ihm eine kurze Belehrung über ein Wahrnehmungstraining, was dazu führte, dass

[48] D III 113.

[49] Vgl. S V 295, wo auf eine Erklärung von *satipaṭṭhāna* eine Beschreibung der Fähigkeit folgt, die Wahrnehmung zu beeinflussen (*paṭikkūle appaṭikkūlasaññī*). Eine wissenschaftliche Bestätigung von Wahrnehmungsveränderungen aufgrund von Meditation findet sich bei Brown (1984, S. 727). Vgl. auch Brown (1984, S. 248), Deikman (1969, S. 204) und Santucci (1979, S. 72).

Bāhiya sofort vollständiges Erwachen erlangte.[50] Die rätselhaft anmutende Belehrung des Buddha lautet:

> „Wenn in dem Gesehenen nur das ist, was gesehen wird, in dem Gehörten nur das, was gehört wird, in dem Gefühlten nur das, was gefühlt wird, in dem Erkannten nur das, was erkannt wird, dann bist du nicht ‚durch dieses'; wenn du nicht ‚durch dieses' bist, dann bist du nicht ‚darin'; wenn du nicht ‚darin' bist, dann bist du weder ‚hier' noch ‚dort' noch ‚dazwischen'. Dies ist das Ende von *dukkha*."[51]

Diese Belehrung richtet das reine Gewahrsein auf alles, was gesehen, gehört, gefühlt oder erkannt wird. Wenn man das reine Gewahrsein auf diese Weise aufrechterhält, so wird der Geist daran gehindert, die rohen Daten der Sinneswahrnehmung zu bewerten und mit Vorstellungen anzureichern. Dies entspricht dem Abschneiden der ersten Phasen in der Abfolge des Wahrnehmungsprozesses durch achtsame Aufmerksamkeit. Hier registriert das reine Gewahrsein einfach das, was an einem Sinnestor entsteht, ohne voreingenommene Formen des Wahrnehmens und ohne unheilsame Gedanken und Assoziationen hervorzurufen.[52] In Hinsicht auf die Sinneszügelung wird die Phase des Schaffens eines „Zeichens" (*nimitta*) dadurch in das bewusste

---

[50] Ud 8. Hierfür fand er besondere Erwähnung unter den Schülern des Buddha als überragend in schnellem Verständnis (in A I 24). In S IV 63 und S V 165 wird von der Verwirklichung eines Mönches, ebenfalls mit Namen Bāhiya, berichtet, die jedoch in dem einen Fall auf der Betrachtung der sechs Sinne als vergänglich, unbefriedigend und nicht-selbsthaft beruhte und in dem anderen Fall auf *satipaṭṭhāna* zurückzuführen war. Nach Malalasekera (1995, Bd. II, S. 281-283) handelte es sich in den letzteren beiden Fällen nicht um den Bāhiya der *Udāna*-Episode. Noch ein anderer Bāhiya, der Zwietracht unter den Mönchen verursachte, wird in A II 239 erwähnt. In S IV 73 erhält der Mönch Māluṅkyaputta die Anweisung des Bāhiya, wo diese wiederum die Ursache für vollständiges Erwachen wird, doch in diesem Fall nach einer Zeit der Übung in Abgeschiedenheit. Der Fall des Bāhiya findet auch im *satipaṭṭhāna*-Subkommentar Erwähnung, nämlich im Zusammenhang mit klarem Wissen hinsichtlich körperlicher Aktivitäten (Ps-pṭ I 357).

[51] Ud 8.

[52] Anscheinend ist dies die eigentliche Bedeutung einiger Textstellen im *Sutta-Nipāta*, wo dieselben Begriffe (gesehen, gehört, gefühlt) gebraucht werden; vgl. Sn 793, Sn 798, Sn 802, Sn 812, Sn 914. Mahasi (1992, S. 42) erläutert: „Wenn man sich nur auf den Akt des Sehens konzentriert, ohne über das, was man gesehen hat, nachzudenken, dauert die visuelle Wahrnehmung nur einen kurzen Augenblick an … in diesem Fall ist keine Zeit für die Geistestrübungen, sich durchzusetzen." Namto (1984, S. 15) gibt die Anweisung, sich „auf den Sekundenbruchteil zwischen dem Hören eines Geräuschs und seinem Erkennen auf konventionelle Weise zu konzentrieren." Praktische Erfahrungen, welche die genannten Anweisungen reflektieren, sind bei Shattock (1970, S. 68) und Walsh (1984, S. 267) beschrieben.

Gewahrsein gebracht.[53] Reines Gewahrsein in dieser Phase des Wahrnehmungsprozesses zu verankern hindert die latenten Neigungen (*anusaya*), die Einflüsse (*āsava*) und die Fesseln (*saṃyojana*) am Entstehen.

Die in der Belehrung des Bāhiya erwähnten Tätigkeiten des Sehens, Hörens, Fühlens und Erkennens kommen auch im *Mūlapariyāya-sutta* vor.[54] In dieser Lehrrede wird das unmittelbare Erfassen der Phänomene, wie es bei *Arahants* der Fall ist, der gewöhnlichen Art des Wahrnehmens, bei der die erkannten Daten auf vielfältige Weise fehlinterpretiert werden, gegenübergestellt. Im *Chabbisodhana-sutta* wird die Abwesenheit von Ausschmückungen bei dem, was *Arahants* sehen, hören, fühlen und erkennen, mit dem Freisein von Anziehung und Abstoßung in Zusammenhang gebracht.[55] In anderen Textstellen wird dieselbe Gruppe von Tätigkeiten mit einem zusätzlichen Schwerpunkt auf dem Vermeiden jeglicher Form der Identifikation erörtert.[56] Dieses Gebot ist besonders angemessen, da nach dem *Alagaddūpama-sutta* die Tätigkeiten des Sehens, Hörens, Fühlens und Erkennens zum irrtümlichen Entwickeln eines Selbstgefühls führen können.[57] Tatsächlich werden in einigen Textstellen der *Upaniṣaden* diese Tätigkeiten als Beweis für die wahrnehmende Aktivität eines Selbst verstanden.[58]

Der Belehrung des Bāhiya zufolge ist, wer reine *sati* an allen Sinnestoren aufrechterhält, nicht „durch dieses" – ein Hinweis darauf, sich nicht durch die bedingte Abfolge des Wahrnehmungsprozesses forttragen zu lassen und folglich die Erfahrung auch nicht durch persönliche Vorlieben und verzerrte Wahrnehmungen abzuwandeln.[59] Wer nicht fortgetragen wird, ist nicht

---

[53] Vgl. die detaillierten Darstellung von Māluṅkyaputta: Nachdem er die zuvor an Bāhiya erteilten Anweisungen in S IV 73 erhalten hat, betont er, wie ein Mangel an Achtsamkeit dazu führt, dem Zeichen der Vorliebe Aufmerksamkeit zu schenken, was einen Bewusstseinszustand blinder Leidenschaft herbeiführt (das Gleiche kehrt zum Teil wieder in Th 98f. und vollständig in Th 794-817).

[54] M I 1. Vgl. auch A II 23, wo die Fähigkeit des Buddha, alles, was gesehen, gehört, gefühlt oder erkannt wird, zu durchschauen und vollständig zu verstehen, belegt ist.

[55] M III 30.

[56] M I 136 und M III 261.

[57] M I 135. Vgl. Bhattacharya (1980, S. 10).

[58] In der *Bṛhadāraṇyaka-Upaniṣad* 2.4.5 und 4.5.6 findet sich die Anweisung, das Selbst solle gesehen werden, man solle von ihm hören, darüber nachdenken und meditieren, da durch das Sehen, Hören, Fühlen und Erkennen des Selbst alles erkannt werde. Sei das Selbst erst einmal gesehen, gehört, gefühlt und erkannt, dann sei alles erkannt.

[59] „Durch dieses" (*tena*) im Sinne von „dadurch", vgl. z. B. Dhp 258, wo das viele Reden mit dem Hinweis kritisiert wird, dass „dadurch" oder „durch dieses" (*tena*) man nicht zu einem Heiligen werde. Nach Ireland (1977, S. 160, Anm. 3) sind *tena* und *tattha* „die Schlüsselwörter in diesem Text".

durch persönliche Mitwirkung und Identifikation „darin".[60] Ein solches Nicht-„darin"-Sein lenkt die Aufmerksamkeit auf einen Schlüsselaspekt der Belehrung des Bāhiya, nämlich die Erkenntnis von *anattā* als der Abwesenheit eines wahrnehmenden Selbst.

Weder „durch dies" noch „darin" zu sein stellt auch eine vergleichsweise fortgeschrittene Stufe der *satipaṭṭhāna*-Praxis dar, wo die Meditierenden die Fähigkeit entwickelt haben, unaufhörlich reines Gewahrsein an allen Sinnestoren aufrechtzuerhalten, und folglich, indem sie „an nichts in der Welt anhaften", weder „durch dies" sind noch „darin", wobei sie fortfahren, „unabhängig" zu „verweilen", wie es auch im *satipaṭṭhāna*-Kehrvers heißt.

Dem letzten Teil der Belehrung des Bāhiya zufolge ist, wer das Gewahrsein in der oben beschriebenen Weise aufrechterhält, weder „hier" noch „dort" noch „dazwischen". „Hier" und „dort" kann man zum Beispiel so verstehen, dass sie das Subjekt (die Sinne) und die jeweiligen Objekte repräsentieren, wobei „dazwischen" für das bedingte Entstehen des Bewusstseins steht.[61] Nach einer Lehrrede aus dem *Aṅguttara-nikāya* ist es die „Näherin" Begehren (*taṇhā*), die das Bewusstsein („die Mitte") an den Sinnen und

[60] „Darin", *tattha*, ist ein lokatives Adverb, was auch als „dort", „an diesem Ort" oder „zu diesem Ort" übersetzt werden kann (Rhys Davids, 1993, S. 295). Vimalo (1959, S. 27) gibt diese Textstelle (*tena + tattha*) so wieder: „Dann wirst du durch dies nicht beeinflusst, wenn du durch dies nicht beeinflusst wirst, bist du durch dies nicht gebunden". Zu der „subjektiven Beteiligung" im Sinne emotionaler Verwicklung vgl. Sn 1086. Bodhi (1992b, S. 13) kommentiert die Anweisung des Bāhiya und erklärt: „Was aus der Wahrnehmung entfernt werden muss, sind eben die fehlerhaften Zuschreibungen der Subjektivität, welche die aufgenommenen Informationen verzerren und in irrtümlichen Urteilen und Annahmen resultieren."

[61] Nach Ñāṇavīra (1987, S. 435). Doch in dem Kommentar Ud-a 92 werden diese Ausdrücke zu den Sphären der Wiedergeburt in Bezug gesetzt mit dem Hinweis, dass dieser Interpretation zufolge „dazwischen" jedoch nicht so verstanden werden solle, als beziehe es sich auf eine Zwischenexistenz. In der Tat vertritt die Tradition der Pāli-Kommentare die Auffassung, dass die Wiedergeburt unmittelbar auf den Augenblick des Verscheidens folgt. Andererseits zeigt die eingehende Untersuchung der Lehrreden verschiedene Fälle, die nahelegen, dass aus ihrer Sicht ein solcher Zwischenzustand sehr wohl existiert, in welchem das der Wiedergeburt entgegengehende Wesen (der *gandhabba* in M I 265 und M II 157), durch Begehren vorwärtsgetrieben (S IV 399), eine neue Existenz zu erlangen sucht (*sambhavesi* in M I 48 und Sn 147); oder es kann in diesem Zwischenzustand auch das vollständige Erwachen erlangen, wenn zuvor die Stufe des Nichtwiederkehrers verwirklicht wurde (*antarāparinibbāyi* z. B. in D III 237, S V 70, S V 201, S V 204, S V 237, S V 285, S V 314,3 S V 78, A I 233, A II 134, A IV 14, A IV 71, A IV 146, A IV 380 und A V 120). Vgl. auch Bodhi (2000, S. 902, Anm. 65).

ihren Objekten (den beiden entgegengesetzten Enden) „festnäht".[62] Wird diese Allegorie auf die Belehrung des Bāhiya angewandt, so werden diese drei Bedingungen für den Wahrnehmungskontakt in der Abwesenheit von Begehren, um im Bild zu bleiben, nicht ausreichend zusammengebunden, wodurch es zu weiteren Vermehrungen von Gedanken und Vorstellungen kommen könnte. Eine derartige Abwesenheit unnötiger Anreicherungen ist für die Wahrnehmungen von *Arahants* charakteristisch, die nicht länger durch persönliche Vorlieben beeinflusst sind und Phänomene ohne Bezugnahme auf ein Selbst erkennen. Frei von Begehren und der Vermehrung von Gedanken und Vorstellungen, identifizieren sie sich weder mit einem „Hier" (den Sinnen) noch einem „Dort" (den Objekten) noch einem „Dazwischen" (dem Bewusstsein), was zum Ergebnis der Freiheit von jeglicher Art des Werdens, sei es „hier" oder „dort" oder „dazwischen" führt.

---

[62] A III 400, Sn 1042 kommentierend. Vgl. auch Dhp 385, wo voller Lob davon die Rede ist, sich jenseits dieses und des anderen Ufers zu begeben – eine Textstelle, die Daw Mya Tin (1990, S. 132) zufolge ähnlich interpretiert werden kann. Die Näherin (das Begehren) findet sich in Th 663 wieder. Vgl. auch Ñāṇananda (1999, S. 19).

XII. Kapitel
Dhammas - Die Erwachensfaktoren

XII.1 Die Betrachtung der Erwachensfaktoren

Die geistigen Eigenschaften, mit denen sich die nun folgende Betrachtung der *dhamma*s befasst, stellen die der Erweckung förderlichen Voraussetzungen her – daher werden sie als „Erwachensfaktoren" bezeichnet.[1] Gerade so, wie ein Fluss in Richtung zum Meer fließt, sind die Erwachensfaktoren auf *Nibbāna* gerichtet.[2]

Die Anweisungen zur Betrachtung der Erwachensfaktoren lauten:

> „Hier erkennt er, wenn der Erwachensfaktor Achtsamkeit in ihm vorhanden ist: ‚Der Erwachensfaktor Achtsamkeit ist in mir'; wenn der Erwachensfaktor Achtsamkeit nicht in ihm vorhanden ist, erkennt er: ‚Der Erwachensfaktor Achtsamkeit ist nicht in mir'; er erkennt, wie der nicht entstandene Erwachensfaktor Achtsamkeit entstehen kann und wie der entstandene Erwachensfaktor Achtsamkeit durch Entwicklung vervollkommnet werden kann.
>
> Wenn der Erwachensfaktor Ergründung der *dhamma*s in ihm vorhanden ist, erkennt er: ... Wenn der Erwachensfaktor Energie in ihm vorhanden ist, erkennt er: ... Wenn der Erwachensfaktor Freude in ihm vorhanden ist, erkennt er: ... Wenn der Erwachensfaktor Ruhe in ihm vorhanden ist, erkennt er: ... Wenn der Erwachensfaktor Konzentration in ihm vorhanden ist, erkennt er: ... Wenn der Erwachensfaktor Gleichmut in ihm vorhanden ist, erkennt er: ‚Der Erwachensfaktor Gleichmut ist in mir'; wenn der Erwachensfaktor Gleichmut nicht in ihm vorhanden ist, erkennt er: ‚Der Erwachensfaktor Gleichmut ist nicht in mir'; er erkennt, wie der nicht entstandene Erwachensfaktor Gleichmut entstehen kann und wie der entstandene Erwachensfaktor Gleichmut durch Entwicklung vervollkommnet werden kann."[3]

Die Betrachtung der Erwachensfaktoren ist ähnlich wie die Betrachtung der Hindernisse: Zuerst richtet sich die Achtsamkeit auf das Vorhandensein oder die Abwesenheit der betreffenden geistigen Eigenschaften und dann auf die Voraussetzungen für ihr Vorhandensein oder ihre Abwesenheit (vgl. Abb. 12.1 unten).

---

[1] S V 72, S V 83, Paṭis II 115. Vgl. auch D III 97, Dhp 89, Thī 21. Nach Norman (1997, S. 29) wird *bodhi* besser mit „Erwachen" bzw. „Erweckung" als mit „Erleuchtung" wiedergegeben – eine Empfehlung, der ich gefolgt bin.

[2] S V 134.

[3] M I 61.

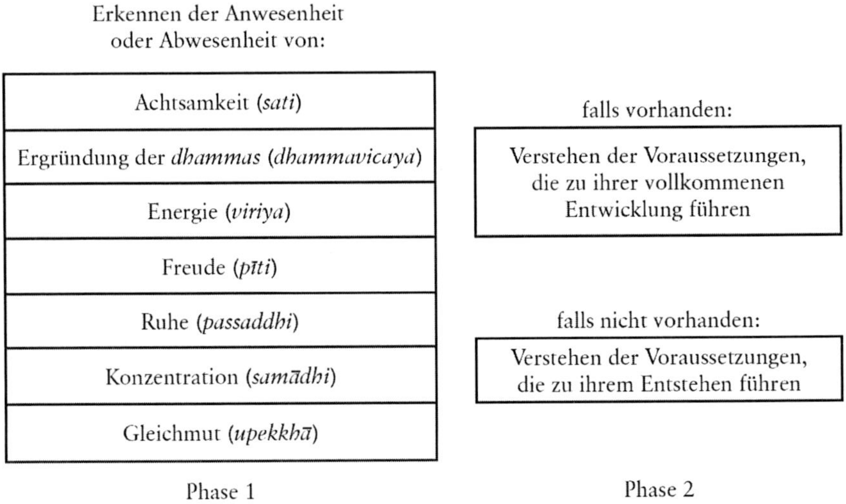

Erkennen der Anwesenheit oder Abwesenheit von:

Phase 1	Phase 2
Achtsamkeit (*sati*)	falls vorhanden: Verstehen der Voraussetzungen, die zu ihrer vollkommenen Entwicklung führen
Ergründung der *dhammas* (*dhammavicaya*)	
Energie (*viriya*)	
Freude (*pīti*)	
Ruhe (*passaddhi*)	falls nicht vorhanden: Verstehen der Voraussetzungen, die zu ihrem Entstehen führen
Konzentration (*samādhi*)	
Gleichmut (*upekkhā*)	

Abb. 12.1: Zwei Phasen der Betrachtung der sieben Erwachensfaktoren

Während es jedoch bei der Betrachtung der Hindernisse darum geht, sie zu überwinden, besteht die Aufgabe bei den Erwachensfaktoren darin, zu verstehen, wie diese wohltätigen geistigen Eigenschaften entwickelt und verankert werden können. Ähnlich wie bei der Betrachtung der Hindernisse wird in den Anweisungen zur Betrachtung der Erwachensfaktoren keinerlei aktives Bemühen zum Heranbilden oder Aufrechterhalten eines bestimmten Erwachensfaktors erwähnt, abgesehen von der Aufgabe, das Gewahrsein wachzurufen. Wie jedoch das bloße Vorhandensein von *sati* bereits einem Hindernis entgegenwirken kann, so kann das Vorhandensein von *sati* auch das Entstehen der anderen Erwachensfaktoren zur Folge haben. Tatsächlich bilden dem *Ānāpānasati-sutta* zufolge die sieben Erwachensfaktoren eine in bedingtem Zusammenhang stehende Folge, wobei *sati* die erste Ursache und Grundlage darstellt.[4] Dies legt nahe, dass das Entwickeln der Erwachensfaktoren das natürliche Ergebnis des Übens von *satipaṭṭhāna* ist.[5]

Sati bildet nicht nur die Grundlage für die anderen Faktoren – darüber hinaus ist es zu jedem Zeitpunkt und zu allen Gelegenheiten nutzbringend, gerade diesen Erwachensfaktor zu entwickeln.[6] Die verbleibenden sechs

---

[4] M III 85 und S V 68.

[5] Nach S V 73 und A V 116 entwickeln sich mit den vier *satipaṭṭhāna*s auch vollständig die sieben Erwachensfaktoren.

[6] S V 115 betont nachdrücklich, dass *sati* immer nützlich ist. Diese Nützlichkeit von *sati* wird durch den Kommentar anschaulich mit der Notwendigkeit von Salz für die Speisezubereitung verglichen (in Ps I 292). Die zentrale Bedeutung von *sati* wird >

Faktoren kann man in zwei Dreiergruppen unterteilen: Ergründung der *dhammas* (*dhammavicaya*), Energie (*viriya*) und Freude (*pīti*) sind besonders angemessen, wenn der Geist träge ist und es ihm an Energie mangelt, während Ruhe (*passaddhi*), Konzentration (*samādhi*) und Gleichmut (*upekkhā*) dem Geist förderlich sind, wenn er erregt und übermäßig energiegeladen ist.[7]

XII.2 Die in bedingtem Zusammenhang stehende Folge der Erwachensfaktoren

In der in bedingtem Zusammenhang stehenden Folge der Erwachensfaktoren entwickelt sich die „Ergründung der *dhammas*" (*dhammavicaya*) aus der fest verankerten Achtsamkeit. Anscheinend sind in dieser Ergründung der *dhammas* zwei Aspekte vereinigt: einerseits die Untersuchung der Beschaffenheit der Erfahrung (wobei „*dhammas*" für „Phänomene" steht) und andererseits die Wechselbeziehung dieser Erfahrung mit der Lehre des Buddha (dem „*Dhamma*").[8] Diese Eigenart des Zweifachen zeigt sich auch in dem Wort „Ergründung" (*vicaya*), das von dem Verb *vicinati* abgeleitet ist, dessen Bedeutungsspielraum sowohl „ergründen" als auch „unterscheiden" umfasst.[9] Folglich kann „Ergründung der *dhammas*" als die Ergründung subjektiver Erfahrung aufgefasst werden, die auf der durch die Vertrautheit mit dem *Dhamma* erlangten Fähigkeit zur Unterscheidung beruht. Diese Art des Unterscheidens bezieht sich besonders auf den Unterschied zwischen dem, was für den Fortschritt auf dem Pfad heilsam oder geschickt, und dem, was unheilsam oder ungeschickt ist.[10] Dies stellt das Ergründen der *dhammas* unmittelbar dem Hindernis Zweifel (*vicikicchā*) gegenüber, welches aufgrund eines Mangels an Klarheit über Heilsames oder Unheilsames entsteht.[11]

---

auch in Ps I 243 und Ps-pṭ I 363 deutlich, wonach *sati* die unentbehrliche Bedingung für „Betrachtung" und „Erkennen" ist.

[7] S V 112.

[8] In S V 68 bezieht sich „Ergründung der *dhammas*" auf die nochmalige Reflexion über früher von älteren Mönchen Gehörtes. Im Gegensatz dazu steht in S V 111 „Ergründung der *dhammas*" für das Untersuchen innerer und äußerer Phänomene.

[9] Rhys Davids (1993, S. 616).

[10] S V 66. Zur Ergründung der *dhammas* vgl. auch Jootla (1983, S. 43-48) und Ledi (1983, S. 105); letzterer fasst die fünf höheren Stufen der Reinigung, die drei Betrachtungen und die zehn Hellblick-Erkenntnisse unter diesen bestimmten Erwachensfaktor. Nach Mil 83 ist die Ergründung der *dhammas* eine geistige Fähigkeit von entscheidender Bedeutung für die Verwirklichung.

[11] Vgl. S V 104, wo für die „Nährstoffe" der Ergründung der *dhammas* dieselben in S V 106 gebrauchten Begriffe verwendet werden, wie für die „Anti-Nährstoffe" gegen Zweifel, nämlich weises Aufmerken bezüglich dessen, was heilsam und was unheilsam ist. Derartige Klarheit hat in beiden Fällen mit „inneren" wie mit „äußeren" *dhammas* zu tun (vgl. S V 110).

Das Entwickeln des Ergründens der *dhamma*s ruft wiederum den Erwachensfaktor Energie (*viriya*) wach.[12] Das Entstehen derartiger „Energie“ ist mit dem Hervorbringen von Anstrengung verwandt.[13] In den Lehrreden wird solche Energie weitergehend mit dem Attribut „unerschütterlich“ versehen.[14] Durch diese Eigenschaft wird die Aufmerksamkeit auf die Notwendigkeit gelenkt, Anstrengung oder Energie kontinuierlich einzusetzen – dieses Detail entspricht der Eigenschaft der Unermüdlichkeit (*ātāpī*), die im Teil „Definition“ des *Satipaṭṭhāna-sutta* erwähnt ist. Den Lehrreden zufolge kann sich Energie entweder geistig oder körperlich manifestieren.[15] Als Erwachensfaktor steht Energie in direktem Gegensatz zu dem Hindernis Dumpfheit und Mattheit (*thīnamiddha*).[16]

In der Reihenfolge der Erwachensfaktoren führt Energie nun wiederum zu dem Entstehen von Freude (*pīti*). Freude als Erwachensfaktor ist eindeutig nicht sinnenhaft, ebenso wie die Freude, die während des Erlangens einer Vertiefung erfahren wird.[17] Die Folge der Erwachensfaktoren setzt sich dann von Freude (*pīti*) über Ruhe (*passaddhi*) zu Konzentration (*samādhi*) fort. Dies lässt eine andernorts in den Lehrreden oft beschriebene Reihenfolge anklingen, die auf ähnliche Weise von Freude über Ruhe und Glücksgefühl zu Konzentration fortschreitet und mit dem Entstehen von Weisheit und Verwirklichung ihren Höhepunkt findet.[18]

Als einer der Erwachensfaktoren hängt Ruhe (*passaddhi*) mit körperlicher und geistiger Ruhe zusammen und steht daher direkt dem Hindernis

---

[12] Nach Debes (1994, S. 292) besteht dadurch, dass die Gültigkeit und Relevanz der Lehre des Buddha auf die erfahrene Wirklichkeit erfahren wird, die Wirkung der Ergründung der *dhamma*s im Erwecken von Energie („Tatkraft“).

[13] In S V 66 werden Anstrengung und Bemühung als Nährstoff für den Erwachensfaktor Energie empfohlen. In der chinesischen *Āgama*-Version dieser Lehrrede werden die vier rechten Anstrengungen als Nährstoff für den Erwachensfaktor Energie erwähnt; vgl. Choong (2000, S. 213). Diese Darstellung passt gut zur Unterscheidung zwischen Heilsamem und Unheilsamem, welche durch das Kultivieren des vorhergehenden Erwachensfaktors, Ergründung der *dhamma*s, erlangt wurde, da eben diese Unterscheidung den vier rechten Anstrengungen zugrunde liegt.

[14] S V 68.

[15] S V 111. In Spk III 169 wird die Übung der Gehmeditation als ein Beispiel für körperliche „Energie“ erwähnt.

[16] In S V 104 wird das Nährmittel für den Erwachensfaktor Energie mit denselben Begriffen beschrieben, die in S V 105 für den Anti-Nährstoff gegen Dumpfheit und Mattheit gebraucht werden.

[17] In S V 68 ist die Rede von „überweltlicher Freude“, was in S V 111 zu dem Vorhandensein oder der Abwesenheit anfänglichen und aufrechterhaltenden Ausrichtens des Geistes, d. h. zur Vertiefungserfahrung, in Bezug gesetzt wird. In diesem Kontext ist „Freude“ jedoch nicht auf die Freude im *jhāna* beschränkt, da nicht sinnenhafte Freude auch das Ergebnis von Einsichtsmeditation sein kann, vgl. z. B. Dhp 374.

[18] Z. B. in S II 32, vgl. auch hier Kapitel VII.3, Anm. 45.

Rastlosigkeit und Sorge (*uddhaccakukkucca*) als Gegenmittel gegenüber.[19] Als Teil der zu Konzentration führenden kausalen Folge führt der Erwachensfaktor Ruhe zu einem glücklichen Geisteszustand, der wiederum die Konzentration erleichtert.[20] Konzentration entsteht also aufgrund des Entwickelns von Ruhe und des Fehlens von Ablenkung.[21] Nach den Lehrreden

[19] In S V 104 wird die physische und geistige Ruhe als Nährstoff für den Erwachensfaktor Ruhe bezeichnet, während in S V 106 von der Ruhe des Geistes (*cetaso vūpasamo*) als Anti-Nährstoff gegen Rastlosigkeit und Sorge die Rede ist. Ein anderer bemerkenswerter Punkt ist, dass die Lehrreden sowohl den Erwachensfaktor Ruhe als auch das Hindernis Dumpfheit und Mattheit in einen körperlichen und einen geistigen Aspekt aufgliedern, wodurch belegt ist, dass beide eine physische und eine psychische Komponente haben.

[20] S V 69.

[21] In S V 105 wird das „Zeichen der Ruhe" (*samathanimitta*) als Nährstoff für den Erwachensfaktor Konzentration empfohlen. Dieses „Zeichen der Ruhe" findet sich wieder in D III 213 und S V 66. Das „Zeichen" (*nimitta*) kommt auch in zahlreichen anderen Textstellen vor, oft in klarem Bezug auf das Entwickeln von Konzentration. Oft findet sich ein „Zeichen der Konzentration" (*samādhinimitta*), z. B. in D III 226, D III 242, D III 279, M I 249, M I 301, M III 112, A I 115, A I 256, A II 17, A III 23, A III 321. Obwohl sich in M I 301 dieses Zeichen der Konzentration auf die vier *satipaṭṭhānas* bezieht, bezieht es sich in M III 112 auf die Praxis der *samatha*-Meditation, da in dieser Textstelle die Rede davon ist, sich innerlich auf einen Punkt zu sammeln, sich zu beruhigen und den Geist auf dieses Zeichen der Konzentration zu fokussieren, von dem dann erklärt wird, es beziehe sich auf die Erlangung der vier *jhānas*. In manchen Fällen findet sich auch das „Zeichen des Bewusstseins" (*cittanimitta*, z. B. in S V 151, A III 423, Th 85), welches in Th 85 auf nicht sinnenhaftes Glücksgefühl bezogen wird, was an die Erfahrung nicht sinnenhaften Glücksgefühls während der Vertiefung erinnert. Ganz ähnlich wird in A IV 419 empfohlen, sich intensiv mit diesem „Zeichen" zu befassen, das auch in dieser Textstelle für die Erlangung der *jhānas* steht. Eine weitere relevante Textstelle findet sich in M III 157, die von der Notwendigkeit spricht, das Zeichen zu „durchdringen" oder zu „erwerben" (*nimittaṃ paṭivijjhitabbaṃ*), um verschiedene geistige Hindernisse zu überwinden. Diese Gruppe zu überwindender geistiger Hindernisse in dieser Lehrrede ist einzigartig, findet sich an keiner anderen Stelle und steht in klarem Zusammenhang mit der *samatha*-Meditation (vgl. hier Kapitel IX.4, Anm. 73). In Ps IV 207 wird diese Textstelle jedoch so verstanden, als beziehe sie sich auf das überweltliche Auge, was wahrscheinlich durch A IV 302 nahegelegt wurde. Diese Lesart des Kommentars ist nicht sehr sinnvoll, da die oben stehende Textstelle sich klar mit einer Übungsstufe befasst, die selbst dem ersten *jhāna* noch vorausgeht, während das Entwickeln des überweltlichen Auges die Erlangung des vierten *jhāna* erfordert. Shwe (1979, S. 387) erläutert: „Alles, was in einen kausalen Bezug eintritt, durch den seine Wirkung bezeichnet, gekennzeichnet oder charakterisiert wird, ist ein *nimitta*. Ein Objekt, ein Bild oder eine Vorstellung, das bzw. die, wenn als Meditationsobjekt benutzt, *samādhi* (*jhāna*) herbeiführt, ist ein *nimitta*." Zu dem „Zeichen" in einem anderen Kontext vgl. auch hier Kapitel XI.2, Anm. 35).

kann Konzentration mit oder ohne das anfängliche Ausrichten des Geistes (*vitakka*) als Erwachensfaktor dienen.[22]

Der Höhepunkt des Entwickelns der Erwachensfaktoren ist mit dem Verankern von Gleichmut (*upekkhā*), einem sich aus der Konzentration ergebenden Geisteszustand der Ausgeglichenheit, erreicht.[23] Solch eine verfeinerte Gemütsruhe und geistige Balance entspricht einer Stufe des gut entwickelten *satipaṭṭhāna*, wenn die Meditierenden dazu fähig sind, unabhängig zu verweilen und an nichts in der Welt anzuhaften, wie es im Kehrvers heißt.

Praktisch gesehen kann die gesamte Gruppe der sieben Erwachensfaktoren so verstanden werden, dass sie den Fortschritt der *satipaṭṭhāna*-Praxis bis zu dieser Stufe tiefen Gleichmuts beschreibt. Auf der Grundlage fest gegründeter Achtsamkeit wird die Beschaffenheit der subjektiven Wirklichkeit untersucht (mit anderen Worten: die Ergründung der *dhamma*s). Ist die andauernde Untersuchung erst einmal in Schwung gekommen (das ist die Energie), wird mit wachsender Einsicht das Betrachtungsobjekt klarer, und die Meditierenden fühlen sich inspiriert (nämlich durch Freude), mit der Praxis fortzufahren. Weicht man an diesem Punkt der Gefahr aus, sich durch freudige Erregung und Aufregung hinweg tragen zu lassen, dann führt die fortgesetzte Betrachtung zu einem Zustand der Ruhe, in dem der Geist mühelos bei seinem Meditationsobjekt verweilt, ohne der Ablenkung nachzugeben (mit anderen Worten: Konzentration). Mit reifender Einsicht gipfelt dieser Prozess in einem Zustand beständigen Gleichmuts und tiefer Losgelöstheit.

Und genau an diesem Punkt, wenn vor einem Hintergrund stiller Gelassenheit mit inspiriertem Schwung die achtsame Ergründung stattfindet, entsteht das für den Durchbruch zum Erwachen erforderliche geistige

---

[22] S V 111. Wie in Vism 126 erklärt wird, beginnen die *jhāna*-Faktoren bereits während der angrenzenden Konzentration zu entstehen, obwohl sie erst mit der Erlangung des ersten *jhāna* völlig stabil werden. Folglich kann man den Ausdruck „Konzentration mit anfänglichem Ausrichten des Geistes" auch so verstehen, dass er Konzentrationsstufen beinhaltet, die an die Vertiefung grenzen, während welcher das Vorhandensein der anfänglichen und aufrechterhaltenden Ausrichtung des Geistes für eine weitere Vertiefung der Konzentration verantwortlich ist und dadurch zur Erreichung des ersten *jhāna* führt. So verstanden, könnten an die Vertiefung angrenzende Konzentrationsstufen, die dem kommentariellen Begriff der „angrenzenden Sammlung" entsprechen, auch als Erwachensfaktor dienen.

[23] S V 69. – Aronson (1979, S. 2) erklärt, *upekkhā* werde gebildet aus *upa* mit der Bedeutung „zu etwas hin" und einer Ableitung des Verbs *ikkh* mit der Bedeutung „sehen"; so werde eine „Vorstellung des Überblickens einer Situation aus der Entfernung" vermittelt. Gethin (1992, S. 160) weist darauf hin, dass „*upekkhā* ... sowohl die Ausgeglichenheit des geschickt geübten Geistes als auch die Kraft ist, die diese Ausgeglichenheit aufrechterhält."

Gleichgewicht. Auf dieser Stufe der Übung herrscht ein tiefes Gefühl vollständigen Loslassens vor. In den Lehrreden bildet ein solches „Loslassen" als der zentrale Zweck des Entwickelns der *bojjhaṅgas* den Höhepunkt einer Gruppe von Eigenschaften, die oft mit den Erwachensfaktoren in Verbindung gebracht werden. Es heißt, dass diese Eigenschaften, um das Potenzial der *bojjhaṅgas* zum Erwachen, zur Verwirklichung zu bringen, auf „Abgeschiedenheit" (*viveka*), auf „Hinschwinden" (*virāga*) und auf „Erlöschung" (*nirodha*) beruhen müssen, da sie auf diese Weise zum „Loslassen" (*vossagga*) führen.[24]

Gleichmut und geistiges Gleichgewicht als die Vollendung der anderen sechs Erwachensfaktoren bilden auch in dem Schema der Einsichts-Kenntnisse in den Kommentaren den Gipfel, auf dem der „Gleichmut in Bezug auf alle bedingten Phänomene" (*saṅkhārupekkhāñāṇa*) den Höhepunkt der Entwicklung und die angemessene geistige Beschaffenheit für das Eintreten der Verwirklichung bezeichnet.

XII.3 Der Nutzen des Entwickelns der Erwachensfaktoren

Der Nutzeffekt der Erwachensfaktoren steht in direktem Gegensatz zu den schädlichen Auswirkungen der Hindernisse – ein Kontrast, der in den Lehrreden oft erwähnt wird.[25] Beide Gruppen stellen Aspekte der *satipaṭṭhāna*-Betrachtung dar und sind von zentraler Bedeutung für das Kultivieren der für die Verwirklichung förderlichen geistigen Voraussetzungen.[26] Den Lehrreden zufolge sind diese beiden Aspekte aus den Betrachtungen der *dhamma*s (Beseitigen der Hindernisse und das Verankern der Erwachensfaktoren) die notwendigen Bedingungen nicht nur für die Verwirklichung, sondern auch für das Entwickeln weltlicher Arten der Erkenntnis.[27]

Die zentrale Bedeutung des Entwickelns von Gewahrsein in Bezug auf diese beiden Gruppen geistiger Eigenschaften spiegelt sich ebenso in der

---

[24] Z. B. in M III 88. Dieselbe Erweckungsdynamik kann auch auf den edlen achtfachen Pfad (S I 88, S IV 367 und S V 1-62) und auf die fünf Fähigkeiten (S IV 365, S V 239, S V 241) oder die fünf Kräfte (S IV 366, S V 249, S V 251) bezogen werden. Vgl. auch Gethin (1992, S. 162-168).

[25] In den Lehrreden wird dieser Gegensatz dadurch ausgedrückt, dass die Erwachensfaktoren „Anti-Hindernisse" (*anīvaraṇā*, z. B in S V 93) genannt werden. Vgl. auch hier Kapitel IX.2, Anm. 23. In der chinesischen Version des *Madhyama-āgama*s folgt in der Reihenfolge der Betrachtungen der *dhamma*s die Betrachtung der Erwachensfaktoren unmittelbar auf die Betrachtung der Hindernisse, woraus deutlich wird, wie das Entfernen der letzteren ganz natürlich zu einer Entwicklung der ersteren führt; vgl. Minh Chau (1991, S. 94), Nhat Hanh (1990, S. 163).

[26] In S V 128 wird betont, dass die Erwachensfaktoren zu Erkenntnis und Sicht führen, während die Hindernisse zur Abwesenheit von Erkenntnis und Sicht führen.

[27] Nach S V 121 liegt hierin der Grund, warum manchmal gut Gelerntes vergessen wird, während ein andermal etwas gut erinnert wird, was nicht intensiv gelernt wurde.

Tatsache wider, dass in allen chinesischen und Sanskrit-Versionen der Betrachtung der *dhamma*s die Hindernisse und die Erwachensfaktoren enthalten sind. Im Gegensatz dazu wird in keiner dieser Versionen die Betrachtung der fünf Daseinsgruppen erwähnt, und in etlichen Versionen ist auch die Betrachtung der Sinnesbereiche und der vier edlen Wahrheiten nicht zu finden.[28] Was folglich als das einstimmig akzeptierte Herzstück der Betrachtung der *dhamma*s in all den verschiedenen Versionen übrigbleibt, sind die fünf Hindernisse und die sieben Erwachensfaktoren – ein Fund, der ihre Wichtigkeit unterstreicht.[29] Diese hat eine Parallele im *Vibhaṅga*, wo ebenfalls nur diese zwei Meditationsübungen in dem darin enthaltenen Verzeichnis der Betrachtung der *dhamma*s aufgeführt sind.[30] Das Überwinden der Hindernisse, das Üben von *satipaṭṭhāna* und das Verankern der Erwachensfaktoren sind nach einer Anzahl von Pāli-Lehrreden die Schlüsselaspekte und die charakteristischen Merkmale, die das Erwachen aller Buddhas der Vergangenheit, der Gegenwart und der Zukunft gemeinsam hat.[31]

Das Entwickeln der Erwachensfaktoren kann mit einer Vielfalt von Meditationsübungen kombiniert werden, zum Beispiel mit der Betrachtung eines verwesenden Leichnams, den himmlischen Verweilzuständen, der Atemachtsamkeit, oder der Betrachtung der drei Daseinsmerkmale.[32] Dies weist darauf hin, dass das Betrachten der Erwachensfaktoren nicht bedeutet, das hauptsächliche Meditationsobjekt müsse aufgegeben werden. Vielmehr sind diese sieben geistigen Eigenschaften als Facetten des eigenen Fortschritts zur Einsicht während der praktischen Übung präsent und werden mit Bewusstheit und in Ausgeglichenheit entwickelt, sodass die Betrachtung des hauptsächlichen Objektes das Erwachen hervorbringen kann.

Es liegt ein Zug geistiger Meisterschaft in dieser Fähigkeit, die Entwicklung der Einsicht während der *satipaṭṭhāna*-Praxis zu überblicken und die harmonische Interaktion der Erwachensfaktoren zu überwachen. In den Lehrreden wird dieser Zug geistiger Meisterschaft bildhaft mit der Fähigkeit verglichen, sich aus einer vollen Kleidertruhe jedes gewünschte Kleidungs-

---

[28] Die vier edlen Wahrheiten finden sich in keiner der beiden *Āgama*-Versionen und in nur einer der drei anderen Versionen des *satipaṭṭhāna*, nämlich im *Śāriputrābhidharma*; vgl. Schmithausen (1976, S. 248). Die sechs Wahrnehmungsfelder kommen in der chinesischen *Madhyama-āgama*-Version vor, während die im *Ekottarika-āgama* vorhandene Version nur die Erwachensfaktoren und, auf dem Entfernen der Hindernisse basierend (die zu Beginn der Lehrrede erwähnt werden), das Entwickeln der vier *jhāna*s behandelt; vgl. Nhat Than (1990, S. 176).

[29] Warder (1991, S. 86).

[30] Vibh 199. Ñāṇatiloka (1983, S. 39) fasst diese „Auslassung" im *Vibhaṅga* als eine bewusste Auswahl auf. Vgl. auch Ṭhānissaro (1996, S. 74).

[31] D II 83, D III 101, S V 161.

[32] Vgl. S V 129-133.

stück auszuwählen.[33] Ein Überblick über die in den Kommentaren aufgeführten unterstützenden Faktoren für eine solche geistige Meisterschaft findet sich in Abb. 12.2.

Wie in den Lehrreden angegeben, findet die Enthüllung der Erwachensfaktoren nur dann statt, wenn ein Buddha und seine Lehre erschienen sind.[34] Von daher war in den Augen der frühen Buddhisten das Entwickeln der Erwachensfaktoren eine spezifisch buddhistische Lehre. Dass andere zeitgenössische Asketen ihre Schüler ebenso anwiesen, die Erwachensfaktoren zu entwickeln, ist den Kommentaren zufolge schlicht ein Fall von Nachahmung.[35]

Der Bezug der sieben Erwachensfaktoren zum Buddha, zusammen mit ihrer Klassifizierung als Kostbarkeiten bei anderer Gelegenheit, erinnert an den Universalherrscher (*cakkavatti rāja*), der ganz ähnlich im Besitz von sieben höchst wertvollen Kostbarkeiten ist.[36] Gerade so, wie die Verwirklichung der Universalherrschaft von jenen sieben kostbaren Besitztümern abhängt und durch das Erscheinen des Juwelenrades (*cakka-ratana*) angekündigt wird, so hängt auch die Verwirklichung des Erwachens von sieben geistigen Kostbarkeiten, den Erwachensfaktoren, ab und wird durch das Entstehen von *sati* angekündigt.

Die wohltätige Wirkung der Erwachensfaktoren beschränkt sich nicht auf geistige Bedingungen, da in etlichen Lehrreden berichtet wird, dass es für die Heilung von körperlicher Krankheit einiger *Arahants*, den Buddha eingeschlossen, genügte, sich auf sie zu besinnen.[37] Assoziationen von Heilung und Krankheit liegen auch der Formulierung der abschließenden Meditations-

---

[33] S V 71. Es ist bemerkenswert, dass es der Mönch Sāriputta war, der diese Fähigkeit besaß und dessen Weisheit (z. B. in S I 191, A I 23) und Befähigung zu intellektueller Analyse (M III 25) an anderer Stelle in den Lehrreden geschildert wird. In M I 215 gebraucht er ebendieses Gleichnis, um diese geistige Meisterschaft zu veranschaulichen.

[34] S V 77; vgl. auch S V 99.

[35] Vgl. S V 108 und S V 112 sowie den Kommentar in Spk III 168. Vgl. auch Gethin (1992, S. 177-180) und Woodward (1979, Bd. V, S. 91, Anm. 1).

[36] In S V 99 werden sowohl die sieben Kostbarkeiten eines Tathāgata dargestellt, nämlich die sieben Erwachensfaktoren, als auch die sieben, mit Zauberkräften ausgestatteten Kostbarkeiten eines Universalherrschers, und zwar ein Rad, ein Elefant, ein Pferd, ein Edelstein, eine Frau, ein Verwalter und ein Berater. In Spk III 154 werden sie dann einzeln aufeinander bezogen.

[37] In S V 79-81, wo Kassapa, Moggallāna und der Buddha jeder durch die Rezitation der Erwachensfaktoren von einer Krankheit geheilt wurden. Die Wirkung dessen, sich die Konstellation von Geistesfaktoren, die zum vollständigen Erwachen geführt hatten, in Erinnerung zu rufen, war offenbar kraftvoll genug, dass die Krankheit sich legte. Zu der Heilwirkung der Erwachensfaktoren vgl. Dhammananda (1987, S. 134) und Piyadassi (1998, S. 2-4). In den chinesischen *Āgamas* ist nur der Vorfall mit dem Buddha bewahrt, die anderen beiden nicht; vgl. Akanuma (1990, S. 242).

übung im *Satipaṭṭhāna-sutta*, der Betrachtung der vier edlen Wahrheiten, zugrunde, der ich mich im nächsten Kapitel zuwenden werde.

Achtsamkeit (*sati*)	• Achtsamkeit und klares Erkennen • Vermeiden von Unachtsamkeit und Suchen der Gesellschaft achtsamer Menschen • Förderung entsprechender geistiger Neigungen (in Richtung auf das Entwickeln von *sati*)
Ergründung der *dhammas* (*dhammavicaya*)	• theoretisches Erforschen • körperliche Sauberkeit • Ausgleichen der fünf Fähigkeiten • Meiden der Gesellschaft törichter Menschen und Suchen der Gesellschaft kluger Menschen • Reflexion über die tieferen Aspekte des *Dhamma* • Förderung der entsprechenden geistigen Neigungen
Energie (*viriya*)	• Reflexion über die Gefahr der elenden Daseinsbereiche • Erkennen des Nutzens der Anstrengung • Reflexion darüber, dass man sich auf dem Pfad üben muss • Ehren der Gaben, die man erhalten hat; Reflexion über die inspirierenden Eigenschaften der Überlieferung, der man folgt, des eigenen Lehrers, des eigenen Status als einem Nachfolgenden des Buddha und der Weggefährtinnen und Weggefährten im heiligen Lebenswandel • Meiden fauler Menschen und Suchen der Gesellschaft kraftvoller Menschen • Fördern der entsprechenden geistigen Neigungen
Freude (*pīti*)	• Sich besinnen auf Buddha, *Dhamma* und *Saṅgha*, auf die eigene Tugend, die eigenen großzügigen Handlungen, die himmlischen Wesen und auf den Frieden der Verwirklichung • Meiden grober Menschen und Suchen der Gesellschaft kultivierter Menschen • Reflexion über inspirierende Lehrreden • Fördern der entsprechenden geistigen Neigungen
Ruhe (*passaddhi*)	• gutes Essen, angenehmes Wetter, eine angenehme Körperhaltung und ein ausgeglichenes Verhalten • Meiden rastloser Menschen und Suchen der Gesellschaft ruhiger Menschen • Fördern der entsprechenden geistigen Neigungen
Konzentration (*samādhi*)	• körperliche Sauberkeit • Ausgleichen der fünf Fähigkeiten • Geschicklichkeit im Aufnehmen des Zeichens der Konzentration • Geschicklichkeit im Anspornen, Zurückhalten und Erfreuen des Geistes und des Nichteingreifens zum rechten Zeitpunkt • Meiden geistig abwesender Menschen und Suchen der Gesellschaft konzentrierter Menschen • Reflexion über das Erlangen von Vertiefung • Fördern der entsprechenden geistigen Neigungen
Gleichmut (*upekkhā*)	• Losgelöstheit gegenüber Menschen und Dingen • Meiden voreingenommener Menschen und Suchen der Gesellschaft unvoreingenommener Menschen • Fördern der entsprechenden geistigen Neigungen

Abb. 12.2: Übersicht aus den Kommentaren über die unterstützenden Bedingungen zum Entwickeln der Erwachensfaktoren[38]

[38] Ps I 290–299.

XIII. KAPITEL
DHAMMAS - DIE VIER EDLEN WAHRHEITEN

Die Anweisungen für die letzte Übung unter den *satipaṭṭhāna*-Betrachtungen lauten:

> „Hier erkennt er, wie es wirklich ist: ‚Dies ist *dukkha*'; er erkennt, wie es wirklich ist: ‚Dies ist das Entstehen von *dukkha*'; er erkennt, wie es wirklich ist: ‚Dies ist das Ende von *dukkha*'; er erkennt, wie es wirklich ist: ‚Dies ist der Weg, der zum Ende von *dukkha* führt'." [1]

XIII.1 DIE IMPLIKATIONEN VON *DUKKHA*

Nach in anderen Lehrreden gefundenen detaillierteren Darlegungen wird mit der ersten der vier edlen Wahrheiten *dukkha* auf Körperliches, wie Krankheit und Tod, und auf das geistige Missvergnügen, das aus der Unfähigkeit entsteht, Begierden und Wünsche zufriedenzustellen, bezogen.[2] Wie durch die erste edle Wahrheit aufgezeigt wird, können bei kritischer Analyse all diese Formen von *dukkha* letztendlich auf das fundamentale fünffache Greifen nach Existenz mittels der fünf Daseinsgruppen zurückgeführt werden.

Obwohl der frühe Buddhismus mit Nachdruck von *dukkha* spricht, bedeutet dies nicht, dass die kritische Durchforschung der Wirklichkeit sich nur mit den negativen Aspekten der Existenz befasst. Tatsächlich führt das Verstehen von *dukkha* und seiner Ursache zu der dritten und vierten edlen Wahrheit, deren Thema die positiven Werte der Freiheit von *dukkha* und des Pfades sind, welcher praktisch zu dieser Freiheit hin zu beschreiten ist. Wie die Lehrreden ausdrücklich erklären, ist die Verwirklichung der vier edlen Wahrheiten von Glücklichsein begleitet, und der edle achtfache Pfad ist ein Weg, der zur Freude führt.[3] Daraus wird deutlich, dass das Verstehen von *dukkha* nicht unbedingt eine Angelegenheit von Frustration und Verzweiflung sein muss.

Dukkha wird oft mit „Leiden" übersetzt. Leiden steht jedoch nur für einen der Aspekte von *dukkha* – es handelt sich hierbei um einen Begriff, dessen Bedeutungsspielraum mit einem einzigen deutschen oder englischen

---

[1] M I 62.

[2] Z. B. in S V 421. Gethin (1992, S. 18) kommentiert: „Das Verstehen der ersten edlen Wahrheit beinhaltet weniger die Offenbarung, dass es *dukkha* gibt, sondern vielmehr die Erkenntnis, was *dukkha* ist." Hamilton (1996, S. 206) weist auf Folgendes hin: „ … die erste edle Wahrheit … ist am besten zu verstehen, wenn man sich vergegenwärtigt, dass dies eine Wahrheitsaussage und kein Werturteil ist."

[3] S V 441 und M I 118.

Wort nur schwer wiederzugeben ist.[4] Man kann *dukkha* von dem Sanskrit-Wort *kha* ableiten, das unter anderem „Achsloch eines Rades" bedeutet, und von der antithetischen Vorsilbe *duḥ* (= *duṣ*), deren Entsprechung im Pāli, *du*, für „Schwierigkeit" oder „Schlechtheit" steht.[5] Der ganze Begriff beschwört also die Vorstellung einer Radachse herauf, die in Bezug auf ihr Achsloch verrutscht ist. Auf der Grundlage dieses Bildes deutet *dukkha* auf „Disharmonie" oder „Reibung" hin. Alternativ kann man *dukkha* zu dem Sanskrit-Wort *stha*, „stehend" oder „befindlich", in Bezug setzen, in Kombination mit derselben antithetischen Vorsilbe *duḥ*.[6] *Dukkha* im Sinne von „schlecht stehend" drückt dann Nuancen von „Unbehagen" oder „Unbequemlichkeit" aus.[7] Um die zahlreichen Bedeutungsnuancen von „*dukkha*" wiederzugeben, ist es am besten, mit „Unzulänglichkeit" zu übersetzen, obwohl es vielleicht noch besser ist, den Begriff unübersetzt zu lassen.

Die Notwendigkeit, bei der Übersetzung des Begriffs umsichtig vorzugehen, kann anhand einer Textstelle aus dem *Nidāna-saṃyutta* demonstriert werden, der zufolge alles, was gefühlt werden kann, in *dukkha* inbegriffen ist.[8] Wenn hier *dukkha* als emotionale Qualität aufgefasst wird in dem Sinne, dass alle Gefühle „Leiden" sind, so widerspricht dies der Analyse der Gefühle in drei sich gegenseitig ausschließende Arten, nämlich in unangenehme, aber auch angenehme und neutrale Gefühle.[9] In einer anderen Lehrrede wird die Aussage, dass „alles, was gefühlt wird, in *dukkha* inbegriffen ist", dahingehend erläutert, dass sie sich auf die vergängliche Natur aller beding-

---

[4] Vgl. Rhys Davids (1993, S. 324), Wijesekera (1994, S. 75).

[5] Monier-Williams (1995, S. 334 und 483): *kha* bzw. *duḥkha*; vgl. auch Smith (1959, S. 109). Die entsprechenden Pāli-Begriffe sind die Vorsilbe *du* (Schwierigkeit, Schlechtheit) und *akkha* (Achse eines Rades); vgl. Rhys Davids (1993, S. 2 u. 324). In Vism 494 findet sich eine andere, ziemlich phantasievolle Erklärung des Begriffes, indem *kha* mit dem Raum (*ākāsa*) in Zusammenhang gebracht wird, was wiederum für das Nichtvorhandensein von Dauerhaftigkeit, Schönheit, Glück und Selbst stehen soll.

[6] Monier-Williams (1995, S. 1262).

[7] Vgl. auch Ñāṇamoli (1991, S. 823 Anm. 8), der „*uneasiness*" [Unbehagen] als die bessere Wiedergabe von *dukkha* vorschlägt, wenn es im Sinne einer Eigenschaft der Gesamtheit der Erfahrung gebraucht wird.

[8] S II 53.

[9] D II 66 weist darauf hin, dass bei Erfahrung eines angenehmen Gefühls nicht gleichzeitig die Erfahrung der anderen beiden Gefühlsarten gemacht werden kann. Andere Textstellen belegen, dass bestimmte Arten der Erfahrung und die entsprechenden Existenzbereiche aus reiner Freude oder reinem Glücksgefühl bestehen. Z. B. ist in M I 76 von der Erfahrung gänzlich freudvoller Gefühle (von im Himmel geborenen Wesen) die Rede, und in M II 37 wird bekräftigt, es gebe eine gänzlich freudvolle Welt (nämlich die Brahmawelt, die der Erlangung des dritten *jhāna* entspricht). Vgl. auch Nanayakkara (1993a, S. 538).

ten Phänomene beziehe.[10] Die veränderliche Beschaffenheit der Gefühle wird jedoch nicht unbedingt als „Leiden" erlebt, da zum Beispiel im Fall einer schmerzhaften Erfahrung die Veränderung als angenehm erfahren werden kann.[11] Folglich sind weder alle Gefühle „Leiden", noch ist ihre Vergänglichkeit „Leiden", aber alle Gefühle sind „unzulänglich", da keines von ihnen dauerhafte Befriedigung bieten kann. Das heißt auch, dass *dukkha* als Eigenschaft aller bedingten Phänomene nicht unbedingt als „Leiden" erlebt werden muss – denn zum Leiden braucht es jemanden, der ausreichend anhaftet, um zu leiden.

XIII.2 Die vier edlen Wahrheiten

Das Leiden als Folge einer Form des Anhaftens ist tatsächlich eine Folgerung aus der zweiten edlen Wahrheit, die beinhaltet, dass Begehren notwendigerweise (*taṇhā*) vorhanden sein muss, damit die unzulängliche Beschaffenheit der Phänomene der Welt tatsächlich zum Leiden führt.[12] In der dritten edlen Wahrheit wird gezeigt, dass solches Leiden vernichtet wird, wenn erst einmal alle Spuren von Anhaften und Begehren durch den *Arahant* beseitigt worden sind. Folglich ist „Leiden", anders als „Unzulänglichkeit", in den Phänomenen der Welt nicht enthalten, sondern nur in der Art und Weise, wie der unerwachte Geist sie erfährt. Tatsächlich liegt dieses Thema den vier edlen Wahrheiten als Ganzes zugrunde: Das durch Anhaften und Begehren verursachte Leiden kann durch das Erwachen überwunden werden. Bei *Arahants* kann die unzulängliche Natur aller bedingten Phänomene nicht länger Leid verursachen.

Die vierte edle Wahrheit behandelt dann die Voraussetzungen für ein solches Überwinden im Einzelnen, indem der Pfad (*magga*, *paṭipadā*) beschrieben wird, dem konkret zu folgen ist. Dieser edle achtfache Pfad beinhaltet die im Mittelpunkt stehenden Handlungen und Eigenschaften, die kultiviert werden müssen, um die Verwandlung vom unwissenden Weltling (*puthujjana*) zum *Arahant* zu bewerkstelligen.[13] Da in diesem Zusammen-

---

[10] S IV 216. In M III 208 wird dieselbe Aussage erörtert. Vgl. auch Ñāṇamoli (1995, S. 1340, Anm. 1227), Ñāṇavīra (1987, S. 477).

[11] In M I 303 wird darauf hingewiesen, dass zwar im Fall einer angenehmen Erfahrung die Veränderung als Leiden erfahren werden mag, aber im Fall von Schmerzen die Veränderung als angenehm erfahren wird.

[12] Z. B. in S V 421. Vgl. auch Gruber (1999, S. 94 und 194) und Nanayakkara (1989, S. 699).

[13] Zusätzlich zu der Aufzählung von acht Pfadfaktoren findet sich gelegentlich die Darstellung in einem Fünferschema, die auf den Kontext der Meditation anwendbar ist und bei der die vorherige Erfüllung der Anforderungen rechter Rede, rechten Handelns und rechten Lebensunterhalts vorausgesetzt wird, vgl. M III 289, Vibh 238-240, die Diskussion in Kv 600 und Ñāṇatiloka (1983, S. 32). Auch eine >

hang die rechte Achtsamkeit (*sammā sati*) neben andere Faktoren wie zum Beispiel rechte Ansicht, rechte Rede und rechtes Handeln gestellt wird, bildet der edle achtfache Pfad den notwendigen Rahmen für das Entwickeln von *satipaṭṭhāna*.[14] Mit anderen Worten: *Satipaṭṭhāna* wird nur dann zu „*sammā sati*", wenn es im wechselseitigen Zusammenhang mit den anderen sieben Faktoren des Pfades entwickelt wird.[15]

In den vier edlen Wahrheiten drückt sich der Wesenskern des Erwachens des Buddha aus, und sie sind das zentrale Thema der Belehrung, die als seine erste formale Lehrrede gilt.[16] Da diese vier Wahrheiten mit der Wirklichkeit übereinstimmen, werden sie im Weiteren als „edel", als die vier „edlen" Wahrheiten charakterisiert.[17] Die zugrundeliegende vierfache Struktur entspricht der in der Medizin des alten Indien gebrauchten vierfachen Methode der Diagnose und Verschreibung eines Heilmittels (vgl. Abb. 13.1 unten).[18] Ähnliche Anklänge kommen in etlichen Lehrreden vor, wo der Buddha mit einem Arzt und seine Lehre mit dem Heilmittel verglichen wird.[19] Diese Darstellung betont die pragmatische Ausrichtung der vier edlen Wahrheiten als eine sachliche Untersuchung der Wirklichkeit.[20]

---

zehnfache Aufzählung kommt vor (z. B in D II 217, M III 76), wo die Eigenschaften des *Arahant*, rechte Erkenntnis und rechte Befreiung, hinzugefügt werden.

[14] *Satipaṭṭhāna* als Pfad der rechten Achtsamkeit ist besonders eng mit der rechten Ansicht verknüpft, da einerseits rechte Achtsamkeit vonnöten ist, um die rechte Ansicht zu verankern (vgl. M III 72), während andererseits die rechte Ansicht als Grundlage für alle anderen Pfadfaktoren dient (vgl. D II 217, M I 71). Vgl. auch Vibh 242, wo von der rechten Ansicht als der „Wurzel" der anderen sieben Pfadfaktoren die Rede ist. Die Notwendigkeit der rechten Ansicht als Grundlage für den Fortschritt auf dem Pfad wird auch von Bodhi (1991, S. 3) und Story (1965, S. 167) betont.

[15] Dasselbe liegt den Bedeutungsnuancen von *sammā* als „Zusammengehörigkeit" oder als „in einem verbunden" sein zugrunde, vgl. hier Kapitel IV.2, S. 88f.

[16] S V 423.

[17] Siehe S V 435. In einer anderen Lehrrede in S V 435 wird die alternative Erklärung geboten, dass sie so genannt werden, weil ihr Urheber der „Edle" ist. Anders als die vorhergehende Lehrrede fehlt diese in den chinesischen *Āgama*s, vgl. Akanuma (1990, S. 263). Nach Norman (1984, S. 389) war das Attribut „edel" möglicherweise kein Teil der historisch frühesten Formulierungen der vier (edlen) Wahrheiten.

[18] De la Vallée Poussin (1903, S. 580), de Silva (1992a, S. 166), Pande (1957, S. 398). Nach Wezler (1984, S. 312-324) lässt sich nicht nachweisen, dass dieses Schema der Formulierung der vier edlen Wahrheiten durch den Buddha vorausging, folglich ist es auch möglich, dass es von seiner Lehre durch die Wissenschaft der Medizin übernommen wurde. Parallelen zu den vier edlen Wahrheiten finden sich auch im *Yoga Sūtra* des Patañjali, II 15-26; ausführlich diskutiert bei Wezler (1984, S. 301-307).

[19] Z. B. in M II 260, A IV 340, It 101, Sn 560, Sn 562, Th 1111. In A III 238 wird erklärt, dass gerade so, wie ein geschickter Arzt eine Krankheit rasch vertreiben >

Krankheit:	*dukkha*
Erreger:	das Begehren
Gesundheit:	*Nibbāna*
Heilmittel:	der Pfad

Abb. 13.1: Die vierfache Struktur der Medizin im alten Indien und die vier edlen Wahrheiten

Gerade so, wie die Fußspuren aller Tiere in dem Fußabdruck eines Elefanten Platz haben, so werden alle heilsamen Zustände, welche es auch sein mögen, von den vier edlen Wahrheiten umfasst.[21] Sollte aber jemand glauben, das Erwachen verwirklichen zu können, ohne die vier edlen Wahrheiten verstanden zu haben, dann wäre das so, als versuchte jemand, die oberen Stockwerke eines Hauses zu erbauen, ohne zuvor die darunterliegenden Etagen und das Fundament errichtet zu haben.[22] Insgesamt betonen diese Aussagen die zentrale Bedeutung der vier edlen Wahrheiten.

XIII.3 Die Betrachtung der vier edlen Wahrheiten

Jede der vier Edlen Wahrheiten stellt ihren eigenen Anspruch an die Übenden: *dukkha* muss „verstanden", seine Ursache „aufgegeben", sein Aufhören „verwirklicht" und der konkrete Pfad zu dieser Verwirklichung „entfaltet" werden.[23] Genau gesagt sind es die fünf Daseinsgruppen, die man verstehen muss; Unwissenheit und das Begehren nach Existenz müssen aufgegeben, Erkenntnis und Freiheit müssen verwirklicht, und Geistesruhe (*samatha*) und Einsicht (*vipassanā*) müssen entfaltet werden.[24]

Im *Dvayatānupassanā-sutta* wird geraten, zum Zweck der Betrachtung (*anupassanā*) den Fokus entweder auf *dukkha* und seine Ursache oder auf sein Aufhören und den Pfad, der zu seinem Aufhören führt, zu richten.[25] Dies entspricht der Reihenfolge von zwei Phasen, die sich bei der Betrachtung der *dhammas* durchweg findet: Das Erkennen des Vorhandenseins oder der Abwesenheit eines bestimmten Phänomens führt zur Ausrichtung der

---

kann, auch die Lehre des Buddha alle Sorgen und allen Kummer vertreibt. Vgl. auch Ehara (1995, S. 275) und Vism 512.

[20] Buswell (1994, S. 3) spricht bezüglich des frühen Buddhismus von seinem „spirituellen Pragmatismus, dem zufolge die Wahrheit eines religiösen Lehrsatzes in seiner praktischen Nützlichkeit besteht."

[21] M I 184.

[22] S V 452.

[23] S V 436.

[24] S V 52, A II 247. In S III 159 und S III 191 wird erklärt, dass ein „Verstehen" der fünf Daseinsgruppen beinhaltet, Begehren, Zorn und Verblendung zu vernichten.

[25] Sn (die der Strophe 724 vorausgehende Prosa)

Achtsamkeit auf die Ursachen für sein Vorhandensein oder seine Abwesenheit (vgl. Abb. 13.2 unten).

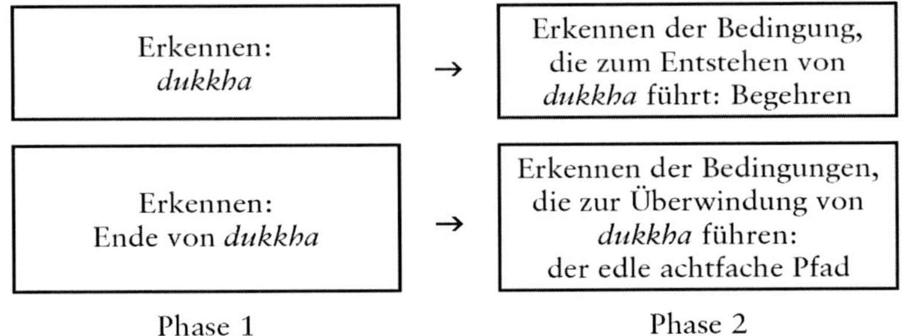

Abb. 13.2: Die zwei Phasen bei der Betrachtung der vier edlen Wahrheiten

Auf einer weltlichen Ebene angewandt, kann die Betrachtung der vier edlen Wahrheiten auf Strukturen des Greifens (*upādāna*) nach Existenz, die im täglichen Leben auftreten, gerichtet werden – zum Beispiel, wenn Erwartungen enttäuscht werden, wenn die eigene Position bedroht ist, oder wenn die Dinge nicht wie gewünscht laufen.[26] Hier besteht die Aufgabe darin, sich die zugrundeliegende Struktur des Begehrens (*taṇhā*), die sich zu Greifen und Erwartungen ausgeformt hat, und auch die daraus resultierende Manifestation in Form von *dukkha* einzugestehen. Dieses Verstehen wiederum bildet die notwendige Grundlage für das Loslassen des Begehrens (*taṇhāya paṭinissagga*). Wird auf diese Weise losgelassen, dann können Greifen und *dukkha* – zumindest für den Augenblick – überwunden werden. Wer so übt, wird zunehmend fähig, „eben auf unebenem Boden zu wandeln".[27]

Die vier edlen Wahrheiten, als die letzte Meditationsübung dieses *satipaṭṭhāna*, bilden nicht nur den Abschluss dieser Reihe von Betrachtungen, sondern sie können auch mit jeder der anderen Betrachtungen der *dhamma*s in Zusammenhang gebracht werden.[28] Die Kommentare gehen noch weiter,

---

[26] Die Standardformulierungen der ersten edlen Wahrheit identifizieren „nicht bekommen, was man möchte" als einen der Aspekte von *dukkha*, z. B. in S V 421.

[27] In S I 4 und S I 7 wird dieser Ausdruck zur Veranschaulichung der inneren Ausgewogenheit und Flexibilität der *Arahants* gebraucht.

[28] In S IV 86 wird das Schema der vier edlen Wahrheiten auf das Verstehen der sechs Sinnesbereiche angewandt (vgl. auch S V 426), während in M I 191 und S V 425 dieses Schema auf die Daseinsgruppen angewandt wird. Im *Satipaṭṭhāna-sutta* selbst sind die Betrachtungen der Hindernisse und der Erwachensfaktoren nach einem zugrundeliegenden Muster strukturiert, das ein Gegenstück zum Diagnoseschema der vier edlen Wahrheiten ist, da jede Beobachtung sich dem Vorhandensein der entsprechenden geistigen Eigenschaft, ihrem Nichtvorhandensein und den Gründen für das Vorhandensein oder Nichtvorhandensein zuwendet.

indem jede der im ganzen *Satipaṭṭhāna-sutta* beschriebenen Meditationsübungen auf das Schema der vier edlen Wahrheiten bezogen wird.[29] Tatsächlich besteht der erfolgreiche Abschluss und die Vollendung jeder *satipaṭṭhāna*-Betrachtung in der Verwirklichung von *Nibbāna* – was dem entspricht, die dritte edle Wahrheit zu erkennen, „wie sie wirklich ist“.[30] Dennoch setzt das völlige Verstehen der dritten edlen Wahrheit die Ergründung aller vier voraus, da jede einzelne nichts anderes als eine Facette derselben Verwirklichung ist.[31] Folglich bilden die vier edlen Wahrheiten tatsächlich den Höhepunkt jeglicher erfolgreichen Durchführung von *satipaṭṭhāna* als dem direkten Weg zur Verwirklichung von *Nibbāna*.

---

[29] Das Schema der vier edlen Wahrheiten wird in Ps I 250 auf die Atemachtsamkeit angewandt, in Ps I 252 auf die vier Körperhaltungen, in Ps I 270 auf die Aktivitäten, in Ps I 271 auf die anatomischen Teile, in Ps I 272 auf die vier Elemente, in Ps I 279 auf die Gefühle, in Ps I 280 auf den Geist, in Ps I 286 auf die Hindernisse, in Ps I 287 auf die Daseinsgruppen, in Ps I 289 auf die Sinnesbereiche und in Ps I 300 auf die Erwachensfaktoren.

[30] In Vibh 116 findet sich der Hinweis, dass die dritte edle Wahrheit nicht bedingt ist. Vgl. auch S V 442, wonach eine kennzeichnende Eigenschaft eines Stromeingetretenen im vollständigen Verständnis der vier edlen Wahrheiten besteht.

[31] S V 437. Vgl. auch Kv 218, Vism 690-692, Bodhi (1984, S. 126), Cousins (1983, S. 103). In der Tat gibt es nach Sn 884 nur eine Wahrheit, was darauf schließen lässt, dass das Schema der vier Wahrheiten nicht vier voneinander getrennte Wahrheiten umfasst. Nach einer Lehrrede im chinesischen *Saṃyukta-āgama* muss jedoch die Verwirklichung der vier edlen Wahrheiten aufeinanderfolgend stattfinden, indem zunächst vollständig die Wahrheit des Leidens, die erste edle Wahrheit, erkannt wird, dann jede weitere der edlen Wahrheiten. Siehe Choong (2000, S. 239).

XIV. Kapitel
Verwirklichung

Die abschließende Passage des *Satipaṭṭhāna-sutta* enthält eine „Voraussage" der Verwirklichung innerhalb eines variablen Zeitraums. Die Passage lautet:

> „ ... wenn jemand diese vier *satipaṭṭhāna*s auf diese Weise sieben Jahre lang entwickelt, kann eines von zwei Ergebnissen für ihn erwartet werden: entweder vollendete Erkenntnis hier und jetzt oder, wenn noch eine Spur von Anhaften übrig ist, Nichtwiederkehr.
>
> Dahingestellt bleiben mögen die sieben Jahre ... sechs Jahre ... fünf Jahre ... vier Jahre ... drei Jahre ... zwei Jahre ... ein Jahr ... sieben Monate ... sechs Monate ... fünf Monate ... vier Monate ... drei Monate ... zwei Monate ... ein Monat ... ein halber Monat ... wenn jemand diese vier *satipaṭṭhāna*s auf diese Weise sieben Tage lang entwickelt, kann eines von zwei Ergebnissen für ihn erwartet werden: entweder vollendete Erkenntnis hier und jetzt oder, wenn noch eine Spur von Anhaften übrig ist, Nichtwiederkehr. In Bezug hierauf wurde also gesagt:
>
> Ihr Mönche, dies ist der direkte Weg zur Läuterung der Wesen, zur Überwindung von Kummer und Wehklage, zum Beenden von *dukkha* und Betrübtheit, zur Erlangung der richtigen Methode, zur Verwirklichung von *Nibbāna*, nämlich die vier *satipaṭṭhāna*s."[1]

Zunächst will ich diese Voraussage untersuchen und erörtern, ob der Fortschritt zur Verwirklichung „allmählich" oder „plötzlich" vonstattengeht. Im übrigen Kapitel werde ich dann versuchen, einige Vorstellungen und Perspektiven in Bezug auf das in der obenstehenden Passage erwähnte Ziel von *satipaṭṭhāna*, die „Verwirklichung von *Nibbāna*", zu erörtern.

XIV.1 Allmählich und plötzlich

Der obenstehenden Voraussage nach hat das Üben von *satipaṭṭhāna* das Potenzial, zu den beiden höheren der vier Stufen des Erwachens, Nichtwiederkehr und Arahantschaft, zu führen. Die Tatsache, dass in dieser Textstelle ohne Umschweife von den zwei höheren Stufen der Verwirklichung gesprochen wird, unterstreicht die Gründlichkeit von *satipaṭṭhāna* als dem „direkten Weg" zu *Nibbāna* und lenkt die Aufmerksamkeit auf sein Vermögen, „zumindest" zu der Vernichtung der fünf niederen Fesseln

---

[1] M I 62. Dieselbe Voraussage über die beiden höheren Stufen des Erwachens findet sich für *satipaṭṭhāna* in S V 181 und für die Atemachtsamkeit in S V 314, aber auch in verschiedenen anderen Zusammenhängen, z. B. in S V 129-133, S V 236, A III 82, A III 143, A V 108, Sn 724-765, It 39-41.

(*saṃyojana*) und damit zu vollständiger Freiheit von Sinnesbegierde und Übelwollen zu führen.[2]

Bemerkenswert an dieser Voraussage ist außerdem die Variation in der Länge der Zeit, innerhalb der die *satipaṭṭhāna*-Praxis Früchte trägt.[3] Offenbar kann sogar jemand mit geringeren Fähigkeiten innerhalb von maximal sieben Jahren die Freiheit von Begierde und Übelwollen erlangen, während jemand mit höheren Fähigkeiten dasselbe vielleicht innerhalb von nur sieben Tagen erreicht.[4] Bei der Bewertung dieser Voraussage sollte man jedoch nicht vergessen, dass die Zahl „sieben" in diesem Zusammenhang möglicherweise einen eher symbolischen Charakter hat und einfach eine vollständige Zeitperiode oder einen ganzen Zyklus andeuten kann.[5]

Im chinesischen *Madhyama-āgama* wird bei der Voraussage für die Verwirklichung ein sogar noch schnelleres Erwachen als in den Pāli-Lehrreden in Betracht gezogen und darauf hingewiesen, dass die Verwirklichung am Abend eintreten könne, selbst wenn man erst am Morgen desselben Tages mit der Übung begonnen habe.[6] Die Möglichkeit solch unmittelbarer Verwirklichung durch *satipaṭṭhāna* innerhalb der Zeitspanne nur

---

[2] Die hier vorhergesagte Freiheit von Sinnesbegierde und Abneigung spiegelt sich partiell in dem Teil „Definition" des *Satipaṭṭhāna-sutta* (M I 56) wider, wo die *satipaṭṭhāna*-Übung zur Freiheit von Verlangen und Betrübtheit in Beziehung gesetzt wird. Horner (1934, S. 792) jedoch fasst die Wendung „wenn noch eine Spur von Anhaften übrig ist" in dem Sinne auf, dass es sich auf das Erwachen von *Arahants* bezieht, im Gegensatz zu ihrem Dahinscheiden. Vgl. auch Masefield (1979, S. 221).

[3] Das Gleiche findet sich in einem anderen Kontext in D III 55, dem zufolge der Buddha erklärt, er könne innerhalb dieser unterschiedlichen Zeiträume einen Schüler zur Verwirklichung führen. Hierbei könnte es sich um eine Bezugnahme auf *satipaṭṭhāna* handeln, da der Text nicht näher ausführt, worin der Buddha den Schüler unterweisen würde.

[4] Zu dieser Textstelle vgl. Knight (1985, S. 3) und Solé-Leris (1992, S. 103).

[5] Nach Rhys Davids (1993, S. 673) ist die Zahl sieben im Pāli mit einem „eigentümlichen magischen Nimbus" ausgestattet, was dafür spricht, diese Voraussage nicht zu wörtlich zu nehmen. Ein Beispiel für einen solchen symbolischen Gebrauch der Zahl sieben findet sich in A IV 89, wo von einem früheren Leben des Buddha erzählt wird, in dem er aufgrund von „sieben" Jahren Liebende Güte-Praxis sich des Resultats erfreute, „sieben" Äonen lang nicht mehr in dieser Welt geboren zu werden; „sieben" Mal wurde er zu einem Mahā Brahmā, viele „sieben" Male wurde er zu einem Weltherrscher im Besitz der „sieben" Kostbarkeiten. Weiterhin fällt auf, dass in der genannten Voraussage am Ende des *Satipaṭṭhāna-sutta* beim Rückwärtszählen auf „ein Jahr" nicht „elf Monate" folgen, wie zu erwarten wäre, sondern „sieben Monate", woraus ersichtlich ist, dass die Reihenfolge keiner Arithmetik folgt. Hierzu Dumont (1962, S. 73): „Die Zahl Sieben … deutet auf eine Gesamtheit hin" (im alten Indien).

[6] Minh Chau (1991, 94), Nhat Than (1990, 166).

eines Tages oder einer Nacht lassen auch die Pāli-Kommentare gelten,[7] während in den Lehrreden dasselbe lediglich im Zusammenhang mit den fünf „Faktoren der Anstrengung“ (*pañca padhāniyaṅga*) dargelegt wird.[8]

Die unterschiedlichen Angaben für die Zeiträume, innerhalb derer *satipaṭṭhāna* möglicherweise Früchte trägt, lassen darauf schließen, dass der entscheidende Durchbruch zur Verwirklichung jederzeit während der korrekt durchgeführten Praxis stattfinden kann. Das bedeutet: Wenn *sati* erst einmal fest verankert (*supatiṭṭhita*) ist, dann trägt jeder Augenblick das Potenzial des Erwachens in sich.

Dies wirft die Frage danach auf, in welchem Maße der Fortschritt zur Verwirklichung einem „allmählichen“ Muster folgt, oder ob sich dagegen ein unerwarteter „plötzlicher“ Durchbruch zum Erwachen ereignet.[9]

Den Lehrreden zufolge ist es unmöglich, die Menge der während eines Tages der Übung vernichteten Geistestrübungen genau zu messen, gerade so, wie ein Zimmermann nicht messen kann, wieweit sich sein Beilgriff während des Gebrauches über einen Tag abgenutzt hat.[10] Doch wie ein Zimmermann feststellen wird, dass der Griff seines Werkzeugs sich nach wiederholtem Gebrauch abgenutzt hat, so werden auch Meditierende nach wiederholter Übung erkennen, dass die Geistestrübungen abnehmen und vernichtet werden. Diese bildhafte Rede deutet auf einen allmählichen, aber nicht genau messbaren Fortschritt zur Verwirklichung hin.

Tatsächlich ist das Allmähliche beim Fortschreiten zur Verwirklichung ein immer wiederkehrendes Thema in den Lehrreden.[11] Darin wird erklärt, dass der Fortschritt in der Übung des *Dhamma* sich nach und nach vertieft, vergleichbar mit dem allmählichen Tieferwerden des Ozeans.[12] In einer Textstelle des *Aṅguttara-nikāya* wird das Allmähliche in diesem Reinigungsprozess am Beispiel des Feinens von Gold veranschaulicht, bei dem man

---

[7] Ps I 302.

[8] So in M II 96, jedoch mit der Angabe, dass der Buddha selbst den Übenden lehren müsse – eine Spezifikation, die im *Satipaṭṭhāna-sutta* nicht festgeschrieben ist. Dies lässt darauf schließen, dass für die Verwirklichung innerhalb eines einzigen Tages die persönliche Anwesenheit des Buddha als Lehrer erforderlich ist. Die in dieser Lehrrede erwähnten fünf Faktoren der Anstrengung sind: Vertrauen, körperliche Gesundheit, Aufrichtigkeit, Energie und Weisheit in Hinsicht auf das Entstehen und Vergehen der Phänomene. (Letzteres könnte für das Ergebnis der Übung von *satipaṭṭhāna* stehen, besonders des Betrachtens der Natur des Entstehens und Vergehens, wie im Kehrvers festgelegt.)

[9] Zu „plötzlich“ und „allmählich“ vgl. auch Gethin (1992, S. 132 und 246), Nanayakkara (1993b, S. 581). Pensa (1977, S. 335) bezieht diese Unterscheidung auf den Unterschied zwischen Gipfel- und Plateau-Erfahrungen.

[10] S III 154 und A IV 127.

[11] Z. B. in M I 479, M III 2, A I 162. Vgl. auch Strenski (1980, S. 4 und 8).

[12] Vin II 238, A IV 200, A IV 207 und Ud 54.

zunächst grobe und mittlere Unreinheiten entfernt, woraufhin dann feinere Unreinheiten beseitigt werden.[13] Ganz ähnlich werden im Bereich des Geistestrainings zunächst die groben Arten der Unreinheit überwunden, und dann erst ist es möglich, zu subtileren Ebenen fortzuschreiten.

In einem anderen Beispiel wird die Praxis der dreifachen Übung in ethischem Verhalten (*sīla*), Konzentration (*samādhi*) und Weisheit (*paññā*) mit einem Landmann verglichen, der seine Feldfrucht zur rechten Zeit pflanzen und wässern muss.[14] Weder der Landmann noch ein Praktizierender der dreifachen Übung hat die magische Kraft zu sagen: „Mögen meine Bemühungen jetzt reifen und Frucht tragen." Dennoch wird beider ständiges Bemühen zu dem gewünschten Ergebnis führen. Dieses Gleichnis deutet darauf hin, dass der Fortschritt zum Erwachen einer natürlichen Dynamik folgt, vergleichbar mit dem natürlichen Wachstum der Pflanzen.

Eine weitere im Pāli-Kanon tradierte Veranschaulichung des Fortschritts zur Verwirklichung besteht in dem Beispiel einer auf ihren Eiern sitzenden Henne. Zur rechten Zeit wird das unablässige Sitzen der Henne auf ihren Eiern zum Ausschlüpfen der Küken führen, gerade so, wie zur rechten Zeit das unablässige Üben eines Praktizierenden zur Verwirklichung führen wird.[15] Das „plötzliche" Ausschlüpfen der Küken aus ihren Eiern beruht auf einem „allmählichen" Vorgang innerer Entwicklung, der dem Sitzen der Henne auf ihren Eiern zu verdanken ist. Ganz ähnlich beruht der „plötzliche" Durchbruch zu *Nibbāna* auf einem „allmählichen" Vorgang innerer Entwicklung und geistiger Verfeinerung. Gerade so, wie die Henne ihre Küken nicht unmittelbar dazu bringen kann, die Eierschalen zu zerbrechen, so kann auch der Durchbruch zu *Nibbāna* nicht direkt herbeigeführt werden. Beides wird zu seiner Zeit stattfinden, wenn die notwendigen Bedingungen gegeben sind.

Diese Textstellen weisen deutlich darauf hin, dass der Fortschritt zum Erwachen einem allmählichen Verlauf folgt. Andererseits finden jedoch etliche Verwirklichungen des Stromeintritts, die in den Lehrreden beschrieben werden, auf ziemlich „plötzliche" Weise statt, gewöhnlich während des Anhörens einer vom Buddha gehaltenen Lehrrede. Bei Betrachtung dieser Fälle sieht es fast so aus, als sei das Anhören einer Lehrrede für das Erwachen schon ausreichend, ohne dass es wirklich nötig sei, nach und nach Konzentration zu entwickeln und sich mit Einsichtsmeditation

---

[13] A I 254. Vgl. auch Dhp 239.

[14] A I 240.

[15] M I 104, M I 357, S III 154, A IV 125. Dieses Gleichnis hat einen leicht humorvollen Unterton: Ein intensiv übender Meditierender wird mit einer auf ihren Eiern sitzenden Henne verglichen, da ja beide viel Zeit im Sitzen verbringen.

zu befassen.[16] Hier muss jedoch berücksichtigt werden, dass es zu keiner Lehrrede Anlass gab, wenn jemand allein und in Abgeschiedenheit meditierte und dabei den Stromeintritt erlangte, und es daher später nicht aufgezeichnet wurde.[17] Doch wenn jemand den Stromeintritt verwirklichte, während er oder sie dem Buddha zuhörte, wurde dies aufgrund der Umstände ein Teil der später aufgezeichneten Lehrrede. Daher ist zu erwarten, dass in den Lehrreden hauptsächlich von der letzteren Art der Verwirklichung des Stromeintritts berichtet wird. In anderen Lehrreden ist in der Tat belegt, welches Potenzial die Einsichtsmeditation hat, zur Verwirklichung des Stromeintritts zu führen, was widersprüchlich wäre, wenn der Stromeintritt einzig auf dem Anhören einer Lehrrede beruhte.[18] Und wenn das einfache Zuhören und Verstehen einer Lehrrede hinreichend für die Verwirklichung wäre, dann würde in den Lehrreden nicht so oft dazu gemahnt, man solle meditieren.[19]

---

[16] In der Tat schlägt Dhammavuddho (1999, S. 10) vor, *sotāpanna* als „Ohr-Eintritt" zu übersetzen, wobei dies durch das Hören einer Lehrrede verwirklicht werde. Ganz ähnlich ist Masefield (1987, S. 134) der Ansicht, *sota* in dem Begriff *sotāpanna* beziehe sich eher auf „Hören" als auf „Strom". Werden jedoch die Lehrreden zu Rate gezogen, so stellt sich heraus, dass zwar das Hören des *Dhamma* in S V 347 als einer der Faktoren des Stromeintritts genannt wird, aber in derselben Lehrrede hervorgehoben ist, dass „Strom" sich auf den edlen achtfachen Pfad beziehe und der „Stromeingetretene" derjenige sei, der sich diesen edlen achtfachen Pfad vollständig zu eigen gemacht habe. Zusätzlich wäre darauf hinzuweisen, dass der Pāli-Begriff für das Empfangen des *Dhamma* durch Hören *sotānugata* und nicht *sotāpanna* lautet (vgl. A II 185). Das Bild des „Stroms" kommt auch in S V 38 vor, wo der edle achtfache Pfad mit der Gaṅgā verglichen wird, da er zu *Nibbāna* führt, gerade so, wie die Gaṅgā ins Meer mündet.

[17] Nur die Verwirklichung der Arahantschaft wurde für so bedeutend und verdienstvoll gehalten, dass man dem Buddha davon berichtete (*aññā vyākaraṇa*).

[18] Z. B. wird in S III 167 die Verwirklichung des Stromeintritts zu der Betrachtung der vergänglichen, unbefriedigenden und nicht-selbsthaften Natur der fünf Daseinsgruppen in Bezug gesetzt; in A I 44 wird die gut entwickelte Körperachtsamkeit als geeignet dargestellt, zum Stromeintritt zu führen, und in A III 442f. wird der Betrachtung aller Formationen als vergänglich, unbefriedigend und nicht-selbsthaft dasselbe Potenzial zugeschrieben. Vgl. auch D III 241 und A III 21: Hier stellt das Hören des *Dhamma* eine von fünf Ursachen für das Erwachen dar, wobei die anderen das Lehren des *Dhamma*, das Rezitieren des *Dhamma*, das Reflektieren über den *Dhamma* und nicht zuletzt die Meditation sind.

[19] Vgl. z. B. die Ermahnung: „Meditiert, seid nicht nachlässig!" (z. B. in M I 46, M I 118, M II 266, M III 302, S IV 133, S IV 359, S IV 361, S IV 368, S IV 373, S V 157, A III 87, A III 88, A IV 139, A IV 392), oder die häufig vorkommende Beschreibung eines Meditierenden, der sich zu intensiver Übung und zur Zurückgezogenheit in die Einsamkeit begibt (z. B. in D I 71, D I 207, D II 242, D III 49, M I 181, M I 269, M I 274, M I 346, M I 440, M II 162, M II 226, M III 3, M III 35, M III 115, M III 135, A II 210, A III 92, A III 100, A IV 436, A V 207).

Eine ziemlich verdichtete Version des Stufenpfades findet sich in einem Fall, wo ein Laie zwar leicht angetrunken, aber dennoch in der Lage war, den Stromeintritt zu erlangen. Als dieser Mann dem Buddha zum ersten Mal begegnete, ernüchterte ihn dies, und nachdem er schrittweise eine Darlegung erhalten hatte, verwirklichte er auf der Stelle den Stromeintritt.[20] In diesem speziellen Fall war offenbar die Wirkung des persönlichen Zusammentreffens mit dem Buddha so machtvoll, dass der Durchbruch zum Stromeintritt stattfinden konnte, obwohl der Mann wenige Augenblicke zuvor noch berauscht gewesen war. Dieser Laie ist nicht der einzige solche Fall, da in den Lehrreden auch von einem anderen Laien berichtet wird, der zur Zeit seines Todes den Stromeintritt erlangte, obwohl er sein Leben lang nicht dazu in der Lage gewesen war, sich des Alkohols zu enthalten.[21] Die nähere Betrachtung dieser Lehrrede legt nahe, dass dieser Laie wahrscheinlich jemand war, der schon früher auf dem Pfad so weit fortgeschritten war, dass der Stromeintritt (spätestens) zum Zeitpunkt seines Todes stattfinden musste, trotz der Tatsache, dass seine ethische Grundlage in der Zwischenzeit in Verfall geraten war.[22]

„Plötzliche“ Erfahrungen des Erwachens können sogar vollständig bis zur Arahantschaft führen. Ein typisches Beispiel war der Asket Bāhiya, dessen vollständiges Erwachen sich innerhalb weniger Minuten nach seiner ersten Begegnung mit dem Buddha ereignete, unmittelbar nachdem er eine kurze, aber eindringliche Belehrung erhalten hatte.[23] Bāhiya ist sicherlich ein Prototyp für das „plötzliche“ Erwachen. Betrachtet man den Hintergrund, vor dem dieses Erwachen stattfand, dann wird offenbar, dass Bāhiyas allmähliche Entwicklung sich außerhalb des buddhistischen Übungssystems vollzogen hatte. Zu der Zeit seiner Begegnung mit dem Buddha verfügte Bāhiya bereits über einen hohen Grad spiritueller Reife, sodass die ihm erteilten kurzen Anweisungen genügten, den vollständigen Durchbruch auszulösen.[24]

---

[20] A IV 213.

[21] S V 375.

[22] Nach S V 380 vollendete (*paripūrakārī*) Sarakāni seine Übung zur Zeit seines Todes, was darauf hindeutet, dass Sarakāni zu dieser Zeit den Stromeintritt erlangte. Da in S V 379 dieselben Begriffe vorkommen, die in den Definitionen des „*Dhamma*-Nachfolgenden“ (*dhammānusārī*) und des „Vertrauen-Nachfolgenden“ (*saddhānusārī*) in M I 479 gebraucht werden, ist es sehr wahrscheinlich, dass er ein solcher „Nachfolgender“ gewesen und daher dazu bestimmt war, spätestens mit seinem Tode den Stromeintritt zu erreichen (vgl. S III 225, wo erklärt wird, dass es einem oder einer Dhamma-Nachfolgenden oder Vertrauen-Nachfolgenden unmöglich ist zu sterben, ohne die Frucht des Stromeintritts verwirklicht zu haben).

[23] Ud 8. Vgl. hier Kapitel XI.4, S. 255ff.

[24] Bāhiya muss ein hohes Maß an geistiger Reinigung entwickelt haben, gleich welche Art von Übung er praktizierte, da er – nach dem Bericht im *Udāna* – (irrtümlich) von sich annahm, er sei bereits vollständig erwacht. Die Ernsthaftigkeit seines >

Die meisten bislang erwähnten Beispiele zeigen, wie mächtig der Einfluss der persönlichen Anwesenheit des Buddha war und wie kraftvoll dies die Verwirklichung beschleunigte. Bei fortgesetzter Lektüre der Lehrreden findet man noch weitere Fälle von sich manchmal bemerkenswert „plötzlich" ereignender Verwirklichung. Bei einem Versuch, mit allen verfügbaren Mitteln die Verwirklichung zu erreichen, erlangte Ānanda schließlich genau in dem Augenblick vollständiges Erwachen, als er jedes Bemühen aufgegeben hatte und sich gerade zum Ausruhen niederlegen wollte.[25] An zwei anderen Stellen wird von einer Nonne beziehungsweise einem Mönch berichtet, die durch das Erwachen sozusagen gerettet wurden, als sie kurz vor dem Suizid standen.[26] In den Kommentaren wird sogar die Geschichte eines Akrobaten erzählt, der Verwirklichung erlangte, während er auf der Spitze seiner Stange balancierte.[27] All diese Beispiele veranschaulichen, wie plötzlich und unvorhersehbar sich das Erwachen ereignen kann. Obwohl ein allmähliches Fortschreiten zur Verwirklichung die Regel ist, zeigen diese Beispiele, dass sich die Zeitdauer, die eine solche allmähliche Vorbereitung braucht, um Frucht zu tragen, von Person zu Person stark unterscheidet. Dies ist auch die zentrale Bedeutung der verschiedenen bei der Vorhersage der Verwirklichung aufgeführten Zeiträume am Ende des *Satipaṭṭhāna-sutta*.

So wird im frühen Buddhismus eine allmähliche Entwicklung als die nötige Vorbereitung dafür betrachtet, dass schließlich der plötzliche Durchbruch zur Verwirklichung stattfindet. Wird der Pfad auf diese Weise als eine Verbindung dieser beiden Aspekte betrachtet, dann versöhnt dies den scheinbaren Widerspruch zwischen der Betonung, die in den Lehrreden immer wieder auf die Notwendigkeit gelegt wird, ein bestimmtes Verhalten zu pflegen und Kenntnisse zu erwerben, während andere Textstellen zeigen, dass die Verwirklichung von *Nibbāna*[28] nicht einfach das Ergebnis von Verhalten und Wissen ist.

Strebens offenbart sich aus der Tatsache, dass er, sobald ein Zweifel an seiner vermuteten Verwirklichung aufgekommen war, sofort seine Reise über den halben indischen Subkontinent unternahm, um den Buddha zu treffen. Sein Gefühl der Dringlichkeit war so stark, dass er sogar in der Stadt, wohin der Buddha zum Sammeln von Almosenspeise gegangen war, nach ihm auf die Suche ging, da er sich nicht dazu in der Lage fühlte, seine Rückkehr ins Kloster abzuwarten. (Der Kommentar Ud-a 79 enthält einen wenig glaubwürdigen Bericht über Bāhiya und stellt ihn als einen gestrandeten Heuchler dar, der sich in Baumrinde kleidete, um leicht zu seinem Lebensunterhalt zu kommen, wohingegen er Ud-a 86 zufolge seine lange Reise durch halb Indien aufgrund übernatürlicher Kräfte vollbrachte.)

[25] Vin II 285.

[26] Thī 80f., Th 408f.

[27] Dhp-a IV 63.

[28] In A II 163 wird Sāriputta gefragt, ob die Verwirklichung eine Angelegenheit der Erkenntnis oder des Verhaltens sei, worauf er beides verneint und erklärt, dass >

Nicht nur ist es unmöglich, den genauen Augenblick, in dem die Verwirklichung sich ereignen wird, vorauszusagen, sondern aus der Perspektive der eigentlichen Praxis ist es sogar so, dass der allmähliche Fortschritt hin zur Verwirklichung nicht unbedingt in gleichförmiger Weise vonstattengeht. Vielmehr machen die meisten Praktizierenden die Erfahrung einer zyklischen Folge von Fortschritt und Rückschritt, die innerhalb eines ziemlich breiten Spektrums hin- und herschwingt.[29] Und doch zeigen diese sich wiederholenden Zyklen, wenn sie innerhalb eines längeren Zeitraums betrachtet werden, eine langsame, aber stetige allmähliche Entwicklung, die das sich immer weiter steigernde Potenzial hat, in der plötzlichen Verwirklichung von *Nibbāna* ihren Höhepunkt zu erreichen. Den Implikationen einer solchen Verwirklichung werde ich mich nun im Einzelnen zuwenden.

XIV.2 *Nibbāna* und seine ethischen Implikationen

Im wörtlichen Sinne bezieht sich „*Nibbāna*" auf das Verlöschen einer Lampe oder eines Feuers. Tatsächlich erscheint das Bild einer erloschenen Lampe etliche Male als die Beschreibung der Erfahrung von *Nibbāna* in den Lehrreden.[30] Das entsprechende Verb *nibbāyati* bedeutet „ausgelöscht werden" oder „abkühlen". Ein solches Verlöschen versteht man wahrscheinlich am besten im passiven Sinne, während die Feuer des Sinnesbegehrens, des Übelwollens und der Verblendung durch einen Mangel an Brennstoff abkühlen.[31] Die Metapher eines erloschenen Feuers hat in ihrem altindischen Zusammenhang die Nuancen von Ruhe, Unabhängigkeit und Erlösung.[32]

Den Anhaltspunkten in den Lehrreden nach zu urteilen, gebrauchten zeitgenössische Asketen und Philosophen den Begriff *Nibbāna* mit vorwiegend positiven Konnotationen. Im *Brahmajāla-sutta* werden zum Beispiel fünf Positionen aufgeführt, die für ein *Nibbāna* „hier und jetzt" stehen, wobei es um fünf verschiedene Glücksvorstellungen geht – das Vergnügen weltlichen

---

beides zwar erforderlich, aber dennoch für das Stattfinden der Verwirklichung nicht ausreichend sei. Zu dieser Textstelle vgl. Jayatilleke (1967, S. 456). Ganz ähnlich ist nach Sn 839 Reinheit nicht einfach nur das Ergebnis von Sicht, Lernen, Erkennen und Verhalten, noch kann Reinheit erlangt werden, wenn diese nicht vorhanden sind.

[29] Debes (1994, S. 204 und 208), Kornfield (1979, S. 53).

[30] D II 157, S I 159, A I 236, A IV 3, A IV 4, Th 906. In Thī 116 findet sich eine etwas andere Formulierung, wo sich Paṭācārās Erfahrung von *Nibbāna* tatsächlich gleichzeitig mit dem „*nibbāna*" ihrer Lampe ereignete.

[31] Vgl. M III 245, S V 319. Collins (1998, S. 191) und Rhys Davids (1993, S. 362) weisen darauf hin, *Nibbāna* beziehe sich auf das Erlöschen eines Feuers aufgrund von Mangel an Brennstoff und nicht durch aktives Ausblasen.

[32] Ṭhānissaro (1993, S. 41). Zu Parallelen in den *Upaniṣaden*, wo das Bild erloschenen Feuers gebraucht wird, vgl. Schrader (1905, S. 167).

Sinnenlebens und das der vier Vertiefungsstufen.[33] In einer anderen Lehrrede wird von einem Wanderasketen berichtet, dessen Verständnis von „*Nibbāna*" sich auf Gesundheit und geistiges Wohlbefinden bezieht.[34] Ähnlich positive Konnotationen liegen der Standarddefinition in den Pāli-Lehrreden zugrunde, denen zufolge *Nibbāna* für das Freisein von den unheilsamen Wurzeln des Geistes – nämlich Sinnesbegehren, Hass und Verblendung – steht.[35]

Diese Definition betont ganz besonders die ethischen Implikationen der Verwirklichung von *Nibbāna*. Diese ethischen Implikationen bedürfen einer näheren Untersuchung, da die Verwirklichung von *Nibbāna* gelegentlich so verstanden worden ist, als beinhalte sie das Transzendieren ethischer Werte.[36] Auf den ersten Blick wird ein derartiges Transzendieren im *Samaṇamaṇḍikā-sutta* vertreten, da in dieser Lehrrede das Erwachen mit dem vollständigen Aufhören heilsamen ethischen Verhaltens assoziiert wird.[37] Ganz ähnlich wird in einigen anderen Textstellen des Pāli-Kanons rühmend davon gesprochen, sich jenseits von „Gut" und „Böse" zu begeben.[38]

Betrachtet man zunächst die Textstelle aus dem *Samaṇamaṇḍikā-sutta*, so enthüllt die nähere Überprüfung der Lehrrede, dass diese bestimmte Aussage sich nicht auf das Aufgeben ethischen Verhaltens, sondern lediglich auf die Tatsache bezieht, dass *Arahants* sich nicht länger mit ihrem tugendhaften Verhalten identifizieren.[39] Was die anderen Textstellen betrifft, die von einem ‚Jenseits von Gut und Böse' sprechen, so muss hier klar zwischen den mit „gut" übersetzten Pāli-Begriffen unterschieden werden, die entweder ***kusala*** oder ***puñña*** sein können. Obwohl man die beiden Begriffe im kanonischen Gebrauch nicht völlig voneinander trennen kann, haben sie oft

---

[33] D I 36. Die buddhistische Definition des *Nibbāna* „hier und jetzt" findet sich in A V 64.

[34] M I 509. Aus der Sicht des frühen Buddhismus ist dies eindeutig eine falsche Auffassung von *Nibbāna*.

[35] Z. B. in S IV 251, S IV 261, S IV 371. In S V 8 kommt dieselbe Definition für das „Todlose" vor, während S I 39 und Sn 1109 *Nibbāna* als die Vernichtung der Begierde definieren. Dies entspricht einer ziemlich fantasievollen, in den Kommentaren zu findenden Ableitung von *Nibbāna* als zusammengesetzt aus *ni* (Abwesenheit) und *vāna* (als metaphorischer Ausdruck für Begierde), wobei das ganze Kompositum dann für die „Abwesenheit von Begierde" steht (z. B. in Vism 293, auch in Vajirañāṇa, 1984, S. 20).

[36] Dies vertritt z. B. van Zeyst (1961c, S. 143).

[37] M II 27.

[38] Z. B. in Dhp 39, Dhp 267, Dhp 412, Sn 547, Sn 790, Sn 900.

[39] Ñāṇamoli (1995, S. 283, Anm. 775) kommentiert: „Diese Textstelle zeigt den *Arahant*, der sein tugendhaftes Verhalten beibehält, aber sich nicht länger mit seiner Tugend identifiziert." Wijesekera (1994, S. 35) erklärt, dass der Übende „die Tugendhaftigkeit meistern, aber nicht zulassen sollte, dass er davon beherrscht wird." Vgl. auch M I 319, dem zufolge der Buddha betont, dass er, obwohl ihm ein hohes Niveau an Tugendhaftigkeit zu eigen sei, sich nicht damit identifiziere.

recht unterschiedliche Bedeutungen.[40] Während *puñña* meist ein gute Verdienste mit sich bringendes Handeln bezeichnet, beinhaltet *kusala* jede Art von Heilsamkeit einschließlich der Verwirklichung von *Nibbāna*.[41]

Arahants sind in der Tat „jenseits" des Anhäufens von Karma. Sie sind über das Erzeugen von „gut" (*puñña*) und seines Gegenteils „böse" (*pāpa*) hinausgegangen. Jedoch kann dasselbe nicht vom Heilsamen (*kusala*) gesagt werden. Tatsächlich werden *Arahants* durch das Vernichten aller unheilsamen (*akusala*) Geisteszustände zur höchsten Verkörperung des Heilsamen (*kusala*). In einem solchen Ausmaß ist dies der Fall, dass – den Hinweisen im *Samaṇamaṇḍikā-sutta* zufolge – ihre Tugendhaftigkeit ganz spontan ist und sie sich noch nicht einmal mit ihrer eigenen Tugend identifizieren.

Nibbāna, zumindest wie es der frühe Buddhismus verstand, hat ganz eindeutige ethische Implikationen. *Arahants* sind schlicht unfähig, eine unmoralische Handlung zu begehen, da mit ihrer vollständigen Verwirklichung von *Nibbāna* alle unheilsamen Geisteszustände vernichtet worden sind.[42] Die Anwesenheit unheilsamen Denkens, Redens oder Handelns würde daher dem Anspruch, ein *Arahant* zu sein, direkt widersprechen.

Laut dem *Vīmaṃsaka-sutta* wandte der Buddha dieses Prinzip sogar auf sich selbst an, indem er ganz offen angehende Schüler dazu einlud, seinen Anspruch, vollständig erwacht zu sein, dadurch zu überprüfen, dass sie sein Verhalten und sein Tun gründlich untersuchten und beobachteten.[43] Wie er erklärte, wäre es nur dann vernünftig, ihm als Lehrer zu vertrauen, wenn sich keine Spur des Unheilsamen in ihm finden ließe. Selbst ein Buddha soll durch sein Handeln ein Beispiel für seine Lehre geben – was er ja auch tatsächlich war. Was er lehrte, stimmte vollkommen mit seinem Verhalten überein.[44] So sehr war dies der Fall, dass er selbst nach seinem vollständigen

---

[40] Nach Carter (1984, S. 48) gibt es eine gewisse Überschneidung zwischen *kusala* und *puñña* im Kontext der dreifachen Willensregungen, aber in Bezug auf die Eigenschaften einer Person kann klar zwischen den beiden Begriffen unterschieden werden.

[41] Nach D III 102 ist die Verwirklichung von *Nibbāna* in der Tat das höchste unter den heilsamen Phänomenen; vgl. Premasiri (1976, S. 68). Vgl. auch Collins (1998, S. 154) und Nanayakkara (1999, S. 258).

[42] Z. B. nach D III 133, D III 235, M I 523 und A IV 370 ist die sittliche Vollkommenheit der *Arahants* dergestalt, dass sie nicht dazu fähig sind, ein lebendes Wesen absichtlich ums Leben zu bringen, zu stehlen, Geschlechtsverkehr in irgendeiner Form zu vollziehen, zu lügen und sich sinnlicher Vergnügungen zu erfreuen wie ein Haushalter, der sich einen Vorrat von Dingen anlegt. Vgl. auch de Silva (1996, S. 7).

[43] M I 318. Vgl. auch Premasiri (1990b, S. 100).

[44] In D II 224, D III 135, A II 24 und It 122 wird darauf hingewiesen, dass der Buddha handelt, wie er redet, und redet, wie er handelt. Das Gleiche findet sich in A IV 82 variiert, wo der Buddha erklärt, es gebe für ihn keine Notwendigkeit, irgendeine seiner Handlungen zu verbergen, damit andere keine Kenntnis davon >

Erwachen sich noch immer den Aktivitäten der Zügelung und des umsichtigen Erwägens widmete, die zunächst seine Läuterung herbeigeführt hatten.[45] Wenn schon der Buddha selbst sich an allgemeinen Maßstäben ethischer Reinheit messen ließ, dann besteht schwerlich die Möglichkeit, eine Doppelmoral in seiner Lehre zu entdecken.

Selbst wenn das Erwachen „nur“ auf der Ebene des Stromeintritts stattfindet, hat die Erfahrung von *Nibbāna* immer noch eindeutige ethische Konsequenzen. Eine der hauptsächlichen Folgen der Verwirklichung des Stromeintritts besteht darin, dass Stromeingetretene dazu unfähig werden, einen Verstoß gegen die Grundsätze ethischen Handelns zu begehen, der schwerwiegend genug wäre, zu einer niedrigeren Wiedergeburt zu führen.[46] Obwohl sie noch nicht das Niveau ethischer Vollkommenheit des Buddha oder der *Arahants* erreicht haben, hat doch die erste Verwirklichung von *Nibbāna* eine unumkehrbare moralische Veränderung verursacht.

Um zusätzliche Perspektiven in Bezug auf *Nibbāna* zu eröffnen, will ich nun kurz einige der kanonischen Beschreibungen betrachten.

XIV.3 Die Vorstellung von *Nibbāna* im frühen Buddhismus

Die *Nibbāna*-Vorstellung des frühen Buddhismus war für die Asketen und Philosophen jener Zeit nicht leicht zu verstehen. Die konsequente Weigerung des Buddha, einer der vier landläufigen Lehrmeinungen über das Weiterleben oder die Vernichtung eines *Arahant* nach seinem Tode zuzustimmen, war für seine Zeitgenossen recht verwirrend.[47] Dem Buddha zufolge war das Festhalten an diesen verschiedenen Lehrmeinungen ebenso nutzlos wie das Spekulieren darüber, in welche Richtung ein Feuer, wenn einmal verloschen, gegangen war.[48]

---

erlangen könnten. Die sittliche Vollkommenheit des Buddha wird auch in D III 217 und M II 115 erwähnt.

[45] M I 464. (Setzt man die in dieser Textstelle erwähnten Aktivitäten zu M I 11 oder A III 390 in Beziehung, so erscheint es seltsam, dass auch „entfernen“ darunter ist. Dies ist möglicherweise auf Textverderbnis zurückzuführen, da es für den Buddha keine Notwendigkeit geben kann, unheilsame Gedanken zu „entfernen“, weil solche Gedanken gar nicht erst entstehen.)

[46] In M III 64 wird Folgendes aufgeführt, was einem Stromeingetretenen nicht möglich ist zu tun: die eigene Mutter oder den eigenen Vater zu töten, einen *Arahant* zu töten, einen Buddha zu verwunden und eine Spaltung der monastischen Gemeinschaft herbeizuführen. Die Unfähigkeit, solche schweren Verstöße gegen das sittliche Verhalten zu begehen, wird als eines der vier Glieder des Stromeintritts aufgeführt – ein Thema, das oft in den Lehrreden vorkommt (z. B. in S V 343). Außerdem sind Stromeingetretene nach M I 324 und Sn 232 nicht dazu fähig, ihre Missetaten zu verbergen.

[47] Z. B. in M I 486.

[48] M I 487.

Der Buddha fand die vorhandenen Methoden zur Beschreibung eines Zustands der Verwirklichung oder des Erwachens für seine eigene Verwirklichung unangemessen.[49] Sein Verständnis von *Nibbāna* stellt eine radikale Abwendung von den damals vorhandenen Vorstellungen dar. Er selbst war sich dessen sehr wohl bewusst, als er unmittelbar nach seinem Erwachen über die Schwierigkeit nachdachte, anderen zu vermitteln, was er erkannt hatte.[50]

Und doch bemühte sich der Buddha bei verschiedenen Anlässen trotz dieser Schwierigkeit, das Wesen von *Nibbāna* zu erklären. Dem *Udāna* zufolge sprach er von *Nibbāna* als etwas, was jenseits dieser oder einer anderen Welt sei, jenseits von Kommen, Gehen oder Verweilen, jenseits der vier die materielle Wirklichkeit repräsentierenden Elemente, und ebenso jenseits aller immateriellen Bereiche. Diese „Sphäre" (*āyatana*), die ohne Objekt und ohne Stütze sei, stelle „das Ende des Leidens" dar.[51] Diese Beschreibung zeigt, dass *Nibbāna* sich auf eine Dimension bezieht, die sich von dem, was die gewöhnliche Erfahrung der Welt ausmacht, und ebenso von der Erfahrung der meditativen Vertiefung grundlegend unterscheidet.

Auf eine solche Erfahrung, die sich von all dem, was die gewöhnliche Erfahrung der Welt ausmacht, unterscheidet, nehmen andere Lehrreden Bezug als auf ein „sich nicht manifestierendes" Bewusstsein.[52] Eine verwandte Nuance taucht in einer etwas poetischen Textstelle auf, wo das „basislose" Bewusstsein eines *Arahant* mit einem Sonnenstrahl, der durch das Fenster eines Raumes ohne gegenüberliegende Wände scheint, verglichen wird: der Strahl trifft nirgendwo auf.[53]

---

[49] In M I 329 ist die Frage der Verwirklichung von *Nibbāna* (das „sich nicht manifestierende Bewusstsein") Teil einer Darstellung, die fast schon zu einer Auseinandersetzung wird, worin der Buddha beweist, dass seine Verwirklichung völlig jenseits des Erkenntnisbereichs des Brahmā ist, und bildhaft demonstriert, dass sie jenseits der bis dahin bekannten und geschätzten Arten der Verwirklichung reicht; zu dieser Textstelle vgl. Jayatilleke (1970, S. 115).

[50] M I 167, S I 136. Zu der Schwierigkeit, *Nibbāna* in Begriffen der normalen Sprache zu beschreiben, vgl. auch Burns (1983, S. 20), Story (1984, S. 42).

[51] Ud 80. In diesem Zusammenhang könnte „Sphäre" (*āyatana*) als sich auf eine „Sphäre" der Erfahrung beziehend verstanden werden, da an anderer Stelle dieselbe Begriffsreihe Teil der Beschreibung einer Meditationserfahrung ist, vgl. A V 7, A V 319, A V 353, A V 355, A V 356, A V 358. In Mp V 2 wird diese Textstelle mit der Fruchterlangung von *Arahants* in Zusammenhang gebracht.

[52] Das *anidassana viññāṇa* in D I 223. Zu dieser Textstelle vgl. auch Harvey (1989, S. 88), Ñāṇananda (1986, S. 66) und Ñāṇamoli (1980, S. 178).

[53] S II 103, wo aufgrund der vollständigen Abwesenheit von Begierde nach irgendeinem der vier Nährstoffe das Bewusstsein „basislos" (*appatiṭṭhita*) ist, was wiederum in der Freiheit von künftigem Werden resultiert.

In einer weiteren Lehrrede im *Udāna* wird *Nibbāna* anhand einer Reihe von Perfekt-Partizipien als „nicht geboren“ (*a-jāta*), „nicht geworden“ (*a-bhūta*), „nicht geschaffen“ (*a-kata*) und „nicht bedingt“ (*a-saṅkhata*) beschrieben.[54] Diese Textstelle betont nochmals, dass *Nibbāna* vollkommen „anders“ ist, insofern als es nicht geboren oder geschaffen, nicht verursacht oder bedingt ist. Aufgrund dieses „Andersseins“ stellt *Nibbāna* das Freisein von Geburt (*jāti*), Werden (*bhava*), Karma (*kamma*) und Willensregungen (*saṅkhārā*) dar.[55] Geburt (*jāti*) symbolisiert gewissermaßen die Existenz in der Zeit, während *Nibbāna*, das Geburt und Tod nicht unterworfen ist, zeitlos oder jenseits der Zeit ist.[56]

Aus diesen Textstellen wird klar, dass *Nibbāna* sich deutlich von jeder anderen Erfahrung, Sphäre, jedem anderen Zustand oder Bereich unterscheidet. Sie weisen mit Bestimmtheit darauf hin, dass, solange es auch nur ein subtiles Empfinden eines Irgendwo oder eines Etwas oder eines Jemand gibt, es sich noch nicht um die Erfahrung von *Nibbāna* handelt.

XIV.4 *Nibbāna*: weder allumfassende Einheit noch Vernichtung

Um das Besondere an dem Begriff *Nibbāna* noch weiter zu erhellen, werde ich ihn der Verwirklichung von allumfassender Einheit (wie in den „nichtdualen“ Religionstraditionen zu finden) und ebenso der Lehre von der nachtodlichen Vernichtung (des Selbst oder der Seele) gegenüberstellen. Während der frühe Buddhismus die Unterscheidung zwischen Subjekt und Objekt nicht verneint, so betrachtet er diese Unterscheidung doch nicht als besonders bedeutend. Beide sind ohne wesenhafte Substanz, wobei das Subjekt nichts anderes als ein Komplex von Interaktionen mit der Welt (dem Objekt) ist, während von einer „Welt“ zu sprechen bedeutet, von dem zu sprechen, was von dem Subjekt wahrgenommen wird.[57]

Einheit als eine subjektive Erfahrung bringt das Verschmelzen des Subjekts mit dem Objekt mit sich. Erfahrungen dieser Art sind oft die Folge tiefer Stufen der Konzentration. *Nibbāna* wiederum beinhaltet eher das vollständige Aufgeben sowohl eines Subjekts als auch eines Objekts, nicht

[54] Ud 80, It 37. Zu dieser Textstelle vgl. Kalupahana (1994, S. 92) und Norman (1991/93, S. 220).

[55] D III 275, It 61. Zu dieser Textstelle vgl. Premasiri (1991, S. 49).

[56] Vgl. z. B. M I 162, wo die Ehefrau, Kinder und materielle Besitztümer als der Geburt unterworfene Phänomene definiert sind, worauf eine Klassifizierung von *Nibbāna* als nicht der Geburt unterworfen folgt. Zu möglichen Implikationen des Begriffs „Geburt“ vgl. auch Buddhadāsa (1984, S. 26), Govinda (1991, S. 50), Harvey (1989, S. 90) und Karunadasa (1994, S. 11).

[57] Tilakaratne (1993, S. 74).

ein Verschmelzen der beiden.[58] Eine derartige Erfahrung stellt ein „Entkommen" aus dem gesamten Bereich der Wahrnehmung dar.[59] Obwohl *Nibbāna* insofern an der Nichtdualität teilhat, als kein Gegenstück dazu vorhanden ist,[60] so geht eine *Nibbāna*-Erfahrung doch weit über jede Erfahrung von Einssein oder Einheit hinaus.[61]

Tatsächlich waren Erfahrungen des Einsseins der frühbuddhistischen Gemeinde nicht unbekannt, aber selbst ihre allerfeinsten Formen, die mit den formfreien Erreichungen erfahren werden, wurden nicht als das letztendliche Ziel betrachtet.[62] Geradeso wie laut den Lehrreden der Buddha

---

[58] Z. B. in S IV 100 ist die Rede von einem Aufhören aller sechs Sinnesbereiche – eine Formulierung, zu der im Kommentar erläutert wird, sie beziehe sich auf *Nibbāna* (Spk II 391). Eine andere relevante Bezugnahme könnte in der Standardbeschreibung des Stromeintritts (z. B. in S V 423) vorliegen, wo von der Einsicht in die Tatsache gesprochen wird, dass alles, was entsteht, auch aufhört – eine Formulierung, die sich durchaus auf die subjektive Erfahrung von *Nibbāna* beziehen kann, wo alle bedingt entstandenen Phänomene aufhören. Ganz ähnlich weisen die Verkündungen der Verwirklichung in M III 265 und S IV 58 auf eine Erfahrung des Aufhörens bzw. Erlöschens hin. Überlegungen zu der Verwirklichung als Erfahrung des Aufhörens finden sich auch in den Schriften heutiger Meditationslehrer und Wissenschaftler; vgl. z. B. Brown (1986b, S. 205), Goenka (1994a, S. 113 und 1999, S. 34), Goleman (1977b, S. 31), Griffith (1981, S. 610), Kornfield (1993, S. 291), Mahasi (1981, S. 286) und Ñāṇārāma (1997, S. 80). Vgl. auch Anm. 30 in diesem Kapitel.

[59] M I 38. Dieses „Entkommen" aus dem gesamten Bereich der Wahrnehmung wird vom Kommentar mit *Nibbāna* (Ps I 176) gleichgesetzt. Ganz ähnlich bezieht sich Thī 6 auf *Nibbāna* als das Stillwerden aller Wahrnehmungen.

[60] Die Frage „Was ist das Gegenstück zu *Nibbāna*?" (in M I 304) gehört zu den Fragen, die der *Arahant*-Nonne Dhammadinnā zufolge nicht beantwortet werden können. Der Kommentar Ps II 369 erklärt, es gebe zu *Nibbāna* kein Gegenstück.

[61] So viel lässt sich aus einer Aussage in M II 229-233 schließen: Mit der unmittelbaren Erfahrung von *Nibbāna* werden alle Ansichten und Standpunkte im Zusammenhang mit einer Einheitserfahrung zurückgelassen und transzendiert. Vgl. auch S II 77, wo die Ansicht „Alles ist eins" als eins der zu vermeidenden Extreme zurückgewiesen wird. Außerdem herrschen nach A IV 40 und A IV 401 in den verschiedenen Himmelsbereichen entweder Erfahrungen der Einheit oder der Vielheit vor, sodass eine kategorische Aussage wie „Alles ist eins" nicht mit der Beschreibung der kosmischen Realität im frühen Buddhismus übereinstimmt. Vgl. auch Ling (1967, S. 167).

[62] Die formfreien Erreichungen werden in M III 220 ausdrücklich mit „Einheit" gleichgesetzt. In der Tat beginnt die ganze Serie mit der Anweisung, den Wahrnehmungen der Vielheit keine Beachtung zu schenken, als Grundlage für das Entwickeln der Sphäre des unendlichen Raums (z. B. in A IV 306) – ein deutlicher Hinweis auf den Einheitscharakter dieser Erfahrungen. Auch in M III 106 werden die vier unkörperlichen Erreichungen wieder als „Einheit" (*ekatta*) bezeichnet, wobei jede von ihnen Teil eines graduellen „Übergangs" in die Leerheit ist. Der Höhepunkt dieses graduellen Übergangs ist mit der Zerstörung der Einflüsse (M III 108) >

selbst nicht mit den Erfahrungen, die er aufgrund der Hinweise seiner ersten Lehrer gemacht hatte, zufrieden war,[63] so ermahnte er seine Schüler auch, sich jenseits solcher „transzendentalen" Erfahrungen zu begeben und sie zu transzendieren.[64] Einige seiner Schüler hatten verschiedenartige Erfahrungen der Einheit erreicht, während andere das vollständige Erwachen erlangt hatten, ohne irgendwelche der formfreien Erreichungen erfahren zu haben.[65] Die letzteren waren der lebende Beweis dafür, dass solche Erreichungen nicht nur weit davon entfernt sind, mit *Nibbāna* überein zu stimmen, sondern sogar für die Verwirklichung von *Nibbāna* nicht nötig sind.

Um die Vorstellung des frühen Buddhismus von *Nibbāna* korrekt zu bestimmen, muss sie nicht nur von auf Erfahrungen der Einheit beruhenden Ansichten unterschieden werden, sondern auch von den Lehrmeinungen des Vernichtungsglaubens, die von den deterministischen und materialistischen Schulen des alten Indien vertreten wurden. Tatsächlich wurde der Buddha laut den Lehrreden zu verschiedenen Anlässen beschuldigt, er vertrete die Vernichtungslehre.[66] Auf solche Behauptungen antwortete er voller Humor, dass man ihm dies zu Recht vorwerfen könne, wenn dabei die Vernichtung unheilsamer Geisteszustände gemeint sei.

In den Lehrreden wird *Nibbāna* sowohl im positiven als auch im negativen Sinne beschrieben. Negative Darstellungen kommen häufig in einem Zusammenhang der Praxis vor und weisen auf die Arbeit hin, die noch zu tun sei.[67] Andere Textstellen beziehen sich jedoch auf *Nibbāna* mit einer Vielzahl positiver Attribute und nennen es einen Zustand des Friedens, der Reinheit und der Freiheit, bezeichnen es als erhaben und glückverheißend, wunderbar und erstaunlich, eine Insel, einen Schutz und eine Zuflucht.[68]

---

erreicht, ein Punkt, an dem die Bezeichnung „Einheit" nicht länger gebraucht wird. Diese Textstelle zeigt deutlich, dass das vollständige Erwachen jenseits selbst der verfeinertsten Erfahrungen der Einheit reicht. Diese Lehrrede weist auch darauf hin, dass es viele verschiedene Erfahrungen von „Leerheit" geben mag, aber dass es die völlige Zerstörung der Einflüsse ist, an der sich entscheidet, ob in einer Leerheitserfahrung tatsächlich das vollständige Erwachen besteht (oder nicht).

[63] Vgl. M I 165, wo der Buddha über Āḷāra Kālāma und Uddaka Rāmaputta die Bemerkung macht, dass ihre Lehre nicht der völligen Ernüchterung (*nibbiddā*) förderlich und daher zur Verwirklichung von *Nibbāna* nicht ausreichend war.

[64] Z. B. in M I 455ff., wo auf jede der meditativen Vertiefungen die Bemerkung folgt: „Dies ist nicht genug, verzichtet darauf, sage ich, überwindet sie!"

[65] Dies waren die „durch Weisheit befreiten" *Arahants*, die ihrer kanonischen Definition zufolge (z. B. in M I 477) die Einflüsse zerstört hatten, ohne die unkörperlichen Erreichungen erfahren zu haben.

[66] Vin III 2, A IV 174 und A IV 183. Vgl. auch Vin I 234, Vin III 3, M I 140 und A V 190, wo der Buddha als „Nihilist" bezeichnet wird.

[67] Bodhi (1996, S. 171), Ñāṇapoṇika (1986a, S. 25), Sobti (1985, S. 134).

[68] S IV 368-373, wo es eine umfangreiche Aufstellung solcher Attribute gibt. Eine andere, aber kürzere Aufstellung findet sich in A IV 453.

Die durch das Verwirklichen von *Nibbāna* bedingte Glückserfahrung stellt die höchstmögliche Form des Glücks dar.[69] *Nibbāna*, beschrieben als die Quelle des allerhöchsten Glücks, als ein Zustand der Freiheit, erhaben und glückverheißend, hat offenbar wenig mit bloßer Vernichtung gemein.

Der tiefgründigen Analyse des frühen Buddhismus zufolge ist es tatsächlich so, dass der Versuch, das Selbst zu vernichten, um eine Idee von Selbstheit kreist, obwohl er durch Widerwillen gegen dieses Selbst motiviert ist. Auf diese Weise ist der Vernichtungsglaube weiterhin an ein Selbstgefühl gebunden und kann mit einem Hund verglichen werden, der um einen Pfosten kreist, an den er angebunden ist.[70] Solch ein Durst nach Nichtsein (*vibhava-taṇhā*) stellt ein Hindernis zur Verwirklichung von *Nibbāna* dar.[71] Wie im *Dhātuvibhaṅga-sutta* erklärt wird, ist das Denken in Begriffen von „Ich werde nicht sein" eine ebensolche Form der Vorstellung wie der Gedanke „Ich werde sein".[72] Beides muss man hinter sich lassen, um zum Erwachen fortzuschreiten.

Die Meinung zu vertreten, dass *Arahants* nach ihrem Tode vernichtet wären, beruht auf einem Missverständnis, da eine solche Meinung für das Vernichtetsein von etwas eintritt, das im Sinne einer wesenhaften Substanz noch nicht einmal zu Lebzeiten aufgefunden werden kann.[73] Daher stellt

---

[69] Die Bezeichung von *Nibbāna* als das höchste Glück findet sich z. B. in M I 508, Dhp 203f., und Thī 476. Diese Formulierungen beziehen sich auf die von dem oder der *Arahant* gemachten Erfahrung des Glücks der Befreiung, vgl. z. B. M II 104, S I 196, Ud 1, Ud 10, Ud 32. Die Erhabenheit dieser Glückserfahrung über alle anderen Arten von Glück ist in Ud 11 dargelegt. Jedoch ist der Hinweis vonnöten, dass *Nibbāna* selbst keine gefühlte Art des Glücks ist, da mit *Nibbāna* alle Gefühle aufhören. Dies ist in A IV 414 belegt, wo Sāriputta konstatiert, *Nibbāna* sei eine Erfahrung von Glück. Auf die Nachfrage, wie es denn möglich sei, dass es in Abwesenheit jeglichen Gefühls eine Glückserfahrung geben könne, erklärt er, dass es gerade die Abwesenheit von Gefühl sei, welche die Glückserfahrung ausmache. Ganz ähnlich erklärt der Buddha laut M I 400, er sehe sogar das Aufhören der Gefühle und Wahrnehmungen als eine Glückserfahrung an, da er das Konzept von „Glück" nicht nur auf die Erfahrung eines Glücksgefühls begrenze. Johansson (1969, S. 25) erklärt, *Nibbāna* sei „‚eine Quelle des Glücks' und nicht ‚ein Zustand des Glücks'".

[70] M II 232.

[71] Denn es handelt sich um eine der Formen von Begierde, welche die zweite edle Wahrheit mit einschließt (vgl. z. B. S V 421).

[72] M III 246.

[73] In S IV 383 stellt das Schicksal eines *Arahant* nach dem Tode ein Dilemma für den Mönch Anurādha dar, das er zu lösen versucht, indem er sagt, dies könne auf eine Weise beschrieben werden, die sich von den im alten Indien für solche Diskussionen gebrauchten sog. Urteilsvierkant (*catuṣkoṭi*) unterscheide. Nachdem der Buddha diese fünfte Option (die nach dem altindischen Logikkalkül unmöglich ist) zurückgewiesen hat, bringt er Anurādha zu dem Schluss, dass ein *Arahant* sogar dann, wenn er noch lebe, mit keiner der fünf Daseinsgruppen oder mit irgendetwas >

sich jede die Weiterexistenz oder Vernichtung eines *Arahant* nach seinem Tode betreffende Aussage als sinnlos heraus.[74] Was *Nibbāna* tatsächlich impliziert, ist, dass der auf Unwissenheit beruhende Glaube an ein substanzielles Selbst vernichtet wird – eine Vernichtung, die schon mit dem Stromeintritt stattfindet. Mit dem vollständigen Erwachen sind selbst die allerfeinsten Spuren des Greifens nach einem Selbstgefühl für immer „vernichtet", was nur ein negativer Ausdruck für die durch die Verwirklichung gewonnene Freiheit ist. Vollständig zu der Wirklichkeit der Leere erwacht, sind *Arahants* vollkommen frei – wie ein Vogel am Himmel, der keine Spur hinterlässt.[75]

außerhalb von ihnen identifiziert werden könne. Dieselbe Argumentation findet sich auch in S III 112, wo Sāriputta den Mönch Yamaka für seine Annahme tadelt, dass *Arahants* im Tode vernichtet würden.

[74] In Sn 1074 wird der *Arahant* mit einer Flamme verglichen, die, wenn sie erst einmal erloschen ist, nicht länger im Sinne einer „Flamme" betrachet werden kann. In Sn 1076 wird erklärt, dass jemand, der so erloschen sei, nicht gemessen werden könne, da mit dem Ablegen aller Phänomene die Möglichkeiten der Sprache auch nicht mehr gegeben seien. Die einzig annehmbare Aussage, die über *Arahants* beim Tode getroffen werden könnte (vgl. D II 109 und D III 135), sei die, dass sie „in das Element des *Nibbāna* restlos eingingen". Diese Erklärung wird in It 38 weiter dahingehend erläutert, dass im Falle des Hinscheidens eines *Arahant* alles, was gefühlt und erfahren werde, wegen des Fehlens jeglicher Freude daran einfach abkühle.

[75] Dhp 93, Th 92.

XV. Kapitel
Schluss

Den Lehrreden zufolge sagte der Buddha einmal, dass er, ohne sich zu wiederholen oder ohne dass ihm die Antworten ausgingen, Fragen über *satipaṭṭhāna* beantworten könnte – selbst wenn das Fragen ein ganzes Jahrhundert lang andauern sollte.[1] Wenn schon der Buddha das Thema *satipaṭṭhāna* nicht erschöpfend behandeln konnte, dann kann offensichtlich das hier vorliegende Werk bestenfalls einen Ausgangspunkt für weitere Diskussion und Nachforschung bieten. Dennoch ist es nun an der Zeit, die hier geführte Diskussion zusammenzufassen, indem ein Schlaglicht auf einige wesentliche Aspekte von *satipaṭṭhāna* geworfen wird. Außerdem werde ich *satipaṭṭhāna* in einen erweiterten Kontext stellen, indem ich seine Position und Bedeutung im Zusammenhang der Lehre des Buddha erwäge.

XV.1 Wesentliche Aspekte von *satipaṭṭhāna*

Der im *Satipaṭṭhāna-sutta* beschriebene „direkte Weg" zu *Nibbāna* stellt eine umfassende Serie von Kontemplationen dar, die stufenweise immer subtilere Aspekte der subjektiven Erfahrung sichtbar werden lassen. Dem Teil „Definition" der Lehrrede zufolge sind die für diesen direkten Pfad von *satipaṭṭhāna* erforderlichen geistigen Eigenschaften der ausgewogene und unermüdliche Einsatz von Anstrengung (*ātāpī*), das Vorhandensein von Wissensklarheit (*sampajañña*) und ein ausgeglichener Geisteszustand, der von Verlangen (*abhijjhā*) und Betrübtheit (*domanassa*) frei ist. Wie die drei Speichen eines Rades kreisen diese drei Eigenschaften um die zentrale geistige Qualität *sati*, die Nabe dieses Rades.

Als geistige Eigenschaft steht *sati* für die absichtsvolle Kultivierung und die qualitative Verfeinerung des empfänglichen Gewahrseins, welche die anfänglichen Phasen des Wahrnehmungsprozesses kennzeichnen. Wichtige Aspekte von *sati* sind reine und gleichmütige Empfänglichkeit in Kombination mit einem wachsamen, weiten und offenen Geisteszustand. Eine Aufgabe von *sati* mit zentraler Bedeutung besteht darin, gewohnheitsmäßige Reaktionen und bewertendes Wahrnehmen zu „entautomatisieren". Hierbei führt *sati* zu einer fortschreitenden Umstrukturierung der Bewertung der Wahrnehmung und erreicht ihren Höhepunkt in einer unverzerrten Schauung der Wirklichkeit „so, wie sie ist". Das in *sati* enthaltene Element nichtreaktiver, wachsamer Empfänglichkeit bildet die Grundlage für *satipaṭṭhāna* als einen mittleren Weg von genialer Geschicklichkeit, auf dem weder ein

[1] M I 82. Im Kommentar zu dieser Textstelle (Ps II 52) spezialisiert sich jeder der vier Fragenden auf eines der vier *satipaṭṭhāna*s.

Unterdrücken der Inhalte der Erfahrung noch ein zwanghaftes Reagieren darauf stattfindet.

Diese geistige Qualität von *sati* ist von großer Vielfalt in den Möglichkeiten ihrer Anwendung. Innerhalb des Kontextes von *satipaṭṭhāna* kann *sati* sich von den gröbsten Aktivitäten wie z. B. Stuhlgang und Urinieren bis hin zu dem allerfeinsten und erhabensten Zustand erstrecken, wo *sati* als ein Geistesfaktor während des Durchbruchs zu *Nibbāna* vorhanden ist. Eine ähnliche Spannweite von Anwendungen ist im Zusammenhang mit Ruhemeditation zu finden, wo die Aufgaben von *sati* vom Erkennen des Vorhandenseins eines Hindernisses bis zum achtsamen Heraustreten aus den höchsten meditativen Vertiefungsstufen reichen.

Auf der Grundlage der in der „Definition" und in dem Kehrvers beschriebenen zentralen Merkmale und Eigenschaften lässt sich das, worauf es bei *satipaṭṭhāna* hauptsächlich ankommt, wie folgt zusammenfassen:

> Erhalte ein ruhiges Erkennen der Veränderlichkeit aufrecht.

Mit der Ermahnung „Erhalte aufrecht" beabsichtige ich, sowohl die Kontinuität als auch das Umfassende der *satipaṭṭhāna*-Betrachtung einzuschließen. Die Kontinuität des Gewahrseins liegt der in der „Definition" erwähnten Eigenschaft „unermüdlich, eifrig" (*ātāpī*) zugrunde. Das Element des Umfassenden kommt im Kehrvers vor, worin die Anweisung enthalten ist, sowohl innerlich (*ajjhatta*) als auch äußerlich (*bahiddhā*) zu betrachten, das heißt, auf umfassende Weise sowohl sich selbst als auch andere zu betrachten.

Die Bezeichnung „ruhig" steht für die in der „Definition" und dem Kehrvers erwähnten Notwendigkeit, sich mit *satipaṭṭhāna* zu befassen, frei von Begierden und Missstimmung (*vineyya loke abhijjhā-domanassa*) und ebenso frei von jeglichem Anhaften und jeglicher Abhängigkeit (*anissito ca viharati, na ca kiñci loke upādiyati*).

In dem Verb „erkennen" spiegelt sich der häufige Gebrauch des Verbs *pajānāti* in der Lehrrede wider. Ein solches „Erkennen" steht für die Eigenschaft reiner Achtsamkeit (*sati*) verbunden mit Wissensklarheit (*sampajañña*), die beide in der „Definition" erwähnt werden. Beide kommen auch im Kehrvers vor, in dem davon die Rede ist, die Betrachtung schlicht wegen „reinen Erkennens und andauernder Achtsamkeit" (*ñāṇamattāya paṭissatimattāya*) vorzunehmen.

Im Kehrvers wird auch der jeweilige Aspekt Körper, Gefühle, Geist und *dhamma*s erklärt, auf den diese Eigenschaft des Erkennens zu richten ist, nämlich ihr charakteristisches Merkmal des Entstehens und Vergehens (*samudaya-vaya-dhammānupassī*). Derartige Betrachtung der Vergänglichkeit kann entweder zu einem Verstehen der Bedingtheit führen oder die Grundlage für das Verstehen der anderen beiden Merkmale bedingter Phänomene, *dukkha* and *anattā*, herstellen. Es ist dieses Wachsen der Einsicht in die unbefriedigende und leere Natur der bedingten Existenz, gegründet auf das unmittelbare Erfassen der Vergänglichkeit, auf das ich mich mit dem Begriff „Veränderlichkeit" beziehen möchte.

Die wesentlichen Grundzüge der *satipaṭṭhāna*-Kontemplation können auch bildlich verdeutlicht werden. Auf der untenstehenden Abb. 15.1 habe ich versucht, das Verhältnis zwischen der „Definition", den vier *satipaṭṭhāna*s und dem Kehrvers zu veranschaulichen.

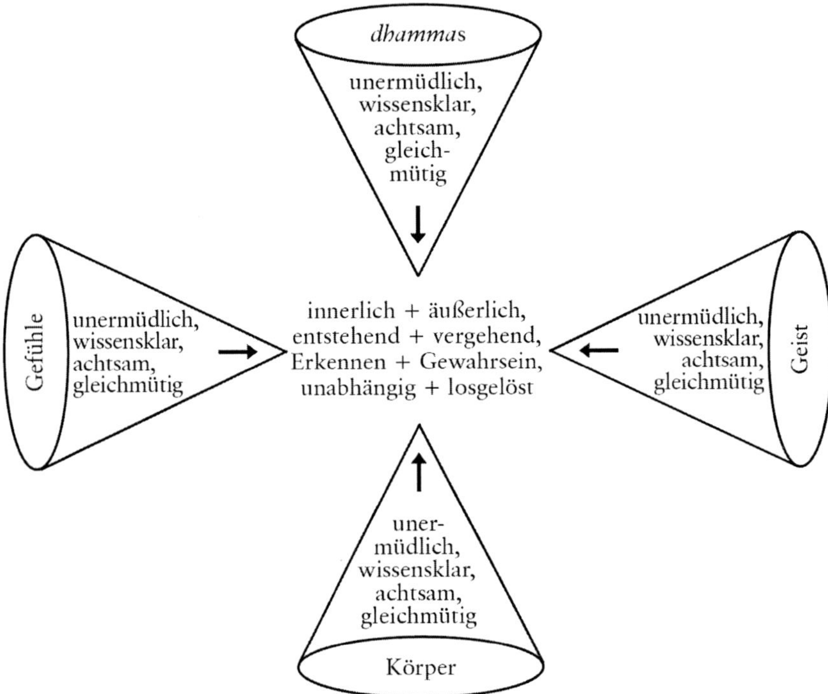

Abb. 15.1: Charakteristische Hauptmerkmale und Aspekte von *satipaṭṭhāna*

Die im Kehrvers erwähnten zentralen Aspekte stehen im Mittelpunkt der Darstellung, während die in der „Definition" aufgezählten Eigenschaften sich in jedem der Kegel wiederholen. Diese vier Kegel stehen für die vier *satipaṭṭhāna*s, von denen jedes zum Schwerpunkt der Übung werden und zu tiefer Einsicht und zur Verwirklichung führen kann. Wie durch das Diagramm angedeutet, erfordert es die *satipaṭṭhāna*-Betrachtung des Körpers, der Gefühle, des Geistes oder der *dhamma*s, dass alle in der „Definition" aufgeführten Eigenschaften gleichzeitig vorhanden sind. Diese Betrachtung führt dann zur Entwicklung der vier Aspekte von *satipaṭṭhāna*, die in der Mitte der oben stehenden Abbildung zu finden sind und von denen im Kehrvers des *Satipaṭṭhāna-sutta* die Rede ist.

Mit diesem Diagramm möchte ich die Tatsache verdeutlichen, dass jedes der vier *satipaṭṭhāna*s sozusagen eine „Tür" oder ein „Sprungbrett" bildet. Die Betrachtungen, die die vier *satipaṭṭhāna*s umfassen, stellen keinen Selbstzweck dar, sondern sind lediglich Hilfsmittel, um die im Kehrvers beschriebenen zentralen Aspekte zu entfalten. Gleichgültig welche Tür oder welches Sprungbrett benutzt wird, um Einsicht zu entwickeln, die Hauptaufgabe besteht darin, sie geschickt als Werkzeug einzusetzen, um eine umfassende und ausgewogene Schauung der Wirklichkeit subjektiver Erfahrung zu erlangen.

Im *Saḷāyatanavibhaṅga-sutta* ist von drei „*satipaṭṭhāna*s" die Rede, die von den in dem Schema der vier *satipaṭṭhāna*s aufgeführten Übungen verschieden sind.[2] Dies lässt darauf schließen, dass die im *Satipaṭṭhāna-sutta* beschriebenen Betrachtungen nicht die einzig richtigen und angemessenen Methoden sind, um *satipaṭṭhāna*-Betrachtungen auszuführen, sondern nur Empfehlungen zu Möglichkeiten der praktischen Anwendung darstellen. Folglich ist die Praxis von *satipaṭṭhāna* nicht unbedingt auf die Reihe der ausdrücklich im *Satipaṭṭhāna-sutta* aufgeführten Objekte beschränkt.

Die Betrachtungen im *Satipaṭṭhāna-sutta* schreiten von groben zu feinen Aspekten der Erfahrung fort. Man sollte sich jedoch vor Augen halten, dass diese Lehrrede ein theoretisches Modell von *satipaṭṭhāna* und keine Fallstudie ist. In der Praxis können die in der Lehrrede beschriebenen unterschiedlichen Betrachtungen auf vielfältige Weise kombiniert warden, und es wäre ein Missverständnis, wenn man die Progression in der Lehrrede als die einzig mögliche Reihenfolge des Entwickelns von *satipaṭṭhāna* betrachten wollte.

Die flexible Wechselbeziehung der *satipaṭṭhāna*-Betrachtungen bei der praktischen Übung kann man veranschaulichen, indem man sozusagen einen Querschnitt durch den direkten *satipaṭṭhāna*-Pfad macht. Eine solche Schnittfläche würde einer Blüte mit zwölf Blütenblättern ähneln (vgl. Abb. 15.2 unten), wobei das zentrale Objekt der Betrachtung (hier wird der Atem als Beispiel genommen) die Mitte der „Blüte" bildet.

---

[2] M III 221 (vgl. auch Kapitel I.6, S. 41).

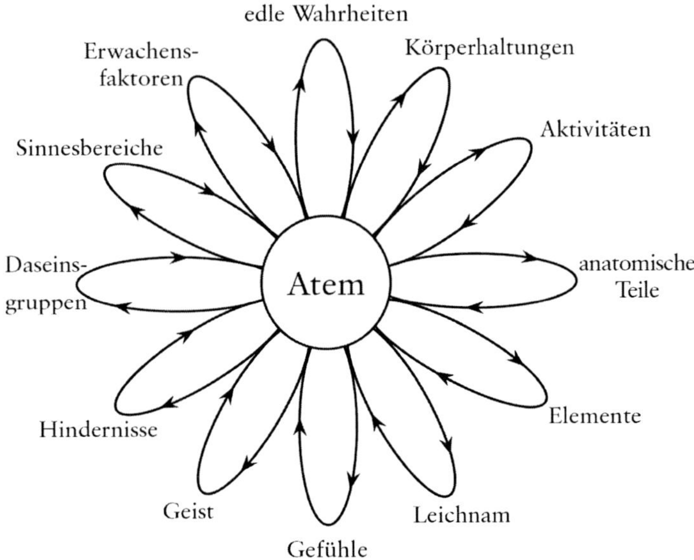

Abb. 15.2: Dynamische Wechselbeziehung der *satipaṭṭhāna*-Betrachtungen

Vom Gewahrsein des zentralen Meditationsobjektes kann die Dynamik der Betrachtung in jedem Augenblick zu jeder der anderen *satipaṭṭhāna*-Übungen überleiten und dann zum Hauptobjekt zurückkehren. Das bedeutet: Die Achtsamkeit kann sich zum Beispiel vom Gewahrsein des Atemvorgangs jedem anderen Ereignis im Bereich des Körpers, der Gefühle, des Geistes oder der *dhamma*s, das gerade in den Vordergrund getreten ist, zuwenden und dann zum Atem zurückkehren. Oder, falls das neu entstandene Meditationsobjekt anhaltende Aufmerksamkeit und tiefere Untersuchung erfordern sollte, kann es zu dem neuen Mittelpunkt der Blüte werden, wobei das vorherige Objekt sich in eines der Blütenblätter verwandelt.

Jede Meditationsübung der vier *satipaṭṭhāna*s kann als Mittelpunkt für Einsichtsbetrachtung dienen und zur Verwirklichung führen. Gleichzeitig können Meditationsarten eines *satipaṭṭhāna* mit denen anderer *satipaṭṭhāna* in Beziehung gesetzt werden. Dies zeigt, wie die Flexibilität des *satipaṭṭhāna*-Schemas die Freiheit der Variation und Kombination bietet, je nach Wesensart und Übungsstufe der Meditierenden. So verstanden sollte das Thema beim Üben von *satipaṭṭhāna* nicht so sehr sein, ob das eine oder das andere *satipaṭṭhāna* praktiziert wird, sondern vielmehr, dass man eine Betrachtung genauso wie die anderen ausführt. Mit den fortgeschritteneren Übungsstufen, wenn es möglich wird, „unabhängig und an nichts in der Welt haftend" zu verweilen, schreitet die Übung von *satipaṭṭhāna* von jedem bestimmten Objekt oder Bereich zu einer immer umfassenderen Form der Betrachtung fort, die alle Aspekte der Erfahrung umfasst. In den Begriffen von Abb. 15.2

ausgedrückt wäre das so, als ob bei Sonnenuntergang die zwölf Blütenblätter der Blüte sich allmählich zu einer einzigen Knospe schlössen. Auf diese Weise geübt, wird *satipaṭṭhāna* zu einer vollständigen, vierfach facettierten Überschau der eigenen gegenwärtigen Erfahrung, wobei ihre materiellen, affektiven und mentalen Aspekte aus der Perspektive des *Dhamma* berücksichtigt werden und die eigene gegenwärtige Erfahrung zu einem Anlass schnellen Fortschreitens auf dem direkten Pfad zur Verwirklichung wird.

XV.2 Die Bedeutung von *satipaṭṭhāna*

In den Lehrreden wird das Üben von *satipaṭṭhāna* nicht nur Neulingen, Anfängerinnen und Anfängern empfohlen, sondern auch fortgeschrittene Übende und *Arahants* werden zu denjenigen gezählt, die *satipaṭṭhāna* kultivieren sollten.[3]

Wesentliche Grundbedingungen für den Anfänger, der mit der *satipaṭṭhāna*-Praxis beginnt, sind den Lehrreden zufolge eine Basis ethischen Verhaltens und das Vorhandensein „rechter" Ansicht.[4] Nach einer Textstelle im *Aṅguttara-nikāya* führt die Übung von *satipaṭṭhāna* zur Überwindung der Schwäche in Bezug auf die fünf Regeln.[5] Dies deutet darauf hin, dass die für das Beginnen mit *satipaṭṭhāna* erforderliche ethische Grundlage anfangs schwach sein mag, aber mit dem Fortschreiten in der Praxis gestärkt wird. Ähnlich mag sich die schon erwähnte „rechte" Ansicht auf ein vorläufiges Maß an Motivation und Verständnis beziehen, das sich mit dem Fortschreiten in der *satipaṭṭhāna*-Betrachtung weiter entwickeln wird.[6] Zusätzliche Vorbedingungen für die *satipaṭṭhāna*-Praxis bestehen darin, sich in seinen Aktivitäten zu beschränken, sich des Schwätzens, des übermäßigen Schlafens und der Geselligkeit zu enthalten und Sinneszügelung und Mäßigung in Bezug auf das Essen zu entwickeln.[7]

---

[3] S V 144. Dass Schüler und Schülerinnen verschiedener Niveaus *satipaṭṭhāna* üben sollten, findet sich auch in S V 299. (Woodward, 1979, Bd. V, S. 265, übersetzt diese Textstelle so, als solle man die Übung von *satipaṭṭhāna* „hinter sich lassen". Diese Wiedergabe ist nicht überzeugend, da im vorliegenden Kontext der Pāli-Begriff *vihātabba* besser als Futur-Passiv-Form von *viharati*, nicht von *vijahati*, übersetzt werden sollte.)

[4] Dass eine Basis sittlichen Verhaltens erforderlich ist, um mit *satipaṭṭhāna* zu beginnen, wird z. B. in S V 143, S V 165, S V 187 und S V 188 konstatiert. Vgl. auch S V 171, wonach der eigentliche Zweck sittlichen Verhaltens darin besteht, zur Übung von *satipaṭṭhāna* hinzuführen. In S V 143 und S V 165 wird „eine gerade Ansicht" (*diṭṭhi ca ujukā*) zu den notwendigen Bedingungen für *satipaṭṭhāna* hinzugefügt.

[5] A IV 457.

[6] In S III 51 und S IV 142 wird die unmittelbare Erfahrung der Vergänglichkeit der Daseinsgruppen oder der Wahrnehmungsfelder als „rechte Ansicht" dargestellt – eine Form der rechten Ansicht, die zweifellos das Ergebnis von Einsichtsmeditation ist.

[7] A III 450.

Es mag bereits überraschend sein, dass ein Neuling auf dem Pfad dazu ermutigt werden sollte, sofort *satipaṭṭhāna* zu kultivieren.[8] Aber dass der Buddha und seine vollständig erwachten Schüler und Schülerinnen sich immer noch der Praxis von *satipaṭṭhāna* widmeten, ist vielleicht noch überraschender. Warum sollte jemand, der das Ziel verwirklicht hat, immer noch mit *satipaṭṭhāna* fortfahren?

Die Antwort darauf ist, dass *Arahants* weiterhin Einsichtsmeditation betreiben, weil das für sie einfach die angemessenste und angenehmste Art ist, ihre Zeit zu verbringen.[9] Vervollkommnung in *satipaṭṭhāna*, ebenso wie Freude an der Abgeschiedenheit, sind tatsächlich Eigenschaften, die *Arahants* auszeichnen.[10] Hat sich erst einmal wahre Losgelöstheit eingestellt, so wird die Kontinuität der Einsichtsmeditation zu einer Quelle der Freude und Zufriedenheit. So ist *satipaṭṭhāna* nicht nur der direkte Pfad, der zum Ziel führt, sondern auch der vollkommene Ausdruck davon, das Ziel verwirklicht zu haben. Um Anleihe bei der dichterischen Sprache der Lehrreden zu machen: Der Pfad und *Nibbāna* verschmelzen miteinander, so wie ein Fluss mit einem anderen zusammenfließt.[11]

---

[8] Es muss jedoch darauf hingewiesen werden, dass ein deutlicher qualitativer Unterschied zwischen *satipaṭṭhāna*, wie es von Anfängern geübt wird, und dem Üben der *Arahants* besteht. In S V 144 ist diese qualitative Progression beschrieben, die von der beginnenden Einsicht des Anfängers über das tiefgehende Erfassen des fortgeschrittenen Übenden zu der völligen Loslösung bei der vom *Arahant* unternommenen Betrachtung führt. Sogar für die beginnende Einsicht des Anfängers verlangt diese Lehrrede, dass *satipaṭṭhāna* mit einem ruhigen und konzentrierten Geist unternommen werden müsse, damit echte Einsicht entsteht – eine Erfordernis, die von denjenigen, die gerade mit dem Üben begonnen haben, nicht leicht zu erfüllen ist.

[9] In S III 168 wird erklärt, dass *Arahants*, obwohl sie nichts mehr zu tun haben, weiterhin die fünf Daseinsgruppen in ihrer vergänglichen, unbefriedigenden und nicht-selbsthaften Natur betrachten, weil das für sie eine angenehme Art, im Hier und Jetzt zu verweilen, und eine Quelle der Achtsamkeit und Wissensklarheit ist. In S I 48 wird erklärt, dass *Arahants*, obwohl sie meditieren, nichts mehr zu tun haben, da sie „darüber hinausgegangen" sind. Vgl. auch Ray (1994, S. 87).

[10] In S V 175 ist ein *Arahant* als jemand definiert, der die Kultivierung von *satipaṭṭhāna* vervollkommnet hat. Nach S V 302 verweilen *Arahants* oft in *satipaṭṭhāna* gegründet. Die Freude des *Arahant* an der Abgeschiedenheit ist in D III 283, A IV 224 und A V 175 belegt. Die Vervollkommnung des *Arahant* in *satipaṭṭhāna* findet sich auch in A IV 224 und A V 175. Katz (1989, 67) kommt zu dem Schluss: „*satipaṭṭhāna* ... *Arahants* haben Freude an dieser Praxis, was bedeuten würde ... dass es ein natürlicher Ausdruck ihrer Erreichung ist".

[11] Nach D II 223 verschmelzen *Nibbāna* und der Pfad, genau so, wie die Flüsse Gaṅgā und Yamunā zusammenfließen. Malalasekera (1995, S. 734) erklärt, dass „das Zusammenfließen der Gaṅgā und der Yamunā ... als Bild für vollkommene Vereinigung gebraucht wird."

Eine ähnliche Bedeutungsnuance liegt dem letzten Teil des Kehrverses zugrunde, dem zufolge die Betrachtung um der Kontinuität der Betrachtung willen fortgeführt wird.[12] Dies zeigt, dass es keinerlei Punkt gibt, an dem eine Praktizierende oder ein Praktizierender sich jenseits des Übens der Meditation begibt. Folglich erstreckt sich die Bedeutung von *satipaṭṭhāna* ganz von Anfang des Pfades über den gesamten Weg bis hin zum Augenblick der vollständigen Verwirklichung und darüber hinaus.

Die permanente Bedeutsamkeit formaler Meditationspraxis selbst für *Arahants* ist in zahlreichen Lehrreden dokumentiert. Diese Lehrreden machen deutlich, dass der Buddha und seine Schüler und Schülerinnen sich stets der Meditation hingaben, ganz unabhängig von der Stufe ihrer Verwirklichung.[13] Der Buddha war unter zeitgenössischen Asketen bekannt dafür, dass er die Stille und Zurückgezogenheit liebte.[14] In einer anschaulichen Episode im *Sāmaññaphala-sutta* wird erzählt, wie der Buddha und eine große Mönchsversammlung in so tiefer Stille meditierten, dass ein herannahender König fürchtete, in einen Hinterhalt geführt zu werden, da es ihm unmöglich erschien, dass so viele Menschen versammelt sein könnten,

---

[12] M I 56: „Achtsamkeit ... ist in ihm gegenwärtig in dem Maße, das ... für andauernde Achtsamkeit erforderlich ist."

[13] Z. B. in S V 326 wird vom Buddha und einigen *Arahants* berichtet, wie sie sich der Übung der Atemachtsamkeit widmen. Unter den *Arahant*-Schülern war besonders Anuruddha für seine häufige Übung von *satipaṭṭhāna* bekannt (vgl. S V 294-306). In Sn 157 wird nochmals betont, dass der Buddha die Meditation nicht vernachlässigt habe. Vgl. auch M III 13, wo der Buddha als jemand charakterisiert wird, der Meditation übt und sich wie ein Meditierender verhält.

[14] Z. B. in D I 179, D III 37, M I 514, M II 2, M II 23, M II 30, A V 185 und A V 190 werden der Buddha und seine Anhänger als „die Stille bevorzugend, die Stille übend, die Stille lobend" beschrieben. Vgl. auch S III 15 und S IV 80, wo der Buddha seinen Schülern nachdrücklich und dringlich empfiehlt, sich um ein Leben in Abgeschiedenheit zu bemühen. Nach A III 422 ist Abgeschiedenheit in der Tat eine Notwendigkeit, wenn man wirklich Kontrolle über den Geist erlangen will. Vgl. auch It 39 und Sn 822, wo ebenfalls lobend über die Abgeschiedenheit gesprochen wird. Vin I 92 nimmt sogar jüngere Mönche von der Notwendigkeit aus, in Unterordnung unter einen Lehrer zu leben, wenn sie in Abgeschiedenheit meditieren. Das Leben in der Gemeinschaft kann anscheinend fast als zweitrangig angesehen werden, da in S I 154 ein solches Gemeinschaftsleben denjenigen Mönchen empfohlen wird, die nicht dazu fähig sind, sich an der Abgeschiedenheit zu erfreuen; vgl. auch Ray (1994, S. 96). Die Bedeutung der Abgeschiedenheit in den historisch frühen Phasen der buddhistischen monastischen Gemeinschaft wird auch von Panabokke (1993, S. 14) erwähnt. Um in Abgeschiedenheit zu leben, bedarf es jedoch eines gewissen Maßes meditativer Geübtheit, wie in M I 17 und A V 202 betont. Wenn es an solch meditativer Geübtheit fehlte, wurde den Mönchen davon abgeraten, sich in die Abgeschiedenheit zu begeben (vgl. die Fälle von Upāli in A V 202 und Meghiya in Ud 34).

ohne irgend ein Geräusch zu machen.[15] Die Wertschätzung der Stille durch den Buddha ging so weit, dass er lärmende Mönche oder Laienanhänger ohne Weiteres aus seiner Gegenwart entließ.[16] Wenn das geschäftige Treiben um ihn herum ein Ausmaß erreichte, das er als übermäßig empfand, war er dazu imstande, ohne Weiteres allein fortzugehen und die Versammlung von Mönchen, Nonnen und Laienanhängern sich selbst zu überlassen.[17] Abgeschiedenheit war, wie er erklärte, ein für den *Dhamma* charakteristisches Kennzeichen.[18]

In den Lehrreden wird berichet, dass der Buddha selbst nach seinem vollständigen Erwachen sich noch immer allein in die Stille zurückzog.[19] Auch außerhalb der Zeiten intensiven Rückzugs durften selbst besonders wichtige Besucher sich ihm manchmal nicht nähern, wenn er sich noch seiner täglichen Meditation widmete.[20] Im *Mahāsuññata-sutta* wird Folgendes berichtet: Wenn der Buddha über Leerheit meditierte und ihn währenddessen Mönche, Nonnen oder Laien besuchten, war sein Geist in solchem

---

[15] D I 50.

[16] In M I 457 wird eine kurz zuvor ordinierte Gruppe von Mönchen vom Buddha fortgeschickt, weil sie zu viel Lärm machen. Das Gleiche geschieht in Ud 25. In A III 31 (= A III 342, A IV 341) ist der Buddha nicht geneigt, von einer Gruppe von Haushaltern gebrachtes Essen anzunehmen, weil sie viel Lärm machen. Andererseits jedoch wird das Bewahren von Stillschweigen um seiner selbst willen kritisiert. Laut Vin I 157 tadelt der Buddha eine Gruppe von Mönchen, die eine Regenzeit zusammen in völligem Stillschweigen verbracht haben, und dies offenbar, um Unstimmigkeiten zu vermeiden. Dieser Fall muss im Lichte von M I 207 betrachtet werden, wo das Zusammenleben einer Gruppe von Mönchen in Stillschweigen genau so beschrieben wird, aber die Zustimmung des Buddha findet. Der entscheidende Unterschied ist hier, dass diese Gruppe an jedem fünften Tag ihre Stille unterbricht, um den *Dhamma* zu erörtern, d. h., in diesem Fall wird die Stille nicht eingehalten, um Unstimmigkeiten zu vermeiden, sondern als Mittel eingesetzt, um eine angemesse meditative Atmosphäre zu schaffen; gleichzeitig wird auf kluge Weise durch die regelmäßigen *Dhamma*-Erörterungen ein Ausgleich geschaffen. In der Tat werden diese beiden Aktivitäten – entweder den *Dhamma* zu erörtern oder ansonsten Stillschweigen zu bewahren – oft als die zwei angemessenen Arten empfohlen, wie man seine Zeit mit anderen verbringen sollte (z. B. in M I 161).

[17] Ud 41. – Eine ähnliche Handlung wird in A V 133 von einer Gruppe älterer Mönche vorgenommen, die fortgehen und sich noch nicht einmal vom Buddha verabschieden, um den von einigen Besuchern gemachten Lärm zu vermeiden – eine Handlungsweise, die, als der Buddha später davon erfährt, seine Zustimmung findet.

[18] Vin II 259, A IV 280.

[19] In Vin III 68, S V 12 und S V 320 wird berichtet, wie der Buddha zwei Wochen schweigend in völliger Abgeschiedenheit verbringt, während in Vin III 229, S V 13 und S V 325 das Gleiche für einen Zeitraum von drei Monaten berichtet wird.

[20] Z. B. in D I 151. Nach D II 270 musste selbst Sakka, der König der Götter, wieder fortgehen, ohne dass er den Buddha sehen konnte, da es ihm nicht erlaubt war, den Buddha in der Meditation zu stören.

Ausmaß zu Abgeschiedenheit geneigt, dass er in der Absicht zu ihnen sprach, sie fortzuschicken.[21]

Seine zurückgezogene Lebensweise brachte dem Buddha einigen unverdienten Spott von anderen Asketen ein, die darauf anspielten, er befürchte vielleicht, in Streitgesprächen besiegt zu werden.[22] Dies war aber nicht der Fall, da der Buddha sich weder vor Streitgesprächen noch vor sonst etwas fürchtete. In seiner abgeschiedenen und meditativen Art zu leben fand einfach nur seine Verwirklichung angemessenen Ausdruck, und gleichzeitig gab er damit ein Beispiel für andere.[23]

Aus den verschiedenen bisher erwähnten Textstellen wird deutlich, welche Bedeutung in der Gemeinde des frühen Buddhismus dem Rückzug in die Abgeschiedenheit und der intensiven Meditationspraxis beigemessen wurde. Diese Bedeutung spiegelt sich auch in der Aussage wider, dass die Übung der vier *satipaṭṭhāna*s, zusammen mit dem Beseitigen der Hindernisse und dem Verankern der Erwachensfaktoren, eine gemeinsame Eigenart des Erwachens aller Buddhas der Vergangenheit, der Gegenwart und der Zukunft darstellt.[24] Tatsächlich ist es so, dass all jene, die das Erwachen verwirklicht haben oder verwirklichen werden, dies tun, indem sie die Hindernisse überwinden, *satipaṭṭhāna* verankern und die Erwachensfaktoren entwickeln.[25] Angesichts der Tatsache, dass sowohl die Hindernisse als auch die Erwachensfaktoren Objekte der Betrachtung der *dhamma*s sind, wird offenbar, dass *satipaṭṭhāna* ein unverzichtbarer Grundbestandteil für das Wachstum im *Dhamma* ist.[26] Kein Wunder also, dass das Vernachlässigen von *satipaṭṭhāna* mit dem Vernachlässigen des Pfades zur Freiheit von *dukkha* gleichgesetzt werden.[27]

Die Relevanz von *satipaṭṭhāna* für alle Schüler und Schülerinnen des Buddha wird auch durch die Tatsache verdeutlicht, dass den Lehrreden

---

[21] M III 111.

[22] D I 175 und D III 38.

[23] D III 54 weist darauf hin, dass sich alle Erwachten der Vergangenheit auf ähnliche Weise der Abgeschiedenheit und Stille zugewandt hätten. In M I 23 und A I 60 werden die Gründe des Buddha für das Leben in Abgeschiedenheit mit dem angenehmen Verweilen im Hier und Jetzt und mit dem Mitgefühl für künftige Generationen erklärt. Vgl. auch Mil 138.

[24] D II 83, D III 101, S V 161. Laut S I 103 sagt der Buddha ausdrücklich, sein Erwachen habe auf der Grundlage von *sati* stattgefunden.

[25] A V 195. Diese Aussage wurde anscheinend für so bedeutsam gehalten, dass sie in der im chinesischen *Madhyama-āgama* erhaltenen *satipaṭṭhāna*-Version Teil der Einführung zu der Lehrrede selbst geworden ist; vgl. Nhat Hanh (1990, S. 151).

[26] In der Tat führt nach A V 153 ein Mangel an Achtsamkeit zur Unfähigkeit, im *Dhamma* zu wachsen. Dass *satipaṭṭhāna* von Nutzen ist, wird außerdem durch die ansehnliche Aufstellung seiner möglichen Vorteile in A IV 457-460 unterstrichen.

[27] S V 179.

zufolge viele Nonnen vollendete *satipaṭṭhāna*-Praktizierende waren.[28] Etliche Beispiele beziehen sich auch auf in der *satipaṭṭhāna*-Kontemplation fortgeschrittene Laien-Meditierende.[29] Diese Fälle zeigen deutlich, dass mit dem Ausdruck „Mönche" (*bhikkhave*), der im *Satipaṭṭhāna-sutta* als eine Form der Anrede gebraucht wird, es nicht beabsichtigt ist, die Anweisungen auf voll ordinierte Mönche zu beschränken.[30]

Obwohl die Übung von *satipaṭṭhāna* keineswegs auf die Mitglieder der Mönchs- und Nonnengemeinde beschränkt ist, so hält sie doch besondere Vorteile für diese bereit, da sie Tendenzen zum Verfall der Person und der Gemeinschaft entgegenwirkt.[31] In den Lehrreden wird darauf hingewiesen, dass ein Mönch oder eine Nonne, wenn er oder sie erst einmal für eine ausreichend lange Zeit *satipaṭṭhāna* geübt habe, durch nichts in der Welt in Versuchung gebracht werden könne, die Robe abzulegen und diese Lebensweise aufzugeben, da sie in Bezug auf weltliche Versuchungen völlig ernüchtert seien.[32] Fest in *satipaṭṭhāna* gegründet, können sie sich in Wahrheit auf sich selbst verlassen und benötigen nicht länger andere Arten des Schutzes oder der Zuflucht.[33]

Die heilsamen Auswirkungen von *satipaṭṭhāna* sind nicht auf den Vorteil für die eigene Person begrenzt. In den Lehrreden wird mit Nachdruck dazu geraten, dass Freunde und Verwandte dazu ermutigt werden sollten, ebenfalls *satipaṭṭhāna* zu üben.[34] Auf diese Weise kann die *satipaṭṭhāna*-Praxis zu einem Hilfsmittel werden, um andere zu unterstützen. Die richtige Vorgehensweise für eine derartige Unterstützung wird anhand des Beispiels zweier Akrobaten veranschaulicht, die dabei sind, zusammen einen Balanceakt

---

[28] S V 155.

[29] Z. B. nach M I 340 widmete sich der Laienschüler Pessa von Zeit zu Zeit der Übung von *satipaṭṭhāna*. Pessas Praxis wird in dieser Lehrrede mit dem Ausdruck „gut verankert" (*supaṭṭhita*) bezeichnet, ein deutlicher Hinweis darauf, dass sie auf einem ziemlich fortgeschrittenen Niveau war. In S V 177f. wird von den Laien Sirivaḍḍho und Mānadinna berichtet, dass sie sich beide der Übung von *satipaṭṭhāna* widmeten. Von beiden heißt es später, sie hätten die Nichtwiederkehr erreicht.

[30] In Ps I 241 wird erklärt, dass im vorliegenden Zusammenhang jeder, der sich der Übung widmet, zu den „Mönchen" zähle.

[31] D II 77, D II 79, S V 172-174.

[32] S V 301. Aufschlussreich ist ein Vergleich dieser Aussage mit A III 396, der zufolge selbst jemand, der oder die das vierte *jhāna* erreicht hat, noch immer dafür anfällig ist, die Robe abzulegen und zu einer weltlichen Lebensart zurückzukehren.

[33] In D II 100, D III 58, D III 77, S V 154 und S V 163f. heißt es von denjenigen, die sich der Übung von *satipaṭṭhāna* widmen, sie würden sich selbst eine Insel und eine Stätte der Zuflucht. Diese Aussage kommentierend, wird in Sv II 549 betont, die Übung der *satipaṭṭhāna*s sei es, die zum Höchsten führe.

[34] S V 189.

auszuführen.[35] Damit sie beide bei ihrem gemeinsamen Auftritt in Sicherheit sind, muss jeder von ihnen in erster Linie auf seine eigene Balance und nicht auf die Balance seines Partners achten. Auf ähnliche Weise sollte man durch das Entwickeln von *satipaṭṭhāna* zuerst einmal ein Gleichgewicht in sich selbst verankern. Auf der Grundlage des Verankerns eines solchen inneren Gleichgewichts wird es dann möglich sein, in der Verbindung mit äußeren Umständen Geduld, Gewaltlosigkeit und Mitgefühl zu bewahren und so wirklich anderen nützen zu können.

Das Gleichnis von den zwei Akrobaten deutet darauf hin, dass die eigene Entwicklung mittels *satipaṭṭhāna* eine wichtige Grundlage darstellt, um anderen helfen zu können. Der Versuch, andere zu unterstützen, ohne dies zunächst für sich selbst getan zu haben, wäre gerade so, als versuche jemand, eine andere Person vor dem Versinken im Morast zu retten, während er oder sie selbst immer weiter versinkt.[36] Versuche, anderen eine Erkenntnis zu vermitteln, über die jemand selbst nicht verfügt, sind vergleichbar mit jemandem, der von der schnellen Strömung eines Flusses davongetragen wird und dennoch versucht, anderen beim Überqueren des Flusses zu helfen.[37]

All diese Textstellen dokumentieren die zentrale Stellung und Bedeutung von *satipaṭṭhāna* im Kontext der Lehre des frühen Buddhismus. In der Tat ist es die Übung von *satipaṭṭhāna*, das systematische Entwickeln dieser unaufdringlichen Eigenschaft der Achtsamkeit, die den direkten Pfad zur Verwirklichung von *Nibbāna* bildet, zur Vervollkommnung von Weisheit, zum höchstmöglichen Glück und zu unübertrefflicher Freiheit.[38]

---

[35] S V 169. Zu dieser Textstelle vgl. auch Ñāṇaponika (1990, S. 3), Ñāṇavīra (1987, S. 211), Piyadassi (1972, S. 475) und Ṭhānissaro (1996, S. 81).

[36] M I 45. Ganz ähnlich wird in Dhp 158 empfohlen, selbst fest in sich und der Praxis gegründet zu sein, bevor man andere lehrt. Vgl. auch A II 95-99, welches zwischen vier Möglichkeiten des Übens unterscheidet: nur zum eigenen Nutzen, nur für den Nutzen anderer, weder zum eigenen Nutzen noch dem des anderen, zum Nutzen beider. Hier wird überraschenderweise das Üben nur zum eigenen Nutzen dem Üben zum Nutzen anderer vorgezogen (vgl. auch Dhp 166). Das zugrunde liegende Prinzip ist, dass derjenige, der nicht selbst im Überwinden des Unheilsamen (A II 96) oder in sittlicher Zügelung (A II 99) verankert ist, nicht dazu fähig sein wird, anderen wirklich zu nützen. Vgl. auch Premasiri (1990c, S. 160), der auf die Notwendigkeit einer Basis inneren Friedens hinweist, bevor dazu übergegangen werden kann, anderen zu helfen.

[37] Sn 320.

[38] *Nibbāna* wird in M III 245 und Th 1015 als die „Vervollkommnung der Weisheit", in Dhp 204 als „das höchste Glück" und als unübertreffliche Freiheit in M I 235 bezeichnet.

Literaturverzeichnis

Zur Zitierweise:
Pāli-Texte werden nach der PTS-Ausgabe mit Band und Seitenzahl zitiert. Abweichend werden *Dhammapada*, *Sutta-Nipāta* und *Theragāthā/Therīgāthā* nicht mit der Seitenzahl, sondern mit der Strophennummer der PTS-Ausgabe zitiert. Zitate aus den Subkommentaren (= *ṭīkā*) und dem *Abhidhammattha-saṅgaha* werden nach Band und Seite der burmesischen Ausgabe des Sechsten Konzils (*Chaṭṭha Saṅgāyana*), die vom Vipassanā Research Institute (VRI), Igatpuri, Indien, 1997 herausgegeben wurde, zitiert. Für Textvergleiche wurde außerdem die singhalesische Buddha Jayanti-Ausgabe herangezogen, herausgegeben vom Sri Lanka Tripitaka Project, Colombo.

Begriffe und Zitate in Pāli und Sanskrit wurden im vorliegenden Text durchgängig kursiv gedruckt, ausgenommen sind davon Begriffe, die mittlerweile zum deutschen Lehnwortschatz gehören, wie z. B. „Buddha", „Karma" und „Sanskrit".

Um die Anmerkungen überschaubar zu halten, wurden die zitierten Titel meist abgekürzt. Für die Quellentexte wurden die geläufigen Sigel verwendet (hier im Abkürzungsverzeichnis aufgeführt), bei der Sekundärliteratur Name des Autors/der Autorin plus Jahr der Veröffentlichung.

Abkürzungen, die im Literaturverzeichnis vorkommen, sind im Abkürzungsverzeichnis unter Punkt b) verzeichnet.

[Hinweise der Übersetzer: Um den Druck des Werkes nicht zu verzögern, wurde bei Zitaten und Stellenhinweisen im Anmerkungsapparat die jeweilige deutschsprachige Ausgabe, sofern vorhanden, nicht aufgesucht, von wenigen Ausnahmen abgesehen. Daher mussten einige direkte Zitate aus dem Englischen rückübersetzt werden. – Etliche Werke, z. B. von Ñāṇaponika, Ñāṇatiloka und Lama Govinda, sind ursprünglich in deutscher Sprache erschienen oder liegen mittlerweile auf Deutsch vor. – In Anlehnung an das englische Original wurden Auslassungen nicht mit drei Punkten in eckigen Klammern, sondern nur mit drei Punkten gekennzeichnet. Alle Auslassungen, sofern nicht anders gekennzeichnet, stammen von Bhikkhu Anālayo. – Hinweise für Nichtindologen und Nichtindologinnen: Nach indologischem Usus zitiert der Autor die Pāli-Überlieferungen nach der Ausgabe der Pali Text Society (PTS). So ist zum Beispiel die Angabe in Kapitel XV, Anmerkung 1: „M I 82" wie folgt aufzulösen: „*Majjhima-nikāya*" (siehe unten im Abkürzungsverzeichnis), Band I (der PTS-Ausgabe), Seite 82. In vielen deutschen Übersetzungen ist die PTS-Paginierung leider nicht angegeben. In der deutschen Übersetzung von S (Gruppierte Sammlung, übers. v. W. Geiger, Nyānaponika und H. Hecker; Herrnschrot: Beyerlein & Steinschulte, 1997) findet sie sich nur bei den von Wilhelm Geiger übersetzten Passagen. Um die Stellen in M, D und S zu finden, greife man zu den jeweiligen englischen (hier im Literaturverzeichnis aufgeführten) Übersetzungen von Bhikkhu Ñāṇamoli / Bhikkhu Bodhi (*The*

Middle Length Discourses of the Buddha), Maurice Walshe (*The Long Discourses of the Buddha*) bzw. Bhikkhu Bodhi (*The Connected Discourses of the Buddha*). Die PTS-Paginierung findet sich bei den beiden ersten Übersetzungen auf dem oberen Seitenrand, bei der letzteren im Text. In der deutschen Übersetzung von A (Die Lehrreden des Buddha aus der Angereihten Sammlung, übers. von Nyanatiloka und Nyanaponika, 5. Aufl., Braunschweig: Aurum, 1993) findet sich die PTS-Paginierung durchgängig am Seitenrand. – Pāli-Autorennamen, wie z. B. Ñāṇapoṇika, werden in Buch- und Bibliothekskatalogen häufig mit „Nyana…" unter Weglassung der diakritischen Zeichen transkribiert, gelegentlich auch nur „Nana…".]

Akanuma, Chizen 1990 (1929): *The Comparative Catalogue of Chinese Āgamas and Pāli Nikāyas*. Delhi: Sri Satguru.

Alexander, F., 1931: Buddhist Training as an Artificial Catatonia. In: *Psychoanalytical Review*, vol 18, no 2, pp 129-45.

Ariyadhamma, Nauyane, 1994: *Satipaṭṭhāna Bhāvanā. Gunatilaka* (trsl.). Sri Lanka, Kalutara.

Ariyadhamma, Nauyane, 1995 (1988): *Ānāpānasati, Meditation on Breathing*. Kandy: BPS (BL).

Aronson, Harvey B., 1979: Equanimity in Theravāda Buddhism. In: *Studies in Pāli and Buddhism*. Delhi, pp 1-18.

Aronson, Harvey B., 1986 (1980): *Love and Sympathy in Theravāda Buddhism*. Delhi, Motilal.

Ayya Khema, 1984 (1983): *Meditating on No-Self*. Kandy: BPS (BL).

Ayya Khema, 1991: *When the Iron Eagle flies; Buddhism for the West*. London: Arkana, Penguin Group.

Ayya Kheminda, [o.J.]: *A Matter of Balance*. Colombo: Printing House.

Ba Khin, U, 1985: The Essentials of Buddha-Dhamma in Practice. In: *Dhamma Text by Sayagyi U Ba Khin*, Saya U Chit Tin (ed.). England, Heddington.

Ba Khin, U, 1994 (1991): Revolution with a View to Nibbāna. In: *Sayagyi U Ba Khin Journal*. India, Igatpuri: VRI, pp 67-74.

Barnes, Michael, 1981: The Buddhist Way of Deliverance. In: *Studia Missionalia*, vol 30, pp 233-277.

Basham, A. L., 1951: *History and Doctrines of the Ājīvikas*. London: Luzac.

Bendall, Cecil (et al., trsl.), 1990 (1922): *Śikṣa Samuccaya*. Delhi: Motilal.

Bhattacharya, Kamaleswar, 1980: Diṭṭham, Sutam, Mutam, Viññātam. In: *Buddhist Studies in Honour of Walpola Rahula*. Balasoorya (et al., ed.) London, pp 10-15.

Bodhi, Bhikkhu, 1976: Aggregates and Clinging Aggregates. In: *Pāli Buddhist Review*, vol 1, no 1, pp 91-102.

Bodhi, Bhikkhu, 1984: *The Noble Eightfold Path*. Kandy: BPS (Wh) [dt. *Der edle achtgliedrige Heilsweg. Der Weg zur Beendigung des Leidens*, Stammbach: Beyerlein & Steinschulte 2002].

Bodhi, Bhikkhu, 1989: *The Discourse on the Fruits of Recluseship*. Kandy: BPS.

Bodhi, Bhikkhu (et al.), 1991: *The Discourse on Right View*. Kandy: BPS (Wh).

Bodhi, Bhikkhu, 1992a (1978): *The All Embracing Net of Views: The Brahmajāla Sutta and its Commentaries*. Kandy: BPS.

Bodhi, Bhikkhu, 1992b (1980): *The Discourse on the Root of Existence*. Kandy: BPS.

Bodhi, Bhikkhu, 1993: *A Comprehensive Manual of Abhidhamma, the Abhidhammattha Saṅgaha*. Kandy: BPS.

Bodhi, Bhikkhu, 1995 (1984): *The Great Discourse on Causation: The Mahānidāna Sutta and its Commentaries*. Kandy: BPS.

Bodhi, Bhikkhu, 1996: Nibbāna, Transcendence and Language. In: *Buddhist Studies Review*, vol 13, no 2, pp 163-176.

Bodhi, Bhikkhu, 1998: A Critical Examination of Ñāṇavīra Thera's A Note on Paṭiccasamuppāda. In: *Buddhist Studies Review*, vol 15, no 1, pp 43-64; no 2, pp 157-181.

Bodhi, Bhikkhu (trsl.). 2000: *The Connected Discourses of the Buddha*. 2 vols. Boston: Wisdom.

Boisvert, Mathieu, 1997 (1995): *The Five Aggregates; Understanding Theravāda Psychology and Soteriology*. Delhi: Satguru.

Brahmavaṃso, Ajahn, 1999: *The Basic Method of Meditation*. Malaysia: Buddhist Gem Fellowship.

Bronkhorst, Johannes, 1985: Dharma and Abhidharma. In: *Bulletin of the School of Oriental and African Studies*, no 48, pp 305-320.

Bronkhorst, Johannes, 1993 (1986): *The Two Traditions of Meditation in Ancient India*. Delhi: Motilal.

Brown, Daniel P., 1977: A Model for the Levels of Concentrative Meditation. In: *International Journal of Clinical and Experimental Hypnosis*, vol 25, no 4, pp 236-273.

Brown, Daniel P. (et al.), 1984: Differences in Visual Sensitivity among Mindfulness Meditators and Non-Meditators. In: *Perceptual & Motor Skills*, no 58, pp 727-733.

Brown, Daniel P. (et al.), 1986a: The Stages of Mindfulness Meditation: A Validation Study. In: *Transformations of Consciousness*. Wilber (et al., ed.). London: Shambala, pp 161-217.

Brown, Daniel P. (et al.), 1986b: The Stages of Meditation in Cross-Cultural Perspective. In: *Transformations of Consciousness*. Wilber (et al., ed.). London: Shambala, pp 219-283.

Bucknell, Roderick S., 1984: The Buddhist Path to Liberation. In: *Journal of the International Association of Buddhist Studies*, vol 7, no 2, pp 7- 40.

Bucknell, Roderick S., 1993: Reinterpreting the Jhānas. In: *Journal of the International Association of Buddhist Studies*, vol 16, no 2, pp 375-409.

Bucknell, Roderick S., 1999: Conditioned Arising Evolves: Variation and Change in Textual Accounts of the Paṭicca-samuppāda Doctrine. In: *Journal of the International Association of Buddhist Studies*, vol 22, no 2, pp 311-342.

Buddhadāsa, Bhikkhu, 1956: *Handbook for Mankind*. Thailand: Suan Mok.

Buddhadāsa, Bhikkhu, 1976 (1971): *Ānāpānasati (Mindfulness of Breathing)*. Nāgasena (trsl.). Bangkok: Sublime Life Mission, vol 1 [dt. *Ānāpānasati – Die sanfte Heilung der spirituellen Krankheit*. DDP, Buddhistische Gesellschaft München (o.J.)].

Buddhadāsa, Bhikkhu, 1984: *Heart-Wood from the Bo Tree. Thailand*: Suan Mok [dt. *Kernholz des Bodhibaums – Suññatā verstehen und leben*. DDP, Buddhistische Gesellschaft München (o.J.)].

Buddhadāsa, Bhikkhu, 1989 (1987): *Mindfulness with Breathing*. Santikaro (trsl.). Thailand: Dhamma Study & Practice Group.

Buddhadāsa, Bhikkhu, 1992: *Paṭiccasamuppāda, Practical Dependent Origination*. Thailand: Vuddhidhamma Fund.

Buddhadāsa, Bhikkhu, 1993 (1977): Insight by the Nature Method. In: *Kornfield: Living Buddhist Masters*. Kandy: BPS, pp 119-129.

Bullen, Leonard A., 1982: *A Technique of Living, Based on Buddhist Psychological Principles*. Kandy: BPS (Wh).

Bullen, Leonard A., 1991 (1969): *Buddhism: A Method of Mind Training*. Kandy: BPS (BL) [dt. *Buddhismus – ein Weg der Geistesschulung*. Stammbach: Beyerlein & Steinschulte, o.J.].

Burford, Grace G., 1994 (1992): Theravāda Buddhist Soteriology and the Paradox of Desire. In: *Paths to Liberation*, Buswell (et al., ed.). Delhi: Motilal, pp 37-62.

Burns, Douglas M., 1983 (1968): *Nirvāna, Nihilism and Satori*. Kandy: BPS (Wh).

Burns, Douglas M., 1994 (1967): *Buddhist Meditation and Depth Psychology*. Kandy: BPS (Wh).

Buswell, Robert E. (et al.), 1994 (1992): Introduction to *Paths to Liberation*. Buswell (et al., ed.). Delhi: Motilal, pp 1-36.

Carrithers, Michael, 1983: *The Forest Monks of Sri Lanka*. Delhi: Oxford University Press.

Carter, John Ross, 1984: Beyond Good and Evil. In: *Buddhist Studies in Honour of H. Saddhātissa*. Dhammapāla (et al., ed.). Sri Lanka: University of Jayewardenepura, pp 41-55.

Chah, Ajahn, 1992: *Food for the Heart*. Thailand: Wat Pa Nanachat.

Chah, Ajahn, 1993 (1977): Notes from a Session of Questions and Answers. In: *Kornfield: Living Buddhist Masters*. Kandy: BPS, pp 36-48.

Chah, Ajahn, 1996 (1991): *Meditation, Samādhi Bhāvanā*. Malaysia: Wave.

Chah, Ajahn, 1997 (1980): *Taste of Freedom*. Malaysia: Wave.

Chah, Ajahn, 1998: *The Key to Liberation*. Thailand: Wat Pa Nanachat.

Chakravarti, Uma, 1996: *The Social Dimensions of Early Buddhism*. Delhi: Munshiram Manoharlal.

Chit Tin, Saya U, 1989: *Knowing Anicca and the Way to Nibbāna*. England, Trowbridge, Wiltshire: Sayagyi U Ba Khin Memorial Trust, Dotesios Printers.

Choong, Mun-keat, 1999 (1995): *The Notion of Emptiness in Early Buddhism*. Delhi: Motilal Banarsidass.

Choong, Mun-keat, 2000: *The Fundamental Teachings of Early Buddhism*. Wiesbaden: Harrassowitz.

Claxton, Guy, 1991 (1978): Meditation in Buddhist Psychology. In: *The Psychology of Meditation*. West (ed.). Oxford: Clarendon Press, pp 23-38.

Collins, Steven, 1982: *Selfless Persons. Imagery and Thought in Theravāda Buddhism*. Cambridge: University Press.

Collins, Steven, 1994: What Are Buddhists Doing When They Deny the Self? In: *Religion and Practical Reason*. Tracy (et al., ed.). Albany: State University New York Press, pp 59-86.

Collins, Steven, 1997: The Body in Theravāda Buddhist Monasticism. In: *Religion and the Body*. Coakley (ed.), Cambridge: University Press, pp 185-204.

Collins, Steven, 1998: *Nirvana and other Buddhist Felicities*. Cambridge: University Press.

Conze, Edward, 1956: *Buddhist Meditation*. London: Allen and Unwin.

Conze, Edward, 1960 (1951): *Buddhism, its Essence and Development*. Oxford: Cassirer [*dt.* Der Buddhismus. Wesen und Entwicklung, übers. v. N.N. in Zusammenarbeit mit dem Autor, Suttgart [u.a.]: Kohlhammer, 1953 [u.ö.]; jetzt: 10. Aufl. 1995 (Urban TB, Bd. 5)].

Conze, Edward, 1962: *Buddhist Thought in India*. London: Allen and Unwin [*dt.* Buddhistisches Denken. Drei Phasen buddhistischer Philosophie in Indien, übersetzt von Ursula Richter, Frankfurt am Main: Insel bzw. Suhrkamp, 1988 [u.ö.]; jetzt Frankfurt: Insel, 2007 (Insel TB Nr.3248)].

Cousins, Lance S., 1973: Buddhist Jhāna: Its Nature and Attainment according to the Pāli Sources. In: *Religion*, no 3, pp 115-131.

Cousins, Lance S., 1983: Nibbāna and Abhidhamma. In: *Buddhist Studies Review*, vol 1, no 2, pp 95-109.

Cousins, Lance S., 1984: Samatha-Yāna and Vipassanā-Yāna. In: *Buddhist Studies in Honour of H. Saddhātissa*. Dhammapāla (et al., ed.). Sri Lanka: University of Jayewardenepura, pp 56-68.

Cousins, Lance S., 1989: The Stages of Christian Mysticism and Buddhist Purification. In: *The Yogi and the Mystic*. Werner (ed.). London, pp 103-120.

Cousins, Lance S., 1992: Vitakka/Vitarka and Vicāra, Stages of Samādhi in Buddhism and Yoga. In: *Indo-Iranian Journal*, no 35, pp 137-157.

Cox, Collett, 1992: Mindfulness and Memory. In: *In the Mirror of Memory*. Gyatso (ed.). New York: State University Press, pp 67-108.

Cox, Collett, 1994 (1992): Attainment through Abandonment. In: *Paths to Liberation*. Buswell (et al., ed.). Delhi: Motilal, pp 63-105.

Crangle, Edward F., 1994: *The Origin and Development of Early Indian Contemplative Practices*. Wiesbaden: Harrassowitz.

Daw Mya Tin, 1990 (1986): *The Dhammapada*. Varanasi: Central Institute of Higher Tibetan Studies.

Deatherage, Gary, 1975: The Clinical Use of Mindfulness Meditation Techniques in Short-Term Psychotherapy. In: *Journal of Transpersonal Psychology*, vol 7, no 2, pp 133-143.

Debes, Paul, 1994: „Die 4 Pfeiler der Selbstbeobachtung – Satipatthāna". In: *Wissen und Wandel*, , 40. Jg., Nr. 3/4, 5/6, 7/8, 9/10; S. 66-127, 130-190, 194-253, 258-304.

Debes, Paul, 1997 (1982): *Meisterung der Existenz durch die Lehre des Buddha*. 2 Bde., Buddhistisches Seminar Bindlach.

Debvedi, Phra, 1990 (1988): *Sammāsati; an Exposition of Right Mindfulness. Dhamma-Vijaya* (trsl.). Thailand: Buddhadhamma Foundation.

Debvedi, Phra, 1998 (1990): *Helping yourself to Help Others*. Puriso (trsl.). Bangkok: Wave.

Deikman, Arthur J., 1966: De-automatization and the Mystic Experience. In: *Psychiatry*, New York, no 29, pp 324-338.

Deikman, Arthur J., 1969: Experimental Meditation. In: *Altered States of Consciousness*. Tart (ed.). New York: Anchor Books, pp 203-223.

De la Vallée Poussin, Louis, 1903: Vyādhisūtra on the Four Āryasatyas. In: *Journal of the Royal Asiatic Society*, pp 578-580.

De la Vallée Poussin, Louis, 1936/37: Musīla et Nārada; le Chemin du Nirvāna. In: *Mélanges Chinois et Bouddhiques*. Bruxelles: Institut Belge des Hautes Études Chinoises, no 5, pp 189-222.

Delmonte, M.M., 1991 (1978): Meditation: Contemporary Theoretical Approaches. In: *The Psychology of Meditation*. West (ed.). Oxford: Clarendon Press, pp 39-53.

Demieville, Paul, 1954: Sur la Mémoire des Existences Antérieures. In: *Bulletin de l'École Française destrême Orient*, Paris: vol 44, no 2, pp 283-298.

De Silva, Lily, (no date): *Mental Culture in Buddhism (based on the Mahāsatipaṭṭhānasutta)*. Colombo: Public Trustee.

De Silva, Lily, 1978: Cetovimutti, Paññāvimutti and Ubhatobhāgavimutti. In: *Pāli Buddhist Review*, vol 3, no 3, pp 118-145.

De Silva, Padmasiri, 1981: *Emotions and Therapy, Three Paradigmatic Zones*. Sri Lanka: University of Peradeniya.

De Silva, Lily, 1987: Sense Experience of the Liberated Being as Reflected in Early Buddhism. In: *Buddhist Philosophy and Culture*. Kalupahana (et al. ed.). Colombo: pp 13-22.

De Silva, Padmasiri, 1991 (1977): *An Introduction to Buddhist Psychology*. London: MacMillan.

De Silva, Padmasiri, 1992a (1973): *Buddhist and Freudian Psychology*. Singapore: University Press.

De Silva, Padmasiri, 1992b (1991): *Twin Peaks: Compassion and Insight*. Singapore: Buddhist Research Society.

De Silva, Lily, 1996 (1987): *Nibbāna as Living Experience*. Kandy: BPS (Wh).

Devendra, Kusuma, 1985 (?): *Sati in Theravāda Buddhist Meditation*. Sri Lanka: Maharagama.

Dhammadharo, Ajahn, 1987: *Frames of Reference*. Ṭhānissaro (trsl.), Bangkok.

Dhammadharo, Ajahn, 1993 (1977): Questions and Answers on the Nature of Insight Practice. In: *Kornfield: Living Buddhist Masters*. Kandy: BPS, pp 259-270.

Dhammadharo, Ajahn, 1996 (1979): *Keeping the Breath in Mind & Lessons in Samādhi*. Thailand/Malaysia: Wave.

Dhammadharo, Ajahn, 1997: *The Skill of Release*. Ṭhānissaro (trsl.), Malaysia: Wave.

Dhammananda, K. Sri, 1987: *Meditation, the Only Way*. Malaysia, Kuala Lumpur: Buddhist Missionary Society.

Dhammasudhi, Chao Khun Sobhana, 1968 (1965): *Insight Meditation*. London: Buddhapadīpa Temple.

Dhammasudhi, Chao Khun Sobhana, 1969: *The Real Way to Awakening*. London: Buddhapadīpa Temple.

Dhammavuddho Thera, 1994: *Samatha and Vipassanā*. Malaysia, Kuala Lumpur.

Dhammavuddho Thera, 1999: *Liberation, Relevance of Sutta-Vinaya*. Malaysia, Kuala Lumpur: Wave.

Dhammiko, Bhikkhu, 1961: Die Übung in den Pfeilern der Einsicht. In: *Buddhistische Monatsblätter*, Hamburg: S. 179-191.

Dhīravaṃsa, 1988 (1974): *The Middle Path of Life; Talks on the Practice of Insight Meditation*. California: Blue Dolphin.

Dhīravaṃsa, 1989 (1982): *The Dynamic Way of Meditation*. Wellingborough: Crucible.

Dumont, Louis, 1962: The Conception of Kingship in Ancient India. In: *Contributions to Indian Sociology*, vol VI, pp 48-77.

Dwivedi, K.N., 1977: Vipassanā and Psychiatry. In: *Maha Bodhi*, Calcutta: vol 85, no 8-10, pp 254-256.

Earle, J.B.B., 1984: Cerebral Laterality and Meditation. In: *Meditation: Classic and Contemporary Perspectives*. Shapiro (ed.). New York: Aldine, pp 396-414.

Eden, P.M., 1984: The Jhānas. In: *Middle Way*, vol 59, no 2, pp 87-90.

Edgerton, Franklin, 1998 (1953): *Buddhist Hybrid Sanskrit Grammar and Dictionary*. Delhi: Motilal.

Ehara, N.R.M. (et al. trsl.), 1995 (1961): *The Path of Freedom (Vimuttimagga)*. Kandy: BPS.

Engler, John H., 1983: Vicissitudes of the Self According to Psychoanalysis and Buddhism. In: *Psychoanalysis and Contemporary Thought*, vol 6, no 1, pp 29-72.

Engler, John H., 1986: Therapeutic Aims in Psychotherapy and Meditation. In: *Transformations of Consciousness*. Wilber (et al., ed.). London: Shambala, pp 17-51.

Epstein, Mark, 1984: On the Neglect of Evenly Suspended Attention. In: *Journal of Transpersonal Psychology*, vol 16, no 2, pp 193-205.

Epstein, Mark, 1986: Meditative Transformations of Narcissism. In: *Journal of Transpersonal Psychology*, vol 18, no 2, pp 143-158.

Epstein, Mark, 1988: The Deconstruction of the Self. In: *Journal of Transpersonal Psychology*, vol 20, no 1, pp 61-69.

Epstein, Mark, 1989: Forms of Emptiness: Psychodynamic, Meditative and Clinical Perspectives. In: *Journal of Transpersonal Psychology*, vol 21, no 1, pp 61-71.

Epstein, Mark, 1990: Psychodynamics of Meditation: Pitfalls on the Spiritual Path. In: *Journal of Transpersonal Psychology*, vol 22 no 1, pp 17-34.

Epstein, Mark, 1995: *Thoughts without a Thinker, Psychotherapy from a Buddhist Perspective*. New York: Basic Books [Anm. d. Übers.: Zitierte Ausgabe: *Gedanken ohne den Denker. Das Wechselspiel von Buddhismus und Psychoanalyse*. Aus dem Amerikanischen von Barbara Brumm, Frankfurt am Main: Wolfgang Krüger Verlag, 1996].

Fenner, Peter, 1987: Cognitive Theories of the Emotions in Buddhism and Western Psychology. In: *Psychologia*, no 30, pp 217-227.

Fessel, Thorsten K.H., 1999: *Studien zur Einübung von Gegenwärtigkeit (Satipaṭṭhāna) nach der Sammlung der Lehrreden (Sutta-Piṭaka) der Theravādin*. Magisterarbeit, Universität Tübingen.

Festinger, Leon, 1957: *A Theory of Cognitive Dissonance*. New York: Row, Peterson & Co.

Fleischman, Paul R., 1986: *The Therapeutic Action of Vipassanā*. Kandy: BPS (Wh).

Fraile, Miguel, 1993: *Meditación Budista y Psicoanalisis*. Madrid: EDAF.

Frauwallner, Erich, 1963, 1964, 1971, 1972, 1974: Abhidharma Studien. In: *Wiener Zeitschrift für die Kunde Süd- und Ostasiens*; Jg. 7 (1963), S. 20-36; Jg. 8 (1964), S. 59-99; Jg. 15 (1971), S. 69-121; Jg. 16 (1972), S. 95-152; Jg. 17 (1973), S. 97-121.

Fromm, Erich, 1960: Psychoanalysis and Zen Buddhism. In: *Zen Buddhism and Psychoanalysis*. Suzuki (ed.). London: Allen and Unwin, pp 77-141 [dt. *Psychoanalyse und Zen-Buddhismus*. Frankfurt, 1972].

Frýba, Mirko, 1989 (1987): *The Art of Happiness, Teachings of Buddhist Psychology*. Boston: Shambala.

Gethin, Rupert, 1986: The Five Khandhas. In: *Journal of Indian Philosophy*, no 14, pp 35-53.

Gethin, Rupert, 1992: *The Buddhist Path to Awakening: A Study of the Bodhi-Pakkhiyā Dhammā*. Leiden: Brill.

Gethin, Rupert, 1994: Bhavaṅga and Rebirth According to the Abhidhamma. In: *The Buddhist Forum*, London: School of Oriental and African Studies, vol 3 (1991-93), pp 11-35.

Gethin, Rupert, 1997a: Cosmology and Meditation. In: *History of Religions*, Chicago: vol 36, pp 183-217.

Gethin, Rupert, 1997b: Wrong View and Right View in the Theravāda Abhidhamma. In: *Recent Researches in Buddhist Studies*. Dhammajoti (et al. ed.). Colombo/Hong Kong: pp 211-229.

Goenka, S.N., 1994a (1991): Buddhas Path is to Experience Reality. In: *Sayagyi U Ba Khin Journal*. India, Igatpuri: VRI, pp 109-113.

Goenka, S.N., 1994b: Sensation, the Key to Satipaṭṭhāna. In: *Vipassanā Newsletter*. India, Igatpuri: VRI, vol 3, no 5.

Goenka, S.N., 1999: *Discourses on Satipaṭṭhāna-sutta*. India, Igatpuri: VRI.

Gokhale, Balkrishna Govind, 1976: The Image World of the Thera-Therī-Gāthās. In: *Malalasekera Commemoration Volume*. Wijesekera (ed.). Colombo: pp 96-110.

Goldstein, Joseph, 1985 (1976): *The Experience of Insight: A Natural Unfolding*. Kandy: BPS.

Goldstein, Joseph, 1994: *Insight Meditation*. Boston: Shambala.

Goleman, Daniel, 1977a: The Role of Attention in Meditation and Hypnosis. In: *International Journal of Clinical and Experimental Hypnosis*, vol 25, no 4, pp 291-308.

Goleman, Daniel, 1977b: *The Varieties of the Meditative Experience*. New York: Irvington.

Goleman, Daniel, 1980 (1973): *The Buddha on Meditation and Higher States of Consciousness*. Kandy, BPS (Wh).

Gomez, Louis O., 1976: Proto-Mādhyamika in the Pāli Canon. In: *Philosophy East and West*, Hawaii: vol 26, no 2, pp 137-165.

Gombrich, Richard F., 1996: *How Buddhism Began, the Conditioned Genesis of the Early Teachings*. London: Athlone Press.

Govinda, Lama Anagarika, 1991 (1961): *The Psychological Attitude of Early Buddhist Philosophy*. Delhi: Motilal [*dt. Die Dynamik des Geistes – Die psychologische Haltung der frühbuddhistischen Philosophie und ihre systematische Darstellung nach der Tradition des Abhidhamma*. Bern / München / Wien: O.W. Barth, 1992. Anm. d. Übers.: Zitierte Ausgabe: Wien: Octopus, 1980 = Zürich / Stuttgart: Rascher, 1962].

Griffith, Paul J., 1981: Concentration or Insight, the Problematic of Theravāda Buddhist Meditation Theory. In: *Journal of the American Academy of Religion*, vol 49, no 4, pp 605-624.

Griffith, Paul J., 1983: Buddhist Jhāna: a Form-Critical Study. In: *Religion*, no 13, pp 55-68.

Griffith, Paul J., 1986: *On Being Mindless: Buddhist Meditation and the Mind-Body Problem*. Illinois, La Salle: Open Court.

Griffith, Paul J., 1992: Memory in Classical Yogācāra. In: *In the Mirror of Memory*. Gyatso (ed.). New York: State University Press, pp 109-131.

Gruber, Hans, 1999: *Kursbuch Vipassanā*. Frankfurt: Fischer.

Guenther, Herbert v., 1991 (1974): *Philosophy and Psychology in the Abhidharma*. Delhi: Motilal.

Gunaratana, Mahāthera Henepola, 1981: *The Satipatthāna Sutta and its Application to Modern Life*. Kandy: BPS (Wh).

Gunaratana, Mahāthera Henepola, 1992: *Mindfulness in Plain English*. Malaysia: Wave [*dt. Die Praxis der Achtsamkeit – Eine Einführung in die Vipassanā-Meditation*, Heidelberg: Werner Kristkeitz, 2000].

Gunaratana, Mahāthera Henepola, 1996 (1985): *The Path of Serenity and Insight*. Delhi: Motilal.

Gyatso, Janet, 1992: Introduction. To: *In the Mirror of Memory*. Gyatso (ed.). New York: State University Press, pp 1-19.

Gyori, T.I., 1996: *The Foundations of Mindfulness (Satipatthāna) as a Microcosm of the Theravāda Buddhist World View*. M.A. diss., Washington: American University.

Hamilton, Sue, 1995a: Anattā: A Different Approach. In: *Middle Way*, vol 70, no 1, pp 47-60.

Hamilton, Sue, 1995b: From the Buddha to Buddhaghosa: Changing Attitudes toward the Human Body in Theravāda Buddhism. In: *Religious Reflections on the Human Body*. Law (ed.). Bloomington: Indiana University Press, pp 46-63.

Hamilton, Sue, 1996: *Identity and Experience; the Constitution of the Human Being According to Early Buddhism*. London: Luzac Oriental.

Hamilton, Sue, 1997: The Dependent Nature of the Phenomenal World. In: *Recent Researches in Buddhist Studies*. Dhammajoti (et al., ed.). Colombo/Hong Kong, pp 276-291.

Hanly, Charles, 1984: Ego Ideal and Ideal Ego. In: *International Journal of Psychoanalysis*, no 65, pp 253-261.

Hare, E.M. (trsl.), 1955: *The Book of the Gradual Sayings*. Vol IV. London: PTS.

Harvey, Peter, 1986: Signless Meditations in Pāli Buddhism. In: *Journal of the International Association of Buddhist Studies*, vol 9, no 1, pp 25-52.

Harvey, Peter, 1989: Consciousness Mysticism in the Discourses of the Buddha. In: *The Yogi and the Mystic*. Werner (ed.). London: Curzon Press, pp 82-102.

Harvey, Peter, 1995: *The Selfless Mind: Personality, Consciousness and Nirvāna in Early Buddhism*. England, Surrey: Curzon.

Harvey, Peter, 1997: Psychological Aspects of Theravāda Buddhist Meditation Training. In: *Recent Researches in Buddhist Studies*. Dhammajoti (et al., ed.). Colombo/Hong Kong: pp 341-366.

Hayashima, Kyosho, 1967: Asubha. In: *Encyclopedia of Buddhism*. Sri Lanka, vol 2, pp 270-281.

Hecker, Hellmuth, 1999: Achtsamkeit und Ihr Vierfacher Aspekt. In: *Buddhistische Monatsblätter*, Hamburg, Jg. 45, Nr. 1, S. 10-12.

Heiler, Friedrich, 1922: *Die Buddhistische Versenkung*. München: Reinhardt.

Holt, John C., 1999 (1981): *Discipline, the Canonical Buddhism of the Vinayapiṭaka*. Delhi: Motilal.

Horner, I.B., 1934: The Four Ways and the Four Fruits in Pāli Buddhism. In: *Indian Historical Quarterly*, pp 785-796.

Horner, I.B. (trsl.), 1969: *Milindas Question*. Vol 1. London: Luzac.

Horner, I.B., 1979 (1936): *The Early Buddhist Theory of Man Perfected*. Delhi: Oriental Books.

Horsch, P., 1964: Buddhas erste Meditation. In: *Asiatische Studien* [Zeitschrift der Schweizerischen Gesellschaft für Asienkunde], Bd. 17, S. 100-154.

Hurvitz, Leon, 1978: Fa-Shengs Observations on the Four Stations of Mindfulness. In: *Mahāyāna Buddhist Meditation*. Kiyota (ed.). Honolulu, pp 207-248.

Ireland, John D., 1977: The Buddha's Advice to Bāhiya. In: *Pāli Buddhist Review*, vol 2, no 3, pp 159-161.

Janakabhivaṃsa, U, 1985 (?): *Vipassanā Meditation the Path to Enlightenment*. Sri Lanka: Systematic Print.

Jayasuriya, W.F., 1988 (1963): *The Psychology & Philosophy of Buddhism*. Malaysia, Kuala Lumpur: Buddhist Missionary Society.

Jayatilleke, K.N., 1948: Some Problems of Translation and Interpretation I. In: *University of Ceylon Review*, vol 7, pp 208-224.

Jayatilleke, K.N., 1967: Avijjā. In: *Encyclopedia of Buddhism*, Sri Lanka, vol 2, pp 454-459.

Jayatilleke, K.N., 1970: Nirvāna: In: *Middle Way*, London, vol 45, no 3, pp 112-117.

Jayatilleke, K.N., 1980 (1963): *Early Buddhist Theory of Knowledge*. Delhi: Motilal.

Jayawardhana, Bandula, 1988: Determinism. In: *Encyclopedia of Buddhism*, Sri Lanka, vol 4, pp 392-412.

Jayawickrama, N.A., 1948: *A Critical Analysis of the Sutta Nipāta*. Ph.D. diss. University London, publ. in: Pāli Buddhist Review, 1976-78, vol 1, pp 75-90, 137-163; vol 2, pp 14-41, 86-105, 141-158; vol 3, pp 3-19, 45-64, 100-112.

Johansson, Rune E.A., 1965: Citta, Mano, Viññāṇa – a Psychosemantic Investigation. In: *University of Ceylon Review*, vol 23, nos 1 & 2, pp 165-215.

Johansson, Rune E.A., 1969: *The Psychology of Nirvana*. London: Allen and Unwin.

Johansson, Rune E.A., 1985 (1979): *The Dynamic Psychology of Early Buddhism*. London: Curzon.

Jootla, Susan Elbaum, 1983: *Investigation for Insight*. Kandy: BPS (Wh).

Jotika, U; Dhamminda, U (trsl.), 1986: *Mahāsatipaṭṭhāna-sutta*. Burma: Migadavun Monastery.

Jumnien, Ajahn, 1993 (1977): Recollections of an Interview. In: Kornfield: *Living Buddhist Masters*. Kandy: BPS pp 275-285.

Kalupahana, David J., 1975: *Causality: The Central Philosophy of Buddhism*. Hawaii: University Press.

Kalupahana, David J., 1992 (1987): *The Principles of Buddhist Psychology*. Delhi: Sri Satguru.

Kalupahana, David J., 1994 (1992): *A History of Buddhist Philosophy: Continuities and Discontinuities*. Delhi: Motilal.

Kalupahana, David J., 1999: Language. In: *Encyclopedia of Buddhism*, Sri Lanka, vol 6, pp 282-284.

Kamalashila, 1994 (1992): *Meditation, the Buddhist Way of Tranquility and Insight*. Glasgow: Windhorse.

Kariyawasam, A.G.S, 1984: Delight. In: *Encyclopedia of Buddhism*, Sri Lanka, vol 4, p 358-359.

Karunadasa, Y., 1989: *Buddhist Analysis of Matter*. Singapore, Buddhist Research Society (2nd ed.).

Karunadasa, Y., 1994: Nibbānic Experience: a Non-Transcendental Interpretation. In: *Sri Lanka Journal of Buddhist Studies*, vol 4, pp 1-13.

Karunadasa, Y., 1996: *The Dhamma Theory*. Kandy, BPS (Wh).

Karunaratne, W.S., 1979: Change. In: *Encyclopedia of Buddhism*, Sri Lanka, vol 4, pp 115-123.

Karunaratne, W.S., 1988a: *Buddhism: Its Religion and Philosophy*. Singapore: Buddhist Research Society.

Karunaratne, W.S., 1988b: *The Theory of Causality in Early Buddhism*. Sri Lanka, Nugegoda.

Karunaratne, Upali, 1989: Dhammānupassanā. In: *Encyclopedia of Buddhism*, Sri Lanka, vol 4, pp 484-486.

Karunaratne, Upali, 1993: Indriya Saṃvara. In: *Encyclopedia of Buddhism*, Sri Lanka, vol 5, pp 567-568.

Karunaratne, Upali, 1996: Jhāna. In: *Encyclopedia of Buddhism*, Sri Lanka, vol 6, pp 50-55.

Karunaratne, Upali, 1999a: Kāyagatāsati. In: *Encyclopedia of Buddhism*, Sri Lanka, vol 6, pp 168-169.

Karunaratne, Upali, 1999b: Khandha. In: *Encyclopedia of Buddhism*, Sri Lanka, vol 6, pp 192-201.

Karunaratne, Upali; 1999c: Kilesa. In: *Encyclopedia of Buddhism*, Sri Lanka, vol 6, pp 213-222

Kassapa, Bhikkhu, 1966: Meditation – Right and Wrong. In: *Maha Bodhi*, Calcutta, vol 74, no 11/12, pp 242-245.

Katz, Nathan, 1979: Does the Cessation of the World Entail the Cessation of the Emotions? In: *Pāli Buddhist Review*, vol 4, no 3, pp 53-65.

Katz, Nathan, 1989 (1982): *Buddhist Images of Human Perfection*. Delhi: Motilal.

Keown, Damien, 1992: *The Nature of Buddhist Ethics*. London: MacMillan.

Khanti, Sayadaw, 1984: *Ānāpāna*. Ashin Parama (trsl.). Myanmar, Rangoon: Department for Religious Affairs.

Khantipālo, Bhikkhu, 1981: *Calm and Insight: A Buddhist Manual for Meditators*. London: Curzon.

Khantipālo, Bhikkhu, 1986 (1968): *Practical Advice for Meditators*. Kandy: BPS (Wh).

Khemacari Mahathera, 1985: A Discourse on Satipaṭṭhāna. In: Sujīva: *Hop on Board the Ship of Mindfulness*. Singapore: Kowah Printing, pp 17-39.

Kheminda Thera, 1980: *The Way of Buddhist Meditation (Serenity and Insight according to the Pāli Canon)*. Colombo: Lake House.

Kheminda Thera, 1990 (1979): *Satipatthāna Vipassanā Meditation: Criticism and Replies*. Malaysia: Selangor Buddhist Vipassanā Meditation Society.

Kheminda Thera, 1992 (1965): *Path, Fruit and Nibbāna*. Colombo: Balcombe.

King, Winston L., 1992 (1980): *Theravāda Meditation: The Buddhist Transformation of Yoga*. Delhi: Motilal.

Kloppenborg, Ria, 1990: The Buddhas Redefinition of Tapas. In: *Buddhist Studies Review*, vol 7, no 1/2, pp 49-73.

Knight, Charles F., 1985 (1970): *Mindfulness – an all Time Necessity*. Kandy: BPS (BL).

Kor Khao Suan Luang, 1985: *Directing to Self-Penetration*. Kandy: BPS (Wh).

Kor Khao Suan Luang, 1991: *Looking Inward: Observations on the Art of Meditation*. Kandy: BPS (Wh).

Kor Khao Suan Luang, 1993: *Reading the Mind, Advice for Meditators*. Kandy: BPS (Wh).

Kor Khao Suan Luang, 1995: *A Good Dose of Dhamma, for Meditators when they are ill*. Kandy: BPS (BL).

Kornfield, Jack, 1977: *The Psychology of Mindfulness Meditation*. Ph.D. diss. USA: Saybrook Institute.

Kornfield, Jack, 1979: Intensive Insight Meditation. In: *Journal of Transpersonal Psychology*, vol 11, no 1, pp 41-58.

Kornfield, Jack, 1993 (1977): *Living Buddhist Masters*. Kandy: BPS.

Kundalābhivaṃsa, Sayadaw U, 1993: *Dhamma Discourses*. Khin Mya Mya (trsl.). Singapore: (no publ.).

Kyaw Min, U, 1980: *Buddhist Abhidhamma: Meditation and Concentration*. Singapore: Times Books International.

Lamotte, Étienne (trsl.), 1970: *Le Traité de la Grande Vertu de Sagesse de Nāgārjuna (Mahāprajñāpāramitāśāstra)*. Louvain: Institut Orientaliste, vol III.

Law, Bimala C. (trsl.), 1922: *Designation of Human Types*. Oxford: PTS.

Law, Bimala C., 1979 (1932): *Geography of Early Buddhism*. Delhi: Oriental Books.

Ledi Sayadaw, [o.J.]: *Treatise on Meditation*. Unpubl. Manuskript, U Hla Maung (trsl.). Myanmar: Burma Pitaka Association.

Ledi Sayadaw, 1983 (1971): *The Requisites of Enlightenment*. Ñāṇapoṇika (trsl.). Kandy: BPS (Wh).

Ledi Sayadaw, 1985 (1977): *The Noble Eightfold Path and its Factors Explained*. U Saw Tun Teik (trsl.). Kandy: BPS (Wh).

Ledi Sayadaw, 1986a: *The Buddhist Philosophy of Relations*. U Ñāṇa (trsl.). Kandy: BPS (Wh).

Ledi Sayadaw, 1986b (1961): *The Manual of Insight*. U Ñāṇa (trsl.). Kandy: BPS (Wh).

Ledi Sayadaw, 1999a: The Manual of Law. Barua (et al., trsl.). In: *Manuals of Dhamma*, India, Igatpuri: VRI, pp 93-131.

Ledi Sayadaw, 1999b: *Manual of Mindfulness of Breathing*. U Sein Nyo Tun (trsl.). Kandy: BPS.

Ledi Sayadaw, 1999c: The Manual of Right Views. U Maung Gyi (et al., trsl.). In: *Manuals of Dhamma*, India, Igatpuri: VRI, pp 63-91.

Ledi Sayadaw, 1999d: The Manual of the Four Noble Truths. In: *Manuals of Dhamma*, India, Igatpuri: VRI, pp 133-151.

Levine, Stephen, 1989 (1979): *A Gradual Awakening*. New York: Anchor Books.

Ling, Trevor, 1967: Mysticism and Nibbāna. In: *Middle Way*, London, vol 41, no 4, pp 163-168.

Lin Li-Kouang, 1949: *L'Aide Mémoire de la Vraie Loi* (*Saddharma-Smṛty-upasthāna-Sūtra*). Paris: Adrien-Maisonneuve.

Lopez, Donald S., 1992: Memories of the Buddha. In: *In the Mirror of Memory*. Gyatso (ed.). New York: State University Press, pp 21-45.

Mahā Boowa, Phra Ajahn, 1983: *Wisdom develops Samādhi*. Bangkok: Pow Bhavana Foundation, Wave.

Mahā Boowa, Phra Ajahn, 1994: *Kammatthāna, the Basis of Practice*. Malaysia: Wave.

Mahā Boowa, Phra Ajahn, 1997: *Patipadā or the Mode of Practice of Ven. Acharn Mun*. Thailand, Wat Pa Baan Taad: Ruen Kaew Press.

Mahasi Sayadaw, 1981: *The Wheel of Dhamma*. U Ko Lay (trsl.). Myanmar, Rangoon: Buddhasāsana Nuggaha Organisation.

Mahasi Sayadaw, 1990: *Satipatthāna Vipassanā: Insight through Mindfulness*. Kandy: BPS (Wh).

Mahasi Sayadaw, 1991 (1971): *Practical Insight Meditation: Basic and Progressive Stages*. U Pe Thin (et al., trsl.). Kandy: BPS.

Mahasi Sayadaw, 1992 (1981): *A Discourse on the Mālukyaputta Sutta*. U Htin Fatt (trsl.). Malaysia: Selangor Buddhist Vipassanā Meditation Society.

Mahasi Sayadaw, 1994 (1965): *The Progress of Insight: A Treatise on Buddhist Satipatthāna Meditation*. Ñāṇapoṇika (trsl.). Kandy: BPS.

Mahasi Sayadaw, 1996: *The Great Discourse on Not Self*. U Ko Lay (trsl.). Bangkok: Buddhadhamma Foundation.

Malalasekera, G.P., 1965: Anattā. In: *Encyclopedia of Buddhism*, Sri Lanka, vol 1, pp 567-576.

Malalasekera, G.P., 1995: *Dictionary of Pāli Proper Names*. 2 vols. Delhi: Munshiram Manoharlal.

Mangalo, Bhikkhu, 1988 (1970): *The Practice of Recollection*. London: Buddhist Society.

Mann, Robert (et al.), 1992: *Buddhist Character Analysis*. England, Bradford on Avon: Aukana.

Manné, Joy, 1990: Categories of Sutta in the Pāli Nikāyas. In: *Journal of the Pāli Text Society*, vol 15, pp 30-87.

Marasinghe, M.M.J., 1974: *Gods in Early Buddhism*. University of Sri Lanka.

Masefield, Peter, 1979: The Nibbāna-Parinibbāna Controversy. In: *Religion*, vol 9, pp 215-230.

Masefield, Peter, 1987: *Divine Revelation in Buddhism*. Colombo: Sri Lanka Institute of Traditional Studies.

Matthews, B., 1975: Notes on the Concept of the Will in Early Buddhism. In: *Sri Lanka Journal of the Humanities*, no 12, pp 152-160.

McGovern, William Montgomery, 1979 (reprint): *A Manual of Buddhist Philosophy*. Delhi: Nag Publications.

Meier, Gerhard, 1978: *Heutige Formen von Satipatthāna Meditationen*. Diss. phil., Universität Hamburg.

Mendis, N.K.G., 1985: *The Abhidhamma in Practice*. Kandy: BPS (Wh).

Mills, L.C.R., 1992: The Case of the Murdered Monks. In: *Journal of the Pāli Text Society*, vol 16, pp 71-75.

Minh Chau, Bhikṣu Thich, 1991: *The Chinese Madhyama Āgama and the Pāli Majjhima Nikāya*. Delhi: Motilal.

Monier-Williams, 1995 (1899): *A Sanskrit-English Dictionary*. Delhi: Motilal.

Naeb, Ajahn, 1993 (1977): The Development of Insight. In: Kornfield: *Living Buddhist Masters*. Kandy: BPS, pp 133-158.

Namto, Bhikkhu, 1984 (1979): *Wayfaring – a Manual for Insight Meditation*. Kandy: BPS (Wh).

Ñāṇamoli, Bhikkhu (trsl.), 1962: *The Guide* (Netti). London: PTS.

Ñāṇamoli, Bhikkhu (trsl.), 1978 (1960): *The Minor Readings and the Illustrator of Ultimate Meaning*. Oxford: PTS.

Ñāṇamoli, Bhikkhu, 1980 (1971): *A Thinkers Note Book*. Kandy: BPS; [*dt. Gedankenboote*. Stammbach: Beyerlein & Steinschulte, 2003].

Ñāṇamoli, Bhikkhu (trsl.), 1982a (1952): *Mindfulness of Breathing*. Kandy: BPS.

Ñāṇamoli, Bhikkhu (trsl.), 1982b: *The Path of Discrimination* (*Paṭisambhidāmagga*) London: PTS.

Ñāṇamoli, Bhikkhu (trsl.), 1991 (1956): *The Path of Purification (Visuddhimagga)*. Kandy: BPS [dt. *Der Weg zur Reinheit. Die größte und älteste systematische Darstellung des Buddhismus.* (Nyanatiloka Mahathera, Übers.) 7. Aufl., Uttenbühl: Jhana-Verlag, 1997].

Ñāṇamoli, Bhikkhu, 1994: *A Pāli-English Glossary of Buddhist Technical Terms*. Kandy: BPS.

Ñāṇamoli, Bhikkhu, (et al., trsl.), 1995: *The Middle Length Discourses of the Buddha*. Kandy: BPS.

Ñāṇananda, Bhikkhu, 1984 (1973): *Ideal Solitude*. Kandy: BPS (Wh).

Ñāṇananda, Bhikkhu, 1985 (1974): *The Magic of the Mind in Buddhist Perspective*. Kandy: BPS [dt. *Der Zauber des Geistes - oder „Viel Lärm um Nichts"*. DDP, Buddhistische Gesellschaft München, 2003].

Ñāṇananda, Bhikkhu, 1986 (1971): *Concept and Reality in Early Buddhist Thought*. Kandy: BPS [dt. *Konzept und Realität im frühbuddhistischen Gedankengut*. DDP Buddhistsche Gesellschaft München, 2009].

Ñāṇananda, Bhikkhu, 1993: *Towards Calm and Insight: Some Practical Hints*. Sri Lanka, Meetirigala: Nissarana Vanaya.

Ñāṇananda, Bhikkhu, 1999: *Seeing Through, a Guide to Insight Meditation*. Sri Lanka, Devalegama: Pothgulgala Arañya.

Ñāṇapoṇika Thera, 1950: Satipaṭṭhāna. Die Botschaft an den Westen. In: *Studia Pāli Buddhistica*, Hamburg, pp 1-27.

Ñāṇapoṇika Thera, 1951: Satipaṭṭhāna als ein Weg der Charakter-Harmonisierung. In: *Einsicht*, pp 34-38.

Ñāṇapoṇika Thera, 1973 (1951): *Kommentar zur Lehrrede von den Grundlagen der Achtsamkeit*. Konstanz: Christiani [2. Aufl., Stammbach: Beyerlein & Steinschulte, 1999].

Ñāṇapoṇika Thera (trsl.), 1977 (1949): *Sutta-Nipāta*. Konstanz: Christiani [3. Aufl., Stammbach: Beyerlein & Steinschulte, 1996].

Ñāṇapoṇika Thera, 1978: *The Roots of Good and Evil*. Kandy: BPS (Wh) [dt. *Die Wurzeln von Gut und Böse*. Christiani Konstanz, 1981, Stammbach: Beyerlein & Steinschulte, 1983].

Ñāṇapoṇika Thera, 1983: *Contemplation of Feeling*. Kandy: BPS (Wh).

Ñāṇapoṇika Thera, 1985 (1949): *Abhidhamma Studies: Researches in Buddhist Psychology*. Kandy: BPS.

Ñāṇapoṇika Thera, 1986a (1959): *Anattā and Nibbāna*. Kandy: BPS (Wh).

Ñāṇapoṇika Thera, 1986b (1968): *The Power of Mindfulness*. Kandy: BPS (Wh).

Ñāṇapoṇika Thera, 1988 (1964): *The Simile of the Cloth*. Kandy: BPS (Wh).

Ñāṇaponika Thera, 1990 (1967): *Protection through Satipaṭṭhāna*. Kandy: BPS (BL).

Ñāṇaponika Thera, 1992 (1962): *The Heart of Buddhist Meditation*. Kandy: BPS [dt. *Geistestraining durch Achtsamkeit. Die buddhistische Satipaṭṭhāna-Methode*. 5. Aufl., Stammbach: Beyerlein & Steinschulte, 1993]

Ñāṇaponika Thera, 1993 (1958): *The Four Sublime States*. Kandy: BPS (Wh).

Ñāṇārāma, Mātara Srī, 1990: *Ānāpānāsati Bhāvanā*. Wettimuny (trsl.). Colombo.

Ñāṇārāma, Mātara Srī, 1993 (1983): *The Seven Stages of Purification and the Insight Knowledges*. Kandy: BPS.

Ñāṇārāma, Mātara Srī, 1997: *The Seven Contemplations of Insight*. Kandy: BPS.

Ñāṇārāma, Pategama, 1998: *Aspects of Early Buddhist Sociological Thought*. Singapore: Ti-Sarana Buddhist Association.

Ñāṇasaṃvara, Somdet Phra, 1961: *A Guide to Awareness, Dhamma Talks on the Foundations of Mindfulness*. USA: Buddhadharma Meditation Centre.

Ñāṇasaṃvara, Somdet Phra, 1974: *Contemplation of the Body*. Bangkok: Mahamakut.

Ñāṇatiloka Thera, 1910: *Kleine Systematische Pāli Grammatik*. München: Oskar Schloß.

Ñāṇatiloka Thera, 1983 (1938): *Guide through the Abhidhamma Pitaka*. Kandy: BPS [dt. *Handbuch der buddhistschen Philosophie*. Uttenbühl: Jhana-Verlag, 1995].

Ñāṇatiloka Thera, 1988 (1952): *Buddhist Dictionary*. Kandy: BPS [dt. *Buddhistisches Wörterbuch*. 4. Aufl., Stammbach: Beyerlein & Steinschulte, 1989].

Ñāṇuttara Thera, 1990 (1979): *Satipatthāna Vipassanā Meditation: Criticism and Replies*. Malaysia: Selangor Buddhist Vipassanā Meditation Society.

Ñāṇavīra Thera, 1987: *Clearing the Path*. Colombo: Path Press [dt. *Notizen zu Dhamma und andere Schriften*. Stammbach: Beyerlein & Steinschulte, 2007].

Nanayakkara, S.K., 1989: Dukkha. In: *Encyclopedia of Buddhism*, Sri Lanka, vol 4, pp 696-702.

Nanayakkara, S.K., 1993a: Impermanence. In: *Encyclopedia of Buddhism*, Sri Lanka, vol 5, pp 537-539.

Nanayakkara, S.K., 1993b: Insight. In: *Encyclopedia of Buddhism, Sri Lanka*, vol 5, pp 580-584.

Nanayakkara, S. K., 1999: Kusala. In: *Encyclopedia of Buddhism, Sri Lanka*, vol 6, pp 258-259.

Naranjo, Claudio (et al.), 1971: *On the Psychology of Meditation*. London: Allen and Unwin.

Newman, John W., 1996: *Disciplines of Attention: Buddhist Insight Meditation, the Ignatian Spiritual Exercises and Classical Psycho-analysis*. New York / Bern / Frankfurt a.M. [u.a.]: Peter Lang.

Nhat Hanh, Thich, 1990: *Transformation and Healing: The Sutra on the Four Establishments of Mindfulness*. California, Berkeley: Parallax Press.

Norman, K.R., 1984 (1982): The Four Noble Truths: A Problem of Pāli Syntax. In: *Indological and Buddhist Studies*. Hercus (ed.). Delhi: Sri Satguru, pp 377-391.

Norman, K.R., 1991/93: Mistaken Ideas about Nibbāna. In: *The Buddhist Forum*, Skorupski (ed.), University of London, School of Oriental and African Studies, vol III, pp 211-225.

Norman, K.R., 1997: *A Philological Approach to Buddhism*. University of London, School of Oriental and African Studies.

Ott, Julius von, 1912: Das Satipaṭṭhāna Suttaṃ. In: *Buddhistische Welt*, 6. Jg., Nr. 9/10, S. 346-380.

Pa Auk Sayadaw, 1995: *Mindfulness of Breathing and Four Elements Meditation*. Malaysia: Wave.

Pa Auk Sayadaw, 1996: *Light of Wisdom*. Malaysia: Wave.

Pa Auk Sayadaw, 1999: *Knowing and Seeing*. Malaysia: (no publ.).

Panabokke, Gunaratne, 1993: *History of the Buddhist Saṅgha in India and Sri Lanka*. Sri Lanka: University of Kelaniya.

Pande, Govind Chandra, 1957: *Studies in the Origins of Buddhism*. India: University of Allahabad.

Pandey, Krishna Kumari, 1988: *Dhammānupassanā: A Psycho-Historicity of Mindfulness*. M. phil. diss., Buddhist Department, Delhi University.

Paṇḍita, U, [o.J.]: *The Meaning of Satipatthāna. Malaysia* (no publ.).

Paṇḍita, U, 1993 (1992): *In this Very Life*. U Aggacitta (trsl.). Kandy: BPS; [dt. *Im Augenblick liegt alles Leben – Buddhas Weg der Befreiung*. Bern / München / Wien: O.W. Barth, 1999].

Pensa, Corrado, 1977: *Notes on Meditational States in Buddhism and Yoga*. In: East and West, Rome, no 27, pp 335-344.

Perera, T.H., 1968: The Seven Stages of Purity. In: *Maha Bodhi*, vol 76, no 7, pp 208-211.

Piatigorsky, Alexander, 1984: *The Buddhist Philosophy of Thought*. London: Curzon.

Piyadassi Thera, 1972: Mindfulness – A Requisite for Mental Hygiene. In: *Maha Bodhi*, Calcutta, vol 80, no 10/11, pp 474-476.

Piyadassi Thera, 1998: *Satta Bojjhaṅgā*. Malaysia, Penang: Inward Path.

Pradhan, Ayodhya Prasad, 1986: *The Buddhas System of Meditation*. 4 vols. Delhi: Sterling.

Premasiri, P.D., 1972: *The Philosophy of the Aṭṭhakavagga*. Kandy: BPS (Wh).

Premasiri, P.D., 1976: Interpretation of Two Principal Ethical Terms in Early Buddhism. In: *Sri Lanka Journal of the Humanities*, vol 2, no 1, pp 63-74.

Premasiri, P.D., 1981: The Role of the Concept of Happiness in the Early Buddhist Ethical System. In: *Sri Lanka Journal of the Humanities*, vol 7, pp 61-81.

Premasiri, P.D., 1987a: Early Buddhist Analysis of Varieties of Cognition. In: *Sri Lanka Journal of Buddhist Studies*, vol 1, pp 51-69.

Premasiri, P.D., 1987b: Early Buddhism and the Philosophy of Religion. In: *Sri Lanka Journal of the Humanities*, vol 13, no 1/2, pp 163-184.

Premasiri, P.D., 1989: Dogmatism. In: *Encyclopedia of Buddhism*, Sri Lanka, vol 4, pp 655-662.

Premasiri, P.D., 1990a: Emotion. In: *Encyclopedia of Buddhism*, Sri Lanka, vol 5, pp 57-64.

Premasiri, P.D., 1990b: Epistemology. In: *Encyclopedia of Buddhism*, Sri Lanka, vol 5, pp 95-112.

Premasiri, P.D., 1990c: Ethics. In: *Encyclopedia of Buddhism*, Sri Lanka, vol 5, pp 144-165.

Premasiri, P.D., 1991: The Social Relevance of the Buddhist Nibbāna Ideal. In: *Buddhist Thought and Ritual*. Kalupahana (ed.). New York: Paragon House, pp 45-56.

Pruden, Leo M. (trsl.), 1988-90: *Abhidharmakośabhāṣyam by Louis de la Vallée Poussin*. 4 vols. Berkeley: Asian Humanities Press.

Rahula, Walpola, 1962: A Comparative Study of Dhyānas According to Theravāda, Sarvāstivāda and Mahāyāna. In: *Maha Bodhi*, Calcutta, vol 70, no 6, pp 190-199.

Rahula, Walpola, 1997: *Humour in Pāli Literature*. Sri Lanka, Kotte: Buddhist Study & Research Institute.

Ray, Reginald A., 1994: *Buddhist Saints in India*. New York: Oxford University Press.

Reat, N. Ross, 1987: *Some Fundamental Concepts of Buddhist Psychology*. In: Religion, no 17, pp 15-28.

Rhys Davids, C.A.F., 1898: On the Will in Buddhism. In: *Journal of the Royal Asiatic Society*, January, pp 47-59.

Rhys Davids, C.A.F. (trsl.), 1922 (1900): *A Buddhist Manual of Psychological Ethics*. Oxford: PTS.

Rhys Davids, C.A.F., 1927: Dhyāna in Early Buddhism. In: *Indian Historical Quarterly*, no 3, pp 689-715.

Rhys Davids, C.A.F., 1927: *The Unknown Co-Founders of Buddhism*. In: Journal of the Royal Asiatic Society, part II, pp 193-208.

Rhys Davids, C.A.F., 1937: Towards a History of the Skandha-Doctrine. In: *Indian Culture*, vol 3, pp 405-411, 653-662.

Rhys Davids, T.W. (et al.), 1966 (1910): *Dialogues of the Buddha*. Bd. II. London: PTS.

Rhys Davids, C.A.F., 1978 (1936): *The Birth of Indian Psychology and its Development in Buddhism*. Delhi: Oriental Books.

Rhys Davids, C.A.F., 1979 (1930): Introduction to Woodward (trsl.): *The Book of the Kindred Sayings*. Vol V. London: PTS.

Rhys Davids, T.W. (et al.), 1993 (1921-25): Pāli-English Dictionary. Delhi: Motilal.

Rhys Davids, T.W., 1997 (1903): *Buddhist India*. Delhi: Motilal.

Rockhill, W. Woodville, 1907: *The Life of the Buddha and the Early History of his Order*. London: Trübners Oriental Series.

Samararatne, Godwin, 1997: *Watching Thoughts and Emotions*. In: *The Meditative Way – Contemporary Masters*. Bucknell (ed.). England, Surrey: Curzon Press, pp 136-145.

Santucci, James A., 1979: Transpersonal Psychological Observations on Theravāda Buddhist Meditation Practises. In: *Journal of the International Association for Buddhist Studies*, vol 2, no 2, pp 66-78.

Sarachchandra, Ediriwira, 1994 (1958): *Buddhist Psychology of Perception*. Sri Lanka, Dehiwala: Buddhist Cultural Centre.

Sasaki, Genjun H., 1992 (1986): *Linguistic Approach to Buddhist Thought*. Delhi: Motilal.

Schlingloff, Dieter (Hg. & Übers.), 1964: *Ein buddhistisches Yogalehrbuch*. (Sanskrittexte aus den Turfanfunden). Berlin: Akademie Verlag.

Schmidt, Kurt (trsl.), 1989: *Buddhas Reden*. Leimen: Kristkeitz.

Schmithausen, Lambert, 1976: Die Vier Konzentrationen der Aufmerksamkeit. In: *Zeitschrift für Missionswissenschaft und Religionswissenschaft*, no 60, pp 241-266.

Schmithausen, Lambert, 1973: Spirituelle Praxis und Philosophische Theorie im Buddhismus. In: *Zeitschrift für Missionswissenschaft und Religionswissenschaft*, 57. Jg., Nr. 3, S. 161-186.

Schmithausen, Lambert, 1981: On some Aspects of Descriptions or Theories of Liberating Insight and Enlightenment in Early Buddhism. In: *Studien zum Jainismus und Buddhismus*. Klaus Bruhn (et al., ed.). Wiesbaden: Steiner, pp 199-250.

Schönwerth, Sigurd, 1968: Los vom Selbst oder Los von den Beilegungen auf dem Wege der Satipaṭṭhāna. In: *Yāna, Zeitschrift für Buddhismus und Religiöse Kultur auf Buddhistischer Grundlage*, Utting a.A., 21. Jg., S. 105-112, 152-160, 188-195.

Schrader, F. Otto, 1905: On the Problem of Nirvāna. In: *Journal of the Pāli Text Society*, vol 5, pp 157-170.

Schumann, Hans Wolfgang, 1957: *Bedeutung und Bedeutungsentwicklung des Terminus Saṅkhāra im frühen Buddhismus*. Diss. phil., Universität Bonn.

Sekhera, Kalalelle, 1995: *The Path to Enlightenment*. Colombo: Godage & Brothers.

Shapiro, Deane H., 1980: *Meditation: Self-Regulation Strategy and Altered State of Consciousness*. New York: Aldine.

Shapiro, Deane H. (et al.), 1984: Zen Meditation and Behavioral Self-Control. In: *Meditation: Classic and Contemporary Perspectives*. Shapiro (ed.). New York: Aldine, pp 585-598.

Shattock, Ernest Henry, 1970 (1958): *An Experiment in Mindfulness*. London: Rider & Co.

Shwe Zan Aung (et al., trsl.), 1979: *Points of Controversy*. London: PTS.

Sīlananda, U, 1995: *The Benefits of Walking Meditation*. Kandy: BPS (BL).

Sīlananda, U, 1990: *The Four Foundations of Mindfulness*. Boston: Wisdom.

Singh, Madan Mohan, 1967: *Life in North-Eastern India in Pre-Mauryan Times*. Delhi: Motilal.

Smith, Huston, 1959: *The Religions of Man*. New York: Mentor Book.

Sobti, H. S., 1985: *Nibbāna in Early Buddhism*. Delhi: Eastern Book.

Solé-Leris, Amadeo, 1992 (1986): *Tranquility and Insight: An Introduction to the Oldest Form of Buddhist Meditation*. Kandy: BPS.

Solé-Leris, Amadeo (et al., trsl.), 1999: *Majjhima Nikāya*. Barcelona: Kairos.

Soma Thera (trsl.), 1981 (1941): *The Way of Mindfulness*. Kandy: BPS.

Soma Thera, 1995 (1961): Contemplation in the Dhamma. In: *The Path of Freedom*. Ehara (trsl.). Kandy: BPS, pp 353-362.

Soni, R.L., 1980: *The Only Way to Deliverance - The Buddhist Practice of Mindfulness*. Boulder: Prajñā Press.

Speeth, Kathleen Riordan, 1982: On Psychotherapeutic Attention. In: *Journal of Transpersonal Psychology*, vol 14, no 2, pp 141-160.

Stcherbatsky, Theodor, 1994 (1922): *The Central Conception of Buddhism*. Delhi: Motilal.

Story, Francis, 1965: Buddhist Meditation and the Layman. In: *Middle Way*, London, vol 39, no 4, pp 166-172.

Story, Francis, 1975 (1962): Einführung zu: *Vajirañāṇa: Buddhist Meditation in Theory and Practice*. Malaysia, Kuala Lumpur.

Story, Francis, 1984 (1971): *Nibbāna*. In: *The Buddhist Doctrine of Nibbāna*. Kandy: BPS (Wh).

Strensky, Ivan, 1980: Gradual Enlightenment, Sudden Enlightenment and Empiricism. In: *Philosophy East and West*, Honolulu, pp 3-20.

Stuart-Fox, Martin, 1989: Jhāna and Buddhist Scholasticism. In: *Journal of the International Association of Buddhist Studies*, vol 12, no 2, pp 79-110.

Sujīva, Ven., 1996: Access and Fixed Concentration. In: *Vipassanā Tribune*, Malaysia, vol 4, no 2, pp 6-11.

Sujīva, Ven., 2000: *Essentials of Insight Meditation Practice: a Pragmatic Approach to Vipassana*. Malaysia, Petaling Jaya: Buddhist Wisdom Centre.

Sunlun Sayadaw, 1993 (1977): The Yogi and Insight Meditation. In: Kornfield: *Living Buddhist Masters*. Kandy: BPS, pp 88-115.

Swearer, Daniel K., 1967: *Knowledge as Salvation: A Study in Early Buddhism*. Ph.D. diss., Princeton University.

Swearer, Daniel K., 1971: *Secrets of the Lotus; Studies in Buddhist Meditation*. New York: MacMillan.

Swearer, Daniel K., 1972: Two Types of Saving Knowledges in the Pāli Suttas. In: *Philosophy East and West*, Honolulu, vol 22, no 4, pp 355-371.

Talamo, Vincenzo (trsl.), 1998: *Saṃyutta Nikāya*. Roma: Ubaldini Editore.

Tart, Charles T., 1994: *Living the Mindful Life*. Boston: Shambala.

Tatia, Nathmal, 1951: *Studies in Jaina Philosophy*. India, Banares: Jain Cultural Research Society.

Tatia, Nathmal, 1992: Samatha and Vipassanā. In: *Vipassanā – the Buddhist Way*. Sobti (ed.). Delhi: Eastern Book, pp 84-92.

Taungpulu Sayadaw, 1993 (1977): The Methodical Practice of Mindfulness Based on the Thirty-Two Constituent Parts of the Body. In: Kornfield: *Living Buddhist Masters*. Kandy: BPS, pp 186-191.

Than Daing, U, 1970: *Cittānupassanā and Vedanānupassanā*. Myanmar, Rangoon: Society for the Propagation of Vipassanā (Mogok Sayadaw).

Ṭhānissaro, Bhikkhu, 1993: *The Mind like Fire Unbound*. Massachusetts, Barre: Dhamma Dāna.

Ṭhānissaro, Bhikkhu, 1994: *The Buddhist Monastic Code*. California: Mettā Forest Monastery.

Ṭhānissaro, Bhikkhu, 1996: *The Wings to Awakening*. Massachusetts, Barre: Dhamma Dāna.

Thate, Phra Ajahn, 1996: *Meditation in Words*. Thailand, Nongkhai, Wat Hin Mark Pen: Wave.

Thate, Phra Ajahn, 1997 (1991): *Steps along the Path*. Ṭhānissaro (trsl.). Thailand, Nongkhai, Wat Hin Mark Pen: Wave.

Thitavaṇṇo, Bhikkhu, 1988: *Mind Development*. Buddhasukha (trsl.). Bangkok: Mahamakut Buddhist University.

Thiṭṭila, Ashin (trsl.), 1969: *The Book of Analysis*. London: PTS.

Tilakaratne, Asanga, 1993: *Nirvana and Ineffability*. Sri Lanka: Kelaniya University.

Tiwari, Mahesh, 1992: *Vedanānupassanā*. In: *Vipassanā – the Buddhist Way*. Sobti (ed.). Delhi: Eastern Book, pp 76-83.

Vajirañāṇa, Paravahera Mahāthera, 1946: *Bodhipakkhiya Bhāvanā*. In: Maha Bodhi, Calcutta, vol 54, no 5/6, pp 45-52.

Vajirañāṇa, Paravahera Mahāthera, 1975 (1962): *Buddhist Meditation in Theory and Practice*. Malaysia, Kuala Lumpur: Buddhist Missionary Society.

Vajirañāṇa, Paravahera Mahāthera (et al.), 1984 (1971): *The Buddhist Doctrine of Nibbāna*. Kandy: BPS (Wh).

Van Nuys, David, 1971: A Novel Technique for Studying Attention During Meditation. In: *Journal of Transpersonal Psychology*, no 2, pp 125-133.

Van Zeyst, Henri, 1961a: Abandonment. In: *Encyclopedia of Buddhism*, Sri Lanka, vol 1, pp 2-4.

Van Zeyst, Henri, 1961b: Abhijjhā. In: *Encyclopedia of Buddhism*, Sri Lanka, vol 1, pp 90-92.

Van Zeyst, Henri, 1961c: Absolute. In: *Encyclopedia of Buddhism*, Sri Lanka, vol 1, pp 140-144.

Van Zeyst, Henri, 1967a: Attention. In: *Encyclopedia of Buddhism*, Sri Lanka, vol 2, p 331.

Van Zeyst, Henri, 1967b: Āyatana. In: *Encyclopedia of Buddhism*, Sri Lanka, vol 2, pp 469-471.

Van Zeyst, Henri, 1970: Concentration and Meditation. In: *Problems Bared*. Colombo: Buddhist Information Centre.

Van Zeyst, Henri, 1981 (?): *In Search of Truth*. Colombo: Vajra Bodhi.

Van Zeyst, Henri, 1982: *Meditation, Concentration and Contemplation*. Kandy: Vajra Bodhi.

Van Zeyst, Henri, 1989: *Awareness in Buddhist Meditation*. Colombo: Public Trustee.

Vetter, Tilman, 1988: *The Ideas and Meditative Practises of Early Buddhism*. Leiden: Brill.

Vimalaraṃsi, U, 1997: *The Ānāpānasati Sutta*. Taipei: Buddha Educational Foundation.

Vimalo, Bhikkhu, 1959: Awareness and Investigation. In: *Middle Way*, vol 34, no 1, pp 26-29.

Vimalo, Bhikkhu, 1974: Awakening to the Truth. In: *Visakha Puja* (annual pub. of the Buddhist Association of Thailand), Bangkok, pp 53-79.

Vimalo, Bhikkhu, 1987: The Contemplation of Breathing (*Ānāpāna-sati*). In: *Middle Way*, London, vol 62, no 3, pp 157-160.

Visuddhacara, Bhikkhu, 1996: Vipassanā & Jhāna: What the Masters Say. In: *Vipassana Tribune*, Malaysia, vol 4, no 2, pp 14-17; 1997, vol 5, no 1, pp 12-16.

Walsh, Ruth, 1971: Buddhist Meditation. In: *Middle Way*, London, vol 46, no 3, pp 102-104.

Walsh, Roger, 1981: Speedy Western Minds Slow Slowly. In: *ReVision*, no 4, pp 75-77.

Walsh, Roger, 1984: Initial Meditative Experiences. In: *Meditation: Classic and Contemporary Perspectives*. Shapiro (ed.). New York: Aldine, pp 265-270.

Walshe, Maurice (trsl.), 1987: *Thus Have I Heard; the Long Discourses of the Buddha*. London: Wisdom.

Warder, A.K., 1956: On the Relationship between Early Buddhism and Other Contemporary Systems. In: *Bulletin of the School of Oriental and African Studies*, London, no 18, pp 43-63.

Warder, A.K., 1982: Introduction to Ñāṇamoli: *The Path of Discrimination*. London: PTS, pp 1-64.

Warder, A. K., 1991 (1970): *Indian Buddhism*. Delhi: Motilal.

Watanabe, Fumimaro, 1983: *Philosophy and its Development in the Nikāyas and Abhidhamma*. Delhi: Motilal.

Wayman, Alex, 1976: Regarding the translations of the Buddhist Terms saññā/saṃjñā, viññāṇa/vijñāna. In: *Malalasekera Commemoration Volume*. O.H. de A. Wijesekera (ed.). Colombo, pp 325-335.

Wayman, Alex., 1984 (1982): A Study of the Vedāntic and Buddhist Theory of Nāma-rūpa. In: *Indological and Buddhist Studies*. L.A. Hercus (ed.). Delhi: Sri Satguru, pp 617-642.

Weeraratne, W.G., 1990: Eight-fold-Path, Noble. In: *Encyclopedia of Buddhism*, Sri Lanka, vol 5, pp 44-46.

Werner, Karel, 1991: Enlightenment and Arahantship. In: *Middle Way*, May, vol 66, pp 13-18.

West, M.A., 1991 (1978): Meditation: Magic, Myth and Mystery. In: *The Psychology of Meditation*. West (ed.). Oxford: Clarendon Press, pp 192-210.

Wezler, A., 1984: On the Quadruple Division of the Yogaṣāstra, the Caturvyūhatva of the Cikitsāṣāstra and the 'Four Noble Truths' of the Buddha. In: *Indologia Taurinensia*, vol 12, pp 289-337.

Wijebandara, Chandima, 1993: *Early Buddhism: Its Religious and Intellectual Milieu*. Sri Lanka: Kelaniya University.

Wijesekera, O.H. de A., 1976: Canonical Reference to Bhavaṅga. In: *Malalasekera Commemoration Volume*. Wijesekera O.H. de A. (ed.). Colombo, pp 348-352.

Wijesekera, O.H. de A., 1994: *Buddhist and Vedic Studies*. Delhi: Motilal.

Woodward, F. L. (trsl.), 1980 (1927) & 1979 (1930): *The Book of the Kindred Sayings*. Vol IV & V. London: PTS.

Woolfolk, Robert L., 1984: Self-Control Meditation and the Treatment of Chronic Anger. In: *Meditation: Classic and Contemporary Perspectives*. Shapiro (ed.). New York: Aldine, pp 550-554.

Yubodh, Dhanit, 1985: What is Sati? In: Sujīva: *Hop on Board the Ship of Mindfulness*. Singapore: Kowah Printing, pp 12-16.

Anhang 1
Verzeichnis der Abkürzungen

a) Quellentexte:

A	*Aṅguttara-nikāya* (Angereihte Sammlung)
Abhidh-s	*Abhidhammatthasaṅgaha*
As	*Atthasālinī* (Komm. zu Dhs)
D	*Dīgha-nikāya* (Längere Sammlung)
Dhp	*Dhammapada*
Dhp-a	*Dhammapadaṭṭhakathā* (Komm. zum Dhp)
Dhs	*Dhammasaṅgaṇī*
It	*Itivuttaka*
Jā	*Jātaka*
Kv	*Kathāvatthu*
M	*Majjhima-nikāya* (Mittlere Sammlung)
Mil	*Milindapañhā* (Die Fragen des Königs Milinda)
Mp	*Manorathapūaṇī* (Komm. zum A)
Nett	*Nettipakaraṇa*
Nid I	*Mahāniddesa*
Nid II	*Cūḷaniddesa*
Paṭis	*Paṭisambhidāmagga*
Paṭṭh.	*Paṭṭhāna*
Pj II	*Paramatthajotikā* (Komm. zum Sn)
Pp	*Puggalapaññatti*
Ps	*Papañcasūdanī* (Komm. zum M)
Ps-Pṭ	*Ps-purāṇaṭīkā* (Subkomm. zum M)
S	*Saṃyutta-nikāya* (Gruppierte Sammlung)
Sn	*Sutta-Nipāta*
Sp	*Samantapāsādikā* (Komm. zum Vin.)
Spk	*Sāratthappakāsinī* (Komm. zum S)
Sv	*Sumaṅgalavilāsinī* (Komm. zum D)
Sv-pṭ	*Sv-purāṇaṭīkā* (Subkomm. zum D)
Th	*Theragāthā*
Th-a	*Theragāthāṭṭhakathā* (Komm. zum Th)
Thī	*Therīgāthā*
Ud	*Udāna*
Ud-a	*Paramatthadīpanī* (Komm. zum Ud)
Vibh	*Vibhaṅga*
Vibh-a	*Sammohavinodanī* (Komm. zum Vibh)
Vin	*Vinayapiṭaka*
Vism	*Visuddhimagga* (Der Weg zur Reinheit)
Vism-mh	*Paramatthamañjūsā* (Subkomm. zum Vism)

b) Weitere Abkürzungen, insbesondere zum Literaturverzeichnis. (Zusätze der Übersetzer sind in eckigen Klammern angegeben.)

Abb.	Abbildung
Anm.	Anmerkung
Bd.	Band
BL	Bodhi Leaf [Schriftenreihe der BPS]
BPS	Buddhist Publication Society (Sri Lanka)
Burm.	*Burmese Chaṭṭha Saṅgāyana* (ed.)
Komm.	Kommentar
DDP	Dhamma-Dāna-Projekt der Buddhistischen Gesellschaft München
diss.	dissertation [Dissertation / Doktorarbeit]
dt.	deutsch
ed.	edition / edited by [Ausgabe / herausgegeben von]
et al.	et alii [und andere]
Ges.	Gesellschaft
f.	folgende Seite (Strophe etc.)
ff.	fortfolgend
Jg.	Jahrgang
no	number / Nummer
no publ.	no publisher [ohne Verlag(sangabe)]
Nr.	Nummer
p/pp	page / pages [Seite(n)]
Pl.	Plural
PTS	Pali Text Society
publ.	published / publication [veröffentlicht / Veröffentlichung]
S.	Seite
s. a.	siehe auch
Sinh.	*Sinhalese Buddha Jayanti* (ed.)
Sg.	Singular
Subkomm.	Subkommentar (*ṭīkā*)
trsl.	translated by / translator [übersetzt von / Übersetzer/in]
unpubl. manus.	unpublished manuscript [unveröffentlichtes Manuskript]
Übers.	Übersetzer/in
VRI	Vipassanā Research Institute
Wh	The Wheel [= Schriftenreihe der BPS]

ANHANG 2
GLOSSAR

Dem Glossar liegt die vorliegende Übersetzung bzw. die englische Fassung zugrunde.

Pāli	Deutsch	Englisch
abhijjhā	Verlangen	covetousness, desires
abhijjhā-domanassa	Verlangen und Betrübtheit	desires and discontent
abhiññā	höhere Einsicht	direct intuition
ajjhatta	innerlich	internal
akusala	unheilsam	unwholesome
ālokasaññā	Klarheit der Wahrnehmung	clarity of cognition
amanasikāra	Unaufmerksamkeit	inattention
ānāpānasati	Atemachtsamkeit	mindfulness of breathing
anattā	Nicht-Selbst	not-self
anicca	vergänglich	impermanent
anupassanā	Betrachtung	contemplation
anusaya	latente, mentale Neigung	latent tendency
anussati	Erinnerung, Betrachtung	recollection
anuttara	unübertrefflich	unsurpassable
anuvyañjana	Sekundärmerkmal	secondary characteristic
appamāṇa	unermesslich, grenzenlos	unmeasurable, boundless
appamāṇa-cetasa	grenzenloser Bewusstseinszustand	a “boundless” state of mind
appanā-samādhi	vollständige Vertiefung	full absorption
arahant	ein/e „Würdige/r“, Erwachte/r	a worthy one, an accomplished/liberated person
ariyasacca	edle Wahrheit	noble truth
arūpa	unkörperlich	immaterial
arūpaloka	unkörperliche Welt	formless plane
asaṭha	ehrlich	honest
āsava	Einfluss	influx
asubha	unattraktiv	unattractive
asuci	unrein	impure
ātāpī	Unermüdlichkeit	diligence
atthagama	Verschwinden	passing away
atimāna	Überheblichkeit	arrogance
avijjā	Unwissenheit	ignorance
āyatana	Bereich der Sinneswahrnehmung	(sense-)sphere
ayoniso manasikāra	unangemessene Aufmerksamkeit	unwise attention
bahiddhā	äußerlich	external
bala	Kraft	power

Pāli	Deutsch	English
bhāvanā	Entwicklung (des Geistes, Meditation)	development
bojjhaṅga	Erwachensfaktor	awakening factor
brahmavihāra	himmlischer Verweilzustand	divine abode
byāpāda	Übelwollen	aversion
cetovimutti	Befreiung des Geistes	freedom of the mind
chanda	Wille, Begierde	desire
citta	Geist, Geisteszustand, Bewusstsein	mind, state of mind
citta-kkhaṇa	Bewusstseinsmoment	mind-moment
cittassekaggatā	Sammlung des Geistes in einem Punkt	unification of the mind
citta-visuddhi	Reinheit des Geistes	purification of mind
dassana	Sicht	vision
Dhamma	die Lehre des Buddha	the teaching of the Buddha
dhamma	Geistesobjekt, Prinzip, Phänomen	mental object, factor for, nature of
dhammānupassanā	Betrachtung der *dhamma*s	contemplation of *dhamma*s
dhammavicaya	Ergründung der *dhamma*s	investigation-of-*dhamma*s
dhātu	Element	element
diṭṭhi	Ansicht	view
domanassa	Betrübtheit	discontent
dosa	Zorn, Hass	anger
dukkha	Unzulänglichkeit	unsatisfactoriness
ekāyano maggo	direkter (einziger) Weg	direct path
idappaccayatā	spezifische Bedingtheit	specific conditionality
iddhipāda	Machtfährte	road to power
indriya	Fähigkeit	faculty
indriya saṃvara	(Üben der) Sinneszügelung	sense-restraint
issā	Neid	envy
jhāna	Versenkung, Vertiefung	absorption
jhāna aṅga	für die Vertiefung erforderlicher Geistesfaktor	factor of absorption
kāmacchanda	Sinnesbegierde	sensual desire
kāmaloka	Sinnenwelt	sense world
karuṇā	Mitgefühl	compassion
kāyagatāsati	Körperachtsamkeit	mindfulness directed to the body
kāyānupassanā	Körperbetrachtung	body contemplation

Pāli	**Deutsch**	**Englisch**
kāyasaṅkhāra	Körperformation	bodily formation
khandha	Daseinsgruppe	aggregate
kukkucca	Sorge	worry
kusala (Adj.)	heilsam, geschickt, gut	wholesome, skillful, good
lobha	Gier	greed
magga	Pfad, Weg	path
mahaggata	erhaben	great
manasikāra	geistiges Aufmerken	attention
mano	Geist	mind
mettā	Liebende Güte	loving kindness
micchā sati	„falsche" Achtsamkeit	wrong mindfulness
middha	Mattheit	torpor
moha	Verblendung	delusion
muṭṭhassati	Geistesabwesenheit	absent-mindedness
nāmarūpa	Name-und-Form	name-and-form
ñāṇa	Wissen, Erkenntnis	knowledge
ñāya	Methode	method
nimitta	Zeichen, Merkmal	sign
nirāmisa	nichtweltlich	unworldly
nissaraṇa	Ausweg	way out
nīvaraṇa	Hindernis	hindrance
pajānāti	er oder sie weiß, erkennt	he or she knows
pāmojja	Entzücken	delight
paññā	Weisheit	wisdom
paññāvimutti	Befreiung durch Weisheit	freedom by wisdom
pāpa	böse	evil
papañca	Vermehrung von Gedanken, sich ausbreitende Vorstellungen	conceptual proliferation
parāmāsa	dogmatisches Anhaften	dogmatical clinging
parimukhaṃ	in den Vordergrund gebracht	in front
paritta (Adj.)	klein, unbedeutend, begrenzt	small, insignificant, limited
paritta (Subst.)	Schutz, Rettung, Zuflucht	protection, deliverance, refuge
paritta-cetasa	eng begrenzter Bewusstseinszustand	a narrow state of mind
passaddhi	Ruhe	tranquillity
paṭicca samuppāda	Entstehen in Abhängigkeit	dependent co-arising
paṭṭhāna	Grundlage, Ursache	foundation, cause
paṭigha	Verärgerung, Zorn	irritation, repulsion

Pāli	**Deutsch**	**Englisch**
paṭikkūla	widerwärtig	disagreeable, repulsive
paṭinissagga	Loslassen, Aufgeben, Entsagung	letting go
pīti	Freude	joy
phassa	Kontakt	contact
puñña	gut, verdienstvoll	good, meritorious
puthujjana	Weltling, Weltmensch	wordling
rāga	Lust, Begierde	lust
rūpa	materielle Form	form
rūpaloka	feinkörperliche Welt	fine material plane
saddhā	Vertrauen	confidence
samādhi	Konzentration	concentration
samatha	Geistesruhe	calm
sāmisa	weltlich	worldly
sammā	recht, zusammengehörig, in Einem vereint	right
sammā ājīva	rechter Lebensunterhalt	right livelihood
sammā diṭṭhi	rechte Ansicht	right view
sammā kammanta	rechtes Handeln, rechtes Tun	right action
sammā samādhi	rechte Konzentration	right concentration
sammā saṅkappa	rechte Gesinnung, rechtes Denken	right thought
sammā sati	rechte Achtsamkeit	right mindfulness
sammā vācā	rechte Rede	right speech
sammā vāyāma	rechte Anstrengung	right effort
sampajañña	Wissensklarheit	clear knowledge
sampajāna	wissensklar	clearly knowing
samudaya	Entstehen, Ursprung	arising
saṃyojana	Fessel	fetter
saṅkhāra	Willensregung	volition, formation
saṅkhitta	zusammengezogen	contracted
saññā	Wahrnehmung	cognition
saññāvedayita-nirodha	Aufhören von Wahrnehmung und Gefühl	cessation of cognition and feeling
sappurisa	ehrenwerte Person	worthy person
sati	Achtsamkeit, Erinnerungs-vermögen, Gegenwärtigkeit	awareness, mindfulness
satipaṭṭhāna	Gegenwart der Achtsamkeit	presence of mindfulness
sa-uttara	übertreffbar	surpassable
sikkhati	einüben, üben	train
sīla	ethisches Verhalten	ethical conduct

Pāli	**Deutsch**	**Englisch**
sīlabbataparāmāsa	Anhaften an Regeln und Gebräuchen	clinging to particular rules and observances
supatiṭṭhita	fest gegründet, fest verankert	well established
suññatā	Leerheit	emptiness
sukha	Glücksgefühl	happiness
taṇhā	Begehren, Durst	craving
tevijjā	das dreifach höhere Wissen	threefold higher knowledge
thīna	Dumpfheit	sloth
uddhacca	Rastlosigkeit	restlessness
upacāra-samādhi	angrenzende Konzentration	access concentration
upādāna	Anhaften, Greifen	clinging
upekkhā	Gleichmut	equanimity
uppaṭṭhāna	Anwesenheit, Gegenwart	presence
uppila	Hochstimmung	elation
vaya	vergehen	passing away
vāyu	Wind	wind
vāyāma	Bemühen, Anstrengung	effort
vedanā	Gefühl/e	feeling
vicāra	aufrechterhaltende Ausrichtung des Geistes	sustained mental application
vicikicchā	Zweifel	doubt
vikkhitta	abgelenkt	distracted
vimokkha	Befreiung	liberation
vimutta	befreit	liberated
viññāṇa	Bewusstsein	consciousness
vipallāsa	Verzerrung	distortion
vipassanā	Einsicht	insight
virāga	Entsagung, Leidenschaftslosigkeit	fading away, dispassion
viriya	Energie	energy
vitakka	anfängliches Ausrichten des Geistes	initial mental application
vossagga	Loslassen	letting go
yoniso manasikāra	weises Aufmerken	wise attention

Anhang 3
Stichwortverzeichnis

A

E

H

I

J

K

O

P

R

S

ANHANG 4
KANONISCHE QUELLENTEXTE, ZITIERTE LEHRREDEN
(einschließlich der in den Fußnoten genannten Quellen)

Anhang 5
Gleichnisse, Bildworte, Metaphern

Anhang 6
Eigennamen, Personen, Orte

Der Autor

Bhikkhu Anālayo, geboren 1962, wurde 1995 in Sri Lanka ordiniert, wo er im Jahre 2000 eine Dissertation an der Universität von Peradeniya abschloss, die die Grundlage für das vorliegende Buch bildet. Er habilitierte 2007 und ist zurzeit als Privatdozent am Zentrum für Buddhismuskunde der Universität Hamburg tätig, wo er regelmäßig Workshops zum Thema *satipaṭṭhāna* anbietet. Außerdem forscht er am Dharma Drum Buddhist College, Taiwan. Neben seinen akademischen Aktivitäten unterrichtet er regelmäßig Meditation in Sri Lanka.

ANHANG 7
LEHRREDENINDEX

Zusammengestellt von René Meier, Haus der Besinnung, Schweiz

Wie auf Seite 309 ausgeführt, beziehen sich die Quellenangaben auf die PTS-Seiten. Dieser Lehrredenindex ermöglicht ein Auffinden der erwähnten Textstellen in deutschen Übersetzungen. Bei der großen Zahl an Lehrreden mußte eine Auswahl getroffen werden und Sekundärliteratur sowie Kommentarwerke konnten nicht berücksichtigt werden.

PTS **Pali Text Society** Sammlung – Volume – Seitenzahl
Diese Angaben beziehen sich auf die Seiten der Pali-Texte der PTS-Buchausgaben der Jahre 1960-1992

ASZ **Asiatische Zählweise** Sammlung – Buch – Gruppe – Lehrrede
Diese Einteilungsmethode, die schon beim 1. Konzil drei Monate nach dem Erlöschen des Buddha angewandt wurde, fasst die Lehrreden in mit Namen versehenen Gruppen zusammen, die erst später mit Zahlen versehen durchnumeriert wurden.

WEZ **Westliche Zählweise** Sammlung – (Gruppe) – Lehrrede
Diese systematische Durchnumerierung wurde im 19. Jh. von der Pali Text Society eingeführt und wird heute wegen ihrer Übersichtlichkeit allgemein verwendet.

Dīghā-Nikāya **Längere Sammlung**

PTS	ASZ	Pali-Name	WEZ
D I 1-46	D I 1	Brahmajāla Sutta	D 1
D I 47-86	D I 2	Sāmaññaphala S.	D 2
D I 111-126	D I 4	Sonadanda Sutta	D 4
D I 161-177	D I 8	Mahāsīhanāda S.	D 8
D I 178-203	D I 9	Potthapāda Sutta	D 9
D I 235-253	D I 13	Tevijja Sutta	D 13
D II 1-54	D II 1	Mahāpadāna Sutta	D 14
D II 55-71	D II 2	Mahānidāna Sutta	D 15
D II 72-168	D II 3	Mahāparinibbāna S.	D 16
D II 200-219	D II 5	Janavasabha Sutta	D 18
D II 263-289	D II 8	Sakkapañha Sutta	D 21

D II 290-315	D II 9	Mahāsatipatthāna S.	D 22
D III 36-57	D III 2	Udumbarika Sutta	D 25
D III 99-116	D III 5	Sampasādanīya S.	D 28
D III 117-141	D III 6	Pāsādika Sutta	D 29
D III 180-193	D III 8	Singalāka Sutta	D 31
D III 207-271	D III 10	Sangīti Sutta	D 33

Majjhima-Nikāya **Mittlere Sammlung**

PTS M I 1-524: Seitenangabe Stimmt mit der Paginierung am Seitenrand der Lehrreden M 1-76 der Beyerlein –Steinschulte Ausgabe überein.

PTS	ASZ	Pali-Name	WEZ
M I 1-6	M I 1.1	Mūlapariyāya Sutta	M 1
M I 55-63	M I 1.10	Satipatthāna Sutta	M 10
M I 68-83	M I 2.2	Mahāsīhanāda Sutta	M 12
M I 83-90	M I 2.3	Mahādukkhakkhandha S.	M 13
M I 91-95	M I 2.4	Cūladukkhakkhandha S.	M 14
M I 101-104	M I 2.6	Cetokhila Sutta	M 16
M I 108-114	M I 2.8	Madhupindika Sutta	M 18
M I 114-118	M I 2.9	Dvedhāvitakka Sutta	M 19
M I 118-122	M I 2.10	Vitakkasanthāna S.	M 20
M I 130-142	M I 3.2	Alagaddūpama Sutta	M 22
M I 145-151	M I 3.4	Rathavinīta Sutta	M 24
M I 184-191	M I 3.8	Mahāhatthipadopama S.	M 28
M I 299-305	M I 5.4	Cūlavedalla Sutta	M 44
M I 339-349	M II 1.1	Kandaraka Sutta	M 51
M I 349-353	M II 1.2	Atthakanāgara Sutta	M 52
M I 420-426	M II 2.2	Mahā-Rāhulovāda S.	M 62
M II 1-22	M II 3.7	Mahāsakuludāyi Sutta	M 77
M II 22-29	M II 3.8	Samanamandikā S.	M 78
M II 91-97	M II 4.5	Bodhirājakumāra S.	M 85
M II 133-146	M II 5.1	Brahmāyu Sutta	M 91
M II 164-177	M II 5.5	Cankī Sutta	M 95
M II 209-213	M II 5.10	Sangārava Sutta	M 100
M II 228-238	M III 1.2	Pañcattaya Sutta	M 102
M II 243-251	M III 1.4	Sāmagāma Sutta	M 104
M II 252-261	M III 1.5	Sunakkhatta Sutta	M 105
M III 7-15	M III 1.8	Gopaka-Moggallāna S.	M 108
M III 29-37	M III 2.2	Chabbisodhana Sutta	M 112

M III 37-45	M III 2.3	Sappurisa Sutta	M 113
M III 61-67	M III 2.5	Bahudhātuka Sutta	M 115
M III 71-78	M III 2.7	Mahācattārīsaka S.	M 117
M III 78-88	M III 2.8	Ānāpānasati Sutta	M 118
M III 88-99	M III 2.9	Kāyagatāsati Sutta	M 119
M III 109-118	M III 3.2	Mahā-suññata Sutta	M 122
M III 118-124	M III 3.3	Acchariyabbhutadhamma S.	M 123
M III 128-137	M III 3.5	Dantabhūmi Sutta	M 125
M III 152-162	M III 3.8	Upakkilesa Sutta	M 128
M III 187-189	M III 4.1	Bhaddekaratta Sutta	M 131
M III 215-222	M III 4.7	Salāyatanavibhanga S.	M 137
M III 223-229	M III 4.8	Uddesavibhanga S.	M 138
M III 230-237	M III 4.9	Aranavibhanga Sutta	M 139
M III 237-247	M III 4.10	Dhātuvibhanga Sutta	M 140
M III 263-266	M III 5.2	Channovāda Sutta	M 144
M III 280-287	M III 5.6	Chachakka Sutta	M 148
M III 298-302	M III 5.10	Indriyabhāvanā Sutta	M 152

Samyutta-Nikāya **Gruppierte Sammlung**

PTS S I 1-240 und S II 1-224: Seitenangabe Stimmt mit der Angabe am oberen Rand der Lehrreden S 1.1 bis S 16.13 der Beyerlein –Steinschulte Ausgabe überein.

PTS	ASZ	Seite mit Fussnotennummer	WEZ
S I 14	S I 1.3.5	Seite 236 [51]	S 1.25
S I 103	S I 4.1.1	Seite 46 [12]	S 4.1
S I 135	S I 5.1.10	Seite 236 [50]	S 5.10
S I 172	S I 7.2.1	Seite 67 [37]	S 7.11
S II 53	S II 1.4.2	Seite 272 [8]	S 12.32
S II 105	S II 1.7.5	Seite 26 [6]	S 12.65
S III 14	S III 1.1.1.5	Seite 239 [67]	S 22.5
S III 23	S III 1.1.2.6	Seite 239 [65]	S 22.18-20
S III 62	S III 1.2.1.5	Seite 239 [66]	S 22.57
S III 86	S III 1.2.3.7	Seite 227 [11]	S 22.79
S III 152	S III 1.2.5.8	Seite 55 [62]	S 22.100
S IV 119	S IV 1.13.9	Seite 62 [24]	S 35.132
S IV 139	S IV 1.15.7	Seite 58 [7]	S 35.152
S IV 194	S IV 1.19.8	Seite 69 [47] (S V 194 Druckfehler)	S 35.204
S IV 197	S IV 1.19.9	Seite 35 [25]	S 35.205

S IV 218	S IV 2.2.2	Seite 181 [17]	S 36.12
S IV 263	S IV 6.1.1	Seite 91 [43]	S 40.1
S IV 292	S IV 7.1.5	Seite 68 [42]	S 41.5
S IV 400	S IV 10.1.10	Seite 236 [52]	S 44.10
S V 95	S V 2.4.8	Seite 95 [62]	S 46.38
S V 104	S V 2.6.1	Seite 211 [23]	S 46.51
S V 110	S V 2.6.2	Seite 113 [14] / 118 [30] / 210 [20]	S 46.52
S V 129-133	S V 2.7.1	Seite 98 [73]	S 46.61-66
S V 141-192		Satipatthāna Samyutta S 47	S 47.1-50(-103)
S V 144	S V 3. 1.4	Seite 301 [3] / 81 [3]	S 47.4
S V 148	S V 3.1.7	Seite 70 [54]	S 47.7
S V 150	S V 3.1.8	Seite 83 [8]	S 47.8
S V 156	S V 3.1.10	Seite 78 [88]	S 47.10
S V 158	S V 3.2.1	Seite 32 [14]	S 47.11
S V 167	S V 3.2.8	Seite 38 [34]	S 47.18
S V 175	S V 3.3.7	Seite 33 [19]	S 47.26-28
S V 178	S V 3.3.10	Seite 26 [5]	S 47.30
S V 189	S V 3.5.8	Seite 306 [34]	S 47.48
S V 194 Druckfehler = S IV 194		Seite 69 [47] siehe	S 35.204
S V 213	S V 4.4.10	Seite 49 [33]	S 48.40
S V 325	S V 10.1.10	Seite 33 [20]	S 54.10
S V 326	S V 10.2.1	Seite 31 [12]	S 54.11
S V 421	S V 12.2.1	Seite 51 [38] / 46 [12] / 51 [38]	S 56.11

Anguttara Nikāya **Angereihte Sammlung**

In der deutschen Übersetzung des Anguttara Nikāya (Angereihte Sammlung, Aurum Verlag 1993) findet sich die PTS-Paginierung durchgängig am Seitenrand.

PTS	ASZ	Seite mit Fussnotennummer	WEZ
A I 13	A I 1.7.9	Seite 52 [48]	A I 14
A I 23	A I 14.1.5	Seite 77 [83] / 91 [44]	A I 24
A I 50	A II 1.1.5	Seite 49 [27]	A II 5
A I 61	A II 1.3.11	Seite 105 [100]	A II 32
A II 29	A IV 1.3.9	Seite 26 [6]	A IV 29-30
A II 31	A IV 1.3.10	Seite 103 [94]	A IV 30
A II 92-94	A IV 2.5.2	Seite 100 [80]	A IV 92-94
A II 126	A IV 3.3.3	Seite 96 [67]	A IV 123
A II 128	A IV 3.3.3	Seite 97 [70]	A IV 124

Dhammapadam
Sutta-Nipāta
7 K H U D J W K 7 K H U) J W K

Die Strophennummern der PTS-Texte dieser 4 Sammlungen stimmen mit den Strophennummern der deutschen Übersetzungen überein.

8 G Q D			**Feierliche Aussprüche**
PTS	ASZ	Seite mit Fussnotennummer	WEZ
Ud 1	Ud 1.1	Seite 294 [69]	Ud I 1
Ud 8	Ud 1.10	Seite 256 [50]	Ud I 10
Ud 10	Ud 2.1	Seite 294 [69]	Ud II 1
Ud 32	Ud 3.10	Seite 294 [69]	Ud III 10
Ud 37	Ud 4.1	Seite 121 [45] / 222 [65]	Ud IV 1
Ud 41	Ud 4.5	Seite 304 [17]	Ud IV 5
Ud 43	Ud 4.7	Seite 146 [43]	Ud IV 7
Ud 46	Ud 4.10	Seite 146 [43] / 147 [47]	Ud IV 10
Ud 54	Ud 5.5	Seite 281 [12]	Ud V 5
Ud 60	Ud 5.7	Seite 146 [43] / 147 [47]	Ud V 7
Ud 67	Ud 6.4	Seite 58 [6]	Ud VI 4
Ud 68	Ud 6.4	Seite 58 [5]	Ud VI 4
Ud 76	Ud 7.5	Seite 68 [42]	Ud VII 5
Ud 77	Ud 7.8	Seite 146 [43] / 147 [47]	Ud VII 8
Ud 80	Ud 8.1	Seite 290 [51] / 291 [54]	Ud VIII 1

Itivuttaka			**So-Gesprochenes**
PTS	ASZ	Seite mit Fussnotennummer	WEZ
It 10	It Ek. II 7	Seite 52 [49]	It 17
It 33	It Duk. II 2	Seite 71 [58]	It 39
It 36	It Duk. II 5	Seite 40 [43]	It 42
It 39	It Duk. II 8	Seite 89 [36]	It 45
It 47	It Tik. I 4	Seite 194 [72]	It 53
It 53	It Tik. II 4	Seite 132 [93]	It 63
It 61	It Tik. III 4	Seite 291 [55]	It 73
It 80	It Tik. IV 6	Seite 144 [36] / 222 [65]	It 85
It 101	It Cat. 1	Seite 274 [19]	It 100
It 116	It Cat. 11	Seite 157 [84]	It 110
It 118	It Cat. 12	Seite 95 [61] / 157 [84]	It 111